A longa estrada para casa

Ben Shephard

A longa estrada para casa

Restabelecendo o cotidiano
na Europa devastada pela guerra

Tradução: Vera Joscelyne

Título original: The Long Road Home
© Ben Shephard, 2010

A presente edição brasileira não pode ser distribuída ou exportada para Portugal.

Direitos de edição da obra em língua portuguesa adquiridos pela EDITORA PAZ E TERRA. Todos os direitos reservados. Nenhuma parte desta obra pode ser apropriada e estocada em sistema de banco de dados ou processo similar, em qualquer forma ou meio, seja eletrônico, de fotocópia, gravação etc., sem a permissão do detentor do copirraite.

Editora Paz e Terra Ltda
Rua do Triunfo, 177 — Sta. Ifigênia — São Paulo
Tel: (011) 3337-8399 — Faz: (011) 3223-6290
http://www.pazeterra.com.br

Texto revisto pelo novo Acordo Ortográfico da Língua Portuguesa.

CIP-BRASIL. CATALOGAÇÃO NA FONTE
SINDICATO NACIONAL DOS EDITORES DE LIVROS, RJ.

Shephard, Ben
    A longa estrada para casa / Ben Shephard ; tradução Vera Joscelyne. -- São Paulo : Paz e Terra, 2012.

    Título original: The long road home
    ISBN: 978-85-7753-244-5

    1. Guerra Mundial, 1939-1945 - Refugiados
    2. Guerra Mundial, 1939-1945 - Repatriação forçada
    3. Repatriação - Ásia - História - Século 20
    4. Repatriação - Europa - História - Século 20

    I. Título.

12-11809   CDD-940.5308691

PARA SUE

Sumário

	NOTA DO AUTOR	9
	INTRODUÇÃO: "UM INVESTIMENTO ENORME DE BONDADE"	11
1	Alimentando a máquina bélica	23
2	Comida e liberdade	47
3	"A origem da confusão perpétua"	59
4	"Metade das nacionalidades da Europa em marcha"	82
5	O momento psicológico	101
6	Os sobreviventes que restaram	124
7	"Alimentar os brutos?"	150
8	Dólares ou morte	171
9	"Vocês vão aprender rápido"	203
10	"Mesmo que os portões estejam fechados"	221
11	"Skryning"	247
12	"Salvá-las primeiro e discutir depois"	277
13	"Nós subestimamos muito a destruição"	299

14 "Moram, comem, reproduzem, esperam" 327

15 "O melhor interesse da criança" 366

16 "Boa raça humana" 393

17 "Vivemos para ver isso" 419

18 O justo quinhão da América 441

19 Legados 460

ABREVIAÇÕES USADAS NAS NOTAS 497

NOTAS 499

FONTES 559

BIBLIOGRAFIA 563

AGRADECIMENTOS 595

ÍNDICE REMISSIVO 597

NOTA DO AUTOR

PARA EVITAR AFOGAR O LEITOR em um mar de siglas, reduzimos ao mínimo os nomes de órgãos oficiais. Mas um núcleo irredutível ainda permanece.

AUXÍLIO

Embora o termo "Nações Unidas" tenha sido usado pela primeira vez durante a Segunda Guerra Mundial na Carta do Atlântico, publicada na Conferência Anglo-Americana de Terra-Nova em agosto de 1941, a Organização das Nações Unidas (Nações Unidas ou ONU, na forma abreviada) não existia até outubro de 1945. Antes disso, no entanto, várias organizações internacionais foram criadas, sendo as principais a Organização de Alimentos e Agricultura (FAO, na sigla em inglês) e a Administração de Assistência e Reabilitação das Nações Unidas (Unrra, na sigla em inglês), estabelecida em novembro de 1943. A Unrra operava tanto na Europa quanto no Extremo Oriente, mas este livro examina unicamente suas operações europeias.

REFUGIADOS

A Unrra herdou alguns dos poderes do Escritório de Auxílio e Reabilitação Estrangeiros (OFFRO, na sigla em inglês), um órgão americano criado em novembro de 1942, mas que continuou distanciado burocraticamente da questão dos refugiados, ainda responsabilidade do Comitê Intergovernamental para Refugiados (IGCR), criado em 1938, e também, nos Estados Unidos, do Diretório de Refugiados de Guerra, fundado em 1944. Em 1947, quando a Unrra foi fechada, um novo órgão foi criado sob os cuidados da ONU, a Organização Internacional de Refugiados (IRO, na sigla em inglês), que herdou tanto as responsabilidades da Unrra quanto as do IGCR. Ao mesmo tempo, uma agência exclusivamente para crianças, o Unicef (Fundo das Nações Unidas para Crianças, na sigla em inglês), foi estabelecida. Quando o mandato da IRO expirou, ainda outra agência, o Alto-comissariado das Nações Unidas para Refugiados (UNHCR, na sigla em inglês) foi criado, em 1951, e existe até hoje.

Os militares

Durante a Segunda Guerra Mundial, os Exércitos Aliados criaram departamentos separados para administrar o território ocupado — uma função conhecida como Governo Militar ou Assuntos Civis. Quando os Exércitos Aliados invadiram a Itália em 1943, criaram um órgão conjunto, o Governo Militar Aliado de Território Ocupado (Amgot, sigla, em inglês, posteriormente reduzida para AMG). No final de 1943, quando os planos para a invasão da França tiveram início, os auxiliares de Einsenhower passaram a ser conhecidos como Sede Suprema da Força Expedicionária Aliada (Shaef, na sigla em inglês). Baseada primeiramente em Londres e depois em Versalhes, a Shaef foi responsável pelo governo inicial da Alemanha até sua abolição, em 14 de julho de 1945. A Alemanha foi então dividida em zonas pelas quatro potências ocupantes, sob o controle geral de uma Comissão de Controle Aliado das quatro potências, que se reuniram em Berlim. No entanto, cada zona era administrada separadamente — com termos diferentes, tais como a Comissão de Controle para a Alemanha (britânica).

Palestina

Durante a maior parte do período coberto por este livro, a Palestina foi governada pelos ingleses sob um mandato da Liga das Nações. No entanto, a Agência Judia para a Palestina atuava como um "Estado dentro de um Estado" e era responsável por uma força defensiva, a Haganah, e, por meio do Mossad Le'aliyah Bet, pela imigração ilegal. *Aliyah*, ou ascensão, refere-se à emigração para a Terra Santa e *Yishuv*, à população judia da Palestina.

INTRODUÇÃO

"Um investimento enorme de bondade".

"Quando essa guerra acabar", escreveu um jovem oficial britânico para a namorada em agosto de 1942, "terá de haver um investimento enorme de bondade para compensar o ódio e o sofrimento sem sentido desses anos".

Frank Thompson não sobreviveu para ver o bravo novo mundo com o qual sonhava. Poeta, comunista e romântico, ele foi morto na Bulgária em 1944, quando trabalhava para o Executivo das Operações Especiais. Mas sua namorada, uma jovem funcionária pública chamada Iris Murdoch, compartilhava suas esperanças. "Ah, Frank, eu me pergunto que futuro nos espera, será que jamais conseguiremos transformar essa essência sonhadora e idealista de nossas vidas em alguma coisa concreta e real?", ela escreveu em resposta.

Enquanto os jovens enamorados sonhavam, pessoas com tino mais prático tentavam criar alguma coisa concreta e real para curar as feridas da guerra. Muitas delas eram perseguidas pelas lembranças da geração anterior, quando o sofrimento no campo de batalha tinha sido acompanhado por perdas ainda mais terríveis, de civis, e estavam decididas que dessa vez a paz seria feita da maneira correta. Por seus próprios motivos, convinha aos políticos britânicos, americanos (e russos) prestar atenção a esses brados e criar, antes mesmo de as Nações Unidas existirem, no final de 1945, uma nova instituição internacional, a Administração de Assistência e Reabilitação das Nações Unidas (Unrra), cujo objetivo era garantir que o armistício não fosse, uma vez mais, seguido por pestes e epidemias. Em 1944, Iris Murdoch (e milhares de outros idealistas) entrou para a Unrra.

A longa estrada para casa conta a história daquilo que aconteceu a partir daí. O livro pergunta até que ponto as consequências da guerra em 1945 corresponderam àquelas que os Aliados tinham planejado. E aqui há um paralelo moderno. A análise do desastre que se seguiu à conquista do Iraque em 2003 normalmente compara a incapacidade dos americanos de se prepararem para as consequências em Bagdá com os anos de planejamento que precederam a invasão da Alemanha em 1945. Dizem muitas vezes que na década de 1940 os Aliados não cometeram esse erro; que naquela época eles *realmente* planejaram. No entanto, de várias maneiras, o longo período que precedeu o fim da guerra, na década de 1940, foi contraproducente, e grande parte do planejamento foi baseado em experiências passadas, que, no final das contas, demonstraram não ser relevantes ou colocaram na região, muito antes do fim da guerra, pessoal e mecanismos inadequados para a tarefa.

Um aspecto foi particularmente importante. As novas instituições destinadas a ajudar a Europa a se recuperar depois da guerra foram estabelecidas em 1942 e 1943, quando os Aliados não estavam plenamente conscientes daquilo que ocorria com os judeus da Europa, mas monitoravam de maneira eficiente o uso que os alemães faziam de mais de 10 milhões de "trabalhadores escravos" em sua economia. Consequentemente, o modelo dos planejadores não foi baseado no genocídio, e sim no deslocamento de populações. "Pessoas Deslocadas", o termo abreviado que usavam para as vítimas de Hitler, passou a ser o construto definidor para o restante da década.

O conceito de "Holocausto" não existia nos países Aliados nos anos 1940. Como disse o historiador americano Peter Novick: "Holocausto', como nos referimos hoje, foi em grande parte uma construção retrospectiva, algo que não teria sido compreendido pela maioria das pessoas naquela época." Realmente, "falar do 'Holocausto' como uma entidade distinta" é, argumenta Novick, "introduzir um anacronismo que é um obstáculo para a compreensão das reações contemporâneas". Aquelas reações foram primordialmente influenciadas pelo modelo de deslocamento. Consequentemente, as vítimas eram "Pessoas Deslocadas" — estivessem elas presas no campo de concentração de Bergen-Belsen, em 1945, ou pacientes judeus em um hospital em Pittsburgh na década de 1950. "Eles não eram 'sobreviventes do Holocausto', como recorda um assistente social que estava lá. "Não tínhamos nenhuma noção do Holocausto como conhecemos hoje, com H maiúsculo."

O conceito de Pessoa Deslocada determinou a forma do esforço humanitário Aliado depois da guerra, não apenas porque a catástrofe da saúde pública, que tinha sido intensamente predita, não ocorreu em 1945 — graças aos avanços extraordinários da ciência médica que os políticos, em grande parte, ignoravam — mas também porque, como no final ocorreu, o legado mais importante da guerra foi uma crise de refugiados. Quando a poeira assentou e todos aqueles que desejavam tinham voltado para seus países de origem, permaneceram na Alemanha, na Áustria e na Itália alguns milhões de pessoas que não estavam inclinados a voltar para sua terra natal — judeus, poloneses, ucranianos, letões, lituanos, estonianos e iugoslavos. Eles tinham histórias de guerra diferentes e complicadas, para as quais o uso de termos modernos como "vítimas" e "perpetradores" se mostra insuficiente — alguns eram, por qualquer definição, colaboradores dos alemães —, mas todos, por razões políticas complexas, foram classificados pela rubrica de "Pessoas Deslocadas". Enquanto isso, várias centenas de milhares de alemães morreram no processo de sua expulsão da Europa Oriental, mas aqueles que sobreviveram não foram classificados como "Pessoas Deslocadas"; eram "refugiados" e, como tais, estavam na parte inferior da hierarquia.

Durante cinco anos, entre 1945 e 1950, à medida que a Guerra Fria entre o Oriente e o Ocidente começava a se intensificar, a crise das Pessoas Deslocadas continuou na Europa. Enquanto as próprias PDs ficavam acampadas na Alemanha, um processo de manipulação e persuasão se desenvolveu em que cada grupo usava a arma que tinha à mão — fosse ela uma reivindicação que afetava a consciência Aliada, amigos poderosos em Londres ou Washington, influência no Vaticano, o poder do voto judeu na política de Nova York, contatos com a inteligência norte-americana ou amigos na mídia. Ao mesmo tempo, os países da Europa Ocidental, as Américas e a Australásia começaram a ver as Pessoas Deslocadas sob uma nova luz, como fonte de mão de obra. No entanto, tentaram extrair apenas aquelas pessoas apropriadas para suas necessidades de mão de obra e sua filosofia imigratória. O resultado desse processo definia se uma PD ia acabar no Chile ou em Chicago, em Manitoba ou em Melbourne.

Essa história foi em grande parte ignorada pelos historiadores, principalmente porque permanece de forma desconfortável entre grandes nomes como a Segunda Guerra Mundial, a Guerra Fria, o Holocausto e a questão Israel-Palestina. Além disso, os anos nos acampamentos na Alemanha eram para muitos dos próprios refugiados uma espécie de limbo, um interlúdio entre fases da vida — portanto, o melhor era esquecê-los.

Mas hoje, com o fim da Guerra Fria e a saída das tropas soviéticas do Leste europeu, podemos ver esse período sob uma nova luz e avaliar a marca permanente que deixou no mundo moderno. O Estado de Israel, a transformação da política de imigração norte-americana, o fim das sociedades anglo-saxãs homogêneas da Grã-Bretanha, do Canadá e da Austrália e a criação de um novo arcabouço de direito internacional, sob o qual os indivíduos e as nações têm direitos, todos são legados dessa época. Além disso, a crise de refugiados do pós-guerra foi um ensaio para muitas questões que ainda nos confrontam atualmente: como é possível fazer funcionar mecanismos para a ajuda humanitária internacional? Que níveis de imigração nossas sociedades podem absorver? Poderão os nacionalismos do Leste europeu viver em paz uns com os outros? Como um poder ocupante pode devolver a prosperidade a um inimigo vencido? Em uma análise mais profunda, podemos ver a Europa lutando contra as consequências psicológicas da guerra e tentando reconciliar o abismo entre a retórica e a realidade (por um lado, a realidade do mercado negro e da prostituição nas ruas de Hamburgo e de outras cidades alemãs; por outro, a linguagem da fraternidade internacional)?

Uma lição desse período é clara. As guerras mexem nas estruturas. Trazem à superfície questões e ressentimentos há muito enterrados e liberam forças que normalmente são mantidas presas. A Segunda Guerra Mundial, na verdade, compreendeu várias guerras em uma: não apenas a "boa guerra" da lembrança ocidental — um conflito militar provocado pelas ambições imperiais de Hitler —, mas também uma luta sangrenta entre diferentes nacionalismos na Europa Oriental e uma guerra civil que opôs movimentos partidários e de resistência a milícias colaboracionistas. Em 1945, seis anos de convulsão titânica tinham libertado muitos dos antigos demônios da Europa — o lugar dos judeus; o futuro da Polônia; os limites do império russo; o nacionalismo ucraniano; a viabilidade da Iugoslávia como Estado. Por um breve momento — e para o horror e a mistificação dos britânicos e americanos que trabalhavam com ajuda humanitária —, essas questões se mostraram evidentes; em seguida, a queda da Cortina de Ferro e a criação do Estado de Israel as controlaram outra vez. Porém, mais recentemente e em especial a partir do fim da Guerra Fria, muitas delas emergiram de novo. Isso é o que dá a essa história sua atualidade.

Não é fácil escrever sobre as consequências da Segunda Guerra Mundial de uma maneira objetiva e neutra. As próprias lembranças dos acontecimentos foram construídas etnicamente — cada grupo étnico registrou sua própria versão. "Estaremos destinados a continuar para sempre sepultados entre essas versões diametralmente opostas da Segunda Guerra Mundial?", perguntou um historiador polonês. "Uma lembrança é tão diferente da outra que às vezes é difícil acreditar que elas representam os mesmos acontecimentos." Muitos daqueles que publicaram nessa área não fizeram qualquer esforço desse tipo e produziram relatos claramente partidários ou "pietistas". O desafio é conciliar as várias versões da guerra e ir mais além da vitimização competitiva que caracterizou tantos dos escritos.

No entanto, como fazer isso? Numa conferência em Nova York em 2001, Jan Tomasz Gross exortou aqueles que escrevem sobre a década de 1940 a seguir três regras simples: respeitar a cronologia, nunca usar uma visão atual do que foi o passado e trabalhar com documentos originais. E, certamente, se aplicarmos a regra de Gross a esse período muitas de suas realidades passam a ser surpreendentemente diferentes de nossa percepção moderna. Por exemplo, muitos dos judeus deslocados em acampamentos na Alemanha em 1946 não eram, estritamente falando, "sobreviventes do Holocausto", isto é, sobreviventes dos campos de concentração e de extermínio; eram refugiados judeus que tinham saído da União Soviética para a Polônia em 1939 e mantinham a esperança de conseguir chegar até a Palestina. No entanto, em virtude do excesso de categorias, eles são hoje normalmente chamados de "sobreviventes do Holocausto".

Da mesma forma descobrimos que, enquanto milhares de cossacos e iugoslavos eram repatriados por meio de muita violência para os regimes de Stalin e de Tito pelos Aliados em 1945 — o chamado "Segredo Final", que causou um enorme clamor quando foi revelado, na década de 1980, pelos autores Nicholas Bethell e Nikolai Tolstoy —, milhares de ucranianos e cidadãos das repúblicas bálticas *não* foram enviados de volta.

Hoje nos esquecemos de que a ocupação da Alemanha pelos Aliados foi uma carnificina e de que a própria Alemanha era palco de desastres até a Reforma da Moeda de 1948 e a concretização do Plano Marshall transformarem a situação. E a questão que preocupou os ingleses após a guerra não foi o futuro dos sobreviventes judeus, e sim a situação difícil dos refugiados alemães do Leste. Podemos achar que os Estados Unidos estão sempre cautelosos com relação ao envolvimento com instituições internacionais, mas na década de 1940 o governo americano não só impulsionou as Nações Unidas, como o contribuinte americano colaborou generosamente com as instituições internacionais, e mais ajuda americana foi para dois países comunistas, a Polônia e a Iugoslávia, do que para qualquer outro Estado europeu.

Outro tema que surge, e que é de enorme relevância hoje em dia, tem a ver com a cooperação internacional e a organização da caridade — aquilo que na década de 1940 era chamado de "reparação" (*relief*) e hoje é conhecido como ajuda humanitária.

A partir do começo do século XIX surgiram na sociedade ocidental organizações interessadas em reparar as feridas da guerra, especialmente as dos civis. Dessas, a Cruz Vermelha, fundada pelo empresário suíço Henri Dunant em 1859, é a mais importante, embora inúmeras outras, de Save the Children até os Médicos sem Fronteiras, tenham desempenhado um papel fundamental desde então. No decorrer do século XX, essas organizações tiveram algum sucesso na redução da brutalidade dos conflitos armados — e muitos fracassos. Todas elas enfrentaram o problema de organizar, de alguma forma, o altruísmo de indivíduos transformando-o em uma ação coletiva eficiente.

Poucos temas na história do século XX são mais difíceis para o historiador. Ele faz surgir aquilo que a escritora Gitta Sereny chamou de problema do "bonzinho". Como na cultura moderna — em que o mal é sexy, a bondade é enfadonha e a bondade organizada é ainda mais tediosa — encontramos uma forma de tornar o altruísmo organizado interessante? As raízes disso estão em um passado remoto. A propaganda de Hitler estava nas mãos de Joseph Goebbels, Albert Speer e Leni Riefenstahl, que criaram uma iconografia que ainda permeia a cultura popular de massa, enquanto que a propaganda da Administração de Assistência e Reabilitação das Nações Unidas (e do ideal humanitário que ela representava) foi confiada ao National Film Board do Canadá, cujos frágeis esforços para criar um imaginário de fraternidade e cooperação internacional há muito foram esquecidos.

Os historiadores enfrentaram um problema semelhante. Em nenhum outro lugar as armadilhas de escrever sobre as instituições internacionais que tentam fazer caridade são mais bem-ilustradas do que na história oficial da Unrra que foi publicada em 1951. Enquanto esses três volumes poderosos estavam sendo escritos, uma das autoras anteviu que o livro seria "tão monótono quanto água de fosso... tão enfadonho em seu formato que duvido que alguém tenha a coragem de lê-lo". Ela tinha razão: era exatamente isso, e ninguém jamais o leu. O livro foi condenado como "uma história execravelmente horrível" por um de seus personagens principais, "um registro estatístico sem uma única palavra que importe sobre a capacidade operacional da Unrra". Mesmo para o especialista, a história da Unrra, com sua torrente de detalhes burocráticos, um tom autorreferencial e um mar de siglas, entorpece a mente de qualquer um.

Mas se a tarefa é assustadora, é também necessária, para que a história possa consistir em algo mais que "os assassinos de massa de nossa época — déspotas enlouquecidos, escudeiros pervertidos e seus chefes militares" — e fazer justiça a seus contrários, "os curandeiros que se desgastaram tentando evitar, diminuir ou reparar a desumanidade deliberada daqueles com o poder de ferir". Não sou uma pessoa religiosa nem trabalhei com ajuda. Meu interesse em altruísmo organizado foi despertado quando escrevi sobre psiquiatras militares — médicos que tentavam aliviar os efeitos psicológicos da guerra — e depois intensificado quando li um livro chamado *Humanity: A Moral History of the Twentieth Century* [Humanidade: Uma história moral do século XX], escrito pelo filósofo Jonathan Glover. O que começou como uma tentativa de explorar o lugar da moralidade na vida pública logo se perdeu nas câmaras de tortura e nas masmorras da SS, do NKVD (Comissariado do Povo para Assuntos Internos) e de Saddam Hussein. E de repente, eu me encontrei chorando à medida que o infindável Tour de horror nos levava de um edifício do canal do mar Branco até Auschwitz e o Camboja de Pol Pot. E quanto às pessoas comuns e decentes? Será que temos de acreditar que *toda* a humanidade é assim? Não houve alguma coisa diferente dos campos de concentração, dos *gulags* e dos campos de extermínio do Camboja?

O tema deste livro é, então, tão importante quanto negligenciado. Mas para fazer justiça adequada a ele, o leitor moderno certamente terá de fazer certos ajustes mentais e aprender a olhar aquilo que se encontra abaixo da superfície. O primeiro aspecto dessa maneira de ler envolve a questão de tom.

Tomemos, por exemplo, um dos melhores livros sobre Pessoas Deslocadas: *By the Rivers of Babylon* [Pelos rios da Babilônia], de Margaret McNeill, publicado em 1950, um relato ficcional vigoroso do trabalho de uma unidade quacre, em Brunswick, no norte da Alemanha. Filha de um empresário protestante de Belfast, Margaret McNeill dedicou sua vida a boas ações — de 1971 até sua morte em 1985, ela foi uma pacifista na Irlanda do Norte e de uma maneira descontraída definiu as atitudes de sua classe e de sua época. Há mais que um toque de Enid Blyton e sua série "Cinco Famosos" no relato de como esse grupo de quacres foi para Brunswick e as aventuras pelas quais passaram.

McNeill transmite muito bem a ignorância que os quacres tinham da Europa com a qual estavam lidando. Ela nos recorda também que sua geração expressava seus preconceitos livremente e não hesitava em generalizar; ninguém, à época, falava de "estereótipos raciais". Todos, por exemplo, gostavam dos poloneses, mas se irritavam com eles — eram geralmente considerados crianças doces e irresponsáveis

—, cheios de orgulho e honra e com muito poucoa autodisciplina. Eles exigiam que suas rações lhes fossem dadas todas de uma vez — e as comiam imediatamente, passando fome mais tarde. Margaret McNeill achava que os poloneses eram "um povo paradoxal":

> Seus campos estavam quase sempre em um grau maior ou menor de ruína e eram esquálidos; no entanto, eles mostravam uma sensibilidade artística maior e mais profunda que a de qualquer outra PD. Muitas vezes eram dominados por uma tristeza desesperançada, mas nenhuma PD podia rir com tanta alegria, ou, o que é ainda mais importante, rir de si mesma. Respeitavam sua Igreja e consideravam a honra algo a ser defendido até a morte, e ainda assim ganharam a reputação de embriagados, desonestos e cruéis. Com frequência eram terrivelmente preguiçosos e irresponsáveis com relação ao trabalho persistente e rotineiro, mas em uma crise ou emergência, eles se organizavam e trabalhavam com velocidade e determinação incomparáveis.

Em contrapartida, Margaret achou que os ucranianos trabalhavam muito, mas eram "camponeses até os ossos", com políticas nacionalistas obscuras e estranhas: "Precisaríamos mais do que um bom domínio de seu idioma para entender seus pensamentos e seus sentimentos." Os quacres de Brunswick podiam se relacionar com mais facilidade com as Pessoas Deslocadas dos países bálticos, que eram muito mais cultas, em geral de classe média, com mais probabilidade de falar inglês e de saber como se apresentar; embora, é claro, eles também tivessem suas manias. "Qualquer conversa com letões ou estonianos invariavelmente se voltava para as terras que eles tinham perdido; e eles recordavam com um orgulho melancólico as conquistas de sua falta de independência. Erros e fracassos eram esquecidos e a descrição monótona nos teria parecido irreal se não tivéssemos percebido em [suas] vozes o grito amargo de um povo ultrajado que sentia saudades de sua terra natal."

A equipe quacre em Brunswick trabalhava exaustiva e animadamente para as Pessoas Deslocadas, cada membro da equipe com a tendência a se identificar com a causa de um grupo diferente e defendê-la. *By the Rivers of Babylon* é um daqueles livros raros que fazem jus à publicidade a seu respeito, ele realmente está "permeado em toda sua extensão por uma profunda ternura e compaixão".

Margaret McNeill trabalhou pouco tempo com Pessoas Deslocadas judias e não registrou qualquer observação sobre elas. Mas Susan Pettiss, uma jovem assistente social norte-americana ligada à Unrra, esteve intimamente envolvida com os sobreviventes judeus em Munique. "Era terrivelmente difícil", escreveu ela para uma tia em outubro de 1945, "ajudar os judeus".

> Eles eram exigentes, arrogantes e usavam sua experiência no campo de concentração para conseguir o que queriam. Vi os quartos em nosso acampamento depois que eles saíram — imundos, os móveis quebrados, uma sujeira como nenhum outro grupo deixou. Estão divididos em facções entre eles próprios. Um de nossos acampamentos tinha de ter seis sinagogas para manter a paz. Recusam-se a fazer qualquer tipo de trabalho, têm de ser obrigados com uma arma a sair para cortar lenha a fim de aquecer os próprios acampamentos. Os soldados americanos em muitos casos tomavam atitudes hostis [com relação a eles].

A reação moderna seria repudiar Susan Pettiss como antissemita, no entanto sua declaração nos faz lembrar que os trabalhadores humanitários lutaram para entender os efeitos psicológicos nos sobreviventes judeus das experiências pelas quais tinham passado. Com o passar do tempo, as próprias ideias de Susan Pettiss ficaram mais moderadas, e ela iria se tornar uma gerente popular e extremamente eficiente de uma seção da Unrra dedicada a crianças judias.

Esse tema, porém, suscita questões não apenas de tom, mas também de juízo. Quando discutimos a política de imigração dos Aliados nos anos 1940, é preciso lembrar que durante a maior parte da primeira metade do século XX as discussões públicas sobre a saúde na Grã-Bretanha e em outros países eram dominadas pela linguagem da eugenia, a primeira tentativa de aplicar a ciência para a compreensão da conduta e do desenvolvimento individual. Entre as guerras, personalidades públicas famosas — intelectuais progressistas como William Beveridge ("o pai do Estado de Bem-Estar"), o economista John Maynard Keynes, o popular escritor H.G. Wells, bem como os líderes da profissão médica na Grã-Bretanha — pertenciam ao movimento eugênico, que defendia o controle da natalidade, principalmente como uma maneira de controlar a fertilidade das classes operárias, e a esterilização voluntária dos doentes mentais. Embora os próprios eugenistas tenham se afastado dessa posição no final da década de 1930, constrangidos com a campanha dos nazistas para a esterilização compulsória e diante da oposição de cientistas importantes, elementos na opinião pública e políticos que tinham sido criados na era eduardiana continuaram a usar a linguagem da eugenia, normalmente falando sobre "a raça britânica" e "boa descendência". Da mesma maneira, nos anos 1940 a maioria dos britânicos achava que os estrangeiros eram estranhos; acreditava em estereótipos nacionais e falava sobre "judeus" ou "negros" de uma forma que seria considerada ofensiva hoje em dia. O mesmo ocorria em outros países. Com relação à imigração, o funcionalismo britânico presumia que a opinião pública só aceitaria os imigrantes que dentro de uma única geração eram indistintos dos nativos. Por isso deveriam ser brancos e vindos do norte europeu.

Grande parte dos testemunhos originais nas páginas que se seguem é, pelos padrões modernos, racista e xenofóbica. Caminhamos uma longa distância nos últimos sessenta anos.

Questões tanto de tom quanto de juízo surgem particularmente quando se escreve sobre os judeus que sobreviveram aos campos de extermínio — os *She'erith Hapletha*, ou "sobreviventes que restaram". O primeiro historiógrafo dos sobreviventes, o advogado judeu norte-americano e trabalhador de ajuda humanitária Leo Schwarz, formulou sua história em um molde epopeico, usando reconstruções tucididianas dramáticas dos eventos históricos, conversas e discursos, para produzir um efeito de romance que parece muito estranho atualmente. Duas décadas mais tarde, o historiador israelense Yehuda Bauer combinou uma erudição pioneira com profunda compaixão e compreensão: tendo conhecido muitos dos líderes dos sobreviventes, ele foi capaz de retratá-los como seres humanos de carne e osso, uma tradição mantida por seu aluno Ze'ev Mankowitz. Mais recentemente, no entanto, alguns estudiosos mais jovens na Alemanha e nos Estados Unidos se sentiram obrigados a abordar esse tema em tons de reverência e respeito e tratar os líderes como santos. Tentei seguir Bauer e Mankowitz. Da mesma maneira, mantive uma linha entre os dois extremos da erudição sobre as Pessoas Deslocadas judias — entre aqueles que as veem como donas de seu destino e aqueles que as retratam como "pouco mais que argila nas mãos dos emissários sionistas".

Essa história idealmente deveria ser contada de muitos pontos de vista: de cima e também de baixo. Mas as fontes disponíveis são desproporcionais: quase tudo vem de cima — dos funcionários Aliados ou da liderança das Pessoas Deslocadas — e só ocasionalmente nos deparamos com a voz do refugiado comum — tal como a Pessoa Deslocada polonesa que disse aos funcionários da Unrra no acampamento de Hohenfels, em dezembro de 1945: "Vocês não conhecem nossos sentimentos, vocês não sabem como entrar em contato conosco." Então tentou explicar o que seis anos como trabalhador escravo tinha feito com a sua mente.

Nos últimos anos, no entanto, algumas novas fontes importantes surgiram: memórias, literatura e relatos orais. Nas pesquisas para este livro desenterrei — em uma mala no norte de Londres — um conjunto importante de novos materiais, uma coleção de ensaios autobiográficos escritos por PDs em 1946.

Não há dúvida de que minhas próprias preferências e preconceitos serão aparentes para o leitor. Sou o produto de uma educação padrão da classe média inglesa, mas fui criado na Cidade do Cabo na década de 1950. Os amigos e colegas mais próximos de meu pai eram um aristocrata e historiador de arte prussiano, alto e solene, cujo irmão tinha sido executado por Hitler; um pintor belga temperamental que tinha passado algum tempo no Congo; e um escultor maravilhoso cuja família era de origem judaico-lituana. Escrevendo este livro, vim a compreender melhor todos eles.

1

ALIMENTANDO A MÁQUINA BÉLICA

"O ATAQUE DA GESTAPO AO NOSSO HOSPITAL foi bastante repentino."
Uma manhã na primavera de 1943 os alemães chegaram a um hospital na Cracóvia sem avisar e removeram todos os funcionários. Os médicos foram levados como estavam e as enfermeiras tiveram cinco minutos para se aprontarem. "Ficamos tão surpresos que nem mesmo guardamos os termômetros e as seringas, ainda estávamos segurando os instrumentos quando as portas dos caminhões bateram", recordou Anna, uma estudante de arte que trabalhava como enfermeira. Os pacientes foram simplesmente abandonados.

Os funcionários foram levados para uma estação próxima. Enquanto esperavam, observaram pequenas tragédias: um menino que correu atrás do pai foi parado pelas baionetas dos SS, um jovem que tentou escapar ficou com sangue escorrendo pelo rosto. Algum tempo depois os funcionários foram embarcados em um trem.

Duas noites mais tarde o trem parou numa estação com hall envidraçado em Hamm, na Westfália. Um ataque aéreo estava em curso. "Estava muito escuro, apenas a luz de refletores se cruzava formando figuras geométricas no céu." Eles foram levados para um abrigo. Quando saíram, viram os guardas comendo sanduíches e tomando cerveja. Os funcionários não recebiam comida havia vários dias.

Ao amanhecer, foram obrigados a caminhar até a Bolsa de Trabalho a mais de onze quilômetros de distância. Na autoestrada passaram por uma longa fila de seres humanos sujos e maltrapilhos arrastando os pés inchados, guardados apenas por motociclistas bem-vestidos da SS no começo e no fim da fila, além de encontrarem uma coluna de prisioneiros de guerra franceses com os uniformes esfarrapados. À medida que iam se aproximando da cidade, perceberam que todas as janelas estavam decoradas com bandeiras com suásticas vermelhas e cartazes anunciando uma visita de Mussolini. "Na Bolsa de Trabalho muitos empregadores potenciais nos esperavam", Anna escreveu mais tarde. "Eles começaram a nos examinar por todos os lados, principalmente os homens. Apalpavam-nos como se fôssemos peras verdes em uma cesta, ou gado em uma feira. Nós, jovens mulheres estudantes, não despertamos muito interesse para os compradores, portanto fomos as últimas no saguão." As moças queriam ficar juntas, mas foram todas separadas, dadas a senhores em várias partes do país. Anna foi ser trabalhadora agrícola. Como era uma moça da cidade, achou o trabalho muito difícil.

A única oportunidade de encontrar outros poloneses ocorria aos domingos, na igreja. Mas pouco tempo depois os alemães proibiram isso também. Quando alguns dos poloneses reclamaram, foram açoitados ou enviados para campos de concentração. Aos outros disseram que não podiam ir à igreja nem voltar para a Polônia. "Humilhados, nós voltamos para nosso arado e para o gado, que eram muito mais bondosos e amigáveis do que seus donos."

Aquela jovem polonesa, arrancada de seu hospital e jogada em um campo estrangeiro, não estava sozinha. No começo da Segunda Guerra Mundial, a máquina bélica alemã tinha se tornado dependente da mão de obra estrangeira.

O Terceiro Reich sofria de uma escassez crônica de efetivo e, principalmente, de trabalhadores agrícolas. No final dos anos 1930, à medida que a recuperação econômica e o rearmamento se intensificaram, foi estimado que houvesse uma carência de mais de 1 milhão de trabalhadores no Grande Reich Alemão, mesmo com a mão de obra estrangeira voluntária. As fazendas da Alemanha eram onde faltavam mais trabalhadores e algumas delas eram mantidas pelas esposas dos fazendeiros. Quando a guerra começou, em setembro de 1939, as autoridades tentaram proteger a agricultura, mas a convocação de cerca de 800 mil homens na idade mais adequada para o trabalho agrícola foi o suficiente para gerar pânico. O Ministério de Alimentos e de Agricultura, preocupado com a possibilidade de a mão de obra reduzida no campo não ser capaz de alimentar a população urbana, como tinha ocorrido na Primeira Guerra Mundial, insistiu que trabalhadores estrangeiros fossem convocados para o trabalho. Os 300 mil prisioneiros de guerra enviados para o Reich após a rápida conquista da Polônia foram imediatamente forçados a trabalhar, mas ainda faltava muito. Foram então elaborados planos para fornecer cerca de 1 milhão de trabalhadores do "governo-geral", a fragilizada autoridade política da Polônia. Já nos primeiros meses de 1940, dez trens por dia, cada um deles com cerca de mil trabalhadores, chegavam à Alemanha.

O emprego de poloneses desencadeou tensões ideológicas violentas na hierarquia nazista. Por um lado sentia-se que o recrutamento de trabalhadoras alemãs durante a Primeira Guerra Mundial tinha criado tensões sociais perigosas e convulsão política; era também uma pedra angular da política social nazista que o lugar de uma mulher era no lar, não na fábrica. Além disso, o regime estava convencido de que a guerra deveria ser travada sem infligir privações severas na população alemã, como ocorrera em 1917 e 1918. De todos esses pontos de vista, o uso da mão de obra polonesa fazia muito sentido.

Mas o que dizer da doutrina racial nazista? Como escreveu o historiador Ulrich Herbert, "trazer milhões de trabalhadores estrangeiros, em geral poloneses, para trabalhar no Reich era totalmente contra os princípios étnicos do nacional-socialismo, segundo o qual o emprego maciço de estrangeiros no Reich seria uma ameaça à pureza do sangue do povo alemão". Seria duplamente incoerente, num momento em que a SS, sob liderança de Himmler, estava elaborando planos para limpar o Leste europeu dos judeus e dos poloneses, trazer milhares de poloneses para a Alemanha.

A solução foi impor aos poloneses um "sistema de *apartheid* penal". Eles eram forçados a viver longe dos alemães em casernas separadas, usar uma etiqueta de identidade com a letra P e aceitar salários inferiores. Um *apartheid* social total era reforçado por punições cruéis e qualquer contato sexual entre poloneses e alemães era punido com a morte. E isso não era uma ameaça vã: desde o começo de 1940 trabalhadores e prisioneiros de guerra poloneses começaram a ser executados por "ofensas sexuais"; em junho de 1941, um trabalhador civil polonês, anteriormente considerado de bom caráter, foi enforcado por "ter colocado a mão por baixo da saia de uma jovem alemã no trabalho agrícola". Havia algumas reclamações por parte dos alemães locais, sobretudo porque essas execuções eram sumárias e realizadas em público, mas a intenção era que servissem como um aviso não só para os homens poloneses, mas também para as mulheres alemãs.

Apesar disso, as autoridades alemãs na Polônia se surpreenderam quando apenas 200 mil poloneses se apresentaram voluntariamente para trabalhar na Alemanha. Sem ter as tropas que seriam necessárias para arrebanhar centenas de milhares de poloneses à força, os alemães introduziram o recrutamento obrigatório de todos os habitantes do governo-geral entre as idades de quatorze e 25 anos. O resto do mundo, em grande parte, não soube o que estava acontecendo na Polônia porque a ação ocorreu sob sigilo total durante a invasão alemã do Ocidente em maio de 1940.

A Blitzkrieg ocidental produziu mais um enorme reservatório de mão de obra que pareceu solucionar por definitivo os problemas de carência de trabalhadores. Em outubro de 1940, 1,2 milhão prisioneiros de guerra franceses e britânicos tinham sido utilizados como mão de obra na Alemanha, principalmente na agricultura. Ao contrário do credo popular, a maioria dos prisioneiros britânicos não se envolveu em teatro amador, encontros homossexuais frustrados ou esquemas estouvados de fuga. Eles trabalhavam na terra ou, mais tarde, nas fábricas.

Ao mesmo tempo, os alemães também lançaram um enorme programa de recrutamento nos países da Europa Ocidental que atraiu milhares de outros trabalhadores. Eles então elaboraram regulamentos especiais para controlar o tratamento, o pagamento e o alojamento de cada grupo, com uma hierarquia complexa de privilégios — os trabalhadores alemães no alto da pirâmide, seguidos por *Gastarbeitnehmer* de países aliados como a Itália, depois por *Westarbeiter* do norte ou oeste da Europa, prisioneiros de guerra e, por último, os poloneses. A população alemã deveria agir de forma diferente com relação a cada um desses quatro grupos: "com os poloneses como a 'raça dominante', com os prisioneiros de guerra com reserva, com os italianos com simpatia e com os belgas com neutralidade." Mas, na prática, uma hierarquia diferente muitas vezes funcionava nos locais de trabalho e nas fazendas. Os italianos eram normalmente considerados preguiçosos, arrogantes e indignos dos altos salários que recebiam, e sua crítica da comida alemã, como batatas, *sauerkraut*, salsichas e pão preto, era muito mal recebida. Os poloneses, por outro lado, se adaptavam bastante bem na área rural e a maior parte dos civis do Ocidente, especialmente os belgas e os franceses, eram considerados bons trabalhadores. Eram pagos relativamente bem e suas condições de vida não eram muito piores que as de um trabalhador alemão médio.

A estratégia bélica que estimulou o uso alemão da mão de obra estrangeira foi conscientemente elaborada para evitar os erros do passado. A liderança nazista era perseguida pelas lembranças da Primeira Guerra Mundial, em que, a seu ver, o Exército alemão não tinha sido vencido no campo de batalha; o bloqueio naval britânico é que tinha levado a população civil alemã à inanição e destruído sua vontade de continuar a guerra. A frente interna tinha então infectado os soldados da linha de frente com seu derrotismo e fraqueza, e a Alemanha tinha "levado uma facada pelas costas". Portanto, dessa vez, era essencial garantir que a população da Alemanha não sofresse escassez de alimentos.

Quando 3 milhões de soldados alemães invadiram a União Soviética, em 22 de junho de 1941, Hitler e seus generais esperavam que a campanha durasse umas poucas semanas, no máximo uns poucos meses; e, à medida que a invasão da Rússia começava, os planejadores em Berlim já estavam transferindo seu foco para o próximo objetivo estratégico, uma campanha contra a Grã-Bretanha e os Estados Unidos. A expectativa era que os homens alemães que tinham sido convocados logo voltariam para suas fábricas e plantações.

Durante cerca de dois meses os eventos no Leste aconteceram de acordo com o que havia sido planejado. O Exército Vermelho ofereceu pouca resistência e, em uma série de intensas batalhas de cerco, centenas de milhares de soldados soviéticos foram capturados em bolsões de resistência e feitos prisioneiros. No fim de julho de 1941, em um clima de alguma euforia, a liderança nazista começou a elaborar planos ambiciosos para as terras conquistadas. Mas então o ritmo do avanço diminuiu e sinais de que a resistência russa estava se intensificando começaram a surgir. Embora o Wehrmacht continuasse a avançar cada vez mais pelo vasto interior soviético — tomando Kiev, a capital da Ucrânia, e limpando os países bálticos de tropas soviéticas já no fim de setembro —, as expectativas em Berlim começaram a mudar. Bastante tempo antes do bem-sucedido contra-ataque russo diante de Moscou em dezembro de 1941, já tinha ficado claro que havia uma longa campanha à frente.

Isso tinha implicações óbvias para as já distendidas reservas de efetivo da Alemanha. Não só os soldados alemães não estariam voltando para casa em um futuro próximo, mas uma quantidade enorme de novos recrutas seria necessária, e esses só poderiam vir da força de trabalho industrial do país. Isso, por sua vez, significava que, para que a produção de armamentos pudesse ser mantida, mais mão de obra estrangeira seria requerida. Novamente, essa proposição gerou tensões no interior do sistema. Por um lado, a propaganda nazista retratava os prisioneiros de guerra russos como "animais", e, portanto, seria impensável trazê-los para trabalhar na Alemanha e permitir que chegassem perto das mulheres alemãs. Por esse motivo — e com o pretexto de que a União Soviética não tinha assinado as Convenções de Genebra —, nenhum esforço real foi feito inicialmente para alimentar os 3,3 milhões de russos capturados na campanha de 1941, e mais da metade deles morreu congelada, de inanição ou exaustão ou por assassinato. No final, dos 5,7 milhões de prisioneiros russos capturados na guerra, por volta de 3,5 milhões perderiam suas vidas. Mas, por outro lado, para que se pudesse encontrar mais mão de obra, que alternativa existia a não ser usar os russos? Em 1942, a política foi revertida e os prisioneiros de guerra começaram a ser alimentados e colocados para trabalhar. Ao mesmo tempo, o novo "Plenipotenciário para o Emprego", o brutal *gauleiter* da Saxônia, Fritz Sauckel, começou uma campanha para recrutar trabalhadores civis das terras conquistadas mais ao Leste. "Existem 250 milhões de pessoas agora disponíveis para o mercado de trabalho alemão", dissera-lhe Hitler.

Na Ucrânia, os alemães tinham sido recebidos como libertadores, com os presentes tradicionais de pão e sal. Inicialmente houve um interesse considerável em ir trabalhar na Alemanha, alimentado pelos rumores de um padrão de vida muito mais alto naquele país. Propaganda encorajando os trabalhadores ucranianos era publicada nos jornais, cartazes eram distribuídos e um filme intitulado *Come to Sunny Germany* [Venha para a Alemanha ensolarada, em tradução livre], em que jovens ucranianos cantavam e dançavam no caminho para uma bucólica fazenda alemã, era exibido nos cinemas. A princípio a resposta foi considerável. Levados pela curiosidade, a expectativa de um bom salário, a promessa de um rápido retorno e uma sensação de que não tinham nada a perder, os voluntários se apresentaram. Na metade de janeiro uma banda militar tocava enquanto 1.500 jovens kievanos embarcavam em um trem para a Alemanha decorado com flores e faixas. Outros dois trens seguiram em fevereiro. "Tínhamos uma certa esperança de que na Alemanha ganharíamos algo e que poderíamos comprar algumas roupas decentes", recordou, mais tarde, um dos voluntários, "pois víamos que todos os alemães usavam roupas de boa qualidade feitas com tecidos bons e bem-confeccionadas".

"Os russos chegaram", escreveu uma francesa que trabalhava na Alemanha em maio de 1942. "São meninas ucranianas, tão jovens que ainda são praticamente crianças... A maioria é muito bonita. Todas usam sua estola tradicional ou um lenço branco envolvendo a cabeça e têm um ar tímido como o de um bando de pequenos pardais... São tão bonitas, tão inocentes, tão ingênuas com suas bijuterias baratas e seus vestidinhos surrados!"

Mas em poucos meses o fluxo de voluntários tinha secado; os ucranianos já não se apresentavam. Os rumores tinham logo chegado à Ucrânia sobre o abuso, os alojamentos de má qualidade, a comida ruim e a humilhação geral que os aguardava. Na prática, os trabalhadores ucranianos eram colocados em um lugar abaixo dos poloneses, confinados em acampamentos cercados de arame farpado "para evitar que divulgassem propaganda comunista", e obrigados a usar uma insígnia com a palavra *ost*. Com isso, Sauckel foi obrigado a fazer uso da coerção. As autoridades ucranianas foram ameaçadas de morte se não fornecessem uma certa cota de recrutas. Os anciões, nas aldeias, muitas vezes aplicavam seus próprios critérios arbitrários, protegendo os membros de suas famílias enquanto despachavam os que não eram queridos pelas autoridades, membros do Partido Comunista e ativistas, refugiados, poloneses, os fisicamente vulneráveis e aqueles considerados maus trabalhadores. "Bastava um patrão apontar para alguém que ele era mandado para a Alemanha", lembrou um homem.

Muitos anos mais tarde, as pessoas se lembrariam de como suas vidas mudaram. "Eu estava arando os campos [quando] a polícia apareceu e disse que íamos ser levados para a Alemanha", disse Anatolij Ljutikov a um entrevistador. Um lavrador de dezessete anos do sul da Ucrânia foi alocado como soldador em uma fábrica de munições perto de Bremen. Nikolai Sjoma tinha quinze anos quando "um policial veio me dizer que tinha de estar no ponto de coleta na manhã seguinte, às quatro horas, a fim de ser levado para a Alemanha... [Ele] continuou, dizendo que se eu fugisse incendiariam minha casa e enforcariam minha mãe". Poucos meses depois, Nikolai trabalhava em uma fábrica clandestina perto de Hildesheim. "No verão de 1942, eles me enxotaram para a Alemanha", Klavdiia Ochkasova, uma jovem que vivia em uma aldeia perto de Kiev, lembraria mais tarde. "No ponto de distribuição, eles nos davam números e os senhores já esperavam por seus escravos alemães. Eles começaram a escolher seus trabalhadores livres... como gado no mercado. Eu fui para um bom senhor. Ele era antifascista. Tratou-me muito bem e não tentou nada com as outras moças." No entanto, Klavdiia escreveu uma carta para a Ucrânia instando jovens ucranianos a não virem para a Alemanha, pois seriam espancados, humilhados e se tornariam objetos de zombaria naquele país. A carta foi interceptada, e ela foi presa e mais tarde enviada para um campo de concentração.

Quando apelos por voluntários e pressões sobre as autoridades ucranianas não conseguiram produzir os números desejados, os alemães simplesmente recorriam à arregimentação de pessoas em locais públicos. Puramente em termos numéricos, obtiveram resultados impressionantes. Entre janeiro de 1942 e fim de junho de 1943 os homens de Sauckel entregaram 2,8 milhões de estrangeiros para a força de trabalho alemã; isto é, todas as semanas, durante 78 semanas, cerca de 34 mil trabalhadores foram acrescentados à mão de obra industrial.

Não era apenas nas fábricas de armamentos e nas fazendas que era encontrada a mão de obra estrangeira. Hitler finalmente permitiu que os escritórios de mão de obra do Reich convocassem trabalhadoras alemãs para funções relacionadas com a guerra e que os empregadores as substituíssem por jovens mulheres do Leste europeu. A justificativa para esse lapso ideológico foi que no começo daquele mesmo ano, vendo, por acaso, algumas moças ucranianas, o Führer tinha se surpreendido com o cabelo louro e a aparência "ariana" dessas jovens. Concluiu, então, que elas tinham vestígios de sangue germânico, sendo descendentes dos godos, que em determinado momento tinham passado por essa área e, como tais, seriam aceitáveis como camareiras nos lares alemães. Em março de 1944, já havia umas 100 mil domésticas estrangeiras empregadas em domicílios alemães, quase metade delas vindas da União Soviética. As crianças iriam mais tarde se lembrar da chegada de uma "Mary Poppins das estepes", com "um casaco acolchoado, tamancos de madeira ou botas e o cabelo preso em cachos. Ela não falava alemão, nunca tinha visto um banheiro ou uma banheira dentro de casa, e o primeiro instinto da mãe das crianças era normalmente esfregar a babá para deixá-la limpa e impor-lhe a higiene alemã". No entanto, o Serviço de Segurança informou que as donas de casa alemãs preferiam empregadas estrangeiras porque "tinham boa vontade, eram trabalhadeiras e estavam ansiosas para aprender", enquanto as domésticas alemãs muitas vezes eram "desaforadas, preguiçosas e libertinas" e se permitiam "todos os tipos de liberdades, confiantes de que eram indispensáveis". Além disso, era possível pagar salários bem baixos a essas jovens do Leste, elas não esperavam ter férias e "aceitavam qualquer tipo de tarefa, por mais suja ou pesada que fosse".

Na primavera de 1942, o programa de mão de obra estrangeira foi vítima de seu próprio sucesso. A impiedade de Sauckel em sua procura por trabalhadores de todas as partes da Europa estava superando a capacidade da indústria alemã de absorvê-los: tanto o alojamento quanto a comida eram totalmente inadequados. Os empregadores relutavam em gastar muito dinheiro para alojar uma força de trabalho que eles consideravam temporária e improvisada, e materiais de construção eram difíceis de encontrar em tempo de guerra. Até o fornecimento dos três tipos básicos de casernas especificados pelo Ministério dos Armamentos — construídos para abrigar dezoito trabalhadores civis, 36 russos e doze mulheres, respectivamente — mostrou ser impossível para muitas empresas. Visitando o Ruhr em dezembro de 1942, até mesmo burocratas pouco sentimentais ficavam chocados com os alojamentos dos trabalhadores e falavam de um "quadro de desolação e empobrecimento" que "nunca seria extinto".

O verdadeiro problema, no entanto, era a comida. A chegada de todas essas bocas extras tinha exercido uma pressão ainda maior nas reservas de alimento, que já estavam no seu limite. Quando a ideia de usar mão de obra oriental foi discutida pela primeira vez, Göring tinha falado vagamente de lhes dar carne de gato e de cavalo para comer. Na prática, eram dados a esses trabalhadores aquilo que os 400 mil prisioneiros de guerra russos recebiam — uma dieta mínima de subsistência, que consistia de 16,5kg de nabo, 2,6kg de pão (feitos com cevada vermelha, refugos de beterraba e palha), 3kg de batata, 250g de carne de cavalo ou outros restos de carne, 130g de gordura e 130g de levedo, 70g de açúcar e 2,5l de leite desnatado por semana. Embora rica em carboidratos e fornecendo umas 2.500kcal por dia, essa dieta era muito pobre em gordura e proteína para sustentar um homem que fazia um trabalho braçal pesado, fato que rapidamente ficou claro para os patrões alemães. A força física e a ameaça de campos de concentração só era eficiente até certo ponto; a verdadeira razão para a baixa produtividade desses trabalhadores era a dieta inadequada. Uma empresa de armamentos reclamou que tinha "avisos quase diários de ucranianos que estavam dispostos a trabalhar, mas desmaiavam ao lado de suas máquinas". Enfatizando que sua preocupação era apenas com a produtividade, eles solicitavam mais comida "apenas com o objetivo de obter o melhor desempenho possível por parte dos trabalhadores ucranianos, que, sem dúvida, são diligentes e úteis". Os próprios *Ostarbeiter* reagiam tentando fugir — no segundo trimestre de 1942, foi anunciado que 42.174 trabalhadores estrangeiros tinham fugido, dos quais a Gestapo afirmou ter recuperado 34.457. Outros milhares que já não podiam mais trabalhar tiveram de ser enviados de volta para o Leste; muitos morreram na viagem — relatos falavam de cadáveres sendo jogados ao lado das linhas dos trens. O próprio Sauckel quis saber qual era a finalidade de trazer tantos trabalhadores para a Alemanha apenas para que seu potencial produtivo fosse desperdiçado pela péssima alimentação que lhes era dispensada pelo Ministério da Alimentação do Reich.

Mas o que agravou a crise de alimentos foi que ela se alastrou aos lares alemães. Em abril de 1942, o Ministério da Alimentação foi obrigado a anunciar cortes nas rações de comida distribuídas para a população alemã, um passo drástico se considerarmos a sensibilidade do regime com respeito ao estado de ânimo da população e a determinação de não repetir os eventos de 1917-18. Os temores do impacto da ração no ânimo das pessoas foram logo concretizados; o Serviço de Segurança anunciou que era "devastador", diferente de "praticamente qualquer outro acontecimento durante a guerra" e tinha produzido "uma intranquilidade extrema entre os civis alemães". Os *gauleiters* encontraram a infelicidade nas fileiras dos membros leais do Partido Nazista.

A crise de alimentos de 1942 foi uma das raras ocasiões em que a liderança nazista agiu de maneira coordenada e com um claro objetivo. A reação de Hitler foi substituir o ministro de Agricultura e Alimentação, o influente ideólogo nazista Walther Darré, por seu assistente mais eficiente, Herbert Backe. Homem acostumado a um pensamento estratégico ousado, Backe tinha sido o arquiteto do Plano de Fome de 1941, sob o qual mais de 30 milhões de eslavos teriam morrido de fome, um passo que só o fracasso do Wehrmacht de capturar Moscou e Leningrado tinha impedido. Então, ele agiu com determinação. Apoiado por Himmler e Göring, Backe decidiu que a distribuição de alimentos mudaria. A Alemanha já não mandaria alimentos para seus Exércitos no campo; em vez disso, o Wehrmacht viveria da terra. Ao mesmo tempo, os territórios conquistados — especialmente a França, a Ucrânia e o governo-geral na Polônia — enviariam seus cereais para a Alemanha. Além disso, certos grupos — judeus, ucranianos e poloneses — já não seriam mais alimentados. Para os poloneses, a ração seria cortada em março de 1943, mas para 1,2 milhão de judeus ela cessaria quase que imediatamente. Apenas 300 mil judeus classificados como trabalhadores receberiam alguma cota de alimento oficial e todos os judeus na Polônia que não fossem necessários para o trabalho deveriam ser mortos até o final do ano.

A crise dos alimentos de 1942 não iniciou a "Solução Final da Questão Judaica", mas provavelmente contribuiu para acelerá-la. Desde a conquista da Polônia, em 1939, a questão sobre o que fazer a respeito dos judeus da Europa tinha preocupado a liderança nazista. Em 1940 houve uma discussão sobre a possibilidade de mandá-los para a ilha de Madagascar, no oceano Índico, uma ideia claramente impraticável enquanto a Marinha britânica continuasse a existir. Depois surgiram vagos planos de concentrá-los no governo-geral, o Estado remanescente da Polônia. No começo de 1941, com a invasão da União Soviética começando a ser formulada, o esquema teve de mudar. Agora esperava-se que, após a vitória sobre o Exército Vermelho, os judeus fossem deportados para o interior da União Soviética e obrigados, durante alguns anos, a trabalhar sem comer até morrer. Mais tarde, naquele mesmo ano, os Exércitos invasores alemães foram acompanhados pelo *Einsatzgruppen*, tropas da SS apoiadas por policiais alemães e voluntários locais que assassinaram "bolcheviques judeus" entre a população soviética. A abrangência dessa matança foi rapidamente ampliada, atingindo primeiro mulheres e crianças e depois comunidades judias inteiras. Houve um número enorme de pessoas que foram mortas dessa maneira — em Babi Yar, perto de Kiev, 33.771 judeus foram executados. Apesar disso, o passo final na direção do genocídio industrializado ainda não tinha sido dado. O próprio Hitler parece ter hesitado.

No entanto, nos últimos meses de 1941 dois fatores fizeram com que ele mudasse de ideia. Primeiro, ficou claro que não haveria uma vitória rápida no Leste — e portanto nenhuma solução rápida para a Questão Judaica, a menos que uma nova estratégia fosse arquitetada. Segundo, a entrada dos Estados Unidos na guerra eliminou qualquer expectativa de usar os judeus como "reféns", uma ideia que Hitler tinha considerado seriamente durante vários anos. Agora, ao contrário, havia uma guerra mundial, e os judeus, que, como Hitler acreditava, tinham-na instigado, poderiam ser castigados. Segundo o diário de Goebbels, Hitler tinha dito aos *gauleiters* no dia 12 de dezembro de 1941 que "a guerra mundial está aqui, portanto, o aniquilamento do povo judeu deve ser a consequência necessária".

Ao mesmo tempo, estavam sendo tomadas iniciativas em um nível inferior e local que iriam transformar os espantosos processos de assassinato. Os ansiosos tenentes de Himmler estavam começando a aplicar ao aniquilamento dos judeus a tecnologia de envenenamento por gás, usado pela primeira vez contra pacientes mentais no projeto da Eutanásia T-4; novos campos especiais estavam sendo construídos ao longo das ferrovias na Polônia. Após meses de pressão por parte das autoridades nazistas, os judeus da Alemanhan então, foram deportados para o Leste. Em janeiro de 1942, em uma conferência em Wannsee, subúrbio de Berlim, a burocracia nazista aceitou que os judeus teriam de ser destruídos antes que a guerra terminasse, e que isso ocorreria na Polônia e não na União Soviética.

No decorrer dos meses seguintes, os judeus da Polônia foram rapidamente exterminados em Belzec, Sobibor e Treblinka, com pessoal alemão supervisionando os voluntários ucranianos que os guiavam como ovelhas para dentro das câmaras de gás recentemente instaladas. A abrangência da matança logo se estendeu para toda a Polônia. No começo do verão de 1942, um plano abrangente para o aniquilamento dos judeus de toda a Europa tinha sido elaborado e estava começando a ser implementado. Auschwitz começou a funcionar como um campo de extermínio na metade de 1942, e pouco depois judeus da Europa Ocidental ocupada — França, Bélgica, Holanda, Luxemburgo, e também da Eslováquia, da Polônia e da Ucrânia — eram assassinados lá.

A partir de 19 de outubro de 1942, a ração para os alemães e também para os estrangeiros que trabalhavam na Alemanha aumentou substancialmente.

Desde o começo de 1942, a Alemanha nazista defrontou-se com o poderio econômico combinado dos Estados Unidos, da União Soviética e do império britânico. Ela só poderia ter esperança de competir captando todos os recursos sob seu comando — e particularmente os de mão de obra. A situação piorou após a derrota em Stalingrado no final de 1942, na medida em que, como em uma hemorragia, perdiam-se soldados gradativamente; no começo de 1943, os alemães já estavam perdendo 150 mil homens por mês na Frente Oriental, e só a metade deles seria substituída por homens tirados das fábricas e plantações do Reich.

No entanto, apesar da crise de efetivo e diante da ofensiva de bombardeios dos Aliados, a produção industrial alemã continuava a crescer, atingindo o auge em 1944. Em parte isso foi resultado de um gerenciamento mais eficiente pelo qual o ministro de Armamentos de Hitler, Albert Speer, recebeu muito crédito no passado e hoje recebe muito pouco. Mas foi também resultado da crueldade com que a mão de obra de todos os tipos estava sendo explorada.

Para preencher o vácuo deixado nas fábricas os alemães conseguiram, apesar do revés militar em Stalingrado, obter milhões de trabalhadores estrangeiros, tanto da Europa Ocidental quanto da Europa Oriental. Os planejadores econômicos alemães argumentavam que fazia mais sentido trazer trabalhadores franceses para o Reich, onde os níveis de produtividade eram muito mais altos, do que deixá-los nas fábricas da França.

Os trabalhadores franceses na Alemanha estavam então divididos em aproximadamente três grupos — umas 250 mil pessoas que tinham originalmente se oferecido como voluntárias para trabalhar no Reich, um número semelhante de antigos prisioneiros de guerra obrigados por seus captores a trabalhar, e após a metade de 1943, jovens convocados sob um esquema conhecido como Service du Travail Obligatoire (STO). A sociedade francesa pressionava alguns jovens a cumprir seu dever e ir para a Alemanha, considerando sua partida como um preço a pagar pela proteção de suas comunidades e famílias de possíveis retaliações. O romancista Alain Robbe-Grillet, por exemplo, foi persuadido pelo diretor de sua universidade agrícola a ir para a Alemanha e passar nove meses dirigindo tanques Panther em uma fábrica em Nuremberg — seu capataz era um turco. Embora os trabalhadores franceses desfrutassem de condições muito melhores do que aquelas dos poloneses e dos russos, o STO era impopular em todo o país e mostrou ser uma ferramenta poderosa para recrutar membros para a Resistência. Os ricos e bem-relacionados eram até certo ponto capazes de evadir a convocação, e as *Grandes écoles* resguardavam alguns de seus alunos arrolando-os na mineração, que era uma profissão protegida. Dois grupos na sociedade demonstraram ser mais vulneráveis — o lumpemproletariado e os considerados pela polícia como socialmente marginalizados; e aqueles que eram considerados não essenciais para a economia bélica, tais como comerciantes, bancários e carteiros.

Entre novembro de 1942 e dezembro de 1943, mais de 700 mil franceses, belgas e holandeses foram recrutados. No entanto, esse sucesso teve um alto preço político. As necessidades que Sauckel tinha de mão de obra fizeram com que os governos francês, belga e holandês ficassem cada vez mais impopulares e estimularam os jovens a entrar para os — cada vez mais numerosos — grupos de resistência. A invasão dos Aliados na França, em junho de 1944, efetivamente fez chegar ao fim a onda de recrutas do Ocidente.

Enquanto na Europa Ocidental os alemães obtinham mão de obra pressionando os governos locais, na Europa Oriental eles simplesmente a sequestravam. Embora as condições tivessem deteriorado após a derrota de Stalingrado, com os Exércitos alemães em retirada e o aumento da atividade de guerrilheiros, "durante a retirada, habitantes fisicamente aptos dos setores evacuados eram levados à força para as áreas de retaguarda pelas tropas alemãs". Crianças também começaram a ser deportadas sistematicamente. Esses métodos toscos foram muito bem-sucedidos. Dos 2,8 milhões de cidadãos soviéticos que trabalhavam na Alemanha no outono de 1944, quase metade tinha sido deportada para o Reich *depois* da derrota de Stalingrado. No entanto, a mudança mais importante e mais dramática na utilização da mão de obra estrangeira veio de um setor completamente diferente.

Em julho de 1943, os desembarques dos Aliados na Sicília produziram um golpe em Roma. Mussolini foi deposto e o novo governo italiano, sob o comando do marechal Badoglio, na verdade mudou de lado. Os alemães reagiram rapidamente, ocupando a Itália ao norte de Roma e desarmando 56 divisões italianas no norte da Itália, na França e nos Bálcãs. Essas tropas foram então enviadas para a Alemanha e algo em torno de 600 mil italianos foram obrigados a trabalhar nas fábricas, fazendas e, ainda mais importante, nas minas.

Nesse período, a tensão entre os pragmáticos e os ideólogos na Alemanha intensificou-se. Por um lado, os setores no regime que estavam conscientes da situação política mais ampla — tais como o Ministério de Propaganda de Goebbels, o Ministério Oriental de Alfred

Rosenberg e o Exército — tentavam formular políticas que fossem mais humanas para os trabalhadores estrangeiros. Como agora a justificativa lógica da guerra tinha passado a ser uma cruzada europeia, liderada pelos alemães, contra o bolchevismo, fazia sentido oferecer concessões ao *Ostarbeiter* e criar algum sentimento de solidariedade com os alemães. A pressão por eles exercida realmente produziu alguma discussão sobre concessões, tais como insígnias menos ofensivas, melhorias nas condições de vida e a erosão das diferenças entre trabalhadores ocidentais e orientais. Mas, por outro lado, o partido e o aparelho de segurança continuavam implacavelmente contra qualquer tentativa de oferecer dignidade e decência aos trabalhadores orientais e estavam constantemente alertas com relação a qualquer sugestão de afrouxamento da vigilância.

Essa tensão entre "vitória" e "segurança" também podia ser encontrada nos locais de trabalho. A crise de alimentos em 1942 tinha demonstrado que era inútil esperar que os trabalhadores estrangeiros tivessem boa produtividade se estivessem mortos de fome. Mas, além disso, como os patrões deveriam tratar sua força de trabalho estrangeira, especialmente quando tantos trabalhadores alemães qualificados estavam sendo convocados pelo Exército? Seria possível confiar neles e treiná-los para que operassem as máquinas sozinhos? Em alguns setores da indústria de armamentos alemã, uma mudança de atitude por parte do gerenciamento realmente ocorreu. Inicialmente a chegada dos trabalhadores orientais os tinha obrigado a fornecer "educação social" a fim de criar uma força de trabalho administrável: "Tínhamos de obrigar os russos a se lavarem, a usarem lenços, a usarem os banheiros de forma adequada etc.", reclamou um patrão alemão. "Não só os homens, mas também as mulheres — e essas ainda mais, já que as russas que nos tinham sido concedidas não tinham aprendido os princípios mais fundamentais de higiene feminina. Tínhamos de organizar cursos fáceis para as russas, ensinando-lhes como uma mulher moderna civilizada se comporta, porque elas desconheciam até os produtos de higiene mais simples."

No entanto, em 1943, uma redução drástica da força de trabalho alemã obrigou alguns empregadores a treinar mulheres orientais para um trabalho muito mais qualificado, dando-lhes mais oportunidades de usar sua iniciativa e até confiando-lhes máquinas caras. Em algumas companhias de armamentos, esse novo sistema demonstrou ser extremamente bem-sucedido. Uma firma percebeu com orgulho que "o trabalhador oriental é muito mais útil para o chefe de equipe do que antes e agora pode trabalhar em sua máquina de uma maneira quase independente". Descobriu-se também que os níveis mais altos de qualificação entre os trabalhadores orientais como resultado de melhor treinamento contribuiu para reduzir a tensão entre os empregados alemães e soviéticos. De acordo com Ulrich Herbert, "quando a maioria das firmas considerou o desempenho prioridade essencial, elas começaram a considerar os trabalhadores orientais como empregados ideais". O gerenciamento na grande companhia de produtos ópticos, Carl Zeiss Jena, por exemplo, achou que as mulheres orientais eram "conscienciosas e raramente faltavam" e que, ao contrário de trabalhadores alemães, não podiam "sair de férias" — fatores que facilitavam muito a continuidade da produção na fábrica. Supervisionadas corretamente, elas desempenhavam muitas tarefas. "Por esse motivo, queremos mais trabalhadoras orientais!"

Entretanto, esforços semelhantes para melhorar a produção fornecendo treinamento e alimentação melhores na indústria de mineração não tiveram tanto sucesso. Aqui a cultura do local de trabalho era masculina e tradicionalmente brutal; debaixo da terra, a violência física para com os prisioneiros de guerra soviéticos e internos militares italianos, enviados para complementar o número decrescente de mineiros alemães, aumentava. De certa forma, a hostilidade para com os "traidores italianos" era ainda maior do que aquela para com os "odiados russos". "Até então tivemos de tratar esses indivíduos com gentileza, porque se não o fizéssemos seríamos acusados de insulto diplomático. Agora a coisa vai ser diferente", foi, segundo uma citação, o que disse um capataz. Um relatório no final de 1943 descobriu que os mineiros estrangeiros eram açoitados sem parar, recebiam roupas e cobertores inadequados e eram tratados com brutalidade pelos médicos. O gerenciamento fazia muito pouco para intervir. Portanto, não era nenhuma surpresa que os russos e os italianos estivessem morrendo como moscas.

Dada a diversidade das situações, não é fácil generalizar sobre as condições sob as quais os trabalhadores estrangeiros viviam, embora a vida normalmente fosse melhor nas fazendas do que nas fábricas. Depois de inspecionar uma série de acampamentos para trabalhadores orientais no verão de 1943, um funcionário do Ministério das Relações Exteriores alemão relatou que eles sobreviviam principalmente com sopa de nabo, eram vítimas dos trabalhadores ocidentais e tinham um alto risco de ficarem tuberculosos. Porém outros relatórios falam que o nível geral da saúde entre eles era surpreendentemente bom.

As trabalhadoras eram exploradas como mão de obra e desonradas como mulheres. Havia, no entanto, uma distinção importante entre como os dois grupos principais — francesas que tinham se oferecido como voluntárias para trabalhar na Alemanha nos primeiros anos da guerra e orientais apreendidas na campanha de Sauckel — eram tratados. Relatos contemporâneos franceses pintam um quadro cinzento das condições morais a que essas mulheres eram submetidas.

> Moralidade. Aqui a degeneração dessa massa de milhões de trabalhadores é verdadeiramente estarrecedora. Tem suas raízes nessa vida de caserna de uma multidão promíscua de homens, mulheres, jovens, moças de todas as raças... uma massa que está completamente isolada de suas conexões naturais; a cidade ou aldeia natal, a comunidade, a paróquia etc... que são tão importantes para a moralidade. Depressão, indignidade humana, tédio, cansaço, subnutrição, tudo isso encoraja a mais obscena das satisfações.

Fontes católicas francesas, tais como esse relatório de agosto de 1943, lamentavam a incapacidade das voluntárias francesas de resistir a esse mundo. Elas eram descritas como "ralé", "jovens e mulheres que vieram para tentar a sorte" ou que queriam compartilhar os despojos dos alemães. O resultado, com muita frequência, era que elas ficavam "praticamente condenadas à concubinagem ou à prostituição". No entanto, o mesmo relatório acrescenta que "o comportamento das mulheres francesas na Alemanha humilha profundamente a maioria dos prisioneiros e trabalhadores franceses".

Essas mulheres podem ter sido demonizadas injustamente, como argumentou o historiador Pieter Lagrou. Esses relatórios talvez fossem exagerados para servir às necessidades da Igreja Católica e escritos por jovens rapazes puritanos não acostumados à mundanidade da vida da classe trabalhadora, tingidos pela "misoginia clerical" e pela ideologia do governo de Vichy do marechal Pétain, "segundo o qual as mulheres não deveriam trabalhar fora e muito menos viajar para o exterior desacompanhadas". Mas a riqueza de detalhes que contêm sugere um mundo de degradação e brutalidade que vai muito além da promiscuidade fácil que Zola descreveu em seus romances.

Com relação ao segundo grupo, havia menos desacordo. Mais da metade dos trabalhadores civis poloneses e soviéticos era de mulheres, e, em média, com menos de vinte anos de idade. "A trabalhadora escrava típica na Alemanha em 1943", segundo Ulrich Herbert, "era uma colegial de dezoito anos de Kiev". Um funcionário do Ministério das Relações Exteriores alemão, que inspecionou vários dos acampamentos naquele ano, escreveu, por iniciativa própria:

> Apesar de sua saúde geralmente precária, [as trabalhadoras orientais] desempenham um trabalho braçal pesado ou muito pesado. A fim de melhorar sua condição um pouco, elas fornicam com os comandantes do acampamento e outros superiores. Por esse motivo, a situação nesses acampamentos é muitas vezes indescritível... Enfatizar o fato de a "profissão" de cafetão estar "prosperando" nos acampamentos e de as mulheres terem uma agradável "fonte de renda extra" com seus superiores alemães e trabalhadores alemães e estrangeiros, para que possam comprar pão e outros itens alimentícios no "mercado negro", é meramente levantar uma ponta da cortina atrás da qual as cenas ultrajantes são uma ocorrência diária.

Em julho de 1943, quatro meses depois de observar a chegada das "meninas russas" a uma fábrica de seda artificial em Krefeld, um prisioneiro político francês escreveu:

> A mudança em um ano é assustadora. Não que elas sejam abusadas fisicamente, já que o trabalho que exercem é bastante suportável. Mas

a promiscuidade em que essas pobres infelizes são obrigadas a viver, a existência vergonhosa que lhes é reservada aqui, degradou-as completamente e matou sua alma. Para onde foram aquelas meninas bonitas com seus rostos doces e inocentes, emoldurados por seus lenços e fitas? A maioria delas abandonou os enfeites que tradicionalmente usam na cabeça, e com eles toda a dignidade humana que trouxeram de seus países de origem. Agora elas fazem permanente no cabelo e usam uma maquiagem pesada, gritam e berram o tempo todo e dormem com o pior dos piores entre os trabalhadores belgas e holandeses. Muitas delas foram infectadas com doenças e 25 estão grávidas. Aquelas que conseguirem voltar para a Ucrânia terão uma linda lembrança da "civilização ocidental".

A princípio, as mulheres que engravidavam eram enviadas de volta a seus países de origem. Mas quando ficou claro que essa política estava sendo utilizada estratégia para fugir da Alemanha, ela foi modificada. Em 1943, um grande número de "clínicas para crianças de estrangeiras" tinha sido estabelecido por empresas alemãs. Elas eram fortemente supervisionadas pelas autoridades raciais da SS e uma clara distinção era estabelecida entre crianças com "bom sangue", isto é, com pais alemães, e as demais. Crianças "de boa raça" filhas de mulheres estrangeiras deviam ser criadas como alemãs em abrigos especiais, enquanto que as de "raça inferior" seriam acolhidas em outros abrigos especiais, e, na verdade, acabavam morrendo em virtude de abandono ou subnutrição.

Em 1943, outra questão estava chegando para dominar a vida dos trabalhadores estrangeiros na Alemanha. Embora a política britânica de "bombardeio de áreas" tivesse tido como alvo as regiões industriais da Alemanha desde 1942, tanto os ingleses quanto os americanos levaram algum tempo para reunir os aeroplanos necessários para operações eficientes e em grande escala. Mas na metade de 1943 Hamburgo foi devastada por uma tempestade de fogo e milhares de toneladas de altos explosivos e incendiários estavam sendo lançados todas as noites em Ruhr, o coração industrial da Alemanha, onde a maioria dos trabalhadores estrangeiros então estava concentrada. De modo geral, não era permitido aos trabalhadores estrangeiros entrar nos enormes abrigos antiaéreos para os quais a população alemã podia se retirar, e seus alojamentos rústicos ficavam muito vulneráveis aos bombardeios. Um único ataque sobre Essen dia 5 de março de 1943 deixou quase 10 mil trabalhadores desabrigados.

Consequentemente, para os estrangeiros, esses bombardeios eram de fato "bombardeios de terror". A reação deles foi fugir. Cada vez mais os trabalhadores franceses que tinham direito a férias na França não voltavam, enquanto os orientais fugiam para partes mais seguras da Alemanha e tentavam encontrar outros empregos, com algum sucesso. Em junho de 1944, Albert Speer já se queixava a Hitler, dizendo que, por ano, 500 mil estrangeiros fugiam.

A ofensiva de bombardeios obrigou os alemães a uma iniciativa final. Grande parte da produção industrial foi transferida para o subsolo e foi feito um uso muito maior da mão de obra dos campos de concentração. É claro, sempre houvera uma política de extrair trabalho dos campos de concentração e de extermínio — esse era o princípio que orientava as "seleções" em Auschwitz. (Goebbels escreveu em privado que esperava que 60% fossem mortos imediatamente e 40% deveriam ser obrigados a trabalhar até morrer.) Mas o sistema de controle da mão de obra da SS tinha sido sempre ineficiente e isolado da economia alemã em geral. No entanto, no fim de 1942, depois de assumir o controle da Organização Todt, Albert Speer estabeleceu um novo esquema pelo qual os grupos de mão de obra dos campos de concentração ficariam disponíveis para as empresas privadas, abrigados em campos externos especiais, fora das cidades. No começo de 1944, ocorreu outra mudança. Ficou decidido que, em virtude da carência aguda de mão de obra e o fato de a maioria dos judeus nos territórios conquistados já ter sido exterminada, os prisioneiros judeus seriam colocados para trabalhar dentro do Reich. Alguns trabalhavam para a SS, outros eram enviados para empresas privadas.

Ora, a mão de obra dos campos de concentração também teve de trabalhar nas vastas fábricas no subsolo em que as armas secretas alemãs (armas V) deveriam ser construídas. No final do ano, foi

A LONGA ESTRADA PARA CASA

avaliado que o número total de prisioneiros (judeus e não judeus) de campos de concentração era cerca de 600 mil, dos quais algo em torno de 500 mil foram considerados fisicamente aptos para o trabalho. Desse número, 140 mil trabalhavam em projetos no subsolo, 130 mil envolvidos nos projetos de construção da Organização Todt e outros 230 mil empregados por companhias privadas como Daimler-Benz, Messerschmitt e Heinkel.

Essa mudança de prioridade do extermínio para a extração de potencial de trabalho sem dúvida salvou a vida de muitos judeus, mas a intenção era apenas matar as pessoas mais lentamente. As condições, em especial nos projetos no subsolo, eram terríveis, e a dieta consistia simplesmente de sopa de nabo e um pouco de pão e carne. "Quase no final de 1944", escreve Ulrich Herbert, "a expectativa de vida dos prisioneiros estava limitada a uma média de poucos meses. Aqui um homem não valia mais que a quantidade de força física que podia reunir no decorrer de umas poucas semanas. Para as centenas de milhares de pessoas nesses campos, o trabalho era sinônimo de extermínio".

Nessa fase da guerra, estrangeiros começavam a chegar à Alemanha voluntariamente — pessoas que não tinham sido recrutadas ou capturadas nas ruas, mas que estavam fugindo dos russos.

Após o fracasso da enorme ofensiva alemã contra a "protuberância Kursk" em julho de 1943, o Exército Vermelho contra-atacou e começou a recuperar território soviético. O rio Dnieper foi alcançado já em setembro de 1943 e Kiev, a capital da Ucrânia, foi ocupada dia 6 de novembro. Em janeiro de 1944, o doutor Alexander Woropay e sua esposa decidiram pegar a estrada para o Ocidente. Agrônomo que não conseguiu prosperar antes da guerra em virtude de sua "origem social", ele tinha suportado a ocupação alemã e sentia que aquele era o momento apropriado para se retirar com as forças alemãs. Viajando em uma carroça puxada por um cavalo, o casal passou por várias situações de perigo antes de alcançar Berlim. A princípio foram colocados em um acampamento para estrangeiros, mas com o auxílio do Comitê de Ajuda Ucraniano puderam trabalhar como lavradores em uma fazenda da Bavária.

Mais tarde naquele mesmo ano, o Exército Vermelho lançou a Operação Bagration, uma ofensiva maciça por toda a frente. Em julho e agosto de 1944, enquanto os Exércitos Aliados desocupavam a França, os russos reocuparam primeiro os países bálticos e depois o oeste da Ucrânia. Na Estônia, uma moça chamada Helena estava entre as pessoas que escolheram não ficar para lhes dar as boas-vindas:

> Era um dia de verão em setembro de 1944 quando abandonamos nosso lar e nossa terra natal. O trabalho, as responsabilidades e as alegrias de anos tiveram de ser deixados para trás. Minha mãe gritou: "Feche o piano e jogue a chave pela janela." De uma roseira ao lado do portão eu peguei três botões e os coloquei em meu livro de poesia, que levei como a única lembrança.

Eles dirigiram em alta velocidade, e logo sua casa branca tinha desaparecido por trás dos abetos. No porto de Tallinn, reinava o caos, com milhares de pessoas, cavalos e caixotes de frete no cais, e aviões russos jogando bombas. Mas eles conseguiram embarcar em um navio, e aquela noite, quando Helena ficou com sua mãe e seu irmão observando a silhueta distante da costa da Estônia se afastar, ela recordou as palavras de um escritor: "Quando um homem perde sua terra natal, ele perde tudo o que tem."

O navio foi atacado pelo ar, mas acabou conseguindo chegar às "torres douradas de Danzig". Lá Helena encontrou vaga em um jardim de infância rural, "o trabalho mais sujo e mais desagradável", até que, recorrendo a um conhecido de antes da guerra, ela escreveu para uma baronesa silesiana e foi convidada para "os salões esplêndidos de seu castelo". Ela até mesmo conseguiu persuadir os *Arbeitsamt* em Breslau a deixar que sua família trabalhasse na propriedade da baronesa, e à noite, depois que todos tinham ido dormir, podia passar uma hora praticando no piano do castelo. Mas em janeiro de 1945 a aproximação do Exército Vermelho obrigou-os a fugir outra vez e continuar mudando de lugar, até que Helena terminasse como ajudante de cozinha em um hospital militar na Saxônia.

No dia do Ano-Novo em 1945, Hitler fez um de seus últimos discursos pelo rádio para a população alemã. Nessa ocasião, ele complementou seus rosnados de provocação normais com uma referência irônica aos planos dos Aliados para o futuro da Europa. O líder alemão derramou seu desprezo pela "teórica nomeação de comissões cada vez mais novas para o tratamento das questões europeias depois da guerra, a fundação de sociedades para a regulamentação das provisões de alimentos depois do colapso alemão". Os Aliados, disse ele, "sempre agiram como se já tivessem ganhado a guerra, como se agora já pudessem examinar à vontade todas as medidas necessárias para aqueles que governam a Europa que se mostraram um triste exemplo de como não se deve governar".

Na verdade, essas preparações para as consequências da guerra tinham ocorrido praticamente desde que o primeiro tiro fora disparado.

2
COMIDA E LIBERDADE

A GRÃ-BRETANHA ESTAVA COM MUITO pouca sorte em agosto de 1940. Depois de ocupar a maior parte da Europa Ocidental, do norte da Noruega até o sul da França, os alemães tinham se voltado para a primeira fase da invasão planejada da Grã-Bretanha, um ataque aéreo. Em 20 de agosto, com o resultado da Batalha da Grã-Bretanha ainda na balança, tinha chegado o momento para o primeiro-ministro reanimar uma vez mais a nação.

Dirigindo-se à Câmara dos Comuns naquele dia, Winston Churchill procurou alentar a coragem britânica e examinar o "campo amplo e escuro" da guerra. Expressando sua crença de que "nossa ciência está definitivamente à frente da deles", sua fé no domínio britânico dos mares e sua habilidade para mobilizar recursos e disposição para resistir a invasores, Churchill elogiou o papel desempenhado pelos aviadores britânicos: "nunca no campo do conflito humano tanto foi devido por tantos a tão poucos." Em seguida, o primeiro-ministro reafirmou a determinação de seu governo de manter e fazer cumprir um bloqueio econômico estrito não só da Alemanha, mas também da Itália, da França e de todos os outros países que tinham caído nas mãos alemãs; mas ele equilibrou aquele compromisso com o bloqueio com uma passagem sobre "comida e liberdade entrando juntas na Europa":

> Podemos e iremos organizar com antecedência a rápida entrada de comida em qualquer parte da área escravizada, quando aquela parte for totalmente esvaziada de forças alemãs e tiver genuinamente obtido sua liberdade outra vez. Faremos o possível para estimular o acúmulo de reservas de alimentos em todo o mundo, para que seja sempre mantida diante dos olhos do povo da Europa, incluindo — e digo isso

propositalmente — os povos alemão e austríaco, a certeza de que a destruição do poder nazista lhes trará, no mesmo momento, comida, liberdade e paz.

A promessa feita por Churchill era extraordinária. Os ingleses, lutando para permanecer na guerra, mal podiam se alimentar, como iriam prover para a metade da Europa? Por que, então, o primeiro-ministro tinha falado dessa forma? O que Churchill tentava era reconciliar a determinação britânica de aplicar a política do bloqueio — que, após a queda da França, era uma das poucas armas restantes em seu arsenal — com a necessidade de apaziguar os poderosos críticos da "guerra econômica". Os governos europeus no exílio em Londres temiam que o bloqueio fizesse suas populações sofrer e lhes empurrasse para os braços dos alemães, enquanto que grupos humanitários na América, liderados pelo ex-presidente Herbert Hoover, insistiam em que o bloqueio fosse parcialmente suspenso a fim de permitir que provisões destinadas à ajuda humanitária passassem para os países ocupados da Europa Ocidental. E assim, para justificar o bloqueio diante da opinião internacional, os ingleses foram obrigados a levantar a questão da ajuda à Europa no pós-guerra.

A partir desse momento, a guerra econômica e o planejamento da ajuda pós-guerra estariam ligados do ponto de vista burocrático em Whitehall. Por um lado, o bloqueio continuou — e o fato de os alemães então controlarem muito mais partes da Europa do que tinham em 1914-18, e, portanto, de acharem mais fácil evitar seus efeitos, tornava os ingleses ainda mais decididos a impô-lo. No caso da Grécia, no entanto, após a morte de cerca de 200 mil gregos no inverno de 1941-42 e uma campanha veemente envolvendo muitos religiosos, intelectuais e médicos importantes que levou a opinião pública britânica a pressionar para que isso ocorresse, o governo acabou cedendo. Além da Grécia, nenhuma outra exceção foi permitida. De um modo geral, o bloqueio teve algum efeito na economia alemã, mas muito menos do que os otimistas beligerantes no Ministry of Economic Warfare — órgão britânico — acreditavam.

Contudo, ao mesmo tempo era feito um esforço simbólico para honrar o compromisso com a "ajuda humanitária". O discurso de

Churchill teve ampla publicidade e foi criado um comitê em White-hall para organizar as provisões necessárias para que "a comida e a liberdade entrassem juntas na Europa". O comitê tinha como presidente o diretor-geral do Ministry of Economic Warfare, Sir Frederick Leith-Ross, que ainda era nominalmente o principal conselheiro econômico do governo, mas que na prática tinha sido posto de lado pela volta de John Maynard Keynes ao Ministério da Fazenda. "Leithers" tinha apenas 55 anos, mas parecia mais velho e, tendo iniciado sua carreira pública em 1910, de alguma forma tinha se transformado em alvo de zombarias. Seu ministro, o egomaníaco Hugh Dalton, acreditava que ele era "um tanto insípido", mas até bom para certas tarefas".

O clima no "Comitê para Excedentes" deve ter sido surreal, mas não mais que em muitos outros órgãos semelhantes no Whitehall de 1941. Seu problema principal era que a maior parte dos alimentos excedentes do mundo estava nos Estados Unidos ou no hemisfério ocidental, e a maior parte do dinheiro e dos navios necessários para fazê-los chegar à Europa já estava comprometida em manter os ingleses em circulação; posteriormente, Leith-Ross recordou que "o progresso foi lento, a princípio". Após uma conferência em Londres em setembro de 1941, no entanto, um comitê com título muito mais pomposo — o Comitê Interaliado para Necessidades do Pós-Guerra — foi criado, e os governos europeus no exílio em Londres foram colocados para trabalhar compilando avaliações de alimentos, matérias--primas e outras provisões que, a seu ver, seus países necessitariam nos primeiros seis meses após a libertação. Ainda era um trabalho difícil. "Até o presente precisamente nada foi feito para concretizar a declaração do primeiro-ministro", lamentou Leith-Ross em 29 de outubro de 1941, "e no ritmo de progresso atual, parece-me que provavelmente muito pouco será feito antes de a guerra terminar".

Na verdade, no entanto, o planejamento do pós-guerra estava a ponto de ser transformado, graças à nova direção que a própria guerra estava tomando.

A entrada na guerra primeiro da União Soviética e depois dos Estados Unidos (após o ataque a Pearl Harbor, em 7 de dezembro de

1941) transformou a política de ajuda humanitária. A partir daquele momento, a complexa interação entre Moscou e Washington iria determinar como a ajuda seria distribuída.

O governo soviético se interessou seriamente pela ajuda humanitária. Já recebendo alguma ajuda da Grã-Bretanha, e sob a Lei de Empréstimo e Arrendamento de 1941 (*Lend-lease*), também dos Estados Unidos, os russos não tinham qualquer problema em aceitar ajuda — considerada uma "recompensa por lutar" —, contanto que ela fosse dada de maneira incondicional. Mas eles também tinham lembranças do passado, especialmente da maneira pela qual a fome do Volga de 1921 tinha obrigado ao então recente regime bolchevique a aceitar ajuda do exterior. Depois de meses de negociações, uma equipe norte-americana liderada por Herbert Hoover foi aceita na União Soviética, onde fez um trabalho sério e salvou milhões de vidas; no entanto, a divergência ideológica entre Hoover e seus anfitriões russos nunca foi superada, deixando um legado de má vontade dos dois lados. Em Londres, em 1942, Leith-Ross encontrou o embaixador soviético, Ivan Maisky, "cheio das suspeitas mais absurdas" — de que a "Administração de Assistência possa ter sido criada como [uma instituição] supragovernamental" e possa "distribuir comida na Rússia como Hoover fez da última vez, sem qualquer referência às autoridades locais". Maisky também queria "ter a garantia de que a intenção não era reenviar russos brancos para o território soviético contra a vontade do governo soviético". Por outro lado, os políticos do Ocidente perceberam que a questão da ajuda poderia, se fosse tratada com a consideração adequada às sensibilidades soviéticas, ser usada como um quebra-gelo diplomático. Hugh Dalton, o ministro do Economic Warfare britânico, viu "muita vantagem em chegar aos detalhes com os russos, em parte porque lhes dará confiança em nossa boa-fé e em parte porque nos manterá alertas quanto a seu estado de espírito".

Em janeiro de 1942, o governo soviético tomou a iniciativa, propondo substituir o Comitê Interaliado Britânico de Leith-Ross por uma organização internacional com poderes amplos e pessoal internacional dos quais seriam excluídos os domínios norte-americanos e britânicos. Embora claramente pouco realista, esse esquema não poderia ser rejeitado; alguma contraproposta tinha de ser fornecida, especialmente porque a essa altura já se sabia que os governos holandês e norueguês no exílio, ignorando a promessa de Churchill, tinham começado a enviar em sigilo missões para a América do Sul a fim de começar a comprar provisões para serem usadas no pós-guerra. Eles só poderiam ser persuadidos a desistir se fossem convencidos de que suas necessidades seriam supridas pela "preparação coletiva para um esforço comum"; tinha se tornado "necessário arquitetar uma maquinaria para a prevenção de uma confusão descoordenada e inútil".

Ao mesmo tempo, com a União Soviética e os Estados Unidos já na guerra, a questão de como organizar e pagar pela ajuda do pós-guerra na Europa assumia maior urgência, principalmente a partir do momento em que foi separada das complexas negociações financeiras anglo-americanas sobre como pagar pela guerra e criar novas instituições financeiras para a paz vindoura. O papel dos norte-americanos seria crítico. Não só a maioria dos alimentos excedentes do mundo estava nos Estados Unidos e no Canadá, mas também só os norte-americanos eram ricos o suficiente para pagar aquela conta.

As ideias norte-americanas vieram de vários lugares, e um ponto de partida foi o trabalho da Administração da Ajuda Humanitária Americana após a Primeira Guerra Mundial. A opinião norte-americana bem-informada estava ciente de que, embora a ARA tivesse provavelmente salvado a Europa da fome ao levar mais de 7 milhões de toneladas de ajuda humanitária para os países destruídos pela guerra em 1919, ela nunca trouxera para os Estados Unidos qualquer grande recompensa de boa vontade e gratidão — principalmente porque o competente administrador da ARA, Herbert Hoover, tinha insistido em liderar seu próprio show e tinha rudemente solapado as sensibilidades europeias, usando a comida como arma para "estancar a maré do bolchevismo" e descarregando na Europa os excedentes agrícolas acumulados, fazendo dele o "tsar dos alimentos" em Washington durante a guerra. Agora que a ajuda tinha sido dada incondicionalmente, a insistência norte-americana de que ela deveria ser paga contribuiu para introduzir um clima recriminatório de dívida e ressarcimento que evenenava as relações internacionais no entreguerras. "Mesmo que todas as provisões venham dos Estados Unidos", concluiu a crítica de um especialista em 1943, "não devemos desempenhar o papel de 'Lady Bountiful', a grande caridosa, e esperar que o mundo nos agradeça por sermos tão ricos. Faria muito mais sentido integrar um órgão internacional que decidisse aonde e como as provisões deverão ir". O presidente norte-americano era da mesma opinião, mas por motivos diferentes. Como parte de seus planos para o mundo pós-guerra, ele tinha uma visão instrumental da ajuda.

Winston Churchill e Franklin Delano Roosevelt se encontraram pela segunda vez no navio de guerra britânico *Prince of Wales*, na baía Argentia, Terra-Nova, em agosto de 1941. Os dois líderes conferenciaram por vários dias, realizaram um serviço religioso ao ar livre no qual cantaram o hino "For Those in Peril on the Sea" [Para aqueles em perigo no mar, em tradução livre] e divulgaram um comunicado que passou a ser conhecido como Carta do Atlântico, uma declaração dos objetivos britânicos na guerra (os Estados Unidos ainda não estavam na guerra), em que o termo "Nações Unidas" foi usado pela primeira vez. Roosevelt pareceu a um diplomata britânico "um homem voluntarioso que tem a intenção de monopolizar os holofotes ao lançá-los sobre a paz, mas cujas ideias políticas são ainda as de vinte anos atrás"; esse mesmo diplomata desprezou a minuta do presidente para a declaração conjunta a ser publicada com Churchill com as palavras: "um documento terrivelmente confuso, repleto de todos os velhos clichês do período da Liga das Nações."

Essa era apenas a metade da história. É bem verdade que a retórica de Roosevelt tinha um sabor um tanto internacionalista — afinal ele tinha feito uns oitocentos discursos a favor da Liga das Nações como candidato democrata à vice-presidência em 1920 — e que ele queria fazer outra tentativa de criar um novo arcabouço internacional. Mas estava decidido a evitar tanto os erros de Woodrow Wilson depois da Primeira Guerra Mundial — quando a recusa arrogante do presidente a aceitar uma solução conciliatória tinha levado à rejeição da Liga pelo Congresso — quanto os erros da própria Liga, que tinha se tornado um clube para conversas irrelevantes. Qualquer sucessor para a instituição, Roosevelt reconheceu, só daria certo se tivesse o apoio das grandes potências, em particular dos Estados Unidos e da União Soviética. Esse era o objetivo de Roosevelt, mas, ao avançar nessa direção, ele exerceu a mesma precaução tática e habilidade política que tinha exercido ao colocar os Estados Unidos na guerra.

A ideia de um "órgão internacional" para administrar a ajuda humanitária, portanto, estava de acordo com o objetivo maior de Roosevelt de persuadir os russos a fazerem parte de uma nova organização de segurança internacional dominada pelos chamados "Quatro Policiais" — Estados Unidos, União Soviética, Grã-Bretanha e China —, com a qual ele tinha a intenção de substituir o desacreditado sistema de segurança baseado na Liga das Nações do pré-guerra. Ao mesmo tempo, consciente das falhas de Woodrow Wilson em 1920, Roosevelt teve o cuidado de obter o apoio dos líderes do Congresso e da opinião pública norte-americana, uma tarefa que foi facilitada ao assumir uma posição mais internacionalista quando os Estados Unidos entraram na guerra. O vice-presidente, Henry Wallace, por exemplo, queria uma "paz do povo" em que o New Deal fosse aplicado no mundo todo. No ano seguinte, o livro do candidato derrotado, Wendell Willkie, *One World* [Um mundo], que continha um longo "sermão sobre o internacionalismo", tornou-se um best-seller sensacional. O presidente era mais cauteloso, no entanto. "O projeto de Roosevelt para o mundo", anunciava um jornal, estava primordialmente relacionado "não com as aspirações de um mundo melhor (...) e sim com técnicas ou instrumentos frios e realistas, necessários para fazer com que aquelas aspirações funcionassem. Isso significa que ele está se concentrando no poder". Como a ajuda humanitária oferecia uma oportunidade para criar os instrumentos de cooperação internacional e colocar um freio nos soviéticos, Roosevelt lhe deu prioridade. Ignorando instituições existentes em que a União Soviética não estava representada, em dezembro de 1942 ele nomeou o governador do estado de Nova York, Herbert Lehman, chefe da ajuda humanitária norte-americana. A tarefa de Lehman era montar a organização de ajuda humanitária internacional, planejar sua missão no pós-guerra, organizar estoques de alimentos e organizar o transporte marítimo para realizar essa ajuda.

Enquanto os políticos estabeleciam mecanismos para a ajuda no pós-guerra, um processo paralelo estava em operação, no qual intelectuais, "especialistas", emigrados europeus e pessoas que trabalhavam com a ajuda humanitária buscavam definir o próprio papel e fortalecê-lo. Muitas das vozes proeminentes nessa conversação eram da esquerda política, pacifistas e internacionalistas que se opunham à guerra em geral e não tinham qualquer papel no atual esforço de guerra. No entanto esse processo era importante porque contribuía para definir, *a priori*, como o cenário do pós-guerra seria compreendido e categorizado; em particular, produzia um construto central que definia a ajuda no pós-guerra, isto é, o da Pessoa Deslocada. Não está claro quem cunhou o termo, que não era usado em 1939, quando a organização britânica Chatham House produziu um levantamento magistral do problema dos refugiados mundiais, mas é possível que tenha se originado no comitê de Leith-Ross. Em 1942, o conceito de Pessoa Deslocada já tinha se tornado parte do discurso intelectual da guerra aliada, como foi claramente visto quando o grupo de reflexão de esquerda Sociedade Fabiana realizou uma conferência sobre Ajuda Humanitária e Reconstrução da Europa em Oxford, no dia 12 de dezembro de 1942.

A escolha do momento da conferência foi crucial. Após a vitória britânica no deserto ocidental, em El Alamein, e os desembarques dos Aliados no norte da África, deixando o VI Exército alemão recentemente isolado em Stalingrado, a perspectiva de uma vitória já era visível. Era claro que Roosevelt ia estabelecer algum tipo de órgão de ajuda humanitária internacional, portanto era o momento para que os grupos de pressão fizessem com que suas vozes fossem ouvidas.

Os grandes canhões da esquerda intelectual prepararam o terreno. O editor Leonard Woolf — corajosamente continuando seu trabalho público apenas um ano após o suicídio de sua esposa, Virginia — avisou que a Europa enfrentava sua maior crise desde a Guerra dos Trinta Anos. Naquela época o país tinha levado um século para se recuperar; agora estava claro que Hitler legaria ao continente um apocalipse de dimensões sem precedentes. Quando a guerra terminasse, haveria necessidade de um esforço imediato de ajuda humanitária, acompanhado de uma reconstrução de longo prazo: projetos tão vastos que não poderiam ser deixados na mão de interesses econômicos privados. Só a ação intergovernamental de grande escala poderia enfrentar esse desafio. Esse tema foi desenvolvido pelo biólogo e conferencista Julian Huxley. A guerra, declarou ele, era apenas o sintoma de uma revolução histórica mais ampla. O *laissez-faire* capitalista e os sistemas políticos nacionais tinham entrado em colapso; o que era necessário para substituí-los era mais planejamento, mais controle governamental e um grau mais alto de organização internacional, tanto econômica quanto política. Finalmente, Harold Laski, professor de política na London School of Economics, apelou para que os governos Aliados mostrassem magnanimidade na vitória e não punissem civis inocentes nos países inimigos. Ecoando Leonard Woolf, ele insistiu que qualquer maquinaria de ajuda humanitária deveria ser capaz de lidar não só com "a recuperação imediata", mas também com a reconstrução de longo termo. As Nações Unidas — e sobretudo os Estados Unidos e a Grã-Bretanha — deveriam considerar a maquinaria que tinham construído "não como uma espécie de Cruz Vermelha Internacional, que entra para fazer um trabalho com ambulâncias após uma enchente ou um terremoto, e sim como um sistema de instituições relacionado de maneira vital com o tipo de mundo que queremos construir quando a paz vier".

As profecias dos intelectuais foram substanciadas por um segundo grupo de oradores, médicos e pessoas trabalhando com ajuda que tinham testemunhado as consequências catastróficas da Grande Guerra. Todos eles estavam cientes de que os cerca de 9 milhões de homens que tinham sido mortos no campo de batalha entre 1914 e 1918 eram poucos se comparados com o número de civis que tinham morrido depois da guerra, à medida que a população europeia, enfraquecida pela fome durante os conflitos e pelo bloqueio britânico, tinha sucumbido às doenças. As pessoas que então trabalhavam com a ajuda humanitária eram perseguidas pelas lembranças da epidemia de gripe de 1918-19 que tinha matado 40 milhões de pessoas no mundo todo, muitas delas na Europa; o tifo, responsável por outras 3 milhões de mortes; a fome, que tinha levado 5 milhões de pessoas na Ucrânia em 1921. E estavam decididos que, dessa vez, a ajuda não seria utilizada como arma política — como tinha ocorrido em 1919-21, quando a manutenção do bloqueio Aliado levou ao limite a fome em Viena e Berlim e o atraso em aceitar ajuda estrangeira custou muitas vidas à

União Soviética. Tampouco queriam aquela disputa entre as agências que tinha impedido o trabalho de ajuda humanitária na Sérvia, por exemplo. Seu grande temor era que a história fosse se repetir; que as terríveis mortes no campo de batalha da Segunda Guerra Mundial e nos campos de concentração alemães e nas fábricas de trabalho escravo uma vez mais fossem apenas um prelúdio para a verdadeira catástrofe que ocorreria como consequência da guerra.

A necessidade de planejamento e coordenação apropriados era sublinhada pelas notícias terríveis que vinham da Europa de Hitler. Os especialistas preveniram a conferência em Oxford de que a guerra deixaria uma carência de alimentos pelo menos tão severa quanto a da Alemanha em 1919, uma fome em grande escala, "comparável com aquela da região do Volga em 1921-22", com 330 milhões de pessoas precisando de cerca de setecentas calorias por dia para serem mantidas vivas. Mas o problema de alimentos era pequeno se comparado ao de deslocamento de populações. Os alemães tinham tirado incalculáveis milhões de seus lares e, avisou um orador, "assim que a guerra terminar a maioria das pessoas da Europa continental desejará se mudar". Se esse problema não fosse tratado de maneira firme e dinâmica, poderia muito bem trazer para a Europa um desastre maior que a própria guerra: "a magnitude da tarefa é tal que nos dá um aperto no coração." As implicações médicas da fome e do deslocamento também foram especificadas — subnutrição e tifo, possível pandemia de malária, vasta população de tuberculosos e portadores de doenças venéreas. Milhões de pessoas iriam carregar os efeitos de anos de subnutrição e haveria inevitavelmente uma "quantidade enorme de colapsos nervosos, desde as neuroses mais simples até a insanidade completa".

O aspecto mais surpreendente dessa conferência fabiana de 1942, para o leitor moderno, é que apenas um dos oradores se referia àquilo que estava então acontecendo com os judeus da Europa; e não foi Leonard Woolf nem Harold Laski. No decorrer de uma discussão de 26 páginas sobre "O restabelecimento de Pessoas Deslocadas", Kenneth Brookes dedicou um parágrafo de meia página aos judeus. Citou avaliações de que "em toda a Europa 2 milhões de judeus tinham sido assassinados e que, em algumas áreas, nada menos que 99% da população judaica tinham sucumbido". Da Noruega à França, continuou ele, "judeus foram deportados para a Polônia, onde foram confinados em guetos, nos quais grande parte deles passou apenas muito pouco tempo antes de ser assassinada". Em seguida ele deu estimativas dos números deportados para o Leste. "A identificação, repatriação ou recolocação desses povos infelizes", concluiu ele, "seria uma das tarefas mais difíceis a enfrentar assim que a guerra acabasse"; mas uma solução tinha de ser encontrada. Não só a política nazista para com os judeus foi mencionada apenas superficialmente, não houve qualquer sugestão de que o problema judeu era de alguma maneira diferente da questão mais ampla de Pessoas Deslocadas.

Essa imbricação entre a deportação de trabalho forçado dos alemães e sua política com relação aos judeus também iludiu a inteligência britânica sobre o que estava realmente ocorrendo no Leste europeu. A inteligência sobre as deportações dos judeus da Europa Ocidental em 1942 foi inicialmente interpretada por algumas pessoas em Whitehall como parte da inteligência muito mais ampla da deportação em massa de trabalhadores estrangeiros para a Alemanha. Consequentemente, foram necessárias intervenções externas para convencer o governo britânico daquilo que estava acontecendo. Na segunda metade de 1942, informações vindas de novas fontes chegaram a Londres e a Washington. Um industrial alemão revelou alguns dos planos nazistas a um sócio suíço e um mensageiro clandestino chegou a Londres com um dossiê detalhado daquilo que estava ocorrendo na Polônia. Como resultado, no dia 17 de dezembro de 1942 os governos britânico e norte-americano publicaram uma declaração que anunciava que os alemães estavam "concretizando a intenção muitas vezes repetida por Hitler de exterminar o povo judeu na Europa". Os dois governos condenaram a "política selvagem de extermínio a sangue-frio" e prometeram solenemente levar os responsáveis à justiça. Quando o secretário das Relações Exteriores britânico terminou de ler a declaração para a Câmara dos Comuns, os membros ficaram de pé e fizeram um minuto de silêncio.

Assim, no final de 1942, já era amplamente reconhecido que o pós--guerra traria um desafio terrível — e que um enorme esforço teria de ser feito para que não se repetisse a catástrofe de 1918-24. Estava claro que isso exigiria a cooperação de todos os Aliados. Mas no momento em que eles começavam a ocupar o território inimigo, surgiu um novo ator: os próprios Exércitos aliados.

3

"A ORIGEM DA CONFUSÃO PERPÉTUA"

NA SEGUNDA SEMANA DE FEVEREIRO DE 1943, um Cadillac blindado abriu caminho pelas colinas acidentadas do norte da Tunísia. Ele levava o comandante supremo dos Exércitos Aliados no norte da África, general Dwight D. Eisenhower, de sua base em Argel para a linha de frente, a 800km de distância. Sob forte chuva, Eisenhower desceu do carro e em seguida passou duas horas conferenciando com seus generais. O general achou que, de modo geral, a disposição das forças era satisfatória e ficou particularmente impressionado com o major-general Lloyd R. Fredendall, responsável pela Unidade II dos Estados Unidos, que parecia ter "um conhecimento perfeito do campo de batalha". "Ele parecia interessado e em boa forma", Einsenhower acrescentou em um telegrama para Washington, "e tenho muita confiança nele". Depois de outras conferências com seus comandantes, Eisenhower e sua comitiva voltaram para a sede em Argel, fazendo uma pausa para visitar alguns pontos turísticos romanos no caminho.

No dia seguinte, uma grande força de tanques alemães atacou as posições americanas, causando pânico e confusão nas tropas pouco experientes. Unidades inteiras foram destruídas. O general Fredendall mostrou-se incapaz de administrar a situação e começou a beber muito, tendo sido enviado para casa pouco tempo depois. Mas Eisenhower — que tinha uma responsabilidade igual, se não maior, que a de Fredendall, pela extensão exagerada da linha aliada, e que tinha permitido que as complicações políticas em Argel o tivessem distraído das questões militares — não podia ser sacrificado. Era o comandante americano, o protegido do grande general George C. Marshall, e tinha acabado de ser promovido a general pleno.

Felizmente, no entanto, os alemães não foram capazes de explorar seu avanço. O território perdido foi aos poucos recuperado, e em maio de 1943, os Aliados puderam tomar Túnis.

Os Exércitos, alguém já disse, "nunca aprendem com outros Exércitos; só aprendem com seus próprios erros". À medida que a tendência da guerra começou a mudar, no começo de 1943, o Exército americano ainda estava aprendendo a lutar uma guerra moderna e na pressa de transformar uma força de tempo de paz em um exército maciço de 7 milhões de homens, cometia muitos erros. Mas além de aprender as táticas do campo de batalha, os americanos tinham de aprender também outras lições, entre elas, a de como governar o território ocupado e a de como lidar com a ajuda humanitária aos civis.

A história de seu país deixava os norte-americanos pouco confortáveis como colonialistas e incertos sobre como desempenhar o papel de ocupador. No começo da guerra, membros do gabinete de Roosevelt tinham zombado do Pentágono por ter estabelecido uma Escola de Governo Militar e exigido que houvesse um controle civil de quaisquer territórios ocupados pelos militares. A experiência no norte da África, no entanto, logo mostrou que isso era impraticável. Civis simplesmente não podiam operar em uma zona de guerra sem ter um posto militar e acesso ao transporte do Exército e às autorizações militares, e todos os esforços para estabelecer uma única agência governamental civil americana que ficasse responsável pelo território ocupado acabaram fracassando. Para o general Brehon B. Somervell, chefe da poderosa logística do Pentágono, a "verdadeira lição" do norte da África foi que "não se pode separar a manipulação de negócios civis das operações militares em áreas nas quais as operações militares estão sendo realizadas, e qualquer tentativa de fazer isso em um país hostil seria desastrosa". Com isso, os militares ficaram com o controle da "fase militar" e novos papéis foram atribuídos aos soldados. A experiência também lhes ensinou a levar em consideração a "ajuda".

Torch, a invasão do Marrocos e da Argélia em novembro de 1942, foi a primeira operação anglo-americana da guerra; entre todas as complicações logísticas e políticas, pouca atenção foi dada ao planejamento da ajuda humanitária para os civis. Essa omissão levou ao "desembarque no norte da África, sem permissão, sem aviso prévio da chegada e sem qualquer tipo de coordenação, de uma série de grupos enviados por sociedades voluntárias, principalmente americanas, para trabalhar na ajuda humanitária de civis", como expressou o historiador oficial britânico F.S.V. Donnison; a presença das agências voluntárias irritou os militares. Em Argel, o conselheiro político de Eisenhower, Robert Murphy, teve de lidar com "um desfile contínuo de VIPs — ou que assim se julgavam" porque "quase todas as organizações nos Estados Unidos queriam participar dessa primeira campanha importante de seu país na Segunda Guerra Mundial, e tinham elaborado planos para isso". Muitas das pessoas que trabalhavam com ajuda humanitária a civis eram judias. Murphy, um católico irlandês de Boston que tinha servido na Alemanha nazista e na França de Vichy, não era conhecido por sua simpatia pelos judeus; e o mesmo podia ser dito a respeito do Exército norte-americano.

A lição foi bastante clara: no futuro, essas pessoas teriam de ser mantidas afastadas. As implicações totais dessa política só se tornariam aparentes na Alemanha em 1945.

A partir da invasão da Sicília em julho de 1943 até o fim da guerra, os Exércitos britânico e norte-americano começaram a controlar a Itália. Não era uma tarefa fácil, já que grande parte do país ainda estava sob ocupação alemã e um frágil governo italiano se mostrava sem disposição para assumir plena responsabilidade. Apesar disso, o recorde do governo militar aliado na Itália foi uma saga de incompetência, má administração e oportunidades perdidas, só comparável à própria campanha militar dos Aliados na Itália. Planejamento inadequado, "uma máquina extraordinariamente rebuscada e extremamente pesada" combinando os piores excessos do Pentágono e do Departamento de Guerra britânico, lutas internas burocráticas e uma liderança frágil, tudo isso contribuiu. Obrigados a se envolverem na política, na administração econômica e na política social, os soldados trouxeram a inflação, a fome e a prostituição para a Itália e levaram a Máfia e a Camorra napolitana de novo ao poder. As consequências econômicas e sociais devastadoras do alojamento das tropas americanas em um país pobre foram reveladas pela primeira vez. Cerca de

60% da comida enlatada, trigo, açúcar, cigarros, uniformes e roupa de baixo desembarcados em Nápoles em 1944 desapareceram no mercado negro. "Aqueles eram os dias em que um caminhão cheio de mercadorias contrabandeadas que passasse pelos bloqueios da polícia militar nas estradas poderia fazer com que um homem ficasse rico da noite para o dia, enquanto a maior parte da população urbana subsistia com um pouco de pão preto e preparo para sopa de ervilha."

A campanha na Itália, no entanto, realmente deu aos militares uma oportunidade para um treinamento útil em técnicas modernas de saúde pública. Confrontados pela fome na Sicília, por uma epidemia de tifo em Nápoles e pelo problema de refugiados em toda a península, os comandantes Aliados logo aprenderam que na guerra moderna precisavam administrar os civis, alimentando-os, fumigando-os e abrigando-os (a não ser que, como os alemães, apenas os aterrorizassem), e descobriram que progressos recentes na pesquisa médica lhes tinham dado novas armas poderosas.

Os Aliados tinham invadido a Sicília sem fazer qualquer provisão para a alimentação da população local, partindo do princípio de que o celeiro do império romano seria capaz de se alimentar e confiando nas cifras oficiais italianas. Logo descobriram que os acordos para a distribuição de comida tinham sido violados, que os agricultores não estavam trazendo produtos para vender, que um mercado negro tinha se desenvolvido e que havia fome em certas áreas. "O humilde feijão (*fagioli*), que por gerações tinha sido desprezado por todos a não ser pelas classes inferiores, se tornara uma iguaria que só os ricos podiam comprar a 150 liras por quilo, em vez de uma lira ou menos, que era o preço em épocas normais." Um tumulto em Palermo fez com que se concentrassem ainda mais. Houve uma tentativa de racionamento na Sicília, mas as condições não eram apropriadas; os esforços para atuar contra os estoquistas fracassaram. Oficiais aliados passavam quatro dias da semana procurando cereal ilegal, sem sucesso. A sugestão vinda de Washington para que os funcionários militares na Sicília "usassem cortes de chita e *jingles* para atrair as esposas dos agricultores" e assim conseguir que elas entregassem o cereal estocado clandestinamente foi recebida com escárnio. "Você ficaria no mínimo espantado com as coisas que se pode comprar na Itália. Pode comprar quantas meias de seda pura você quiser." Uma crise pequena foi evitada obtendo trigo dos franceses no norte da África e do Oriente Médio. No longo prazo, à medida que os Aliados se deslocavam para o continente italiano, ficou claro que 50% da população ao sul de Roma teriam de ser alimentados com cereal importado, desviando efetivo e transporte da própria campanha militar. Civis trabalhando para as forças aliadas recebiam rações extras, pois compreendia-se que, "na prática, o problema de manter a população tranquila podia ser resolvido com o fornecimento de rações adequadas para os trabalhadores urbanos com trabalhos mais árduos". No entanto, as importações emergenciais de alimentos eram apenas uma solução grosseira para o problema, e trouxeram suas próprias dificuldades — já que a maior parte das 416 mil toneladas de alimentos importadas pela Itália tinha seguido o caminho do mercado negro, e aqueles familiarizados com as condições locais argumentavam que fazia mais sentido tentar restaurar a agricultura comercial local.

A lição seguinte dos militares surgiu em Nápoles quando, no final de 1943, o tifo irrompeu. O bombardeio de um presídio pelos Aliados tinha permitido que os presos já infectados com a doença escapassem e se refugiassem em abrigos antiaéreos repletos. Os alemães, em retirada, então explodiram o aqueduto da cidade e esvaziaram a maior parte de seus reservatórios, de tal forma que Nápoles ficou sem água durante duas semanas. Pouco tempo após a entrada das tropas Aliadas na cidade, no final de setembro de 1943, casos de tifo começaram a ser relatados, mas foram precisos dois meses para que o governo militar aliado conseguisse controlar a situação; ou, melhor, chamasse os especialistas. Felizmente isso aconteceu em uma área onde um progresso extraordinário tinha ocorrido havia pouco. Embora os médicos soubessem havia muito tempo que a febre tifoide se desenvolve quando um grande número de soldados ou refugiados é colocado em condições de superlotação ou de insalubridade, foi só em 1909 que um cientista francês descobriu que a doença é transmitida pelo piolho do corpo. Essa descoberta permitiu que os vastos Exércitos das guerras mundiais contivessem a doença usando desinfetantes químicos e banhos de vapor móveis para aplicar despiolhações regulares; esses métodos "sanitários" tradicionais, no entanto, exigiam investimento considerável em equipamento e a disposição dos pacientes de se despirem. Portanto, não era o sistema ideal para lidar com populações civis.

A luta contra o tifo foi transformada pelos norte-americanos. Em 1942, o presidente Roosevelt estabeleceu a Comissão de Tifo dos Estados Unidos, especificamente para descobrir maneiras mais eficientes de combater a doença nas áreas em que as forças norte-americanas estariam lutando. A essa altura, já havia ocorrido outro avanço importante, o desenvolvimento de uma vacina contra o tifo pelo bacteriologista H.R. Cox; mas ainda assim eram necessárias melhores técnicas de despiolhação. No começo de 1943, o doutor Fred L. Soper e uma equipe do Instituto Rockefeller em Nova York começou a fazer experimentos em aldeões egípcios, comparando um pó antipiolhos desenvolvido pelo Exército dos Estados Unidos (MYL) com um inseticida comercial novo no mercado, conhecido como diclorodifeniltricloretano (DDT).

Fred Soper era otimista e visionário, um homem de grande integridade intelectual e "tenacidade destemida para lidar com superiores e funcionários do governo" que tinha ajudado a conceber e a realizar campanhas eficientes contra a febre amarela e a malária no Brasil, nos anos 1920. Ora, não tendo conseguido convencer o Exército da importância de seu trabalho, ele e sua equipe se mudaram para Argel a fim de colaborar com médicos franceses no Instituto Pasteur, que lhes deu acesso a quase mil internos no presídio de Maison Carrée. Em julho de 1943, testes comparativos de inseticidas demonstraram que tanto MYL quanto DDT davam resultados excelentes, mas, embora o MYL matasse as lêndeas mais rapidamente, os efeitos do DDT duravam muito mais tempo. A equipe do tifo então realizou outros testes em povoados árabes na Argélia. Avisados por seus colegas franceses de que, a fim de respeitar a modéstia das mulheres árabes, precisariam "encontrar um maneira de aplicar o pó contra piolhos nas costuras internas das roupas sem que a usuária tivesse de se despir", os pesquisadores simplesmente bombeavam o pó com um pulverizador manual, para cima nas mangas e saias e para baixo nos decotes e no cós das roupas. O pó então se dispersava uniformemente no espaço entre o corpo e a roupa. No outono, Soper já tinha elaborado um documento estabelecendo os procedimentos-padrão que, no final de 1943, já tinham sido incorporados aos manuais militares do Exército dos Estados Unidos.

Fred Soper e a equipe Rockefeller chegaram a Nápoles no começo de dezembro. Ignorando a guerra por território que ainda continuava entre o governo militar, o Exército e a Comissão de Tifo dos Estados Unidos, eles se estabeleceram na cidade e no dia 15 de dezembro fizeram com que setecentos passageiros de um trem saindo de Nápoles fossem compulsoriamente pulverizados por equipes italianas rapidamente recrutadas e treinadas, usando as provisões de MYL que tinham à mão. Pouco tempo depois o DDT começou a chegar. Foi o começo de um programa intensivo. Em janeiro de 1944, 1,3 milhão de pessoas já tinham sido despiolhadas, e em três semanas a epidemia de tifo tinha sido completamente vencida, quase sem vítimas.

O *New York Times* saudou "o milagre realizado em Nápoles" como um triunfo da medicina moderna. "O tifo, mais temido que as balas em qualquer Exército, é agora simplesmente desconhecido entre nossos soldados e marinheiros", escreveu o jornal. "O DDT parece bom demais para ser verdade." O próprio Soper admitiu que "a toxicologia do DDT era relativamente desconhecida, mas nós não hesitamos em bombeá-lo sob a roupa de [milhões de] pessoas e designar funcionários para esse bombeamento em salas que ficaram inevitavelmente enevoadas com a poeira do DDT no ar".

Aqui uma vez mais a lição foi rapidamente aprendida: os homens responsáveis pelo governo militar deviam entender de saúde pública e ter a autoridade para agir, medidas preventivas prematuras deviam ser tomadas e o conhecimento estrangeiro, utilizado. No entanto, a plena significância desses desenvolvimentos — até que ponto a pesquisa médica tinha domesticado muitos dos espectros encontrados em 1918-24, tais como o tifo — não foi amplamente compreendida à época. O diplomata britânico mais envolvido com a política de refugiados, Sir George Rendel, admitiu mais tarde: "Nós não percebemos que milagres seriam alcançados pelas novas drogas e profiláticos que tinham sido descobertos desde 1920."

Mas havia uma terceira peste na Itália: os refugiados. À medida que os Exércitos aliados se dirigiam para o norte de Nápoles, os alemães adotaram uma política de terra arrasada que expulsou centenas de milhares de civis de suas casas na direção das linhas Aliadas. Em 1944, os comandantes aliados já estavam dedicando recursos substanciais ao problema, usando o transporte militar vazio para enviar refugiados para a retaguarda, onde as autoridades italianas precisavam encontrar alojamento e proteção para eles nas comunidades até que acampamentos maiores pudessem ser construídos. Mais tarde, foi percebido que, uma vez que o movimento dos refugiados — primeiro saindo de suas casas e depois de volta a elas — seria sempre até certo ponto incontrolável, seria melhor estabelecer acampamentos mais próximos de sua residência original, e assim evitar bloquear as estradas utilizadas pelo Exército.

A campanha italiana ensinou aos militares aliados como tratar civis e como planejar exercícios de treinamento com esse objetivo. Para evitar doenças, os refugiados deviam ser borrifados com inseticida; para minimizar conflitos e facilitar a repatriação, deviam ser separados por nacionalidade; para mantê-los vivos, pacotes de ração fornecendo as vitaminas básicas deviam ser distribuídos. Mas a experiência na Itália também trouxe à tona as limitações da abordagem militar. Quando se adaptaram ao "período militar", os soldados começaram a tentar redefinir seu próprio papel. Estavam descontentes com os aspectos mais sofisticados do cuidado dos refugiados. O Exército, diziam eles, "não pode se meter nesse negócio de ajuda humanitária" e não "faz trabalho social". Precisavam de um auxílio civil.

Se os deixassem agir por conta própria, os membros do Exército dos Estados Unidos teriam preferido trabalhar com a Cruz Vermelha norte-americana, uma organização com a qual tinham laços há muito tempo e se sentiam à vontade (e da qual os oficiais dependiam para companhia feminina). Mas as coisas não eram assim tão simples. As sementes germinadas pelo discurso de Churchill em agosto de 1940, os comitês Leith-Ross, a pressão de grupos humanitários para evitar uma repetição dos desastres do período pós-1918, o interesse soviético na ajuda humanitária e o desejo de Roosevelt de envolver os russos em qualquer organização nova chegavam no mesmo momento a Washington. Em dezembro de 1942, o presidente tinha criado uma nova sucursal da organização do Departamento de Estado para cuidar de refugiados e trouxe o governador Herbert Lehman para dirigi-la. Mas a intenção era que essa sucursal fosse predecessora de alguma coisa bem maior.

Na primeira metade de 1943 — enquanto o triste drama em Stalingrado atingia o clímax e 250 mil tropas alemãs e italianas eram colocadas nas gaiolas de prisioneiros de guerra dos Aliados na Tunísia, além de os aviões Aliados atacarem seguidamente o território alemão —, quatro burocratas passaram cinco meses negociando um único pedaço de papel em uma casa perto de Dupont Circle, em Washington, DC. Eram os "quatro homens sábios" nomeados por Roosevelt para produzir a proposta de um acordo para que uma agência internacional fornecesse ajuda humanitária depois da guerra. As grandes potências estavam firmemente no controle. Presidindo as reuniões estava o garboso anglófilo subsecretário de Estado, Dean Acheson, filho de um bispo episcopal; e ao redor da mesa estavam os embaixadores britânico, soviético e chinês: o aristocrata britânico e antigo secretário das Relações Exteriores lorde Halifax, um alto e solene caçador de raposas; o velho e genial bolchevique Maxim Litvinov, que, também como secretário das Relações Exteriores, tinha negociado a entrada da missão de Hoover na Rússia; e Wei Tao-ming, um diplomata com grande experiência.

Por que foi necessário tanto tempo para se chegar a um acordo? Uma razão foi que o assunto de ajuda humanitária era claramente enfadonho para esses grandes homens. "Nosso grupo era muito compatível", Acheson lembrou mais tarde, "escapando muitas vezes dos limites de uma pauta pouco inspiradora para especular sobre o mundo que viria"; outra era que as suspeitas dos russos não eram vencidas com facilidade. Acheson teve mais sorte que alguns negociadores ocidentais posteriores; nessa fase da guerra o desejo soviético por auxílio humanitário fazia com que eles estivessem mais preparados para aceitar soluções conciliatórias do que demonstrariam mais tarde. Embora Litvinov estivesse inflexível, dizendo que "nada poderia ser feito em qualquer país sem o consentimento do mesmo e por meio de suas agências", ele estava preparado para ceder um pouco em outras questões. As decisões no novo órgão internacional não teriam de ser unânimes e o diretor-geral da organização deveria ter alguma liberdade. Finalmente, em junho de 1943, havia um projeto pronto para ser apresentado aos membros das Nações Unidas.

Ocorreu então um interlúdio de três meses. Em uma rara avaliação equivocada, Roosevelt propôs que a participação norte-americana na nova organização fosse garantida por meio de um acordo executivo (que não exigisse a aprovação formal do Congresso), e não por meio de um tratado (que seria sujeito à aprovação do Senado por uma maioria de dois terços), despertando assim as suspeitas do poderoso — e até pouco tempo, isolacionista — senador Vandenberg de que estavam simplesmente presumindo a opinião do Congresso. Levou algum tempo, algumas concessões, persuasão e "alguma sensata admissão de erro" por parte de Acheson para convencê-lo do contrário. Com os brios do Congresso finalmente garantidos, o processo pôde continuar. Em 9 de novembro de 1943, o presidente assinou o acordo revisado que estabelecia a Administração de Assistência e Reabilitação das Nações Unidas (Unrra). "Os pobres homens e mulheres sofredores que foram esmagados sob o salto da bota do Eixo só podem ser ajudados se utilizarmos a produção do mundo TODO", ele disse à nação.

> Na Unrra nós arquitetamos um mecanismo, baseado nos processos da verdadeira democracia, que pode contribuir muito para a realização de um objetivo assim nos dias e meses de emergência desesperada que irão acompanhar o fim do Eixo.
>
> Como na maioria das coisas difíceis e complexas da vida, as nações aprenderão a trabalhar juntas só se realmente trabalharem juntas. Por que não? As nações têm objetivos comuns. É, portanto, com um alento de esperança que vemos a assinatura desse acordo por todos os membros das Nações Unidas como um meio de uni-los ainda mais firmemente.

No dia seguinte, delegados de 42 nações se reuniram para a primeira reunião do Conselho da Unrra, em Atlantic City. Em sua infância, Acheson tinha passado as férias nesse balneário de Nova Jersey, mas o lugar perdera a popularidade desde então. "Triste, sem qualquer charme ou interesse humano" foi como um diplomata britânico descreveu o lugar, embora admitisse que o ar "penetrante e estimulante" fazia com que fosse mais fácil "trabalhar por longas horas e dormir muito pouco". Os delegados — que incluíam o ministro das Relações Exteriores tcheco, Jan Masaryk, Jean Monnet, da França, e o jovem diplomata soviético Andrei Gromyko, recém-substituto de Litvinov — passaram a maior parte do tempo discutindo como a Unrra seria sustentada. Sob a fórmula enfim acordada, as nações contribuintes doariam 1% de sua renda nacional para a organização, dando à Unrra um orçamento geral de cerca de 2 bilhões de dólares, dos quais os Estados Unidos forneceriam 1,35 bilhão, quase dois terços do total, o Reino Unido, 80 milhões, e o restante viria principalmente do Canadá e da América Latina.

Houve também muitos debates sobre o "segundo R" na sigla Unrra. A agência deveria fornecer também "reabilitação"? Alguns delegados mencionaram o argumento de Harold Laski de que a ajuda humanitária sozinha (uma distribuição de sopa melhorada) era inútil, a menos que fossem providos os meios para fazer com que a economia europeia começasse a andar outra vez. Essa era a lição óbvia do período pós-Primeira Guerra Mundial. Mas nessa fase ainda não era uma decisão fácil pedir ao Congresso americano que financiasse a recuperação das indústrias europeias, que poderiam então competir com os negócios americanos. Os governos britânico e norte-americano consideravam a "reabilitação" um substituto inócuo para a palavra "reconstrução" — mais polêmica politicamente — e queriam mantê-la "ao lado da ajuda humanitária" por um tempo limitado e preestabelecido.

Houve menos debate sobre outras das funções da Unrra. Foi decidido que a organização alimentaria, daria auxílio médico e repatriaria os milhões de "Pessoas Deslocadas" estrangeiras na Alemanha. Esse termo agora estava firmemente estabelecido no léxico oficial, graças a dois levantamentos recentes muito abrangentes. O comitê de Leith-Ross tinha finalmente produzido um relatório sobre a escala do deslocamento de pessoas durante a guerra, e no outono de 1943 o livro *The Displacement of Population in Europe* [O deslocamento de populações na Europa], escrito pelo demógrafo nascido na Rússia Eugene Kulischer, sob o patrocínio da Autoridade Internacional do Trabalho, ofereceu ao público o primeiro levantamento oficial da extensão da migração durante a guerra, tanto voluntária quanto involuntária. A partir daí, Pessoa Deslocada foi uma das ideias definidoras em todo o planejamento e na propaganda do pós-guerra "uma das palavras-chave da década", como escreveu depois Evelyn Waugh.

Ao mesmo tempo, no entanto, a área de responsabilidade da Unrra foi definida: o compromisso de Churchill de trazer "alimento e liberdade" para os civis alemães foi tacitamente abandonado. Em Atlantic City, ficou claro que qualquer tentativa de usar a organização para ajudar civis alemães teria a forte oposição das nações menores da Europa Ocidental, já irritadas por terem sido excluídas dos conselhos internos da Unrra. A Unrra foi proibida de ajudar os alemães a voltarem para seu país vindos de fora de suas fronteiras, e qualquer ajuda dada à Alemanha teria de ser totalmente arcada por ela. Daí em diante, como observou *The Economist*, "a escala da ajuda humanitária será separada da necessidade", e o princípio que tinha atormentado tanto a ajuda humanitária depois da Primeira Guerra Mundial — "a capacidade de pagar e a obrigação de pagar não tinham qualquer relação uma com a outra" — havia sido reintroduzido. Aqui, uma vez mais, a função humanitária da organização estava sendo restrita.

Apesar disso tudo, foi um grande momento histórico, quando ambas as Câmaras do Congresso aprovaram a solicitação orçamentária da Unrra com margens esmagadoras — marcando o amanhecer de uma nova era de cooperação internacional. Na Primeira Guerra Mundial, os Estados Unidos tinham agido sozinhos para aliviar os problemas da fome e da miséria na Europa do pós-guerra; e no período entreguerras não tinham pertencido à Liga das Nações. Agora se comprometiam a realizar uma política cooperativa.

A Unrra imediatamente passou a ser a concretização do idealismo no período de guerra — não simplesmente um instrumento para reparar os horrores da guerra, mas a primeira das agências das Nações Unidas a atuar internacionalmente para lidar com os problemas mundiais. O acordo preliminar da Unrra foi anunciado pelo *Observer* londrino como "um dos eventos mais importantes e promissores da guerra"; "O empreendimento que foi estabelecido — estamos medindo nossas palavras — [é] uma das iniciativas mais ousadas, grandiosas e estimulantes na história da organização social". Críticos mais pragmáticos se perguntavam como a Unrra iria funcionar se os alimentos e as provisões que ela deveria estar distribuindo já estavam em grande parte atribuídos aos britânicos, e os navios de que precisaria largamente comprometidos com as necessidades militares da guerra.

Muita coisa, portanto, ainda dependia do primeiro diretor-geral da Unrra, Herbert Lehman. Com 65 anos à época de sua nomeação, Lehman vinha de uma dinastia de origem judaica reformista alemã, mas com tendências liberais, na cidade de Nova York, e passara seus primeiros anos trabalhando na empresa da família, o famoso instituto bancário de investimentos dos irmãos Lehman. Sua primeira associação com o presidente tinha ocorrido no Departamento da Marinha, em 1917, posteriormente substituiu Roosevelt no governo do estado de Nova York, tendo permanecido por quatro mandatos nesse posto entre 1932 e 1942, dirigindo um impressionante "New Deal em miniatura" que combinou projetos de bem-estar público com uma ortodoxia financeira relativa. "Homem muito simpático, confortável como um urso-pardo, que balançava suas pernas curtas da cadeira, honesto, corajoso, lento e com personalidade", Lehman não era exuberante nas campanhas políticas como o presidente ou como o inconstante prefeito da cidade de Nova York, Fiorello H. LaGuardia, mas sua personalidade sólida, honesta e respeitável complementava as de seus colegas mais carismáticos. Tinha também um longo histórico no serviço público e no trabalho de ajuda humanitária, tendo ajudado a fundar o Comitê Americano Judaico de Distribuição Conjunta em 1914 e feito *lobby* em nome dos refugiados judeus na década de 1930. O comentário do presidente quando o nomeou parece ter sido: "quero ver alguns daqueles fascistas malditos implorando por subsistência a um judeu." Considerado um "homem de moderação, integridade e competência notórias", Lehman era aceitável para os britânicos, para os russos e para os militares americanos, ao contrário de Hoover e LaGuardia.

Lehman vinha se preparando havia um ano. Além de consultar os orçamentos do comitê Leith-Ross, ele tinha nomeado 24 painéis de especialistas (inclusive muitos daqueles presentes na conferência de Oxford) para avaliar as necessidades futuras da população da Europa.

Assim estabeleceu um amplo escritório perto do Dupont Circle em Washington, um Escritório Regional Europeu em Londres e missões encarregadas das compras no mundo todo. Começou também a contratar pessoal.

Como agência internacional de ajuda humanitária, a Unrra despertava reações contraditórias nos Estados Unidos. Mesmo depois de Pearl Harbor, uma corrente da opinião pública americana continuava desconfiada das instituições internacionais. "Em nenhum momento durante a Segunda Guerra Mundial", enfatiza o historiador John M. Blum, "a maioria do povo americano ou de seus representantes contemplaram um acordo pós-guerra em que os Estados Unidos não iriam limitar seus compromissos, econômicos, políticos e militares, com outras nações". Ao contrário, diz Blum, "em todos os momentos a maioria dos americanos parecia certa de que não haveria nenhuma doação incondicional — da riqueza americana, da soberania americana, das armas americanas. De forma alguma o Tio Sam iria desempenhar o papel de Tio Ingênuo". O Congresso votou a favor do acordo da Unrra, mas só depois de inserir cláusulas que exigiam que a organização gastasse uma parte substancial de seu orçamento em produtos agrícolas americanos tais como a lã crua e o algodão.

Contra isso, a história recente fortaleceu a fé dos americanos na cooperação internacional. A Grande Depressão e o ambicioso New Deal de Roosevelt os fizeram crer no uso das grandes instituições para curar problemas sociais importantes; a guerra tinha feito com que examinassem outra vez o papel da América no mundo. Muitas pessoas que tinham pensado assim estavam naquele momento desempregadas, porque no final de 1943 o Congresso já tinha abolido a maior parte das agências do New Deal, tais como o Corpo de Conservação Civil e a Administração do Progresso de Obras.

O escritório que a Unrra havia estabelecido perto do Dupont Circle tinha "um clima bastante parecido com uma sede comunista", de acordo com um americano de direita. Muitas das pessoas passeando pelos corredores e sentando às mesas tinham, ele achava, "aquele olhar idealista e romântico que em geral é normalmente associado a pessoas que têm visão de mudar o mundo radicalmente"; embora ele admitisse que "pessoas muito conscienciosas e com boas intenções", com experiência nas agências do New Deal e de auxílio, entraram para a Unrra "e queriam sinceramente ajudar a humanidade da maneira que pudessem". Um jornalista conversou com dois desses idealistas no começo de 1944. Para um ministro unitarista de Boston, a Unrra era "o primeiro passo verdadeiro na direção de um mundo em que quero estar", enquanto um vice-presidente de um banco de Baltimore disse que estava "ansioso para atravessar o oceano e 'aliviar o sofrimento da humanidade'".

Na Grã-Bretanha da época da guerra, a maioria das pessoas que trabalhavam com ajuda humanitária já estava ocupada com crianças que tinham sido evacuadas e que apresentavam outros problemas, portanto a Unrra tendia a atrair internacionalistas de longo prazo e veteranos do trabalho de ajuda humanitária estrangeiro. Will Arnold-Forster, que se tornou o principal instrutor da Unrra, foi um defensor constante da Liga das Nações e do internacionalismo do trabalho, enquanto sua amiga, a jornalista e ativista Francesca Wilson, que entrou para a Unrra como assistente social-chefe, se envolvia em trabalho de ajuda humanitária com os quacres desde 1916. Tendo visto todas as confusões e brigas internas entre as agências depois da Primeira Guerra Mundial, ela teve muita esperança de que a Unrra desse certo. Em uma biografia publicada em 1944, Wilson recordou como no entreguerras a ideia de que "era melhor planejar com antecedência do que ir avançando de modo atabalhoado" ganhara terreno. Para ela, o fato de agora haver um órgão oficial acima do Estado encarregado da ajuda humanitária — a Unrra — já era "um avanço de importância incalculável com relação à última vez, quando não foi feito nenhum levantamento *a priori* das necessidades e permitia-se que uma nação competisse com outra por comida e necessidades". Além disso, a organização abria caminho para o primeiro experimento em cooperação econômica mundial.

No fim de 1944, a Unrra tinha em seu escritório de Washington um diretor-geral e sete diretores-gerais adjuntos, um tesoureiro, um consultor-geral, um conselheiro diplomático, um conselheiro financeiro e diretores das divisões de Saúde, Assistência Social, Pessoas Deslo-

cadas e Informação Pública. Em Londres havia três outros diretores-
-gerais adjuntos, um consultor-geral, um secretário-executivo, um
conselheiro financeiro e diretores de Saúde, Assistência Social, Pessoas Deslocadas e Informação Pública. Além disso, havia missões de
ajuda humanitária na Albânia, nos países bálticos, na Etiópia, na Grécia, na Itália e na Iugoslávia (todas baseadas no Cairo) e escritórios na
Suíça e na sede militar dos Aliados para o Mediterrâneo em Caserta,
perto de Nápoles. Fora da Europa havia escritórios na Austrália e na
China, e uma missão de provisões no Brasil.

Em termos de realizações, a Unrra tinha assumido a responsabilidade dos acampamentos para refugiados no Egito, na Palestina e
na Síria, antes sob a responsabilidade britânica e estabelecidos para
cuidar dos milhares de gregos expulsos de suas casas pelos alemães
e italianos, de poloneses que tinham tido permissão para deixar a
União Soviética pela Turquia e pelo Irã em 1942 e de guerrilheiros
iugoslavos que começaram a chegar, pela Itália a partir de 1944. Além
disso, os especialistas técnicos tinham apresentado relatórios sobre as
prováveis necessidades da Europa em termos de saúde, alimentação,
têxteis, reabilitação agrícola e industrial e o Conselho realizara uma
segunda reunião em Quebec.

Mas uma sensação de frustração e desapontamento já tinha começado a se espalhar pela organização. Em julho de 1944, *The Economist*
dizia, em uma reportagem, ter "uma impressão geral de que a Unrra
está de alguma forma deixando passar suas oportunidades e sendo,
afinal, não um experimento vigoroso no novo internacionalismo, e
sim outro pálido fantasma genebrino". Estava claro que a Unrra não
tinha definido seu papel de forma adequada, não estava tendo muito sucesso em obter provisões ou transporte e não tinha conseguido
vencer a desconfiança dos militares e dos grupos voluntários, principalmente porque seus funcionários não eram, em geral, respeitados.

Quando a organização foi finalmente criada, em novembro de
1943, poderosos impérios bélicos já tinham se desenvolvido. "Todos
em Washington estavam lutando por poder", o biógrafo de Herbert
Lehman escreveu mais tarde. "O Diretório de Economic Warfare estava lutando por poder. Os Diretórios Combinados — isto é, o Diretório de Matéria-Prima, o Diretório de Produção e Recursos, o

Diretório de Alimentos e o Diretório de Organização de Embarques, todos anglo-americanos ou anglo-canadense-americanos — lutavam por poder. O Exército, a Marinha e a Aeronáutica não precisavam de poder, pois já o tinham, mas lutavam para mantê-lo." A atitude militar era que "uma cláusula leonina não é o suficiente: 'na dúvida, tome tudo'". As coisas não estavam mais fáceis em Londres, onde os Ministérios de Alimentos, Expedição e Economic Warfare dividiam o bolo entre eles.

Essas organizações não viam utilidade na Unrra. Os funcionários da ajuda humanitária poderiam sonhar com colaboração internacional; Roosevelt poderia apoiar a ideia como uma forma de encurralar os russos. Mas isso não fazia com que o Whitehall ou o Pentágono gostassem da ideia. Os senhores da guerra em Washington faziam todos os gestos necessários, mas na prática não ajudavam em nada a organização. Os britânicos, temendo que a "Unrra, quando estabelecida — com americanos 'convincentes' encarregados dela e uma quantidade de pequenos aliados europeus 'ambiciosos e indigentes' gritando por provisões —, [pudesse] colocar-nos aqui no Reino Unido em um buraco terrível", insistiam em preservar os poderes sobre a distribuição de comida dos diretórios combinados anglo-americanos já existentes e fizeram o possível para impedir que a Unrra conseguisse pôr as mãos em qualquer tipo de provisões. Churchill, depois da linguagem floreada de 1940, só estava interessado na ajuda humanitária no contexto das relações anglo-soviéticas, embora digam que ele cantava "Unrra, urra!" na banheira com uma música de Gilbert e Sullivan.

O fato de o alto gerenciamento da Unrra não ser de boa qualidade não ajudou muito. Qualquer pessoa com talento ou energia já estava participando da guerra, portanto Lehman achou difícil encontrar pessoal com qualificações adequadas; apesar de suas promessas, nem Londres nem Washington lhe enviaram pessoas ilustres. Os dois funcionários públicos britânicos emprestados à Unrra, Frederick Leith--Ross e Arthur Salter, já tinham passado do apogeu há muito tempo.

O próprio Lehman também era parte do problema. Embora um homem decente e honesto, querido e respeitado por todos, o governador não tinha o carisma, a energia e os talentos administrativos necessários para estabelecer rapidamente uma organização nova. Era um "organizador medíocre", seu planejamento era "pior do que inútil" e, segundo os diplomatas britânicos, não tinha nem "coragem nem senso comum". Dean Acheson também menosprezou-o: "a tarefa executiva mais simples estava além de sua capacidade." Lehman, escreveu o vice-presidente Henry Wallace em seu diário, "não era um lutador muito bom" e não "sabia como as coisas eram feitas em Washington". Seu biógrafo admite que a abordagem do governador "era a de um homem de negócios, não a de um político, evangelista ou personalidade pública. Não tinha qualquer característica distintiva como orador, escritor ou diplomata. Era até mais um homem de negócios em sua natureza essencial do que Hoover tinha sido na Primeira Guerra Mundial".

Os britânicos eram particularmente críticos. "O governador Lehman nunca mostrou qualquer entendimento daquilo que é necessário, portanto a Unrra ainda não foi 'colocada no mapa', concluiu o Ministério das Relações Exteriores britânico em setembro de 1944. Precisava-se de um publicitário com experiência para "inventar os slogans e organizar os releases para a imprensa e para o rádio que iriam explicar ao público americano o que a Unrra é, o que tem de fazer, e qual sua relação com as outras organizações do pós-guerra". Os britânicos insistiram para que Lehman contratasse mais pessoas com experiência em relações públicas, mas o que ouviram foi "que ele não acreditava em relações públicas". Logo depois imploraram que ele contratasse Mary Craig McGeachy, uma canadense entusiasmada que "tinha realizado um trabalho maravilhoso 'explicando' nossa intragável política de bloqueio nos Estados Unidos" e que "poderia fazer um trabalho igualmente eficiente 'explicando' a Unrra da mesma maneira". McGeachy realmente foi contratada, mas inexplicavelmente lhe deram um posto de assistente social. O único resultado da pressão britânica foi um acordo para gastar com filmes promocionais parte da contribuição substancial do Canadá.

Porém, foi um elemento totalmente fora do controle que produziu a primeira crise da Unrra: a guerra na Europa se arrastou por muito mais tempo do que se esperava. Na segunda metade de 1944, quando as ofensivas militares dos Aliados na Holanda e na Itália começaram a não dar certo, ficou claro que o orçamento da Unrra de 450 milhões de libras esterlinas não era nem a metade daquilo que realmente seria necessário. As avaliações iniciais tinham sido muito baixas, e as restrições políticas tinham aumentado os custos ainda mais; a exigência de que 90% da contribuição de um país fossem gastos naquele mesmo país (uma insistência do Congresso norte-americano) significava, por exemplo, que a Unrra tinha de gastar 67% de seu orçamento total nos Estados Unidos, onde os preços dos alimentos e das provisões eram muito mais altos do que nos outros lugares.

Lehman tinha diante de si uma escolha: ou vivia com os recursos que lhe tinham sido atribuídos e se arriscava a fazer um trabalho inadequado ou fazia com que a missão da Unrra fosse cumprida sem se importar com o custo, presumindo que o contribuinte norte-americano iria cobrir o que tinha sido gasto a mais. Para ele, não havia dúvida. Como banqueiro, Lehman defendeu a prudência financeira: por temperamento, detestava chantagistas emocionais como La-Guardia. Nem seria viável, em um ano eleitoral, voltar ao Congresso para pedir mais dinheiro. Insistiu, então, na retidão financeira. E no outono de 1944 deixou claro que a Unrra teria de viver dentro de seu orçamento.

Como resultado, a organização assumiu um papel menor na Europa Ocidental. Originalmente, tinha se presumido que quando os Aliados invadissem a Europa, ela assumiria a responsabilidade pela ajuda humanitária nos países libertados assim que a primeira "fase militar" tivesse acabado. Mas, à medida que o custo total disso ficava claro, a política da Unrra evoluiu: foi decidido que "àqueles países que tivessem dinheiro suficiente para pagar por provisões para ajuda humanitária seria requisitado que o fizessem". Isso significava que França, Bélgica, Luxemburgo, Noruega e Países Baixos, que tecnicamente tinham os recursos nacionais para pagar pelos bens e provisões no mercado mundial, não receberiam doações da Unrra. Esses países (como escreveu *The Times*), que "a princípio tinham sido levados a acreditar que podiam esperar tudo da Unrra e posteriormente chegaram à conclusão de que não podiam esperar nada", não viram muita vantagem na presença da organização. Segundo um historiador oficial britânico, "as tendências de ir a outro lugar que não a Unrra para

A LONGA ESTRADA PARA CASA | 77

nossas compras de ajuda humanitária foram fortemente reforçadas pela confusão geral e ineptidão administrativa que imperava na organização durante os primeiros dias, e pelo desejo político dos governos envolvidos de demonstrar seu zelo, cuidando de sua própria população. Foi por esses vários motivos que os países onde ocorreram operações militares decidiram, com poucas exceções, ficar sem a ajuda da Unrra". Não há dúvida de que as suspeitas europeias, há muito existentes, de que a Unrra era um arranjo em benefício das grandes potências contribuiu para essa decisão.

Com isso, o fim de 1944 virou palco de uma situação estranha. Os países da Europa Ocidental recém-libertados estavam desesperados por comida, roupas, abrigos, combustível e provisões médicas; no entanto, a organização internacional criada para lidar especificamente com essas necessidades — a princípio "uma cruzada para trazer comida para o faminto, abrigar os sem-tetos, vestir os maltrapilhos" — não era vista em lugar algum. Se era assim, para que servia a Unrra? "A opinião geral entre o público britânico é de que a Unrra está morta", anunciou um diplomata britânico. "Perguntam sem parar ao governo de Sua Majestade na Câmara dos Comuns o que aconteceu com o cadáver."

Em nenhum lugar as dificuldades da Unrra estavam mais aparentes do que em seu Escritório Regional Europeu, em Londres, baseado em um conjunto de prédios perto da BBC e dirigido por dois diretores europeus com poderes iguais e um tanto superpostos, Leith-Ross e Nikolai I. Feonov, um economista soviético. Leith-Ross tinha problemas com os russos, mas colocou a maior parte da culpa no comando militar Aliado: "Fomos pressionados a contratar funcionários e fazer com que estivessem prontos, e quando organizamos isso eles tiveram que ficar esperando, com muita insatisfação e desânimo", escreveu Ross posteriormente. O clima resultante de "inatividade, rumores e intrigas por empregos melhores" logo desiludiu Iris Murdoch, a jovem que tinha entrado para a Unrra em um surto de idealismo após a morte de seu amigo Frank Thompson. A Unrra, escreveu ela, estava "cheia de funcionários públicos britânicos ineptos (eu, por exemplo) estrangeiros sem supervisão e com Ideias Especiais e um domínio precário do inglês". O resultado foi "um caos esperado. Muitas pessoas de bom coração e bem-intencionadas — afogadas na enchente geral de mediocridade e confusão". A inércia geral também trouxe tensões internacionais. A Unrra, escreveu Murdoch, era dirigida "não pelos senhores de chapéu-coco de Ealing e Dagenham que se comportavam mais ou menos como *gentlemen*, mas pelos cidadãos de Milwaukee, Cincinnati e New Haven, perdidos em suas diferenças e responsáveis por administrar o xeque-mate na Europa encurralada. Eles não se sentam em bancos de escritórios, mas se reclinam, com cintos de celulose e suspensórios de nylon, atrás de mesas enormes, mascam chicletes e chamam seus concidadãos por seus primeiros nomes".

O escritório da Unrra no Cairo era outro alvo de zombaria. Ao visitar a capital egípcia em setembro de 1944, uma jornalista encontrou um conjunto de personagens pitorescas sentadas por lá, esperando ser mandadas para trabalhar nos Bálcãs: um major britânico de rosto rosado que, quando lhe perguntaram se tinha feito algum trabalho de ajuda humanitária, respondera: "Por Deus, minha senhora, eu já ajudei os homens de Mafeking!" Lorde Norbury, que tinha evacuado Salonica na década de 1920 e agora nutria esperança de se tornar o chefe da missão iugoslava — "com seu cabelo vermelho como uma crina de cavalo, um mata-moscas e um monóculo... a ideia popular perfeita de um tipo inglês"; e Leo Gerstenzang, um milionário amigo do governador Lehman e inventor do Kutiestix, "um pedacinho de algodão na ponta de um pauzinho de laranja para limpar as narinas e o ânus dos bebês". Também entre o grande número de funcionários estavam o antigo prefeito de Louisville, Kentucky, e o ex-governador de Nebraska. O calor intenso, a preguiça que prevalecia e as escalas de salário que variavam de maneira extrema estimulavam o crescimento do "ciúme e dos desentendimentos" entre ingleses e americanos.

No fim de 1944, os ingleses tentaram fazer alguma coisa a respeito da Unrra. Houve discussões sobre a possibilidade de enviar um ministro do gabinete e se livrar de Lehman, mas logo se reconheceu que a organização era um show americano e que Lehman tinha sido nomeado por Roosevelt. Além disso, fossem quais fossem os erros da Unrra, ela estava custando aos ingleses menos do que custaria qualquer alternativa. "Nossa contribuição para os gastos da Unrra provavelmente seriam apenas uns 20%, enquanto nossa contribuição para qualquer outra organização poderia bem ser de 50%", indicou um ministro. No final, Whitehall decidiu que era preciso fazer com que a Unrra funcionasse e começou a procurar alguém que desse um jeito na organização.

O relacionamento que a Unrra precisava resolver com mais urgência era com os militares. Embora a campanha italiana tivesse ensinado aos generais aliados que lidar com os problemas de civis era parte da guerra moderna, não alterou sua visão de que o melhor parceiro nessa tarefa era a Cruz Vermelha norte-americana (e inglesa). Quando a França foi invadida, em junho de 1944, o general Eisenhower pediu a essas organizações que fornecessem "assistência" na esteira de seus Exércitos. A parte desempenhada pela Unrra nessa "assistência" foi muito pequena.

A campanha na França em 1944, entretanto, fez com que os militares compreendessem melhor o problema das Pessoas Deslocadas — uns 60 mil russos, poloneses, tchecos e iugoslavos tinham de ser alimentados, abrigados, além de receber condições higiênicas e cuidado médico e de serem retirados das áreas de conflito. Quando o departamento de Pessoas Deslocadas no Shaef (a sigla em inglês para a Sede Suprema da Força Expedicionária Aliada) começou a se preparar para a próxima fase da guerra, "logo percebeu que com a derrota da Alemanha nazista os Exércitos Aliados seriam confrontados com o problema assombrosamente grande e internacionalmente complexo da repatriação de milhões de europeus". Mas quão grande era esse problema de fato? As avaliações do número de refugiados na Europa nessa época iam de 9 milhões a 30 milhões. Malcolm Proudfoot, em época de paz geógrafo urbano de Chicago, era um dos funcionários da Shaef que tentaram responder a essa pergunta. Complementando as avaliações de Leith-Ross e Kulischer com relatórios mais atualizados, ele e seus colegas concluíram que na verdade haveria 11,469 milhões Pessoas Deslocadas na Europa e 7,738 milhnoes na Alemanha, das quais os grupos maiores eram 2,3 milhões de homens e mulheres franceses, 1,84 milhão russos, 1,403 milhão poloneses, 500 mil belgas, 402 mil holandeses, 350 mil tchecos, 328 mil iugoslavos, 195 mil italianos e 100 mil oriundos dos Estados bálticos.

Segundo esses números, pelo menos 8 milhões de pessoas teriam de ser repatriadas. A Shaef preparou planos sofisticados para a realização dessa tarefa. Dois documentos longos descreviam o procedimento, foram publicados panfletos, os funcionários do governo militar foram treinados, cartões de registro foram impressos. A responsabilidade primordial seria dos próprios militares, mas claramente eles iriam precisar de ajuda externa. Havia uma enorme oposição ao envolvimento da Unrra; tanto os militares ingleses quanto os americanos tinham, coletivamente, um certo desdém pelos funcionários da organização e sentiam que envolvê-los em operações militares iria criar um risco de segurança. Essa oposição criou aquilo que Proudfoot chamou de "atrasos vexaminosos". Finalmente, no entanto, em dezembro de 1944, Lehman e Eisenhower assinaram um acordo sob o qual a Unrra iria fornecer equipes para cuidar das PDs na Alemanha. Nas discussões detalhadas que se seguiram, os militares primeiramente pediram à Unrra que fornecesse 250 equipes e em fevereiro de 1945 pediram 450. Os funcionários da Unrra, querendo desesperadamente agradar, concordaram; na linguagem do gerenciamento moderno, eles "prometeram demais". Posteriormente, muitas pessoas na Unrra acharam que isso "foi a origem da confusão perpétua que nunca foi solucionada".

4

"Metade das nacionalidades da Europa em marcha"

No dia 9 de abril de 1945, um soldado polonês escapou de um campo de trabalho forçado na Turíngia. Poucos dias depois, quando ele entrava em uma pequena aldeia, viu tanques americanos. "Aturdido de felicidade, eu só repetia 'finalmente!'", ele recordou um ano mais tarde. "Essa era a fronteira que me separava de anos de escravidão, horas sem fim de sofrimento e uma esperança infinita. A fé agora se materializava e estava marchando na estrada alemã. Ela surgiu exatamente como a víamos em nossos sonhos. Os soldados Aliados a trouxeram em seus tanques de aço."

> Um tanque parou. Jovens soldados americanos risonhos se debruçavam para a frente. Eram simples e espontâneos. Nossa conversa foi aquela conversa natural e simples sobre nada.
>
> Eles rodaram pela aldeia, e na estrada os moradores saíam de suas casas para saudar os vencedores que chegavam, com lenços brancos. Eram eles os mesmos alemães que apenas há uns dias olhavam para nossa coluna que passara marchando com a arrogância de senhores?
>
> Durante muito tempo ficamos parados na estrada, saudando todos os veículos que nos traziam a liberdade e o direito de viver — e a liberdade passava sem parar por nós. Subitamente um terror estranho me dominou, de que talvez essa liberdade não ficasse conosco, de que ela sempre passará por nós e ficaremos sozinhos nessa estrada alemã.

Na cidade vizinha de Erfurt, um grupo de Pessoas Deslocadas estava dormindo quando as tropas do general Patton chegaram. Depois que a breve batalha terminou, Pessoas Deslocadas — russos, italianos, franceses, poloneses, belgas e ucranianos — correram para fora e encontraram seus salvadores, "parados na entrada do abrigo, mascando chicletes e distribuindo cigarros para todos". A maioria das PDs então confiscou bicicletas ou carros e foi para o Oeste, a fim de sair da frente de batalha, mas Bogdan Moszkowski, um polonês de dezoito anos, preferiu ficar para observar, fascinado, como os soldados americanos calmamente ficaram por ali lutando, comendo suas rações e se divertindo com carros e motocicletas abandonados.

Logo depois, no entanto, os americanos direcionaram as PDs para um armazém na estação de Erfurt, onde lhes deram roupas. Bogdan ganhou um traje completo e foi a um hotel local para se lavar. Seu relato da libertação — escrito na terceira pessoa — continua:

> A próxima questão é comida e álcool. As PDs comem tanto que Bogdan acha que elas vão explodir. [Os] alemães se esconderam antes da chegada dos americanos e ficaram por lá durante uma semana, [enquanto] o resto da cidade foi beber até cair. Fumavam — já não as pontas de cigarros encontrados na sarjeta, mas cigarros novos em folha. Nos armazéns, ficaram muitas roupas. Ninguém pega mais do que um conjunto, mas todos pegam tanta comida quanto podem carregar. Querem estar rodeados de comida — não querem se separar dela —, querem vê-la o tempo todo.

O grupo de Bogdan foi então direcionado para a caserna ali perto: "Ouvem-se tantas línguas aqui que é como a Torre de Babel." Na caserna, o saguão maior foi transformado em salão de dança, e todas as noites as PDs dançavam ao som de uma banda formada pelos homens do campo Buchenwald, que agora estavam em Erfurt. "Bogdan não queria conversar, porque eles estavam sempre falando de seus sofrimentos, e Bogdan acha que já passou por coisas suficientes sem ter de ficar repassando tudo sem parar."

As tropas Aliadas tinham penetrado na Alemanha, tomado a cidade antiga de Aachen, quase no fim de 1944. Depois o inverno interferiu e os alemães contra-atacaram nas Ardênias. Só no fim do fevereiro seguinte é que a ofensiva foi retomada e três semanas mais tarde o Reno foi atravessado. Quando os jornalistas Aliados começaram a ver a Alemanha com os próprios olhos, perceberam primeiramente a prosperidade das áreas rurais. "A primeira coisa que nos espantou", escreveu Alan Moorehead, "foi o gado, tão numeroso, tão bem-alimentado. Galinhas, porcos e cavalos corriam por todas as partes. As fazendas eram ricas, maravilhosamente bem-equipadas e administradas. Os agricultores e seus trabalhadores estrangeiros estavam bem-vestidos, e pareciam fortes e saudáveis". Todas as casas pareciam ter uma despensa abastecida, com legumes e frutas em conserva, pedaços de bacon e manteiga. As aldeias e cidades, também, pareciam ter "um sólido conforto burguês", aparentemente intocado pela guerra. No entanto, à medida que se aventuravam mais para o interior da Alemanha, outras impressões se seguiram: a devastação total de muitas cidades, o ar de derrota — e, depois, os trabalhadores escravos.

A escala desse fenômeno surpreendeu os libertadores. "Milhares, dezenas de milhares, finalmente milhões de escravos saíam das fazendas, das fábricas e das minas e vinham em grande quantidade para as estradas", escreveu um membro da inteligência norte-americana. Alan Moorehead viu

> pequenos grupos de franceses, depois holandeses, depois belgas e tchecos e poloneses e italianos, e, finalmente, numa maioria avassaladora, os russos em seus uniformes verdes brilhantes, com as letras "SU" — de União Soviética em alemão— pintadas em branco nas costas. Metade das nacionalidades da Europa em marcha, todos se movendo cegamente na direção do Oeste, descobrindo seu caminho por algum instinto comum que os levava para as linhas inglesas e americanas na esperança de encontrar comida, abrigo e transporte.

As roupas de trabalhadores eram testemunhas de seu passado recente:

> Usavam o traje listrado de prisioneiros dos campos de concentração, ou os uniformes desbotados de seu Exército derrotado, ou os farrapos mais imundos. Ao longo das estradas estavam pequenos montes de roupas esfarrapadas, sujas e malcheirosas descartadas pelos escravos que encontraram algo melhor.

Essa "onda gigantesca de nômades" revelada pelo rápido avanço dos Aliados na Alemanha assoberbou a máquina militar. No fim de março, o número de Pessoas Deslocadas libertadas já somava 350 mil; em 7 de abril, já tinha alcançado 600 mil; em 16 de abril, já era 1,72 milhão; e em 14 de maio (uma semana depois do fim da guerra), 2,2 milhões.

Os números de prisioneiros de guerra e PDs nas estradas obrigaram a Shaef a interromper seu avanço pela Alemanha e deixaram o governo militar aliado lutando para tentar administrar a situação. "A situação das Pessoas Deslocadas nas grandes cidades, como Frankfurt e Heidelberg, encontra-se em um estado de quase caos durante a última semana", escreveu Marguerite Higgens no *New York Herald Tribune* dia 7 de abril. "As próprias autoridades do governo militar admitem que os recursos para cuidar dos russos, poloneses, franceses e outros trabalhadores escravos libertados são tão insuficientes que pode provocar resultados muito sérios e muitas vezes trágicos." Em Frankfurt, 21 membros do governo militar tentavam cuidar de 40 mil PDs, sem que houvesse um único oficial de ligação russo ou francês presente para ajudá-los. Em Hanover, as PDs transformaram as caixas-fortes da prefeitura naquilo que um oficial britânico chamou de "uma cena de um quadro de Hogarth ou Hieronymus Bosch". "Centenas de russos tinham quebrado tonéis e mais tonéis de vinho e bebidas alcoólicas de tal forma que havia uns 20cm de mistura de álcool cobrindo o chão. Ajoelhando-se para beber essa bebida poderosa, os russos logo começaram a cair dentro dos tonéis, e muitos se afogaram antes de a polícia militar fechar a entrada e evacuar os que estavam lá dentro." Dirigindo pelas ruas de Hanover, um funcionário do governo militar dispersou multidões de saqueadores bêbados dando tiros para o alto. "Esse é o tipo de coisa que acontece todo o dia", disse ele a um jornalista. "Saques, brigas, estupros, assassinatos... que cidade!" Foi preciso mais de uma semana para restaurar a ordem.

Tampouco esse tumulto estava restrito às cidades. Bandos de Pessoas Deslocadas andavam pelo campo, servindo-se de comida e de roupas e aterrorizando os locais. "Os alemães tinham pavor dos russos", observou Moorehead. "Toda hora mulheres corriam até nós e gritavam 'vocês podem deixar um guarda conosco? Os russos levaram tudo. Os próximos que vierem vão quebrar tudo se não encontrarem nada'." Havia denúncias de estupro, assassinato e saques.

Saul Padover, um oficial da inteligência americana, sentiu que as PDs estavam sendo estigmatizadas injustamente e que os funcionários do governo militar logo ficavam do lado dos alemães contra os famigerados escravos. *Todos* estavam saqueando a Alemanha; na verdade, considerou Padover, a reação dos trabalhadores estrangeiros foi surpreendentemente amena, considerando tudo o que tinham sofrido. Mas a visão geral dos militares aliados era que as PDs russas e polonesas eram responsáveis pela maior parte dos crimes e deviam ser repatriadas o mais rápido possível.

As PDs das nações ocidentais apresentavam um problema diferente. Estavam ansiosas para voltar para casa e assim que ficaram mais sóbrias começaram a se envolver em "autorrepatriação", como os militares chamavam esse retorno — algumas confiscavam trens, mas a maioria simplesmente marchava pelas estradas, muitas vezes "em um clima alegre de quem está de férias". Os planejadores na Shaef tinham previsto essa onda humana e — temerosos de que ela fosse obstruir o campo de batalha, espalhar infecções e doenças nos países ocidentais e exacerbar os problemas de alimentação na Holanda, na Bélgica e na França — elaboraram um sistema para estabelecer zonas de barreira nos obstáculos formados pelos rios como o Reno e o Elba, onde os refugiados seriam mantidos até que a campanha tivesse terminado.

O plano era que as PDs fossem recolhidas pelos militares e transportadas para centros ou campos de acolhimento, onde seriam alimentadas, fumigadas e mantidas em ordem por equipes especiais da Unrra. Em dezembro de 1944 — depois, é bom lembrar, que "atrasos vexaminosos" causados pela relutância do alto-comando em trabalhar com a nova organização internacional — a Shaef tinha pedido à Unrra que fornecesse duzentas equipes desse tipo, e depois, dia 1º de fevereiro de 1945, tinha pedido mais 250. Isso era quase que um pedido impossível. De todas as maneiras, devido a outros atrasos causados pela ofensiva alemã nas Ardênias, os problemas de recrutamento da Unrra e suas dificuldades com transporte e provisões, só quinze equipes "preliminares" (cada uma com sete pessoas em vez das treze planejadas) estavam no campo até o fim da guerra. Três meses se passariam antes de a Unrra se tornar um participante significativo no jogo das Pessoas Deslocadas. Os militares tiveram de administrar os centros de reunião, com alguma ajuda das agências voluntárias. Então, 20 mil soldados — o equivalente a uma divisão inteira — tiveram de ser retirados das unidades de combate e designados para essa tarefa.

No dia 15 de março de 1945, o tenente Marcus J. Smith, um jovem americano que era médico do Exército, descobriu que iria ser transferido para uma pequena "equipe de combate para PD". No dia seguinte foi enviado para um campo de PDs onde uma sala de aula provisória tinha sido criada. Um coronel entrou com passadas largas na sala, apontou para um mapa preso no quadro-negro e anunciou: "Isso é a Alemanha! Na Alemanha existem 10 milhões de Pessoas Deslocadas — PDs. VOCÊS vão cuidar delas." Um soldado na plateia sussurrou que isso significava que cada pessoa naquela sala teria de cuidar de meio milhão de PDs.

Deram a Smith um curso rápido destilando as lições das experiências do Exército com Pessoas Deslocadas na Itália em princípios e procedimentos simples. Soube que sua primeira tarefa seria controlar as multidões. As Pessoas Deslocadas e os refugiados não poderiam bloquear as estradas e obstruir o progresso dos Exércitos Aliados. O plano era ordenar às PDs de áreas recém-libertadas que ficassem onde estavam até que a polícia militar as dirigisse a pontos de coleta e acampamentos temporários e depois para "centros de acolhimento" maiores, onde elas seriam abrigadas até serem repatriadas.

Smith ouviu que os centros de acolhimento deveriam ser criados em "grupos de prédios localizados nos arredores de cidades grandes ou pequenas, próximos a estradas, e deviam ser grandes o bastante para acomodar pelo menos 2 mil homens, mulheres e crianças". Quartos pequenos não deveriam ficar muito cheios, para minimizar o risco de epidemias; da mesma forma, era preciso dar muita atenção à higiene e ao abastecimento de água. A comida era vital: cada PD deveria receber um mínimo de 2 mil calorias por dia. Para manter os acampamentos, a equipe também precisaria requisitar remédios, roupas, roupas de cama, pratos e outros itens — dos quais todos tinham de vir apenas de fontes alemãs; o Exército dos Estados Unidos não forneceria quaisquer provisões. Se necessário, a equipe teria de improvisar.

Além disso, disseram a Smith, a equipe tinha de fornecer "serviços comunitários" — "oportunidades para aconselhamento, educação, recreação e atividades religiosas", tudo que tinha sido negado às PDs por seus senhores anteriores. Os funcionários da Cruz Vermelha teriam permissão para trabalhar com as PDs; seriam particularmente bem-vindos em virtude de suas linhas de comunicação com a maioria dos países europeus, o que permitiria que as PDs pudessem entrar em contato com suas famílias. Deveriam envolver as PDs em atividades comunitárias "tanto quanto possível". Para levantar seus ânimos e mantê-las longe de injúrias, elas deveriam ser mantidas ocupadas. A meta final de seus esforços, lhes disseram, era uma repatriação rápida.

Essa breve introdução de treinamento tinha deixado o jovem médico com a cabeça rodando. Por que só agora o Exército estava voltando sua atenção para os problemas dos civis? O que uma pequena unidade de soldados poderia esperar realizar? Suas dúvidas aumentaram quando ele se juntou à Equipe PD 115, uma unidade com quatro oficiais e seis recrutas sob o comando de um tenente da infantaria com três anos de serviço que tinha trabalhado com delinquentes juvenis antes da guerra. Ninguém, relatou Smith, "tinha qualquer conhecimento específico ou desejo de trabalhar com refugiados ou Pessoas Deslocadas, nenhuma ideia mais profunda sobre as tradições ou história europeias e nenhuma experiência em organizar e cuidar de um grande número de pessoas; nenhum de nós tinha estado na seção executiva ou administrativa do Exército". O que todos eles tinham em comum, no entanto, era "a antipatia tradicional que os homens da infantaria, os soldados a pé, tinham da disciplina desnecessária — 'merda de galinha'": o Exército estava usando as equipes de PDs como depósito para soldados descontentes. Seu equipamento era um jipe, dois caminhões alemães capturados e em péssimo estado, uma pá, quatro lanternas, duas macas e material de escritório, incluindo uma máquina de escrever velhíssima cor de azeitona. As únicas provisões médicas que Smith tinha eram um frasco de aspirina e um tubo de creme de penicilina para os olhos, ambos de uso pessoal. "Com essas coisas", observou em seu diário, "partimos corajosamente para o Leste a fim de produzir e sustentar a saúde e a felicidade de nossa porção de 10 milhões de Pessoas Deslocadas".

Mas quando sua primeira tarefa surgiu, a Equipe 115 demonstrou ser surpreendentemente eficaz. Schwabach, perto de Nuremberg, tinha três campos de trabalho forçado — 1.200 russos em uma caserna frágil e em ruínas; quatrocentas PDs francesas e umas poucas italianas em uma caserna de madeira com um teto baixo e de um único andar, aquecida por estufas arredondadas; e um prédio idêntico contendo uma dúzia de mulheres francesas. O líder da equipe americana decidiu manter esses acampamentos, mas limpá-los. Enquanto o tenente Smith trabalhava para restaurar o abastecimento de água, a água para beber, cozinhar e lavar — cinco galões por pessoa ao dia — foi fornecida pelos caminhões do Exército americano, e novas latrinas foram construídas usando DDT em querosene para mantê-las limpas. Quando as provisões foram roubadas, Smith e um colega se serviram dos sobressalentes de um depósito do Exército americano próximo dali; um coronel do Exército visitante forneceu o DDT que Smith vinha desesperadamente tentando conseguir. O jovem médico foi até capaz de renovar suas habilidades civis fazendo um parto. Ele conversava com seus pacientes na gíria dos soldados, que era uma mistura de inglês, alemão e francês: *Dub Jay, Buddy. Wo ist der schmerz? Sprechen tout de suite.*

Não havia problemas para conseguir provisões dos alemães. Quando o prefeito local os avisou que alguns itens em sua longa lista seriam difíceis de se conseguir, o tenente de 21 anos lhe afirmou que "a política americana com relação às Pessoas Deslocadas é simples: todos os materiais e serviços para seu cuidado serão fornecidos pelo povo alemão, que os trouxe para cá. Só depois de eles aceitarem essa responsabilidade o mundo poderá tratá-los com respeito". "Não estamos prevendo nenhuma dificuldade importante", escreveu Smith. "Sabemos que os alemães leram os novos 'artigos de governo', que começam com as palavras antigas, 'Chegamos como conquistadores'." Realmente, os alemães produziram tudo dentro de 24 horas.

A pequena unidade americana em pouco tempo fez diferença na vida das PDs. Mas Smith percebeu que a parte mais intangível do trabalho — "fornecer recursos para a recreação" delas — era a mais complexa. Ele notou as rivalidades nacionais e os distúrbios psicológicos atingindo seu limite entre os acolhidos do acampamento. Smith e sua equipe fizeram o que podiam. "Não estamos nesse negócio tempo suficiente para pensar sobre jardins de infância, terapia ocupacional e treinamento vocacional", escreveu ele.

Os milhares de centros de acolhimento rapidamente improvisados pelas tropas de combate e depois entregues ao governo militar (e em poucos casos às unidades da Unrra) estavam, em sua maioria, em antigas casernas militares. Foram encontradas camas e uns poucos móveis, e as PDs separavam os quartos em unidades com cobertores pendurados do alto. As cozinhas dirigidas pelas próprias PDs forneciam refeições básicas que eram complementadas pelas rações do Exército e por remessas da Cruz Vermelha.

A saúde física dos estrangeiros deslocados libertados na Alemanha e na Áustria no começo do verão de 1945 era "excepcionalmente boa", segundo Malcolm Proudfoot. Menos de 1% necessitava de cuidados médicos e só uma fração desses precisou de hospitalização. Com a pulverização imediata de cada PD com pó de DDT, o risco de epidemias de tifo foi eliminado; outros problemas médicos eram evitados com medidas adequadas de higiene. A tarefa principal dos médicos acabou sendo lidar com os efeitos da bebida alcoólica envenenada que fora saqueada ou trocada e que, segundo as estimativas, matou 2 mil pessoas nos dois meses que se seguiram à rendição dos alemães.

A saúde mental deles, no entanto, era mais preocupante: os soldados aliados se surpreenderam com o comportamento de muitas PDs. Tinham presumido que, após anos na Alemanha, os trabalhadores escravos libertados seriam "afáveis, gratos e impotentes". Em vez disso, eles muitas vezes sofriam daquilo que passou a ser conhecido como "complexo de libertação":

> Isso envolvia vingança, fome e exultação, três qualidades que se combinavam para fazer das Pessoas Deslocadas, quando recentemente

libertadas, um problema em termos de comportamento e conduta, bem como com relação aos cuidados, à alimentação, à desinfecção, o registro e à repatriação.

Uma das primeiras pessoas a tentar entender a condição mental das PDs foi Marta Korwin, uma assistente social polonesa ligada a uma equipe do governo militar britânico. Quando Marta entrou em Bocholt, no começo de abril de 1945, os campos ao redor ainda estavam cobertos com planadores usados na travessia do Reno pelos Aliados e a cidade estava em chamas. Foi decidido transformar o único prédio que não tinha sido bombardeado, um bloco de cinco andares da fábrica da Siemens e Halske, em um centro de acolhimento para Pessoas Deslocadas.

Segundo Korwin, o centro "era uma triste visão: todas as nacionalidades misturadas, sujeira, confusão, saques em escala universal, a maioria das pessoas totalmente embriagada e a alimentação inadequada".

Quando a comida, a água e o saneamento básico foram organizados, Korwin avaliou as PDs. Havia deportados da Europa Ocidental, poloneses de todas as idades deportados depois da Rebelião de Varsóvia, jovens russos que tinham sido trazidos para trabalhar na Alemanha e prisioneiros de guerra italianos. Cada grupo queria afirmar sua identidade nacional. "Todos queriam ter emblemas nacionais no peito e bandeiras imensas em todos os cantos." Ao inventar um esconderijo de suásticas nazistas em um armário, os funcionários da ajuda humanitária as cortaram para formar bandeiras polonesas e russas. Depois, agruparam as pessoas por nacionalidade e nomearam líderes — "uma tarefa nada fácil, porque muito poucas pessoas estavam sóbrias". Decidiu-se que os italianos, os poloneses, os russos e todos os europeus do Leste, ou seja, aqueles que provavelmente ficariam mais tempo, deveriam ocupar o prédio da fábrica. Os franceses, holandeses e belgas aceitaram de boa vontade a palha no chão da própria fábrica.

Korwin sentia que todos compartilhavam um certo estado de espírito. Durante seu cativeiro na Alemanha eles tinham estado

contrabalançando a realidade, que era sempre extremamente difícil e algumas vezes sórdida e horrível, invocando sonhos da vida passada, até que ficaram quase certos de que, no momento em que fossem libertados, se encontrariam no mesmo mundo feliz e maravilhoso que conheciam antes da guerra. Todas as dificuldades passadas por eles seriam esquecidas, a liberdade os levaria de volta a um mundo onde nada nunca dava errado... um paraíso onde todas as pessoas eram boas, todas as esposas, amorosas, todas as sogras, encantadoras, todos os maridos, fiéis e todos os lares, lindos. Não havia desemprego, pobreza ou infelicidade.

Mas quando a libertação chegou, as PDs descobriram que, "em vez de voltar imediatamente para o paraíso, eram confinadas em acampamentos que, em muitos casos, apresentavam condições piores que aquelas antes da libertação". Diante da realidade pós-libertação e "da ruína que tinha tomado conta do mundo durante os anos da guerra, vendo suas esperanças por um futuro melhor destruídas e com tempo para refletir sobre isso tudo", a maioria delas escapava pela via da bebida ou do sexo. "Dava para se surpreender com a licenciosidade encontrada nos acampamentos?", perguntou Korwin. Ela concluiu que "o medo do futuro e a vingança não concretizada eram os fatores subjacentes responsáveis pelo comportamento desequilibrado com que nos deparamos nos contatos com as PDs".

Para muitas dessas pessoas, destruir máquinas era uma maneira de expressar vingança. "Os russos, principalmente, tinham um prazer especial em arruinar as coisas ou quebrá-las... Na primeira manhã, passei pela parte da fábrica que estava repleta de maquinaria extremamente cara e fiquei chocada quando vi um grupo de russos estraçalhando com precisão meticulosa uma máquina depois da outra."

A frágil condição mental das PDs significava que elas tinham de ser tratadas com muito cuidado se sua cooperação fosse necessária, por exemplo, na manutenção da limpeza do centro. "Foi preciso muito tempo para convencer as pessoas de que as coisas deveriam ser feitas de uma maneira específica, mas quando isso aconteceu passamos a trabalhar com seres humanos simpáticos e prestativos, e não com um rebanho de ovelhas."

Em 7 de abril, a 4ª Divisão Blindada do III Exército dos Estados Unidos capturou a pequena cidade de Ordruf, bem a oeste de Weimar.

Em uma colina próxima, num grupo de galpões imundos, os soldados americanos encontraram pilhas de corpos nus empilhados cuidadosamente "como toquinhos de madeira". Do lado de fora havia piras com cadáveres semiqueimados. Em 12 de abril, os generais Eisenhower, Bradley e Patton visitaram o local. Patton vomitou. Logo outros nomes chegaram às manchetes dos jornais. Em Nordhausen, perto de Göttingen, os americanos encontraram 3 mil corpos apodrecendo, desenterrados, e 2 mil trabalhadores escravos à beira da morte depois de terem trabalhado em uma fábrica subterrânea de foguetes V-2. Em um bosque escuro perto de Weimar, em que Goethe tinha passeado certa vez, os tanques americanos foram saudados pelos sobreviventes de Buchenwald.

No mesmo dia 12 de abril, unidades britânicas que passavam rapidamente pela planície da Alemanha do norte foram saudadas por dois coronéis alemães carregando uma bandeira branca, sinalizando uma trégua na área ao redor de um campo de concentração ali perto onde o tifo tinha se espalhado; o nome do campo era Bergen-Belsen. Três dias depois, os ingleses entraram no local e encontraram cabanas cheias de prisioneiros mortos ou moribundos e montes de cadáveres desenterrados. "As coisas que vi desafiam completamente qualquer descrição", escreveu um oficial inglês. "Não há palavras que possam dar uma impressão verdadeira do horror espantoso desse campo." E isso não foi o fim da litania de horrores. No fim de abril os americanos chegaram a Dachau, perto de Munique, e encontraram quarenta vagões de carga abertos e cheios de cadáveres; no começo de maio, chegaram a Mauthausen, o conhecido campo de extração de pedras perto de Viena.

A descoberta dos campos alemães produziram uma impressão esmagadora na opinião pública dos países aliados. Embora o Exército Vermelho tivesse entrado em Auschwitz em janeiro de 1945, Moscou não tinha feito qualquer publicidade do evento. Agora as cenas horripilantes em Dachau e Buchenwald revelavam o pior.

Aquilo surpreendeu totalmente os militares. "Em 1945, muito pouco era conhecido no Exército sobre campos de concentração ou até mesmo sobre a política nazista de exterminar os judeus e outros grupos étnicos", escreveu mais tarde um dos primeiros oficiais que entraram em Belsen. "Estávamos, portanto, totalmente despreparados para os horrores que vimos na Alemanha." Brian Urquhart tinha estado consciente do antissemitismo nazista, e tinha feito amizade com alguns judeus alemães refugiados em Oxford, no entanto "a 'Solução Final', o verdadeiro extermínio de milhões de pessoas, era simplesmente inimaginável" para ele. Esse depoimento irá intrigar o leitor moderno. Como os governos aliados, que tinham condenado as políticas alemãs em dezembro de 1942, poderiam permitir que seus Exércitos estivessem despreparados para os campos de concentração e de extermínio em 1945?

O que os militares aliados sabiam pode ser compilado dos Manuais sobre Campos de Concentração do Eixo, que foram produzidos pelas Pessoas Deslocadas da Shaef. A primeira edição, distribuída para as unidades de campo em agosto de 1944, era uma reunião mal organizada de informação, oferecendo um breve relato da evolução dos campos de concentração alemães, baseado apenas no modelo de campo de antes da guerra, um lugar para trancar dissidentes políticos, muitos detalhes sem importância sobre a hierarquia e as insígnias da SS e algumas informações recentes e truncadas — por exemplo, a afirmação de que Hitler tinha ordenado pessoalmente que fornecessem um bordel a Dachau. Anexo a esse manual, no entanto, estava um apêndice com uma lista dos campos por toda a Europa, em que Auschwitz, Belzec, Chelmno, Majdanek, Sobibor, Theresienstadt e Treblinka estavam todos definidos como "campo de extermínio para judeus" — mas nenhum outro comentário era feito e nenhuma narrativa mais geral era fornecida. Isso, para o leitor moderno, claramente se refere à "Solução Final", mas é muito improvável que, por si só, tenha sido interpretado dessa forma pelos oficiais Aliados em 1944.

Mais tarde naquele ano, após a libertação dos primeiros campos alemães, a Shaef produziu uma edição atualizada do manual que era muito mais completa e omitia a maior parte das trivialidades. Naquele momento a Shaef mencionou duas coisas: que os alemães estavam evacuando seus campos à medida que os Aliados avançavam em sua direção; e que os internos "estavam sendo transferidos de um campo para outro de acordo com sua capacidade de trabalho e as necessidades dos vários empreendimentos dirigidos pela [SS], que eram então listados com algum detalhe (e corretamente) nos apêndices. Aqui o reconhecimento parcial da "Solução Final" contida no manual anterior tinha sido substituído por uma percepção dos internos de campos de concentração como uma reserva de mão de obra, o que refletia corretamente o que estava ocorrendo naquele momento. No começo de 1945, Auschwitz começou a ser evacuado e a distinção entre o programa para exterminar os judeus e o processo geral de exploração do trabalho escravo não judeu tinha em grande parte desaparecido. Portanto, não é nenhuma surpresa que, quando a inteligência Aliada foi finalmente capaz de obter relatórios mais precisos, a Shaef não tenha entendido, ou pelo menos não tenha enfatizado essas diferenças. Isso ajuda a explicar por que as unidades de campo não faziam muita distinção entre judeus e não judeus, em especial porque a população nos campos libertados não era exclusivamente judia; em Belsen, os judeus eram cerca de 55% dos internos sobreviventes; em Buchenwald, a proporção era bem menor.

Quando os ingleses entraram em Bergen-Belsen, estavam mal equipados para lidar com a emergência médica que os aguardava. Tiveram que improvisar um auxílio, com consequências trágicas. Sem conhecer os efeitos da fome no organismo humano, os oficiais trouxeram rapidamente caminhões de água e reservas de rações do Exército. Dar essa comida pesada aos sobreviventes resultou na morte de cerca de 2 mil deles. Foi também bastante difícil estabelecer uma cadeia de comando clara em Belsen, e muitas das estratégias tentadas pelos ingleses não funcionaram. Mas a chegada de um americano especialista em tifo que tinha trabalhado com DDT em Nápoles ajudou a mudar a situação. A epidemia de tifo foi logo controlada e já no fim de abril, quando a maior parte dos cadáveres tinha sido enterrada, a taxa de mortalidade começou a cair. Apesar disso, mais de 14 mil pessoas morreram em Bergen-Belsen *depois* da chegada dos ingleses.

Os americanos puderam aplicar a maior parte das lições que aprenderam em Belsen quando libertaram o campo de concentração de Dachau, naquele mesmo mês: em poucas semanas, as doenças infecciosas já tinham sido controladas e os doentes foram curados. No entanto, outras complicações surgiram ali. Os prisioneiros libertados não ficaram contentes, e sim apáticos ou paranoicos. Os médicos internos se recusavam a trabalhar e os antigos prisioneiros não queriam realizar as tarefas que lhes eram atribuídas. Os soldados americanos foram ficando cada vez mais exasperados com a enxurrada incessante de queixas e exigências, os pedidos frequentes por privilégios especiais e as hostilidades étnicas que surgiram entre os prisioneiros. Poucos americanos falavam alemão ou iídiche, e não havia oficiais de ligação judeus, pois as caridades judaicas dos Estados Unidos não obtiveram permissão para entrar na Alemanha. A relação entre o Exército e os sobreviventes judeus logo ficou tensa.

Todo esse tempo, a prioridade principal dos militares era repatriar as Pessoas Deslocadas — começando com aquelas dos países da Europa Ocidental. A repatriação em massa dos trabalhadores escravos franceses começou em março — um caminhão cheio de prisioneiros franceses foi filmado saindo de Belsen no final de abril tocando a "Marseillaise" em uma trombeta e um acordeão. A Shaef a princípio afirmou que nenhum avião militar seria disponibilizado para a repatriação de civis, mas a imensidão dos números logo fez com que mudasse de ideia, particularmente porque os aviões militares que traziam provisões para a Alemanha retornavam vazios. Assim, mais de 161 mil franceses repatriados foram enviados de avião para bases aéreas militares perto de Paris. O filme de Henri Cartier-Bresson *Le Retour* [O retorno] capta esse momento em imagens de esperança e renascimento: franceses, vestidos em uma variedade multicor de roupas e agarrando todos os tipos de malas, mas com rostos felizes e sorridentes; reuniões lacrimosas nas plataformas das estações de trem; e no clímax do filme, esquadrões de aviões Dakota, enchendo a tela como corvos agitando as asas, trazem ao lar os filhos e filhas da França. Em meados de setembro mais de 1,5 milhão de franceses já tinham sido repatriados; no auge da odisseia os centros de acolhimento estavam lidando com 55 mil pessoas por dia. Um deles, em Mulhouse, lidava com cada PD em duas horas e meia. As pessoas que chegavam "eram recebidas com muita alegria" e divididas em grupos, de acordo com a região de origem na França. Tinham suas impressões digitais tiradas e eram fotografadas e registradas, além de passarem pela triagem da Securité Militaire. Passavam também por médico completo, inclusive raios X, exame de urina e vacinação, bem como um exame dentário. Tinham a barba feita, recebiam roupas novas e eram alimentadas, informadas sobre suas famílias, seus amigos e lares, recebendo por fim mil francos. O ânimo melhorava com "pinturas da vida familiar francesa" do lado de dentro e canteiros de flores coloridas do lado de fora, e música transmitida sem parar por um alto-falante.

No entanto, por trás do triunfo logístico e das imagens animadoras de Cartier-Bresson, estavam as complicações políticas. Pelo menos quatro categorias diferentes de homens e mulheres francesas estavam sendo enviadas de volta para sua terra natal — prisioneiros de guerra, trabalhadores migrantes que tinham ido para a Alemanha voluntariamente, homens jovens convocados para trabalhar sob o esquema introduzido pelo governo de Vichy (STO) e deportados políticos. O governo provisório de De Gaulle, interessado em usar a repatriação para acabar com a sensação de vergonha nacional e unir a nação outra vez, gastou um quinto de seu orçamento anual na recepção dessas pessoas que voltavam e tentou apresentar os vários grupos como sendo uma massa homogênea, todos envolvidos na bandeira da Resistência. Propôs que o Dia da Bastilha em 1945 fosse dedicado aos mortos e à Resistência, celebrando "a igualdade de todos os prisioneiros, deportados e resistentes". Autoridades locais foram estimuladas a exaltar "a sensação de união que existe entre aqueles que tombaram na luta e aqueles que voltaram".

A unidade, no entanto, não durou muito. Brigas logo começaram a ocorrer entre as várias categorias de deportados; a competição com relação aos benefícios a que tinham direito e, ainda mais importante, à honra que lhes era devida logo aumentou. Trabalhadores no esquema STO que tinham retornado por Touraine ficaram furiosos por receber rações duplas apenas por seis semanas, enquanto os prisioneiros de guerra e os deportados políticos as recebiam por seis meses. Em termos de honra, surgiu uma clara hierarquia, com aqueles que tinham credenciais da resistência insistindo que eram moralmente superiores àqueles que tinham trabalhado na Alemanha. Os prisioneiros de guerra, que tinham desfrutado de um respeito particular sob o regime de Vichy, agora eram esquecidos.

Ao contrário dos franceses, os belgas, sem muito alarde, deram as boas-vindas a seus trabalhadores que voltavam. O governo não planejou com muita antecedência, improvisou e deixou a iniciativa na mão de associações locais e voluntárias, particularmente as caridades católicas. O motivo principal do político responsável, o antigo primeiro-ministro Paul van Zeeland, era obter capital e trabalhar para conseguir a respeitabilidade de volta. Todo o processo foi realizado rapidamente e com sucesso. Os holandeses tinham começado a planejar esse momento bem cedo, em 1943, e nomearam um ministro sênior no governo no exílio, G.F. Ferwerda, para organizar tudo. Mas seus planos, há tempos preparados, foram frustrados pelo curso que a guerra tomou na Holanda. Enquanto a Bélgica foi libertada, já em setembro de 1944, grande parte da Holanda não foi recuperada dos alemães até quase o fim da guerra e teve de sofrer com a fome e a ocupação contínua, enquanto o governo no exílio permanecia preso em Londres. Os ministros em Londres tinham toda a informação detalhada, mas os militares na Holanda tomaram decisões mais ou menos por iniciativa própria. O resultado foi o caos e infinitas recriminações. Além disso, a população local, tendo visto 16 mil pessoas morrerem de fome na Holanda, não estava com disposição de ser muito generosa com os que voltavam.

O que ocorreu com as PDs quando voltaram para casa não interessava ao Executivo das Pessoas Deslocadas na Shaef. Puramente em termos de logística, sua realização tinha sido extraordinária. "No fim de setembro", Proudfoot escreveu com certo orgulho, "298.132 belgas foram repatriados (...) no fim de julho, 305 mil holandeses...". No entanto houve algo assim como um soluço quando foi descoberto que havia 700 mil italianos na Alemanha e na Áustria, quase que duas vezes o número que a Shaef tinha previsto e mais de 10% de todas as PDs. A organização da volta à terra natal durou até setembro de 1945.

Embora a própria Shaef tivesse deixado de existir no dia 14 de julho, seu Executivo para Pessoas Deslocadas ainda não havia sido dissolvido. A Unrra, por sua vez, finalmente desempenhava o papel que lhe fora atribuído. Em julho, a organização tinha 2.656 pessoas em 332 equipes distribuídas por todas as zonas ocidentais. O plano era que a Unrra fosse mais do que dobrar o número de seus funcionários, estabelecer uma sede na Alemanha e tirar das mãos das autoridades militares toda a responsabilidade pelo cuidado e a supervisão das PDs.

A extensão da tarefa que confrontava os Aliados na Alemanha agora já tinha ficado clara. O país estava em um estado muito pior do que tinha sido previsto; em particular, a rede de transporte, da qual dependia a recuperação econômica, estava em ruínas. Foram necessárias semanas para restaurar a eletricidade e o saneamento nas grandes cidades, e um pouco mais de tempo para restabelecer a lei e a ordem e encontrar pessoas sem um passado nazista para os postos mais elevados no governo local. Só então, gradativamente, as escolas começaram a ser reabertas.

A etapa física da ocupação foi finalizada no fim de junho de 1945, quando os Exércitos Aliados ficaram dentro das fronteiras zonais acordadas em Yalta. O futuro político da Alemanha foi discutido pelos Aliados vitoriosos quando seus líderes se encontraram em Potsdam em agosto. O país agora seria governado por um Conselho de Controle Aliado, composto de comandantes militares das quatro zonas, que, juntos, desenvolveriam as políticas sob a direção de seus governos. Isso foi acordado. Mas no dia a dia havia tensão entre dois objetivos contraditórios. Por um lado, a conferência aceitou o princípio de que a Alemanha deveria ser administrada como uma única unidade econômica. Os americanos, que durante a guerra consideraram a ideia de dividir ou desindustrializar a Alemanha, agora queriam manter o país uma unidade e fazer com que começasse a funcionar outra vez. O problema era "como fazer com que a Alemanha não tivesse meios de se tornar outra vez um agressor potencial e ao mesmo tempo permitir que desempenhasse seu papel na necessária reabilitação da Europa", como definiu o secretário da Guerra dos Estados Unidos, Henry L. Stimson. Por outro lado, o interesse principal dos soviéticos era extrair recompensas da Alemanha — não só para sua própria zona, que eles já estavam rapidamente depenando, mas para as zonas ocidentais também.

Independentemente do que ocorresse na Alemanha, era vital mandar todas as PDs de volta à terra natal. "Até que as Pessoas Deslocadas sejam tiradas da Alemanha, elas são uma ameaça ao país e comem suas provisões de alimento, que estão se reduzindo", observou um repórter. "Mas sua retirada irá também acrescentar um fator de confusão e colapso, pois a Alemanha dependeu durante anos desses estrangeiros involuntários para manter seus campos e suas fábricas em operação." E as PDs do Ocidente representavam apenas 40% do problema. Ainda restavam os outros 60% do Leste europeu — russos, poloneses, bálticos, tchecos, iugoslavos, gregos, húngaros e romenos.

Em poucos meses já estava claro que o processo poderia não ser simples. "O que mais surpreende é a quantidade de pessoas que não querem voltar para casa", escreveu em 31 de maio de 1945 um quacre que trabalhava com ajuda humanitária na Alemanha. "São muito poucas as pessoas que conheci do Leste europeu que desejam viver sob o comando dos russos."

5

O MOMENTO PSICOLÓGICO

LOGO DEPOIS DE OS ALIADOS DESEMBARCAREM na Normandia, em junho de 1944, russos usando uniformes alemães começaram a ser capturados. No dia 14 de junho, quando mais de 1.600 deles estavam detidos, um oficial da inteligência britânica interrogou um grupo de vinte. Descobriu que eles tinham formações diferentes — incluíam um médico, um sapateiro, um estudante, um escriturário, um colegial, dois mecânicos e seis camponeses —, que vinham de várias regiões da União Soviética — "uma mistura de ucranianos, russos do centro do país, russos-brancos, siberianos e mongóis". Todos tinham sido muito maltratados pelos alemães, tendo sofrido meses de fome e de surras, e sua decisão de "apoiar" o esforço de guerra alemão tinha sido tomada apenas para garantir a própria sobrevivência: aqueles que tinham recusado a "oferta" para servir no Wehrmacht tinham sido fuzilados imediatamente. Ao mesmo tempo, os prisioneiros não esperavam que o Kremlin entendesse seu dilema e estavam bastante conscientes sobre o destino que os esperava na União Soviética. O próprio Stalin tinha declarado: "Não temos nenhum prisioneiro, só traidores — a última bala deve sempre ser para você mesmo."

Esse homens não tinham qualquer dúvida sobre o que aconteceria se os Aliados ganhassem a guerra: "eles seriam entregues a seu governo, que os trataria sem qualquer compaixão." Um soldado lembrou a seu interrogador o destino dos 32 mil russos prisioneiros de guerra que tinham sido trocados pelos finlandeses após a campanha de 1939: fuzilamento por um pelotão com metralhadoras, que por sua vez foi liquidado pela polícia secreta soviética, o NKVD. O que, então, iria induzir outros membros dessas tropas a se entregar para os Aliados? Um soldado respondeu:

Vocês parecem não perceber a posição desesperada em que nossos homens se encontram; nós sabemos que a estrada de volta ao nosso povo está irremediavelmente perdida; nós não gostamos dos alemães nem confiamos neles. Dê a nossos homens apenas uma esperança de vida e de trabalho em suas colônias e eles serão seus.

A invasão alemã da União Soviética em junho de 1941 tinha produzido milhões de prisioneiros de guerra. Mais da metade deles foi quase que imediatamente deixada morrer de fome, devido a uma mistura de ideologia racial, crueldade, negligência e incompetência logística. Não foi uma questão de simples genocídio: a guerra no Leste não terminou com a rapidez esperada, o próprio Hitler proibiu o transporte de prisioneiros de guerra soviéticos para o Reich por motivos raciais e a quantidade de prisioneiros capturados acabou sendo muito maior do que se esperava. De qualquer forma, em fevereiro de 1942, dos 3,9 milhões capturados originalmente, apenas 1,1 milhão de prisioneiros de guerra soviéticos ainda estam vivos e desses apenas 400 mil ainda podiam trabalhar.

O tratamento dos prisioneiros soviéticos pelos alemães foi um grande crime — e um sério erro político. A visão de colunas de prisioneiros soviéticos famintos, sendo forçados a marchar, e os cadáveres emaciados que se espalhavam pelas estradas não contribuíram em nada para que eles recebessem a simpatia da população nativa na Ucrânia e na Bielorrússia. Mas do ponto de vista dos alemães, o aspecto mais contraprodutivo de toda aquela história foi a perda de milhões de possíveis lavradores. A liderança nazista despertou tarde demais para o valor potencial dos prisioneiros de guerra para a economia alemã.

Ao mesmo tempo, no entanto, o Exército alemão quase desde o princípio fez uso dos russos como ajudantes nativos, *Hilfswillige* — os desejosos de ajudar, ou *Hiwis*. Como no caso do trabalho escravo, havia uma contradição entre a ideologia alemã e as necessidades práticas, mas com a necessidade de efetivo militar predominando cada vez mais sobre a ortodoxia racial após a derrota em Stalingrado, em 1943 os alemães começaram a colocar prisioneiros de guerra soviéticos nas unidades de combate. Eles foram inicialmente enviados para a Frente

Oriental, mas, em outubro de 1943, depois de um número crescente desses *Osttruppen* ter desertado para juntarem-se aos guerrilheiros — confirmando assim a ideia de Hitler de que eles eram militarmente inúteis —, foram transferidos para o Ocidente, longe dos guerrilheiros e da propaganda soviética, e utilizados para combater grupos locais da resistência na França, nos Países Baixos, na Itália e nos Bálcãs.

No verão de 1944, as autoridades britânicas começaram a se preocupar com essa questão. Em 17 de julho de 1944, o gabinete de Guerra decidiu que os prisioneiros russos teriam de ser devolvidos para a União Soviética, se esse era o desejo do governo desse país. O fator decisivo foi a necessidade de garantir a cooperação soviética na devolução de prisioneiros de guerra britânicos e americanos — naquele momento, supunha-se que cerca de 50 mil prisioneiros britânicos e americanos de campos libertados pelo Exército Vermelho estariam nas mãos dos russos. Mas, além disso, o Ministério das Relações Exteriores britânico precisava de boas relações com Moscou em uma série de questões, portanto não podia provocar a má vontade dos russos justamente em uma questão em que nenhum interesse britânico estava em jogo. "No momento certo, todos aqueles com quem as autoridades soviéticas desejam lidar devem ser entregues a eles, e não estamos preocupados com a possibilidade de eles serem fuzilados ou tratados de uma maneira mais cruel do que seriam sob a lei inglesa", escreveu o advogado do ministério Patrick Dean. No entanto, o homem que seria finalmente responsável pelo retorno dos russos, o secretário para a Guerra, Sir James Grigg, insistiu em uma decisão do gabinete. "Se entregarmos os prisioneiros russos de volta para que morram, serão as autoridades militares que o farão sob minhas instruções, e tenho direito de ter como apoio nessa questão tão desagradável uma visão considerada do governo."

Por essa razão, no dia 4 de setembro de 1944, o Gabinete de Guerra finalmente concordou em aceder ao pedido soviético de enviar de volta seus cidadãos, e na Conferência de Ministros de Relações Exteriores, em Moscou um mês depois, Anthony Eden concordou verbalmente com a repatriação de cidadãos soviéticos "que estivessem ou não dispostos a voltar". Esse entendimento foi formalizado na Conferência de Yalta, em 1945, quando, após uma discussão muito breve da questão entre Stalin e Churchill, um acordo apressadamente remendado entre os dois sobre o intercâmbio de prisioneiros foi assinado. O documento, formulado de uma maneira vaga, deixava os detalhes para os comandantes no campo e não fazia qualquer menção explícita do uso da força, embora, no contexto da conversação prévia com os russos, isso estivesse subentendido.

Retornos anteriores de prisioneiros soviéticos já tinham gerado alguma preocupação: havia relatórios de prisioneiros sendo levados para fundos de galpões em Odessa e fuzilados. Mas a total extensão dos perigos envolvidos só ficou aparente após o fim da guerra, na Áustria.

Na primavera de 1945, a província austríaca de Caríntia era como uma rede de pescar de uma traineira pouco antes de ser puxada para o barco, quando o grosso de peixes se acumula na laçada final. Quando a guerra terminou, os Exércitos britânico e soviético e as forças do líder comunista iugoslavo, marechal Tito, se dirigiam para uma pequena planície e cercaram as tropas regulares alemãs, os anticomunistas iugoslavos, croatas e eslovenos e um bando de cossacos russos, russos-brancos e ucranianos, muitos com mulheres e crianças, que eram a favor dos alemães. Todos esses grupos queriam se entregar aos Aliados ocidentais, e as tropas britânicas na área estavam sobrecarregadas tentando administrar essa situação.

Então surgiram duas novas mudanças. Primeiro, parecia provável que meio milhão a mais de soldados alemães que estavam fugindo da Iugoslávia iriam chegar a essa região já superlotada. Segundo, os governos em Londres e Washington ficaram preocupados com a possibilidade de os iugoslavos vitoriosos de Tito, tendo expulsado os alemães, prosseguirem para a Itália e anexarem a província de Venezia Giulia. Para evitar essa ameaça, o comandante aliado no Mediterrâneo, marechal de campo Alexander, recebeu a ordem de se preparar para uma ação militar contra Tito.

Seu pessoal reagiu imediatamente a essa situação. Em 16 de maio de 1945, Alexander disse a Londres que, com 1 milhão de prisioneiros de guerra já em suas mãos, ele só poderia enfrentar Tito se antes pudesse "limpar o terreno". Alguns prisioneiros alemães foram transferidos para as autoridades militares aliadas na Alemanha e foram dados os primeiros passos para transferir a maior parte dos iugoslavos e russos para seus inimigos comunistas. Foi reconhecido que a coerção ou a trapaça teria de ser usado.

No caso dos iugoslavos, foi principalmente a trapaça. Eles não "receberam qualquer aviso sobre seu destino", escreveu um oficial britânico à época, e "deixaram que acreditassem que iam para a Itália até o último momento da transferência". Dessa maneira, 27 mil homens foram entregues aos comunistas iugoslavos. A operação envolveu um "bom número de pequenas mentiras e um número igual de consciências pesadas", admitiu o coronel Rose-Price, da guarda galesa. "O pelotão só foi capaz de continuar com essa tarefa angustiante porque lembrava sem parar que acontecimentos anteriores tinham claramente provado que, se a bota estivesse na outra perna, os chutes não teriam sido menos violentos." Outro oficial que se queixou de que "todo esse negócio é moralmente detestável e as tropas britânicas têm extrema repugnância de levar a cabo essas ordens" foi chamado à sede e repreendido. O futuro secretário das Relações Exteriores, Anthony Crosland, posteriormente descreveu esse caso como "o ato de guerra mais asqueroso e mais cruel de que participei".

O verdadeiro problema, no entanto, foram os 40 mil "cossacos" — russos que tinham colaborado com os alemães. Em 21 de maio de 1945, em uma reunião na sede da Unidade V, os comandantes britânicos presentes tomaram decisões sobre seu destino com base nas toscas diretrizes políticas disponíveis. O Acordo de Yalta estipulava que todos os cidadãos soviéticos libertados pelos Aliados deveriam ser entregues aos russos, mas não definia o que era um cidadão soviético. Algum esclarecimento maior tinha sido publicado em março de 1945: cidadão soviético era alguém que vivia dentro das fronteiras da União Soviética "como essa era constituída antes da deflagração da presente guerra", ou seja, em 1º de setembro de 1939. Os poloneses e os nativos dos Estados bálticos eram assim explicitamente excluídos.

Com base nisso, foi decidido que a 1ª Divisão ucraniana, da qual muitos membros vinham de áreas da Ucrânia ocidental, que em 1º de setembro de 1939 ainda fazia parte da Polônia, não deveria ser entregue aos russos. E uma unidade de 4 mil russos-brancos que tinham morado na Iugoslávia desde a Revolução Bolchevique também foi salva pelo coronel Walton Ling, um importante oficial da Cruz Vermelha britânica que tinha servido com as forças brancas na guerra civil e agora falava em sua defesa. As quatro unidades restantes, inclusive toda uma unidade de cossacos, deveriam ser enviadas aos russos. Essas decisões foram tomadas de maneira totalmente indiferenciada; a ideia de fazer uma análise de cada caso nunca passou pela cabeça de nenhum deles e teria sido rejeitada como impraticável se alguém a tivesse sugerido.

Os comandantes britânicos reconheceram que provavelmente teriam de usar a força para implementar esse ato de repatriação; e tomaram o cuidado de obter autorização para isso. Mas para cumprir essas ordens, eles também tiveram de passar por cima das objeções de vários oficiais. O general cuja unidade estaria responsável por aquilo que provavelmente seria a parte mais difícil, a transferência dos cossacos e de um grupo do Cáucaso — inclusive milhares de mulheres e crianças —, teve uma série de "intercâmbios acalorados" com seus superiores, e estes lhe disseram que "era uma questão de ordem superior".

Os caucasianos reagiram com uma exibição modesta de força: foram necessários apenas uns poucos golpes na cabeça de um de seus líderes com o cabo de uma picareta. Mas os cossacos se mostraram muito mais resistentes. Quando os oficiais descobriram seu destino, ou alguém lhes disse a verdade, alguns deles se suicidaram e outros pediram que fossem fuzilados. Os homens cossacos realizaram um serviço religioso ao ar livre para fortalecer sua resolução, e no dia 1º de junho de 1945 as cenas foram terríveis quando os britânicos tentaram tirá-los à força:

> Assim que o pelotão se aproximou para começar o embarque, as pessoas se juntaram em uma massa sólida, ajoelhadas e agachadas com os braços ao redor do corpo de seus vizinhos. À medida que os indivíduos nas extremidades do grupo eram puxados, os restantes se comprimiram em um corpo ainda mais coeso e, em pânico, começaram a subir uns sobre os outros em um esforço frenético para escapar dos soldados. O

resultado foi uma pirâmide de seres humanos histéricos que gritavam sobre várias pessoas que tinham ficado presas.

Em outro campo, os britânicos se depararam com resistência passiva; uma vez mais foi necessário usar a força.

Um cossaco recebeu uma coronhada na cabeça com um rifle. Só quando o pelotão avançou com baionetas acopladas e deu alguns outros golpes é que algum movimento começou. E só continuou com uma maior persuasão das baionetas e tiros de armas automáticas dados nos espaços entre os grupos de cossacos. Um grupo tentou escapar atravessando a linha do trem. Uma saraivada de fogo foi direcionada para impedi-los; a maioria voltou, mas vários foram na direção do atirador e dois foram mortos...

No total, cerca de 70 mil pessoas foram devolvidas à força para os soviéticos e os iugoslavos antes de as repatriações da Áustria serem interrompidas.

Na metade de junho de 1945, a crise com Tito tinha amainado, e os comandantes britânicos haviam recebido fortes protestos de representantes da Cruz Vermelha sobre o destino dos eslovenos e das mulheres e crianças cossacas. Em 13 de junho, o general Richard Mc-Creery, comandante do VIII Exército, encontrou-se com um oficial da Cruz Vermelha e "explicou longamente a situação militar, que tinha exigido a evacuação de certas áreas o mais rápido possível". Em seguida, ele garantiu que não haveria mais nenhuma repatriação forçada e "nenhuma repatriação sem uma análise adequada por oficiais do governo militar". Poucos meses depois um alto funcionário do Ministério das Relações Exteriores britânico reconheceu que a entrega dos iugoslavos tinha sido "um erro terrível... só algum tempo depois soubemos que os infelizes croatas e eslovenos expulsos de Caríntia tinham sido massacrados pelas tropas de Tito uma vez atravessada a fronteira iugoslava".

Quando os historiadores redescobriram esses acontecimentos nos anos 1970, eles se concentraram no evento mais dramático e penoso — a repatriação dos cossacos para Stalin e dos croatas e eslovenos para Tito. Mas o que foi muito mais importante naquele momento foi a repatriação em massa de cidadãos soviéticos e, em particular, de ucranianos da Alemanha.

Houve boas razões para enviar os russos de volta o mais rápido possível. Nessa época havia cerca de 6 milhões de russos fora de sua terra natal, o que significava um perigo para a ordem pública na Alemanha e exigia uma alimentação muito cara, pois, sob Yalta, eles tinham direito às mesmas rações que os soldados aliados. E quanto mais rápido fosse o retorno de seus cidadãos, mais provável seria que Moscou devolvesse os 300 mil prisioneiros de guerra aliados que os soviéticos tinham libertado.

Assim que as forças aliadas e russas se encontraram, começaram a organizar o intercâmbio de prisioneiros em nível local. Procedimentos mais formais foram acordados em Leipzig dia 22 de maio de 1945, nos quais pontos para a recepção e entrega para os intercâmbios foram estabelecidos. Tão logo o plano foi assinado, os Aliados não perderam tempo em se livrar dos russos. Nos cinco dias seguintes, mais de 100 mil PDs e prisioneiros de guerra soviéticos foram transferidos, e em 4 de junho, apenas 42 dias depois das reuniões em Leipzig, 1,5 milhão de soviéticos haviam sido transferidos e três quartos da operação já tinham sido realizados. Embora as autoridades soviéticas tivessem feito planos detalhados e construído cem acampamentos adicionais ao longo das frentes ucraniana e bielorrussa — cada um capaz de abrigar 100 mil pessoas — para atuar como centros de acolhimento/recepção, elas não puderam administrar esses números; no dia 4 de julho, as transferências tiveram de ser interrompidas. Dez dias depois foram recomeçadas e no fim de setembro estavam terminadas — e a essa altura 2,946 milhões cidadãos soviéticos tinham sido repatriados da área soviética da Alemanha, da Áustria e da Polônia; 2,34 milhões da área da Shaef da Alemanha, da Áustria e da Tchecoslováquia; 111 mil da França; 93 mil da Noruega; e ainda 34 mil de outros países da Europa Ocidental, perfazendo um total geral de 5,218 milhões de pessoas.

As PDs soviéticas, em sua maioria, foram levadas primeiro para centros de triagem na Alemanha oriental e na Polônia para exames preliminares. O clima lá era hostil. "Eles nos receberam como inimigos. Disseram, por que vocês não se matam?, e coisas do tipo", uma PD lembrou posteriormente. Outra lembrou que foi interrogada pelo NKVD durante uma semana enquanto sua história era verificada. Um sobrevivente de Buchenwald e Belsen ficou preso enquanto as autoridades interrogavam vinte testemunhas para descobrir se ele tinha mentido ou trabalhado para os alemães voluntariamente. A atitude soviética era principalmente determinada pelo gênero da pessoa: as mulheres, de modo geral eram consideradas vítimas inocentes, enquanto os homens enfrentavam verdadeira desconfiança.

Quando a investigação inicial terminava, as PDs soviéticas eram enviadas para seu país. A falta de transporte significava que apenas os doentes e os muito jovens iam de trem — muitas vezes passando semanas em vagões de carga repletos ou esperando nas plataformas com apenas um pouco de pão preto para mantê-los de pé. Em 6 de junho, Stalin ordenou que os repatriados fisicamente saudáveis deveriam ser obrigados a caminhar. Muitos dos sobreviventes morreram no caminho, embora alguns tivessem conseguido caronas até seu país.

De modo geral, quando os repatriados chegaram de volta à União Soviética as mulheres puderam ir para casa — embora viessem a enfrentar uma discriminação sutil pelo resto da vida. Os homens que voltavam, no entanto, eram a princípio remobilizados no Exército Vermelho, mas depois, em agosto de 1945, Stalin estabeleceu uma nova política segundo a qual os prisioneiros de guerra libertados e as PDs que não tivessem completado seu tempo de serviço militar teriam de ser recrutados para os batalhões do Comissariado de Defesa do Povo e obrigados a trabalhar nas minas de carvão e hematita, ou nas fábricas de madeira na Sibéria. Tinham de ficar lá por algum tempo. Esses tiveram mais sorte, no entanto, do que aqueles que se revelavam ex-funcionários do Exército alemão, que eram enviados para trabalhar nos batalhões especiais do NKVD. Os arquivos soviéticos — acessíveis na era da *Perestroika* — mostram, que em 1º de março de 1946, 4,2 milhões de pessoas tinham sido repatriadas, das quais 58% seguira direto para suas cidades natais (no caso das "pessoas punidas", como os alemães do Volga, essas cidades não eram onde haviam morado antes da guerra) 19% integrara o Exército Vermelho, 14,5% tiveram de começar a trabalhar no Comissariado do Povo e 2% ainda estavam em acampamentos temporários ou passando pelo sistema. Restavam os 6,5% que tinham sido entregues ao NKVD. Não é fácil alinhar esses números com aqueles da população Gulag, segundo a historiadora Anne Applebaum, "talvez porque o NKVD estivesse distribuindo sentenças para pessoas que não tinham cometido qualquer tipo de crime — as autoridades inventaram um tipo de sentença para os verdadeiros criminosos de guerra."

Naquele mesmo momento em que os Aliados estavam empurrando os russos para dentro dos trens, um novo problema político surgia: muitas Pessoas Deslocadas da Europa Oriental não queriam voltar para seus países de origem. Acreditava-se que poderia haver até 250 mil pessoas nas três zonas ocidentais da Alemanha e da Áustria. Elas não só não reivindicavam a cidadania soviética, como também temiam as consequências de voltar para as áreas de seus países que estivessem então ocupadas e requeridas pela União Soviética. Havia estonianos, letões e lituanos; poloneses, ucranianos e bielorrussos que tinham sido cidadãos poloneses, mas cujas áreas de origem (após a mudança da fronteira para o Oeste) estavam agora na União Soviética; rutenos da porção do leste da Tchecoslováquia, então anexada à União Soviética; e, além disso, talvez 35 mil ucranianos, calmucos e outras pessoas de nacionalidade soviética que não queriam ser repatriados por motivos pessoais indefinidos.

O que fazer com eles? Os militares, naquele momento, estavam recebendo orientações mais claras de seus superiores políticos, e um ponto importante que tinha ficado um tanto indefinido em Yalta agora era esclarecido: os comandantes aliados deveriam tacitamente ignorar a compreensão soviética de que todos os indivíduos que se originassem das áreas dentro de suas novas (1945) fronteiras eram cidadãos soviéticos, sujeitos, por isso, a transporte forçado pelo Acordo de Yalta. Os governos do Ocidente se recusavam a repatriar pessoas à força que não eram cidadãos soviéticos antes da Segunda Guerra Mundial. Embora isso não tivesse sido solucionado em Leipzig, os comandantes aliados foram então instruídos a aplicar sua própria interpretação, e não a dos russos. Para sua informação e orientação (mas *não* para comunicação aos russos), foi dito aos comandantes britânicos em julho de 1945: "Letões, estonianos, lituanos e poloneses cujos lares estão a leste da demarcação de 1939 da Linha Curzon não serão repatriados para a União Soviética, a menos que eles claramente reivindiquem a cidadania soviética."

E os ucranianos? Eles pareciam preparados para resistir à repatriação. Colocá-los em trens poderia envolver os soldados aliados em uma repetição das cenas horríveis na Áustria. "Eles são cumpridores rigorosos da lei, são pessoas trabalhadoras, mas se opõem violentamente à volta para a Rússia — a percepção geral é que a maioria deles irá se suicidar se forem forçados a retornar", escreveu o general britânico Sir Brian Horrocks, no dia 30 de agosto. Ele perguntava: deveriam ser obrigados a retornar? Os russos não poderiam ser convencidos a "deixar neste país todos aqueles que não querem voltar"? A resposta de cima foi clara e imediata. Disseram a Horrocks que a política britânica era "muito clara e provavelmente não seria mudada": os indivíduos russos tinham de voltar para a Rússia. Nada poderia ser feito. Da mesma forma, aos americanos foi dito que "a nacionalidade ucraniana não será reconhecida. Pessoas que a reivindicam serão tratadas de acordo com seu status de cidadãos soviéticos, cidadãos de outros países ou pessoas apátridas".

"Sabíamos muito pouco sobre os ucranianos", escreveu Margaret McNeill, funcionária da ajuda humanitária quacre na Alemanha. Depois de visitar acampamentos que abrigavam refugiados ucranianos, um colega dela comentou: "Quanto mais eu os vejo, mais fico confusa." Ele achou que as pessoas eram honestas e trabalhadoras, mas seus líderes eram homens difíceis. "São todos nacionalistas fervorosos." Os ucranianos explicaram para os quacres que eles eram uma nacionalidade sem um país, mas como poucos entre eles falavam inglês bem, tinham dificuldade para explicar sua história complexa. Um refugiado ucraniano que fez amizade com McNeill "conhecia e pronunciava muito bem um número prodigioso de palavras inglesas, mas de alguma forma, depois de uma de suas longas declarações" ela "tinha a maior dificuldade de entender o que ele queria dizer". Mas ela acabou se familiarizando com noções do passado que definia a identidade dos ucranianos nos acampamentos. Reduzia-se a quatro elementos:

A LONGA ESTRADA PARA CASA | 111

havia duas Ucrânias; Moscou era mais odiada do que Berlim; sua tradição política era nacionalista, conspiratória e antidemocrática; e eles tinham sido tanto vítimas quanto transgressores durante a guerra.

As pessoas que reinvidicavam identidade "ucraniana" na Alemanha em 1945 ficavam sob duas categorias muito diferentes. As da Ucrânia oriental, a leste do rio Dnieper, tinham sido súditas do império russo e de seu sucessor, a União Soviética, por mais de um século e meio e seguiam, principalmente, a religião ortodoxa russa. Sua capital, Kiev, participava bastante dos assuntos russos. Por sua vez, as pessoas vindas da Ucrânia ocidental eram, em geral, católicas e súditas do império austro-húngaro e depois (entre 1919 e 1939) cidadãos da Polônia. Esses passados divergentes tinham produzido diferenças profundas na maneira de ver as coisas entre os dois grupos, mas um sentido de identidade comum, apesar disso, sobrevivia graças ao sucesso de intelectuais em criar uma literatura e uma história ucraniana, à discriminação e à sensação de serem cidadãos de segunda classe que os ucranianos dos dois lados do Dnieper compartilhavam e ao fato de que o sonho de restabelecer um Estado ucraniano parecera, por um tempo muito curto, possível de se concretizar. Entre 1917 e 1920, nas condições caóticas então existentes na Europa Oriental, três governos ucranianos diferentes chegaram a existir; depois e com menos sorte, as duas Ucrânias foram reunidas entre 1939 e 1941, quando a União Soviética tinha ocupado a Ucrânia polonesa sob o pacto Molotov-Ribbentrop.

A história tinha deixado os nacionalistas ucranianos com amigos e inimigos tradicionais. Os poloneses e os russos eram seus grandes adversários, enquanto os alemães tinham sido seus aliados. Margaret McNeill observou que nos acampamentos os ucranianos não "ficavam furiosos com a mera menção aos alemães, como os poloneses ficavam. Eles lidavam com o tema de seus anos na Alemanha com uma espécie de resignação desdenhosa. O que produzia uma irritação imediata era qualquer menção à União Soviética". A lista negra contra Moscou logo ficou clara para McNeill: a conduta da guerra civil; a coletivização da agricultura na Ucrânia, as fomes de 1922 e 1933; os expurgos do final da década de 1930; e as atividades do NKVD nos primeiros anos da guerra. Em contraste, o fato de os alemães terem matado de fome milhões de ucranianos e obrigado outros milhões a trabalhar na Alemanha era raramente mencionado.

Poucos soldados ocidentais ou pessoas que trabalhavam com a ajuda humanitária tinham alguma ideia do que tinha ocorrido na Ucrânia durante a guerra. A simples dicotomia entre o bem e o mal, entre vítimas e transgressores, não tinha qualquer significado lá. Presos entre Hitler e Stalin, o país tinha se dividido em três: a maioria dos homens jovens tinha sido recrutada para o Exército Vermelho, outros ajudaram os alemães a arrebanhar e massacrar os judeus e um terceiro grupo, bastante substancial, era formado por guerrilheiros nacionalistas que lutavam contra ambos, os russos e os alemães. Fosse qual fosse a pouca tendência para a moderação e o liberalismo ocidental que a Ucrânia tivera antes da guerra qualquer resquício foi destruído na intensa conflagração que matou uma em cada seis pessoas de sua população.

Os estadistas aliados em 1945 não questionaram o direito de Stalin de reabsorver a Ucrânia em seus domínios. Já era bem difícil mantê-lo fora da Polônia. Acreditava-se que a questão ucraniana tinha sido solucionada na medida em que a maior parte do território ucraniano etnolinguístico tinha sido reunido como parte da União Soviética, e os Aliados ocidentais não estavam (naquela fase) interessados em estabelecer um Estado ucraniano separado. O Ministério das Relações Exteriores britânico aceitou a visão do diplomata britânico Thomas Brimelow (em uma paródia irônica do jargão de Moscou): "Publicamente, os problemas dos ucranianos, agora enfim reunidos em seu próprio Estado, chegaram ao fim. Qualquer manifestação de descontentamento no futuro será obra não dos patriotas ucranianos e sim de bandos fascistas, reacionários maldosos e inimigos do povo. Graças à proteção fraternal do povo da Grande Rússia, esse problema que durou séculos agora encontrou uma solução decisiva e justa."

A maioria dos ucranianos ansiava por voltar a seu país natal. Isso era verdade especialmente com relação aos trabalhadores, "os camponeses ingênuos e pobres do leste da Ucrânia que tinham sido deportados à força para a Alemanha. Depois de ser libertado pelas forças americanas "voltei para meu país natal, sem o qual a vida era impensável", escreveu Mykolai Burlak, um rapaz de vinte anos que tinha passado três anos em um campo de trabalho forçado alemão. Outra jovem voltou para a Ucrânia porque ela "não podia imaginar a vida longe de minha mãe, de minha família e de meu povoado".

Na cidade de Zhmerinka, uma junção ferroviária ucraniana a 320km de Odessa, um trem cheio de moças ucranianas que retornavam chamou a atenção de Primo Levi, um sobrevivente judeu então na metade de sua viagem de Auschwitz de volta à terra natal, Turim. "Sob o peso de sua vergonha, elas estavam sendo repatriadas, sem alegria e sem esperança", escreveu ele posteriormente.

A Rússia vitoriosa não tinha perdão para elas. Elas voltavam para casa em vagões descobertos, usados para gado, que eram divididos horizontalmente por tábuas de madeira para aproveitar mais o espaço: sessenta, oitenta mulheres em cada vagão. Não tinham bagagem, só as roupas desbotadas e gastas que estavam usando. Se seus corpos jovens ainda estavam fortes e saudáveis, seus rostos estavam fechados e amargos, e os olhos evasivos exibiam humilhação e resignação perturbadora, semelhante à de um animal; nem uma voz se erguia daqueles montes de membros, que lentamente se desembaraçavam quando o trem parava na estação. Ninguém as estava esperando, ninguém parecia estar consciente de sua presença. Sua inércia, sua timidez fugidia, sua dolorosa falta de [modéstia] era a de animais humilhados e domesticados. Só nós observávamos sua passagem, com compaixão e tristeza, um novo depoimento e um novo aspecto da pestilência que tinha aniquilado a Europa.

Para os ucranianos que não queriam voltar, no entanto, os acontecimentos na Áustria em maio de 1945 vieram como um aviso terrível. Os refugiados políticos que tinham fugido da Ucrânia ocidental antes da chegada do Exército Vermelho ficaram particularmente assustados. Mesmo antes do fim das hostilidades na Europa, eles começaram a se organizar formando comitês de autoajuda nos acampamentos, que se comunicavam entre si e estendiam antenas experimentais para o mundo lá fora. Em alguns casos na zona americana eles também conseguiram ter acampamentos só de ucranianos.

Mas para sobreviver a vigilância era necessária. No dia 14 de junho de 1945, trabalhando como lavrador, o refugiado ucraniano Olexa Woropay ouviu dizer que no acampamento de PDs em Augsburg, próximo de onde ele estava, "estavam caçando nosso povo e à força enviando-os para os campos soviéticos". No dia seguinte vieram notícias de uma luta no acampamento entre ucranianos orientais e ocidentais. "Um grupo que não queria retornar se defendeu contra os *Ostarbeiter* [trabalhadores da Ucrânia oriental] que eram simpatizantes do regime soviético. Facas foram empunhadas e dos dois lados houve mortos e feridos." Em 25 de junho, Woropay e sua esposa mudaram para o acampamento de Augsburg após um rumor de que no dia seguinte tropas americanas estavam vindo em caminhões para sua área com o propósito de levar ucranianos e russos para um acampamento soviético. Em Augsburg ele encontrou um número de ucranianos ocidentais, mas se assustou quando viu dez ônibus passarem, "cheios de nossa gente, sob a guarda de soldados russos". No dia seguinte, um oficial russo visitou o acampamento e disse que todos os cidadãos soviéticos deveriam ser concentrados em um acampamento soviético, mas Woropay também conseguiu um exemplo do jornal *Stars and Stripes* que citava um coronel americano dizendo que embora as PDs que não queriam retornar estivessem causando muitos problemas para o Exército americano, nunca tinha havido uma política americana para forçá-los a retornar. Então, em 7 de agosto, todas as pessoas no acampamento ficaram extremamente agitadas com os rumores de que os americanos tinham consentido em entregar todos os cidadãos soviéticos para a Comissão Soviética em Augsburg. "O campo está em pânico", escreveu Woropay. "Ouvi dizer que as mulheres estão se preparando para ir ver a srta. Carpenter, da Unrra, para implorar por sua proteção."

Pouco tempo depois, os temores se concretizaram quando soldados americanos foram enviados para o acampamento Kempten, no sul da Bavária, com a finalidade de apanhar um grupo de ucranianos. Eles entraram na igreja localizada no segundo andar de um prédio onde as PDs tinham se refugiado e "começaram a arrastar as pessoas à força. Arrastavam as mulheres pelos cabelos e torciam o braço dos homens para trás, golpeando-os com as coronhas de seus rifles. Um soldado arrancou uma cruz da mão do padre e bateu nele com a sua arma. Foi um pandemônio. Em pânico, as pessoas se jogavam pelas janelas. Muitas morreram ao cair, outras ficaram aleijadas para sempre. Na igreja também houve tentativas de suicídio". Logo em seguida, outro grupo de PDs ucranianas pediu que lhes fosse concedida uma extensão de duas semanas para que pudessem receber o Santo Sacramento em preparação para um suicídio em massa.

Essa inquietação por parte dos ucranianos abriu os olhos dos soldados americanos. A repatriação forçada, eles agora perceberam, era um negócio cruel e desagradável. Logo os comandantes americanos aprenderam a não avisar com antecedência as tropas sobre o destino da missão e começaram a adotar medidas para evitar suicídios. Para os americanos, não era apenas chocante, mas também incompreensível que os refugiados soviéticos selecionados para a extradição preferissem morder as veias jugulares uns dos outros em vez de se submeterem à repatriação.

Os ucranianos usavam outras táticas para resistir. Os que tinham mais experiência se mantinham afastados dos acampamentos ou iam de um acampamento a outro, recebendo rações e escutando as notícias sem se registrarem nas listas oficiais. Para os ucranianos soviéticos a defesa mais comum contra a repatriação era fabricar novos documentos de identidade ou falsificar os existentes. "Da noite para o dia eles se tornavam cidadãos da Polônia, afirmando ter residido naquele país antes de 1939. Esses documentos falsos eram produzidos em grande escala por padres católicos, grupos políticos ou indivíduos com iniciativa, que na maioria dos casos usavam batatas cortadas ou o ovo das rações para afixar os selos de autorização." Os ucranianos também enviavam apelos queixosos para a imprensa e para os líderes políticos Aliados. "Sua Excelência sr. Eisenhower, general do Exército", implorava um documento desse tipo, "mande uma ordem às autoridades militares na Alemanha para que cessem com a brutalidade da realização de retornos à força e dê a cada um dos ucranianos a possibilidade de falar se quer retornar para seu país ou não".

Embora os ucranianos parecessem impotentes, eles tinham suas armas; a mais importante era o apoio da diáspora no exterior. Em julho de 1945, Comitês de Ajuda aos ucranianos já tinham sido organizados no Canadá, nos Estados Unidos e na França e monitoravam os acontecimentos. Na própria região, oficiais de origem ucraniana que serviam nas forças aliadas e eram simpatizantes da causa faziam o possível para ajudar; desses, o mais importante foi o tenente Bohdan Panchuk, da Força Aérea canadense. Tendo sido criado em um encrave rural remoto no oeste do Canadá, impregnado de uma versão idealizada da história ucraniana, Panchuk foi um organizador incansável e altruísta, que já havia participado das atividades culturais ucraniano-canadenses antes da guerra e criado uma organização de assistência social para os ucranianos em Londres. Na ocasião, baseado em Hamburgo, ele pôde intervir em nome do seu povo. Em uma ocasião, um oficial do governo militar canadense o alertou para o fato de 365 ucranianos estarem a ponto de ser embarcados para a União Soviética. "O que eu podia fazer a não ser mandar um telegrama para Winnipeg e o mesmo para a Filadélfia?", Panchuk escreveu mais tarde. "E eles, por sua vez, enviaram telegramas de protesto para Ottawa e Washington. Às vezes esses telegramas ajudavam a parar esses embarques, outras vezes, não. Fazíamos o que podíamos. Ainda assim, milhares estavam sendo enviados de volta contra sua vontade."

Na verdade, Panchuk e seu Escritório Central de Ajuda Humanitária para os ucranianos, com base em Londres, mostraram ser ativistas eficazes, exercendo constante pressão sobre políticos cuidadosamente selecionados em Londres, Ottawa e Washington, com descrições detalhadas do *shanghaing* dos ucranianos da Alemanha. Ao mesmo tempo, o Vaticano e a opinião da direita católica anticomunista nos Estados Unidos eram mobilizados. Em setembro de 1945, os Comitês de Ajuda aos ucranianos na Europa Ocidental e nos Estados Unidos estavam pressionando ativamente seus governos para reassentar os refugiados, enquanto os líderes religiosos ajudavam a convencer o Vaticano a intervir em defesa dos ucranianos.

Essa pressão teve algum efeito. Em 4 de setembro, o general Eisenhower ordenou uma proibição do uso de força, pelo menos até que Washington tivesse tempo para reconsiderar sua posição. Outra tentativa para transferir seiscentos ucranianos de Mannheim para Stuttgart, no dia 6 de setembro, produziu uma rebelião que provocou protestos nos Estados Unidos e perguntas por parte de Clare Booth

Luce, membro do Congresso americano e esposa do proprietário da revista *Time*.

Mas a situação na Europa continuava confusa. Tanto a Unrra quanto os militares tratavam com severidade as organizações ucranianas contrárias à repatriação e tentavam negar rações aos ucranianos que não quisessem voltar para seu país. No fim do ano, com todos os prisioneiros de guerra ocidentais já devolvidos pela União Soviética, as relações com Moscou começando a azedar e a opinião pública ocidental mobilizada mais eficientemente, os Aliados ocidentais ficaram cada vez mais relutantes em usar a força para repatriar pessoas de nacionalidade soviética. Em dezembro de 1945, a repatriação passou a ser totalmente voluntária na zona americana, e no verão de 1946, o mesmo ocorreu nas áreas francesa e britânica da Alemanha. Consequentemente, o número de pessoas retornando para a União Soviética caiu dramaticamente.

Durante todo esse tempo, as PDs polonesas aguardavam sua vez de voltar para casa. A partida da maioria dos russos transferiu para os poloneses o triste legado de maior grupo sobrevivente de PDs — diz-se que havia 1 milhão deles, embora esse número provavelmente inclua muitos que teriam se declarado ucranianos. Os britânicos estavam particularmente decididos a se livrar dos poloneses, a quem tinham começado a considerar um inconveniente. Em agosto de 1945, o governo militar britânico avisou que um problema crescente de lei e ordem entre as PDs polonesas estava desmoralizando o controle britânico. Os britânicos estavam divididos com relação à melhor maneira de reagir a isso. Na Alemanha, o marechal de campo Montgomery propôs que abrisse fogo imediatamente para parar com os "saques, estupros e assassinatos realizados por PDs" e avisou que a polícia alemã poderia ser rearmada; em Londres, os políticos pediam maior precaução. Quando 48 poloneses foram levados a julgamento por atos de violência contra alemães e quatro foram condenados à morte em agosto de 1945, houve um grande clamor em Varsóvia dizendo que os britânicos eram "bonzinhos com os alemães e cruéis com as PDs polonesas"; sob pressão de Londres, as sentenças acabaram comutadas. "Quanto mais rapidamente nós retornarmos as Pessoas Deslocadas polonesas que estão na zona britânica, melhor para a Comissão de Controle e para mim", lastimou-se o embaixador britânico em Varsóvia.

Para que isso ocorresse, no entanto, obstáculos logísticos e políticos extraordinários tinham de ser superados. Durante o verão, os soviéticos insistiram que todos os veículos ferroviários deviam ser postos à disposição de seus cidadãos, e em setembro e outubro, quando a maioria dos 2 milhões de russos na Europa Ocidental tinha sido repatriada, se recusavam a considerar embarcar poloneses enquanto alguns de seus próprios cidadãos continuassem no Ocidente. Por algum tempo, os Aliados puderam enviar poloneses de volta por intermédio da Áustria e da Tchecoslováquia, até que aquela rota, também, foi fechada pelo Exército Vermelho. Em setembro, com o inverno chegando, a informação era que os russos nunca tiveram qualquer objeção a que os poloneses retornassem em transporte aliado. Essa notícia levou o governador militar da zona britânica, general Templer, a um frenesi de atividade, elaborando planos detalhados para usar ferrovias, estradas e a rota pelo mar Báltico e conseguindo que as autoridades polonesas estabelecessem centros receptivos.

Outras frustrações se seguiram. Sete planos sucessivos fracassaram em virtude da incapacidade dos poloneses de aceitar mais do que 3 ou 4 mil pessoas por dia, e isso apenas para aqueles presentes em Stettin; a má vontade das autoridades soviéticas em conceder facilidades rodoviárias ou cooperar com relação aos veículos ferroviários; e a incapacidade do governo polonês de aceitar PDs em portos bálticos. Mas os britânicos persistiram e conseguiram um acordo para uma rota indireta de Hamburgo até Stettin através de um acampamento provisório em Dessau. A evacuação de 3 mil pessoas por dia era o que se esperava, acompanhada de uma evacuação marítima para Gdynia. No entanto, dos 495 mil poloneses ainda na zona britânica, foi calculado que 300 mil ainda estariam lá no fim daquele ano.

Em 13 de outubro, quando finalmente chegaram as notícias de que o primeiro comboio de caminhões britânicos levando mil poloneses tinha atravessado a fronteira russa a caminho de Stettin, o general Templer declarou sua intenção de se embriagar para comemorar. Mas um oficial britânico se perguntou por quanto tempo esse movimento, que supostamente deveria ficar mais intenso no mês seguinte, iria continuar e se o pessoal britânico encarregado poderia manter a ordem. Eles tinham recebido instruções para não interferir de modo algum se as emigradas polonesas que voltavam fossem estupradas pelos soldados russos — "estão fazendo disso um hábito, param os comboios e tiram as mulheres que lhes parecem atraentes para um tratamento imediato à margem da estrada" —, e sim para defender os caminhões, suas provisões e sua gasolina com a força das armas, se necessário, já que os russos tinham o hábito de tentar roubar tudo o que estivesse a seu alcance.

Essas suspeitas foram justificadas. Duas semanas mais tarde um trem de repatriados que chegava à cidade polonesa de Dziedzice foi saqueado pelos soldados russos e as PDs foram atacadas e roubadas. Um ferroviário polonês que tentou intervir foi golpeado na cabeça, e quando seus colegas tentaram ajudá-lo os russos atiraram com armas automáticas. "Os soldados soviéticos ocuparam toda a estação ferroviária e começaram a marchar em círculos nas ruas de Dziedzice, atirando ao acaso e batendo em qualquer pessoa que encontravam. Gritavam em nossa direção: 'Vamos assassinar todos vocês, seus poloneses de merda!'"

O comportamento dessas tropas russas era sintomático de um problema mais amplo. Pois com os poloneses, assim como com os ucranianos, só logística não era o bastante. Era preciso também o desejo de voltar para casa.

Para muitos poloneses cultos e bem-informados, aquele desejo tinha sido minado pela desconfiança que tinham da União Soviética. Sabiam que Moscou tinha dividido o país deles com Berlim sob o pacto Molotov-Ribbentrop de 1939; que tinha assassinado 10 mil oficiais poloneses na floresta de Katyn (e depois, com indignação, negado que tivessem feito tal coisa); que cruzara os braços quando a rebelião de 1944 em Varsóvia tinha sido reprimida pelos alemães; e que tinha instalado um regime títere, geralmente conhecido como governo Lublin, na Polônia. Além disso, os russos haviam também se apropriado de uma área considerável da Polônia como ela era em 1939. Algumas das PDs polonesas e "políticas" também saberiam que no começo de março de 1945 o NKVD tinha convidado dezesseis figuras importantes do serviço secreto polonês para uma reunião. Após lhes dar garantia de sua segurança pessoal, prendeu-as, enviou-as para Moscou e as interrogou na Lubyanka. Depois de um julgamento fictício de três dias em junho de 1945 esses homens foram considerados culpados de atividade antissoviética. A intenção de Stalin de destruir toda a oposição na Polônia era clara.

A maioria das Pessoas Deslocadas polonesas, no entanto, não era de intelectuais ou profissionais cultos, e sim de trabalhadores escravos. Seu estado mental era mais complicado. Quando uma das funcionárias britânicas da ajuda humanitária começou a auxiliar as PDs polonesas em Wolterdingen, perto de Hamburgo, na primavera de 1945, foi grande seu espanto ao ver como elas rapidamente voltavam a uma aparência de saúde normal, e ficou muito impressionada com o entusiasmo em geral.

> Ainda havia esperanças de um acordo feliz para o problema da formação de um governo na Polônia que poderia ser seguido por uma rápida repatriação das pessoas, e seu orgulho e alegria por seu país, que agora finalmente tinha permissão para se expressar, era genuíno... O tempo bom, a esperança de notícias sobre o retorno a seu país e de parentes de quem estavam separados ajudaram a construir as esperanças das pessoas.

Dirigidos por um padre recentemente libertado de Dachau, esses poloneses converteram com muito entusiasmo galpões de madeira usados como garagem em uma igreja, começaram a aprender um ofício e se matricularam em aulas para compensar o tempo perdido. Audrey Duchesne-Cripps percebeu que os antigos internos dos campos de concentração que normalmente eram os líderes "tinham a tendência de desprezar os trabalhadores escravos mais interessados em casar com suas namoradas e continuar com a vida diária no acampamento. Os escravos não tinham a intenção de ficar na Alemanha para sempre, mas queriam um descanso e talvez uma oportunidade de se vingar dos alemães antes de voltar para enfrentar a vida em seu país".

Mas a longa demora teve um efeito desastroso no estado de espírito polonês. "Enquanto pessoas de outras nacionalidades recomeçavam a vida em seus países, cinco meses de incerteza e de perda de esperança foram necessários até que a repatriação tivesse sido aberta em Wolterdingen, em outubro de 1945", relatou Duchesne-Cripps. Durante aquele período houve um enfraquecimento marcante nas relações entre os poloneses e os britânicos — as PDs adquiriram uma reputação de desobediência às leis e de desordem, enquanto os britânicos logo passaram a ser bastante grosseiros em seu tratamento com os poloneses. Ser menosprezado por seus aliados "talvez tenha sido o golpe mais duro de todos", era o que pensava Duchesne-Cripps.

As atitudes também começaram a mudar quando as notícias da Polônia chegaram. O estabelecimento do governo provisório polonês de Unidade Nacional pelos soviéticos, no fim de junho de 1945, e seu reconhecimento imediato pela Grã-Bretanha e pelos Estados Unidos foram "um grande golpe", segundo Duchesne-Cripps, mas "a esperança continuou no espírito das pessoas até 5 de julho, quando os programas radiofônicos do governo polonês em Londres chegaram ao fim. O anúncio dos novos "territórios ocidentais" da Polônia — em terras tomadas da Alemanha — não geraram nenhum entusiasmo, enquanto a perda da cidade de Lvov para a União Soviética foi profundamente sentida.

Em seguida, houve a questão dos oficiais de ligação poloneses. Até o fim de junho de 1945, enquanto a Grã-Bretanha e os Estados Unidos ainda reconheciam o governo polonês exilado em Londres, 150 de seus oficiais de repatriação trabalhavam nos acampamentos de PD polonesas na Alemanha. Com alguma ingenuidade, o pessoal que trabalhava com PDs na Shaef permitiu que oficiais nomeados por Londres continuassem "a ajudar nos programas de assistência social para poloneses nos centros de reunião". Como Malcolm Proudfoot admitiu posteriormente, esse passo "serviu, em parte pelo menos, para derrotar o plano de repatriar os poloneses". "Os poloneses em Londres continuaram a aconselhar seus compatriotas a não voltarem para a Polônia controlada pelos comunistas."

Apesar de todos esses fatores, as forças ocupantes conseguiram repatriar 268.267 poloneses antes de a chegada do inverno dificultar a continuação da repatriação. Mas pelo menos duas vezes aquele número ainda persistia. O atraso mostrou ter saído muito caro. Se tivesse sido possível fazer com que os poloneses retornassem no verão de 1945, quase todos eles já teriam ido para seu país. Agora, vivendo em um conforto relativo nos acampamentos na Alemanha, eles poderiam ver as coisas de outra forma.

"Na minha opinião, nós perdemos o momento psicológico com relação aos poloneses", declarou um dos quacres que trabalhavam em Brunswick. "As pessoas que sofreram durante os anos da guerra como eles deveriam ter sido enviadas de volta em um grupo triunfante, prisioneiros de guerra e PDs todos juntos, e recebidas na Polônia com bandas tocando e bandeiras esvoaçando. Se isso houvesse acontecido, acredito que nem um único polonês teria ficado longe de sua terra."

6
OS SOBREVIVENTES QUE RESTARAM

NA MANHÃ DE 27 DE ABRIL DE 1945, aviões de caça *Thunderbolt* da Força Aérea dos Estados Unidos estavam patrulhando os céus do sul da Alemanha. Localizando dois trens em uma estação próxima à pequena aldeia de Schwabhausen, os pilotos investiram para atacá-los.

Um dos trens estava transportando soldados e munição, além de armado com metralhadoras antiaéreas; o outro continha mil prisioneiros doentes do campo de trabalho forçado Kaufering, amontoados em vagões de carga fechados, a caminho de Dachau como parte de um plano para mantê-los afastados do Exército americano que avançava. O controle aéreo aliado tinha dificultado a movimentação, e o trem só tinha viajado pouco mais de 12km desde sua partida na manhã anterior.

Quando os aviões americanos atacaram, os guardas da SS fugiram. Quando as bombas começaram a cair, os prisioneiros também conseguiram escapar do trem e procuraram abrigo nos bosques vizinhos. Enfim, quando os aviões partiram, os guardas tentaram reunir os presos e conseguiram colocar a maior parte dos doentes de volta no trem, que então continuou viagem. Mas cerca de duzentos judeus permaneceram na floresta. Durante toda a noite eles caminharam de um lado para outro entre as árvores, debatendo e discutindo a situação em que se encontravam. Por um lado, tinham finalmente se livrado de seus "companheiros inseparáveis" de muitos anos, a SS. Por outro, no entanto, o Exército americano ainda não havia chegado e ninguém sabia quando iria chegar. Havia várias opiniões sobre o que fazer; alguns argumentavam que deveriam se apresentar para a autoridade alemã mais próxima. Um advogado, doutor Samuel Gringauz, ficou preocupado, achando que "nesses últimos terríveis cinco anos nós estávamos legais, sob a égide da lei. Agora, no entanto, logo agora, uns poucos dias antes do fim, tornamo-nos ilegais".

Na manhã seguinte eles finalmente decidiram enviar uma delegação até a aldeia alemã mais próxima para procurar ajuda para os feridos. A delegação seria comandada pelo doutor Zalman Grinberg. Como muitos de seus companheiros no trem, ele era um judeu de Kovno, na Lituânia.

Passando a metade da noite argumentando sobre o que fazer e dando extrema importância a sua situação legal, esse grupo agiu de acordo com o estereótipo nacional. Os judeus lituanos, *litvaks*, tinham a reputação de serem sérios, intelectualmente rigorosos e racionais — em contraste com os *galitzianers*, os judeus das vizinhas Polônia, Bielorrússia, Ucrânia e Galícia, que eram considerados emocionais, irracionais e incultos. A abordagem dos *litvaks* ao judaísmo caracterizava-se pelo estudo sumamente intelectual do Talmude. O grande centro da cultura judaica era a antiga capital do Commonwealth lituano, Vilna (atual Vilnius), conhecida como "Jerusalém do Norte" graças a suas inúmeras *yeshivot* e à Grande Sinagoga. Mas quando Vilna passou para a Polônia na divisão da Europa Oriental pós-1919, grande parte da vitalidade da vida judaica migrou para a pequena cidade-guarnição de Kovno (atualmente Kaunas), que passou a ser a capital do Estado recém-independente da Lituânia. Na véspera da guerra havia aproximadamente 35 mil judeus em Kovno, cerca de 40% da população da cidade.

Os judeus da Lituânia nunca foram totalmente assimilados se os compararmos com aqueles da Alemanha ou mesmo da Polônia; a maioria se via como judeus, e não como lituanos. Na década de 1930, a pequena comunidade judaica de Kovno sustentava três jornais diários em iídiche e inúmeros outros periódicos, um teatro em iídiche e outro em hebraico, clubes para jovens e clubes esportivos judeus, bancos e organizações profissionais. Um visitante polonês ficou surpreso ao ver os judeus de Kovno inseridos inteiramente em sua cultura e idioma. "Andando pelas (...) ruas", ele escreveu mais tarde, "você tinha a impressão de que era uma cidade completamente judaica. Talvez fosse mesmo — em todos os aspectos — a cidade mais judaica do mundo". A relação entre os judeus e os lituanos tinha sido tradicionalmente bastante boa. No século XIX, os dois povos compartilhavam a sensação de opressão por parte de seus governantes russos, e nos primeiros anos da independência lituana parecia que o país iria servir como um modelo de tolerância para os outros países da Europa Oriental. Mas depois de 1926, como a maioria dos países na Europa Oriental, a Lituânia recaiu para a direita e se tornou mais nacionalista, enquanto a emergente classe média lituana começou a ver os judeus como rivais. As políticas resultantes, "silenciosamente" antissemitas, fizeram com que muitos judeus emigrassem para a África do Sul, para a América do Sul e sobretudo para a Palestina. Entre aqueles que permaneceram na Lituânia, havia forte apoio ao movimento sionista.

O breve período de independência da Lituânia chegou ao fim no verão de 1940, quando a União Soviética assumiu o controle dos Estados bálticos. Em geral, a população judaica aceitou uma Lituânia soviética como o menor de dois males, por isso passou a ser identificada com os bolcheviques aos olhos de muitos lituanos. O antissemitismo resultante explodiu violentamente quando os alemães atacaram a União Soviética em junho de 1941; no vazio deixado pela súbita partida dos russos, os simpatizantes nazistas na Lituânia começaram a cometer *pogroms* e a golpear os judeus até a morte em público. Os alemães, ao chegarem a Kovno, criaram um gueto no subúrbio de Vilijampole no qual os judeus da cidade foram confinados.

Os alemães isolaram o gueto de Kovno e com uma série de "ações" reduziram sua população. No começo de outubro de 1941, liquidaram uma área conhecida como o "gueto pequeno" e nesse processo trancaram os pacientes e os funcionários no hospital para doenças contagiosas e incendiaram o prédio. Três semanas depois, fizeram com que toda a população judaica sobrevivente se reunisse na praça principal e, em uma seleção tosca e rápida, separaram cerca de um terço, principalmente crianças e idosos, que foram obrigados a marchar para o Nono Forte, uma soturna praça-forte czarista nas redondezas de Kovno, onde foram forçados a se despir e a deitar em valas. Lá foram assassinados com tiros à queima-roupa. Depois disso, sobreviveram apenas cerca de 18 mil judeus.

Em seguida, houve um período que acabou sendo de comparativa estabilidade. Durante quase dois anos, até o fim de 1943, as coisas ficaram relativamente tranquilas, com a fome e o frio sendo os inimigos principais. O conselho judeu no gueto, dirigido por um eminente médico, o doutor Elkhanan Elkes, desde o começo tinha percebido que a única esperança de sobrevivência seria eles se tornarem indispensáveis para os alemães, fazendo todo o possível para fornecer força de trabalho ao esforço da guerra, às vezes até prevendo as necessidades dos ocupantes. Essa política funcionou — permitiu que alguns judeus sobrevivessem à guerra —, mas não foi universalmente popular porque dependia que uns sofressem mais que outros — enquanto alguns judeus, na verdade, eram recrutados para realizar tarefas exaustivas para os alemães e não podiam complementar sua dieta comercializando alimentos, outros, bem-relacionados e de classe média, podiam escapar da pior parte do trabalho e se envolver na comercialização de alimentos.

O doutor Grinberg conseguiu sobreviver graças a uma combinação de sorte e vigilância. Ele teve a sorte de estar entre a pequena minoria de profissionais (incluindo onze médicos) para os quais o conselho judeu deu certificados de isenção, mas teve o azar de seu primeiro filho nascer dia 20 de julho de 1941, dez dias após a criação do gueto. O menino só se salvou porque foi enviado para ser cuidado por uma ama de leite. Quando as condições no gueto se estabilizaram um pouco, as mulheres judias começaram a recuperar os filhos que estavam com não judeus, e a esposa do doutor Grinberg, desesperada, implorou que ele também recuperasse seu filho. Com alguma dificuldade isso foi realizado, e por um ano mais ou menos a família viveu junta, apinhada em uma pequena casa de madeira. Quando a situação no gueto piorou eles tiveram novamente de tomar a difícil decisão de enviar o menino, agora com quase dois anos, para sua ama de leite lituana. Ele foi escondido dentro de um armário.

Em julho de 1944, à medida que o Exército russo se aproximava de Kovno, os alemães arrasaram o gueto e transferiram os pouco mais de 6 mil judeus restantes para a Alemanha. Dessa vez, foram separados por sexo. A esposa do doutor Grinberg chorava e o reprovava por não ter seguido seu conselho e ter se suicidado em vez de ser evacuado para esse novo campo. Ele lhe implorou que aguardasse e tivesse esperança. As mulheres foram enviadas para o campo de concentração de Stutthoff, os homens para Kaufering. Lá foram colocados para trabalhar na construção de um abrigo subterrâneo para acolher uma fábrica de aviões Messerschmitt. As condições eram tão terríveis que, em protesto, o doutor Elkes se recusou a se alimentar por uma semana; em outubro de 1944 ele morreu. Mas alguns membros do grupo de Kovno conseguiram funções administrativas, e o doutor Grinberg acabou se tornando ajudante do médico do campo. Paradoxalmente, uma epidemia de tifo salvou alguns dos internos — obrigou os alemães a colocar Grinberg encarregado de organizar a quarentena no campo e deu a esses prisioneiros um mês inteiro de descanso do trabalho assassino, além de alimentá-los. A maior parte do trabalho físico era feita pelos judeus húngaros que não tinham aprendido as técnicas de sobrevivência no gueto e morreram muito rapidamente.

Durante o inverno de 1944-45, o doutor Grinberg recebeu a visita do escritor judeu de Kovno Michael Burstein. Com o fim da guerra se aproximando, Burstein acreditava que era hora de se preparar para o momento da libertação introduzindo no campo "uma espécie de associação clandestina cuja função seria estabelecer o núcleo para reconstruir o povo judeu europeu após sua dizimação moral, cultural e nacional". Burstein queria que ele garantisse que "um pequeno grupo de professores, escritores e acadêmicos que ainda continuavam vivos no campo fizesse um trabalho mais leve, além de receber mais sopa, na medida do possível". Mais tarde Grinberg recordou como, em suas palestras, Burstein

> falava das boas-novas e palavras de encorajamento, caindo sobre seu público como um orvalho que lhes dava vida. Como os cristãos primitivos em suas catacumbas, os internos ouviam os sons da profecia da salvação que soava tão remota e tão mística para eles (...) As palestras agora eram realizadas diariamente em cada uma das cabanas, e o número de palestrantes foi aumentando (...) O Povo do Livro permanecia fiel a sua herança espiritual...

Na verdade, o próprio Burstein não sobreviveu, mas sua influência sim.

A experiência do gueto e aquele período de preparação para a libertação permitiu que o grupo de judeus lituanos aproveitasse a oportunidade quando o trem em que estavam foi metralhado perto de Schwabhausen. Usando sua autoridade profissional, o doutor Grinberg aproveitou a chegada iminente do Exército americano para arrancar alguma cooperação da população alemã perto dali. Depois, sabendo por um médico alemão sobre um hospital militar próximo ao mosteiro beneditino de St. Ottilien, que teve pena dos feridos, ele telefonou para os alemães, afirmando ser representante da Cruz Vermelha Internacional e exigindo que enviassem ambulâncias para recolher os judeus feridos no ataque ao trem. Para sua surpresa, foi atendido. Grinberg então se instalou em St. Ottilien e estava fazendo planos ousados para transformar o mosteiro em um hospital judaico, quando os alemães começaram a resistir. Felizmente, as tropas americanas chegaram bem no momento em que o chefe dos médicos alemães estava a ponto de empunhar sua pistola, o que foi substituído por uma continência para Grinberg e a frase, dita com humildade: 'doutor, senhor, estou às suas ordens'." Foi um momento valioso para o médico de Kovno. Com a cooperação do capitão americano, Grinberg ficou responsável por um hospital especial para sobreviventes judeus.

Um mês mais tarde, dia 27 de maio de 1945, Grinberg organizou um concerto em St. Ottilien para celebrar o aniversário da libertação. Sobreviventes de toda a Baváira estavam presentes; a orquestra do gueto de Kovno veio de Bad Tölz para tocar Mahler e Mendelssohn. Em seu discurso, o doutor Grinberg recordou sua própria odisseia de Kovno até Dachau e os eventos extraordinários do último mês. "Estamos reunidos aqui, hoje, para comemorar nossa libertação", disse ele a seu público, "mas também é um dia de luto. Nós estamos livres, mas não compreendemos nossa liberdade porque ainda estamos à sombra dos mortos". O discurso foi seguido de orações, quatro minutos de silêncio e depois um concerto. O programa terminou com todos cantando o hino sionista "Hatikvah", a Canção da Esperança.

Nenhuma decisão política foi tomada naquele dia. Mas a reunião contribuiu para produzir uma sensação de identidade compartilhada entre os sobreviventes e da necessidade de controlar seu futuro.

Quatro dias mais tarde, o doutor Grinberg escreveu em nome dos sobreviventes para o Congresso Judeu Mundial expressando sua "dolorosa sensação de abandono".

Quatro semanas se passaram desde nossa libertação e nenhum representante do mundo judeu (...) veio, na esteira da maior tragédia de todos os tempos, estar conosco e aliviar nosso fardo. Fomos obrigados a cuidar de nós mesmos com nossos próprios escassos recursos.

Isso é, para nós, um sério desaponto. No momento estamos preocupados com duas questões importantes. Todos nós queremos saber quais, entre nossos parentes, morreram e quais sobreviveram. Portanto voltamo-nos para vocês a fim de obter listas de sobreviventes judeus na Rússia e nas outras zonas ocupadas da Alemanha. Queremos saber para quem devemos dizer *Kaddish*. A segunda pergunta é: o que será de nós? Para onde seremos levados? Aonde nossas tristes vidas nos levarão?

Quando a guerra na Europa acabou, cerca de 200 mil judeus surgiram vivos dos campos de concentração nazistas, o restante de possivelmente 500 mil judeus que ainda estavam vivos nos campos quase no final de 1944. Entre 50 mil e 75 mil sobreviventes se encontraram no território das futuras zonas de ocupação ocidental. Dentro de uma semana, mais de 20 mil deles tinham morrido. Muitos dos restantes foram descritos como "ruínas, físicas e mentais".

Poucas semanas após a libertação, muitos dos judeus que estavam em melhor condição física tinham voltado para a Europa Oriental em busca de suas famílias; dos 200 mil sobreviventes, bem mais de 70 mil parecem ter voltado mais ou menos imediatamente para a Hungria ou para a Romênia; dezenas de milhares de outros voltaram para a Tchecoslováquia e para a Europa Ocidental, ou para seus antigos lares na Polônia e nos países bálticos para procurar seus parentes. Outros 10 mil foram enviados à Suécia para tratamento médico. Em 20 de junho de 1945, avaliou-se que apenas 19 mil a 29 mil Pessoas Deslocadas judias continuavam na zona americana da Alemanha, e menos de 10 mil na zona britânica.

Hoje é difícil imaginar esses sobreviventes judeus como aqueles que os resgataram os viram em 1945. Francesca Wilson, a ativista britânica com grande experiência em trabalho de ajuda humanitária, a princípio achou muito difícil olhar para os internos dos campos sem uma reação violenta. Apesar de ter visto muitas vítimas da fome, ela nunca tinha visto antes vítimas da crueldade.

> Eles estavam usando os pijamas azul e branco dos condenados, tinham a cabeça raspada e o número tatuado no braço esquerdo, que eram as marcas de Auschwitz. Alguns eram esqueletos ambulantes, a maioria tinha as faces encovadas e os olhos grandes, negros, sem expressão, que olhavam fixamente e não viam nada. Tinham a aparência e os gestos furtivos de animais sendo caçados.

Muitos dos libertadores inicialmente recuavam evitando o "cheiro de casa de macaco" e a "estranha multidão símia" que os recebia nos campos. Chegando pela primeira vez a Belsen, um rabino judeu ficou aliviado quando pôde evitar ver desde os "animais" seminus até "duas moças de boas famílias de Praga" que ainda estavam "normais e humanas". Alguns soldados aliados foram mais longe e consideravam os sobreviventes não como vítimas, mas como pessoas estranhas, até criminosas. "Nunca vi tantos rostos parecendo rostos de criminosos juntos em um mesmo lugar como vi em Belsen", escreveu um oficial britânico. O general George S. Patton não fazia segredo de seu horror dos judeus, a maioria originária da Europa Oriental; eles eram, escreveu ele em seu diário, "inferiores aos animais". Patton não achou que seu modo de vida tinha qualquer conexão com o que lhes tinha acontecido nos campos, mas sim que era resultado de eles serem de uma raça inferior.

Nessas circunstâncias, não era de surpreender que os soldados aliados muitas vezes mostrassem pouca consciência daquilo que os sobreviventes tinham passado ou de sua consequente condição mental. Um americano que trabalhava para a Unrra não podia entender por que um grupo de judeus de Belsen protestou quando tentaram pedir que tirassem suas roupas ou por que se recusavam a tomar um banho quente. Ele ficou igualmente confuso com sua "ligação fanática com parentes e amigos" e sua relutância em dar informação, especialmente seus nomes. Francesca Wilson achou que o que "essas pessoas neuróticas e infelizes" necessitavam era de uma "boa mulher judia e maternal que pudesse falar iídiche, sentir a força de sua raça ao ver os restos martirizados de seu povo, soubesse como atraí-los e convencê-los a viver outra vez".

Em certo sentido, quando o doutor Grinberg falou de abandono, ele estava certo; as principais instituições de caridade judaicas haviam desaparecido. A oposição do Exército americano a ter organizações "sectárias" envolvidas na ajuda humanitária e sua antipatia particular pelas instituições judaicas significaram que foi apenas em agosto de 1945 que o Comitê de Distribuição Conjunta Judaico-Americano, bem-financiado e estabelecido há bastante tempo, conhecido como "a Junta", teve permissão para funcionar nos campos. Além disso, como os funcionários da Junta admitiram em particular, a própria "incapacidade de recrutar pessoal e de disponibilizá-lo para trabalhar na Alemanha" provocou mais atrasos.

Como a principal preocupação dos militares em meados de 1945 era a repatriação — mandar as Pessoas Deslocadas para seus países natais —, seu objetivo com o pequeno número de judeus restantes era dividi-lo por nacionalidade, sem fazer, por exemplo, nenhuma distinção entre alemães judeus e alemães não judeus. Ao mesmo tempo, eles permitiram que fossem criados alguns campos de grande porte para judeus — em Belsen e em Feldafing, na sé de Starnberger, perto de Munique, em um complexo que tinha sido uma colônia de férias para a Juventude Hitlerista.

Na verdade, esse "abandono" não durou muito. A ajuda estava preste a chegar para as Pessoas Deslocadas judias e vinha de muitos lugares.

Abraham Klausner chegou ao campo de Pessoas Deslocadas de Dachau na terceira semana de maio de 1945. Por ser um jovem rabino reformado que servia no Exército americano, não lhe deram nenhuma designação específica de tarefa. Observando os médicos e as enfermeiras, ele pensava: "O que eu posso fazer?" Enfim obrigou-se a ir conversar com os sobreviventes, que começaram a lhe perguntar sobre parentes nos Estados Unidos. Um deles perguntou a Klausner se ele conhecia seu irmão, um rabino no Exército americano, e reconhecendo alguma coisa familiar na voz do homem ele respondeu: "Sim, conheço." Mais tarde conseguiu juntar o interno e o irmão rabino. O primeiro encontro com os sobreviventes parece ter dado a Klausner "a sensação de que embora eu não tivesse quaisquer recursos, havia algo que podia fazer" e uma sensação crescente de confiança e energia em fazê-lo.

Klausner logo compreendeu que "a necessidade imediata dos libertados era ganhar uma vez mais a própria identidade". Mais que tudo, eles queriam redescobrir seus nomes, restabelecer contato com seus parentes, saber quem tinha sobrevivido e tornar-se outra vez parte de um tecido social. No entanto, não só o Exército tinha sido incapaz de entender essa necessidade humana, como tinha feito todo o possível para frustrá-la, já que só os militares podiam enviar cartas. Não havia serviço de correio para os sobreviventes.

Após ter estado poucos dias em Dachau, a unidade de Klausner foi obrigada a sair do acampamento, para um período de descanso e recreação. O rabino partiu com sua unidade, mas foi-se deixando ficar para trás enquanto os caminhões eram descarregados no centro de descanso, e "quando o sexto caminhão passou por mim, por motivos que não sei explicar, pulei na traseira, consegui entrar e voltei para Dachau". Sua decisão de desertar, Klausner disse a um entrevistador quarenta anos depois, foi "parte do mistério da vida".

> Senti que era àquele lugar que eu pertencia. Tinha começado a fazer algum trabalho lá, começado a identificar as pessoas, fazendo listas daquelas que tinham sobrevivido. Comecei também a ouvir falar de outras pessoas sendo localizadas em várias áreas da Alemanha. Simplesmente senti que encontrá-las, identificá-las e divulgar sua identidade para o mundo se tornaria meu trabalho.

No final, foi surpreendentemente fácil para Klausner, nas condições caóticas predominantes, operar de maneira independente. De vez em quando as autoridades militares o alcançavam, e ele era volta e meia repreendido por oficiais superiores e capelães. Mas não foi detido ou submetido à corte marcial e, com a ajuda de oficiais que simpatizavam com sua causa, conseguiu atravessar a Baviera a fim de cumprir sua agenda. Em junho de 1945, Klausner já tinha produzido a primeira lista de nomes de sobreviventes, que ele convenceu um tipógrafo alemão a imprimir dando-lhe em troca latas de café e de chá e algum papel obtido com os militares.

As visitas que o rabino Klausner fazia pelos campos logo o puseram em contato com o doutor Grinberg e seus colegas de Kovno que estavam tentando estabelecer uma organização entre os sobreviventes. Ele pôde lhes dar gasolina, provisões e espaço em um escritório no Museu Alemão em Munique. "Os sionistas estão se organizando em todos os campos e uma secretaria central está sendo estabelecida em Munique", escreveu um sionista da Lituânia para o Executivo Sionista em Jerusalém, dia 9 de junho de 1945.

A essa altura, outros Aliados também estavam chegando. Desde o fim de maio, homens da Brigada Judaica servindo no Exército britânico na Itália viajavam pela Alemanha e pela Áustria, numa procura intensa a parentes, mas na verdade eles estabeleciam contato com os sobreviventes em nome dos sionistas na Palestina. Esses soldados com a Estrela de David como insígnia nos ombros eram saudados pelos sobreviventes com entusiasmo. No final de junho, os emissários da Palestina, junto com o rabino Klausner, testemunharam o primeiro congresso de sobreviventes judeus a ser realizado na Alemanha, em St. Ottilien. O rabino da Brigada Judaica descreveu a cena:

> Slogans de redenção, terra, acordo e imigração ecoavam, vindo dos muros. Olhos escuros e cansados voltados para cima ansiosamente absorvem o que está escrito. Há um pódio enfeitado com fotos de Herzl, dos fundadores sionistas e a bandeira do movimento. Nas cadeiras sentavam-se esqueletos encovados, com mãos magras e secas, usando bonés em frangalhos. Muitos ainda estão usando roupa de prisioneiro. No rosto de todos a imobilidade da morte... uma expressão de apatia. Eles representavam os milhões de sionistas que tinham sido asfixiados, enforcados e queimados na Europa. Os delegados tinham uma forte semelhança com seus constituintes mortos.

No dia seguinte, uma proclamação pública foi apregoada da adega de cerveja onde Hitler tinha realizado seu golpe em 1922, exigindo o estabelecimento imediato de um Estado judeu na Palestina a ser reconhecido pelas Nações Unidas.

Para manter o impulso político, um novo congresso foi planejado para dois meses depois, para o qual seriam convidados todos os líderes judeus da Alemanha inteira — porque na zona britânica os sobreviventes judeus também estavam se organizando.

No momento da sua libertação, o campo de Bergen-Belsen continha uma mistura variada de pessoas, da qual apenas pouco mais da metade era judia, espalhada em dois locais. Filmes contemporâneos mostram soldados britânicos conversando e flertando com jovens, homens e mulheres, bem-alimentados, bem-vestidos e aparentemente alertas, enquanto que, ao fundo, "esqueletos humanos" se arrastam e cadáveres continuam expostos. A distinção fundamental, no entanto, era entre o campo de concentração principal, no qual cerca de 40 mil pessoas foram amontoadas em cabanas fétidas em que se espalhava o tifo, e aquilo que os britânicos chamaram de Campo 2, uns poucos blocos da Escola alemã de Treinamento Panzer a mais ou menos 1,5km de distância, para o qual o último grupo de prisioneiros que havia chegado a Belsen tinha sido enviado. Os britânicos gradativamente evacuaram todos os sobreviventes para o Campo 2 e no dia 21 de maio de 1945, quando a última cabana no "Campo do Horror" foi queimada, toda a população havia sido removida para a bem-equipada e espaçosa Escola de Treinamento Panzer, transformada no maior hospital improvisado da Europa. Foi esse lugar, uma enorme guarnição militar alemã, com prédios bem-construídos de quatro andares, agrupados à volta de umas trinta praças para desfiles, com avenidas amplas, jardins de árvores frondosas, estábulos, uma padaria, um salão de baile e um teatro — mais parecido com uma casa de subúrbio do que com uma guarnição —, que passou a se chamar "campo de PDs de Belsen".

Apenas uns poucos dias após a libertação as comunidades de prisioneiros começaram a aparecer em Belsen, onde se encontravam prisioneiros de todas as nacionalidades. Mas com a partida dos europeus ocidentais em maio, os judeus poloneses se tornaram o grupo dominante. Uma sobrevivente do Campo 1 lembrou tempos depois que ela não conseguiu acreditar quando ouviu dizer que uma Comunidade Judaica tinha sido constituída, porque "simplesmente não podia imaginar que havia algum judeu saudável em qualquer lugar de Belsen". Esse grupo estava em um estado de saúde comparativamente bom porque a maioria deles tinha chegado apenas uma semana antes da libertação, em um embarque vindo do campo de concentração Dora, e tinham sido instalados diretamente na Escola de Treinamento Panzer. Portanto, não haviam sequer sido expostos ao tifo.

Segundo o historiador israelita Hagit Lavsky, esses jovens, de pequenos povoados judeus (*shtetl*), poloneses e lituanos, "pertenciam aos movimentos jovens sionistas e estavam se preparando para uma vida de pioneirismo na Palestina".

> O animado grupo teve um impacto bastante significativo no moral no campo. Primeiro, eram bastante numerosos. Segundo, eram pessoas física e mentalmente fortes, e talvez por isso tenham sobrevivido. Se alguém pudesse organizar os sobreviventes, esmagados e exaustos por sua dolorosa experiência, seriam eles. Além disso, esses jovens tinham algo a oferecer. Possuíam uma meta verdadeira. Estavam cheios de esperança e sua forte crença e entusiasmo sionista se transmitiam para os demais. Seu destino pessoal ficou inseparavelmente ligado ao destino de seu próprio povo, levando a uma decisão espontânea de não voltar para o Leste europeu. Mesmo antes de os sobreviventes terem se recuperado o suficiente para decidir o que fazer em seguida — procurar parentes, tentar construir algo a partir das ruínas, pensar sobre o futuro —, esses jovens sionistas serviam como uma bússola e um guia.

Aqui, como na Baviéra, foram os sionistas que forneceram a primeira liderança, a sensação de possuir um propósito, para os sobreviventes aturdidos e desnorteados, enquanto lutavam para aceitar sua nova vida.

A figura predominante nesse grupo era um judeu de Bedzin, na Polônia, chamado Josef Rosensaft, a quem todos chamavam de Yossel. "Eis um homem de baixa estatura, mas que quando falava, virava um gigante", escreveu um sobrevivente mais tarde. "Você achava que podia analisá-lo, mas depois de uns momentos, precisava parar. Algo dizia para não ir mais longe." Era um milagre que Rosensaft ainda estivesse vivo. Nascido em janeiro de 1911, ele havia trabalhado antes da guerra no ferro-velho da família e como recrutador de mão de obra. Em julho de 1943 ele escapou do trem que o levava, junto com a esposa e o enteado, para Auschwitz, saltando no rio Vístula. Sobreviveu aos tiros de metralhadora dos soldados, mas após algum tempo como fugitivo, foi recapturado e enviado para Birkenau. Transferido, após dois meses carregando pedras, para o campo de trabalho forçado em Lagisza, fugiu de novo em março de 1944. Porém, uma vez mais, sua liberdade não durou muito; no fim de abril já estava de volta a Auschwitz, onde sobreviveu meses de tortura sem revelar quem o tinha ajudado a fugir. Quando evacuaram Auschwitz, Rosensaft foi levado para vários campos de trabalho forçado e, finalmente, para Dora-Mittelbau, do qual foi transferido para Belsen no começo de abril de 1945.

Só uma pessoa extraordinária poderia ter sobrevivido a essa experiência. "Esse homem pequeno, militante, supersensível" passou a ser a força dominante no Comitê Central de Judeus libertados de Belsen, formado dia 24 de junho de 1945. Ele teve o útil apoio de outros judeus eminentes, inclusive a doutora Hadassah Bimko, uma entusiasmada dentista sionista que foi convidada para participar do Comitê Central e se casou com Rosensaft em 1946.

Grande parte da energia do Comitê Central era gasta com o trabalho cultural e de assistência social. Em julho de 1945, o primeiro jornal em iídiche na zona britânica da Alemanha, *Unzer Sztyme*, foi publicado, e em setembro uma companhia de teatro conhecida como Teatro Kazet encenou algumas peças. Um observador americano ficou impressionado com o "puro realismo e dramaticidade" de suas produções.

> Cenas com labaredas se estendendo pelo palco mostrando os judeus sendo levados para o crematório ou os alemães arrebentando o crânio de uma criança são lugar-comum (...) isso não é atuação, e sim uma reprodução factual daquilo que eles sofreram.

Ele observou também que "no final, nunca há aplauso, apenas um silêncio significativo e doloroso que paira sobre o teatro".

Não é incomum ver um público de mais de 3 mil pessoas se derramar em lágrimas e soluçar histericamente durante a apresentação. Ao ver suas antigas desgraças sendo encenadas, suas vidas projetadas no palco, por assim dizer, as Pessoas Deslocadas começaram a considerar o teatro algo muito maior que mera "diversão". O teatro simboliza sua vontade de viver. Representa uma cultura que sobreviveu a uma tentativa de exterminação sistemática.

Na recuperação da experiência judaica para os próprios judeus, o Comitê Central foi ajudado pela chegada tardia das agências de ajuda humanitária judaicas aos campos. Até julho de 1945, as únicas pessoas judias trabalhando em Belsen eram os capelães do Exército e uma assistente social britânica, Jane Leverson, membro da equipe da Cruz Vermelha e originária de uma conhecida família judaica de Hampstead. Enquanto isso, como vimos, a Junta era mantida afastada em virtude da suspeita de que os militares tinham de organizações "sectárias" e sua sensação de que já havia muitas pessoas trabalhando na mesma coisa. Quando a pressão no mais alto nível político finalmente levou ao cancelamento dessa política e uma equipe da Junta chegou, mais ou menos de mãos vazias, a resposta de Rosensaft foi "O.k., se vocês não podem nos dar coisas, dê-nos suas máquinas de escrever em iídiche para que pelo menos nós possamos criticar a Junta para os judeus do mundo".

Esse tom confiante refletia os sucessos de Rosensaft na arena política, principalmente brigando contra os britânicos. No decorrer de 1945, o Comitê Central esteve envolvido em uma guerra mais ou menos permanente com as autoridades militares. Rosensaft, observou um americano que trabalhava com ajuda humanitária, "não tem a menor consideração pela lei militar e provocou frequentemente a ira dos militares que consideram o Comitê Judeu e suas atividades ilegais". Ele não atraiu a simpatia dos britânicos, pois considerava "uma questão de princípio dirigir-se a eles em iídiche, a língua do povo que ele representava".

A questão fundamental era se os britânicos iriam reconhecer os sobreviventes judeus como judeus, e não como pessoas de nacionalidade húngara, polonesa ou alemã, e os deixassem ficar na Escola de Treinamento Panzer, formando uma comunidade judaica que se autoadministrasse. Inicialmente o plano britânico era embarcar todos aqueles que tivessem se recuperado do campo de Belsen para outros campos, transformando aquele local em uma instalação puramente médica; mas após protestos furiosos a ideia teve de ser abandonada. Os britânicos também queriam mudar o nome do campo de Belsen para Hohne, mas o Comitê Central deu valor ao simbolismo e conseguiu resistir a essa mudança também.

Na opinião dos britânicos, Rosensaft e o Comitê Central eram autoproclamados criadores de problemas. Observava-se que os judeus húngaros e romenos, que normalmente eram ortodoxos, se mostravam abertamente hostis aos sionistas mais jovens e mais seculares no Comitê Central, e que grande parte de seu equipamento no campo tinha sido "organizado" a partir da área rural vizinha. Uma enfermeira da Cruz Vermelha britânica observou com antipatia como "à medida que os meses passavam cada vez mais judeus se separavam dos outros internos e, seguindo seu poderoso líder judeu, eram obrigados a seguir seus métodos e ideias. Os judeus que diziam abertamente não querer ir para a Palestina caíam no ostracismo, e a interferência britânica de nada adiantou".

Josef Rosensaft era um dos 94 delegados, representando cerca de 40 mil judeus de 46 centros na Alemanha e na Áustria na Conferência de Representantes dos Judeus Sobreviventes na Alemanha que se reuniram em St. Ottilien dia 25 de julho de 1945. O objetivo principal da conferência era agrupar os líderes judaicos em uma única organização. Mas Rosensaft se recusou a participar do novo órgão. Um americano que o conhecia achou que "estava no caráter de Rosensaft, que amava seu poder e sua independência, não concordar em ter 'sua' organização 'subordinada a' e 'diluída em' um órgão maior. Tampouco aceitaria 'receber ordens de Munique', onde o órgão central teria sua sede". Parecia também haver hostilidade entre o estilo de liderança emotivo e populista — *galitzianer* — de Rosensaft e a abordagem mais racional e intelectual dos *litvaks* na zona americana.

É possível também que Rosensaft tenha sido influenciado por um novo fator que havia surgido recentemente: o interesse crescente do governo dos Estados Unidos nos sobreviventes judeus.

A LONGA ESTRADA PARA CASA | 139

Na primavera de 1945, relatórios chegaram a Washington dizendo que os judeus que tinham sobrevivido à guerra estavam sendo mantidos em campos cercados de arame farpado e recebendo menos alimentos que os prisioneiros de guerra alemães. Os líderes judeus americanos se indignaram. Sua prontidão para responder tinha algo a ver com culpa; "sentimentos fortes de oportunidades perdidas e ações não tomadas", escreve o historiador Ze'ev Mankowitz, "podem ter sido um incentivo para agilizar a ação mesmo sem um acúmulo significativo de relatórios de testemunhas oculares". Além disso, os sionistas pressionaram fortemente o governo Truman para que algo fosse feito a respeito da situação. Meyer Weisgal, representante em Washington do líder sionista Chaim Weizmann, persuadiu o ministro da Fazenda, Henry Morgenthau, a discutir a questão com o presidente. A primeira reação de Truman não foi favorável, mas Morgenthau perseverou e enfim conseguiu que o secretário de Estado interino, Joseph C. Grew, enviasse um representante à Europa para investigar as condições. Grew então nomeou Earl G. Harrison, um professor de direito na Universidade da Pensilvânia, para dirigir essa investigação e persuadiu o presidente Truman a autorizar a missão.

Earl G. Harrison, então com 46 anos, era um advogado "de constituição física elegante, com um queixo quadrado e cabelo vermelho", um republicano a favor de Roosevelt com longa experiência em questões de refugiados, tendo servido durante a guerra como comissário de Imigração e Naturalização e depois como representante americano no órgão que buscava encontrar lares para os judeus que fugiam da Europa, o Comitê Intergovernamental para Refugiados. Conhecido como "um observador perspicaz e equilibrado" e "um trabalhador quase infatigável", Harrison era metodista, com um longo histórico de serviço comunitário, mas estava também envolvido com grupos judeus e afro-americanos. E ainda mais importante, sabia como os governos aliados tinham se comportado mal com os refugiados judeus no passado.

Antes de deixar a América, Harrison encontrou-se com Meyer Weisgal, que o convenceu a estender a abrangência de sua missão, indo além do problema imediato de reabilitação para examinar a questão mais ampla do futuro do 1,25 milhões de judeus ainda na

Europa naquele momento. Na opinião de Weisgal, a solução teria de ser de longo prazo e política. Os judeus da Europa, disse ele, tinham três opções: dar cabo de sua extinção, obter igualdade ou emigrar. Só a terceira era uma opção realista — e o único destino possível era a Palestina. Esse encontro iria influenciar definitivamente a abordagem de Harrison.

Entre 7 e 25 de julho de 1945, Earl Harrison visitou os campos de PDs judias na Alemanha e na Áustria, acompanhado por vários especialistas, principalmente o doutor Joseph Schwartz, chefe europeu do Comitê Conjunto de Distribuição Judaico-Americano. A fim de poder cobrir mais áreas, o grupo se dividiu em duas equipes, com Schwartz escrevendo relatórios independentes que Harrison integrava em seu documento final. Harrison começou o trabalho encontrando-se com líderes judeus em Frankfurt e Munique, que deram ênfase a duas questões: a necessidade de curto prazo de concentrar os judeus em campos separados e a questão de longo prazo da emigração livre e imediata para a Palestina. Ele também se encontrou com o presidente do Escritório de Imprensa para o governo militar americano em Munique, Joseph Dunner, que sugeriu aquilo que iria ser a declaração mais eficaz de Harrison: "Do jeito que as coisas estão agora, parece que nós estamos tratando os judeus como os nazistas os tratavam, com a diferença de que nós não os exterminamos."

O itinerário original de Harrison havia sido planejado pelos militares e tinha a intenção de mantê-lo longe dos "piores lugares". Mas seu colega Schwartz se assegurou de que ele conheceria o americano que estava mais próximo das PDs, o rabino Klausner, e, por sua vez, o rabino se assegurou de que Harrison veria tudo o que havia para ver. "Eu o levei aos prédios parcialmente bombardeados em que nós havíamos amontoado centenas de refugiados que fugiam de suas terras e não tinham nenhum lugar para se abrigar", Klausner escreveu posteriormente. "E o levei aos campos superlotados." Vários historiadores argumentaram que o jovem rabino "influenciou decisivamente" a percepção que Harrison teve do sofrimento físico e psicológico dos judeus, a ponto de lhe fornecer grande parte do discurso que usou mais tarde. Na verdade, Klausner foi apenas um dos muitos judeus que influenciaram Harrison. Realmente, o advogado gentio não ficou muito impressionado com Klausner, a quem considerou "jovem, agressivo e irritante". O rabino, escreveu ele em seu diário, "dá crédito ao Exército no caso da boa saúde, mas ignora todo o resto".

O que mais impressionou Harrison foi sua visita a Belsen. "Ele olhava para nós e fumava sem parar enquanto as lágrimas rolavam pelo seu rosto", recorda uma testemunha. "Finalmente, ele sussurrou baixinho: 'Mas como é que vocês sobreviveram, e de onde vocês tiram sua força agora?'" Naquela noite, Harrison escreveu em seu diário: "Quase nunca estive tão deprimido... só sete horas passadas lá, mas parecia uma vida inteira." Tinham dito a Harrison que não valia a pena ir a Belsen porque o campo original tinha sido queimado e a maior parte dos judeus, transferida para outros lugares, mas ele encontrou 14 mil Pessoas Deslocadas, "inclusive 7.200 judeus confinados aqui. É verdade, o prédio nº 1, com suas câmaras de gás e crematórios demoníacos, tinha sido destruído, mas o resto já é ruim o bastante. Um sótão, de cerca de 24 por 6 metros abrigava 85 pessoas".

A emoção atrapalhou um pouco sua avaliação. Belsen nunca teve câmaras de gás, embora certamente tivesse tido crematórios. As PDs judias estavam então morando naquilo que o major Hyman considerava "um dos campos de PDs mais bem-equipados da Alemanha", com um hospital moderno e aparelhado. É claro que as coisas não eram perfeitas — o hospital era dirigido por médicos e enfermeiras alemães, e o oficial britânico responsável naquele momento "tinha uma atitude colonialista com relação às PDs", tratando-as "como se fossem idiotas" —, mas longe de estarem "confinadas" em Belsen, as PDs sabiam o valor simbólico do lugar e tinham resistido aos esforços dos britânicos para tirá-las de lá.

Earl Harrison produziu um relatório preliminar no começo de agosto de 1945 e a versão final chegou às mãos do presidente Truman no dia 24 de desse mesmo mês. Nele, Harrison concluía que o tratamento que o Exército americano dava às PDs judias era insatisfatório.

Muitas pessoas judias deslocadas e outras que possivelmente não podem ser repatriadas estão vivendo sob guarda, atrás de cercas de arame farpado, em campos de vários tipos (construídos pelos alemães para trabalhadores escravos e judeus), inclusive alguns dos campos de concentração mais conhecidos, em condições de superlotação, frequentemente insalubres e geralmente horríveis, em total inatividade, sem nenhuma oportunidade, a não ser clandestinamente, de se comunicar com o mundo externo, aguardando, com esperança, por alguma palavra de encorajamento e alguma ação em seu nome.

Em seu relatório, Harrison aceitou o argumento de que os judeus eram uma nação: "a primeira e mais clara necessidade dessas pessoas", escreveu ele, "é um reconhecimento de seu status verdadeiro, e com isso quero dizer seu status de judeus". Pela primeira vez na história, um documento oficial americano reconhecia o caso sionista. Como poderiam atribuir a nacionalidade dos judeus àqueles países cujas pessoas participaram de seu extermínio? Ele, portanto, recomendava campos separados para os judeus na Alemanha imediatamente; e pedia que, onde fosse possível, a Unrra assumisse a responsabilidade pela direção desses campos em vez do Exército. Voltando-se para soluções de longo prazo, ele solicitava a "rápida imigração de 100 mil judeus para a Palestina", mas esperava que os Estados Unidos fizessem apenas emendas insignificantes em sua política de imigração. Harrison não verificou se a Palestina seria capaz de absorver aquele número de sobreviventes judeus.

Será que o relatório de Harrison foi justo? A maioria dos historiadores concorda com a teoria de Yehuda Bauer de que o professor lidou de uma maneira "extremamente exagerada" com o tratamento dos judeus pelo Exército norte-americano: "Ele captou o ponto essencial de que o Exército dos Estados Unidos era hostil aos judeus, mas não conseguiu entender (ou, pelo menos, explicar) que muito da sujeira que ele viu era resultado da desmoralização e da impotência dos próprios sobreviventes." Ele também interpretou mal várias coisas — as PDs, na verdade, estavam livres para ir e vir como quisessem e continuavam a usar os uniformes do campo de concentração acreditando que isso lhes daria um tratamento preferencial. O colega de Harrison, Joseph Schwartz, também criticou o Exército, mas reconheceu que, em virtude da preocupação com a repatriação, "era bastante natural que não se pensasse muito nos não repatriáveis".

A LONGA ESTRADA PARA CASA | 143

Fosse ou não justo, o relatório teve um impacto imediato. No dia 25 de agosto Truman pediu a seu conselheiro, o juiz Samuel Rosenman, que lesse o relatório. "Ele disse que tinha lido na noite anterior e estava enojado. E que a situação em muitos dos campos, especialmente com relação aos judeus, estava praticamente tão ruim agora quanto sob os nazistas..." "O Relatório Harrison", Truman escreveu em suas memórias, "foi um documento emocionante. Não era possível permitir que a miséria que ele descrevia continuasse, por isso mandei uma mensagem a Eisenhower, pedindo a ele que fizesse o que fosse possível em relação às condições nos campos".

Na verdade, Truman fez muito mais do que isso. Ele ordenou a Eisenhower que tomasse as medidas imediatas necessárias para melhorar as condições das PDs judias, principalmente à custa da população alemã, e deu o passo pouco comum de publicar na imprensa americana a carta em que repreendia Eisenhower. Embora o Exército americano na Alemanha tivesse ficado irritado com o Relatório Harrison, que considerou parcial e injusto, e ainda que Einsenhower insistisse em publicar uma refutação detalhada de muitos de seus argumentos, o general havia, durante toda sua carreira, demonstrado grande sensibilidade aos desejos de seus mestres políticos. E então viu que algo tinha de ser feito. No outono de 1945, Eisenhower fez algumas visitas rápidas a cinco campos de PDs judias, nomeou um conselheiro para Assuntos Judaicos e deu início a uma política de assentamento de judeus em campos próprios — reconhecendo, com efeito, que eles eram uma nação separada.

Truman também tentou incentivar os britânicos a agir: escreveu para o primeiro-ministro, Clement Attlee, apoiando a recomendação feita por Earl Harrison de que 100 mil judeus fossem admitidos imediatamente na Palestina. Quando um mês se passou sem nenhuma resposta, ele foi a público, em uma conferência de imprensa no dia 29 de setembro de 1945. A posição de Truman era complexa. Era um homem emotivo, que havia crescido lendo a Bíblia e tinha amigos judeus desde a adolescência em Kansas City, no entanto também era capaz de fazer comentários antissemitas casuais, que eram comuns entre os americanos gentios de sua geração. Tendo dito isso, as dificuldades das PDs judias, como documentadas por Earl Harrison, tinham-no emocionado profundamente; quando essa questão ficou gravada em sua mente, passou a ser uma preocupação contínua. Homem decente, ele realmente queria ver essas pessoas tratadas com humanidade.

No entanto, havia também um elemento de pleno cálculo político em sua atitude. Uma vez, quando lhe pediram que explicasse sua política a favor dos judeus, ele respondeu: "Preciso responder a centenas de milhares que estão ansiosos pelo sucesso do sionismo; não tenho centenas de milhares de árabes em meu eleitorado." A década de 1940 tinha assistido ao surgimento nos Estados Unidos daquilo que hoje é chamado de "*lobby* judeu"; a partir de 1943, os sionistas tinham organizado a vasta maioria dos judeus americanos para que apoiassem um lar para os judeus na Palestina. Tanto o Partido Republicano quanto o Democrata haviam incluído um item endossando essa ideia em suas plataformas nas eleições de 1944. O eleitorado judeu tinha apoiado em peso Franklin Roosevelt, mas o novo presidente não poderia estar muito seguro de seu apoio, que, em certos estados-chave, como Nova York e Pensilvânia, era muito importante. Os judeus também contribuíram substancialmente com o Partido Democrata. Embora Truman fosse, de certa maneira, um "prisioneiro ressentido" do *lobby* judeu, como observou o historiador Michael J. Cohen, ele reconhecia a necessidade de apelar para esses eleitores. O momento de sua conferência de imprensa foi, em grande parte, determinado por uma próxima campanha para prefeito na cidade de Nova York.

Ao mesmo tempo, Truman compreendeu que era preciso avançar com cautela nessa questão, dada a hostilidade de grande parte da opinião pública americana em relação ao crescimento da imigração de judeus para os Estados Unidos. Como observou lorde Halifax, embaixador britânico em Washington, o cidadão americano mediano "não quer [os judeus] nos Estados Unidos e ao defender o acolhimento pela Palestina fica de consciência tranquila". Truman tampouco queria que os Estados Unidos se envolvessem no território palestino em si ou que soldados americanos fossem enviados para lá. Sua opinião era de que aquilo era um problema britânico.

E foi um problema que os britânicos decidiram assumir. No dia 2 de novembro de 1917, o ministro das Relações Exteriores britânico, Arthur Balfour, enviou para lorde Rothschild, um dos líderes da comunidade judaica na Grã-Bretanha, uma "declaração de simpatia para com as aspirações judaico-sionistas" que tinha sido aprovada pelo gabinete britânico:

> O governo de Sua Majestade vê com simpatia o estabelecimento na Palestina de um lar nacional para o povo judeu e fará os maiores esforços para facilitar a realização desse objetivo, estando claramente entendido que nada será feito para prejudicar os direitos civis e religiosos das comunidades não judaicas existentes na Palestina ou os direitos e status políticos de que os judeus desfrutam em qualquer outro país.

Muitos elementos se uniram para produzir a "Declaração de Balfour". As duas décadas desde que o jornalista vienense Theodor Herzl inaugurou o movimento sionista moderno com seu livro O *Estado judeu* (*Der Judenstaat*, 1896) tinham testemunhado uma campanha contínua de pressões por parte dos sionistas em defesa da criação de um Estado judeu. Na Grã-Bretanha, a figura predominante era o filho de um comerciante de madeira nos Pântanos de Pripet, Chaim Weizmann, que ganhou reputação internacional como químico antes de começar a ensinar na Universidade de Manchester, em 1906, e se tornar um cidadão britânico quatro anos depois. A eloquência e o charme de Weizmann encontraram um público predisposto em uma geração de estadistas cujo alinhamento romântico com a causa judaica tinha sido formado pela leitura prematura de *Tancred*, de Disraeli, e de *Daniel Deronda*, de George Eliot, ou pela familiaridade com a Bíblia na juventude. "Quando o doutor Weizmann falava da Palestina", Lloyd George recordou posteriormente, "ele mencionava nomes de lugares que me eram mais familiares do que aqueles na Frente Ocidental".

As preocupações táticas da guerra deram uma base prática a essa questão. O império otomano, que tinha governado a Palestina durante os últimos quatrocentos anos, estava claramente a ponto de ruir. Em 1916, britânicos e franceses haviam concordado em dividir entre eles as possessões turcas no Oriente Próximo, mas as preocupações de que os franceses pudessem se envolver na Palestina continuavam. Além disso, com o enfraquecimento da Rússia — que era aliada da Grã-Bretanha — após a Revolução de fevereiro de 1917, acreditava-se

146 | BEN SHEPHARD

que um gesto na direção do povo judeu mundial alavancaria a causa dos Aliados — os sionistas tinham prometido isso a Lloyd George.

Ninguém parou para perguntar aos árabes — que então perfaziam nove décimos da população da Palestina — o que eles pensavam dessa ideia, mas vários ministros do gabinete britânico levantaram objeções práticas. Queriam saber exatamente o que era um lar nacional. Certamente não estava sendo sugerido que os 12 milhões de judeus do mundo todo poderiam caber nesse pedaço de terra pequeno e improdutivo. E o que iria ocorrer com os árabes? Para lidar com essas objeções, a minuta original da declaração, fornecida pelos próprios sionistas, foi alterada. Referências à imigração irrestrita de judeus e ao autogoverno foram removidas e uma cláusula garantindo os direitos da população majoritária árabe na Palestina foi inserida.

Com isso os britânicos criaram um enigma insolúvel para si próprios. Como o estabelecimento de um lar nacional judeu poderia ser reconciliado com a manutenção do lugar dos árabes? Desde o momento em que o general Allenby atravessou a pé os portões de Jerusalém, no dia 11 de dezembro de 1917, a dificuldade de resolver esse enigma ficou clara para o governo britânico.

Os sionistas não aproveitaram de imediato a oportunidade que lhes estava sendo dada. Durante toda a década de 1920, as taxas de imigração para a Palestina foram mais baixas do que se esperava — a população aumentou de cerca de 60 mil no fim da guerra para cerca de 180 mil em 1932. Mas no ano seguinte, Hitler subiu ao poder na Alemanha, e o êxodo judeu começou — com quase todos os países no mundo endurecendo suas leis de imigração, a Palestina era um dos poucos lugares para onde eles poderiam ir. Em oito anos a população judaica mais que dobrou, até alcançar 463.535 pessoas em 1940. Inevitavelmente, isso fez com que as tensões com a população árabe viessem à tona. A Palestina deveria continuar sendo uma sociedade muçulmana tradicional ou se desenvolver para se tornar um país industrializado moderno?

Os britânicos tentaram aplacar os dois lados e proteger seus interesses imperiais. Vários comitês investigativos foram estabelecidos e esquemas propostos na tentativa de reconciliar os dois lados. Uma rebelião armada por parte dos árabes levou ao estabelecimento, em

1937, de mais uma comissão, que recomendou que a única solução seria dividir o país. Tanto os judeus quanto os árabes rejeitaram essa proposta.

Em maio de 1939, os britânicos mudaram a linha de ação. Com a probabilidade crescente de uma guerra contra a Alemanha, o governo Chamberlain decidiu que os interesses estratégicos da Grã-Bretanha faziam com que a amizade com os árabes fosse mais importante do que os sentimentos dos judeus — que não tinham outra opção a não ser apoiar a causa aliada. Isso significou comprar a boa vontade dos árabes, reduzindo a simpatia pelo Eixo no Oriente Médio e garantindo acesso ao petróleo e à terra. O *White Paper* que foi publicado naquele mês restringiu a compra de terra palestina por parte dos judeus e sua imigração para aquele país. Churchill condenou essa política em 1939, mas ao se tornar primeiro-ministro não a revogou, apesar de muitos apelos daqueles ansiosos por salvar os judeus do posterior extermínio na guerra. A oposição do Partido Trabalhista britânico também denunciou a restrição à imigração judaica para a Palestina, e na conferência do partido, em maio de 1945, Hugh Dalton, especialista em assuntos estrangeiros do partido, afirmou que "era moralmente errado e politicamente indefensável impor agora obstáculos à entrada na Palestina de quaisquer judeus que desejassem ir para lá". O partido reafirmou seu apoio ao sionismo em nada menos que onze ocasiões.

Quando, no entanto, o Partido Trabalhista foi inesperadamente levado de roldão para o poder na eleição geral de 1945, não foi Dalton, mas Ernest Bevin, veterano líder sindicalista e filho ilegítimo de uma doméstica em Somerset, que se tornou ministro das Relações Exteriores. Sobre a Palestina, Bevin aceitou o conselho de seus auxiliares e não reverteu o *White Paper* de 1939. Como diz o biógrafo de Bevin, Alan Bullock: "os altos funcionários britânicos não tiveram dificuldade em se convencer de que não havia qualquer conexão necessária entre a difícil situação dos judeus nos campos de PDs e a Palestina. Se não fosse pela pressão exercida pelos agentes sionistas, afirmaram eles, os refugiados judeus iriam preferir ficar na Europa ou ir para outros países, de preferência os Estados Unidos." E foi essa posição que os britânicos então tentaram defender.

Os britânicos foram extremamente contrários ao Relatório Harrison, tanto em termos de seu efeito na Alemanha quanto de seu efeito na Palestina. Sua oposição combinava objeções políticas com profundas divergências filosóficas. "Nós não admitimos, é claro, que os judeus constituam uma nacionalidade separada e estamos todos contra qualquer tentativa de rotular as pessoas como definitiva e irrevogavelmente 'não repatriáveis' neste momento", escreveu Sir George Rendel, do Ministério das Relações Exteriores. "Seria realmente desastroso para os próprios judeus se eles recebessem um tratamento especial em relação às pessoas do país onde eles moram."

Mas os britânicos se encontravam em um dilema. Em todas as outras questões, era vital ter a cooperação americana: a própria sobrevivência econômica da Grã-Bretanha dependia da aprovação de um empréstimo pelo Congresso, portanto era preciso encontrar um meio de fazer concessões aos americanos.

Mas se as PDs judias não podiam ir para a Palestina, para onde iriam? Justamente no momento em que os britânicos refletiam sobre essa questão, a situação era transformada com a chegada de outros milhares de judeus aos campos da Alemanha.

7

"Alimentar os brutos?"

Em 23 de agosto de 1945, dois jornalistas britânicos foram para a estação Stettiner, em Berlim, receber um trem repleto de refugiados alemães fugindo do Leste. A viagem de Danzig tinha levado sete dias. Dentro de um vagão de gado eles viram de um lado quatro cadáveres deitados em uma maca; do outro, quatro mulheres moribundas. Por toda a estação, nas plataformas e no saguão de reservas, as pessoas estavam morrendo. Uma mulher "emaciada, com círculos escuros em volta dos olhos e feridas se abrindo em todo o rosto, só podia sussurrar culpando-se por ser incapaz de alimentar seus dois bebês que choravam". Eles observavam enquanto ela "tentava desesperadamente extrair leite de seus seios secos — um esforço inútil que só a fazia chorar por seu fracasso".

Essas pessoas eram apenas parte de uma onda de miséria humana que chegava à capital alemã todos os dias. Por dia, até 25 mil pessoas chegavam a pé e eram enviadas de volta pelas autoridades. Quase todas mulheres, crianças e homens idosos. Era possível ver rapazes poloneses subindo nos trens para roubar os refugiados; uma moça alemã, com "o cabelo molhado e despenteado, a roupa e as meias rasgadas", foi vista sendo levada da estação por poloneses.

Estava claro para Norman Clark, do *News Chronicle*, que a expulsão dos alemães do Leste estava produzindo "uma tragédia de extrema magnitude". Acreditava-se agora que havia milhões de nômades desabrigados nas áreas ao redor de Berlim e outros 5 milhões de alemães expulsos da Tchecoslováquia logo estariam a caminho. O que estava sendo feito a respeito? Os refugiados estavam recebendo apenas os mínimos cuidados médicos. As autoridades aliadas afirmavam que isso era um problema alemão e recusavam-se a fornecer qualquer ajuda humanitária; e tampouco estavam ajudando os alemães. A

Organização Alemã de Assistência Social, com 33 funcionários e 220 ajudantes, não tinha telefones ou carros à disposição. Como resultado, muito pouco estava sendo realizado. "Aqui em Berlim", escreveu Clark, "estamos vivendo sob a sombra, não apenas da fome e da necessidade, mas também da morte e de epidemias em uma escala que o mundo ainda não viu registrada na história".

Charles Bray deu um tom diferente no *Daily Herald*. "Hoje vi milhares de civis alemães (...) reduzidos às profundezas da desgraça e do sofrimento que os nazistas infligiram a outros", começou ele. "Não gostei do que vi. Não me deu nenhuma satisfação, embora durante anos eu tivesse esperança de que os alemães fossem colher o que eles tinham plantado." Mas os "restos miseráveis de humanidade" que ele tinha visto na Estação Stettiner já não podiam nem sequer ajudar a si próprios; outra pessoa teria de ajudá-los.

> Esse é o resultado da guerra, o surgimento de problemas mais difíceis de solucionar do que quase qualquer um dos que existiram em seu percurso. Mas para que possamos provar à raça alemã que nossos métodos, nossa civilização, nosso credo estavam certos e os deles errados, e para que possamos ser leais com aqueles que morreram, foram mutilados ou sofreram dificuldades intoleráveis, esses problemas precisam ser solucionados, e rapidamente.

Nas estações de Berlim, Robert Capa e Margaret Bourke-White apontaram suas câmeras para os refugiados alemães agrupados como um coro de ópera ao redor das colunas neoclássicas em ruínas, dramaticamente iluminados pela luz do dia que entrava através dos telhados destruídos pelas bombas. Pela primeira vez desde a guerra, os alemães eram mostrados como seres humanos e vítimas sofredoras. A linguagem jornalística de morte e desumanização, de vagões de gado, e de imolação de inocentes, cunhada no começo do ano, quando os campos de concentração foram abertos, agora estava sendo aplicada aos alemães. Mas as reportagens e as imagens também continham uma mensagem séria. "Esses milhões de ambulantes", escreveu o correspondente da Reuters, "complicaram todos os esforços para orientar o problema de alimentos na Alemanha pelo caminho de qualquer tipo de viabilidade operacional. Sem meta ou controle, eles estão rapidamente espalhando doenças, em especial a disenteria, a febre tifoide e o tifo".

Quando finalmente despertou a atenção dos leitores dos jornais britânicos, em agosto de 1945, a crise dos refugiados alemães já tinha mais de um ano. Suas origens eram bem anteriores. Durante a guerra, os governos em exílio na Polônia e na Tchecoslováquia tinham deixado claro que quando a vitória chegasse eles expulsariam as populações alemãs de seus países, citando como precedente a transferência de populações entre a Grécia e a Turquia em 1923, que, eles diziam — erroneamente —, tinha ocorrido sem violência. Essa política de expulsão era consistentemente endossada pelos governos aliados, e tanto Churchill quanto Stalin lhe davam forte apoio. O líder russo aconselhou os comunistas poloneses a "criar tais condições para os alemães semelhantes às condições que eles próprios gostariam de evitar", enquanto Churchill informou Stalin, em Yalta, que provavelmente não haveria um problema muito grande para absorver os refugiados em seus países maternos, já que uns 8 ou 9 milhões de alemães tinham morrido na guerra. "A expulsão é um método que, como pude ver, será jamais satisfatório e duradouro", disse Churchill à Câmara dos Comuns, dia 15 de dezembro de 1944. "Uma varredura total será feita. Não estou assustado com a perspectiva do desembaraço da população nem com essas grandes transferências, que são mais viáveis do que antes dos tempos modernos".

Essa visão não era compartilhada em todas as áreas. Embora especialistas acadêmicos tivessem, já em 1939, chegado a aceitar o princípio de "transferências de população" como uma solução para o "problema das minorias", o que vinha atormentando a política e a diplomacia na Europa Oriental nos últimos vinte anos, eles não estavam certos se os tipos de transferências em grande escala propostos pelos poloneses e pelos tchecos poderiam ser realizados sem dor. O Ministério das Relações Exteriores britânico estava particularmente cético a esse respeito.

Os acontecimentos logo fizeram com que essas reservas se tornassem irrelevantes. À medida que o Exército Vermelho avançava para as partes orientais do Reich de Hitler e para os Bálcãs, no final de 1944, uma fuga maciça de alemães para o Ocidente começou. Em abril de 1945, 3,5 milhões de refugiados já tinham fugido, consistindo de habitantes das partes orientais da Alemanha, como a Prússia oriental e a ocidental, a Silésia e Posen; pessoas evacuadas durante a guerra que tinham escapado dos bombardeios do Ocidente industrial; pessoas vindas dos territórios anexados que tinham se estabelecido recentemente, como Ucrânia; bem como alemães étnicos — ou *Volksdeutsche* — de toda a Europa Oriental. Esses refugiados tinham sua tragédia particular — carroças de quatro rodas de madeira de camponeses, puxadas por cavalos, arrastando-se por uma triste paisagem invernal sob um céu escuro e sombrio; meninos sendo alimentados por distribuição de sopa; idosos, vestidos na indumentária eterna dos camponeses, com rostos vazios e sem expressão.

Quando a guerra terminou, em maio de 1945, outra enorme leva de seres humanos foi solta. Os tchecos e os poloneses imediatamente começaram a expulsar os alemães que ainda restavam em seus países. Na Tchecoslováquia, conversas anteriores sobre a possibilidade de se permitir que alguns alemães "bons" ficassem foram engolidas por uma onda de nacionalismo e sentimento antialemão que exigia vingança e retaliação pelas atividades dos alemães dos Sudetos, os insultos de Munique, a perda da soberania tcheca e o massacre em Lídice. Na verdade, o governo deliberadamente incentivou o sentimento antialemão no país. Como resultado, a rendição do Wehrmacht foi acompanhada por uma orgia de violência em que combatentes tchecos armados bateram e atiraram nos alemães ou os humilharam e torturaram. Povoados eram incendiados; alemães, pendurados em árvores e queimados vivos, espancados até morrer e torturados. Grupos paramilitares, unidades do Exército tcheco e justiceiros locais expulsaram centenas de milhares de alemães de suas casas e os obrigaram a atravessar a fronteira. A violência da reação surpreendeu até os próprios russos. Realmente, a não ser pelo hábito de estuprar mulheres, os alemães acharam que os soldados russos eram muito mais humanos e responsáveis que os tchecos.

Por que os tchecos se voltaram contra a minoria alemã com tal selvageria? Acontecimentos recentes claramente nos dão parte da explicação, mas havia também antigas dívidas a serem cobradas, que remontavam a muitas gerações, até a Batalha da Montanha Branca, em 1620, quando as tropas do Sacro Império Romano eliminaram totalmente a nobreza nativa da Boêmia. Os tchecos estavam se vingando por terem sido cidadãos de segunda classe em seu próprio país, subordinados à cultura e à religião alemãs, dominados pelos nobres, intelectuais e profissionais alemães. Logo ficou evidente que quase todos os 3 milhões de alemães na Tchecoslováquia seriam obrigados a abandonar suas casas, e não havia nada que as grandes potências pudessem fazer para interromper aquele processo.

O desejo dos poloneses de expulsar sua população alemã era mais fácil de entender: a destruição sistemática de Varsóvia, o assassinato de milhões de cidadãos poloneses, a profanação da cultura polonesa, nenhum país na Europa tinha sofrido mais com a ocupação alemã. O que ocorria naquele momento, como disse um historiador alemão, "tinha começado muito tempo antes. Era o resultado de nossa própria loucura". Mas na Polônia, como na Tchecoslováquia, a expulsão dos alemães era considerada "mais do que um ato nacional, um ato social. Os exploradores, a classe média alemã e os proprietários de terra alemães seriam expulsos e substituídos por poloneses. Os camponeses poloneses já não sofreriam nas mãos da classe alta alemã". Essa visão era compartilhada por todos os setores da sociedade polonesa, por políticos democratas ou por comunistas. Mas a Polônia tinha outros motivos. Para compensar o território que estava entregando à União Soviética no leste, ela tinha recebido território alemão no oeste, na Silésia e na Prússia, até o rio Oder. Essas terras tinham sido disputadas durante muito tempo, mas em 1945 a maioria da população era alemã. Para que a Polônia pudesse reivindicar seu direito sobre essas terras, essa parcela da população teria de ser expulsa.

Quase no fim de junho de 1945 rumores se espalharam pelas aldeias e fazendas da Pomerânia de que "os alemães tinham de sair". Deram a Anna Kientopf, esposa de um fazendeiro, meia hora para fazer as malas e estar pronta para partir — enquanto policiais poloneses e russos gritavam com ela. Ela colocou os filhos mais novos e uns poucos bens em um carrinho de mão e partiu. Quando olhou para trás, para a fazenda onde tinha nascido e o cemitério onde seus pais estavam enterrados, ela se perguntou quem iria ordenhar as vacas naquela noite. Depois uniu-se a uma longa coluna de refugiados indo para o oeste, para a nova fronteira, o rio Oder.

Os refugiados eram idosos, mulheres e crianças. Em intervalos regulares eles encontravam soldados poloneses e russos que os revistavam e tiravam seus bens; se alguém tentasse defender suas coisas, levava um tiro. Mais tarde perguntaram a uma viúva de meia-idade de Sorau, em Brandemburgo, que viajava com o único parente que lhe restava, uma netinha ainda bebê, por que não tinha escondido suas joias nas costuras da saia ou no cabelo. Ela respondeu que tinha tido "a vagina revistada seis vezes em busca de joias", enquanto sua amiga, a esposa de um juiz distrital, tivera as coroas de ouro de seus dentes arrancadas da boca.

Todos tinham de se alimentar por conta própria, e enquanto alguns haviam se precavido levando provisões — como potes de carne, salsicha de gordura, pães, batatas e leite —, muitos não dispunham de quase nada para comer e tinham de procurar algum alimento pela estrada, encontrando frutas verdes ou batatas nos campos. Passavam as noites dormindo ao relento ao lado das carroças, em um celeiro de feno ou em algum prédio abandonado. Anna Kientopf descreveu a visão e o odor terríveis de cadáveres, humanos e animais, cobertos de moscas e jogados ao longo das estradas nas áreas rurais, e como "a respiração da peste" vinha da floresta. Enormes mosquedos voavam pelos cadáveres e atacavam as pessoas, provocando feridas purulentas. O calor era terrível, e todos tinham muita sede. Bebiam a água suja dos poços de casas que haviam sido bombardeadas ou das fazendas abandonadas, e isso os fazia adoecer. O tifo e a disenteria se espalhavam pelas "colunas infinitas de desgraça", especialmente entre as crianças, e as pessoas começaram a morrer.

As coisas pioraram à medida que se aproximavam do rio Oder. Tinham de passar por uma linha de soldados poloneses que orientavam as pessoas e suas carroças para longe da coluna, na direção de uma fazenda, presumivelmente para serem roubadas. Moças jovens eram levadas aos gritos para os campos e qualquer um que tentasse detê-los era golpeado com a coronha dos rifles ou com chicotes de cavalgar. Um homem que tentou proteger sua filha foi morto a tiros pelos

A LONGA ESTRADA PARA CASA | 155

soldados poloneses. Havia russos por perto "olhando tudo aquilo cinicamente". "Em desespero, nós lhes imploramos ajuda. Eles encolheram os ombros e indicaram que os poloneses eram os senhores."

Anna e sua família passaram pela cidade devastada de Küstrin e, finalmente, no fim da tarde de 6 de julho, chegaram à ponte sobre o Oder. No dia seguinte atravessaram o rio. De um lado, tinham sido tosquiados pelos soldados poloneses; do outro, os soldados russos viravam suas bolsas e carroças de cabeça para baixo e se apropriavam dos poucos bens que eles ainda tinham. A viagem pela zona russa mostrou ser tão perigosa e dolorosa quanto a anterior, mas Anna conseguiu chegar a Berlim com os dois filhos, que, a essa altura, já estavam seriamente enfermos.

A expulsão dos alemães foi um desastre humanitário. Ninguém sabe quantas pessoas morreram; as estimativas vão de 200 mil a 2,3 milhões de pessoas. Mas a maior parte das mortes parece ter ocorrido entre o fim de 1944 e o fim da guerra, em áreas onde o Exército alemão estava em retirada diante das forças soviéticas e iugoslavas. Essas mortes, em grande parte, não eram sequer denunciadas. A maioria dos refugiados vindos da Tchecoslováquia, Hungria e Romênia entrou na Alemanha pela Bavária, mas, para os mais de 5 milhões de pessoas expulsas dos antigos territórios alemães a leste do Oder e da Polônia, Berlim era a primeira parada. Consequentemente, os Aliados só ficaram cientes da escala do problema dos refugiados alemães quando tomaram posse de seus setores de Berlim, no começo de julho de 1945.

A capital alemã não estava em condições de enfrentar esse novo desafio. Três meses depois de as tropas soviéticas terem lutado para abrir caminho até o Reichstag, a cidade encontrava-se em ruínas, paralisada e sem alimentos. As conexões com a área rural a sua volta, de onde Berlim tirava comida, mal tinha sido restabelecida, a maior parte da água estava sendo desperdiçada, havia apenas cerca de 20% do sistema de esgoto ainda intacto, não havia carvão disponível para uso doméstico e o gás e a eletricidade estavam rigorosamente racionados. Pouquíssimas pessoas tinham combustível suficiente para cozinhar. Os britânicos se depararam com uma epidemia de disenteria em seu setor, causada por "serviços sanitários desorganizados, falta de pessoal para aconselhar sobre as precauções necessárias e moscas que se reproduziam com as altas temperaturas".

Talvez em virtude da visão predominante de que esse problema não era responsabilidade do Exército britânico, eles vieram para Berlim praticamente despreparados para lidar com os refugiados alemães que chegavam na cidade na proporção de cerca de 17 mil por dia. Eles não tinham nem o efetivo nem os procedimentos no local e — surpreendentemente — suprimentos de DDT só chegaram um mês depois. Do ponto de vista administrativo, também, os britânicos se encontraram entre a cruz e a caldeirinha — impotentes para impedir que os russos deixassem os refugiados se amontoarem no setor britânico de Berlim, mas ansiosos para que esses recém-chegados não aumentassem a superlotação e a tensão nas cidades bombardeadas da Alemanha ocidental mudando-se para a zona britânica. Tentavam, portanto, mantê-los em Berlim, em campos provisórios improvisados e em qualquer alojamento que pudesse ser encontrado nas ruínas da cidade, e os alimentavam através de distribuição de sopa.

Os próprios campos eram dirigidos pelas organizações de ajuda humanitária alemãs que já estavam sobrecarregadas. As condições "não eram boas", como admitiram dois médicos britânicos. "Eram fornecidas enfermarias, mas essas eram em grande parte ocupadas pelos moribundos que os hospitais não aceitariam. Um sinal curioso era a maneira pouco emocionada com que uma mãe com talvez quatro filhos afirmava não saber nada sobre seu marido durante meses ou até anos. Muitos pareciam ter perdido todas os sentimentos humanos normais". Pés lacerados de pessoas subnutridas se mostravam especialmente difíceis de tratar. A preocupação principal, no entanto, era com as doenças que os refugiados traziam com eles. Nos campos superlotados, era comparativamente fácil conter a ameaça de tifo pulverizando as pessoas com pó de DDT (quando as provisões chegaram), mas uma epidemia de febre tifoide irrompeu e continuou se espalhando pelos três meses seguintes. Com setecentos a oitocentos casos ocorrendo a cada semana, métodos de abordagens múltiplas tiveram de ser adotados, como a imunização compulsória e a utilização do sistema de cartões de racionamento para facilitar a verificação

A LONGA ESTRADA PARA CASA | 157

daqueles que já tinham sido tratados. Apesar disso, entre julho de 1945 e janeiro de 1946, houve 12.740 casos de febre tifoide na zona britânica, dos quais 1.600 foram fatais.

As recomendações dos médicos militares e dos funcionários da ajuda humanitária de que uma solução política para o problema dos refugiados em Berlim teria de ser encontrada em grande parte não foram ouvidas. Os comandantes distritais no setor britânico, bem como os funcionários britânicos em outras funções, que trabalhavam com ajuda humanitária e na parte civil da ocupação, avisaram que a menos que uma solução política e uma solução prática fossem encontradas para a crescente crise de refugiados e para a expulsão das populações alemãs que a estava causando, os Aliados logo estariam presidindo uma crise humanitária de proporções desconhecidas na Europa Central.

Apesar do alarme na área de Berlim, os oficiais britânicos seniores na cidade e na zona britânica demoraram a agir. Foi só em virtude das reportagens da imprensa sobre Berlim que o Ministério das Relações Exteriores ordenou que fossem investigadas e confirmadas, e sua atenção foi finalmente voltada para os acontecimentos que se desdobravam sob seus narizes. O representante do Ministério das Relações Exteriores em Berlim expressou surpresa com o fato de "que esses relatos estavam aparecendo na imprensa britânica, já que essas condições certamente não eram visíveis a um observador comum em Berlim".

No outono de 1945, parte da imprensa britânica e organizações de ajuda humanitária começaram a organizar uma campanha. A situação na Alemanha estava insuportável, escreveu o *Picture Post* dia 8 de setembro. Ainda havia mais de 2 milhões de Pessoas Deslocadas no país, além disso 13 milhões de alemães desabrigados, muitos deles removidos dos Sudetos e do novo território polonês, vagavam pelo país em condição desesperadora. Havia perigo de sérias rebeliões no inverno, e os administradores no local acreditavam que de 5 milhões a 10 milhões de alemães morreriam. "A desgraça alemã neste inverno atingirá uma escala desconhecida na Europa desde a Idade Média."

Repetidamente, os críticos se irritavam com a confusão administrativa na Alemanha. Era até aceitável dizer que as Nações Unidas tinham declarado que os refugiados alemães não eram responsabilidade da Unrra, mas sim das autoridades alemãs. Mas se a infraestrutura da Alemanha tinha desmoronado totalmente, de onde viria a ajuda? "Se você desmantela o aparato político de uma nação, é inútil esperar, ao mesmo tempo, que ele desempenhe uma tarefa tão imensa", escreveu o *Picture Post*. Henry Buckley, da Reuters, viu "uma ausência total de qualquer organização alemã ou interaliada para lidar com esse problema. Uma vez que as autoridades provinciais existem, elas ordenam aos prefeitos das cidades pequenas e das aldeias que aceitem refugiados em um número que não ultrapasse a quantidade normal de habitantes do local. Mas se em uma cidade ou aldeia a comida se torna escassa, normalmente os refugiados são mandados embora". Os funcionários das organizações de ajuda humanitária com quem ele tinha falado só viam "uma solução: a de uma organização central. Um órgão assim, quando estabelecido, iria preparar, em colaboração estreita com os Aliados, algum tipo de plano para acomodar esses nômades, pelo menos provisoriamente, de acordo com os recursos alimentícios, as necessidades de mão de obra e fatores semelhantes que predominassem nas várias partes da Alemanha".

A campanha na imprensa reativou um debate público muito antigo sobre como lidar com os alemães derrotados. A famosa canção de Noel Coward, *Don't Let's Be Beastly to the Germans* [Não sejamos brutais com os alemães, em tradução livre]

> Let's be sweet to them
> And day by day repeat to them
> Sterilisation simply isn't done
> Let's sweetly sympathise again
> And help the scum to rise again
> But don't let's be beastly to the Hun.*

---

* Sejamos doces com eles
E dia após dia repetir-lhes que
A esterilização simplesmente não é coisa que se faça
Com doçura, vamos ter compaixão outra vez
E ajudar a escória a erguer-se outra vez
Mas não sejamos brutais com os bárbaros. [N.T.]

foi escrita na primavera de 1943, como uma sátira, disse Coward posteriormente, sobre um pequeno grupo de "humanitários exagerados" que, em sua opinião, estavam "tendo uma atitude um tanto tolerante para com nossos inimigos". Ele tinha em mente personalidades como o filósofo Bertrand Russell, o escritor J.B. Priestley e o editor Victor Gollancz, todos eles contrários à noção de uma culpa coletiva alemã, como proposto pelo influente ex-diplomata Sir Robert Vansittart.

No outono de 1945, suas vozes foram ouvidas outra vez, com Gollancz à frente. Filho de um joalheiro do norte de Londres, Gollancz combinava sagacidade comercial com fortes (ainda que inconsistentes) convicções morais. Por meio de seu Left Book Club [Clube de Livros de Esquerda], sua indústria e seu talento para publicidade, ele tinha construído uma posição singular como defensor de boas causas. Segundo seu biógrafo, Gollancz tinha uma paixão muito particular pelos oprimidos e "gostava do mero drama e da animação de ser visto defendendo uma causa impopular". Ele já tinha "se tornado um representante autossuficiente de valores morais no mundo pós-guerra" em virtude de seus ataques contra aquilo que chamava de a "nova moralidade". Provocado por um artigo no *Daily Express* que parecia olhar com enorme satisfação o sofrimento alemão, Gollancz argumentou em carta ao *News Chronicle* que só "um ato de arrependimento genuíno" poderia salvar a Europa da "destruição total" e do "mal [que] já tinha se aprofundado". Naquele momento, Gollancz e seus colegas no Conselho Nacional para a Paz decidiram organizar uma campanha para mobilizar a opinião pública britânica.

Eles se concentraram em um gesto simbólico — um corte voluntário (mas patrocinado oficialmente) nas rações britânicas para "salvar" a Europa —, mas também exigiram que o governo fizesse mais para acabar com as expulsões e permitir que os britânicos mandassem pacotes e se submetessem a reduções voluntárias em sua dieta. A reação pública foi incrível. Os dois apelos ajudaram a chamar atenção para a terrível situação da Europa em geral e dos refugiados alemães em particular. Chegava-se a um consenso: a presença de tantos refugiados famintos e infectos na zona soviética, que a qualquer momento poderiam se espalhar para o oeste, era uma preocupação imediata que exigia uma ação resoluta por razões de interesse nacional, e não por sentimentalismo para com os alemães.

Mas, se as histórias que vinham da Alemanha despertavam a consciência de uma corrente da opinião pública britânica, também despertavam temores em outra. Será que os alemães deveriam ser alimentados? Os dois lados do debate, os fazedores do bem e aqueles que queriam castigar os hunos, concordaram que deveriam — mas por razões muito diferentes. No dia 5 de outubro de 1945, o *Daily Mirror* publicou um editorial intitulado "Alimentar os brutos?":

O problema [...] deve ser confrontado e solucionado. Ao dizer isso, não sugerimos compaixão pelo povo alemão ou pelas vítimas daquelas evacuações em massa que causaram esse pesadelo de sofrimento, doença e morte; aqueles deploráveis caminhantes *belsens* que se movimentam pelas estradas da Alemanha oriental (...) Não é nenhum sentimento de compaixão que nos leva a enfatizar a necessidade de lidar com a situação. É a questão prática que faz com que a ação seja imperativa (...) Quanto mais tempo permitirmos que a Europa se afunde no pântano, mais tempo levará para que ela se erga — e por mais tempo a ocupação terá de continuar.

Na extremidade oposta do espectro, o *Sunday Chronicle*, jornal de direita e antialemão, reconheceu que "em benefício da Europa e de nós mesmos, pela segurança de nossas tropas ocupantes (...) devemos evitar que a Alemanha se transforme em um local de peste e um perigo para o mundo".

Fator de preocupação na cobertura da imprensa britânica era o medo de uma pandemia, se nada fosse feito. No Parlamento, um membro conservador declarou "não se importar nem um pouco com o que acontecesse com o povo alemão", mas expressou preocupação de que qualquer epidemia de doença poderia "começar no leste e espalhar-se como fogo para o oeste, para Berlim", e se aproximar cada vez mais, alcançando as tropas britânicas. O Canal da Mancha tinha detido a Luftwaffe, mas não poderia deter a doença; uma epidemia "não conhecia qualquer fronteira" e "não precisava de passaporte".

As contradições das atitudes britânicas à época estão preservadas em *A Defeated People* [Um povo derrotado], um filme que o diretor

Humphrey Jennings fez na zona britânica no outono de 1945. A câmera de Jennings registra com compaixão o sofrimento do povo alemão — colunas imundas de prisioneiros de guerra, civis vivendo no entulho, crianças maltrapilhas brincando na sujeira, avisos colocados por aqueles que desesperadamente procuravam parentes, vagões de carga fechados e superlotados parando na estação de Hamburgo. Mas seu comentário tinha um tom mais duro, culpando os alemães pelo próprio destino e mostrando satisfação pela queda da "raça superior". Em seguida, ele explica, sem muita satisfação, que "não podemos nos eximir do que aconteceu aos alemães". O governo militar — "isto é, seus maridos e filhos" — tem de "convencer os alemães a colocar a casa em ordem".

> Por quê? Temos um interesse puramente egoísta na Alemanha. Não podemos viver ao lado de um vizinho infestado de doenças (...) Doenças mentais, novos tipos de fascismo estão surgindo.

No outono de 1945, alguma organização para lidar com o fluxo de imigrantes já tinha sido improvisada. Na Conferência de Potsdam foi acordado que seriam tomadas as medidas necessárias para fazer com que o êxodo do Leste fosse mais organizado e mais humano; haveria uma pausa enquanto um número maior das PDs fosse enviado para seus países a partir da Alemanha; depois as expulsões recomeçariam sob condições controladas; isso foi em grande parte ignorado pelos poloneses. Enquanto isso, o Conselho de Controle Aliado elaborou planos para que a distribuição dos refugiados fosse mais uniforme entre as zonas de ocupação. O governo militar tentou fazer com que os recém-chegados se dispersassem para longe das cidades superlotadas, para áreas rurais, que já tinham absorvido um grande número de pessoas evacuadas das cidades bombardeadas durante a guerra. Uma organização central alemã para lidar com o problema não foi estabelecida — o governo militar aliado continuou no controle —, mas, no nível local, os funcionários alemães tinham a responsabilidade de organizar alojamento para os recém-chegados em casas particulares. A Cruz Vermelha alemã e grupos de ajuda humanitária protestantes e católicos organizaram distribuição de sopa, centros para primeiros socorros nas estações de trem e arranjavam espaço nos hospitais para os refugiados. Algum esforço foi feito também para encontrar pessoas desaparecidas. Embora cuidar de "expulsos" estivesse fora da competência da Unrra, um número cada vez maior de agências voluntárias, não alemãs, para a ajuda humanitária foi então enviado para trabalhar com ela. Foi um sinal de até como os alemães — ou pelo menos suas mulheres, crianças e idosos — tinham se transformado em "vítimas" de direito, que os impulsos religiosos tradicionais e humanitários das sociedades voluntárias vinham agora desempenhar um papel em seu benefício. Entre as caridades britânicas, apenas as escoteiras e os escoteiros se recusaram, dizendo que "não tinham vontade de trabalhar para ajudar [os alemães] quando nacionalidades inocentes que eles tinham tratado como lixo estavam precisando de assistência". As escoteiras acabaram cedendo; mas os escoteiros continuaram firmes em sua oposição.

Os alemães que tinham sido expulsos conseguiram chegar a pequenos povoados e cidades rurais, que logo também ficaram superlotados. Enquanto durou o calor do verão eles podiam dormir ao ar livre ou em abrigos improvisados, e no outono alguns dos prédios antes usados para abrigar as PDs ficaram disponíveis. Mas muitos dos refugiados ainda não estavam alojados de maneira adequada quando o inverno chegou, e as rações de comida caíram a um nível de quase subnutrição, com apenas 1.550kcal por dia. A atitude dos alemães nativos também começou a mudar. Tendo inicialmente sentido que deviam dar as boas-vindas para seus compatriotas — e tendo tido anteriormente trabalhadores escravos e pessoas evacuadas das cidades bombardeadas abrigados entre eles —, começaram a ficar cada vez mais conscientes de que os alemães expulsos eram culturalmente diferentes — muitos deles camponeses do Leste —, e era provável que eles não quisessem se mudar dali. Quando as autoridades começaram a apoiar as exigências dos refugiados por direitos iguais, eles começaram a não ser mais bem-vindos.

Os refugiados eram um problema para todas as potências ocupantes. Os russos tentavam fazer com que eles passassem rapidamente por sua zona e fossem para o oeste, mas ainda assim tiveram de absorver muitos milhares deles. Em determinado momento, diversos expulsos estavam morando em estábulos e choças na área rural de Mecklenburg e da Pomerânia, procurando trabalho. As autoridades também se preocupavam com a saúde mental. Acreditava-se que havia 28 mil refugiados "profundamente deprimidos" morando em Leipzig em julho de 1946, incapazes de se adaptar às novas circunstâncias, sonhando em voltar para a terra natal e bastante indiferentes à política de seu novo ambiente. A zona americana era a que melhor podia absorver o influxo, e as autoridades logo compreenderam que qualquer tentativa de mandar os refugiados seguirem caminho era pouco realista.

Mas foi na zona britânica que a chegada dos refugiados gerou os maiores problemas.

Os alemães tinham deliberadamente usado a fome como arma de guerra. O Plano da Fome que produziram na época da invasão da Rússia, em 1941, era terrivelmente explícito, estabelecendo que o Exército da Alemanha e a população doméstica manteriam níveis de dieta mais ou menos semelhantes aos dos tempos de paz, mas nenhuma tentativa seria feita para alimentar os prisioneiros de guerra ou os civis soviéticos. Embora essas políticas tivessem ficado mais moderadas depois, mesmo durante a guerra os alemães, sem dúvida alguma, tinham causado a morte de muitos milhões de pessoas pela fome, principalmente em Kiev e Leningrado.

Os britânicos, de sua parte, haviam mantido o bloqueio que também tinha causado muitas mortes por fome. A insensibilidade, ou "obsessão com o bloqueio", persistia nos círculos oficiais na primeira metade de 1945. O sentimento era de que havia chegado a vez de os alemães passarem fome — e até morrerem. Sir Frederick Leith-Ross achava "inevitável" que 10% deles morressem de fome; Sir James Grigg esperava uma baixa de 2 milhões de pessoas na primavera. "As condições vão ser extremamente difíceis na Alemanha neste inverno e haverá muito frio e fome", escreveu o general Lucius Clay em junho de 1945. Ele acreditava que "algum frio e fome" seriam necessários para "fazer com que o povo alemão compreendesse a consequência de uma guerra que eles causaram", mas insistia em que "esse tipo de sofrimento não devia se estender a ponto de provocar morte pela fome e doenças". O mandarim do Ministério das Relações Exteriores, Sir Orme Sargent, achava que a população alemã, fora das cidades principais que tinham sido duramente bombardeadas, tiveram seu estilo de vida "amortecido" pelas Pessoas Deslocadas. A implicação era que tinha chegado a hora de eles sofrerem *realmente*.

Um elemento óbvio nesses cálculos era o desaparecimento súbito da força de trabalho rural da Alemanha, as Pessoas Deslocadas. Com a volta dos trabalhadores agrícolas poloneses para sua terra natal, ou sua permanência em campos onde recebiam alimentos dos Aliados, quem ia fazer a colheita? Felizmente o inteligente e decidido chefe do governo militar, major-general Gerald Templer, logo percebeu que, para que a população da Alemanha conseguisse sobreviver ao inverno, seria necessário fazer alguma coisa para realizar a colheita, e as únicas pessoas que poderiam substituir as PDs que tinham partido ou que não queriam mais trabalhar na terra eram os prisioneiros de guerra alemães, agora definhando em jaulas por todo o país. A operação Barleycorn exigia que os comandantes alemães fornecessem uma cota diária de soldados transportados em caminhões britânicos para as fazendas nas áreas próximas às suas casas. Em setembro, os britânicos já tinham conseguido quase 800 mil prisioneiros de guerra libertados sob esse esquema e acreditavam ter solucionado o problema de falta de mão de obra na época da colheita. Mas, apesar de todos os esforços de Templer, a colheita em si foi um fracasso, cerca de 10% a 15% abaixo das expectativas.

No outono de 1945, os britânicos conseguiram pôr as mãos em 542 mil toneladas de trigo restantes das provisões da Shaef. Mas o que iria alimentar a zona britânica quando essas reservas se esgotassem? Logo previsões pessimistas voltavam a surgir. Na Alemanha, uma hierarquia de direitos a qualquer comida que houvesse tinha começado a se desenvolver. No alto da pirâmide estavam as potências ocupantes; qualquer um poderia morrer de fome na Alemanha no ano zero, menos o alto-comando militar, que, como foi observado, continuava a desfrutar de "refeições estupendas". Os generais americanos volta e meia comiam dois bifes em uma única refeição. Enquanto cavalos mantidos para a diversão dos oficiais britânicos recebiam quase 10kg de aveia por dia, um cavalo alemão que caísse nas ruas de Lübeck era abatido ali mesmo e comido. Os atores nos teatros de Berlim muitas vezes cochilavam durante a apresentação noturna, pois tinham passado os dias percorrendo a zona rural de bicicleta para trocar roupas por salsicha de fígado e outras raridades, e o médico do teatro se arriscou a ser preso por ter tentado encontrar injeções de vitamina para eles. Os atores também recebiam vacinas contra o tifo obrigatoriamente e à noite tremiam de febre.

As pessoas recorriam a todos os tipos de estratagema para sobreviver. Josef Rosensaft, líder do Comitê Central de judeus libertados em Bergen-Belsen, tinha o hábito de visitar o hospital do acampamento para animar os pacientes. Um dia, no outono de 1945, ele percebeu três homens fortes deitados sozinhos em um canto meio escondido de uma enfermaria. Intrigado com o tamanho deles, foi até lá e os cumprimentou em iídiche, mas só recebeu resmungos como resposta. Perguntou então aos médicos quem eram eles e soube que eram alemães com pais ou avós judeus que tinham se convertido ao judaísmo para conseguir rações das PDs e estavam se recuperando do ritual de circuncisão. O rabino em Belsen tinha prometido uma laranja para cada um. "Diga ao rabino", um deles disse a Rosensaft, "que ele não vai nos convencer a fazer isso outra vez".

Para o governo de Attlee, os civis alemães eram um problema irritante que dificultava as questões mais urgentes. A Grã-Bretanha estava quase falida, tendo esgotado suas reservas estrangeiras e contraído dívidas enormes ao financiar a guerra, para que depois os acordos do Lend-Lease fossem terminados ab-ruptamente pelo governo Truman uma semana após o fim da guerra no Extremo Oriente, em agosto de 1945. A partir daquele momento todas as compras feitas nos Estados Unidos teriam de ser pagas em dólares. Pegos de surpresa, os britânicos rapidamente enviaram Maynard Keynes a Washington para negociar um empréstimo que pudesse mantê-los por uns tempos. Mas as negociações foram inesperadamente difíceis e demoraram muito. Da metade de setembro à metade de dezembro de 1945, os membros mais importantes do gabinete britânico passavam a noite lendo os montes de telegramas enviados de Washington. Finalmente, em 6 de dezembro de 1945, depois de "um longo processo de recuo e capitulação" por parte dos britânicos, chegou-se a um acordo. Hugh Dalton, Ministro de Finanças, estava no banho quando o telegrama anunciando o fim das negociações chegou. Enquanto seu funcionário lia os detalhes em voz alta, "Dalton abanava os braços, virava de um lado para outro e batia na água com uma esponja grande, para expressar a mistura de suas emoções".

Keynes tivera esperança, a princípio, de que seria possível persuadir os Estados Unidos a fazerem uma doação de 1,5 milhão de libras esterlinas, ou, se isso não fosse possível, um empréstimo sem juros de uma quantia semelhante. Mas os americanos adotaram uma postura rigorosa, conscientes de que a opinião pública era contra qualquer tipo de empréstimo para a Grã-Bretanha. Embora oferecendo aos britânicos 3,75 milhões de dólares, mais 650 milhões concedidos como pagamento final do acordo Lend-Lease, eles insistiram em juros de 1,6% e impuseram condições difíceis. Os britânicos tinham de concordar oficialmente com a ideia americana para os ajustes econômicos no pós-guerra, endossando o acordo de Bretton Woods e, uma questão ainda mais polêmica, concordar em restaurar a convertibilidade entre a libra e o dólar dentro de um ano. Como muitos do lado britânico temiam, essa última concessão demonstrou ser uma bomba-relógio.

Contra esse pano de fundo, os britânicos de forma alguma dispunham de recursos para ocupar a Alemanha. Mas como o prestígio nacional exigia que o fizessem, eles tentaram, por todos os meios possíveis, cortar seus custos. (Como vimos, os temores sobre o custo da ocupação estava por trás de seu desejo de ver a Unrra desempenhar um papel maior.) Ainda assim, isso lhes custaria 80 milhões de libras por ano.

Ninguém no gabinete do Partido Trabalhista compartilhava a atitude indulgente de Victor Gollancz para com o antigo inimigo. Attlee, um oficial da infantaria na Primeira Guerra Mundial, tinha a visão antialemães tradicional da classe média alta britânica. Bevin uma vez dissera sobre os alemães: "Tentarei ser justo com eles, mas na verdade eu os odeio." Dalton tinha sido a favor de "tratar a Alemanha com mais firmeza do que em 1919", durante a guerra. Eles tinham pouco interesse naquilo que ocorresse na Alemanha depois da guerra. Attlee visitou a zona britânica apenas uma vez, Bevin fez umas poucas paradas rápidas no país e até o ministro júnior responsável pela administração britânica, o antigo ferroviário John Hynd, preferiu ficar em Londres a maior parte do tempo. Isso significava que, em termos práticos, os militares britânicos e não os políticos é que estavam no comando na Alemanha. Attlee tampouco podia ignorar a força da opinião pública britânica, especialmente como os sentimentos antialemães foram restaurados com o adiamento do "julgamento Belsen", que continuou durante todo o outono de 1945. Com isso, o gabinete publicamente rejeitou qualquer conversa no sentido de fazer com que os britânicos apertassem o cinto para que os alemães pudessem comer. "Não havia qualquer possibilidade de fazer com que John comesse menos para que Hans pudesse se alimentar", Sir Stafford Cripps disse a um cinejornal. Attlee bruscamente dissolveu uma delegação chefiada por Gollancz e pelo economista William Beveridge.

O que os fez mudar de ideia foi a pressão das pessoas no local, especialmente os militares. Os generais haviam descoberto umas poucas realidades por conta própria. Embora, na teoria, os britânicos tivessem conseguido o grande prêmio ao insistir que sua zona de ocupação seria a área industrial do Ruhr e do norte da Alemanha, a realidade em 1945 era bastante diferente — como uma piada contemporânea reconhecia: a divisão da Alemanha dera aos americanos a paisagem; aos franceses, o vinho; e aos britânicos, as ruínas. A área que os britânicos passaram a ocupar nunca tinha se sustentado. Historicamente, havia dependido, no que diz respeito à maior parte de sua comida, do polo de produção de grãos da Alemanha, que eram as ricas áreas agrícolas do leste da Prússia, agora divididas entre a Polônia e a União Soviética. Ela só poderia ser alimentada com comida importada do exterior — ou da própria Grã-Bretanha ou enviada, por mar, por um dos países fornecedores de grãos do mundo, pagos pelos britânicos.

Mas deixar a Alemanha morrer de fome poderia produzir outro Hitler — ou o inverso: o comunismo. Em novembro de 1945, o governador militar adjunto, Sir Brian Robertson, avisou sobre a gravidade da situação da comida no Ruhr:

O cartão de ração não está sendo respeitado. Em vez de 1.550kcal, os alemães estão recebendo quantidades menores, chegando a 1.200kcal. Em alguns casos, ainda podem suplementar a ração de seus estoques e de suas hortas, mas essa reserva está diminuindo rapidamente agora. As pessoas já estão emagrecendo a olhos vistos e ficando com o olhar amarelo, que é uma indicação clara de subnutrição pronunciada.

Era bastante infrutífero, ele acrescentou, fazer campanhas para a reativação da vida política, de sindicatos, movimentos de jovens, e assim por diante, enquanto a situação da comida estivesse tão ruim. "Os alemães simplesmente não irão se interessar por essas questões no momento." O governador militar, marechal de campo Montgomery, foi mais longe, prevenindo o gabinete de que qualquer suspensão de importações para a Alemanha seria catastrófica. Significaria "condições de fome a um ponto em que nenhum povo civilizado deveria infligir sobre seus inimigos derrotados". Ele solicitou mais 800 mil toneladas de trigo até 1º de março de 1946, para ajudar a Alemanha a atravessar o inverno.

Em Londres, o gabinete resistia, temeroso da saída de dólares e desconfiado de que as condições na zona britânica fossem realmente tão negras como se dizia. Mas descobriram que, longe de estar exagerando o caso, Montgomery tinha, na verdade, atenuado a versão daquilo que estava ocorrendo. "Consequências muito sérias se seguiriam", a menos que 1,5 milhão de toneladas de trigo (ou o equivalente em farinha) fosse embarcado para a Alemanha nos próximos oito meses.

Onde e como essa comida seria encontrada? No dia 3 de dezembro de 1945, Attlee e seus ministros lutavam com a questão. Já tinham planejado gastar dólares valiosos em cerca de 375 mil toneladas, mas não havia garantia de que chegariam à Alemanha, a não ser que fossem disponibilizados mais navios. E isso sem contar o milhão e tanto de toneladas extras que precisava ser encontrado; só poderia vir dos Estados Unidos. De alguma forma o ministro das Relações Exteriores tinha de persuadir os americanos a fornecer aquele trigo — mas não até que o empréstimo americano para a Grã-Bretanha tivesse sido sacramentado.

Os americanos realmente forneceram comida, mas não o suficiente. Para manter os alemães alimentados, os britânicos foram obrigados a tomar medidas desesperadoras. Em julho de 1946 o governo introduziu o racionamento de pão no Reino Unido, um passo que não tinha sido dado em nenhuma das duas guerras mundiais. Com estoques suficientes para menos de oito semanas, o governo não encontrou alternativa, foi o que John Strachey, o novo ministro dos Alimentos, disse à Câmara dos Comuns. Voltando a situação para a Alemanha, Strachey admitiu que a queda da ração para mil calorias diárias gerava um efeito prejudicial para a saúde da população, mas não fez nenhuma promessa de restaurá-la para o nível anterior.

Pelo contrário, ele simplesmente enfatizou os passos que seriam necessários para se manter as mil calorias — os Estados Unidos teriam de embarcar 120 mil toneladas de trigo para a zona britânica todos os meses, e Strachey não tinha certeza de que eles poderiam fazê-lo. Mas não havia mais nada que os britânicos pudessem fazer.

Fizemos tudo o que era possível para mantê-la. Fazer todo o possível contribuiu para a necessidade de racionar nosso próprio pão, e agora sentimos que é necessário dizer para nossos amigos americanos, com bastante antecedência, que não podemos fazer mais do que isso.

Ele não tratou da questão de a zona britânica, superlotada com refugiados e tendo o acesso negado a suas fontes prévias de comida na Alemanha oriental, ser uma entidade economicamente viável.

8

DÓLARES OU MORTE

EM SETEMBRO DE 1945, a ordem do dia já estava mudando na Alemanha ocupada. Agora, em nível político, já havia a percepção de que nem todas as Pessoas Deslocadas estariam retornando a seus países antes da chegada do inverno — e de que algumas delas não o fariam nunca. Algum tipo de sistema mais equipado de acampamentos teria de ser criado a partir dos centros improvisados em que as PDs estavam reunidas — acampamentos em que houvesse aquecimento, isolamento térmico, saneamento e roupas de inverno. Mas como o Relatório Harrison tinha deixado claro, essa era uma tarefa para a qual os militares não estavam preparados e que nem sequer estavam interessados em realizar. Portanto, *faute de mieux*, ela teria de ser realizada por aquela organização rejeitada com o nome desajeitado: a Administração de Ajuda Humanitária e Reabilitação das Nações Unidas.

Nos primeiros meses de 1945, justamente quando a guerra estava prestes a terminar, os britânicos tentaram fazer a Unrra funcionar, convocando um jovem gênio para pôr ordem na organização. Robert Jackson era um oficial júnior da Marinha australiana cuja sorte tinha sido transformada pela guerra: em quatro anos passou de jogador de tênis para almirante em Malta, em seguida ocupou o papel de dirigente maior da economia do Mediterrâneo oriental. Filho de um empresário de Melbourne, Jackson obtivera resultados excelentes no mundo acadêmico, mas fora forçado, pela morte prematura do pai, a entrar na Marinha, onde sua capacidade foi rapidamente reconhecida pelo comandante britânico do esquadrão naval australiano. Em 1938, ele chamou a atenção do Almirantado em Londres ao escrever um longo relatório argumentando que, ao contrário daquilo que então era normalmente aceito, a ilha de Malta *poderia* ser defendida em uma guerra futura. Quando foi decidido que isso seria testado em

1941, Jackson ficou responsável pela organização de provisões e pela supervisão do carregamento dos comboios na Inglaterra e na Alexandria. A "aura de realização heroica e incomparável experiência" que logo o envolveu levou à sua nomeação, em novembro de 1941, antes de completar trinta anos, a diretor do Centro de Provisões do Oriente Médio, uma organização criada para mobilizar a economia do Mediterrâneo oriental para as necessidades do esforço de guerra aliado. Aproveitando-se do vácuo de poder durante a guerra, Jackson, na verdade, passou a ser o tsar econômico de uma vasta região. Capaz de trabalhar intensamente por períodos longos, o jovem também mostrou ter as habilidades diplomáticas e administrativas necessárias para trabalhar próximo às autoridades militares e coordenar equipes de especialistas de nacionalidades e disciplinas diferentes.

No fim de 1944, os talentos de Jackson já eram amplamente reconhecidos; a questão era: qual a melhor maneira de utilizá-los? O ministro residente no Mediterrâneo, Harold Macmillan, queria "desligá-lo" do Cairo e torná-lo seu conselheiro econômico; em Londres, o Ministério da Fazenda estava "reservando-o para coisas grandes em alguns anos"; o gabinete de Guerra queria mantê-lo em "um emprego em que sua experiência e atuais contatos estão sendo usados" e o Ministério das Relações Exteriores "acreditava que a maneira mais vantajosa de usar Jackson era em um trabalho de 'campo' que poderia ser encontrado mais tarde — poderia, por exemplo, se encarregar das Pessoas Deslocadas para a Alemanha e satélites". Em vez disso, Jackson foi mandado para a Unrra.

A primeira tarefa de Jackson na Unrra foi uma "limpeza nos estábulos augianos" do escritório do Cairo, que há muito tempo estava paralisado pelas intensas rivalidades anglo-americanas; entre os primeiros a sair, estava o chefe da missão albanesa da Unrra que tinha confiscado um garanhão branco com o qual planejava entrar em Tirana. Em seguida, Jackson voltou sua atenção para as operações no norte da Europa. Lá percebeu que a Unrra estava "ainda completamente despreparada para levar a cabo a tarefa para a qual tinha sido criada. Nenhuma política para qualquer aspecto principal de seu trabalho fora elaborada", escreveu ele em um relatório confidencial para o governo britânico. A organização era caótica e a maioria dos funcionários se sentia desmoralizada. Para Jackson, a dúvida, então, era se valia a pena salvar a Unrra ou se ela deveria ser simplesmente fechada.

No final, foi decidido tentar salvá-la. Como a primeira das novas organizações internacionais, a Unrra tinha uma importância simbólica; e não havia tempo para criar uma nova organização de ajuda humanitária e fazer com que ela funcionasse bem antes de o inverno chegar. Mas para que a Unrra fosse salva, teria de ser reorganizada. A primeira prioridade, na opinião de Jackson, era limpar "a confusão na Europa (com a esperança de que a sede em Washington pudesse se aguentar de pé por um pouco mais de tempo) e depois dar atenção ao Extremo Oriente". No começo de maio de 1945, Jackson voou para Nova York e, em um jantar com Herbert Lehman e sua esposa, Edith, no hotel Mayflower, propôs sua solução: ele assumiria o escritório de Londres como representante pessoal de Lehman e o transformaria no centro da operação europeia. A princípio, Lehman hesitou. A intenção tinha sido usar Jackson para fortalecer a administração central da Unrra em Washington, não em Londres; além disso, isso significaria que Lehman teria de delegar sua autoridade a um homem jovem, com a metade de sua idade e que ele mal conhecia. Mas ele e Jackson se deram bem e, em um gesto ousado, Lehman concordou com o esquema.

O impacto de Jackson foi imediato. Seu "efeito na Unrra" foi "elétrico", relatou, de Washington, lorde Halifax no dia 5 de maio de 1945; ele tinha "despertado a Unrra de uma maneira surpreendente" em um período muito curto. Jackson identificou nove posições-chave que teriam de ser ocupadas — inclusive um sucessor de longo prazo para si próprio no escritório de Londres e homens com um talento administrativo comprovado para dirigir o trabalho com Pessoas Deslocadas na Europa. Despediu vários membros do escritório da Unrra em Londres, reuniu todos os departamentos em um único local e usou seus contatos no governo para pressionar oficialmente o gabinete de Guerra para que este disponibilizasse administradores excepcionais para trabalharem na Unrra.

Mas tudo isso levou meses. Nesse meio-tempo, o trabalho de Jackson nos níveis mais altos não teve nenhum impacto imediato no campo.

Durante todo o verão de 1945, a Unrra lutou para cumprir seus compromissos, tentando honrar a tola promessa feita aos militares de que poria em atuação 450 equipes de ajuda humanitária para lidar com as Pessoas Deslocadas. Sua tarefa foi prejudicada pelo fracasso do escritório de Londres, depois de o acordo com os militares ter sido alcançado em novembro de 1944, em que se estabeleceu uma organização eficaz no campo na França e na Alemanha; mas em virtude da má qualidade de muitos dos funcionários contratados anteriormente, e dos próprios militares, o resultado, opinou um dos funcionários da ajuda humanitária da Unrra, foi uma "ausência total de planejamento administrativo combinada com uma correria incessante".

Sem infraestrutura logística própria, a Unrra dependia dos militares para o transporte, a alimentação e provisões e muitas vezes se encontrava na situação "de um enteado rejeitado". "O problema é que, embora da boca para fora as autoridades militares elogiem os objetivos nobres e o trabalho da Unrra, elas não estão realmente preparadas, exceto em circunstâncias excepcionais, para cooperar mais do que aquilo que, a seu ver, é absolutamente necessário", observou uma jornalista. A equipe da Unrra que Lorna Hay, do *Picture Post*, acompanhou na viagem à Alemanha em agosto de 1945 "foi percebendo, gradativa mas insidiosamente, que ninguém a queria lá, que ninguém a esperava de verdade, e que o fato de ela ter vindo e de ter de receber alojamento era um grande incômodo". Assim, não foi nenhuma surpresa que, ao começar a trabalhar no campo a equipe da Unrra "às vezes se sentisse desencorajada: complexos de inferioridade começaram a surgir, diferenças nacionais que simplesmente não existiam quando o grupo estava cheio de esperança e energia começaram a pipocar, e muitas foram as ameaças de pedidos de demissão por parte dos funcionários".

Havia alguns oficiais de ligação participando dos comandos militares, mas, na prática, podiam realizar muito pouco. O homem da Unrra na Shaef, um canadense inútil que em determinado momento tinha sido major no escritório do departamento jurídico das forças militares, nunca alcançara qualquer posição importante na hierarquia militar, nem sequer tinha escritório ou telefone próprios; portanto, não foi nenhuma surpresa descobrir que ele não sabia onde estavam as equipes da Unrra e também não era consultado ou sequer informado quando funcionários da organização eram substituídos. Um círculo vicioso logo se formou. As unidades da Unrra no campo tinham um péssimo desempenho, em grande parte em virtude da falta de apoio dos militares; no entanto, era a Unrra que era acusada, e, consequentemente, sua reputação com os militares caiu e o ânimo de seus funcionários piorou ainda mais.

Em fevereiro de 1945, a Unrra tinha estabelecido em Granville e Jullouville, duas cidades litorâneas na Normandia, uma base continental onde poderia reunir, treinar e enviar para o campo as 450 equipes para trabalhar com Pessoas Deslocadas solicitadas pelos militares. A ideia era que recrutas vindos da Grã-Bretanha, dos Estados Unidos e do continente europeu fossem reunidos lá e depois enviados para a Alemanha.

Os voluntários americanos já tinham passado por um curso de oito semanas no College Park, em Maryland, que alguns acharam esclarecedor e informativo, mas outros consideraram muito teórico e impreciso — "palestras sobre Pessoas Deslocadas dadas por gente que nunca viu nenhuma dessas pessoas". Os britânicos (e a maior parte dos europeus) haviam feito um curso semelhante em Reading, em que William Arnold-Forster fez o melhor que pôde para instilar neles o espírito de cooperação internacional; aqui também alguns foram estimulados, mas outros falaram de "conversa fiada idealista".

A composição dos europeus continentais (que representavam a maior parte das pessoas aceitas em 1945) continua a ser um tanto obscura — os americanos, como vimos, eram muitas vezes profissionais do New Deal e os britânicos, em sua maioria, oficiais do Exército ou veteranos na área de ajuda humanitária. A história da Unrra afirma que alguns países europeus usavam empregos com a organização para "melhorar as condições de alguns de seus cidadãos", os franceses, para recompensar aqueles com experiência na Resistência. No caso francês, ela acrescenta, "a organização sentiu-se insultada pelo emprego de uma grande proporção de indivíduos inadequados". Os instrutores da Unrra acharam que os franceses eram "uma mistura estranha", inclusive "pessoas de destaque que consideravam a Unrra uma missão", um grupo de cinquenta jovens médicos mobilizados pelo governo que "ficavam amuados com o trabalho a ser feito", moças inexperientes em seus vinte anos e mulheres com mais ou menos cinquenta sem qualificações claras. O texto achou, no entanto, que os belgas, os holandeses, os dinamarqueses e os noruegueses eram "bastante bons".

Fosse qual fosse a nacionalidade, o idealismo dos recrutas foi logo posto à prova. O centro na França tinha sido estabelecido em um momento no qual era "literalmente impossível conseguir mão de obra qualificada em qualquer categoria, e, como resultado, oitenta pessoas com poucas qualificações" foram então enviadas para trabalhar nele. Dois oficiais britânicos aposentados chefiavam aquilo que todos, independentemente da nacionalidade, concordavam ser "o empreendimento dirigido da forma mais ineficiente que eles já tinham visto em qualquer lugar e em qualquer época", "com confusões e ineficiência de cima a baixo". Em Granville, um hotel grandioso, mas agora decadente, servia de sede para a Unrra; e oito quilômetros para o sul, em Jullouville, umas casernas portáteis de madeira "tristes e um tanto sujas", ocupadas anteriormente pelo Exército dos Estados Unidos e depois usadas pelos franceses, abrigavam o centro de treinamento. As americanas não conseguiam se acostumar com a ausência de assentos nas privadas.

A comida, no entanto, era boa. Mas isso já causava problemas por si só. Em determinado momento as cozinhas tiveram de ser fechadas para evitar que os cozinheiros franceses roubassem provisões. Além disso, a disponibilidade de comida também minava os modos à mesa dos funcionários da Europa continental da Unrra. "Nas enormes mesas de refeitórios", recordou um americano posteriormente, "os europeus eram como pessoas famintas, avançando no pão branco do Exército americano, nas geleias e na manteiga que não provavam há cinco anos, mastigando como se fossem lobos, monopolizando travessas e se recusando a passá-las adiante com a desculpa de que não entendiam a língua de quem pedia — uma fome nacional maciça que tinha de ser acalmada antes que qualquer conceito elevado como humanitarismo internacional pudesse ser nutrido". "Se a tocha que eu carregava balançou um pouco nos primeiros dias", ela acrescentou, "foi apenas de espanto".

As provisões tinham de ser transportadas por uma distância de uns 130km, dos depósitos militares nos portos de Cherburgo e Carentan; as chances, como ninguém tinha pensado em impor disciplina ou segurança, aumentavam para o mercado negro local. "Em um país sem nenhuma poupança e devastado pela guerra, como a França estava em 1945, provisões desprotegidas e a falta de controle de segurança em qualquer área eram um campo fértil para contrabandistas, o que era aceito com grande alegria." Quando um grupo de estudantes americanos assumiu a direção do transporte, descobriu, em sua primeira viagem para coletar rações, "que gangues estavam esperando no caminho para receber as mercadorias; caixotes eram jogados de um caminhão para serem coletados pelo seguinte; os caminhões eram abandonados pelos motoristas". Em uma ocasião, uns duzentos caminhões foram enviados da Inglaterra para Le Havre, e mais de cem motoristas franceses foram buscá-los. Menos da metade chegou a Granville.

Os caminhões eram fornecidos pelos britânicos como parte de sua contribuição para a Unrra, e já tinham passado por muitos anos de serviço no Deserto Ocidental e em outros campos de batalha. Eram estacionados nos campos em Granville, e os franceses locais estavam livres para canibalizá-los à vontade. Na metade do verão de 1945, 1.100 veículos de todos os tipos já estavam "espalhados em dois campos imensos, sem o menor sinal de controle ou proteção". Não havia registros, menos de uma centena deles estava funcionando e um canadense que foi enviado para resolver a confusão descobriu que "não havia uma única chave de parafuso, ferramenta ou peças sobressalentes na base". Em julho e agosto de 1945, o Centro para Desenvolvimento Internacional (CID) do Exército americano enviou quatro investigadores a Granville para examinar as enormes operações de mercado negro levadas a cabo pelos próprios funcionários da base. Foi relatado que, à época, pelo menos 127 caminhões estavam desaparecidos, provavelmente mais, com enormes provisões de comida e vestuário.

Mas o verdadeiro problema era o atraso e a incompetência com que a administração da Unrra em Granville selecionava as equipes e as enviava para trabalhar na Alemanha. Durante seis semanas,

A LONGA ESTRADA PARA CASA | 177

quarenta equipes plenamente treinadas esperavam no Centro de Mobilização porque setenta toneladas de seu equipamento estavam esperando no cais na Grã-Bretanha, e o funcionário da Unrra na Shaef não conseguia liberá-las. Dessa forma "para muitos funcionários britânicos e americanos da Unrra os nomes Granville e Jullouville eram sinônimos de frustração", escreveu Francesca Wilson um ano depois. "Eles se lembram dessas cidades por seus dias vazios, sem nada a fazer a não ser olhar os avisos e ver se já tinham sido 'divididos em equipes', e pela inveja impotente que sentiam daqueles que já tinham sido chamados." Para encontrar alguma forma de ocupar as equipes da Unrra, voluntários já treinados na Grã-Bretanha e nos Estados Unidos foram forçados a passar pelo mesmo treinamento outra vez. Os recrutas "estavam perdidos, sem entender por que tinham de passar um tempo tão longo na base; queriam começar logo o trabalho e não viam nenhuma razão lógica para o atraso". Em junho de 1945, Herbert Lehman admitiu para o membro do Congresso americano Everett Dirksen que havia 1.500 funcionários em Granville que estavam "recebendo salário, recursos e rações sem fazer nada". Quando Dirksen perguntou por quê, ele respondeu: "Não estamos conseguindo a cooperação dos militares." Dirksen ficou espantado que uma organização pudesse "acampar 1.500 pessoas em uma cidadezinha na França e não saber disso *a priori*".

Quase dois meses se passaram até que May Bingham, uma impaciente jovem canadense, fosse designada; inúmeros outros eram tratados da mesma maneira. Granville não era um bom lugar para uma pessoa ficar sem fazer nada, pois tinha se tornado "uma fossa de contrabando, roubos e até imoralidade". Ao chegar lá, May ficou "impressionada com a óbvia superlotação, as filas para as refeições, a comida ruim, os alojamentos sujos e a água intragável". "Por que diabos você veio para cá?", um jovem funcionário britânico da Unrra perguntou a ela. "Você deveria ter evitado a base e ido diretamente para a Alemanha. Vai ficar aqui por várias semanas." Ele, por sua vez, estava contente de ficar. "É bom fazer uma natação, o clima é maravilhoso, a gente pode se divertir; são umas férias baratas, é claro, se você não para para refletir. Há pouca coisa que não se possa conseguir com um maço de Lucky Strike." May ficou horrorizada.

Com isso, não era nenhuma surpresa dizerem "que muitos dos que poderiam ser os melhores funcionários de campo da Unrra tinham se demitido antes mesmo de serem enviados para a Alemanha". Uma jornalista visitando Granville foi procurada por pessoas da Unrra que, enraivecidas, pediram-lhe que "expusesse" a situação e contaram histórias extraordinárias sobre os contrabandos que estavam ocorrendo com as provisões. Lorna Hay ficou "assustada ao ver como até pessoas com posições bastante altas na administração da Unrra vinham a mim, sabendo perfeitamente bem que eu era uma jornalista, e me contavam longas histórias de desonestidade e ineficiência".

Algumas pessoas, no entanto, desfrutaram seu interlúdio na Normandia. Francesca Wilson observou que "havia um excesso de soldados do Exército indiano e colonial".

> Sentados no saguão ou no bar do hotel Normandie, ouvíamos muitas histórias saudosistas sobre o regimento, a Fronteira do Noroeste e Poona, e nos perguntávamos como eles iriam se dar com os "nativos" russos e poloneses na Alemanha (...) Uns poucos, cujo ânimo tinha sido corroído pelas austeridades de Londres durante a guerra, depois de uma vida nos trópicos, achavam que era demais para eles aquele salto súbito para um país onde a pessoa podia comprar *calvados* (a potente bebida da Normandia) às sete horas da manhã na cafeteria local. Com o passar do tempo eles pegaram seus chapéus-coco — era a própria expressão de lástima — e desapareceram sem fazer barulho...

Outros pareciam ter entrado para a Unrra em busca de aventura. Um polonês que trabalhava com ajuda humanitária observou "senhoras solteironas que nunca tinham sido vistas como mulheres agora, com a fome sexual, tinham compromissos por semanas inteiras e estavam em um estado de tontura sexual, querendo compensar em um curto período os vinte ou trinta anos de desejos insatisfeitos".

O caos em Granville acabou sendo resolvido por Anne Laughlin, uma senhora durona de Topeka, Kansas, que assumiu o controle no dia 6 de agosto de 1945. Sua posição era difícil porque muitos ex-oficiais do Exército ressentiam ter de servir sob a liderança de uma mulher americana, mas ela mostrou ser "um líder leal e estimulante

[que] tinha o dom de atrair pessoas honestas que eram totalmente dedicadas a ela". E assim Anne conseguiu eliminar as bebedeiras e o mau comportamento e estabelecer disciplina e ordem. Segundo a história da Unrra, "sua coragem e maneira contundente de administrar (...) unidas a uma constituição de ferro contribuíram amplamente para os sucessos (...) que ela obteve".

A confusão em Granville era apenas um dos problemas que Robert Jackson teve de enfrentar de seu escritório em Londres. Para transformar a Unrra em uma organização de ajuda humanitária eficiente, ele precisava instalar um gerenciamento competente, criar uma organização de campo eficaz na Europa e obter a cooperação dos militares aliados, sem os quais nada era possível. Além disso, os serviços médicos eram um problema à parte.

O cuidado com a saúde deveria ser uma parte essencial do papel da Unrra. Seus manifestos tinham orgulhosamente prometido "um serviço de saúde internacional de emergência para Pessoas Deslocadas", que forneceria equipes médicas em todos os centros de acolhimento e cuidados médicos especializados nos níveis regionais. Todas as Pessoas Deslocadas seriam examinadas por um médico e receberiam um certificado de licença médica antes de serem repatriadas; alimentação apropriada e remédios estariam disponíveis para os jovens, os idosos, os enfermos e as mulheres grávidas; os assistentes sociais dariam conforto e diversão, enquanto unidades móveis de radiografia iriam monitorar os níveis de tuberculose a fim de alertar as autoridades de saúde nos países de origem das Pessoas Deslocadas. A doença venérea, esperava-se, seria tratada com penicilina, a ser fornecida pelos militares.

As coisas não ocorreram bem assim; em virtude dos problemas de recrutamento, a Unrra sofria particularmente com a falta de pessoal médico, e embora as equipes no campo em princípio devessem ser compostas de treze pessoas, incluindo um médico e uma enfermeira, na prática elas não passavam de "equipes provisórias" de sete pessoas, e sem pessoal médico treinado. Em junho de 1945, a Unrra tinha colocado apenas 205 equipes com esse molde no campo, em vez das 450 prometidas, cada uma com um médico e uma enfermeira.

O responsável pela área médica afirmava que a culpa disso era "a incapacidade dos governos-membros de fornecerem as provisões, o transporte marítimo e o efetivo necessários" e dos militares de resolverem os problemas de transporte e provisões. A falta de interesse dos governos em garantir a disponibilidade dos médicos obrigou a Unrra a lançar muito longe sua rede de recrutamento. A melhor esperança parecia ser países como a Irlanda, a Suécia e a Suíça.

A falta de estrutura administrativa significou que a organização em Londres não podia monitorar os movimentos de suas equipes; elas simplesmente desapareciam na Alemanha. "Não vi nenhum representante da equipe de enfermagem da Unrra", disse uma chefe de enfermagem dezoito dias após ter chegado à Alemanha e mandar muitos SOSs, tanto para Londres quanto para a sede local. As dificuldades da Unrra faziam com que os militares hesitassem em colaborar com a organização e ficassem mais interessados em continuar com suas antigas associações. "O Exército não vai resolver deixar a querida Cruz Vermelha na mão no prazo acordado", observou, no fim de agosto, uma funcionária da Cruz Vermelha em Belsen. "A Unrra ('Nunca se reabilita ninguém de verdade'*) está fracassando deploravelmente", ela acrescentou. "Altos salários e pessoas sem ideais" eram os culpados em sua opinião. Por outro lado, os políticos estavam pressionando a favor da Unrra, e os militares estavam preocupados com a possibilidade de haver mais epidemias — algo que eles não tinham nenhuma vontade de ter que cuidar. Se, como Jackson esperava, a Unrra (e não a Cruz Vermelha britânica) ficasse encarregada da crise de refugiados na Alemanha ocupada pelos britânicos, ele precisaria com urgência de um especialista em controle de epidemias. Foi nesse momento que Sir Raphael Cilento entrou em seu escritório.

Sir Raphael parecia ser exatamente aquilo de que ele precisava: um alto funcionário proeminente da Saúde Pública australiana, sagrado cavaleiro em 1935 por seu trabalho com higiene tropical, mas naquele momento desempregado. Nomeado para dirigir a campanha da Unrra contra a malária nos Bálcãs, trabalhando baseado no Egito, ele tinha começado na Austrália e descoberto, quando finalmente

---

* "You [*u*] never really rehabilitate *anyone*", com as letras iniciais formando a sigla da Unrra, era como chamavam a organização. (N.T.)

chegou ao Cairo, que o escritório da Unrra lá fora fechado por Robert Jackson. Portanto, após uma breve tentativa de conseguir um posto na equipe médica da Unrra na Grécia, Cilento arrajara um lugar em um avião para Londres e fora ver o novo líder da Unrra, o comandante Jackson. O posto de diretor médico na Alemanha foi-lhe oferecido imediatamente. Em seguida, Jackson conseguiu que o general Templer, chefe do governo militar britânico na Alemanha, ainda que com relutância, permitisse à Unrra assumir certas obrigações médicas no lugar do Exército, inclusive a direção do hospital em Belsen. Mas Templer deixou claro que a organização teria de se estabelecer na Alemanha dentro de quinze dias, senão a missão seria dada à Cruz Vermelha britânica.

Nos dez dias seguintes, Cilento ficou louco de frustração com o surgimento de um impasse burocrático. A Unrra em Londres não queria liberar as provisões e o transporte de que ele precisava até que as devidas ordens militares fossem recebidas, mas os militares insistiam que os formulários já tinham sido enviados. Por fim Cilento decidiu "esquecer os canais" e agir diretamente. Colocou seu pessoal em atividade, roubou dois carros que eram destinados à missão da Unrra na Áustria e uma enfermeira que iria para a Polônia. Tudo ia muito bem até o último momento:

> Quando eu estava parado no escritório que tinha "pedido emprestado" (e que já tinham me pedido para abandonar duas vezes), examinando os últimos detalhes, o telefone tocou e uma voz feminina perguntou em um tom estridente por que eu ainda não tinha preenchido o "novo formulário de transporte" que viera de Washington e fora "publicado nos regulamentos" naquele dia. Eu disse que não o tinha visto e que pretendia ignorá-lo. Um tal sacrilégio deixou minha interlocutora muda por um momento — mas só por um momento. Ela concluiu anunciando que estava "dando ordens para que nós fôssemos parados no caminho". Nós rimos e fomos embora.

Muito cedo na manhã seguinte, quando Cilento esperava para embarcar em um avião que aterrissaria em Tilbury, um mensageiro militar foi até ele e lhe entregou um telegrama. Sentindo-se subitamente enjoado, ele o abriu. Era um telegrama da Unrra, de Washington, oferecendo-lhe um emprego como chefe de gabinete na Etiópia.

Uma vez na Alemanha, a abordagem de bucaneiro de Cilento continuou. Quando o Exército demorou a lhe fornecer escritórios, ele ocupou uma pequena aldeia de Spenge, na Westfália, e montou sua sede em um *Schloss* (castelo). Depois dedicou-se a consolidar a posição da Unrra, usando a saúde e a assistência social como as colunas gêmeas de sua estratégia. Quando as zonas na Alemanha foram finalmente acordadas (e o governo militar passou a ser a Comissão de Controle para a Alemanha), no dia 15 de agosto de 1945, a Unrra estava em boa posição para desempenhar um papel importante no cenário pós-guerra. Infelizmente, Cilento e o general Templer antipatizaram um com o outro desde o primeiro encontro, mas o primeiro se deu bem com seu chefe, o marechal de campo Montgomery. No final de agosto, Montgomery fez com que Cilento fosse promovido a major-general e lhe ofereceu um emprego como chefe das operações da Unrra na zona britânica de ocupação. Sir Raphael hesitou um pouco — sua mira estava voltada para a recém-inaugurada Organização Mundial de Saúde — antes de aceitar.

A essa altura, a Unrra tinha mais de duzentas equipes de campo na Alemanha. Mas quando a organização finalmente começou a desempenhar um papel mais importante, seu futuro passou a ser incerto. O dinheiro e as Pessoas Deslocadas dominaram a terceira reunião do Conselho da Unrra, realizada em Londres entre 7 e 24 de agosto de 1945. Um respeitoso, mas defensivo, Herbert Lehman anunciou que a organização precisava de uma nova prestação de financiamento, e seu argumento foi dramatizado poucos dias depois quando a primeira bomba atômica foi lançada sobre Hiroshima, dando um fim súbito à Guerra no Pacífico. Isso significou que o programa de longo prazo de ajuda humanitária na China e no Extremo Oriente elaborado pela Unrra teria de entrar em ação muito mais cedo do que se esperava. Para enfrentar a nova situação o Departamento de Estado norte-americano propôs, e os britânicos aceitaram com relutância, que mais uma contribuição de 1% da renda nacional, produzindo cerca de 1,8 milhão de dólares, seria necessária. (Muitos dos países-membros da Unrra ainda não tinham feito o primeiro pagamento.)

Antes da reunião, no entanto, a União Soviética e seus aliados lançaram uma ofensiva com dois pontos principais. Na questão das Pessoas Deslocadas, os iugoslavos submeteram uma resolução que questionava a autoridade da Unrra tanto para "ajudar as Pessoas Deslocadas em áreas do antigo inimigo sem a concordância do país de origem dessas Pessoas Deslocadas" quanto para "ajudar Pessoas Deslocadas que não queriam ser repatriadas". Fazer isso, argumentou separadamente o ministro das Relações Exteriores soviético, era ir contra as resoluções anteriores da Unrra: "Como uma organização dos governos das Nações Unidas, a Unrra não deveria se colocar em oposição a esses governos." Ao mesmo tempo, na segunda iniciativa, os russos solicitaram à Unrra 700 milhões de dólares para pagamentos de ajuda humanitária em nome das Repúblicas da Ucrânia e da Bielorrússia.

Essas iniciativas assustaram os diplomatas americanos, pois ameaçavam as áreas de trabalho da Unrra que eram do agrado do Congresso e do público americano, e ao mesmo tempo expandiam ainda mais os compromissos financeiros do contribuinte. A proposta iugoslava, se aceita, "significaria que a Unrra não poderia ajudar os judeus alemães e poloneses que não quisessem voltar para seus países de origem". Igualmente, os russos poderiam bloquear a expansão do programa da organização na Itália (limitando-o a algo como 500 milhões de dólares), que era muito querido por grande parte dos americanos, mas justificadamente considerado fora da competência da Unrra. No Departamento de Estado ficou claro que de nenhuma maneira o Congresso entregaria 700 milhões de dólares na mão dos russos. Mas e se fosse uma quantia menor? O secretário de Estado, James Byrnes, achou que os russos já tinham recebido uma "ajuda grande" por parte dos Estados Unidos e rejeitou, considerando "ideológico" o argumento de que "tinham direito à ajuda humanitária em virtude da enormidade de seus sofrimentos e de sua contribuição para a vitória". Byrnes achou que era perfeitamente possível para os russos obterem empréstimos dos Estados Unidos, sem passar pela Unrra. Averell Harriman, o embaixador em Moscou, concordou. Cada vez mais desiludido com o trabalho ao lado dos soviéticos, Harriman argumentou que não havia nenhuma carência real de alimentos na União Soviética, uma vez que o Exército Vermelho estava explorando os territórios no Leste europeu por ele ocupados. Mas outros diplomatas americanos argumentavam que a necessidade de ajuda humanitária na Rússia era muita, e que a justificativa moral para receber essa ajuda era tão boa quanto a da China, da Tchecoslováquia, da Polônia e da Grécia (todos recebendo ajuda da Unrra), e muito melhor que a da Itália.

Essas questões agravaram as relações entre os Aliados do Oriente e do Ocidente. A discussão sobre Pessoas Deslocadas que não estavam dispostas a voltar para seus países de origem foi particularmente acrimoniosa. A União Soviética, apoiada por Iugoslávia, Polônia e Tchecoslováquia, estava intransigente, enquanto os Estados Unidos, a Grã-Bretanha e o Canadá argumentavam que a "Unrra não deveria ser usada como arma política para coagir os refugiados a voltar para suas terras contra sua vontade". No final, o hábil trabalho do diplomata canadense Lester Pearson encontrou uma solução conciliatória, ainda que desconfortável. A Resolução 71 permitiu que a Unrra desse ajuda aos refugiados sem o consentimento prévio de seus governos nacionais, mas, ao mesmo tempo, estabeleceu que todo o esforço possível fosse feito para estimular a repatriação. A situação seria revista em seis meses.

Mas foi o pedido de ajuda à Unrra feito pelos soviéticos que gerou um verdadeiro drama. O principal delegado americano e o secretário adjunto de Estado, Will Clayton, não podia se opôr a toda a ajuda da Unrra aos russos, particularmente porque os canadenses estavam a favor; isso teria sido arriscar o futuro da Unrra e sofrer uma derrota diplomática grave. Mas ele achou que os russos eram negociadores muito difíceis, ao insistirem na quantia total de 700 milhões de dólares até a última sessão. Em privado, eles deixavam claro que o contraste entre a atitude americana para com a Itália e a Áustria — dois antigos inimigos — e seu antigo aliado, a União Soviética, era intolerável e ameaçavam levar esse argumento ao Conselho da Unrra, expondo, assim, a desunião entre os Aliados. Segundo o Departamento de Estado, Clayton "convenceu-se de que, a menos que alguma troca fosse feita, a União Soviética iria destruir a organização, ao obrigar o Conselho a tomar uma decisão com relação a sua proposta e ao opor-se vigorosamente ao programa das PDs, essencial para que o congresso aprovasse a contribuição adicional à Unrra". E, assim, foi feita uma permuta. Os americanos conseguiram destinar para as repúblicas soviéticas 250 milhões de dólares dos fundos da Unrra — "inclusive a contribuição adicional de 1% — sem reduzir outros programas e dando à Itália e à China as quantias que nós tínhamos proposto".

Em outro jeitinho de grande potência, a União Soviética permitiu que a Unrra continuasse seu trabalho com PDs em troca de ações substanciais da organização em benefício da Polônia, da Iugoslávia, da Bielorrússia e da Ucrânia. Os americanos acharam que tinham feito um trabalho razoável nas circunstâncias encontradas. "Realmente protegemos todos os princípios da Unrra, a salvamos e, ao mesmo tempo, chegamos a um entendimento com a Rússia, eliminando sua pressão contínua por ajuda adicional e reduzindo sua solicitação de maneira significativa", escreveu Dean Acheson para Harriman. Mas essa experiência deixou um gosto amargo na boca de Will Clayton. Dali em diante, ele já não apoiava mais a Unrra.

Ao mesmo tempo, a Resolução 71, um acordo redigido de forma imprecisa sobre as operações com PDs obtido em Londres, não forneceu diretrizes claras sobre como a política deveria ser aplicada na Europa. Deixou muito espaço para interpretações individuais, e isso, por sua vez, iria ser motivo para um grau considerável de confronto durante todas as operações com PDs.

No sábado, dia 1º de setembro de 1945, o tenente general Sir Frederick Morgan recebeu uma carta do Departamento de Guerra oferecendo-lhe uma posição sênior na Administração da Ajuda Humanitária e Reabilitação das Nações Unidas. Na segunda-feira seguinte, ele se encontrou com Ernest Bevin, ministro das Relações Exteriores, que foi "breve e direto" ao dizer a Morgan que desejava que ele ficasse encarregado das operações com Pessoas Deslocadas da Unrra na Alemanha e na Europa Ocidental. O general aceitou imediatamente — a seu ver, parecia um trabalho que tinha de ser feito. "Mas poderia contar com o apoio do ministro?", perguntou. Bevin então lhe garantiu que não só ele próprio, mas todo o governo britânico, lhe daria apoio. O ministro das Relações Exteriores explicou suas preocupações. "Basicamente, é claro, ele estava vendo as coisas com base em preocupações de âmbito interno do Reino Unido", registrou Morgan em seu diário.

> Seu temor principal era a irrupção de uma epidemia entre as Pessoas Deslocadas na Europa, algo que poderia rapidamente atingir o Reino Unido, se espalhar entre a classe trabalhadora e assim interferir desastrosamente em nossa produção industrial. Despedimo-nos com certa cordialidade.

Nos dias seguintes, Morgan recebeu do chefe substituto do escritório de Londres da Unrra, comandante Robert Jackson, as instruções sobre seu emprego. O jovem australiano lhe pareceu "cansado e sobrecarregado a ponto de estar quase histérico", tendo "trabalhado à exaustão", mas, escreveu Morgan, "ele conseguiu milagres na Unrra". O recrutamento de Morgan foi o clímax de meses de trabalho (e de pressão por parte de Whitehall) de Jackson para trazer administradores militares experientes para a organização. Depois de vários desapontamentos, ele tinha conseguido contratar "o chefe de logística de Eisenhower" para dirigir o escritório de Londres. Agora Morgan era sua última aquisição.

"Freddie" Morgan certamente foi um prêmio para a Unrra. Conhecido como o "homem que planejou o Dia D", ele tinha elaborado o planejamento preliminar para a operação Overlord antes de Montgomery assumir (e revisar o plano em detalhes) e posteriormente trabalhado de uma maneira muito harmoniosa entre os funcionários de Eisenhower na Shaef, onde era respeitado por todos. "Ele achava que Eisenhower era um deus", Montgomery escreveu sobre Morgan. "Como eu tinha descartado muitos dos seus planos, ele me colocou na outra extremidade da escada celestial." Morgan "era um soldado alto e bem-humorado, com uma pele jovem e olhos azuis" que escondiam uma mente brilhante por trás de muito charme e um senso de humor brincalhão.

Morgan mergulhou em sua nova tarefa. Após vários dias de reuniões em Londres, voou para a Alemanha com Jackson e Gale a fim de avaliar a situação no campo, dando "apresentações conjuntas" para os funcionários da Unrra. A facilidade que ele tinha de se relacionar com seus antigos colegas americanos na Shaef ficou logo evidente — eles constantemente lhe ofereciam bebidas e bifes, e ele não tinha qualquer dificuldade em obter carros e aeroplanos dos militares para complementar a logística primitiva da Unrra. Entre os militares britânicos ele também circulava com facilidade. No entanto, não ficou muito impressionado com alguns dos funcionários da Unrra e percebeu que Cilento achava que "o Exército estava tentando ludibriar a Unrra". Era claro que tinha havido "sentimento considerável entre as autoridades britânicas e a organização. Alguns dos intercâmbios entre o general Templer e Sir Raphael Cilento foram bastante enérgicos".

Houve também duas reuniões breves com as próprias Pessoas Deslocadas. Morgan achou que as PDs do Báltico em um campo em Wiesbaden eram "encantadoras", mas, depois de duas horas lá, pôde "ver muito claramente o efeito doentio e desmoralizante que a ausência total de qualquer política positiva e coerente vinda de cima tinha no indivíduo e no grupo familiar". Em outros lugares, ele identificou o problema que se aproximava, de ter de reforçar, para o próximo inverno, as cabanas frágeis onde as PDs moravam.

De volta a Londres para os últimos quinze dias de setembro, Morgan teve de batalhar para esclarecer sua missão enquanto mobilizava a máquina pesada da Unrra para esse fim. Segundo Jackson, eram óbvios dois obstáculos imediatos: garantir mais financiamento do Congresso americano para a Unrra e chegar a um acordo com os militares aliados na Alemanha sobre o papel da organização; ele foi avisado das "dificuldades e perspectivas" em virtude do papel de Montgomery. E além disso? O governo britânico não ajudava muito, não tendo tempo para se envolver com o problema. Eles claramente "estavam assustados", "um vago temor de epidemias, de tumultos e de outras coisas mais", que associavam mais com Pessoas Deslocadas do que com os alemães expulsos.

Morgan tentou pôr em ordem a situação em benefício próprio. Havia ainda cerca de 1 milhão de PDs na Alemanha e na Áustria, mas ele acreditava que mais da metade dessas pessoas era comparativamente fácil de repatriar, e elas estavam sendo repatriadas com a rapidez que o transporte e a administração permitiam.

Quase tudo depende da solução do problema polonês. Se os poloneses concordarem em ir para casa, e existe muita probabilidade de que a vasta maioria deles irá concordar, a coisa fica relativamente simples.

Ainda permaneceria, é claro, um "núcleo difícil" de apátridas e daqueles que, por razões óbvias — políticas, criminosas, e assim por diante — não poderiam ser repatriados, algo estimado em cerca de 250 mil pessoas. Essas teriam de ser "reunidas" em locais convenientes para manutenção e administração, até que uma organização fosse criada para assumi-las no lugar da Unrra.

Morgan tinha bastante certeza de que toda a máquina da Unrra era "grande e desajeitada demais para a tarefa". Alguém, em algum lugar, tinha feito com que a coisa ficasse totalmente fora de proporção. Com confiança e ansiedade, ele aguardava o momento de ganhar "uma reputação tremenda" ao defender cortes enormes de pessoal, que fariam com que o governo britânico economizasse milhões de libras por ano. Durante sua estada em Londres, ele também tentou se preparar para a tarefa. Queria cuidar "do clima moral" dos campos de PDs, dando a elas alguma coisa útil para fazer:

> [O que] devemos tentar fazer é trazer à tona aquilo que é inerente em nossas PDs em vez de impor a elas qualquer coisa de fora (...) Há pouco que possamos fazer por elas materialmente, além das coisas básicas da existência. Portanto, devemos explorar o campo espiritual.

Para esse fim, ele teve uma série de reuniões com personalidades culturais, como o historiador de arte Sir Kenneth Clark e um representante do Conselho Britânico. Nada de concreto surgiu, mas no dia 29 de setembro, quando voou para a Alemanha para assumir seu posto, Morgan tinha um tom quase extático.

> Tenho a sensação de que agarrei alguma coisa fantástica pela cauda. Exatamente o que é ainda não tenho ideia, mas não ficaria nem um pouco surpreso se uma vez mais a iniciativa não dependesse de mim pessoalmente. Bem visível por todos os lados, há evidência em abundância de imensa boa vontade, de compreensão de uma crise iminente e do desejo

de um sinal de algum tipo. Pergunto-me se minha chegada não poderá ser esse sinal. Sinto que depende de mim tentar fazer com que assim seja.

No começo de novembro de 1945, Robert Jackson já sentia que tinha colocado o escritório londrino da Unrra, do qual suas operações europeias eram dirigidas, suficientemente de pé outra vez para ser capaz de entregá-lo ao general Sir Humfrey Gale. Por isso Jackson foi para Washington, ao encontro do emprego para o qual tinha sido contratado, de assistente de Herbert Lehman. Mas quinze dias depois enviou uma carta confidencial ao governo britânico avisando que a Unrra se defrontava com sua segunda crise importante: estava a ponto de ficar sem dinheiro, e seu escritório em Washington encontrava-se em estado caótico.

Sob a fórmula acordada em Atlantic City em novembro de 1943, a Unrra recebia 1% do produto interno bruto de seus membros contribuintes, o que significava, por exemplo, que os britânicos fizeram um pagamento inicial de 80 milhões de libras em janeiro de 1944 e outros 75 milhões em outubro de 1945. Mas os Estados Unidos eram o principal contribuinte, fornecendo 72% dos recursos, e embora o Congresso tivesse autorizado o primeiro pagamento de 1% — um total de 1,35 milhão de dólares — em março de 1944, e a primeira prestação de 800 milhões de dólares tivesse sido feita em junho de 1944, no outono de 1945 a Unrra ainda tinha de receber a segunda parte daquela *primeira* prestação, os 550 milhões que ainda faltavam. No entanto, no verão e no outono de 1945 os gastos da Unrra tinham aumentado rapidamente, à medida que começaram as operações na Itália, na Grécia, na Polônia e na Bielorrússia; e o inesperado e súbito fim da Guerra no Pacífico também dava início ao prometido programa de ajuda humanitária na China, comprometendo ainda mais suas finanças. A única maneira de manter a Unrra em operação era, portanto, obter autorização imediata para a *segunda* parte do dinheiro americano. E assim foi que, em novembro de 1945, o Congresso estava simultaneamente realizando dois grupos de audiências — uma sobre a *segunda* prestação da *primeira* contribuição americana de 1,350 milhões; e outra para a *primeira* prestação da *segunda* contribuição americana de 1,350 milhões. Com alguma sorte o primeiro pagamento estaria disponível para a organização no começo de dezembro, o que poderia ser tarde demais para a administração fazer o melhor uso dos recursos. Provisões extremamente necessárias já estavam tendo de ser adiadas. Isso era, na opinião de qualquer pessoa, má política e gerenciamento ineficaz.

Jackson não gostou de os funcionários de Lehman não terem monitorado a situação — "o estado realmente desesperador das finanças da Unrra não foi revelado tão cedo quanto deveria" — e não terem mobilizado a opinião pública americana; mas a culpa da situação era de fato do próprio governador. Pelo menos sete funcionários deveriam ser despedidos imediatamente, argumentou Jackson, mas, "cauteloso a respeito de seu próprio futuro político", Lehman não estava preparado para mexer com qualquer um deles. "Nos próximos quatro anos", Jackson concluiu, "temos de ganhar não só uma, mas duas batalhas políticas. Nossa intenção é atacar, no entanto, usando todos os argumentos e manobras políticas possíveis — temos pouco a perder e tudo a ganhar. Basicamente é uma questão de dólares ou a morte para muitas pessoas na Europa."

A oposição crescente em Capitol Hill foi aparente em um debate dia 31 de outubro. O Tio Sam estava pagando 72 centavos em cada dólar da Unrra, mil vezes aquilo que a União Soviética pagava, e ainda assim tinha apenas um voto no Conselho da organização. O representante Frederick C. Smith, um republicano de Ohio, comparou detalhadamente os salários pagos e os resultados obtidos depois de duas guerras e concluiu que a Unrra deveria ser abolida imediatamente. Ela não tinha sido criada para ser uma organização de ajuda humanitária, e sim para colocar a pedra fundamental para a criação de um órgão de governo internacional. Havia um número suficiente de pessoas capazes de gerenciar um verdadeiro programa de ajuda humanitária, disse ele, "que estariam contentes de assumir o posto e fazê-lo sem receber pagamento, como ocorrera na Primeira Guerra Mundial. E o homem certo poderia obter todos os voluntários de que precisasse para ajudá-lo nesse trabalho, como foi feito na outra guerra". A Unrra tinha sido impingida aos Estados Unidos e tornara-se era "um projeto desonesto de primeira categoria", diziam outros, "um poço sem fundo de desvio de provisões para a ajuda humanitária e a reabilitação em nome do sustento de exércitos ou grupos políticos na Europa". A organização foi acusada de desperdício, excesso de funcionários, corrupção e de ser o instrumento de governos comunistas na Europa Oriental.

Poucos oradores defenderam a organização, mas vários admitiram que agora já não havia alternativa.

> Não me sinto obrigado a defender a Unrra [disse Rollo C. McMillan, um republicano de Illinois]. Ela cometeu erros imperdoáveis. Não há, no entanto, nenhuma outra organização disponível no momento para levar a cabo a ajuda humanitária e a reabilitação para os meses frios que virão. Precisamos usar essa organização da melhor maneira possível para resgatar essas pessoas da miséria e da morte nesse inverno.

O republicano de Massachusetts Richard B. Wigglesworth também apoiou a contribuição, simplesmente porque era impossível substituir [a Unrra] por qualquer outra agência que pudesse contribuir para a situação naquele inverno. Era tarde demais para fazer uma mudança.

> A fome, a destituição, a enfermidade e as doenças irão gerar inquietação e o espectro do comunismo [avisou Daniel J. Flood, da Pensilvânia]. Pessoas famintas são um terreno fértil para as filosofias do anticristo e para aqueles que transformariam o Estado onipotente em um Deus.

O poderoso republicano Everett Dirksen admitiu que a chegada de Robert Jackson tinha feito alguma diferença. "Ele é um verdadeiro cavalheiro e um empresário muito bom (...) sob sua orientação e com seus esforços houve uma melhora notável nas técnicas administrativas da Unrra, mas ainda temos um longo caminho a percorrer."

Um dos poucos membros do Congresso a dar apoio inequívoco à organização foi Helen Gahagan Douglas, democrata liberal de Illinois. Tendo voltado recentemente de uma visita aos campos de PDs, ela acreditava que "havia outras razões, além do altruísmo, para assegurar o sucesso da Unrra".

> Ganhamos a guerra com grande custo, mas podemos desperdiçar a vitória se não garantirmos que um mundo ordenado irá emergir da

destruição. Se nós abandonarmos essas pessoas recém-liberadas antes que suas economias estejam funcionando outra vez, em certo sentido estaremos entregando-as para os líderes da violência e da revolução.

Muitos membros do Congresso mesmo assim não se convenceram de que a abordagem internacionalista era a correta. A má publicidade que a Unrra tinha recebido não contribuía para ajudar na questão. Críticos como Herbert Hoover voltaram a se expressar publicamente e os supostos amigos da Unrra se calaram.

Jackson e Lehman começaram a trabalhar no Capitol Hill — Lehman com os democratas, Jackson com os republicanos. Sua arma mais potente era o general Eisenhower, que tinha voltado recentemente da Europa. Agora um general de cinco estrelas, com o peito cheio de medalhas, Eisenhower testemunhou diante do Congresso, falando com carinho do trabalho da Unrra na Europa e, ainda mais importante, deixando bem claro que o Exército não tinha nenhum desejo de fazer o trabalho da organização — uma ideia que tinha sido defendida por Hoover. Além disso, o papa e a hierarquia católica nos Estados Unidos declararam seu apoio. Com relutância, em meados de dezembro de 1945, o Congresso aprovou as duas prestações de financiamento que eram necessárias para a sobrevivência da Unrra — com efeito, um adiamento de um ano. Foi perceptível, no entanto, que a organização recebia apenas um apoio simbólico por parte do governo Truman.

Enquanto isso, na Alemanha, a Unrra vinha formalizando sua parceria com os militares. Depois de longas negociações, nas quais as amizades que o general Morgan tinha construído durante muitos anos lhe foram muito úteis, as duas partes chegaram a um acordo. A Unrra iria assumir a direção dos campos de PDs, mas continuaria dependente dos militares no que diz respeito a lei e ordem, segurança e transporte. Até o último momento, o governador militar britânico, marechal de campo Montgomery, tinha sido contrário a essa decisão, considerando a Unrra "bastante incapaz" de realizar a tarefa. Mas quando Ernest Bevin lhe explicou em detalhe a situação — "a Grã-Bretanha não tem os dólares", disse ele a Monty — foi convencido a aceitar.

Em 27 de novembro de 1945, em uma breve cerimônia em sua sede (outro *Schloss* em outra aldeia pitoresca da Westfália), Montgomery assinou o acordo britânico. Morgan observou com prazer quanto seu antigo inimigo tinha envelhecido e como ele ficava ávido para abrir a garrafa de gim às onze da manhã. Segundo Cilento, Montgomery primeiro fez um discurso. "'Vocês sabem que esse negócio de refugiados está se tornando um disparate, e logo vai ser muito difícil, muito difícil mesmo. Estou preocupado particularmente com todo o sentimentalismo que parece estar invadindo — um elemento vindo do exterior, creio eu, creio eu', acrescentou, piscando o olho um pouco maliciosamente para Morgan."

> "Tente me compreender", continuou ele, "vocês pediram e conseguiram. Eu concordo que é realmente uma questão civil — mas não deve se prolongar, não deve se prolongar! Ao passar o trabalho para essa sua organização civil, quero dizer, muito definitivamente, que todos os refugiados devem estar fora da Alemanha até 1º de abril — e não há piada nenhuma com relação à data".

Acordos semelhantes regulamentando as relações da UNRRA com os militares nas zonas americana e francesa foram assinados no começo de 1946.

Mas mesmo à medida que o futuro financeiro da Unrra era garantido e suas relações com os militares, formalizadas, o diretor das operações de Pessoas Deslocadas começava a ter uma crise de fé. As dúvidas do general Morgan sugiram na sua primeira viagem à Alemanha, quando foi cumprimentado por seus muitos amigos que serviam na sede das Forças dos Estados Unidos, responsável então pelo prédio da IG Farben, em Frankfurt, antes ocupado pela Shaef. "Deus do céu, o que você acha que está fazendo ao se misturar com um maldito projeto como esse?" perguntou um deles. O americano disse a Morgan como, sob o New Deal, "um grande negócio de improdutividade conhecido como a Administração do Progresso de Obras" tinha sido criado, cuja função era "a contratação de cada vez mais indivíduos para um trabalho cada vez menos produtivo. Para pessoas que, durante anos, tinham estado envolvidas com atividades das quais a mais substancial poderia ser descrita como nebulosa, a Unrra era uma espécie de dólares caídos do céu".

A fé de Morgan foi ainda mais solapada com a simples dificuldade de conseguir que alguma coisa fosse feita na Unrra. Apesar de todos os esforços de Jackson para tornar o escritório de Londres mais eficiente, ele continuava enorme e ineficiente, com burocracias rivais competindo entre si para ver quem tinha o maior número de procedimentos burocráticos. "De alguma maneira, conseguimos fazer tudo errado", escreveu Morgan. "A máquina toda parece vasta e complicada demais para a tarefa que deve desempenhar." Ele achou que a cultura interna da organização era bastante estranha: discussões sem fim, pessoas tomando iniciativas por conta própria, ou sendo tema de manchetes nos jornais; ainda nenhuma disciplina, nem hierarquia, nem confidencialidade. "Nenhum dos funcionários menos graduados parece ter consideração pelos seniores", ele reclamou em seu diário, "e na ausência de qualquer tipo de código de disciplina a coisa mais simples e mais direta passa a ser absurdamente difícil em virtude da incapacidade de organização e de assumir o comando".

Morgan tentou impor os próprios métodos. "Esta manhã consegui restringir minha reunião para uma hora, marcada no relógio. Estou vendo que preciso fazer isso à força, até que consiga treinar os funcionários nos hábitos militares de brevidade", escreveu ele dia 4 de outubro de 1945; mas Morgan só teve um sucesso parcial. Duas semanas depois, "em vários momentos durante o dia, crises de vários tipos continuavam a surgir". O estoque de gasolina tinha acabado na zona francesa, e havia uma ameaça real de que todos os veículos da Unrra teriam de ficar parados. "Só podemos esperar que alguma coisa vá acontecer. Mas no momento não consigo sequer imaginar o que será." No começo de novembro ele ficou horrorizado quando descobriu que "praticamente não havia provisões a caminho, em virtude de algum argumento técnico absurdo". Poucos dias depois, "por alguma razão que nunca serei capaz de imaginar, hoje foi considerado feriado pela minha sede". (Era Dia dos Veteranos nos Estados Unidos.) "Para mim, é impensável que nós sequer sonhemos em parar por cinco minutos o trabalho que estamos fazendo e que simplesmente tem de ser terminado na metade do próximo verão. A atitude dessas pessoas com relação a horas de trabalho, férias e coisas assim reflete bem a atitude corrupta da maioria delas."

E havia os escândalos. O chefe da Unrra na zona americana lhe trouxe "uma história de desgraça simplesmente insólita. Nunca ouvi algo assim, mesmo nos piores dias do Exército britânico depois da última guerra — não só desonestidade a um grau inacreditável, mas também histórias dos tipos mais sórdidos de vícios, que pareciam estar descontrolados entre nossos funcionários".

E havia as mulheres. Morgan não era mulherengo, mas gostava das mulheres e gostava de tê-las como funcionárias. Elas normalmente gostavam dele — ele era alto, vistoso e encantador. Mas ele preferia mulheres de certo tipo; aquelas que se encaixavam nos moldes a que ele estava acostumado — esposas de oficiais do Exército britânico, funcionárias da Cruz Vermelha, e assim por diante. Por isso achou que Marjorie Bradford, uma enfermeira canadense que lidava com as agências voluntárias, era "uma moça muito capaz [que] tinha claramente o seu trabalho sob total controle"; e que a glamorosa Gitta Sereny era "uma moça extraordinária, originalmente húngara da classe alta e agora americana... o tipo de pessoa da qual a Unrra ou qualquer organização parecida deveria ser exclusivamente constituída"; e ele sempre encontrava tempo para ouvir as queixas de Hansi Pollak, uma judia tcheca/sul-africana de olhar ingênuo e coração bondoso que lutava para organizar a ajuda humanitária na Alemanha. Finalmente, Morgan ficou totalmente fascinado por duas jovens francesas muito bem-vestidas que dirigiam o campo de PDs bálticas em Junkers, perto de Kassel:

As duas tinham um porte perfeito. A senhorita Tabard podia ser glacialmente educada, no estilo de uma grande dama das mais sofisticadas, e podia ser uma funcionária que mastigava chicletes quando estava de serviço, falando um puro inglês dos soldados, ou pelo menos sem censuras, se a ocasião exigisse. Nenhum inspetor militar, com uma exceção infeliz no fim de sua estada, jamais deixou de sucumbir ao encanto e à técnica dessas moças ao lidar com os visitantes.

Por outro lado, as "rainhas da ajuda humanitária" — americanas dominadoras de carteirinha — o desinteressavam. E a Unrra estava cheia delas — americanas de meia-idade, com a voz alta e sotaques carregados, que tinham se formado em assistência social durante o New Deal, achavam que sabiam tudo e davam opinião sobre tudo. Portanto, embora Anne Laughlin, do Kansas, tivesse feito "um trabalho magnífico" e "quase se matado" para transformar o centro de treinamento da Unrra, Morgan negou hospedagem a ela em sua casa na Alemanha, temendo uma "enchente de volumosa americanidade" e "aquele discurso truncado de sempre sobre tudo em geral e a maioria das coisas em particular".

Mas a verdadeira *bête noire* era Mary Gibbons, que tinha trabalhado em assistência social pública em grande escala na cidade de Nova York e agora estava encarregada dos Serviços de Ajuda Humanitária no escritório londrino da Unrra. "Não há dúvida de que ela é uma mulher extremamente inteligente e sabe o que faz", ele escreveu. "Mas a meu ver é sempre patético ver uma mulher tentando, de alguma maneira, imitar o homem. Tentativas de emular o executivo dinâmico simplesmente não funcionam, e a mulher, em vez de parecer autoritária, como ela gostaria, fica apenas ridícula." Os diários de Morgan elaboram de maneira intermitente uma crítica de todo o programa de assistência social da Unrra, argumentando que a maioria das mulheres americanas que a dirigem desviava os recursos do trabalho mundano e útil para áreas de perfil mais elevado e emocionalmente satisfatórias.

Como resultado de todas essas frustrações, Morgan achava muito difícil ocultar seus sentimentos com relação à organização para a qual estava trabalhando. "Vocês, estagiários, devem ter ouvido algumas coisas horríveis sobre o que ocorre na Unrra", disse ele a um grupo recém-chegado de recrutas dia 28 de outubro. "A maioria delas é verdade."

A parte mais satisfatória do trabalho de Morgan eram as viagens aos campos. Entre todas suas outras preocupações, ele tentava visitar o máximo de campos de PDs possível, dirigindo pela autoestrada em um Packard grande enviado pelo Exército americano.

Quando se tratava dos vários grupos de PDs, as simpatias de Morgan eram óbvias. Como a maioria dos soldados e funcionários da ajuda humanitária britânicos na Alemanha, ele sentia uma forte — quase que racial — afinidade com os "bálticos", os lituanos, letões e estonianos. É claro que ele sabia de que lado eles tinham estado na guerra — mas não podia ir a um campo de PDs bálticas ou comer uma daquelas refeições estonianas "deliciosas" sem sentir uma simpatia instintiva por elas. Essas PDs eram cultas, bem-vestidas, muitas vezes de classe média; muitas falavam um inglês perfeito com suas famílias intactas. Os homens são vistosos, suas mulheres, louras e lindas; seus campos são lugares limpos e bem-organizados, operados pelos representantes eleitos pelos próprios internos, com cada centímetro de espaço bem-utilizado, até plantando flores e legumes; as crianças são ensinadas de forma adequada, as mulheres produzem lindos tecidos e, acima de tudo, seus coros cantam extremamente bem. Os campos bálticos, eram como disse Norman Rockwell no *Saturday Evening Post*, maravilhas cívicas. Os bálticos, escreveu Morgan, são "simplesmente pessoas encantadoras".

Mas ele desprezava os poloneses. A maior parte dos poloneses nos campos de PDs alemães, em 1945, eram camponeses e operários industriais que tinham sido levados na condição de trabalhadores escravos para a Alemanha e lá tinham sido degradados e brutalizados. Seus campos não eram conhecidos pela criatividade, democracia interna, sobriedade, castidade ou limpeza. "Fui a um campo, outro dia, cheio de poloneses", disse Morgan a um grupo de estagiários da Unrra em outubro de 1945, e "juro por Deus que o lugar tinha um cheiro que imagino ter um jardim zoológico depois de os animais terem morrido há quinze dias". "Vimos como o polonês é quase impotente", escreveu ele após ter visitado outro campo. "Essas pessoas estavam sentadas por ali e estavam assim por meses, sem fazer nada, e todas elas faziam reclamações triviais com relação à comida, que a meu ver era bastante e muito boa... Está claro, para mim, que a situação com relação a roupa, sapatos e cobertores já é séria, e se essas pessoas, de fato, não voltarem para a Polônia este inverno, a situação ficará crítica." Mas em dezembro de 1945 já se percebia que a maioria dos poloneses, cada vez mais preocupada com a maneira como as coisas estavam ocorrendo em seu país, não retornaria imediatamente e teria de ser alimentada, como todos os demais.

O grande mérito de Morgan foi que os campos de PDs foram mantidos durante todo o inverno. Depois de meses de esforço contínuo, ele foi capaz de relatar, no dia 2 de março de 1946, que "toda a questão das provisões foi solucionada para o resto do ano, e, portanto, para aquilo que parece ser o resto da Unrra. Pela primeira vez tenho a sensação de que alguma autoridade superior realmente compreendeu nosso problema e colocou o negócio de obtenção e fornecimento de provisões em uma base prática e sólida". Ele ficou particularmente satisfeito porque passou a ter sua própria reserva de provisões médicas, podia ele próprio encomendar as provisões básicas e tinha "um orçamento de 1 milhão de marcos para compras locais em Berlim".

A essa altura, no entanto, outros problemas estavam começando a acabrunhar o general.

Em 2 de janeiro de 1946, Morgan deu uma coletiva de imprensa no Park Hotel, em Frankfurt, com a intenção de aproveitar a oportunidade do início do ano para falar sobre as conquistas da Unrra na Alemanha e suas esperanças e temores para o futuro — e se sobrepor a má publicidade que a organização vinha recebendo nos últimos tempos. No fim de sua breve explanação, perguntaram-lhe sobre o grande número de refugiados judeus da Polônia que estavam começando a chegar a Berlim. É provável que nunca saibamos o que Morgan disse exatamente em resposta porque, segundo ele, "os repórteres pinçaram os pedaços mais sensacionalistas". Mas, de acordo com o *Evening Standard* londrino, ele realmente insistiu que sua impressão pessoal da situação de Berlim era que esses judeus estavam bem-vestidos, bem-alimentados e que tinham "os bolsos cheios de dinheiro". Ele disse que os representantes da Unrra tinham sido incapazes de encontrar um único exemplo concreto de um *pogrom* na Polônia, e então, segundo uma reportagem, acrescentou que "os judeus parecem ter organizado um plano que permite que eles se tornem uma força mundial — uma força numericamente fraca, mas que terá um poder gerador para obter o que desejarem". Havia, Morgan disse, evidência de uma organização por trás da migração judaica, e a ideia era ter um êxodo judeu fora da Europa. Ele acrescentou que os governos na Grã-Bretanha, nos Estados Unidos, na Austrália e em outros lugares deveriam tentar absorver essas pessoas.

Algumas das coisas eram verdadeiras; outras não. A questão de até que ponto havia um *pogrom* antijudeu ocorrendo na Polônia e a questão da rede clandestina de refugiados judeus serão examinadas em um capítulo posterior. Mas sua ingenuidade — sua incapacidade de compreender que qualquer sugestão de uma "conspiração" judaica era, no mínimo, infeliz — revelou sua inexperiência política. A declaração causou um clamor imediato no mundo judaico, especialmente nos Estados Unidos. "Pensei que Hitler estivesse morto", o *performer* Eddie Cantor declarou em um anúncio no *New York Times*. "Sua alegação é puro nazismo", disse o Congresso Judaico Mundial, "mesmo em suas palavras, que poderiam muito bem ter saído de um discurso de Hitler e sua gangue". "IDIOTA" foi a manchete do *Star* de Londres, "infantilidade no melhor dos casos" e "no pior deles um eco muito próximo dos delírios de Hitler", escreveu o *Manchester Guardian*.

Será que Morgan estaria apenas expressando o antissemitismo tradicional da classe de oficiais britânicos? Até certo ponto, sim. Mas, para ser justo, Morgan tinha se esforçado para entender o problema judaico quando foi nomeado para a Unrra. Em Londres, ele tinha procurado o conselho do "Rothschild dominante", Anthony, que ele achou, para seu desaponto, "confuso" e "muito enrolado com relação ao sionismo"; e na Alemanha escutou uma variedade maior de vozes judaicas e lutou para compreender a política. "Como vamos lidar com as reivindicações conflitantes dos judeus americanos e britânicos ainda não sei", escreveu ele após ter conhecido um eminente judeu britânico. "Parece que há ainda uma terceira gangue a ser considerada, a dos judeus palestinos ou o movimento sionista. Embora a maioria dos judeus pareça interessada nisso quando lhes é conveniente, pelo que entendi não há nenhum tipo de organização judaica mundial, e nisso o judaísmo difere do catolicismo romano, o outro grande bloco religioso com o qual sei que certamente terei todos os tipos de dificuldades."

Morgan gostou de vários dos judeus que conheceu. Achou que Edward Warburg era "bom, inteligente e admiravelmente tolerante" e descreveu Shalom Adler-Rudel, um austríaco que trabalhava para a Agência Judaica, como "um homenzinho interessante e extremamente inteligente... quanto mais o vejo, mais gosto dele". Adler-Rudel deu a Morgan "uma visão bastante nova sobre o problema judaico na Alemanha", falando do "espírito corporativo surpreendente que se desenvolveu nos campos das PDs judias, em virtude, primordialmente, de compartilharem o horror e a depressão combinados com o fato também surpreendente de que praticamente todos esses judeus são indivíduos, cada um sendo o sobrevivente de uma família ou grupo que foi massacrado. O resultado disso é que os comitês e campos judaicos sentem que eles representam os *in loco parentis* dos poucos filhos que sobreviveram". Ele explicou também que a premissa generalizada no Ocidente de que "os judeus na Rússia exercem influência no governo russo" estava errada.

Mas as simpatias de Morgan tinham limites. Um intercâmbio curioso de cartas em dezembro de 1945 foi provocado pela visita de um engenheiro sanitário ao campo para PDs judias em Landsberg, perto de Munique, onde ele achou que "as condições sanitárias" continuavam sem ser corrigidas porque, escreveu ele, "as PDs judias não estavam em condições de se lançar ao trabalho e fazer o que era necessário". O diretor de Habitação da Unrra, Joseph Berkman, ele próprio judeu, depois observou que às "PDS judias faltavam o estado de ânimo ou a disciplina necessários para fazer o trabalho e iniciar o autogoverno", em virtude de suas experiências com os alemães. "Os engenheiros não conseguem realizar nada para essas pessoas. Elas precisam é de psiquiatras." A essa altura, o general Morgan interveio. "A última coisa que nós queremos perto daqui são psiquiatras", escreveu ele. "Essas pessoas necessitam é ser tratadas como seres humanos normais e que lhes digam firmemente para ir em frente e trabalhar. Quanto mais rápido elas forem tratadas normalmente, mais rápido elas se tornarão normais." No entanto, Morgan depois acrescentou, revelando o que realmente pensava: "Muitas delas certamente sofreram, mas, a meu ver, seu sofrimento não pode ser comparado com os sofrimentos dos americanos e britânicos que estão retornando agora do cativeiro japonês. E pelo que sei, ninguém está fazendo todo esse estardalhaço sobre eles." Morgan cada vez mais sentia que estava sendo pressionado pelos líderes judeus e começou a reclamar sobre "a histeria judaica interminável. Eles têm uma justificativa excelente, mas na minha opinião estão fazendo o possível para estragá-la por protestarem demais".

Independentemente do progresso de Morgan em relação à compreensão das PDs judias, no entanto, este foi completamente revertido pelo furor que sua coletiva de imprensa provocou. A hierarquia da Unrra em Washington ficou furiosa de ele ter entornado o caldo justamente no momento em que o financiamento da organização ainda tinha de passar pelo Congresso. Robert Jackson — assediado por telefonemas de líderes sionistas exigindo que Morgan fosse despedido — ficou particularmente exasperado, pois, ao nomeá-lo, tinha dito a Morgan com todas as letras que nunca dissesse em público nada sobre os judeus. "Ele desobedeceu às ordens. Se tivesse feito isso no Exército, poderia ter sido submetido à corte marcial lá mesmo e fuzilado", escreveu Jackson tempos depois.

Morgan realmente foi despedido. Mas, ao se recusar a aceitar a ordem e explorar as divisões na própria hierarquia da Unrra e a fraqueza do governador Lehman, ele acabou conseguindo que a ordem fosse revogada. Mas isso levou um mês de resistência obstinada e de contra-ataque, além de uma visita a Washington — que não era uma questão simples no meio do inverno em 1946 —, antes de ser, finalmente, resgatado. O que em última instância o salvou foi a ideia, expressa até mesmo por organizações judaicas, de que teria sido inapropriado que sua demissão fosse considerada resultado de pressões judaicas.

Basta para o alto gerenciamento da Unrra na Alemanha. O que dizer então do que estava acontecendo na base?

9

"Vocês vão aprender rápido"

Em algum lugar no norte da Bavária, em uma noite nebulosa de julho de 1945, Kay Hulme se perdeu. Ela era um dos membros de uma equipe de treze pessoas, escolhidas entre cinco nacionalidades, que tinham viajado por doze dias a partir do centro de treinamento da Unrra em Granville, no litoral francês. Buscavam um campo que abrigava 2 mil refugiados poloneses e ficava perto de Bad Neustadt.

O diretor da equipe, que era francês, e um holandês saíram para pedir informações sobre o caminho. Voltaram logo depois. O campo ficava bem perto dali, mas como era localizado em um antigo centro de treinamento da SS chamado Wildflecken, ficava escondido por uma floresta de pinheiros e não era visível da estrada. E as informações que eles tinham recebido estavam erradas. Não havia 2 mil poloneses no campo. Havia 20 mil.

No dia seguinte, um major do Exército norte-americano passou-lhes as instruções. O campo de Wildflecken, disse ele, era na verdade maior que Plattsburg, em Nova York, ou Laramie, em Wyoming — maior, na verdade, que muitas cidades. Eram necessárias 9t de pão por dia para alimentar a população, embora a farinha fosse desviada para uma destilaria de vodca ilegal, que tinha acabado de mandar cinco poloneses que ficaram cegos para o hospital. E só no mês de setembro eram esperados 45 bebês. Suas palavras eram interrompidas por tiros de pistola a distância. Os poloneses, explicou ele, ainda estavam se livrando de seus *capos*, colegas que tinham colaborado com os alemães nos campos de concentração. "É preciso reconhecer o mérito desses poloneses", disse o major. "Eles nunca se esquecem."

Kay Hulme era uma americana na casa dos quarenta que tinha feito um pouco de tudo na vida — inclusive passado um período durante a guerra como fixadora de rebites em um estaleiro —, alimentando uma paixão pela França e o desejo de ajudar a recém-formada Organização das Nações Unidas. Mas naquela tarde ela estava encarregada de emitir passes para Pessoas Deslocadas, com a ajuda de uma condessa de Varsóvia, que tinha os "olhos azuis como uma flor de centaurea dos eslavos e o rosto fino e aristocrático da nobreza dos poloneses, mas com todo seu orgulho natural destruído pelas circunstâncias, de tal forma que suas emoções vinham à tona instantaneamente". A condessa falava um francês perfeito, típico da alta sociedade intelectual de Varsóvia, mas Kay logo percebeu que seu rosto fazia a maior parte da interpretação. No primeiro dia, elas viram um tenor famoso que teve os dentes arrancados pela Gestapo; uma jovem grávida de um militar americano que tinha voltado para os Estados Unidos na semana anterior; uma mãe que queria sair para trocar uma xícara de prata por fígado cru, a fim de manter vivo seu filho anêmico; "um pequeno escoteiro polonês, solene e altivo" que tinha conseguido encontrar sua mãe, seu irmão e sua irmã e agora pedia permissão para ir em busca do pai; uma sobrevivente dos campos de concentração, já idosa, cuja filha ia começar o trabalho de parto em Augsburg; e um professor de botânica, ligeiramente enlouquecido, que tinha perdido toda a família e queria apenas passear pelos bosques da Bavária em busca de flores raras.

O major tinha avisado que elas logo seriam assoladas por mais Pessoas Deslocadas. "Eles vão se jogar em cima de vocês com a maior rapidez. O Exército está com essa ideia maluca de que todos os poloneses na Alemanha vão caber aqui." Mas ele lhes disse, também, que não se preocupassem. "Vocês vão aprender rápido esse negócio de PDs. Pode deixar, gente, vocês vão aprender muito rápido!"

Poucos dias depois, uma lacônica mensagem de rádio informou à equipe da Unrra que mais 4 mil poloneses estavam a caminho daquele campo. Improvisando o transporte às pressas, eles dirigiram 60km até a estação mais próxima que ainda estava funcionando (a Força Aérea britânica tinha interditado o viaduto da ferrovia perto de Wildflecken). Lá, Kay viu por si mesma o que ocorria com seres humanos amontoados em vagões para gado, e o que cinco dias sem trocar fraldas fazia com as nádegas de um bebê. As mulheres que estavam amamentando com seus filhos eram separadas de seus maridos, e a angústia que isso provocava fez com que Kay se sentisse um monstro. "Eu era apenas mais um estrangeiro em uniforme mandando que as esposas e seus bebês fossem em direções diferentes."

Kay e suas colegas ficaram em pé a maior parte do tempo por dois dias, transportando os refugiados de volta para Wildflecken e cuidando de suas necessidades. Por duas vezes ela teve de requisitar ambulâncias dos militares, uma vez para uma polonesa que estava a ponto de ter o bebê e a segunda para um motorista francês que bateu com o caminhão. O envolvimento emocional de Kay com os poloneses era tão intenso que ela ficou surpresa quando um grupo de motoristas negros do Exército americano, que já tinham feito duas viagens naquele dia, insistiu em parar, deixando que centenas de poloneses passassem a noite no fim da linha férrea. Com passos firmes, Kay foi até onde eles estavam acampados, ao redor de uma fogueira, e confrontou o oficial em comando:

> Ele recusou terminantemente, disse que seus homens estavam "cansados" e precisavam de descanso. Eu apontei para as quatrocentas PDs acotoveladas em volta de suas bagagens na linha do trem (tínhamos, antes, levado o maior número possível de mulheres e crianças) e lhe perguntei como ele podia se recusar a fazer com que elas tivessem um abrigo naquela noite, com a chuva iminente etc. Ele se recusou com justificativas tortuosas que subitamente explodiram na minha cabeça, embora a explosão saísse na forma de palavras frias, que diziam mais ou menos o seguinte: "É a primeira vez na minha vida que tenho vergonha do Exército americano, e estou tão tremendamente envergonhada que poderia afundar neste chão em que estou pisando."

Olhando para os corpos adormecidos, Kay comentou que eram como uma pintura renascentista do Juízo Final, "como a *Descida ao Inferno*, de Tintoretto, na Capela Sistina* (...) massas em formas contorcidas à

---

* "A *Descida ao Inferno*, que é de Tintoretto, não está na Capela Sistina e sim na igreja de São Cassiano, em Veneza. O quadro de Michelangelo sobre o mesmo tema que está na Capela Sistina é o *Juízo Final*. (N.T.)

luz do fogo (...) exceto pelo fato de Cristo estar ausente". Imediatamente, Marie-Louise, a enfermeira belga com quem ela estava trabalhando, repreendeu-a. Ela não deveria nunca dizer aquilo outra vez. Cristo nunca estava ausente.

Quinze dias depois, o transporte de PDs de volta para a Polônia começou. Agora que o viaduto quebrado tinha sido consertado, uma pequena locomotiva que puxava quarenta vagões de gado parou bufando no fim da linha de Wildflecken, no vale que ficava abaixo do campo. Mil e quinhentas pessoas tinham sido encontradas, prontas e dispostas a voltar para sua terra natal de maneira apropriada.

> Os poloneses decoraram os vagões corajosamente com ramos verdes arrancados dos pinheiros em volta, dos pomares de maçã alemães e das ameixeiras. Essas plumas verdes nos quatro cantos dos vagões de gado e na única entrada no meio de cada vagão criavam um efeito estranho de festejo. Dava para imaginar que estava sendo organizado um enorme piquenique no trem. As bandeiras aumentavam ainda mais essa impressão — a forte bandeira com listras vermelha e branca da Polônia. Algumas pessoas tinham conseguido pedaços de giz e inscrito nas laterais dos vagões slogans ousados em polonês sobre sua raça imortal e os nomes e aldeias na Polônia para onde esperavam estar indo...

O ato final foi o embarque, no carro especial, de comida para quatro dias para 1.500 pessoas.

> É uma visão maravilhosa que atrai as multidões: grandes sacos de pão, carrinhos de mão com queijo, caixotes de carne enlatada e sempre o leite em pó para os bebês e as mães que estão amamentando. Os caminhões dão marcha a ré até encostar nas portas do trem enquanto as rações são descarregadas, mas o espaço é largo o suficiente para que olhos famintos contem e nomeiem cada item, e quando as latas de 5kg de geleia descem, ouve-se um estranho som de aprovação agitar a multidão de espectadores. É uma palavra que aprenderam com os americanos. É algo assim como "Mummelid, mummelid, MUMMELID!" *.

---

* Aproximação de *marmalade*: geleia de laranja, em inglês. (N.T.)

A locomotiva já se enganchou e começa a soltar vapor e mau cheiro, e agora em cada vagão os poloneses estão agrupados ao redor da porta aberta como um retrato de família — os mais jovens sentados com as pernas penduradas para fora, os idosos, nos bancos atrás deles e os homens e as mulheres jovens de pé, corajosos e elegantes em suas melhores roupas (que muitas vezes são claramente roupas roubadas de nossos armazéns!), e quando as rodas do trem começam a mover-se e os vagões vão passando, deslizando lentamente, todos eles começam a cantar o Hino Nacional polonês — e nós, do lado de fora, ficamos parados até que os quarenta vagões passem, cada um deles com uma explosão de vozes cantando, um esvoaçar de lenços de mulheres (...) vivas, saudações e sorrisos.

O Exército americano sempre considerou Wildflecken um lugar de chegadas e partidas. No verão de 1945, quando os militares estavam estudando os vários grupos nacionais, aquele campo específico tinha sido escolhido como um centro de PDs porque era amplo e perto de um fim de linha que a SS tinha construído para movimentar duzentos vagões ao mesmo tempo. O Exército queria que Wildflecken fosse um campo provisório, um ponto de descida rápida onde os poloneses poderiam ser despiolhados e alimentados antes de serem embarcados em vagões de carga fechados e enviados para seu país. Entre 12 e 31 de agosto, foram enviados 8.562 repatriados para a Polônia em cinco viagens e 7.340 PDs recebidas de outros campos em vagões fechados e caminhões. A tarefa da equipe da Unrra, como eles próprios a viam, não era servir a uma comunidade, mas manter os poloneses vivos e saudáveis enquanto os persuadiam a voltar.

O chefe de Kay, Georges Masset, era um empresário francês que tinha viajado mundo afora antes da guerra e passado os anos da guerra na Resistência. Não era exatamente "tão caloroso como um motorista de táxi parisiense, sem se envergonhar por nada que tinha feito", mas sim firme, experiente e decidido. Os relatórios da Unrra falam dele como "excepcionalmente qualificado", alguém que "sabe o que deve ser feito. Sua equipe trabalha em harmonia e total concordância".

A equipe de Masset na Unrra começou a desenvolver um tipo de sistema de representação, baseado na topografia do campo

— constituída de umas 65 guarnições de concreto, cada uma contendo uma média de duzentos habitantes. Os 65 homens escolhidos dessa forma passaram a ser uma espécie de órgão legislativo preliminar que se autodenominou Conselho do Comitê. Depois, no dia 26 de agosto de 1945, foram realizadas eleições gerais nas quais todos os habitantes do campo maiores de idade tiveram o direito de votar, produzindo um Conselho Municipal de 61 pessoas, que, em 1º de setembro, escolheu uma Comissão Municipal de sete homens e um presidente do campo, Zygmunt Rusinek, conhecido economista e antigo membro do Parlamento polonês.

A realidade por trás dessa fachada democrática, no entanto, ficou evidente em um banquete que o novo presidente deu para comemorar sua vitória esmagadora. "Os olhos da equipe convidada da Unrra se arregalaram quando viram que, ao mesmo tempo que a plataforma do novo partido era brindada com 'discursos entusiasmados que prometiam a supressão do mercado negro, de destilaria de *Schnapps*, de roubo de gado e saques de galinheiros', travessas com rosbife da melhor qualidade e com frangos delicadamente assados circulavam de uma ponta à outra da mesa de banquete de 10m por cima das garrafas de conhaque a 25cm de distância uma das outras."

Em seguida veio um período de negociações difíceis entre Masset e Rusinek, "um homenzinho delicado de rosto sensível e uma mente rápida no gatilho". O presidente queria que a Unrra fornecesse tudo para sua gente, enquanto Masset precisava de mil jovens para cortar lenha para o inverno que se aproximava e centenas de técnicos para cuidar da iluminação, da água e do sistema de esgoto do campo. Nas reuniões semanais ocorriam barganhas intensas: "[O presidente] prometia um esquadrão para se desfazer do lixo se nós organizássemos uma distribuição especial de roupas para o grupo do campo de concentração, que eram 350 de seus eleitores leais. E ele prometia os lenhadores se nós dobrássemos a ração de cigarros deles."

No entanto, antes que esse frágil relacionamento pudesse se desenvolver, houve uma interrupção brutal. No dia 12 de setembro, Wildflecken foi inspecionado por dois generais do Exército norte-americano. "Essa não foi uma inspeção de um centro de PDs sobre as condições de necessidades de 15 mil PDs", escreveu Kay. "Foi primordialmente uma inspeção sanitária como poderia ser esperada nos quartéis do Exército, onde qualquer pedacinho de lixo (cuidadosamente escondido por nossos poloneses nos cantos de seus porões, que eles nunca esperavam que um general fosse visitar) tinha como resultado punições e restrições futuras para cada um dos envolvidos. A condição física e moral de nossas PDs polonesas foi completamente ignorada."

Os generais ordenaram que guardas fossem colocados na frente de cada bloco para obrigar o uso adequado do saneamento; a prisão de qualquer PD que jogasse papel nas ruas, pendurasse roupa para secar entre as árvores ou escondesse lixo nos cantos dos porões; a detenção de qualquer polonês que não estivesse trabalhando; a supressão do comitê como uma organização funcionando em "linhas soviéticas"; a repatriação de 1.500 poloneses a cada quinze dias; e o exame imediato de todas as mulheres no campo para detectar doenças venéreas. Kay escreveu a minuta de uma carta emocionada para a sede local da Unrra. "Vemos todo nosso trabalho de 'ajudar os outros a se ajudarem' destruído, desmoralizado, até suprimido... se essas ordens forem implementadas", escreveu ela. "Nosso campo se transformará em um campo de concentração pior que quaisquer daqueles imaginados pelos alemães. Vemos o ideal da Unrra esmagado sob uma bota do Exército." Mas a "ocupação" militar continuou, e o programa do general Watson foi imposto. "Daqui a um mês haverá neve e temperaturas abaixo de zero, e não teremos reservas de comida", escreveu Kay em 17 de setembro. "Mas o campo estará limpo como um quartel. Estamos no meio de uma comédia militar, mas ela poderá se transformar em uma tragédia."

Então, quase dois meses depois, no dia 5 de novembro de 1945, tudo mudou. Sob a nova política, o Exército passou para a Unrra total responsabilidade pela administração interna dos campos de PDs. "Começamos, não onde tínhamos parado antes do interlúdio do controle do Exército, mas onde tínhamos começado, no início, porque muitos projetos foram suprimidos ou completamente destruídos. O talento do Exército para o trabalho de ajuda humanitária, nós concluímos, não podia ser classificado como de melhor categoria".

Outra vez encarregados do campo, os funcionários da Unrra puderam se concentrar nas coisas importantes. Em novembro começou a imunização em massa, e 1.500 poloneses foram vacinados contra tifo, febre tifoide e difteria — uma enfermeira belga e um médico levaram quatro horas para dar as 45 mil injeções necessárias. Quase 5 mil mulheres foram submetidas ao exame de doenças venéreas — com exatamente seis luvas de dedos que foram enviadas em resposta à requisição de 2 mil ao depósito militar de provisões. Enquanto isso, uma busca de proporções heroicas por produtos médicos também ocorria. "Nossas enfermeiras caçavam termômetros, comadres, balanças para bebês, bombas de seios e seringas, comprando quaisquer desses itens onde os encontrassem com qualquer coisa que os alemães aceitassem em troca, geralmente meias de seda, cigarros ou café." Uma das enfermeiras voltou de uma viagem a Würzburg em um caminhão de gasolina com 5 milhões de unidades de penicilina.

Kay logo se familiarizou com uma nova palavra horrível: "invernização". A preparação do campo para o inverno exigiu a aquisição e instalação de aquecedores em todos os quartos das guarnições, o corte e a estocagem de lenha suficiente para queimar durante os meses de inverno e a armazenagem de comida para que as PDs conseguissem chegar até a primavera. Foi avaliado que para dar a cada pessoa a quantidade de lenha oficialmente exigida, seria preciso cortar 32 mil m³ de madeira antes da metade de outubro. Na segunda semana do mês eles já tinham 152 caminhões operando diariamente, um terço deles dirigidos por PDs polonesas. Enquanto isso, enormes comboios de vestuário para o inverno tinham de ser descarregados.

No princípio, a comida do campo tinha vindo dos alemães. "Recebemos exatamente 53t de batatas, 47t de farinha, 8t de carne, 5t de feijão seco, 4t de gorduras e 1½t de açúcar e sal por semana", explicou Kay. Mas o abastecimento não era muito confiável, e isso fez com que Georges Masset, em um determinado momento, ameaçasse colocar o secretário do Escritório de Alimentos da Baviera na prisão se legumes frescos não fossem fornecidos; isso produziu 1.800kg de beterraba, 6 mil kg de cenouras e outros legumes frescos. Havia também "requisições noturnas" feitas periodicamente — "simplesmente entrar nas casas dos alemães e tirar aquilo de que precisávamos". Mas no fim do outono ficou cada vez mais difícil conseguir comida dos prefeitos das cidadezinhas, que a tomavam dos fazendeiros alemães, e "de fato precisávamos muito variar a terrível dieta de batatas que somos forçados a oferecer a esses pobres poloneses".

De repente enquanto Kay e seus colegas lutavam com essa questão, chegou um enorme comboio de caminhões trazendo pacotes de comida da Cruz Vermelha para prisioneiros de guerra americanos — cubos de açúcar, latas de queijo Cheddar, sardinhas, Nescafé, carne-seca, atum, presuntada, leite em pó, Crisco (gordura vegetal), uma barra de chocolate de 250g e sete maços de cigarros americanos. Cada PD, lhes disseram, receberia uma caixa por mês, contendo 14 mil kcal. No final, houve um abastecimento ilimitado dessas caixas. Foi a ideia brilhante do Exército americano para solucionar a crise de alimentos no inverno.

Kay ficou muito magoada: "Há naquela caixa todas as coisas pelas quais eu tinha ansiado nos estaleiros, todas as coisas que os americanos tiveram de 'deixar de ter' durante três anos ou mais." Seu diretor, Masset, no entanto, logo percebeu que os 10 mil pacotes de cigarros que estavam sendo dados às PDs de Wildflecken valiam cerca de 10 milhões de marcos alemães no mercado negro. A equipe da Unrra temeu o resultado disso. Mas não foi o potencial dos cigarros no mercado negro que teve um efeito imediato: foi a presuntada. Os poloneses em pouco tempo ouviram falar do que estava nas caixas, e todos os esforços para descarregar os dois vagões de pacotes secretamente foram infrutíferos. Os poloneses "tinham certeza de que os pacotes iriam ser distribuídos inteiros" — em vez de serem usados pouco a pouco, para complementar a comida extraída dos alemães —, a fim de que pudessem desfrutar de "uma única noite de comemoração magnífica".

Pakiety... *pakiety,* pacote... pacote. O campo inteiro ressoava com a repetição da palavra que ia ficando cada vez mais alta e insistente sempre que um carro da Unrra abria caminho pelos grupos em greve.

Haveria algo de cômico na manifestação se não pensássemos sobre os anos de privação que estavam por trás dela, os anos de ansiedade por um gosto das coisas boas da vida. *Pakiety,* eles clamavam, como crianças frustradas.

Kay achou que era impossível confiar em qualquer "adulto louco por presuntada" para descarregar os caixotes, por isso recrutou uns noventa escoteiros poloneses para fazer o trabalho — ela descobriu que a ligeireza com que desempenhavam a função tinha sido adquirida quando trabalharam para os alemães. Mas o uso dos escoteiros produziu uma greve em que as PDs se sentaram no chão, além de uma manifestação de 2 mil poloneses. Kay fez o possível para compreender aquela "súbita mania terrível", mas quando uma delegação especial acusou os escoteiros de roubarem ela perdeu a paciência:

> Fiquei furiosa como um gavião enraivecido e disse lentamente para que a intérprete pudesse acompanhar. "Se vocês virem escoteiros comendo chocolate no campo, é uma barra de chocolate que eu dei para eles no fim de um dia de um trabalho que todos vocês foram preguiçosos demais para fazer" (...) e acho que sacudi meu punho fechado perto de seus rostos, em um assomo de raiva.

A confusão foi administrada com mestria por Georges Masset, que pacientemente argumentou com os poloneses em um longo discurso, até que eles aceitaram o que estava sendo feito. Para Kay, no entanto, "a obediência imediata das PDs diante da raiva e das ameaças pareceu-me a pior descoberta que eu tinha feito sobre elas".

O tumulto a respeito dos pacotes da Cruz Vermelha terminaram quando a comida começou a ser distribuída como um complemento para a ração diária — as PDs recebiam uma lata de atum nos dias em que a carne fornecida pelos açougueiros alemães estava muito cheia de ossos.

Demolindo partes dos antigos quartéis alemães, a equipe da Unrra pôde criar oficinas básicas onde os poloneses poderiam ser empregados durante o inverno. E assim que as novas oficinas iam sendo criadas, o comitê, "que a essa altura tinha se transformado em um polvo como o Tammany Hall, com tentáculos que tocavam todos os aspectos da vida no campo", abastecia a Unrra com mais mão de obra. Em outubro de 1945, cerca de um quarto da população total já estava trabalhando muito para completar as preparações.

Com todos os quartos, em todas as guarnições, passando a ter um aquecedor bem quente, o risco de incêndio era tangível. Os motoristas da Unrra "encontraram" um carro de bombeiros alemão praticamente em bom estado e deram-no aos poloneses, que insistiram em pintá-lo na cor certa, obtendo tinta vermelha no mercado negro. Uma cerimônia para inaugurar o novo Corpo de Bombeiros do campo foi devidamente organizada e, no dia determinado, a banda do campo, a equipe da admnistração, o comitê e o coronel do Exército norte-americano encarregado ficaram parados diante da sede da Unrra.

A banda começou a tocar o Hino Nacional polonês à medida que o carro de bombeiros, ostentando um vermelho glorioso, fez a curva descendo a colina na direção de onde esperávamos. É possível que o motorista polonês tivesse imaginado que já estava a caminho de um incêndio. O fato é que ele acelerou na descida, não conseguiu virar à esquerda para entrar no estacionamento plano, coberto de pedras e bateu na parte inferior do cercado, derrubando três blocos de granito amarelo do tamanho de um tronco de árvore. Nosso lindo carro de bombeiros parecia uma lagosta vermelha atirada contra um muro de pedra. Todas suas partes estavam despedaçadas, mas o motorista e os bombeiros que aplaudiam escaparam sem um único arranhão. Nosso coronel, acostumado com o anticlímax polonês, prendeu sua bengala elegante debaixo do braço e saiu dali sem dar uma palavra, enquanto nós consolávamos nossos bombeiros consternados e sugeríamos arranjar outro carro. Enquanto isso, dissemos que podiam se organizar como batalhões, que logo seriam necessários.

No dia 11 de novembro de 1945, a primeira neve caiu em Wildflecken. Todos os membros da equipe da Unrra se esqueceram temporariamente das PDs e só falavam em ir esquiar nas montanhas do Rhön, "os Alpes dos pobres", segundo *Baedeker*. A reação dos poloneses foi converter os estrados de suas camas em trenós, serrando a parte superior dos enfeites redondos das cabeceiras de ferro e usando essas peças curvas como lâminas metálicas daquilo que Kay chamou "seus volantes inflexíveis feitos em casa".

Enquanto isso, as guarnições tinham sido transformadas. Kay descreveu em detalhe o clima que foi criado.

Tínhamos uns 2.800 quartos no campo em que os poloneses estavam se acomodando para o inverno no estilo eslavo. Eles pregavam as janelas para que ficassem fechadas até a primavera, enrolavam os bebês como pequenos índios americanos em metros e metros de cueiros de lã e balançavam os varais de roupa superlotados no interior dos quartos cheios de gente para produzir, como nossos especialistas médicos diziam tristemente, o vapor de incubadora apropriado para a rápida transmissão de doenças respiratórias.

Visitar uma guarnição era um negócio estranho e assustador. Quando estávamos parados em um dos saguões centrais mal-iluminados que percorriam todo o comprimento de uma guarnição, com a mão prestes a virar uma maçaneta suja, não tínhamos ideia do que aquela porta iria revelar. Um cartão na porta dava o número de metros quadrados e os nomes das almas que o quarto continha, mas isso não era qualquer tipo de preparação. A escala completa da condição humana poderia estar em um único quarto, ou apenas uma nota feliz ou desamparada dela. Poderia ser o quarto de homens solteiros, triste e simples, com quarenta camas de ferro com algum espaço entre elas ao longo das paredes, e um armário muito feio do Exército alemão, estreito e comprido, ao lado de cada cama. Ou poderia ser um quarto onde duas ou três famílias da mesma aldeia na Polônia tinham conseguido ficar juntas, para então criar com ícones, gravuras a óleo e colchas de renda um ambiente parecido com as casas que haviam deixado para trás.

Na maioria das vezes, seria um quarto em que o comitê de alojamento tinha jogado famílias heterogêneas segundo seu tamanho, com os veteranos seguros perto das janelas e os recém-chegados nos espaços mais escuros, perto das paredes sem janelas. Esses eram os quartos que sempre deixavam nosso coração apertado, pois eles eram divididos em cubículos para cada família com os armários estreitos e pilhas de bagagem para formar uma parede divisória, e os cobertores do Exército pendurados em cordas para separar o resto de espaço que era autorizado para cada família.

Olhávamos para esses labirintos cáqui, os últimos baluartes de privacidade aos quais as PDs se agarravam, preferindo tremer de frio com um cobertor a menos em seus sacos cheios de palha a ter de se vestir, se pentear, amamentar o bebê ou até fazer outro bebê com dez ou vinte pares de olhos de estranhos observando todos seus movimentos. Sabíamos então que, independentemente do que tivesse acontecido com essas pessoas naquele arrebanhamento sem compaixão que os tinha levado da terra natal para a terra do inimigo, havia essa única coisa que nunca poderia ser tirada deles — o sentido de privacidade, a essência da dignidade humana.

Subindo daqueles cubículos com cobertores pendurados havia uma mistura de sons que descrevia a vida particular que cada um continha — o gemido de uma concertina, o batido do machado de um joalheiro, o choro de um bebê, o zumbido de uma máquina de costura. Sobre todos pairava uma nuvem aromática de climas compostos dos vários elementos nos vários quartos comuns, mas sempre com o mesmo cheiro, uma síntese de fraldas secando, peixe defumado, sopa de repolho e fumaça de madeira de pinho molhada. Não era um cheiro desagradável quando nos acostumávamos com ele. Para nós, ele tinha se tornado o odor que identificava uma humanidade desabrigada.

Sempre que procurávamos por uma pessoa específica naqueles quartos, visitávamos primeiro o espaço aberto ao redor do fogão comunitário que ficava ligado noite e dia e estava, o tempo todo, coberto com as panelas de comida das famílias. As refeições eram trazidas em baldes das cozinhas centrais e melhoradas no interior da guarnição com pedacinhos de carne ou de legumes obtidos nas permutas daquele dia. Esse espaço aberto nos quartos divididos dava a impressão peculiar de uma praça pública interna para a qual se encaminhavam os habitantes da cidade feita de cobertores, quando se sentiam solitários, tinham frio ou fome. Aqui havia mexericos, cozinha, secagem de botas e de fraldas, e todos os outros negócios que o homem sempre realizou diante de uma fogueira. Aqui também sempre se podia encontrar alguém com a alma de porteiro que saberia nos levar pelo labirinto de corredores com paredes de lã até o quarto dentro do quarto que estávamos procurando, dizendo, enquanto isso, o que ocorria por trás daquela cortina cáqui específica.

Não havia possibilidade de os membros da equipe da Unrra, dezoito pessoas no máximo, se relacionarem diretamente com as cerca de 15 mil PDs polonesas. O contato era com aquelas que trabalhavam para eles como motoristas e intérpretes e com a liderança do campo. "O tempo todo vemos reduções nas linhas de abastecimento", escreveu Kay. "Falamos superficialmente de reabilitação! Leio as circulares e grito com uma alegria irônica (...) Manter esses milhares de pessoas alimentados e abrigados é uma tarefa de dimensões tão gigantescas que uma palavra como 'reabilitação' esvoaça por aí como um pedaço de renda inútil sobre nossos caminhões de abastecimento, os quais rangem para a frente e para trás da estação até os armazéns — carregando casacos, carne enlatada, carvão, pequenos barris de sabão e leite em pó."

Ocasionalmente, havia vestígios abaixo da superfície — um casamento ou um enterro. Mas a maioria das vezes Kay continuava como uma estranha, excluída tanto pela língua quanto pela cultura, ao mesmo tempo mistificada e distraída pelas coisas que os poloneses faziam. "Hoje terminou em tragédia", ela escreveu dia 15 de dezembro de 1945. "Toda nossa força policial polonesa foi detida [por corrupção] (...) e uma nova foi instalada, de sentinela em sentinela, fomos pegando os guardas antigos, tomando seus rifles." Cinco vezes nos primeiros dezoito meses a equipe da Unrra teve de trocar toda a força policial do campo. "De três a quatro meses parecia ser o ciclo de sua ascensão e de sua queda."

Mas de uma coisa Kay ficou convencida: o modo de vida das Pessoas Deslocadas não era bom para o estado mental delas. As PDs, escreveu, "perdem aos poucos todas as conexões com a realidade — o mundo em que todos nascemos e crescemos e onde tínhamos de trabalhar por aquilo que temos —, e se você quisesse um carro maior ou um casaco de vison em vez de um de pele de coelho, você teria de trabalhar mais que seu colega. Com esse simples esquema cotidiano a PD perdeu todo tipo de conexão. Como resultado, ela criou para si própria um estranho mundo de Alice no País das Maravilhas, e isso é exatamente o que um campo de PDs é. Nós nos matamos — corpo e alma — para conseguir comida suficiente para o centro a fim de lhes dar 2 mil kcal (3 mil para os trabalhadores braçais com funções mais pesadas); escrevemos requisições infinitas a fim de conseguir roupas para elas; mas nunca fazemos o suficiente. Quanto mais damos, mais elas pedem". Ela estava cada vez mais preocupada com o futuro. "É impossível de se prever o que vai acontecer com essas PDs... QUEM, pergunto eu, irá escolher voltar para uma Polônia vencida, onde não há emprego, nenhuma comida, roupa, nem mesmo um teto (com certeza vocês todos viram fotos de Varsóvia) quando a outra opção é ficar em um lugar onde você pode viver como o lírio no campo."

A vida dos membros da equipe da Unrra também era muito estranha. "Nunca encontrei uma experiência que exigisse tanta coragem inata como esta", escreveu Kay. "É preciso ter uma natureza saudável e resistente para aguentar essa vida, mas eu tenho esse tipo de natureza." Havia muito pouca vida social — a cidade grande mais próxima era Frankfurt, duas horas dirigindo em situações difíceis, e "um horror de destruição e uma cantina da Cruz Vermelha (até mesmo com suas roscas fritas feitas em casa) [não era] uma recompensa pela viagem". A reação da maioria dos homens na equipe da Unrra era arranjar amantes escolhidas entre as PDs polonesas. Kay ficou escandalizada, mas Masset lhe disse que depois da forma com que foram tratados pelos alemães e pelos russos essas moças provavelmente estariam felizes de ser escolhidas por civis aliados. Apesar disso, membros da equipe começaram a desaparecer. No começo de novembro, dois motoristas franceses foram embora para Paris, algo que "eles obviamente estavam ansiosos por fazer há semanas", escreveu Kay. "As pessoas que aguentavam ficar — o que resta de minha equipe — são verdadeiras maravilhas."

Era claro que Kay Hulme não tinha as qualificações necessárias para trabalhar com ajuda humanitária. Nascida em São Francisco em 1900, formada em jornalismo pela Universidade de Berkeley, ela tinha trabalhado como repórter *freelance* em Nova York nos anos 1920 e publicado vários livros baseados em suas viagens à Europa e ao México antes da guerra. A experiência decisiva em sua vida não foi seu breve casamento com um médico de São Francisco, mas seu encontro em Paris, em 1935, com o místico greco-armênio Gurdjieff e as amizades que fez com outras mulheres que estavam estudando com ele.

Para muitas pessoas, Gurdjieff era um trapaceiro e malandro, um Rasputin; essa foi a conclusão a que chegou a antiga companheira de Kay, uma chapeleira chamada Alice Rohrer. Quando ele tentou "libertá-la de suas posses" ela abandonou a seita. Para Kay, no entanto, Gurdjieff continuou a ser o homem que lhe tinha ensinado a encontrar sua força espiritual interior, a olhar além das aparências externas das pessoas e das situações e ver o que havia em seu interior; a aceitar sua própria sexualidade. As pequenas frases do místico, que muitos achavam sem sentido, davam-lhe força e convicção e trouxeram sentido para sua vida. "Ele me chamava de crocodilo porque eu tinha sete peles, era sentimental, temerosa e às vezes destemida, tinha potencial para me transformar em um dragão se eu 'me trabalhasse' e conseguisse sair da lama [da mediocridade] onde eu gostava de me aquecer ao sol. Ele me ensinou a olhar para mim mesma como eu realmente era, e sou, e a vida nunca mais foi a mesma depois daqueles anos com ele."

Quando veio para a França em 1945 — onde se deixou ficar por semanas em Jullouville —, Kay ficara assustada com a suspeita mútua que havia entre as várias nacionalidades lá. Ela surpreendeu o pessoal de recursos humanos oferecendo-se para trabalhar em uma equipe francesa, embora a equipe tivesse adquirido a fama de ser difícil. Tendo sido nomeada diretora-assistente e ciente de que seu trabalho iria incluir o desenvolvimento de "espírito de equipe", ela havia julgado mal a enfermeira belga da equipe, uma mulher de aparência frágil que parecia estar eternamente sonolenta, achando que era "um elemento frágil". Mas no decorrer dos "doze dias balançando em caminhões pelas estradas quebradas da Alemanha para nosso campo de destino no norte da Baviera", ela aprendeu o suficiente sobre a origem da belga para "me colocar definitivamente em meu lugar e não me achar juíza infalível de pessoas". Marie-Louise Habets permanecera na clandestinidade na Bélgica, trabalhara como enfermeira em um hospital britânico de campo — resgatando soldados aliados abandonados pelos alemães depois da Batalha de Bulge — e sobrevivera a uma bomba que caíra sobre um cinema de Bruxelas, matando seiscentas pessoas. Depois, tinha sido enviada à Alemanha para trazer de volta pessoas nascidas na Bélgica que estavam em campos de concentração, antes de ser transferida administrativamente para a Unrra com muitos outros membros de sua unidade, sem ter muita ideia da missão. Ela tinha razão em estar feliz por dormir em Jullouville. As duas mulheres ficaram amigas e dividiam um quarto em Wildflecken. Mas um mês depois, Kay compreendeu por que Marie-Louise estava feliz simplesmente por se mudar para a Unrra. "Deixei o convento em agosto passado... uma freira que fracassou, contou a Kay. "Tentei ser uma freira durante dezessete anos e fracassei."

Todas as noites, Kay ouvia mais sobre o passado de sua companheira de quarto. Ela tinha vivido sete anos como enfermeira no Congo Belga. "Suas histórias de operar sozinha no meio do mato... sua vida no Exército durante a ocupação alemã da Bélgica, caçada a maior parte do tempo pela Gestapo... fez com que minha vida parecesse um dos livros para moças como os da série Elsie", escreveu Kay a seus amigos. "Ela é uma enfermeira nata, magnífica em seu trabalho. Eu e ela somos espíritos semelhantes na questão do trabalho. Somos sempre aquelas que aparecem em horas estranhas — que ficam acordadas até mais tarde no campo —, que nunca pensam em ir dormir até que as coisas estejam feitas."

Para todas as comunidades nos campos, o primeiro Natal em época de paz foi especial.

Ninguém teve um Natal mais interessante do que Kay Hulme em Wildflecken. Primeiro, o diretor da equipe francesa desapareceu, permanecendo em Paris todo o período de festas e deixando-a encarregada. Depois ficou claro que, como as PDs tinham a intenção de comemorar seu primeiro Natal pós-guerra no verdadeiro estilo polonês — suas destilarias vinham trabalhando horas extras durante meses —, não estariam disponíveis para qualquer trabalho alguns dias depois do começo do ano. Concordando com seus desejos, Kay e seus funcionários selecionaram com carinho os pacotes de Natal especiais da Cruz Vermelha, garantindo que cada polonês recebesse todos os luxos, barras de chocolate e cigarros que lhes eram devidos. Com isso, os poloneses insistiram que suas festas não podiam começar sem a presença dos funcionários da Unrra — o que significou uma roda exaustiva de bebidas e danças.

Em 24 de dezembro, um telegrama anunciou que mais mil poloneses estariam chegando dia 26 de dezembro. Os protestos de Kay foram inúteis; os telefones não respondiam. Às três da madrugada, dia 26, nas garras de uma ressaca terrível, Kay foi despertada por um major do Exército americano que lhe disse que o general Truscott tinha acabado de lançar a Operação Tally Ho, um ataque cuidadosamente planejado aos negócios do mercado negro entre PDs. Um círculo de tanques rodeou o campo e os soldados foram de caserna em caserna, confiscando dos poloneses todas as coisas gostosas de Natal que a Unrra tinha lhes dado tão carinhosamente.

Sem poder se conter de raiva, Kay gritou todos os palavrões que havia aprendido nos estaleiros. No meio da confusão, a nova remessa de refugiados poloneses apareceu.

10
"Mesmo que os portões estejam fechados"

O major Irving Heymont, do Exército norte-americano, chegou ao campo de Pessoas Deslocadas de Landsberg, perto de Munique, dia 19 de setembro de 1945. Sua missão era limpar o local. A tarefa tinha a aprovação do general Eisenhower porque Landsberg era a origem de muitas das críticas do Exército incluídas no relatório de Earl Harrison. Se necessário, ele estava autorizado a cortar um terço da ração para obrigar os moradores a limparem o campo.

Os antigos quartéis do Exército alemão na cidade onde Hitler tinha escrito *Minha luta* agora continham mais de 6 mil homens, mulheres e crianças, dos quais cerca de 5 mil eram judeus, principalmente de Dachau. Heymont achou o campo "indescritivelmente sujo. O saneamento é quase inexistente. Faltam-me palavras quando tento pensar em uma descrição adequada", escreveu ele para a esposa. Com poucas exceções, as pessoas do campo lhe pareceram "desmoralizadas e sem qualquer esperança de reabilitação". "Elas parecem estar derrotadas tanto espiritual quanto fisicamente, sem nenhuma esperança ou incentivo para o futuro." Percorrendo o campo, Heymont achou que "os banheiros exigiam uma descrição", os saguões estavam cobertos de entulho e havia pessoas ociosas por todas as partes. Na cozinha *kosher* "só vendo a quantidade de sujeira para acreditar". No entanto o pequeno refeitório onde o comitê e os funcionários do campo comiam era "uma grata surpresa":

As mesas e cadeiras estavam asseadas e limpas, e a sala estava decorada com bom gosto. Fotos de Herzl, Ben-Gurion, F.D. Roosevelt, Harry Truman, a bandeira dos Estados Unidos e a bandeira azul e branca com a estrela de davi enfeitavam as paredes.

Apesar da sujeira, o major Heymont ficou surpreso ao descobrir que, em geral, a saúde dos residentes do campo era boa e que um hospital eficiente com duzentas camas estava em funcionamento. As escolas eram impressionantes — garagens convertidas em salas de aula e cursos técnicos dirigidos por um agrônomo da Lituânia — embora "os indivíduos jovens e melhores" estivessem organizados em *kibutzim*. "Parece que um *kibutz* é um grupo unido, com autodisciplina e um desejo intenso de imigrar para a Palestina", explicou ele à esposa. "O *kibutz* é muito voltado para si próprio, como se fosse um clã, e pouco interessado na vida do campo." Landsberg estava bem-equipado — uma equipe da Junta estava fazendo "um trabalho maravilhoso" trazendo provisões da Suíça.

A maior parte dos judeus no campo era de origem polonesa, mas o comitê do campo, autonomeado, consistia principalmente de judeus lituanos e letões mais cultos. Eles eram na verdade os companheiros do doutor Grinberg no trem que fora metralhado pelos americanos, como Samuel Gringauz, o advogado com quem Grinberg discutira na floresta. Enquanto Grinberg permanecera no hospital em St. Ottilien, eles se mudaram para Landsberg.

> Todos os membros importantes do comitê do campo estão metidos até o pescoço na política [escreveu Heymont]. Estão todos conectados de alguma forma com um Comitê Central para Judeus Libertados com sede em Munique. Parece que o comitê de Munique tem forte influência sobre todos os judeus na Alemanha. É muito complicado e confuso, e não estou seguro de já ter entendido tudo perfeitamente (...) essas pessoas estão competindo entre si por poder no campo e entre os judeus restantes na Europa Central e Oriental.

Os membros do comitê, ele ouviu dizer, não moravam no campo, mas se alojavam em casas alemãs na cidade próxima. "Em algum momento, em breve", o major disse à esposa, "espero realizar uma eleição, sob nossa supervisão, para eleger, de forma democrática, um comitê que irá realmente ser um representante das pessoas no campo".

Heymont rapidamente elaborou uma pauta para a mudança. O campo deveria ser só de judeus, pois isso faria com que a comunidade fosse mais coerente; e os residentes deveriam comer todos juntos, em um refeitório central, na expectativa de que isso solucionasse o problema de saneamento, porque "se a comida nos quartos e a armazenagem de mantimentos nos armários de parede pudessem ser eliminadas, boa parte do problema de saneamento se resolveria". Heymont admitiu que refeições comunitárias certamente não encorajariam uma sensação individual de independência ou liberdade, mas não conseguia imaginar qualquer outra solução para o problema. Era preciso que algo fosse feito imediatamente no sentido de preparar o campo para o inverno, todos deveriam ser postos para trabalhar, a população excedente seria alojada fora do campo e, não menos importante, seriam realizadas eleições.

No dia 28 de setembro, o major Heymont reuniu a população do campo e fez um discurso estabelecendo seu programa para o futuro. Expressou grande solidariedade por aquilo que os moradores tinham passado e prometeu tornar a vida deles melhor removendo imediatamente todo o arame farpado e os guardas, além de abolir o sistema de passes que regulava o movimento de entrada e saída. O Exército e a Unrra continuariam responsáveis, mas se os líderes eleitos se mostrassem competentes lhes seriam dados poderes para dirigir o campo. Havia, no entanto, uma necessidade de autodisciplina e de boa organização para que fosse possível acabar com o risco de epidemia. Era hora de reaprender os hábitos do trabalho e da atividade, e de cortar sua própria lenha para o inverno. Heymont reconheceu que eles tinham queixas e prometeu tentar resolvê-las, mas só poderia lhes dar autonomia se eles se mostrassem "capazes de administrá-la bem".

Quando Heymont começou a implementar seu programa, no entanto, as coisas imediatamente começaram a dar errado. As PDs começaram a saquear e pilhar as casas de alemães que tinham sido evacuados e o major foi obrigado a trazer tropas extras para restaurar o sistema de passes. Foi então que ele percebeu que, depois de suas experiências nos campos, muitos judeus agora viam o trabalham como seu pior inimigo. "No âmago de nossos corações", lhe disseram, "foi criado um complexo que nos faz ter uma atitude negativa com relação ao trabalho". Descobriu-se também que aqueles que trabalhavam recebiam menos provisões. E com isso foi necessário trazer antigos membros da SS para cortar a lenha para o inverno. Apesar disso, Heymont realmente obteve alguns sucessos. O refeitório central foi finalmente aberto em 10 de novembro — "um grande evento, completo, com música ao vivo garantida pela orquestra do campo... uma surpresa agradável ver toalhas nas mesas" — e, o melhor momento de todos, a eleição foi realizada. Um de seus funcionários montou cabines de votação com restos de madeira e lona que continham urnas eleitorais completas, até com cadeados, algo difícil de encontrar na Alemanha naquela época. A única briga foi uma troca de socos, mas muitas pessoas votaram pela primeira vez na vida. "Estamos muito orgulhosos de nosso sucesso em reproduzir a mecânica de uma eleição americana", escreveu Heymont para a esposa.

Para sua grande surpresa, o pequeno grupo de intelectuais letões saiu vitorioso na eleição; mas Heymont ficou encantado com o efeito que o processo democrático teve sobre eles. O comitê do campo mostrou uma nova energia e começou a se interessar pela administração cotidiana do campo, percebendo as coisas que estavam erradas sem que fosse preciso que alguém lhes chamasse a atenção. Ao mesmo tempo, no entanto, o próprio Heymont começou a compreender melhor a mentalidade da liderança. Lendo seus discursos, ele se solidarizou com seu desejo de não voltar para casa. Jacob Olieski, um jovem organizador de Kovno, declarou:

> Hoje (...) nós só podemos tatear e agarrar com as pontas de nossos dedos as sombras de nossos seres queridos e gritar dolorosamente: nunca mais vou poder ver minha casa. As nações vitoriosas que no século XX retiraram a peste negra da Europa devem compreender de uma vez por todas o problema específico judeu. Não, nós não somos poloneses quando nascemos na Polônia; não somos letões, mesmo se um dia passamos pela Lituânia; e nem somos romenos, embora tivéssemos visto o sol brilhar pela primeira vez em nossa vida na Romênia. Somos judeus! Exigimos que os portões da Palestina sejam abertos para nós a fim de que possamos viver lá como pessoas livres, como uma nação livre e independente. Portanto, se você quiser evitar que as futuras gerações tenham um destino como o nosso e coloquem a vida nos espalhados *atsamot hajwejshot* — "feijões secos" —, dizemos o seguinte: É PRECISO CONSTRUIR UMA COMUNIDADE JUDAICA NA PALESTINA.

"Essa é obviamente a preocupação principal do comitê do campo", escreveu Heymont. "Todo o resto é secundário — até o Exército norte-americano e nossos desejos de que os campos de PDs sejam limpos e saudáveis." Ele reconheceu, também, que não seria fácil conseguir que as pessoas participassem de atividades comunitárias. Muitas ainda estavam "paralisadas ou totalmente focadas nos esforços para localizar familiares sobreviventes". Embora suas esperanças de imigração imediata para a Palestina tivessem sido destruídas, elas estavam relutantes em participar em virtude dos "temores inconscientes de plantar raízes em um campo de PDs".

Um acontecimento desempenhou um papel importante na mudança de perspectiva de Heymont. No mesmo dia em que ocorreu a eleição, David Ben-Gurion, chefe da organização sionista na Palestina, fez uma visita surpresa ao campo. Heymont não recebeu nenhum aviso prévio da sua chegada. Só descobriu quando percebeu pessoas carregando flores e faixas e cartazes rapidamente improvisados e enfileirando-se para ocupar a rua que vinha de Munique. Dentro do campo todos os tipos de decorações apareceram subitamente. Heymont se perguntou se uma visita do próprio presidente Truman teria gerado tanto entusiasmo. "Para as pessoas do campo ele é Deus. Parece que ele representa todas suas esperanças de chegar à Palestina. Ben-Gurion acabava de vir da Inglaterra, onde tinha negociado com o governo britânico a permissão para que mais judeus entrassem na Palestina."

Tendo conversado longamente com o líder sionista, o major Heymont sentiu que ele se solidarizava com seus problemas no campo. Após ouvir os relatos dos moradores sobre sua relutância em deixar o campo superlotado de Landsberg por outros campos, Ben-Gurion comentou: "É uma luta longa e difícil para vencer sua psicologia." O major Heymont concluiu que Ben-Gurion "parecia ser um homem com muita perspicácia e uma abordagem prática dos problemas". Ao partir, ele ofereceu mais palavras de solidariedade e acrescentou: "Na Palestina nós também temos problemas parecidos. Uma viagem de navio não transforma as pessoas."

Durante a guerra tinha ocorrido uma luta pelo poder dentro do movimento sionista, tanto sobre métodos e personalidades quanto sobre objetivos. Chaim Weizmann, o estadista mais antigo do sionismo, que, graças a seu carisma, tinha conseguido extrair do governo britânico a Declaração de Balfour em 1917, ainda acreditava que os britânicos poderiam entregar um Estado judeu na Palestina e continuava a confiar nos métodos da diplomacia pessoal e na rede de contatos de alto nível que lhe tinha servido tão bem no passado. Em contrapartida, seu principal rival, o líder da Agência Judaica para a Palestina, David Ben-Gurion, sentia que o momento exigia algo para além da diplomacia. Nascido na Polônia em 1886, Ben-Gurion tinha emigrado para a Palestina como parte da "segunda onda" de 1908 e, a não ser por alguns períodos nos Estados Unidos, passado a vida inteira lá, ascendendo por meio do movimento trabalhista. Em 1938, já como o homem do futuro no sionismo, participou com Weizmann das negociações com os britânicos, uma experiência que abrira seus olhos tanto com relação à duplicidade dos diplomatas britânicos quanto à vaidade e à inconfiabilidade de Weizmann como colega. Por meses em Londres, Ben-Gurion observou como os britânicos dominavam Weizmann, até mesmo enquanto trabalhavam para ganhar de volta o apoio árabe antes da guerra que se aproximava; no entanto, ele também viu que, no fundo, os britânicos queriam sair da Palestina — e se livrar do mandato. Durante a guerra, portanto, Ben-Gurion veio a defender, mais ou menos abertamente, uma estratégia diferente do "sionismo combativo": uma abordagem com três vertentes, combinando a emigração ilegal para a Palestina, apelos à opinião pública norte-americana e um calculado uso do terror contra os britânicos. Olhando mais à frente, ele podia ver que uma guerra com os árabes palestinos e seus vizinhos muçulmanos poderia ser inevitável. E para isso ele também estava se preparando.

A questão da violência há muito vinha preocupando o movimento sionista. Weizmann, como um liberal democrático das antigas, era completamente contrário a qualquer uso da violência, algo que a seu ver destruía a base moral sobre a qual se apoiava a defesa de um Estado judeu; no entanto, esses escrúpulos estavam sendo abandonados pelos homens mais jovens, condicionados pela violência política da década de 1930. Ben-Gurion viu que havia o perigo de a liderança sionista ser superada totalmente pelas correntes novas e mais militaristas que estavam surgindo. O assassinato em novembro de 1944 de lorde Moyne, ministro britânico residente no Oriente Médio, no Cairo, por membros da Stern Gang, uma facção extremista oriunda do Irgun sionista, não só arruinou as esperanças de uma aproximação durante a guerra entre os britânicos e os judeus da Palestina, como anunciou, em tom dramático, a chegada de novos tipos de sionistas, com novos métodos. Tinha se tornado uma necessidade política doméstica para Ben-Gurion evitar que a solidariedade e o apoio públicos fluíssem para os extremistas.

Por todos esses motivos, Ben-Gurion estava convencido de que Weizmann não era o homem para guiar o sionismo pela difícil estrada que levava ao estadismo — e que ele próprio, sim, o era. Durante toda a Segunda Guerra Mundial, existia uma situação de neutralidade armada entre os dois. Em particular, Weizmann acusou Ben-Gurion de "atuar como um Führer" e de "desenvolver tendências fascistas e megalomaníacas aliadas ao histerismo político"; enquanto isso Ben--Gurion se concentrava na construção de sua base de poder.

A reação de Ben-Gurion aos sobreviventes judeus nos campos de Pessoas Deslocadas veio tanto em nível humanista quanto em nível político. Embora alguns críticos o tenham acusado de indiferença com relação ao Holocausto, a realidade, como seu biógrafo Shabtai Teveth mostrou de maneira convincente, era mais complexa. Muito tempo antes da guerra, Ben-Gurion já tinha previsto que os nazistas iriam infligir uma catástrofe sobre o povo judeu na Europa, um desastre com o qual sua causa iria se beneficiar ao obter a solidariedade para a causa judaica. Mas quando essas profecias se tornaram realidade, ele, como qualquer outra pessoa, achou muito difícil confrontar a terrível verdade. Apesar de ser mantido bem informado sobre os eventos na Europa Oriental, Ben-Gurion não percebeu, até o final de 1944, que o que estava ocorrendo lá não era um *pogrom* em grande escala tão familiar na história judaica, e sim um programa de genocídio industrializado. (Nos dois anos anteriores a El Alamein sua maior preocupação era que a Palestina pudesse cair nas mãos dos alemães.) Quando ele finalmente soube o que estava acontecendo, ficou chocado e triste — como sua correspondência particular deixa claro —, mas não escolheu expressar publicamente seus sentimentos. Essa não era sua maneira de ser. O mesmo ocorreu com os outros líderes sionistas. Ben-Gurion tampouco se envolveu seriamente com quaisquer das várias tentativas de "resgatar" os judeus porque, por temperamento, era contrário a qualquer empreendimento que pudesse não ser vitorioso.

Ao mesmo tempo, no entanto, Ben-Gurion era um homem de implacável visão política que buscava uma única meta, a criação de um Estado sionista na Palestina; em sua mente, o destino dos judeus europeus sempre permanecia secundário àquele objetivo primordial. Como resultado, um ingrediente em sua reação à destruição dos judeus europeus era um temor de que, se todos eles fossem perdidos, a vantagem moral que eles lhe dariam também iria desaparecer. No final de 1944, portanto, ele estava primordialmente interessado em saber se haveria sobreviventes e que tipo de futuro eles poderiam querer: "Pois a capacidade para explorar o desastre e o preço que poderia ser extraído dela dependiam totalmente da atitude que os sobreviventes tivessem para com o sionismo."

Imerso no planejamento da campanha sionista para o período pós-guerra, Ben-Gurion reuniu dados sobre os judeus na Europa e no mundo, interessando-se especificamente pelos movimentos de jovens sionistas pioneiros e pela composição demográfica das comunidades judaicas que restavam. Em março de 1945, ele já tinha formulado um plano para a imigração de 1 milhão de judeus para a Palestina nos dezoito meses após o fim da guerra e encontrando ricos patrocinadores na América dispostos a financiar esse plano.

A clareza de propósito de Ben-Gurion lhe dava uma vantagem decisiva. Os acontecimentos, também, se desenrolaram a seu favor. Sem esperar muito do governo trabalhista na Grã-Bretanha, não ficou surpreso quando as promessas extravagantes que ele tinha feito enquanto era oposição não foram cumpridas. Em agosto de 1945, Ben-Gurion conseguiu que a conferência sionista endossasse sua abordagem agressiva, ao invés da moderação de Weizmann. No dia seguinte à rejeição do Relatório Harrison pelo governo britânico, em 21 de setembro de 1945, ele exigiu o fim do diálogo com os britânicos, uma intensa campanha de imprensa na Inglaterra e nos Estados

Unidos, e atividades para intensificar a imigração para a Palestina e as medidas de segurança naquele país. Criou, então, uma frente unida entre as organizações militares judaicas na Palestina — a organização clandestina sionista Haganah, o dissidente Irgun armado e os FFI ou "Sternistas" —, para pressionar ainda mais os britânicos. O primeiro ato desse novo movimento de resistência foi a explosão de 153 pontes na Palestina em 1º de novembro de 1945.

Ben-Gurion tinha intenção de voltar à Palestina para comandar essa nova campanha pessoalmente. Mas não o fez porque sua visita aos campos de Pessoas Deslocadas na Alemanha em outubro de 1945 obrigou-o a mudar a estratégia.

O objetivo ostensivo de Ben-Gurion era "estudar a situação e as necessidades das PDs judias", mas, como escreve seu biógrafo, "sua verdadeira intenção" era "ver com os próprios olhos até que ponto o poder da adversidade por que passaram poderia ser usado em sua batalha para estabelecer o Estado judaico". Ben-Gurion estava "interessado não somente nos votos dos 165 mil sobreviventes nos campos que ia visitar, mas também, e talvez primordialmente, em se tornar seu representante".

Nos discursos que fez para os sobreviventes judeus nos onze dias que passou visitando os campos, o assunto primordial não foi o que aquelas pessoas tinham sofrido na guerra. Em vez disso, de uma maneira seca e prosaica, ele abordou as perspectivas futuras na Palestina. Longe de ser um sinal de sua "insensibilidade", como acusaram alguns críticos, foi um exemplo de sua habilidade política. Em St. Ottilien, com o doutor Grinberg de pé a seu lado, o líder sionista declarou:

> Posso lhes dizer que uma Palestina judaica vibrante existe e mesmo que seus portões estejam fechados o Yishuv irá abri-los com suas mãos fortes (...) Hoje nós somos a potência decisiva na Palestina (...) Temos nossas próprias lojas, nossas próprias fábricas, nossa própria terra, nossa própria cultura e nossos próprios rifles (...) Hitler não estava longe da Palestina.
>
> Poderia ter havido uma destruição terrível lá, mas o que ocorreu na Polônia não poderia ter ocorrido na Palestina. Eles não nos teriam massacrado nas sinagogas.

Todos os rapazes e todas as moças teriam atirado em todos os soldados alemães.

Como Shabtai Teveth indicou, "a notícia de um lugar onde os judeus tinham força, onde eles podiam se defender, era o consolo que Ben-Gurion oferecia aos sobreviventes. Seu instinto especial lhe disse que nem carinho nem compaixão eram esperados dele, mas sim carregar uma tocha que iluminasse uma visão de esperança para todos".

Ben-Gurion avisava a seus ouvintes que, embora a guerra europeia tivesse acabado, sua própria guerra estava apenas começando. Eles, os sobreviventes restantes, tinham de funcionar como um "fator político" na luta por um Estado judaico. Por onde ele passasse era recebido com enorme entusiasmo. Ele escreveu em seu diário que "70% dos sobreviventes realmente querem ir para a Palestina" e estavam dispostos a lutar por aquele direito, mesmo à custa da própria vida. E concluiu que

> na luta à frente temos ao nosso lado três forças importantes: os Yishuv [os judeus na Palestina] e sua resistência, a América [e] os campos de PDs na Alemanha. A função do sionismo não é ajudar os sobreviventes a viverem na Europa, e sim resgatá-los em benefício do povo judeu e dos Yishuv: os judeus da América e as PDs têm um papel especial nesse resgate.

"Muitos judeus da Polônia estão vindo pouco a pouco para o campo", escreveu de Landsberg o major Heymont, dia 11 de outubro. "A maior parte deles voltou para a Polônia após ser libertada dos campos de concentração só para se deparar com novas perseguições. Seus esforços para retomar as propriedades que tinham antes da guerra se defrontaram com uma oposição violenta por parte dos donos atuais. E a polícia local (...) muitas vezes não fez nada e até contribuiu para impedir que os antigos proprietários reivindicassem sua propriedade."

Vimos como a libertação dos campos de concentração na primavera de 1945 foi acompanhada pelo movimento de milhares de judeus de volta à Europa Oriental em busca de parentes ou para reivindicar propriedades. Aqueles que voltaram para a Polônia rapidamente descobriram que a maioria dos poloneses não os queria de volta e que suas chances de recuperar a propriedade eram mínimas — e o fato de vários judeus ocuparem posições de proeminência no regime impopular dominado pelos comunistas não ajudou. O povo polonês, observou um diplomata britânico, "parecia ansioso para terminar o que os alemães não tinham terminado". Segundo as cifras oficiais, 351 judeus foram assassinados na Polônia entre novembro de 1944 e outubro de 1945.

Diante dessa perspectiva triste, muitos judeus poloneses concluíram que não tinham qualquer futuro no país e começaram a ir embora. No verão de 1945, uma segunda onda de migração judaica começou, dessa vez com amplo volume na direção do Ocidente — e principalmente para a Alemanha. Em agosto de 1945 havia cerca de 80 mil judeus na Polônia, dos quais 13 mil tinham estado nas Forças Armadas polonesas pró-soviéticas que participaram da libertação do país; outros tinham vindo dos campos libertados na Alemanha e na própria Polônia, ou saído de esconderijos ou de destacamentos guerrilheiros. No entanto, havia também entre 150 mil e 200 mil judeus poloneses que tinham fugido para a União Soviética durante a guerra e estavam, na ocasião, começando a voltar para a Polônia. O governo soviético não fez nada para impedir sua saída e o governo polonês não fez qualquer esforço para retardar esse êxodo; na verdade, o encorajava. Por mil zlotys, Varsóvia concedia aos judeus passaportes válidos para uma única travessia da fronteira polonesa. Uma variedade de rotas era utilizada.

Seria isso, então, uma mera fuga das perseguições ou algo mais? Uma rede para tirar judeus da Europa Oriental e contrabandeá-los para a Palestina tinha existido antes da guerra. Na segunda metade de 1944, opositores dos guetos judeus e militantes criaram uma organização clandestina conhecida como *Brichah* (ou o "voo"), com o objetivo de ajudar os judeus a escapar das áreas libertadas pelo Exército Vermelho. A princípio eles usavam uma rota através da Romênia, mas na primavera de 1945 entraram em contato com a Brigada Judaica na Itália e abriram uma rota para este país que ficou em funcionamento — em pequena escala — de junho a agosto de 1945. Quando

A LONGA ESTRADA PARA CASA | 231

os britânicos transferiram a Brigada Judaica para a Bélgica e tomaram iniciativas para fechar a fronteira italiana, a corrente foi desviada para a Alemanha. No final de 1945, cerca de 40 mil judeus tinham encontrado um caminho para a zona americana.

O núcleo organizacional da *Brichah* — pessoas que ajudavam os refugiados a atravessar montanhas à noite e davam gorjetas aos guardas da fronteira — foi no início alimentado por voluntários jovens e extremamente motivados, veteranos do movimento jovem antes da guerra. Mas, a partir do verão de 1945, esses trabalhadores locais foram treinados e dirigidos pelos agentes do Mossad, o órgão responsável (sob a Agência Judaica e o Haganah) pela organização da emigração ilegal de judeus para a Palestina.

Esses desenvolvimentos na Europa Oriental estavam muito presentes na mente de David Ben-Gurion quando ele teve uma série de reuniões com o comandante americano na Alemanha, Dwight D. Eisenhower, e seu temido assistente, Walter Bedell Smith, em Frankfurt, no final de outubro de 1945. Apresentado como "o chefe de todos os judeus na Palestina", Ben-Gurion foi tratado com alguma cerimônia pelos comandantes americanos. Eles não tiveram problema em aceitar seu pedido para que fosse dada aos judeus deslocados na zona americana uma medida de autogoverno e que lhes permitissem levar a cabo treinamento agrícola e militar. Concordaram também em enviar professores e instrutores da Palestina, mas rejeitaram sua proposta de que todos os judeus na Alemanha ocidental fossem reunidos em uma única comunidade. Mas o momento decisivo chegou quando Ben-Gurion mencionou a Bedell Smith o influxo diário de judeus do Leste, que o governo polonês estava encorajando, e cuidadosamente sondou-o para saber a visão do Exército americano sobre o assunto. O que lhe disseram foi que os militares não os rejeitariam, e que o Exército americano "tinha o dever" de salvar aqueles judeus.

Não há qualquer registro americano dessas reuniões. Não sabemos se os militares buscaram orientação política em Washington. Mas é provável que os generais, ainda magoados com a crítica de Harrison e a repreensão pública de Truman, tivessem achado que seria mais prudente aceitar o inevitável em vez de arriscar o fogo antiaéreo que qualquer uso de força para afastar os judeus da zona americana teria causado. Mas, fosse qual fosse o motivo, Ben-Gurion percebeu logo que lhe davam uma poderosa arma política — o sinal verde para trazer tantos judeus quanto possível do Leste europeu para a zona americana e assim pressionar os britânicos. "Os americanos sabem que eles não poderão permanecer em Munique para sempre", escreveu ele. "O único lugar aonde [esses judeus] poderão ir é a Palestina, e isso irá gerar pressão americana, eles insistirão e [as Pessoas Deslocadas judias] conseguirão permissão para ir." Para aproveitar a oportunidade ele tomou uma série de iniciativas. Em uma reunião da Agência Executiva Judaica um mês depois, no dia 21 de novembro, ele informou que "tinha dito ao nosso pessoal que lida com esses assuntos que trouxesse os refugiados rapidamente". E em seguida acrescentou: "Este será o fator principal para que os americanos exijam sua remoção para a Palestina (...) é possível levar para lá todos os judeus europeus, de todas as partes, sem qualquer dificuldade (...) Se conseguirmos concentrar uns 250 mil judeus na zona americana, aumentará a pressão americana sobre os britânicos, não em virtude do problema econômico — isso não tem qualquer relevância para eles —, mas porque eles não veem qualquer futuro para essas pessoas em nenhum lugar a não ser na Palestina." A essa altura, ele tinha também chegado a um acordo com Edward Warburg e Joe Schwartz, do Comitê Americano Judaico de Distribuição Conjunta, para que eles financiassem uma nova fase de imigração clandestina para a Palestina.

Ben-Gurion permaneceu na Europa e começou uma vida dupla. Oficialmente ficava em Londres, como presidente da Agência Executiva Judaica; extraoficialmente estabeleceu em Paris um centro para controlar a rede clandestina que estava sendo organizada na Alemanha e na Europa Central.

No dia 14 de novembro, no campo de PDs de Landsberg, o major Irving Heymont soube que "todos os judeus na Polônia ou estão a caminho ou estão se preparando para vir para a zona americana" e que, além disso, "há grupos da Palestina aqui que estão organizando objetivamente o movimento de judeus do Leste europeu para a Palestina". Ele se convenceu, então, de que Landsberg tinha se tornado "uma parada nessa linha de metrô moderna". Percebeu também que homens da Brigada Judaica vinham frequentemente ao campo. E não teve dúvida de que eles estavam participando de forma ativa desse movimento.

Outras pessoas também foram recrutadas. O rabino Herbert Friedman, então um capelão militar com o Exército americano na Bavária, recebeu num belo dia um telefonema de uma mulher misteriosa com voz sedutora que lhe pediu que fosse a um hotel em Paris. Muitos anos mais tarde, ele recorda o corredor do hotel Royal Monceau, na avenida Foch, onde ficou parado enquanto lhe perguntavam se ele trabalharia "para eles". "Eles quem?", perguntou o rabino. Ela disse: "Haganah, Aliya Bet, Bricha." Friedman, em geral uma pessoa racional, que só tomava decisões depois de muita reflexão, viu-se dizendo "sim" imediatamente. Então levaram-no a um dos quartos e o apresentaram a um "sujeito baixinho de cabelo branco", que agradeceu por seu envolvimento e saiu na mesma hora. "Quem era?", perguntou ele à mulher. "David Ben-Gurion", disse ela. A função de Friedman era conseguir sua transferência para Berlim e esperar até que homens da Brigada Judaica, então na Bélgica, se juntassem a ele. Eles lhe dariam todos os motoristas, atiradores e mecânicos de que precisasse. Enquanto isso, ele tinha de roubar caminhões e cartões de gasolina suficientes para que fosse possível dirigir todas as noites de Berlim até Stettin durante um ano, carregando refugiados judeus na viagem de volta. Usando cigarros fornecidos pela Junta para subornar os guardas da fronteira, ele realizou a tarefa com sucesso.

Dessa forma, as Pessoas Deslocadas judias, tendo estado durante algum tempo totalmente sozinhas, tinham no final de 1945 se tornado a ponta de lança moral importante de uma campanha muito maior. Será que os sobreviventes foram manipulados por uma liderança sionista inteligente, interessada em criar um Estado judeu? Sim, foram. Mas Yehuda Bauer argumenta que a questão não é essa: "As pessoas *queriam* ser manipuladas, queriam escapar da situação insuportável, primeiro no Leste europeu e depois nos países das PDs, e a Palestina lhes pareceu ser a única solução prática."

Logo ficou claro que a liderança das PDs judias também estava desempenhando seu papel em um drama maior. Seus membros ajudaram a causa sionista de três maneiras — no caso das crianças judias, explorando Belsen para propaganda sionista e apelando para os públicos judaico-americanos.

Em julho de 1945, os governos britânico e suíço anunciaram sua disposição de receber um certo número de crianças judias "desacompanhadas" — isto é, órfãos — dos campos. Vários meses se passaram, então, enquanto eram feitos os arranjos necessários para as crianças ficarem aos cuidados de caridades judaicas em seus novos países. Em outubro de 1945 tudo estava pronto para que fosse dado início ao processo.

A princípio, a preocupação de todos era somente com o bem-estar imediato e o conforto das crianças. Não havia dúvidas sobre seus desejos. As próprias crianças "não hesitam em dizer como elas gostariam de sair dos campos e como elas odeiam continuar vivendo lá", relatou um visitante judeu. Houve uma "debandada" de candidatos quando o esquema foi anunciado. A liderança das PDs judias concordou com o plano. No entanto, depois de um membro da Brigada Judaica ter se apresentado diante do Comitê Central em Munique e explicado que, à luz da resistência generalizada aos britânicos na Palestina, a transferência das crianças para a Inglaterra seria considerada "uma vitória moral para os britânicos e um golpe para os Yishuv", a decisão foi revogada. Uma declaração pública dia 14 de outubro anunciou que, tendo em vista o que estava ocorrendo na Palestina, o Comitê Central já não confiava na "solidariedade e hospitalidade" dos britânicos. Nenhuma criança judia deveria ser transferida para nenhum lugar a não ser diretamente para seu único lar possível: a Palestina. Uma semana mais tarde, quando o primeiro grupo de crianças de Belsen já tinha partido para a Inglaterra, o Comitê Judaico da zona britânica tomou uma decisão semelhante.

Embora à época fosse evidente que os comitês em Munique e Belsen "não se sentissem muito confortáveis" com sua decisão de colocar a política à frente das necessidades das crianças, e teriam, de boa vontade, voltado atrás se a Agência Judaica os tivesse autorizado a fazê-lo, sob a pressão de Ben-Gurion eles mantiveram sua decisão. Planos para enviar milhares de crianças para a França e para a Itália também precisaram ser cancelados. Em vez disso, um lar para crianças foi

A LONGA ESTRADA PARA CASA | 235

estabelecido em Blankenese, na bela propriedade da família Warburg, fundadores da Junta, e mais de cem crianças judias foram enviadas de Belsen para lá.

As PDs judias na Alemanha também ajudaram a causa sionista fornecendo má publicidade sobre os britânicos na imprensa americana. "A melhor propaganda britânica para o sionismo é o campo de PDs em Bergen-Belsen. Eles se comportam como nazistas lá", disse Ben-Gurion à Agência Judaica em novembro de 1945. O *New York Times* referiu-se ao campo de PDs como "o conhecido campo Belsen — aquele mesmo campo onde milhares de hebreus morreram e onde hoje os sobreviventes ainda são forçados a viver". Os britânicos tentaram contra-atacar, ainda que com delicadeza. "Devemos corrigir a ideia sobre Belsen (...) não é um campo de horror, pelo que entendo", Halifax escreveu de Washington. Bevin concordou: "Envie um homem confiável da imprensa para lá." Mas todos os esforços para explicar que "Belsen" agora fornecia alguns dos melhores alojamentos na Alemanha foram ignorados, e quando foi organizada uma visita investigativa ao campo, só "o senhor Goldsmith, da Associated Press", apareceu. Seu texto nunca foi publicado e dizia que as condições eram adequadas, embora ainda houvesse falta de sapatos e a dieta fosse a mesma sempre.

Igualmente importante foram as visitas pessoais de líderes de PDs judias aos Estados Unidos. Quando Josef Rosensaft foi convidado a falar ao Apelo Judaico Unido em Atlantic City, em dezembro de 1945, os britânicos tentaram impedir que ele fosse; depois tentaram impedir que ele voltasse a Belsen. As duas tentativas foram infrutíferas. Os discursos inflamados de Rosensaft conquistaram o público americano. Ele conseguiu ao mesmo tempo repreender os judeus americanos por sua reação lenta ao assassinato dos seus e elogiá-los pela ajuda dada até então. Agora eles precisavam tirar os judeus da Alemanha e melhorar sua condição enquanto estivessem lá. No mês de fevereiro, o doutor Grinberg falou para o Congresso Judaico Americano em Cleveland, Ohio, e também para uma assembleia popular em Nova York.

No outono de 1945, já havia surgido uma profunda diferença de abordagens com relação às PDs judias entre os britânicos e os americanos, tanto na Alemanha quanto em Londres e Washington. Os americanos tinham-nas reconhecido como judias e lhes dado campos separados, e o presidente Truman, como resultado do : Relatório Harrison, tinha insistido com os britânicos para permitirem que 100 mil judeus fossem para a Palestina.

A posição britânica era mais complexa. Oficialmente, eles ainda mantinham que não havia nenhuma nação judaica e que o futuro dos judeus estava na Europa e nos países de onde eles tinham vindo. Aceitar as propostas de Earl Harrison, argumentou o Ministério das Relações Exteriores britânico, seria aceitar que "não há nenhum futuro garantido na Europa para as pessoas de raça judaica". "Com certeza seria um ato de desespero e bastante errado admitir tal coisa quando as condições por toda a Europa ainda estão caóticas e quando [o] efeito das políticas antissemitas criadas pelos nazistas ainda não foram desfeitas; de fato, indiretamente, seria uma forma de admitir que [os] nazistas estavam certos quando afirmavam que não havia lugar para os judeus na Europa." Muito melhor seria que os judeus pudessem ser persuadidos a voltar para suas "terras natais"; a tarefa dos Aliados era, certamente, "criar condições nas quais os próprios judeus sentissem que é natural e correto ir para sua terra natal em vez de admitir, nesse estágio, que seria impossível criar essas condições". Ernest Bevin "sentia intensamente que não teria valido a pena lutar a Segunda Guerra Mundial se os judeus não pudessem permanecer na Europa, onde possuíam um papel essencial a desempenhar na reconstrução daquele continente".

Ao mesmo tempo, no entanto, o governo militar britânico fizera algumas concessões em sua zona. Os judeus podiam ter áreas próprias nos campos, se não campos separados para judeus, e "a necessidade de fazer uma pequena concessão à opinião mundial" deu lugar a algumas iniciativas vacilantes para melhorar as rações dadas aos "perseguidos" — isto é, judeus alemães morando fora dos campos de PDs que até então tinham sido tratados como "alemães".

Em Whitehall, continuou a haver ressentimento com relação à posição dos judeus. É claro que eles tinham sofrido — mas outros também sofreram. Avaliava-se que aproximadamente 80 milhões de russos tinham sido assassinados ou exterminados durante as três décadas anteriores. Quando Bevin comentou que "os judeus, com todos seus sofrimentos, estão por demais desejosos de ficar no primeiro lugar da fila", ele estava expressando, de sua maneira pouco cuidadosa, uma visão britânica bastante comum.

No entanto, foi aceito que algo mais substancial precisava ser feito. Os britânicos não podiam se dar ao luxo de ficarem isolados. O apoio americano era essencial para a sobrevivência econômica do governo de Attlee; os últimos meses de 1945 foram dominados pelas negociações longas e difíceis sobre o empréstimo americano, que foi finalmente aprovado dia 6 de dezembro de 1945. Diante da necessidade de fazer algo para acalmar a opinião pública americana e reagir ao Relatório Harrison e à proposta de Truman de enviar 100 mil judeus para a Palestina, os britânicos também queriam tratar com os americanos a questão da Palestina, fazê-los carregar parte do fardo e obrigá-los a encarar a realidade. Portanto, em outubro de 1945, Bevin propôs o estabelecimento de um Comitê de Investigação anglo-americano para examinar a viabilidade das sugestões de Harrison. Os americanos, compreensivelmente, tinham suas dúvidas — com certeza, isso era apenas a tática de adiamento típica de Whitehall — e insistiram que a competência do comitê fosse ampliada para incluir a Palestina. Além disso, nada poderia ser dito até que a eleição para prefeito da cidade de Nova York fosse resolvida. O candidato democrata tinha como rival um republicano que era judeu, e por isso a Palestina era uma questão importante. Como resultado, o plano não foi anunciado até novembro.

Demorou algum tempo para se organizar o Comitê de Investigação anglo-americano; foi difícil encontrar pessoas adequadas nos Estados Unidos que já não estivessem publicamente comprometidas com a questão. Enfim, uma delegação americana foi apresentada, liderada por um democrata conservador texano, o juiz Joe Hutcheson, e composta por um acadêmico, dois diplomatas, um jornalista e um advogado. A maioria desse grupo era, na verdade, pró-sionista. Seus colegas britânicos, também liderados por um juiz e contando com políticos, um do Partido Trabalhista e um do Partido Conservador, um funcionário público e um economista, eram antissionistas.

De forma imprudente, os britânicos concordaram que as audiências do comitê deveriam começar em Washington, e portanto, se submeteram a quinze dias de críticas severas em janeiro de 1946, à medida que os líderes sionistas americanos e intelectuais judeus se envolveram em uma posição previsivelmente antibritânica e anticolonialista. Depois de estar presente durante todo o ataque ao imperialismo britânico feito por Albert Einstein, até o solidário membro do Parlamento pelo Partido Trabalhista Richard Crossman começou a reproduzir o ponto de vista do Ministério das Relações Exteriores britânico: "o americano médio apoiava a imigração para a Palestina simplesmente porque não queria mais judeus nos Estados Unidos." "Clamando por um Estado judeu, os americanos satisfazem muitos desejos", escreveu Crossman em seu diário. "Estão atacando o império e o protecionismo britânico, estão patrocinando uma causa moral para cuja realização eles não assumirão qualquer responsabilidade e, ainda mais importante, estão desviando a atenção do fato de suas próprias leis de imigração serem uma das causas do problema." Ao mesmo tempo, ele achou útil ver como, para a maior parte dos americanos, a causa árabe simplesmente não contava; os árabes eram vistos como nativos, o equivalente dos índios norte-americanos, que teriam de ser marginalizados para que o progresso e a modernidade pudessem prevalecer.

O destino seguinte do comitê, no fim de janeiro de 1946, foi Londres. Aqui, uma vez mais, as audiências foram em sua maioria uma perda de tempo, uma vez que as personalidades públicas ensaiavam posições já bem estabelecidas. "Qualquer gentio que seja obrigado a estudar sionismo por semanas a fio atinge o ponto em que se sente inclinado a dar um soco na mesa e sair da sala", protestou Crossman. "Quem exatamente eram essas pessoas que diziam ser tanto judeus quanto ingleses e discordavam violentamente a respeito da questão de haver ou não uma nação judaica?" Mas houve um avanço muito significativo. Em um almoço formal para o comitê no hotel Dorchester, Ernest Bevin prometeu "fazer tudo que estivesse ao seu alcance" para implementar o relatório do comitê se ele fosse unânime.

Finalmente, três meses depois de seu estabelecimento, o comitê foi para a Europa e começou a falar com as próprias Pessoas Deslocadas, nos campos na Alemanha e na Áustria. Por onde estiveram ficaram horrorizados com as condições de superlotação em que as PDs judias estavam vivendo e foram arrastados por manifestações exigindo o direito de ir para a Palestina. Foi impossível não ser influenciado pelo sofrimento humano. Bartley Crum, um advogado de São Francisco pró-sionista que Truman tinha colocado no comitê, apesar das objeções do Departamento de Estado, ficou particularmente emocionado. Quando ele ia deixando um dos campos, um menino puxou seu casaco. "Sr. América, sr. América", disse ele, "quando o senhor vai nos deixar sair daqui?" Crum bateu de leve em seu ombro e pediu-lhe que tivesse paciência. "Paciência!", o menino exclamou. "Como o senhor pode falar de paciência com a gente? Depois de seis anos dessa guerra, depois de nossos pais terem sido queimados nos fornos a gás, o senhor fala de paciência com a gente?"

Bartley Crum ouviu muitas vezes o nome de um médico judeu, considerado uma pessoa extraordinária, que tinha "se tornado quase uma lenda entre os sobreviventes judeus dos campos de concentração". A reputação do doutor Zalman Grinberg aumentou ainda mais em janeiro de 1946, quando foi presidente da I Assembleia Constituinte do Comitê Central no Rathaus, em Munique, assistido por Ben-Gurion e muitos observadores e jornalistas estrangeiros. Após saudar o público em inglês, alemão e hebraico, Grinberg fez um discurso poderoso em alemão perfeito, insistindo que os líderes ocidentais compensassem a incapacidade de evitar a destruição dos judeus, dando-lhes uma terra natal e um Estado. Depois dele, falou o próprio Ben-Gurion, que zombou da ideia de uma "conspiração judaica" mencionada pelo general Morgan em sua — agora considerada abominável — coletiva de imprensa no começo do mês e insistiu que as PDs judias não perdessem a fé no futuro. Todas essas ocorrências foram filmadas pelo rabino Klausner, que usou rolos de filme trocados por latas de café.

Crum fez a devida peregrinação até o hospital St. Ottilien e achou que Grinberg era "um homenzinho frágil, que parecia ter muito mais do que seus 34 anos, com olhos escuros límpidos e maneiras simples". Em um inglês excelente, o doutor Grinberg lhe disse como, nos campos, eles tinham se perguntado sem parar "por que eu não fui para a terra de Israel [Palestina]? Eu poderia ter evitado tudo isso". Eles haviam imaginado que se de alguma maneira conseguissem ultrapassar aquele período de horror, o mundo todo iria correr para ajudá-los. Em vez disso, se encontravam em um impasse. O estado mental do judeu médio nos campos de Pessoas Deslocadas, disse Grinberg, era "baseado em três fatores: um ontem amargo e terrível, um hoje impossível e um amanhã indeterminado". O comitê precisava entender os fatores psicológicos. Os nazistas tinham tirado dos judeus sobreviventes o amor pelo trabalho. "E essa tarefa de reeducação só poderia ocorrer na Palestina, onde existiam dois fatores absolutamente indispensáveis para essa reeducação: um é o amor e o consolo de nosso povo; o outro é a força da convicção, a disciplina do trabalho." Segundo Crum, ele nunca vira seu colega no comitê, o sindicalista britânico Sir Frederick Leggett, "tão profundamente emocionado".

Crum descobriu que entre as PDs judias o estado de ânimo "era mais elevado quando as dúvidas sobre o futuro eram menores. Por toda a Alemanha, sempre que encontrávamos PDs em fazendas, se preparando para a vida em algum *kibutz* de Israel, os homens e as mulheres estavam extraordinariamente animados". Sua conclusão geral ecoava as ideias do doutor Grinberg. "Certos fatos ficaram inequívocos", escreveu Crum mais tarde. "Essas PDs judias foram privadas de duas grandes necessidades, e do ponto de vista psiquiátrico elas não voltariam a ser normais até que essas necessidades fossem satisfeitas. Primeiro, era a necessidade de família, de pessoas com quem pudessem contar e receber amor. Segundo, a necessidade de um objetivo na vida."

Mas quão representativo era o doutor Grinberg? Será que todas as Pessoas Deslocadas judias realmente queriam ir para a Palestina? Será que elas conheciam a si próprias mesmo? Dúvidas foram levantadas sobre isso. "Um trabalho de campo muito detalhado foi feito pelos sionistas", escreve o historiador israelita Josef Grodzinsky. "Testemunhas potenciais — residentes nos campos de PDs — foram preparadas para reforçar e confirmar a afirmação sionista de que todas as PDs queriam imigrar para a Palestina." É claro que os homens de Ben-Gurion, com ajuda de pessoas no Exército norte-americano, "encontraram-se com todos os (...) líderes e conseguiram uni-los nessa questão em todas as partes. Preparamos materiais para a comissão, escrevemos um memorando e selecionamos pessoas que prestariam depoimentos". Em sua propaganda entre os judeus nos campos, "eles faziam qualquer coisa", uma PD antissionista reclamou posteriormente. "Eles disseram aos judeus: 'Vocês podem ir para onde quiserem, ninguém irá coagi-los, mas, para o mundo, declarem que vocês só querem ir para a Palestina.'" O sucesso dessa estratégia ficou claro quando a Unrra fez uma pesquisa de opinião entre 20 mil PDs sobre o futuro que queriam. Os resultados excederam os sonhos mais fantásticos dos sionistas: 96,8% das PDs judias declararam que queriam imigrar para a Palestina.

Encontrando exatamente os mesmos slogans e cartazes em cada campo, ouvindo as mesmas frases das testemunhas, o comitê logo percebeu que as PDs tinham sido treinadas, mas apesar disso acharam que seu desejo de ir para a Palestina era genuíno.

Josef Rosensaft, o líder das PDs judias em Bergen-Belsen, estava nos Estados Unidos em dezembro de 1945 quando um apelo urgente de Ben-Gurion para que ele retornasse e testemunhasse diante do comitê o levou correndo de volta para a Alemanha. No dia 10 de fevereiro de 1946, Rosensaft disse ao juiz Hutcheson e a três membros britânicos que se ele não pudesse ir para a Palestina preferiria voltar para Auschwitz. Outras testemunhas diante do comitê fizeram declarações semelhantes. A diretora da escola judaica em Belsen declarou que "embora ele tivesse evitado ensinar e disseminar a ideologia sionista em sua escola, o sionismo tinha sido introduzido espontaneamente no contexto educacional. O hebraico era a única língua comum e a Palestina era a única esperança que todos eles compartilhavam".

Essas testemunhas tiveram um efeito tão poderoso em Bartley Crum que ele recomendou que o comitê produzisse um relatório provisório solicitando o esvaziamento imediato dos campos. Ele foi, contudo, voto vencido. O comitê continuou seu cronograma planejado, que o levou ao Cairo e a Jerusalém. A visita à capital egípcia confirmou a antipatia que os americanos tinham em relação ao imperialismo britânico e a aversão pelos árabes. Por outro lado, quase todos ficaram imediatamente impressionados com a Palestina judaica. "Ao nos aproximarmos de Tel-Aviv, vi as primeiras casas", escreveu Crum tempos depois. "Havia uma melhora marcante. Pensei comigo mesmo: 'Aqui, diante de meus olhos, está a prova de que os judeus da Palestina estão trazendo a civilização para o Oriente Médio.'" Para Richard Crossman foi a visão do progresso socialista, a visão do socialismo na prática nos *kibutzim* judeus da Palestina, que provocou sua conversão ao sionismo.

Em Jerusalém, o comitê ouviu tanto os sionistas quanto os árabes. Weizmann — parecendo, observou Crossman, "uma versão cansada e mais humana de Lenin, muito cansado, muito doente, velho demais e pró-britânico demais para controlar seus extremistas" — falou durante duas horas "com uma mistura magnífica de entusiasmo e imparcialidade científica", impressionando o comitê e assustando seus colegas sionistas. Weizmann, observou Crossman,

> é a primeira testemunha que honesta e abertamente admitiu que a questão não é entre o certo e o errado, e sim entre maior e menor injustiça. A injustiça é inevitável e temos de decidir se é melhor ser injusto com os árabes da Palestina ou com os judeus.

O mundo ocidental, ele deixou claro, deve favorecer os judeus. Weizman foi seguido por Ben-Gurion: "atarracado, com um halo de cabelo branco, um queixo decidido como que imobilizado em pedra, com olhos azuis penetrantes sob sobrancelhas brancas grossas e desgrenhadas, ele era uma personalidade extremamente convincente", na visão de Bartley Crum. Outros membros do comitê, no entanto, ficaram menos impressionados. Questionado a respeito de sua posição sobre a violência, Ben-Gurion tergiversou e até afirmou não ter qualquer conhecimento do Haganah. "Ele parece querer escolher ora uma posição, ora outra", escreveu Crossman, "continuar dentro da lei como presidente da Agência [judaica] e tolerar o terrorismo como método de pressionar o governo". A mais impressionante das testemunhas árabes, o acadêmico libanês Albert Hourani, advertiu o comitê de que qualquer tentativa para trazer mais judeus para a Palestina inevitavelmente provocaria uma guerra.

No final de março de 1946 o Comitê anglo-americano se retirou para Lausanne, na Suíça, a fim de examinar seu relatório. Os membros tinham concordado sobre uma coisa: 100 mil judeus deveriam ser admitidos na Palestina imediatamente; mas discordaram a respeito de quase todas as outras. No final, cientes de que Ernest Bevin desejava que eles produzissem um relatório unânime, puseram de lado suas diferenças e apresentaram as mesmas recomendações: além da admissão de 100 mil Pessoas Deslocadas judias, as restrições sobre imigração judia e propriedade da terra imposta pelo *White Paper* britânico de 1939 deveriam ser abolidas. No entanto, o comitê rejeitou a ideia de dividir a Palestina entre judeus e árabes e, embora exortando a Agência Judaica para a Palestina a cooperar na supressão do terrorismo e da imigração ilegal, não fez do desarmamento de forças ilegais judias uma condição para a admissão das PDs judias.

Muitos historiadores hoje argumentam que os britânicos deveriam ter aceitado as propostas do comitê, que, na percepção atual, eram de longe a melhor oferta apresentada. Se o tivessem feito, poderiam ter dividido os sionistas moderados dos sionistas mais extremistas. Nicholas Bethell, por exemplo, argumentou que se a Grã-Bretanha tivesse aceitado o relatório e se oferecido a aceitar um bom número de refugiados judeus da Europa, "a exigência maximalista de um Estado judeu poderia ter perdido o ímpeto". Se Londres, além disso, se oferecesse a aceitar 25 mil PDs judias na própria Grã-Bretanha, provavelmente incentivaria os americanos, que, constrangidos, receberiam mais 50 mil, por exemplo, e as duas coisas teriam eliminado a pressão imediata. Nesse caso, o Estado de Israel poderia nunca ter nascido.

Por que, então, os britânicos não aproveitaram essa oportunidade? Na verdade, Ernest Bevin, secretário das Relações Exteriores, estava tendendo a aceitar o relatório, embora tivesse dúvidas sobre como os árabes iriam reagir; foi Clement Attlee, o primeiro-ministro, que insistiu que o relatório deveria ser rejeitado. Todos os seus conselheiros políticos e militares acreditavam que admitir 100 mil judeus na Palestina iria provocar uma revolta árabe súbita e causar a destruição dos interesses britânicos na região. Mais do que isso: seria considerado uma submissão à pressão sionista, em um momento em que o governo britânico estava se sentindo particularmente pouco indulgente para com a liderança judaica porque sabia (por meio de telegramas interceptados) que Ben-Gurion e seus sócios mais íntimos, apesar de afirmarem não estar envolvidos na violência terrorista na Palestina, estavam, na verdade, planejando-a e coordenando-a.

Os britânicos não deixaram logo claras suas posições; em vez disso, esperaram para consultar os americanos, na expectativa de que algo pudesse ser salvo. Mas no dia em que o relatório foi publicado, em 30 de abril de 1946, o presidente Truman adiantou-se; instigado pelos sionistas americanos, inclusive Bartley Crum e o auxiliar da Casa Branca David Niles, Truman assinou uma declaração aceitando a recomendação do comitê de que 100 mil refugiados judeus fossem admitidos na Palestina, sem dar qualquer indicação de que os Estados Unidos iriam ajudar a implementar o restante do relatório. Isso levou Attlee a fazer uma declaração imediata da posição britânica: que os 100 mil refugiados só poderiam ser aceitos na Palestina se as organizações judaicas ilegais na região fossem antes dispersadas e desarmadas.

Olhando em retrospectiva, o esquema dos 100 mil já naquela altura não estava dando certo. Mas isso não ficou evidente de imediato na Alemanha. No final de abril de 1946, as manchetes dos jornais trouxeram para os campos de PDs a notícia de que o comitê tinha recomendado que fossem disponibilizados 100 mil certificados para emigração. Haveria em breve um êxodo maciço de judeus da Alemanha e da Áustria. A liderança das PDs começou a se preocupar com a questão de como esses migrantes iriam ser transportados para a Palestina. Em julho de 1946, quando ainda se achava que o plano poderia ir adiante, uma delegação foi enviada de Munique para fazer os arranjos necessários. Essa delegação incluía o doutor Zalman Grinberg.

Grinberg tentou traduzir as promessas que lhe tinham sido feitas em sua visita aos Estados Unidos em ações concretas no campo por parte do Exército norte-americano: fornecer alojamento e comida para os judeus poloneses que estavam vindo então em grande quantidade para a zona norte-americana. Como parte dessa campanha, ele se encontrou com o general Morgan, que achou que ele era "um homem capaz, embora um judeu fanático". Mas Grinberg estava sendo desencorajado; segundo seu amigo americano Leo Schwarz, "às vezes a tensão nervosa faz com que ele se sinta um 'doente terminal'. Todo o país parecia uma massa fervilhando de rancor, o mundo todo privado de caridade".

Sobretudo as próprias circunstâncias de Grinberg tinham sido transformadas recentemente. Ele pôde se juntar mais uma vez à esposa, que não via desde 1944, quando foram separados em Kovno, e ao filho, que vinha sendo cuidado por uma lituana desde que tinha sido contrabandeado do gueto, em 1942. Sua reunião foi testemunhada por um soldado americano, Robert Levine. Ele e Grinberg estavam discutindo a dificuldade de manter o envio de provisões para St. Ottilien porque não era reconhecido como um campo regular de PDs.

No meio da conversa ele parou de súbito e ficou absolutamente imóvel. Só os olhos se mexeram na direção da porta e se fixaram quando ela se abriu e uma mulher entrou seguida por um menino. Ela olhou para o doutor G., seu rosto tenso e enrugado como os dos prisioneiros famintos dos campos de concentração. Tentou sorrir, depois rir, mas o som tornou-se um lamento queixoso à medida que as lágrimas escorriam-lhe dos olhos e a cabeça sacudia para cima e para baixo, descontroladamente. Era um esforço claro para ela não se deixar escorrer até o chão. O menino estava logo atrás dela e olhava fixamente para o doutor Grinberg com os olhos arregalados e a boca aberta. O doutor Grinberg, ainda imóvel, começou a chorar e depois a gemer entre lágrimas, "Meu Deus! Meu Deus!", sem parar. Subitamente ele se jogou para a frente, pegou a mulher nos braços, puxou o menino também para junto de si, começou a beijar o rosto todo da mulher, fazendo o mesmo com o menino, suas mãos e seus braços passando pelo corpo deles, ao redor deles, tocando-os, acariciando-os, certificando-se de que eles eram verdadeiros, de que realmente estavam ali.

Levine saiu rapidamente, e quando fechou a porta pôde ouvir o som de risos.

A esposa e o filho estavam na Palestina. Quando Grinberg foi para lá, em julho de 1946, descobriu que o menino estava morrendo de leucemia. Ele permaneceu, mesmo depois da morte do filho, em setembro.

A liderança das PDs judias na Alemanha foi delegada a outros.

11
"*SKRYNING*"

QUANDO A GUERRA COMEÇOU, Marianna Kisztelińska, que havia ido para a Alemanha como trabalhadora sazonal em 1939, aos dezessete anos, perdeu a permissão para voltar para a Polônia e se tornou trabalhadora escrava. Em 1944 conheceu outro polonês, com quem teve um filho, que, graças à solidariedade do fazendeiro para quem trabalhava, pôde manter a seu lado. Depois da guerra, Marianna e o pai da criança se casaram e em janeiro de 1946 voltaram para a Polônia, onde acabaram por se estabelecer em um pequeno lote de terra nos "territórios recuperados". Já Wera Letun, outra que se encontrava no mesmo campo para PDs ao norte da Alemanha, não queria voltar para a Polônia depois da guerra, pois era de uma área ao leste do país que fora engolida pela União Soviética em setembro de 1939. No entanto, seu namorado, Mikolaj, persuadiu-a a voltar. Os dois foram para Lublin, onde ele tinha ouvido falar de um fazendeiro que precisava de mão de obra, mas no caminho Wera contraiu tifo e passou semanas internada em um hospital. Quando se recuperou, decidiu não ficar na Polônia, e com alguma dificuldade ela e Mikolaj conseguiram chegar à zona britânica da Alemanha, onde se registraram como Pessoas Deslocadas. Uma terceira PD polonesa, William Lubiniecki, quis voltar para a Polônia com sua família imediatamente após o fim da guerra; mas não havia transporte e todos foram obrigados a esperar. No final ficaram contentes de não ter retornado porque, no campo, ouviram rumores sobre a situação naquele país.

Essas eram as escolhas com que se deparavam as Pessoas Deslocadas polonesas na primavera de 1946 — mas isso não é dizer que lhes era permitido decidir por conta própria. Embora os poloneses fossem o maior grupo nacional nos campos na Alemanha, na Áustria e na Itália, aos olhos dos militares e da Unrra eles eram as pessoas que tinham menos justificativas para permanecer naqueles países. Os Estados Unidos e a Grã-Bretanha haviam reconhecido as mudanças nas fronteiras da Polônia — e o novo governo em Varsóvia —, mas ainda se recusavam a reconhecer a anexação dos Estados bálticos feita pelos soviéticos. Tanto os militares quanto a Unrra tinham grande interesse em recomeçar o processo de repatriação dos poloneses, suspenso no final de 1945. Para eles, a repatriação fazia sentido política e administrativamente.

A presença contínua das PDs polonesas na Europa Ocidental só poderia aguçar as divisões na Unrra. Os soviéticos e seus aliados, como conta a história da organização, "acreditavam que havia dois tipos de Pessoas Deslocadas: boas e más. As boas deviam ser ajudadas; as más, não. O teste que definia se um indivíduo era bom ou mau era se ele queria, voluntária e rapidamente, voltar para seu país de origem". Os britânicos e os americanos, ao contrário, acreditavam que havia três tipos de PDs: "as boas que queriam voltar para suas áreas de origem; as boas que, por razões legítimas, não queriam voltar; e as más (colaboradores, criminosos etc.). Ambos estavam dispostos a ajudar os dois primeiros grupos, ou seja, estavam dispostos a ajudar alguns daqueles que não queriam voltar para sua terra natal. As nações eslavas, no entanto, não apoiavam essa atitude." Na prática, a posição ocidental tinha mais nuances e havia uma série de fatores que determinavam onde se encontrava a linha divisória entre pessoas "boas" e "más".

A dificuldade em reconciliar tais ideias fundamentalmente diferentes em um único órgão ficou evidente na 4ª Reunião do Conselho da Unrra, em Atlantic City, em março de 1946. Depois de um debate acirrado e prolongado, foi decidido que a Unrra deveria continuar a cuidar das Pessoas Deslocadas na Alemanha, na Áustria e na Itália; mas, ao mesmo tempo, em um esforço para satisfazer os desejos das nações eslavas, o conselho aprovou a Resolução 92. Essa resolução dava ênfase à importância de auxiliar e encorajar a repatriação das PDs ao remover quaisquer obstáculos, e confiava à Unrra a tarefa de disponibilizar aos governos de origem informações sobre os números de PDs que desejavam retornar a seu país. As equipes da Unrra deveriam continuar a repatriação e o "registro detalhado com a ideia de compilar dados ocupacionais que possam ser disponibilizados aos governos de origem se assim os solicitarem". Em linguagem clara, mandem o resto dos poloneses de volta e peneirem os ucranianos.

Alguns dos funcionários europeus da Unrra achavam que a execução desse mandado seria uma simples questão de logística. "Presume-se que, com a chegada do tempo mais quente, a maioria dos cidadãos poloneses agora na Alemanha — se não todos eles — desejará voltar para sua terra natal", escreveu um funcionário sênior da Unrra no final de março de 1946. Com as negociações com as autoridades das ferrovias polonesas e tchecas concluídas com sucesso, ele esperava que o processo começasse no início de abril e continuasse até que todos os poloneses nas duas zonas tivessem sido repatriados. Presumindo que cada trem compreendia cinquenta vagões, com capacidade para 1.500 pessoas, e considerando 100kg de bagagem por pessoa, seria possível enviar 8.500 pessoas por dia da zona britânica e 9 mil da zona norte-americana, e, assim, completar a repatriação dos pouco mais de 200 mil poloneses na zona norte-americana no começo do verão e de seus 400 mil compatriotas na zona britânica pouco tempo depois.

Outros não tinham tanta certeza disso. Um funcionário da Unrra polono-americano que tinha conseguido persuadir muitos poloneses a voltar no ano anterior avisou que a tentativa seguinte de repatriação fracassaria a não ser que fosse acompanhada por uma propaganda intensa, dando informação sobre as questões que preocupavam os poloneses nos campos de PDs: como eram as condições de vida na Polônia, que empregos havia, se o restabelecimento nos territórios que a Polônia tinha adquirido da Alemanha estava progredindo, qual era a posição da Igreja Católica, e assim por diante. A menos que essas incertezas fossem abordadas, as Pessoas Deslocadas polonesas não voltariam, embora fosse claramente seu interesse de longo prazo fazê-lo. Uma campanha assim era necessária nesse caso porque os oficiais de ligação enviados pelos poloneses de Londres e pela unidade polonesa II do general Anders (baseada à época na Itália) estavam visitando os campos e disseminando literatura que incitava as Pessoas Deslocadas a não voltarem. Embora os poloneses de Londres a essa altura já tivessem perdido o status de oficiais de ligação da repatriação, os militares aliados ainda lhes davam permissão para ir e vir e sua influência ainda era considerável.

A reação da hierarquia dos Aliados à Resolução 92 foi mista. As autoridades militares na Alemanha levaram a sério — mas não impuseram uniformidade. Com isso — mesmo quando alguns oficiais americanos permitiam que os poloneses londrinos operassem nos campos —, o governo militar norte-americano em Frankfurt decidiu que as Pessoas Deslocadas polonesas precisavam ser convencidas a voltar para casa. Se elas não estavam retornando porque sua vida nos campos de PDs era muito confortável, então a coisa óbvia a fazer era torná-la desconfortável. Assim os militares se envolveram em uma campanha para atrapalhar a vida das PDs. "O Exército está se preparando para dizer que elas devem voltar para casa ou sair dos campos, e já está começando a remover PDs de um campo para outro, tornando suas vidas tão desconfortáveis quanto possível", relatou um funcionário da Unrra. Essas "mudanças populacionais", segundo o relatório mensal da equipe da Unrra em abril de 1946, eram meras "tentativas de perturbar as PDs a fim de compeli-las a voltar para casa". Todos os campos de poloneses na área de Wiesbaden, por exemplo, foram fechados e sua população, transferida para os campos na área de Munique.

No entanto, essas táticas logo produziram um movimento de protesto por parte das próprias Pessoas Deslocadas polonesas e dos grupos poloneses na diáspora. A ampla comunidade polono-americana tinha começado a se mobilizar no outono anterior, usando como embaixador o terrível senador Arthur A. Vandeberg, de Michigan; e graças a sua pressão, o Departamento de Estado permitiu que os poloneses nos Estados Unidos estabelecessem contatos postais com seus compatriotas na Europa. Em consequência, a iniciativa do Exército na Alemanha foi, então, imediatamente condenada pelo Congresso Polono-Americano, uma organização guarda-chuva estabelecida em 1944 que afirmava ter 6 milhões de membros. Obrigar as PDs a voltarem para uma Polônia dominada pelos comunistas seria "uma injustiça cruel e uma violação flagrante de nossa tradição americana de justiça e humanidade", declarou Charles Rozmarek, o eloquente advogado de Chicago à frente do Congresso. Na

Grã-Bretanha, o jornal católico *The Tablet* reclamou que os funcionários da Unrra vinham dizendo aos poloneses que se eles não voltassem logo para seu país a melhor terra seria ocupada e eles teriam de trabalhar para os alemães.

Na verdade, porém, a própria Unrra na Alemanha estava dividida nessa questão — "conversa sem nexo e vacilação" era um dos pontos de vista. Sir Frederick Morgan — embora nem sempre favorável às PDs — era fortemente anticomunista. Sua implementação da Resolução 92 foi dilatória e fria; em particular, ele expressou preocupações de que poderia haver "incidentes desagradáveis" durante a repatriação e o controle. Só em maio de 1946 é que ele passou para os funcionários da Unrra no campo uma resolução tomada pelo Conselho da organização em março; mas mesmo então ele não fez qualquer tentativa de dar muito apoio à repatriação; na zona norte-americana, por exemplo, havia apenas um oficial de Repatriação e Emigração, e estava mal-equipado. Hostilidades pessoais complicavam ainda mais as coisas. O diretor da Unrra na zona britânica, Sir Raphael Cilento, era tão contrário à repatriação dos poloneses quanto Morgan, mas mostrou ser um colega tão traiçoeiro e pouco confiável que o general achou que era impossível trabalhar com ele — Cilento, ele chegou a acreditar, sofria "não só de uma complicação de complexos de inferioridade, mas também, bastante possivelmente, de algum tipo de doença mental". Como resultado, as energias dos dois homens foram desviadas para uma batalha pessoal que só foi solucionada quando Cilento foi chamado de volta a Washington, em junho de 1946.

O ápice da confusão indicou não haver qualquer política coerente na organização e uma ampla variedade de abordagens predominava. Alguns funcionários da Unrra concordavam com os militares que só a linha dura funcionaria — como o chefe da equipe, que concluiu que, como todos os poloneses morando em casas confortáveis estavam relutantes em voltar para seu país, e os que moravam mal estavam ansiosos para fazê-lo, a única atitude possível era a expulsão dos campos confortáveis e o rompimento de suas "ilusões de cuidado perpétuo oferecido pela Unrra". Outros pensavam de outra maneira. As autoridades na zona britânica negavam que havia uma política oficial de persuasão ou uma equipe de propaganda que a concretizasse: "a

Unrra tentou ser o mais neutra possível." A política era "não encorajar as pessoas nem a ficar nem a voltar", relembrou mais tarde uma britânica que trabalhava na zona americana. "Naquele momento tínhamos de ser absolutamente imparciais."

Kay Hulme, vice-diretora da equipe da Unrra no campo de Wildflecken, na Baviera, ouviu sobre a Resolução 92 no começo de abril de 1946. A cada dia, seis trens de poloneses repatriados estariam deixando a zona americana e provavelmente um por semana sairia de Wildflecken. Ela imediatamente se apresentou para ir na primeira viagem a fim de ajudar a persuadir outros poloneses a acompanhá-la. Hulme tinha forte crença de que a melhor coisa para "seus" poloneses seria voltar para sua terra natal. Presa pela neve em um remoto vale bavariano pelos longos meses de inverno, ela tinha visto os efeitos corrosivos que a vida de Pessoa Deslocada causava na personalidade. "As PDs estarão totalmente destruídas se dependerem de Reilly outros seis meses", escreveu ela. Para os homens poloneses, a vida era dominada por "saques e furtos constantes", pontuados por episódios ocasionais de assassinato e estupro, com represálias por parte da população alemã. No fim de março, uma batida feita pela inteligência do Exército norte-americano tinha "removido onze de nossos bandidos, inclusive nosso chefe de polícia". O fato de as PDs receberem 2.300kcal garantidas por dia enquanto seus vizinhos alemães tinham de se aguentar com 1.800 (ou menos) criava oportunidades óbvias.

> No centro de um continente de fome, Wildflecken erguia-se diante dos olhos alemães como uma montanha mágica feita de açúcar e presuntada ou margarina e geleia, carregando florestas de cigarros (quatro maços por semana por trabalhador) e atapetada com barras de chocolate vitaminadas.

Os poloneses tinham inventado "uma espécie de esporte para o Ano-Novo que rompia a monotonia de ficar sentado à espera de alguma coisa". Eles iam aos bares locais, puxavam conversa com um alemão, convidavam-no para ir até o campo para um pequeno negócio, enchiam-no de cigarros e chocolates e depois o detinham por entrada ilegal e posse de bens não autorizados — antes de entregá-lo ao governo militar para ser julgado.

Como uma funcionária de ajuda humanitária, Kay Hulme via com muita clareza o efeito da vida no campo nas mulheres. Um exame geral em busca de doenças venéreas ordenado pelos militares revelou que 16% delas tinham gonorreia, inclusive a menina que havia desempenhado o papel da Virgem Maria no presépio do espetáculo de Natal. E tampouco o tratamento com penicilina oferecido pela Unrra tinha um grande efeito inibitório, uma vez que os internos já presumiam os milagres dos antibióticos. O que realmente lhes importava é que o programa de DV era acompanhado de três dias de comida de hospital e passou a ser conhecido como "paraíso".

O infanticídio também era frequente. "Tivemos um assassinato no campo ontem que nos deixou loucos de raiva", escreveu Kay dia 2 de fevereiro de 1946. "Quando os caminhões de lixo fizeram suas rondas de manhã, um bebê recém-nascido, nu, caiu de um dos barris. Era um bebezinho lindo, nascido em tempo normal, com marcas de dedos no pescoço, característica de um estrangulamento, e marcas que mostravam que um dedo tinha sido enfiado em sua garganta para completar a sufocação." Depois de uma longa investigação, foi descoberto que o bebê fora assassinado pela mãe, a jovem polonesa que tinha engravidado de um soldado americano e que Kay tinha conhecido em seu primeiro dia no campo. Nada foi feito para processá-la.

Kay também tinha boas razões para sair dali. O inverno havia lhe oferecido algumas compensações — como aprender a esquiar —, mas também, muitas frustrações — as mesmas refeições sempre, uma sensação crescente de que a hierarquia da Unrra era inútil e o bombardeio diário de memorandos idiotas e cheio de bobagens do Exército norte-americano que entorpeciam o cérebro e que ela tinha de ler e complementar.

Kay estava bem ciente de que seria uma luta persuadir qualquer uma das PDs a voltar para casa — um relatório contemporâneo da Unrra mostrava que apenas 65 pessoas na população de mais de 11 mil em Wildflecken expressaram disposição de retornar. Apesar disso, a presença de Kay e do presidente do comitê do campo contribuiu para aumentar os números de 89 para 220.

A perspectiva de acompanhar os poloneses deixou Kay em um estado de animação incrível. "Rezo com um fervor interno, um desejo furioso e verdadeiro de que nada dê errado", escreveu ela. "Seja como for, é a consumação do desejo de meu coração (...) fazer essa última viagem com meus poloneses, alegrá-los no caminho."

No dia, tudo deu errado. O trem chegou tarde, trouxe o tipo errado de vagões fechados, o departamento médico reclamou que não tinha sido avisado, uma sirene que supostamente informaria os poloneses de que era hora de serem coletados não tocou, a entrega da comida atrasou e não havia roupa suficiente para os viajantes, a quem deram grossas luvas com separação apenas para o polegar.

Mas esses problemas iniciais foram logo esquecidos. "Dez dias em um vagão de carga fechado atravessando a Europa Central, na primavera, nos estraga para qualquer outro tipo de viagem, especialmente se você tem um pouco de sangue de vagabundo nas veias", escreveu Kay posteriormente.

Você senta no chão varrido com as pernas penduradas para fora, no lado em que o sol de abril esteja brilhando, balançando bem lentamente apenas a pouco mais de um metro do cereal jovem e do trevo cujo perfume você pode sentir tão próximo como se estivesse lá, deitada com o rosto encostado na terra de seiva doce. Você vai se balançando e espera pelas curvas para que possa se debruçar para fora e dar um adeus aos amigos no vagão da frente e nos outros que o seguem, e talvez apontar com animação para uma lebre que passa por ali ou um bosque de bétulas de um rosa pálido que estão começando a florescer. E todos observam a locomotiva com seu som metálico chiando e arfando na frente dos vagões conectados, esquentando água que o maquinista irá entornar em seu balde para que alguém possa se barbear ou se lavar, na próxima parada.

Kay ficou animadíssima o tempo todo. Adorou tudo a respeito da viagem: a vovozinha de 85 anos com quem ela fez amizade, que ia para seu país encontrar seus dois filhos sobreviventes na Cracóvia e estava em um vagão com "dezenove rapazes solteiros impetuosos"; o canto que acompanhava o ruído metálico do trem; as permutas animadas nas paradas pelo caminho; as eternas torradas mergulhadas em conhaque de ameixa; a sensação de liberdade quando entraram na Tchecoslováquia; e mais emocionante do que todo o resto, o momento quando atravessaram a fronteira da própria Polônia — acompanhados por um número cada vez maior de canções nacionais. Na primeira estação dentro da Polônia — Zebrzydowice — "eles jorravam dos vagões e cantavam o hino nacional polonês sob a lua cheia até pensarmos que nosso coração iria se romper".

Todos os piores temores pareciam não ter justificativa. Não havia nenhum sinal de soldados russos, apenas uma "pequena estação alegre, com um pavilhão adornado de bandeiras da PU (Comitê Polonês de Repatriação), cartazes com um design excelente e chamativo dizendo *"Bem-vindo à Polônia — nós trabalharemos juntos* e um alto-falante tocando música para dançar. Em apenas cinco horas todos os passageiros do trem tinham sido 'descarregados' — registrados, fotografados e munidos de um cartão de identidade. O mais estranho para Kay foi ver seus poloneses partindo em um trem para seu destino final, todos eles tendo comprado bilhetes de segunda classe, e 'de seus vagões superiores dando adeus para ela, alocada em seu terrível vagão de carga'".

Kay voltou para Wildflecken cinco dias depois, no sábado de Aleluia de 1946, "vermelha brilhante de tão queimada, abatida e dez anos mais velha". Disse a seus colegas que a Polônia parecia "estar quase normal, a não ser pelos preços e por tudo estar racionado, até o sal". No entanto, seus "relatos cheios de 'aleluias' sobre a ausência total de quaisquer sinais de comunismo na terra deles" não incentivaram muitas outras Pessoas Deslocadas polonesas a se candidatarem para voltar. O segundo trem de Wildflecken para a Polônia levou apenas 154 repatriados, acompanhados por Johnny Gulbrandson, um norueguês que trabalhava com ajuda humanitária, e a amiga de Kay, a enfermeira belga Marie-Louise Habets.

Tendo vivenciado a ocupação alemã da Bélgica, Marie-Louise sabia o que procurar. Passando pela Tchecoslováquia no dia seguinte ao 1º de maio, ela viu bandeiras com a foice e o martelo penduradas por todas as cidades e, na Polônia, percebeu coisas que Kay não tinha notado: evidência de atividades guerrilheiras; "trabalhadores" ajudando o Comitê Polonês de Repatriação que eram agentes russos disfarçados; o alto preço da comida nas lojas comuns (não nas lojas-modelo

A LONGA ESTRADA PARA CASA | 255

que Kay tinha visitado). Como enfermeira, ela "rapidamente notou as peles excessivamente secas, que denotavam falta de gordura na dieta. Com a banha de porco sendo vendida a quatrocentos zlotys o quilo (quarenta dólares), a predominância de peles secas estava explicada". Em vez de abraçar os poloneses num adeus choroso (como Kay tinha feito), Marie-Louise ficou dentro do trem enquanto os vagões eram limpos — e observou como poloneses desesperados tinham levado até o último pedacinho de comida que estivesse no chão. Ela também fez um cuidadoso registro fotográfico das condições na Polônia, que, esperava-se, poderia ser usado para encorajar os poloneses a regressar.

De volta a Wildflecken, suas fotos foram reveladas, ampliadas e colocadas em um cartaz que ficou em exposição. Infelizmente, uma de suas fotografias causou consternação no campo. Mostrava uma caixa de correio em uma pilastra: os poloneses notaram que a águia da Polônia tinha perdido a coroa. Isso interrompeu totalmente o movimento de repatriação.

Na Polônia, a luta continuava. O Partido Comunista, que tinha desfrutado de um apoio insignificante antes da guerra, estava gradativamente abrindo caminho até o poder. Na frente militar, os comunistas usavam seu controle da segurança do Estado para liquidar a organização polonesa clandestina mais importante que existia durante a guerra, a chamada *Armia Krajowa*. No fim de 1945 isso provocou uma revolta, uma campanha prolongada de resistência armada, com até 35 mil ativistas antissoviéticos operando nos pântanos e florestas. No entanto, esse processo inadvertidamente beneficiou os comunistas porque lhes permitiu associar seus oponentes políticos com os guerrilheiros e usar a máquina do Estado para destruí-los.

Tendo aceitado a insistência do Ocidente para que realizassem "eleições livres e desacorrentadas" e criassem um governo de partidos na Polônia, Stalin tinha dado um jeito de o Governo Provisório de Unidade Nacional, estabelecido em junho de 1945, incluir membros do Partido Camponês Polonês e dos social-democratas, bem como dos comunistas. Pelo acordo de Potsdam, as eleições deveriam ser realizadas o mais rápido possível, mas os comunistas as postergaram com o argumento de que o país precisava primeiro se recuperar.

Enquanto isso, a polícia de segurança trabalhava sem cessar para cercar, isolar, chantagear e até assassinar os políticos democratas. Seu alvo específico era o Partido Camponês Polonês, cujo líder, Stanisław Mikołajczyk, desfrutava de enorme popularidade no país; ao voltar de Londres, dezenas de milhares de pessoas lhe deram as boas-vindas nas ruas de Cracóvia e de Varsóvia. Enquanto os comunistas eram hábeis em suas manobras, Mikołajczyk mostrou não ter uma boa tática política.

No começo de dezembro de 1945, os partidos democráticos estavam sob ataque direto. "O massacre está a pleno vapor", escreveu o vice de Mikołajczyk, Stefan Korbonski. "O país nos faz lembrar cada vez mais um matadouro." Três membros importantes do Partido Camponês Polonês tinham acabado de ser assassinados, as últimas vítimas em uma longa lista.

> A maneira aberta em que são cometidos esses assassinatos nos assusta. Autoridades locais de segurança bem conhecidas de toda a população ou matam a vítima na presença de sua família ou as levam ostentosamente pela aldeia ou cidade e depois as fuzilam na vizinhança. Alguns casos indicam que as autoridades de segurança têm a intenção de deixar que a população saiba que eles são assassinos. O objetivo disso é facilmente adivinhado: despertar o medo da polícia de segurança e estabelecer o terror como base do regime.

Mais tarde naquele mês, o nome de Korbonski foi riscado de uma lista de deputados submetida por seu partido.

Em março de 1946, o Partido Camponês sofreu pressões para juntar-se aos socialistas e comunistas em um bloco eleitoral comum. Quando resistiu, seus escritórios foram atacados pela polícia de segurança e as autoridades anunciaram que cartões do partido tinham sido encontrados nos cadáveres de membros de gangues clandestinas capturadas pela polícia. Quando uma das organizações clandestinas foi levada a julgamento, as testemunhas foram usadas para manchar a imagem do partido. Em junho de 1946, o ministro de Segurança Pública anunciou que o partido tinha sido proibido em dois distritos em virtude de sua "cooperação" com as organizações nacionalistas clandestinas. Enquanto isso, surgia um sinal ou outro dos soviéticos que coordenavam todas as ações, tal qual manipuladores de marionetes; o Exército substituiu o boné polonês tradicional de quatro pontas por "um boné redondo cujo estilo está a apenas um passo de distância da *shapka* russa"; e, um belo dia ao fazer uma visita ao Ministério de Segurança Pública, Korbonski vislumbrou rapidamente um oficial russo que vira na ocasião em que fora chamado para ser interrogado. Esse homem, ele descobriu posteriormente, era o verdadeiro governante da Polônia, o general Ivan Serov, do NKVD.

As preocupações da elite política não seriam necessariamente compartilhadas pelos poloneses em geral. Um camponês ou um antigo trabalhador escravo de um campo de PD que pensava se ia ou não regressar seria provavelmente mais afetado pelo estado físico do país, pela situação econômica e pelas perspectivas de progresso. No começo de 1946, a Polônia ainda se encontrava em uma situação estrutural terrível. A destruição de Varsóvia superava até a de Berlim, deixando os visitantes pasmos; em agosto de 1945, o ministro da Saúde avisou que o país estava em "um estado catastrófico com relação ao saneamento e à saúde". Havia "um alto índice de mortalidade, um alto índice de tuberculosos [e] uma epidemia de doenças venéreas". Os preços dos alimentos tinham aumentado sem parar e estavam fora de controle. "O pagamento mensal de um trabalhador médio era suficiente para comprar 3kg de gordura ou óleo, ou 5kg de carne de porco, ou 5kg de açúcar, ou 20kg de farinha." Havia também falta generalizada de alimentos. Em fevereiro de 1946 ficou claro que a Polônia passava por uma falta de cereal que poderia levar a uma situação de fome; uma autoridade do partido respondeu que em Gdansk uma greve de ferroviários tinha "irrompido contra um cenário de fome total e falta de moradias".

A situação política e a condição física do país combinavam para criar um péssimo estado de espírito nacional. O Estado polonês tinha fracassado duplamente: em 1939, quando se demonstrou incapaz de proteger seus cidadãos; e uma vez mais em 1944, quando foi impotente para manter os russos afastados. Além disso, a confiança nos Aliados ocidentais tinha se transformado em exasperação e sentimento de traição.

E, no entanto, contra todas essas coisas, a situação em 1946 ainda oferecia oportunidades. A guerra tinha criado um vácuo terrível na sociedade polonesa, dizimando categorias sociais inteiras. Proprietários de terras e oficiais tinham desaparecido; grande parte da *intelligentsia* fora assassinada por Hitler ou por Stalin ou se exilara em algum lugar. Estimava-se que 30% dos cientistas e acadêmicos poloneses, 57% de advogados, 21% dos juízes e promotores, 39% dos médicos e quase 20% dos professores e artistas tinham morrido. Essa perda significava uma perspectiva de avanço social para os ambiciosos. Um médico humilde podia administrar um hospital; um mineiro de carvão, participar da gerência. Aqueles que jogassem o jogo podiam progredir rapidamente na polícia. E os "territórios recuperados" — as terras industrialmente ricas ao redor de Breslau que a Polônia tinha adquirido da Alemanha — precisavam ser reconstruídos e colonizados.

Há também uma discrepância entre as cifras oficiais da Unrra para o número de poloneses que regressaram e a expectativa da própria organização. Os documentos mostram um fluxo constante de repatriação que, nos seis primeiros meses de 1946, acrescentaram mais 179.487 pessoas às 150.773 que já tinham voltado para a Polônia. Essa era uma cifra respeitável, mas bem abaixo daquilo que a hierarquia da Unrra esperava conseguir e bastante longe da solução total para o "problema polonês" que alguns políticos planejavam. Por isso a percepção interna na Unrra era que, após um começo encorajador, a maré de repatriação parara totalmente no verão.

Por que os poloneses escolheram não retornar? Na busca por explicações, a Unrra e os militares desenterraram muitas das antigas suposições favoritas: medo de uma guerra que pairava no horizonte entre os Estados Unidos e a União Soviética, cujos rumores eram espalhados pelos oficiais de Anders; apreensão generalizada de que a Polônia tinha se tornado parte da Rússia; resistência dos padres à repatriação; e relatórios desfavoráveis enviados por aqueles que tinham voltado e por judeus que fugiam da Polônia. A situação econômica certamente não ajudava: em abril de 1946 relatórios internos da Unrra avisavam que o governo polonês estava considerando impor uma pausa temporária na repatriação em virtude da falta de alimentos em Varsóvia.

Em junho de 1946, no entanto, a mídia já era considerada culpada, principalmente a revista dos soldados americanos *Stars and Stripes*, que tinha publicado histórias com manchetes sombrias:

> Terroristas armados incendeiam e saqueiam aldeias polonesas; moças são despidas e ficam só de roupa íntima quando ladrões poloneses de vestuário atacam; a Polônia corta a ração de pão para 200g por dia.

Também considerado culpado era o governo polonês e sua incapacidade de estabelecer uma posição clara com relação aos repatriados. A Unrra tinha tentado desde fevereiro obter alguma coisa de Varsóvia, mas "a ausência total e persistente de qualquer declaração pública, oficial e autêntica que viesse do Governo Provisório Polonês com relação à Polônia e aos planos do governo para repatriados" significava que apenas uma repetição do discurso feito pelo primeiro-ministro polonês, Osóbka-Morawski, em 1945, em que apelos pouco convincentes ao patriotismo foram combinados com um tom de ameaça — "má psicologia", como bem observou uma pessoa da Unrra. O post-mortem da organização concordou que "a coisa mais importante seria uma declaração do governo polonês dizendo que ele desejava que todas as PDs polonesas voltassem para sua terra natal".

Um aspecto do problema polonês foi resolvido, no entanto. O governo britânico tinha, por algum tempo, confrontado a questão sobre o grande número de tropas polonesas servindo sob o comando britânico que não estavam dispostas a voltar para uma Polônia dominada pela Rússia. Cerca de 30 mil soldados tinham concordado em voltar, mas isso ainda deixava 60 mil na Grã-Bretanha e 100 mil na Itália, onde sua presença sob o comando do general Władysław Anders, que não fizera nenhum segredo de seus sentimentos anticomunistas e antissoviéticos, havia sido denunciado pelo bloco soviético.

No dia 14 de março de 1946, o general Anders foi chamado a Londres para encontrar-se com Attlee e Bevin, que lhe apresentaram um *fait accompli*. No dia seguinte, disseram-lhe, Bevin iria tornar público um acordo anglo-polonês que "determinava a maneira como os soldados poloneses repatriados seriam tratados". Segundo Anders, o acordo "continha uma lista de represálias e punições que seriam infligidas em certas categorias de soldados" enquanto fazia também "promessas vagas de que eles seriam tratados da mesma maneira que todos os outros soldados do Exército polonês ressuscitado". Anders ficou indignado com o sigilo em que essa decisão importante tinha sido tomada, e pela pouca antecedência em ser avisado. Ele tinha acreditado que nenhuma decisão seria tomada com relação às forças polonesas até depois que as eleições tivessem sido realizadas na Polônia. Soube, no entanto, que a visão britânica sempre fora a favor do retorno das tropas a tempo de participarem das eleições. Bevin "parecia pensar que seus votos realmente iriam contar e que ao voltarem eles estariam ajudando a obtenção da liberdade polonesa". Bevin e Attlee foram "gentis" em suas explicações e lhe garantiram que ninguém seria repatriado contra a vontade e que a desmobilização não seria feita apressadamente. Apesar disso, estava claro que a principal ansiedade deles era pela volta do maior número possível de poloneses.

A perspectiva de isso ocorrer diminuiu ainda mais quando o governo polonês deixou claro que eles iriam receber soldados do Exército de Anders, não como unidades militares nas Forças Armadas da Polônia, mas meramente como indivíduos. Os britânicos então enviaram a todos os soldados poloneses na Itália uma carta pessoal de Ernest Bevin, traduzida apressadamente em mau polonês, insistindo que ele voltasse para seu país. A carta teve o efeito contrário ao desejado. Anders recorda que "os simples soldados poloneses" rasgavam a declaração de Bevin, "revoltados com a sugestão de que deveriam regressar à Polônia com base no acordo feito pela Grã-Bretanha com o Governo Provisório de Unidade Nacional em Varsóvia". Os poloneses ainda se atinham à declaração feita por Churchill em 1944 de "que os problemas da Polônia e de suas fronteiras seriam decididos em uma conferência de paz em que a Polônia seria representada".

Quando ficou claro que sua abordagem não iria funcionar, o governo britânico mudou de rumo. No começo de maio de 1946, Bevin anunciou que seu alvo agora era a desmobilização feita o mais rapidamente possível da Unidade Polonesa II e sua transferência para a Grã-Bretanha. O total de 160 mil homens (muitos com famílias) iria formar uma Unidade de Reintegração Polonesa que iria prepará-los para a entrada na vida civil na Grã-Bretanha ou no além-mar. Ao anunciar o esquema no Parlamento dia 22 de maio, Bevin rejeitou a sugestão de Churchill de usar os poloneses como parte de uma guarnição para conter a Alemanha. "Acho que seria uma coisa ruim para a política britânica se fôssemos adotar um sistema de legiões estrangeiras para assumir nossas responsabilidades." Em particular, ele escreveu que um ajuste desse tipo "iria apenas aumentar o clamor contra um Exército 'fascista' e fazer com que o acordo político fosse ainda mais difícil".

A transformação da Unidade Polonesa, com seu histórico militar longo e glorioso, em uma "unidade de reintegração" foi quase o último capítulo na longa saga de mal-entendidos anglo-poloneses durante a Segunda Guerra Mundial. O governo britânico aceitou o plano de Bevin como a melhor maneira de sair daquela dificuldade, embora sem muito entusiasmo: os poloneses de Londres a essa altura já haviam se tornado um constrangimento diplomático, mas não poderiam ser simplesmente abandonados. Ao mesmo tempo, no entanto, o governo concluiu que ao deixar que tantos poloneses entrassem no país — a maioria provavelmente permaneceria no Reino Unido — este já fazia sua parte pelos refugiados. O gabinete rejeitou a possibilidade de aceitar mais refugiados judeus nos campos de PDs.

O general Anders aceitou que, para os britânicos, a desmobilização e a reintegração na vida civil eram uma necessidade. Ao mesmo tempo, escreveu ele, "nenhum soldado polonês ignora a significância dessa decisão britânica de desmobilizar o Exército polonês. Toda esperança de um retorno imediato para uma Polônia livre se perdeu e todos aqueles ideais pelos quais os soldados poloneses derramaram seu sangue em solo estrangeiro mostraram ser vãos".

Repatriação foi apenas a metade da história; a outra metade era a filtragem. A Resolução 92 tinha solicitado o "registro" de todas as PDs e a compilação de informação sobre suas habilidades empregatícias e sua história passada. Como no caso da repatriação, havia muitos interesses por trás desse passo, como simplesmente reduzir o número de pessoas sob a responsabilidade de Unrra . Na Itália, esse processo de "filtragem" tinha retirado da lista mais de 10 mil pessoas que não se encaixavam no status de PD e não mereciam os benefícios a ele vinculados. Apesar disso, a Unrra e o Exército "filtrarem" todas as mais de 1 milhão de PDs nos campos da Alemanha e da Áustria era um empreendimento e tanto. Seria a filtragem um exercício essencial para o monitoramento dos registros das PDs durante a guerra? E se fosse, seguindo quais critérios? Ou seria um exercício muito menos ambicioso para reduzir os números e eliminar algumas das pessoas mais obviamente inapropriadas? Na prática, muitas vezes não era nenhuma das duas coisas.

Uma primeira tentativa de registro, em maio de 1946, logo encontrou problemas e teve de ser abandonada. Em junho os funcionários souberam que a filtragem iria recomeçar ainda naquele mesmo mês; mas outras dificuldades logo surgiram. Houve amplas variações. Em uma área da zona norte-americana, a filtragem foi realizada tão rapidamente por soldados que já estavam prestes a deixar a Alemanha, muitas vezes usando como intérpretes pessoas dos grupos que estavam sendo registrados, que, na verdade, foi quase inútil. Em outra situação, o processo foi mais completo, mas igualmente insatisfatório. Os oficiais disponibilizados pelo Exército, selecionados basicamente porque permaneceriam naquele setor por pelo menos sessenta dias, eram "homens jovens, recrutados recentemente, para quem os problemas da Unrra com relação às PDs e a tarefa de filtragem, em particular, eram a princípio um grande mistério". O diretor distrital da Unrra no local, vendo como estavam despreparados, teve que organizar com urgência um treinamento de três dias sobre filtragem, no qual os oficiais recebiam um curso intensivo.

Era uma missão impossível. "O Exército e a Unrra fizeram um esforço enorme para ensinar a esses rapazes em doze horas aquilo que outras pessoas tinham tentado aprender e compreender durante seis anos ou mais de estudo intensivo", como dizia um relatório: "Eles ouviram sobre minorias e línguas, dialetos e ódios nacionais; ouviram sobre os métodos de ocupação alemães e métodos de governo russos. Aprenderam sobre truques usados pelas pessoas para se fazerem passar por Pessoas Deslocadas e viram documentos de identidade genuínos e falsos." A maioria desses jovens soldados tinha

A LONGA ESTRADA PARA CASA | 263

entre dezoito e 23 anos; alguns eram americanos de primeira geração que ainda falavam uma língua estrangeira; alguns tinham passado férias na Europa antes da guerra. Mas a maior parte não conhecia ou entendia a Europa, nem sequer gostava dela, sendo totalmente incapaz de entender as questões complexas que faziam parte da filtragem.

> Passando os olhos pelo grupo, podíamos ver dois ou três rostos interessados, um ou dois ambiciosos, escrevendo muito para tentar armazenar toda a enxurrada de informação (...) e todos os outros bocejavam, cansados de uma quantidade de palavras que não poderiam compreender de forma alguma e apavorados com uma tarefa para a qual eles sabiam que não poderiam cumprir. Alguns deles ouviram com gratidão que cada equipe seria acompanhada por um funcionário da Unrra, escolhido por sua experiência e qualificação especiais. Outros obviamente não gostaram da ideia de ter um civil trabalhando com eles, uma pessoa que, segundo lhes tinham dito, deviam escutar e obedecer.

Uns poucos indivíduos se envolveram com o exercício. Como Gitta Sereny, membro da Unrra em uma das equipes de filtragem. Jovem, articulada, eficaz e atraente, tinha morado e viajado bastante por toda a Europa e falava umas sete ou oito línguas. Gitta dominou completamente o tenente do Exército encarregado da equipe, um antigo caubói de rodeio e oficial de tanques de combate do Texas. Ela insistiu que as PDs fossem examinadas em detalhes, o que acabou por revelar alguns colaboracionistas. Mas conseguiu cair no desagrado da hierarquia da Unrra ao interpretar de maneira ousada e de acordo com suas próprias convicções as diretrizes de adequabilidade. Para ela, "o conjunto de critérios básicos deveria ser que qualquer homem ou mulher que tivesse, durante os seis anos de guerra, a qualquer momento e durante qualquer período, carregado armas no lado dos alemães, pertencido ao governo nacional ou a um grupo minoritário estabelecido pelos alemães, entrado no território alemão e voluntariamente trabalhado lá ou em território anexado, ou sido evacuado pelos alemães de seu país de origem, deveria ser desqualificado para receber os cuidados devidos a uma PD". Em um campo, Gitta avaliou que entre 15% e 20% dos poloneses seriam considerados inadequados, principalmente como colaboradores ou como membros do Wehrmacht. Ela também argumentou

> que 80% dos letões não eram qualificados, já que havia uma clara evidência de que, quando eles vieram para a Alemanha, em 1941, 1942 ou 1943, vieram sem [qualquer] pressão, a menos que o incentivo de salários altos ou das glórias do Wehrmacht, da SS ou da Luftwaffe possam ser considerados um tipo de pressão. Foi apenas durante dois meses no verão de 1944 que os letões foram realmente recrutados para trabalhar ou para lutar. Depois disso, não havia nenhuma necessidade de recrutamento de efetivo, pois o grande número de pessoas que veio para a Alemanha como refugiado político o fez fugindo dos russos, que avançavam.

Em seguida Gitta foi ainda mais longe, solicitando que se desse um fim a todo o processo de filtragem. Passou a ser "uma piada (...) uma mera farsa", ela escreveu dia 21 de julho. Ela propôs que "duzentos estudantes universitários, formados ou não", fossem recrutados pelos Estados Unidos para fazer a filtragem. Finalmente, rejeitou o argumento de que "nada pode ser feito pela Unrra porque é o Exército que está no comando, e não a organização".

Quando a solicitação de Gitta, que deveria ser apresentada na reunião seguinte do Conselho da Unrra, foi desconsiderada por seus superiores, ela entrou em contato com um amigo na BBC e lhe ofereceu uma história exclusiva "expondo" o programa de filtragem. Ele imediatamente informou a hierarquia da Unrra e Gitta foi despedida. Sua insubordinação dera a seus superiores uma oportunidade para ignorar o argumento mais importante que ela estava apresentando.

Nos bastidores, uma batalha se travava entre a Unrra, de um lado, e os militares e diplomatas, de outro. Esses últimos estavam interferindo cada vez mais para evitar que certos grupos de PDs tivessem seus passados investigados. Os "bálticos" — as Pessoas Deslocadas da Letônia, da Lituânia e da Estônia — tinham desde o princípio desfrutado de um status privilegiado. Não só foram protegidos da repatriação desde março de 1945, como também podiam reivindicar status de PD. Eles logo se mostraram capazes de explorar o sistema e de se aproveitar da ignorância dos ocupantes com relação ao que tinha ocorrido na Europa Oriental. "Nossas enfermeiras letãs, que a princípio me fizeram crer que vieram voluntariamente durante a guerra para trabalhar nos hospitais alemães, mudaram de ideia outro dia; talvez porque viram as PDs no hospital recebendo uma doação especial de roupas, ou talvez nós não as tivéssemos entendido bem antes", observou uma australiana que trabalhava para a Unrra em setembro de 1945. "As enfermeiras letãs assinaram então uma declaração dizendo que tinham sido forçadas pelos alemães, quando eles ocuparam a Letônia, a trabalhar primeiro em hospitais alemães naquele país, e depois a se mudar para a Alemanha para trabalhar em hospitais militares. Tendo se estabelecido como PDs, elas agora recebem a distribuição especial de rações."

As estonianas chegaram a iniciar um tumulto em nome de seus companheiros que tinham servido no Exército alemão e agora estavam sendo mantidos como prisioneiros de guerra na Alemanha. Nisso elas tiveram a ajuda do diplomata letão Charles Zarine, que gozava de uma influência considerável em Londres, e do homem mais importante do Departamento do Norte no Escritório do Ministério das Relações Exteriores britânico, Thomas Brimelow, que fora cônsul britânico em Riga em 1939 e depois servira na embaixada britânica em Moscou. Essa experiência o tinha deixado com convicções muito antirrussas, e ele agora estava disposto a distorcer as regras para ajudar os bálticos. "Tentem manter os bálticos tanto tempo quanto possível, e o mais sigilosamente possível, no status de prisioneiros de guerra, até que uma decisão seja tomada sobre sua eventual remoção", disse ele às autoridades militares na Alemanha em outubro de 1945, "e se eles tiverem de ser debandados antes de uma decisão, devem ser tratados não como civis alemães, mas como PDs bálticas". Essa política foi tacitamente adotada na zona britânica. Brimelow também acreditava que na prática era impossível decidir se homens bálticos que tinham servido no Exército alemão o fizeram voluntariamente ou sob coerção; e argumentou que, por isso, era melhor lhes dar o benefício da dúvida. Ele estimulou as autoridades para que desconsiderassem quaisquer pedidos soviéticos de extradição de criminosos de guerra; como resultado, o Ministério das Relações Exteriores britânico criou um padrão duplo pelo qual não alemães na Waffen SS eram tratados com uma tolerância muito maior que seus colegas alemães.

O sigilo que envolveu a filtragem fez surgir ressentimento e temores desnecessários entre as PDs. E a necessidade dessa filtragem tampouco foi explicada de maneira adequada para os próprios funcionários da Unrra. "Demoramos a perceber que, na verdade, a filtragem seria de importância vital para todas as PDs", recordou posteriormente Rhoda Dawson, funcionária britânica que trabalhava com ajuda humanitária na Unrra.

> Estávamos proibidos de explicar o motivo da filtragem. Sabíamos que era para separar as ovelhas das cabras, para eliminar os alemães, os *Volksdeutsch*, os infiltrados e os criminosos que sabíamos estar se escondendo nos campos; e para descobrir, entre os verdadeiros refugiados pré-dia V, aqueles que comprovadamente tinham sido colaboradores ou trabalhadores voluntários para os alemães e aqueles que tinham chegado, após a expiração de um prazo final, alguns meses depois do fim da guerra e, portanto, eram considerados fraudadores, desfrutando inapropriadamente os benefícios da Unrra.

Dawson aceitava que a necessidade de sigilo era imposta pela própria técnica da filtragem.

> Mas ela era cruel para as pessoas confusas e neuróticas, que imediatamente viram na filtragem outra ameaça de volta obrigatória ao terror. Deveriam nos ter dado alguma história para lhes contar (...) e em algumas mãos ignorantes ou descuidadas, a filtragem era usada como castigo, quando, na verdade, a não ser por erros incidentais, era uma coisa boa no longo prazo.

No primeiro dia de filtragem no campo polonês em que Dawson trabalhava, cerca de cinquenta homens, mulheres e adolescentes de mais de quatorze anos tiveram de se sentar a mesas separadas. Fizeram um juramento em polonês e preencheram um questionário. Esse questionário deveria ser supostamente à prova de acidentes, mas muitas vezes a PD não conseguia entendê-lo e tinha de ser ajudada pela equipe de filtragem. O requerente apoiava suas respostas com a apresentação de seus documentos.

> Os que tinham sido questionados estavam proibidos de revelar a natureza das perguntas para as outras PDs . Mas depois de quinze dias, dois homens foram vistos entrando na sala com as respostas já escritas. Em outro campo, membros de um grupo se comprometeram a decorar uma pergunta cada um, e depois disso uma aula era realizada sigilosamente.

Era evidente que havia espaço considerável para que indivíduos afirmassem suas lealdades. Segundo um relato, os membros da Equipe 539 da Unrra procuravam deliberadamente privar os habitantes de campos de refugiados ucranianos, poloneses e russos de seu status de PD. "Os refugiados eram interrogados com uma intenção hostil e de maneira preconceituosa. Os intérpretes judeus da equipe da Unrra chegaram a ponto de, maldosamente, introduzir suas próprias perguntas no processo de entrevista. Acreditava-se também que eles deliberadamente davam informações falsas ou enganosas para o oficial que presidia o processo e por outros meios predispunham os procedimentos contra aqueles que estavam sendo interrogados." Como resultado, ao que parece 64% dos habitantes do campo perderam o status de PD.

A filtragem afetou particularmente as PDs ucranianas, em especial aquelas do leste da Ucrânia que tinham sido cidadãs russas em 1939 mas agora estavam decididas a evitar voltar para a União Soviética. A nova política da Unrra, se levada a cabo da maneira correta, as ameaçava diretamente. "Logo elas perceberam que os painéis de filtragem estavam destinados a facilitar a repatriação localizando aqueles que ainda podiam ser sujeitos ao uso da força e induzindo a repatriação voluntária", escreveu um historiador ucraniano. "A presença de autoridades soviéticas em muitos dos painéis de filtragem amedrontava ainda mais os refugiados. O trauma que rodeava esses procedimentos fez com que a palavra *'skryning'** passasse a fazer parte do vocabulário dos refugiados ucranianos."

Os ucranianos inventaram várias contramedidas — documentos falsos, greves de fome, apelo à autoridade superior. Refugiados da

---

* Pronúncia errada da palavra *screening,* ou filtragem. (N.T.)

Ucrânia ocidental ajudavam os ucranianos orientais dando-lhes informações que lhes permitiam adotar novas identidades — como poloneses, tchecos ou romenos — e depois mantê-las, mesmo diante do questionamento detalhado e hostil sobre a escola que tinham frequentado, os empregos que tinham tido e o conhecimento de geografia. O poeta ucraniano Radion Berezov afirmou ter vivido, antes da guerra, em Vilnius, então parte da Polônia, e cuidadosamente aprendeu nomes de ruas, possíveis locais de trabalho, bares e coisas semelhantes naquela cidade. A Unrra volta e meia dependia de PDs como tradutores, e essas pessoas muitas vezes podiam enganar as autoridades aliadas com relação ao lugar de origem de uma pessoa. Outro ucraniano jurou que "as bobagens proclamadas em ucraniano-russo-polonês" por um grupo de PDs eram polonês: "Eu, sem olhar para os olhos do tenente, confirmei que cada um deles falava polonês. Ele aceitou minha afirmação calmamente, sem mostrar qualquer reserva, mas no fim do dia me pediu que não voltasse mais, pois ele próprio falava polonês muito bem." Havia também emigrantes vindos antes da guerra da Polônia, Ucrânia e Rússia que estavam trabalhando para a Unrra ou para os militares que se responsabilizavam por ajudar as PDs com documentos e outras formas de auxílio. Em um relatório enviado para o próprio Stalin, dois agentes do NKVD descreveram como, após terem entrado em um campo de PDs fingindo ser "Pessoas Deslocadas" russas, ouviram de um soldado canadense chamado Bashkenich que teriam de se registrar sob nomes falsos se quisessem que ele os ajudasse. O tradutor do campo, outro ucraniano, sugeriu que eles dissessem que tinham morado na Polônia antes da guerra. Os dois funcionários do NKVD seguiram seu conselho e foram devidamente registrados como PDs.

A filtragem teve outra consequência, no entanto. Ela enfatizou a divisão no movimento nacionalista ucraniano criada pelos acontecimentos durante a guerra.

Pouco depois do meio-dia do dia 23 de maio de 1938 uma explosão violenta estremeceu as ruas de Roterdã. Vários prédios foram avariados e os passantes encontraram os restos mortais de um homem bem-vestido espalhados pela calçada. Testemunhas disseram à polícia que, logo antes de sua morte, a vítima tinha encontrado um homem em um bar que lhe tinha presenteado com uma caixa de bombons. Várias semanas depois, a polícia holandesa descobriu que o homem morto era Yevhen Konovalets, líder da Organização de Nacionalistas Ucranianos. Mais tempo foi necessário para descobrir a identidade do assassino, no entanto; só na década de 1990 é que foi finalmente confirmado que o homem que Konovalets encontrara era Pavel Sudaplatov, agente do NKVD. Em suas memórias, Suda-platov revelou que em novembro de 1937 ele foi convocado para ver Stalin e recebeu ordens para "cortar o cabeça do movimento fascis-ta ucraniano na véspera da guerra"; o NKVD elaborou um plano, aproveitando-se da conhecida inclinação que os ucranianos tinham por bombons.

Konovalets, que lutara pela independência da Ucrânia em 1918 e fora exilado em 1922, tinha sido o líder inquestionável do movimen-to nacionalista ucraniano desde 1926. Mas sua morte, seguida pouco depois pelo pacto nazi-soviético, gerou divisões no movimento. Em 1940, os nacionalistas se dividiram em duas facções, com os mais mo-derados e conservadores apoiando Andriy Melnyk, oficial do Exército e engenheiro com fortes laços com a Igreja Católica, enquanto os nacionalistas mais jovens e mais extremistas seguiram Stepan Bande-ra, que tinha comandado uma gangue responsável por ataques terro-ristas na Ucrânia ocidental, governada pelos poloneses na década de 1930. As duas facções eram financiadas pelos alemães — mas enquan-to as conexões de Melnyk eram feitas com a Abwehr, Bandera estava mais próximo do Exército.

A invasão da União Soviética pelos alemães deu aos nacionalistas ucranianos a oportunidade que faltava. Batalhões de soldados vindos primordialmente da facção de Bandera acompanharam o Exército alemão em sua entrada na Ucrânia e participaram do assassinato de judeus e comunistas. No entanto, em junho de 1941 — naquilo que ficou conhecido como *akt* — os banderistas proclamaram um Estado ucraniano independente em Lvov. Isso provocou uma forte reação da liderança nazista, que estava decidida a não dar independência à Ucrâ-nia. Na repressão que se seguiu, o próprio Stepan Bandera foi detido e enviado para o campo de concentração de Sachsenhausen.

A remoção desse líder carismático deixou o terreno livre para o grupo de Melnyk, que então começou a seguir uma política de cautelosa colaboração com os alemães, os quais lhes permitiam espaço considerável para suas atividades. Gradativamente, no entanto, à medida que a crueldade do governo alemão ficou clara e 1 milhão de jovens ucranianos foram arrastados para trabalhar na Alemanha, essa associação os tornou cada vez mais impopulares.

Para ambos os grupos nacionalistas, Stalingrado foi um momento decisivo. Os participantes mais conservadores associados a Melnyk responderam à chamada de voluntários não alemães para se juntarem às novas unidades da Waffen SS — que tinha como objetivo produzir novos efetivos para suas forças no Leste, agora depauperadas. Os ucranianos conservadores se lembraram de como em 1919 o país tinha sido dividido entre os poloneses e os russos enquanto a população assistia, impotente; acreditaram que dessa vez, tendo uma força militar bem-treinada, seriam capazes de resistir aos russos. Rapazes que queriam evitar trabalhar na Alemanha estavam felizes de se apresentar como voluntários. Em julho de 1943, em clima de fervor nacionalista, os recrutas foram abençoados pela liderança da Igreja Uniate e uma grande multidão se reuniu em Lvov enquanto os destacamentos da 14ª Divisão Galega da Waffen SS desfilou em frente ao teatro lírico.

A maior parte dessas expectativas não se concretizou. Sem estar devidamente treinada, a Divisão Galega foi lançada na linha alemã durante a grande ofensiva soviética de julho de 1944 e quase totalmente destruída. Foi então retirada, reforçada (com homens das unidades policiais ucranianas) e enviada para reprimir as revoltas contra os alemães na Eslováquia e na Iugoslávia. No fim da guerra, a unidade já tinha mudado o nome para 1ª Divisão Ucraniana e ganhado um comandante ucraniano, o general Pavlo Shandruk. Como vimos, essa força foi salva da repatriação para a União Soviética pelos britânicos em maio de 1945, após apelos do general Anders e do papa Pio XII, com a justificativa de que esses soldados eram, pelo menos em teoria, cidadãos poloneses.

A facção OUN-Bandera aprendeu uma lição diferente com Stalingrado e decidiu ficar independente. Em março de 1943 criou a UPA, ou Exército Insurgente Ucraniano, cujo objetivo era lutar contra os alemães, manter os soviéticos fora e limpar a Ucrânia de todos os poloneses. O movimento obteve um grande apoio popular; em particular, cerca de 12 mil policiais ucranianos que tinham tomado parte no assassinato dos judeus da Ucrânia foram recrutados. Os poloneses, é claro, eram o alvo mais vulnerável. Durante 1943, a UPA matou entre 40 mil e 60 mil poloneses — em muitos casos usando técnicas de limpeza étnica aprendida com os alemães. No entanto, os poloneses começaram a revidar: no verão de 1944, quando os russos começavam a reocupar a Ucrânia ocidental, a guerra civil geral entre guerrilheiros ucranianos e poloneses estava no auge.

Assim, como o historiador Timothy Snyder mostrou, as circunstâncias do período da guerra geraram uma situação em que "os representantes mais poderosos das aspirações políticas ucranianas eram o braço extremista de uma organização terrorista, criada como uma conspiração armada e dirigida principalmente por homens jovens e inexperientes". Essa conspiração armada continuou depois da guerra. Quando o Exército Vermelho entrou na Ucrânia ocidental em 1944, o Exército Insurgente Ucraniano tinha 200 mil homens e quase todos os domicílios de camponeses tinham um abrigo contendo armas, munição e alimentos. Apesar de terem supostamente matado algo em torno de 110 mil "bandidos" e detido e deportado milhares mais, as autoridades soviéticas não foram capazes de derrotar os guerrilheiros ucranianos até o começo da década de 1950; em dado momento Stalin fez com que o líder do Partido Comunista na Ucrânia, Nikita Khrushchev, fosse temporariamente substituído.

Contra esse pano de fundo, o processo de "filtragem" teve efeitos diferentes do que se imaginava. Como a maioria que tinha medo de ser repatriada era ucraniana oriental, houve muita dependência da ajuda dos ucranianos ocidentais, que eram em sua maioria seguidores do grupo ultranacionalista chefiado por Stepan Bandera. Os orientais, portanto, tentavam provar que eram cidadãos da região ocidental, mas só seriam ajudados a escapar da repatriação se aceitassem a liderança de Bandera e de seu tenente, Iaroslav Stetsko. Foi observado, então, como a filtragem fortalecia os banderistas. Ao visitar os campos de PDs em dezembro de 1946, o ativista canadense-ucraniano Bohdan Panchuk descobriu que "as coisas já não são como eram quando a guerra terminou ou quando eu estive aqui antes":

> Por algum motivo, houve uma deterioração evidente em tipo e caráter. Os campos agora estão cheios de "políticos" que estão sempre "politicando" ou jogando jogos de sabe-se Deus o quê em vez de botar os pés no chão e perceber sua verdadeira situação, isto é, a de Pessoas Deslocadas e indesejadas por qualquer país a não ser a União Soviética. Em vez de erguer as mangas e começar a trabalhar, aprender alguma coisa e fazer algo de útil para elas mesmas, elas acham que a política, o mercado negro e mesmo o banditismo, a pilhagem, os roubos, as surras naqueles de quem não gostam etc. etc. etc. são mais "divertidos". Isso não deveria nunca ser falado ou citado publicamente. Precisamos defender o princípio dos refugiados e das PDs (...) e das vítimas da guerra, mas, na realidade, que Deus não permita e nos proteja, se algum desses bandidos parasitas entrarem alguma vez no Canadá.

As preocupações particulares de Panchuk de forma alguma puseram fim ao fluxo incessante de cartas e telegramas para pessoas poderosas em nome de seus compatriotas ucranianos. Da mesma forma, a hierarquia católica nos Estados Unidos continuava a fazer o possível para ajudar seus companheiros de fé na Alemanha. A tentativa do secretário de Estado James Byrnes de fechar os campos de PDs na primavera de 1946 não deu em nada quando os líderes católicos romanos nos Estados Unidos pressionaram Truman. O presidente escreveu para Byrnes no dia 17 de abril de 1946 dizendo que a Igreja Católica e os poloneses "em especial vão simplesmente ter um ataque se nós fecharmos esses campos sem algum tipo de preparativo para cuidar das pessoas que não podem regressar". O plano de Byrnes foi engavetado.

Ao mesmo tempo, outra forma de proteção para as PDs estava começando a se desenvolver: a da Unidade de Contrainteligência do Exército norte-americano, ou CIC, na sigla em inglês. Quando a primeira onda de retribuição pós-guerra dos Aliados tinha passado, a crescente polarização na Europa deu novas oportunidades para aqueles com habilidades ou informações para vender. "Era um negócio visceral usar qualquer patife, desde que ele fosse anticomunista", um homem da inteligência recordou posteriormente, "e a ansiedade para recrutar colaboradores significava que, com certeza, suas informações não eram examinadas com muito cuidado". No fim da guerra já existia uma "escada" para a segurança que levava até a América do Sul por intermédio do Vaticano, dirigida pelo padre croata Krunoslav Dragonovic e com a aprovação tácita do papa Pio XII. Em determinado momento, tanto Klaus Barbie, o conhecido chefe da Gestapo em Lyons, quanto Franz Stangl, o antigo comandante de Treblinka, desfrutaram da hospitalidade do Vaticano. Apesar de seu histórico, Barbie foi aceito pela Unidade de Contrainteligência do Exército norte-americano e rapidamente se tornou um agente confiável, até que o clamor francês por sua cabeça obrigou o Exército a despachá-lo para a Bolívia.

Da mesma forma, o chefe da inteligência da Organização de Nacionalistas Ucranianos, Mykola Lebed, que tinha desempenhado um papel importante nos "dias divertidos" de 1941 — quando milhares de judeus ucranianos foram assassinados em Kiev —, fugiu para Roma armado com arquivos sobre grupos antissoviéticos. A princípio rejeitado pelos americanos como "sadista e colaborador alemão", Lebed foi colocado na folha de pagamento da CIC e levado para a Alemanha, pois sua perícia era valiosíssima num momento daqueles, quando os militares esperavam que a guerra nuclear fosse ser deflagrada em seis meses, e começou a treinar um exército de emigrados para ser usado após um ataque atômico na União Soviética. Quando Mykola se desentendeu com outros exilados ucranianos, foi escamoteado para Washington.

Ao mesmo tempo, a inteligência dos Aliados estava começando a cultivar grupos nos campos de PDs e se mostrava disposta a intervir em seu nome para protegê-los da filtragem. No começo de 1945, as agências ocidentais já tinham começado a cultivar grupos anticomunistas no Leste europeu. Na Polônia e nas repúblicas bálticas, nunca houve uma oposição substancial ou sustentada ao governo soviético depois da guerra — a tentativa britânica de treinar e financiar operações nos Estados bálticos foi, quase que desde o princípio, monitorada pela KGB — e embora grupos de resistência conseguissem se manter em áreas remotas por vários anos, o movimento guerrilheiro nunca foi muito relevante. Na Ucrânia, no entanto, os nacionalistas eram uma força séria. Em 1946 assassinaram várias autoridades soviéticas, explodiram fábricas industriais e organizaram uma revolta de grandes proporções em Donbas, uma região de minas de carvão.

Os Nacionalistas Ucranianos, já há muito clientes tanto da inteligência alemã quanto da britânica, adquiriram novos patrocinadores quando a CIC americana assumiu o controle do chefe da inteligência nazista, Reinhard Gehlen, e suas redes de contatos. A resistência dos ucranianos naturalmente despertou interesse em Londres e Washington. Mas ninguém tinha ilusão alguma. Desde o começo de 1945, Londres já tinha examinado cuidadosamente a organização nacionalista ucraniana de Stepan Bandera e concluído que eles "nunca poderiam ser muito mais que um 'incômodo' para os soviéticos. Mas para manter os ucranianos ativos eles tinham de falar a linguagem de libertação". De sua parte, os ucranianos tinham bastante experiência em lidar com redes de inteligência estrangeiras, dando-lhes relatórios exagerados e jogando um serviço contra o outro. Uma inspeção americana das "operações envolvendo o uso de organizações nacionalistas ucranianas com o objetivo de coletar informação secreta sobre o Leste europeu e a União Soviética concluiu que a 'duplicação de esforços' era inevitável e os 'riscos de segurança', bastante prováveis". Embora os ucranianos fossem peritos em fingir que "seu passado histórico era limpo" e afirmassem ter "um serviço de inteligência excelente que levava diretamente à União Soviética", eles eram "os grupos mais oportunistas na Europa, intriguistas políticos de grande habilidade e antigos mestres na arte da propaganda".

Que diferença qualquer uma dessas coisas fazia para os campos de Pessoas Deslocadas? Evidências de uma permuta direta não existiam, mas na primavera de 1946 dois mandarins do Ministério das Relações Exteriores britânico — um deles Thomas Brimelow — demonstraram interesse pelos ucranianos. Eles insistiram que as autoridades na Alemanha permitissem que os ucranianos realizassem um "trabalho de ajuda humanitária" em seus campos. "Não estamos sugerindo que os ucranianos disponham de privilégios especiais", escreveu Brimelow. "A única coisa que temos em mente é que negar-lhes oportunidades educacionais na língua ucraniana e a prática de tratá-los ou como

A LONGA ESTRADA PARA CASA | 275

poloneses ou como russos constituem um sofrimento evidente que devemos tentar aliviar."

Não é nenhuma surpresa que os funcionários da Comissão de Controle ficassem a princípio desconcertados com esse desenrolar. "Todos nós gostaríamos de saber o que o Ministério das Relações Exteriores quer dizer com a palavra 'ucraniano'", escreveram eles. "Sempre dissemos às pessoas que de fato não existe essa nacionalidade — um ucraniano é um polonês, um cidadão soviético ou um apátrida segundo sua origem. Agora vejo (...) que o ministério pensa (...) que devemos permitir que os ucranianos organizem seu próprio trabalho de ajuda humanitária não político na zona britânica." Em maio de 1946, no entanto, a Comissão de Controle aceitou as recomendações do ministério e enviou uma carta à sede dos Aliados em Berlim declarando que, embora os ucranianos não devessem ser oficialmente reconhecidos como um grupo separado, "percebe-se a necessidade de atividades e instalações de ajuda humanitária para o ensino e a diversão na língua ucraniana a fim de que o ânimo dessas PDs possa ser mantido. Foi, portanto, decidido que não há qualquer objeção à organização de trabalho de ajuda humanitária para seu benefício, contanto que todas as organizações sejam de natureza não política". Porém, como os ucranianos não constituem uma nacionalidade separada, "não é, portanto, possível fornecer uma definição precisa de quem é ucraniano. Só podemos dizer que eles são pessoas que falam a língua ucraniana e desejam ser consideradas ucranianas".

As pessoas que mais se beneficiaram dessa mudança de política, no entanto, foram os membros da Divisão Galega Ucraniana, que tinham se entregado aos britânicos em maio de 1945 e obtido permissão para ficar na Itália. Uma vez que a Itália reconquistou o status de nação soberana — os tratados de paz foram assinados em 1947 —, essa presença passou a ser mais difícil. Em abril e maio de 1947 a Divisão inteira foi trazida para a Grã-Bretanha pelo governo de Attlee.

12

"SALVÁ-LAS PRIMEIRO E DISCUTIR DEPOIS"

EM 12 DE MARÇO DE 1946, Herbert Lehman pediu demissão do posto de diretor-geral da Unrra, por "motivos de saúde". Pelo visto, era bastante plausível. "O governador" tinha quase 68 anos de idade e estava envolvido na ajuda humanitária a refugiados por mais de quatro anos, três deles com a Unrra. Naquele período tinha voado centenas de milhares de quilômetros, sofrido inúmeras frustrações, quebrado a perna e perdido o filho na guerra. E recentemente passara pelo drama de renovar o mandato financeiro da Unrra, enfrentado dificuldades crescentes com os russos e tendo suas muito necessitadas férias interrompidas pelos dramas do general Morgan. Agora uma nova crise estava pairando sobre a questão de provisões de alimentos. Lehman já não aguentava mais.

Na verdade, a saúde de Lehman não era das piores; ele estava bem o bastante para concorrer ao Senado em novembro daquele mesmo ano. Havia outras razões para sua partida. Cada vez mais ele sentia que não podia depender do novo presidente, como tinha dependido do anterior, na confrontação de seus críticos no Congresso; e ele temia que a Truman "faltasse a compreensão e a solidariedade que Roosevelt sempre tinha demonstrado em suas ligações com a Unrra". Suas preocupações de que o novo governo estava abandonando o humanitarismo internacional do período da guerra para adotar uma concepção nacional mais estreita de ajuda humanitária foram confirmadas no começo de março de 1946, quando Truman pediu ao crítico extremo da Unrra, Herbert Hoover, que reexaminasse as necessidades de alimentos da Europa e da Ásia. Essa nomeação era uma boa política para o presidente, mas foi mais do que o orgulho de Lehman podia suportar. Além disso, ele possuía outras ambições políticas.

Quem seria seu sucessor? De acordo com a constituição da Unrra, teria de ser um americano. Falava-se do antigo embaixador em Londres, John Winant, ou do perambulante embaixador de Roosevelt, W. Averell Harriman. No fim, Truman pediu a Fiorello H. LaGuardia que assumisse o posto.

Já uma figura política importante, tendo servido cinco mandatos no Congresso e três como prefeito da cidade de Nova York, LaGuardia também tinha boas qualificações para ocupar aquele posto. Em primeiro lugar, sabia tudo sobre a Europa. Filho de pai italiano, um músico, e de mãe judia, ele tinha sido criado nos postos do Exército no Oeste americano antes de acompanhar sua família de volta a Trieste, então parte do império austro-húngaro. Seu primeiro emprego, com dezessete anos de idade, foi no serviço consular norte-americano na Europa, e quando finalmente voltou para Nova York, em 1906, era fluente em húngaro, alemão, servo-croata, iídiche e italiano. A partir daí, a carreira de LaGuardia tinha sido um triunfo de indústria e idealismo. Depois de conseguir pagar sua graduação em direito trabalhando como intérprete na ilha Ellis, ele advogou no Lower East Side de Nova York, ao mesmo tempo que dava seus primeiros passos na política. Como ítalo-americano, gravitava na direção dos republicanos e não da máquina democrata do Tammany Hall, dominada pelos irlandeses, e fez nome como membro do Congresso em Washington antes de procurar ser eleito em sua cidade natal.

Os talentos executivos de LaGuardia estavam comprovados. Ele tinha trazido um governo honesto e um funcionalismo não político para Nova York; transformado ruas, parques, aeroportos e a habitação social da cidade; desenvolvido novos programas sociais ambiciosos e esquemas de geração de empregos. Mas LaGuardia era mais que um administrador competente; era uma personalidade política única. À exceção de sua aparência — era gordo e media só 1,57m —, o político era poderoso em campanhas e um *showman* nato que "lia os quadrinhos dos jornais de domingo pelo rádio para os 'guris' em sua voz de tenor alto, e apostava corrida com os próprios bombeiros até o local dos incêndios". "Como uma personalidade nacional, LaGuardia também ajudou a gerar uma atitude antifascista e antinazista antes de os Estados Unidos entrarem na Segunda Guerra Mundial."

Se LaGuardia estava tão bem-qualificado, por que não tinha desempenhado um papel maior na guerra — ou sido anteriormente colocado como encarregado da Unrra? A resposta era simples: não era nada fácil trabalhar com ele. O estilo pessoal do prefeito era "gritar, altercar, sacudir o punho e ser mais do que um pouco irresponsável". Como escreveu o historiador Robert Caro: "Homens que desconfiavam de excessos desconfiavam dele. E ele não hesitava em brincar com uma política de mistura racial, de tremular a maldita bandeira, de apelar — em uma das sete línguas com as quais ele podia arrebanhar um público — para as inseguranças, ressentimentos e os preconceitos dos grupos étnicos no distrito de imigrantes que tinha representado no Congresso. Sua ambição clara por cargos importantes, sua belicosidade, truculência e temperamento violento (...) os repelia." Herbert Lehman muitas vezes tinha perdido a paciência com um homem que "acusava e difamava todos que se opunham a ele ou o criticavam", mas respeitava sua "energia incansável e sua opinião sagaz".

Os anos da guerra tinham sido frustrantes para LaGuardia. Apesar de seus melhores esforços, nunca lhe deram um posto à altura de sua capacidade. O Exército se recusou a tê-lo como um poder civil supremo no cenário mediterrâneo; Roosevelt nomeou como seu secretário para a Guerra um republicano mais ortodoxo, Henry Stimson; o posto da Unrra foi para Lehman. Na verdade, convinha a Roosevelt manter a "pequena flor" nos Estados Unidos, no posto que tinha um nome grandioso mas de muito pouco poder: chefe da Defesa Civil. Em 1945, a carreira política de LaGuardia chegou a um fim súbito quando Harry Truman, um homem leal ao partido, recusou-se a apoiar um prefeito de Nova York republicano, deixando-o com uma perspectiva muito baixa de reeleição.

Por que, então, o governo de Truman se voltava agora para LaGuardia? O fato é que achavam que a Unrra estava em um estado crítico, com possíveis escândalos por ocorrer; que uma atitude rápida tinha de ser tomada, especialmente com relação aos alimentos, e que LaGuardia não poderia recusar. Ele foi considerado o homem capaz de solucionar o problema dos alimentos. Mas, além disso, sua nomeação foi amplamente considerada a indicação decisiva de que os Estados Unidos estavam dispostos a dar um fim à Unrra o mais breve possível. A hostilidade de Washington à ideia de fazer outras contribuições para a organização e seu desejo de terminar todas as suas operações já eram, a essa altura, bastante conhecidos.

Inicialmente, LaGuardia não queria o posto. Ele estava exausto e sua saúde não ia muito bem. Mas acabou que seu sentido de responsabilidade pessoal, sua vaidade e as garantias de amigos de que só ele poderia fazer a Unrra funcionar o convenceram. No entanto, havia ainda uma contradição na posição de LaGuardia. Como o responsável da Unrra na Itália disse mais tarde, o prefeito tinha sido nomeado "para se encarregar do fechamento" da organização. "Essa não é uma nomeação feliz. Fiorello, por sua natureza emocional, era mais adequado para algo que estava crescendo, que estava melhorando e lhe dando crédito pelo que estava ocorrendo."

A própria análise que LaGuardia fez dos fracassos da Unrra foi basicamente emocional. "A concepção magnífica" de Franklin Roosevelt, "a maior operação de ajuda humanitária na história" e o "futuro da cooperação internacional como instrumento de paz" tinham, ele acreditou, sido solapados e traídos pelos departamentos dos Ministérios das Relações Exteriores e de Guerra britânicos e, em menor grau, pelos departamentos de Estado e de Guerra norte-americanos. Embora a Unrra tivesse realizado grandes feitos na reabilitação das Pessoas Deslocadas na Alemanha, tinha também sido incapacitada por sua dependência do Exército para suas provisões. Seu prestígio fora gradativamente reduzido; e Lehman agora lhe estava deixando um "patinho feio e triste".

O que, então, poderia ser feito? Conversando com seu amigo Ira Hirschmann dia 22 de março de 1946, LaGuardia teve certeza de que sua primeira tarefa era "conseguir comida para as pessoas". Depois eles deveriam encontrar "uma solução rápida para o problema das Pessoas Deslocadas". Hirschmann interrompeu animadamente:

> "Precisamos de pelotões de resgate, não de reuniões de comitês", disse eu. "Temos de entrar no negócio e quebrar todas as regras conhecidas pelo homem, e isso inclui o Ministério das Relações Exteriores britânico e o Departamento de Estado. Temos de improvisar, reduzir a burocracia ao mínimo — temos de *salvá-las primeiro e discutir depois*."

LaGuardia concordou. Pediu a Hirschmann que se preparasse para ir à Alemanha elaborar um estudo dos campos de PDs. O objetivo da missão, disse ele publicamente, era "acabar com os muitos e muitos rumores que existem por aí e os boatos relacionados com esses campos". Havia dúvidas permanentes em Washington com relação ao compromisso de Morgan com a Unrra, sua atitude para com as Pessoas Deslocadas e sua eficiência na imposição da repatriação polonesa.

O enviado de LaGuardia era um homem interessante e multifacetado. Então com quarenta anos de idade, Ira Hirschmann era executivo, radiodifusor e uma figura importante na vida cultural de Nova York. Formado pela Universidade Johns Hopkins e pela Escola de Música Peabody, ele era um dos vice-presidentes da Bloomingdale's, dirigia uma estação de rádio e, com sua esposa pianista, tinha criado uma organização para promover a música clássica, chamada New Friends of Music [Novos Amigos da Música, em tradução livre]. Amigo de Arturo Toscanini, Artur Schnabel e Otto Klemperer, ele era também um antigo sócio do prefeito LaGuardia e tinha se envolvido na ajuda a refugiados judeus durante muitos anos.

Politicamente, Hirschmann era um seguidor do grupo Bergson, uma organização sionista da direita radical que tinha eficientemente divulgado a difícil situação dos judeus da Europa, com uma publicidade agressiva, e mobilizado o apoio de celebridades não judias, mas solidárias. Em 1943, tinha sido enviado como mensageiro especial de Roosevelt à Turquia e dali em diante esteve muito envolvido com os esforços da Diretoria dos Refugiados de Guerra para ajudar judeus a fugirem da Romênia.

Agora LaGuardia estava lhe dando uma nova missão: ir "sem fanfarra, pela porta dos fundos" à Alemanha e fazer "uma inspeção completa dos campos de PDs". LaGuardia disse que vinha obtendo informações privadas que não batiam com os relatórios oficiais que vinham parar na sua mesa. Portanto, queria saber exatamente o que estava ocorrendo, para ter "um relatório detalhado e completo sobre Morgan e seu trabalho nos campos de Pessoas Deslocadas". Quando Hirschmann estava se preparando para partir, o Comitê

Anglo-Americano sobre a Palestina enviou um relatório recomendando que 100 mil Pessoas Deslocadas judias fossem admitidas na Palestina. Muito da primeira parte de sua viagem, portanto, foi dominado por um plano que ele criou com o propósito de mobilizar a Unrra para transferir os 100 mil judeus para a Palestina e usar tendas e equipamento de campos desertos da Unrra no Egito para alimentá-los lá. Mas quando finalmente chegou a Londres, no começo de junho, Hirschmann soube que os britânicos rejeitariam o relatório; seu plano, portanto, era irrelevante.

No dia 12 de junho de 1946, Hirschmann desembarcou no aeroporto de Frankfurt e foi recebido pelo assistente do general Morgan. Foi colocado às pressas em um enorme Packard e levado com grande velocidade em meio às ruínas da cidade, por uma larga rodovia que passava por uma região rural fértil e cheia de colinas até uma pequena aldeia no coração da Hesse agrícola, onde havia dois castelos chamados Arolsen. Em um deles ele encontrou o general Morgan. Enquanto se acomodava em um quarto muito amplo onde se encontravam pendurados retratos da família de Von Waldeck (que emprestara o castelo), Hirschmann se pegou imaginando por que esse "lugar idílico e remoto no campo foi escolhido para uma atividade de emergência que lida com quase 1 milhão de refugiados". Arolsen ficava a quase 250km da sede do Exército norte-americano em Frankfurt e pelo menos a 650km de Munique, onde os grupos maiores de campos de PDs se encontravam.

> Uma sensação de irrealidade começou a me dominar enquanto eu tomava banho e me vestia: aquela não era uma visita à Unrra, à Alemanha, para investigar a desgraça humana (...) eu era um convidado para um fim de semana no campo. Essa sensação de irrealidade aumentou ainda mais quando desci uma escadaria longa e circular que dava para um salão de recepções baronial onde homens e mulheres rodeados por ocupantes de altas patentes militares me aguardavam.

Entre eles estava um oficial britânico alto e bem-vestido que ele descobriu ser o general Morgan. Hirschmann achou-o encantador, franco e agradável. O general, por sua vez, achou que Hirschmann era "um sujeitinho bom, um judeu alemão de Nova York e obviamente um grande amigo do prefeito". "Sua missão parece ser coletar informações de primeira mão para o prefeito."

Ao visitar Washington em abril de 1946, Morgan tinha achado La-Guardia "um caso bastante fascinante":

> Simpatizei muito com o homenzinho. Um contraste marcante com relação a seu antecessor. Ele é, obviamente, um tremendo entusiasta, mas ao mesmo tempo muito divertido. E, claro, vai conseguir que algo seja feito, se não (...) Ele nos disse com franqueza que odiava a Unrra e tudo o que tivesse a ver com ela. Mas como todos nós, ele nunca tinha se visto em uma situação assim na vida. Porém, já que o presidente lhe pediu que assumisse o posto, ele não teve alternativa, e ao assumir, tem a intenção de fazer algo com ele ou morrer tentando.

Morgan e LaGuardia conseguiram esclarecer as linhas de comando. O primeiro, no futuro, iria estar diretamente abaixo do diretor-geral ou de seu representante pessoal na Europa — que naquele momento era Ira Hirschmann.

No dia seguinte, Hirschmann começou a planejar seu itinerário. Examinando um enorme mapa da Alemanha que cobria toda uma parede, ele subitamente teve consciência da escala gigantesca da operação. Entre a Dinamarca e a Áustria, a Unrra administrava quase trezentos campos com mais de 750 mil pessoas. Cada uma dessas comunidades autossuficientes de entre quinhentas e 6 mil pessoas tinha de ser administrada por uma pequena equipe de funcionários da organização, usando provisões fornecidas pelos militares. E o problema parecia estar aumentando sem parar. Hirschmann perguntou se aquelas pessoas que desejavam voltar para o Leste estavam mesmo retornando. E se as diretrizes da Unrra sobre o reconhecimento de antigos criminosos de guerra e colaboradores dos nazistas estavam sendo seguidas.

Então ele teve um momento de revelação. Por que davam a impressão, na América, de que as Pessoas Deslocadas eram principalmente judias, "quando, em números reais, os poloneses eram mais numerosos que os judeus em uma proporção de quatro para um? As estatísticas que chegaram até ele eram surpreendentes: de menos de 800 mil PDs sendo cuidadas pela Unrra, havia 422 mil poloneses, 187 mil bálticos, 104 mil judeus e 23 mil iugoslavos. "Por que davam tão pouca ênfase à presença de poloneses e bálticos?", ele perguntou. "A sensação de irrealidade que tomou conta de mim na minha chegada foi ficando cada vez mais intensa." "Qual era, então, o objetivo real desse estabelecimento de alto gabarito e em um cenário tão remoto nessa encantadora aldeia medieval na Alemanha central? Era uma fachada? Estaria ali para esconder um jogo maquiavélico em que as PDs eram apenas peças de um tabuleiro de xadrez político? Reportagens recentes na imprensa tinham sugerido que o Exército norte-americano estava considerando armar poloneses e iugoslavos descontentes e com eles formar empresas de segurança e de serviço para substituir as tropas americanas dispostas em outras partes da Alemanha. A Unrra, Hirschmann convenceu-se, estava alimentando e dando abrigo a "exércitos de mercenários dominados por elementos antissemitas e antidemocráticos". Os poloneses e os bálticos recebiam permissão para permanecer na Alemanha com o objetivo de formar a base de um exército anticomunista.

Essa percepção — em que um elemento de verdade se combinava com muita fantasia e exagero — acompanhou Hirschmann pela Alemanha e serviu de combustível para uma sensação de raiva cada vez maior. Seu estado de espírito era mais e mais o de uma pessoa ultrajada. Ficou chocado, por exemplo, com o contraste entre os campos de PDs bálticas e os dos judeus: "Bem-cuidados pela Unrra, os bálticos tinham estabelecido uma vida comunitária em que faltava a tensão típica de um campo judeu." Em um dos campos, um salão destinado a recreação e concertos fora reservado a eles. Tendo colaborado com os alemães, os bálticos então "faziam o papel de vítimas da guerra e exploravam a caridade da Unrra", enquanto que os campos judeus por ele visitados estavam superlotados e sujos, repletos de judeus que vinham da Polônia em uma proporção de 2 mil por dia. Em Zeilsheim, ele observou "uma fila sem fim de refugiados com pacotes e trouxas nas costas, lutando para subir pelo caminho que levava ao campo (...) Um grupo parou, e as pessoas, jogando as trouxas no chão, literalmente caíram de exaustão". Descobriu-se que eles tinham chegado nos últimos dias da Cracóvia e da Silésia polonesa, que ficavam a quase 450km de distância. No Funk Kaserne, perto de Munique, Hirschmann encontrou 1.800 homens e mulheres "amontoados como gado em matadouro, e para essas pessoas só havia três banheiros (...) o fedor de urina e excremento humano era terrível".

Hirschmann ficou horrorizado ao descobrir que seu próprio sentido de urgência não encontrava eco nos norte-americanos que estavam no campo. As diretrizes de Eisenhower para que as PDs judias tivessem prioridade com relação aos alemães — publicadas há quase um ano — estavam sendo ignoradas. Os soldados regulares preferiam os alemães asseados e trabalhadores aos sobreviventes judeus, enquanto os oficiais americanos pareciam interessados principalmente no próprio conforto. Jack Whiting, "o garboso e despreocupado" diretor da Unrra para a zona norte-americana, morava em uma casa luxuosa em Passing, distrito de Munique; o representante da Unrra em Berlim tinha "uma residência enorme no distrito elegante de Wannsee". Todas as preocupações de Hirschmann se juntaram quando ele voltou para o escritório da Unrra em Munique após um dia longo e comovente nos campos e foi levado a uma boate por Jack Whiting. Depois de observar por vinte minutos "o comportamento vergonhoso entre nossos soldados e as moças alemãs", Hirschmann se desculpou e foi embora.

Não era apenas uma questão de fraternizar com as alemãs; Hirschmann identificava os primeiros sinais de uma verdadeira mudança na política americana. Em todas as partes diziam que a prioridade principal das autoridades americanas agora era reconstruir a economia alemã. Quando chegou a Berlim, ele encontrou Robert Murphy, conselheiro político do governador americano, mais preocupado com o problema de absorver na zona americana os 2,5 milhões de alemães expulsos da região dos Sudetos, que estavam saindo aos borbotões da Tchecoslováquia, do que com os refugiados judeus. O vice-governador militar, general Lucius D. Clay, foi hostil e não se mostrou disposto a ser questionado sobre as diretrizes de Einsenhower. Quando Hirschmann disse que o Exército estava tratando os alemães com muita delicadeza, Clay respondeu que as críticas que ele recebia dos Estados Unidos eram bastante diferentes:

"Senadores no Centro-Oeste insistem que nós estamos 'matando de fome' e 'coagindo' o povo alemão. Você deve lembrar que temos 15 milhões de alemães nos Estados Unidos. Temos que dar atenção à opinião deles." Ao se despedir Clay disse: "O povo americano é idealista, não realista."

Três meses depois, em um discurso importante em Stuttgart, o secretário de Estado norte-americano, James F. Byrnes, iria formalmente colocar o carimbo na nova política com relação à Alemanha e, com efeito, enterrar a possibilidade de mais cooperação com os russos. "A visão do governo americano", declarou ele, "é a de que o povo alemão em toda a Alemanha, sob garantias adequadas, agora deve se responsabilizar pela administração de seus próprios negócios". Os americanos estavam começando a chegar à conclusão de que só dando aos alemães uma vez mais o controle de seus negócios é que eles poderiam fazer com que a reabilitação da Alemanha, que eles agora concordavam ser essencial, acontecesse. Havia uma crescente consciência de que o acordo de Potsdam era incompatível com os objetivos da política aliada.

A viagem de Hirschmann à Alemanha foi concluída com um segundo encontro com o general Morgan em Arolsen. Dessa vez foi organizada uma noite musical na qual um dos condes Von Lerchenfeld tocou piano maravilhosamente bem, mas Hirschmann também recebeu de Morgan uma conferência sobre a situação estratégica. "'Para todos os objetivos e propósitos estamos em guerra com a Rússia agora', disse ele em um quase sussurro confidencial. 'Não é preciso ter tiros para se ter uma guerra. Dessa vez os alemães ficarão do nosso lado. E dessa vez nosso plano irá funcionar.'" Morgan então "pegou um lápis e começou a desenhar linhas na toalha de mesa para indicar onde as próximas batalhas militares seriam travadas. Parecia que a Polônia seria, uma vez mais, campo de batalha". Hirschmann expressou alguma dúvida de que o povo britânico estivesse pronto para outra guerra e foi dormir.

Ao voltar a Washington, Hirschmann recomendou que Morgan fosse demitido, junto com seus assistentes nas zonas britânica e norte-americana. Mas nada ocorreu até que o próprio LaGuardia viajasse à Europa mais tarde, no verão de 1946, para inspecionar as operações da Unrra e participar da reunião do seu conselho em Genebra, em agosto.

A "viagem de campo" do prefeito foi um negócio complicado, uma mistura de comício de campanha e progresso triunfal. Acompanhado por uma comitiva considerável, LaGuardia voou para o Cairo e depois passou por Atenas, Roma, Belgrado, Viena e Paris para chegar à Alemanha. O ponto mais alto foi sua parada em Roma, onde seu desfile de automóveis foi recebido por enormes multidões que o saudavam e onde recebeu uma réplica da estátua de Rômulo e Remo sendo amamentados por uma loba. O prefeito dirigiu-se então à Assembleia Constituinte italiana, beijou inúmeros bebês e visitou os estúdios de filmagem Cinecittà, usados na ocasião como um campo provisório para PDs. Lá ele ficou muito irritado quando os empurrões da multidão impediram-no de falar com os internos do campo. Um colega lembra que LaGuardia "falava um italiano fluente, mas péssimo", era "o inimigo mortal do subjuntivo" e "teve problema porque confundiu as palavras italianas para lobo e para bezerro", mas mesmo assim foi extremamente popular. A maior parte do trabalho prático foi feita nos bastidores por Robert Jackson.

Durante sua estada em Roma, LaGuardia confirmou que a operação da Unrra seria concluída no final do ano. A notícia foi "um alívio enorme" para o general Morgan.

O diário de Morgan na primavera e no verão de 1946 foi dominado por dois temas: a perspectiva de uma guerra com a União Soviética e sua fúria com a incapacidade da Unrra de controlar o que estava ocorrendo nos campos de PDs judias.

Historiadores ainda debatem as origens da Guerra Fria. É só em retrospecto que ocorrências como o telegrama de George F. Kennan enviado de Moscou em fevereiro de 1946 e o discurso sobre "a Cortina de Ferro" de Winston Churchill, em Fulton, Missouri, um mês depois podem ser enquadrados em um mesmo modelo. À época, muitos tiveram uma opinião diferente. Mas o general Morgan, como muitos entre os militares, foi um guerreiro de Guerra Fria prematuro. Suas suspeitas foram despertadas quando, em visita a Washington em maio de 1946, foi submetido a um "terrível ataque verbal" por parte dos representantes da Unrra na União Soviética, na Polônia e na Iugoslávia, acusando-o de deliberadamente obstruir o fluxo de repatriação. A recusa deles "em aceitar a afirmação verdadeira de que os meios existentes de transporte eram plenamente adequados para transportar o pequeno número daqueles que desejavam viajar" o convenceu de que "não havia questão de qualquer tipo de consciência internacional por parte dos países do Leste. Eles só estão interessados em literalmente liquidar o problema das PDs o quanto antes, sem limitações ou regras. É, evidentemente, dever da Unrra proteger as PDs dessas pessoas". No dia 30 de maio, ele se preocupou com o fato de que "Londres e Washington estão tendo contatos cada vez mais próximos com os russos sobre as questões bálticas. Isso pode ser o começo da grande traição que, eu sinto, se torna cada vez mais iminente". Em junho de 1946, como vimos, ele tinha feito um esboço para Hirschmann de como seria a próxima guerra mundial. Em julho, falou "da total extensão do perigo russo".

A irritação de Morgan só foi intensificada com os esforços que os russos fizeram para controlar suas atividades. No 4º Conselho da Unrra em Atlantic City, em março de 1946, eles tentaram estabelecer um comitê que ficaria em sua sede e supervisionaria seu trabalho. Quando esse esquema caiu, eles vieram com uma nova ideia e mandaram o principal oficial de ligação na Alemanha para ficar de olho nele. Morgan não foi iludido pela expressão sorridente desse oficial: "É evidente que tudo que esses russos querem é tentar usar a Unrra como meio de evadir as restrições militares." Ele mal conseguiu se controlar quando teve de passar "duas horas exasperantes" com o *Comissar* Mikhail Burinsky, membro russo do pessoal da Unrra em Washington.

Esse novo estado de espírito fez com que Morgan ficasse cada vez mais relutante em persuadir os poloneses a voltar para seu país — e ele começou a não dar tanta ênfase às tentativas nesse sentido. Mas isso também o fez sentir que nessa hora de necessidade seu lugar verdadeiro era com os militares, não com a Unrra, da qual ele se sentia cada vez mais desinteressado. "Hoje estou praticamente num estado de total indiferença", escreveu ele em 15 de julho de 1946. "A questão entre o Leste e o Oeste fica cada vez mais clara cada hora que passa, mas não é fácil travar uma batalha quando a maioria de nossos funcionários imediatos não pode ver ou não quer ver o problema do ponto de vista verdadeiro e estão interessados apenas em suas briguinhas insignificantes (...) Estou começando a desejar, mais do que qualquer outra coisa, que cheguemos ao fim dessa tolice."

A segunda questão que preocupava Morgan era a das Pessoas Deslocadas judias. Sua explosão no Ano-Novo não tinha feito nada para estancar o fluxo de refugiados judeus da Polônia, que continuou durante toda a primeira metade de 1946 e se transformou em uma enchente depois do que ocorreu no dia 4 de julho na cidade polonesa de Kielce. Após alegações do sacrifício sangrento de crianças cristãs, uma multidão atacou uma hospedaria para judeus, com a ajuda e a cumplicidade de soldados e policiais locais. Quarenta e três judeus foram assassinados — fazendo com que milhares mais se apressassem para sair da Polônia. O governo de Varsóvia não fez nenhum esforço para persuadi-los a permanecer. Enquanto os britânicos se recusavam a admitir esses "infiltrados" em sua zona ou conceder-lhes status de PD e rações, o Exército americano lhes permitia a entrada na zona norte-americana. O estado de espírito de Morgan ficou ainda mais anuviado com os acontecimentos na Palestina, em que a campanha sionista de terror tinha culminado no bombardeio do hotel King David, em Jerusalém. "É doloroso ter de admitir isso", escreveu ele em 19 de julho de 1946, "mas parece que, pelo menos por enquanto, esses judeus nos derrotaram. Parece não haver nada que qualquer um de nós possa fazer para evitar a concretização do plano judeu de migração em massa para a Palestina".

Morgan ficou obcecado com a maneira pela qual os funcionários judeus da Unrra na Alemanha pareciam estar fazendo todo o possível para subverter a política britânica sobre a Palestina, ao mesmo tempo que ignoravam o funcionamento do mercado negro e a criminalidade entre PDs judias. Algumas de suas suspeitas foram justificadas — certos judeus americanos que trabalhavam para a Unrra realmente estiveram envolvidos com a imigração judaica ilegal. Saul Sorrin, por exemplo, diretor da Unrra para a região de Munique, ajudou os esforços do *Brichah*[*] para infiltrar judeus do Leste europeu na zona

---

[*] Movimento clandestino, organizado e espontâneo, de judeus sobreviventes do Holocausto que fugiam do Leste europeu para a Palestina. (N.T.)

americana e em pelo menos duas ocasiões serviu de escolta para o transporte de PDs da Alemanha e da França que se encaminhavam para a Palestina. Além disso, Morgan estava certo ao acreditar que as coisas iam além — na verdade, até o próprio diretor-geral, Fiorello LaGuardia. Hoje sabemos que, quando LaGuardia visitou a Iugoslávia, em agosto de 1946, recomendou ao marechal Tito que ajudasse o movimento de refugiados judeus pelo seu país até a Palestina, avisando-o, não muito sutilmente, que a continuação da ajuda que a Unrra prestava à Iugoslávia estava condicionada à ajuda daquele país ao movimento judeu.

O tom do diário de Morgan foi ficando cada vez mais sobrecarregado e encontros com líderes judeus muitas vezes levavam-no a explosões antissemitas. Ele achou que Herzog, o rabino-chefe da Palestina, era "um velho excelente, com um aguçado senso de proporção e um ótima humor. Ele tem uma inteligência fora do comum, e com isso é liberal", mas seu companheiro de viagem, o rabino Solomon P. Wohlgelernte, era "um dos judeus mais revoltantes que ele tivera a desgraça de conhecer".

> Fiquei feliz em lhe dizer, diante do rabino principal, que tirasse o uniforme da Unrra que ele estava usando sem autoridade. Eu, por acaso, sabia que ele tinha feito uso daquele uniforme para obter privilégios em viagens para as quais ele não tinha direito. Um sujeito realmente asqueroso.

Com tudo isso, quando Morgan viu o avião de LaGuardia aterrissar em Munique dia 1º de agosto de 1946, sua paciência estava perto do fim. Em seu diário referiu-se a LaGuardia, que usou um chapéu de caubói Stetson durante toda a viagem pela Europa, como "uma figura ridícula" rodeada por "um fio de personalidades de décima categoria".

Morgan estava decidido a conversar com LaGuardia sozinho, para expressar seus temores sobre a maneira como se infiltravam na Unrra. Mas nenhuma oportunidade prematura ocorreu, e ele foi obrigado a juntar-se à comitiva do prefeito enquanto visitava os campos, com sua fúria aumentando a cada momento. O campo judeu em Feldafing provocou uma surpreendente vociferação antissemita, ele observou que o eminente sionista americano, rabino Abba Hillel Silver, tinha "o aspecto tradicional de um Shylock", mas no fim ele não conseguiu a audiência particular com LaGuardia. No dia seguinte, o grupo da Unrra visitou um campo ucraniano em Augsburg, onde Morgan se divertiu com a ignorância do prefeito sobre a geografia política europeia: "ele teve a brilhante ideia de que precisávamos de um oficial de ligação ucraniano, o problema era que isso não existia". No campo de Haunstetten, os bálticos

> contaram ao prefeito todas as histórias de sempre enquanto ele tentava sua técnica habitual de convencer as pessoas de como seus temores a respeito do que estaria diante delas na volta à terra natal eram infundados. Ele foi completamente acabrunhado por uma mulher magnífica no escritório do campo, a viúva de um major do Exército estoniano que tinha sido deportado pelos russos uns cinco anos antes e de quem ela nunca mais tinha ouvido falar. O prefeito voltou-se para ela perguntando se ela, obviamente uma pessoa sensata, achava que havia alguma verdade naquilo que ele tinha ouvido do comitê. Ela disse com um desprezo intimidante que não só achava, mas sabia que sim.

Finalmente, após o inevitável banquete no clube dos oficiais do Exército norte-americano, Morgan teve sua oportunidade. Ele conseguiu ficar com o prefeito sozinho em seu carro e lhe deu "todos os detalhes daquilo que realmente estava ocorrendo na Alemanha" e "como era necessário destruir esse projeto desonesto que era a Unrra, sem deixar rastos, na primeira oportunidade possível".

> Eu tentei infrutiferamente dar ao DG alguma explicação daquilo que estava ocorrendo como resultado das atividades sionistas e da infiltração de agentes russos, todos sob as cores da Unrra. Não é que ele não estava interessado, ele estava tão pouco interessado (...) que caiu num sono profundo.

Poucos dias depois, Morgan foi chamado a Genebra, onde a quinta reunião do Conselho da Unrra estava sendo realizada. Ele passou algumas horas observando as discussões no Palais des Nations, onde a

Liga das Nações tinha se reunido, mas a maior parte do tempo ficou esperando ser chamado por LaGuardia. No dia 9 de agosto ele deu uma coletiva de imprensa, dizendo confidencialmente aos jornalistas que a organização estava minada pelos agentes soviéticos. No dia seguinte, as reportagens citavam uma "fonte militar aliada" que afirmava que a Unrra estava servindo de "guarda-chuva para acobertar agentes secretos e elementos criminosos russos envolvidos na venda e no contrabando de grande quantidade de entorpecentes". Quando descobriram que a fonte da história tinha sido Morgan, LaGuardia o demitiu. "General", ele lhe disse, "o senhor é o homem certo para o posto errado". Morgan, em privado, concordou.

Como seu sucessor, LaGuardia nomeou Myer Cohen, um americano burocrata no mundo da ajuda humanitária do tipo que Morgan mais desprezava... e judeu. Na verdade, Cohen acabou sendo uma figura sem muita importância e incontroversa que, com frequência, faltava ao trabalho por motivos de doença.

Tendo finalmente posto a casa em ordem, LaGuardia e Hirschmann fizeram outro esforço para repatriar os poloneses. Dessa vez tiveram o cuidado de preparar o terreno.

De algumas maneiras, as condições estavam mais favoráveis. Ernest Bevin tinha dissolvido o exército de Anders, os oficiais de ligação poloneses tinham sido banidos dos campos de PDs desde agosto de 1946 e a partida de Morgan produziu um expurgo da Unrra na Alemanha que deixou apenas os funcionários comprometidos com a repatriação. Além disso, uma delegação da Unrra visitou Varsóvia para planejar uma propaganda ofensiva com o governo polonês e voltou com uma "avaliação otimista". O governo de Varsóvia foi persuadido a adotar um tom menos ameaçador e mais receptivo. Um folheto intitulado "O que todos os cidadãos que retornam devem saber" explicava:

> P: *Eu serei bem-vindo tendo adiado minha volta por tanto tempo? Haverá qualquer discriminação contra mim por esse motivo?*
> R: A Polônia dá as boas-vindas a todos os poloneses que irão trabalhar para a reconstrução do país. Quanto mais cedo você vier, melhor a perspectiva e o emprego que você terá, e não haverá qualquer discriminação.

O folheto afirmava que havia muitos empregos e listava os passos para obter trabalho e os programas de treinamento disponíveis. Voltando-se para a agricultura, garantia aos leitores que lotes de 7ha a 15ha seriam propriedade privada:

> As histórias que você ouve sobre as fazendas coletivas são apenas rumores. É do interesse do Estado polonês ter propriedades privadas que sejam grandes o bastante para serem autossuficientes. Fazendas coletivas não estão sendo, nem serão, introduzidas em parte alguma do país.

Além disso, foi produzido um filme para as PDs. "Volte para a Polônia", recomendava *The Road Home*:

> No Norte onde está a casa arruinada
> Haverá liberdade, justiça e empregos para todos
> É hora de voltar para o arado, para a picareta
> Hora de reconstruir a casa, hora de voltar.

Finalmente, havia o fruto da imaginação de LaGuardia, o Plano de Ração de sessenta dias, conhecido oficialmente como "Operação Cenoura". Todos os repatriados que voltassem para a Polônia antes do final de 1946 receberiam uma oferta de sessenta dias de rações de alimentos.

Uma noite em setembro, enquanto o campo de Wildflecken dormia, Kay Hulme e sua equipe saíram para implementar a Operação Cenoura.

> No lugar de reuniões gerais da cantina do campo estabelecemos uma permanente amostra da ração alimentar de sessenta dias, que consistia em quase 43kg de comida por pessoa — farinha, ervilhas secas, flocos de aveia, leite evaporado, peixe enlatado e uma pequena montanha de toucinho. Ignatz [o motorista polonês de Kay] trabalhou junto comigo no *display* visual, dando uns toques artísticos como um pequeno corte no saco de farinha, derramando um pouco na mesa para que todos vissem que era uma farinha excelente, não a mistura encardida e amarelada de cevada alemã usada na padaria do campo;

esculpiu também um desenho floral no toucinho e empilhou as latas em pirâmides perigosas. E isso era apenas o presente em miniatura, a comida para uma única pessoa. Em outra mesa, mais comprida e mais firme, colocamos o que uma família de quatro pessoas receberia, mais de 170kg de comida — o monte de toucinho nessa configuração era suficiente para permitir que fizéssemos a escultura da águia branca da Polônia na frente.

Essa apresentação certamente produziu efeito:

O dia inteiro os poloneses desfilavam diante das amostras de comida. As procissões de pessoas maravilhadas continuavam durante semanas e semanas, até que a escultura de toucinho fosse reduzida gradualmente por dedos que a escavavam, até que a farinha derramada tivesse desaparecido, uma mão cheia após a outra, até que as pilhas de enlatados já não tivessem mais as escoras na parte de trás, que Ignatz tinha construído para sustentar o brilho íngreme das pequenas torres à frente.

Levou tempo para que seu efeito fosse sentido, mas em outubro o movimento na direção da terra natal já estava em plena atividade outra vez.

Pessoas importantes do Exército e de nossa própria sede invadiam o campo e nos deixavam orgulhosos da velocidade de nossa máquina de repatriação, que podia relacionar oitocentos poloneses e encher uma fileira de vagões fechados a cada três ou quatro dias, com um cartão numerado na mão de cada repatriado que lhe dava direito a receber a maravilhosa ração de alimentos para sessenta dias, oferecendo maravilhas tão logo ele chegasse à Polônia.

O aumento de transportes que partiam nos prendia, nos varria com as bandas de metais e as colisões de vagões que eram conectados e fechados com forte ruído, estávamos uma vez mais no antigo frenesi familiar de movimento contínuo, sem tempo para pensar ou sentir.

Aos poucos nós nos esquecemos da vergonha secreta que tínhamos sentido quando pela primeira vez ficamos atrás dos *displays* de comida grátis e observamos nossas PDs olhando fixamente para o fascínio terrível da isca, batendo, se retorcendo e dando voltas, antes de abocanharem o anzol.

A Operação Cenoura funcionou... mas só no curto prazo. "A repatriação da zona norte-americana continua intensa pela terceira semana", declarou o boletim *Repatriation News*, da Unrra dia 21 de outubro de 1946. Mas os números de PDs embarcando em trens para a Polônia logo diminuíram outra vez e o esforço de LaGuardia para exercer uma pressão real nos poloneses e peneirar as nacionalidades nos campos, extraindo os ucranianos, começou a produzir reação. Organizações polono-americanas protestaram uma vez mais. E nos campos as PDs começaram a revidar.

Em janeiro de 1946 os comunistas poloneses decidiram realizar uma eleição. Anteriormente eles tinham sido categóricos de que nenhuma eleição iria ocorrer no inverno, mas, tendo encenado um plebiscito com sucesso no mês de julho e continuado a atormentar a oposição política, agora estavam confiantes de que a vitória poderia ser alcançada. À medida que o dia da eleição se aproximava, e notícias de coerção comunista começaram a chegar diariamente, a tensão se elevou nos campos de PDs na Alemanha. Nos grupos de Wildflecken, Kay Hulme viu de relance poloneses que ela havia enviado de volta muito cerimoniosamente poucos meses antes voltarem para avisar seus companheiros de que não deviam regressar. Quinze dias antes da eleição, os poloneses de Wildflecken decidiram boicotar um "reconhecimento de nacionalidade" que estava ocorrendo em toda a zona norte-americana por ordem do Exército e da Unrra, com o patrocínio de um grupo de oficiais de ligação poloneses reconhecidos em Varsóvia.

Nossos poloneses simplesmente sentaram-se e recusaram-se a se apresentar aos oficiais poloneses para uma entrevista de um minuto e a apresentação de algum documento, como uma certidão de nascimento ou de batismo, provando sua nacionalidade. Em vão convocamos reuniões gerais, explicando que esse reconhecimento era nossa única maneira de saber de quantos poloneses (e bálticos e ucranianos e iugoslavos e assim por diante) nossa organização estava cuidando na zona. Em vão explicamos que não havia nenhuma repatriação forçada por trás dessa simples verificação de nacionalidade, que depois de provar ser polonesa apresentando um único documento, a pessoa não teria de ser repatriada a para a Polônia, a não ser que quisesse.

No entanto, havia divisões na própria equipe. Kay descobriu que Georges Masset e outros europeus "compreendiam por que Varsóvia tinha se transformado em símbolo de Moscou na mente dos poloneses". Mas a própria Kay, "com uma teimosia que eu não pude definir", ainda achava que a repatriação era melhor que a estagnação. Ela "agarrava-se a sua crença de que a Polônia votaria livremente e se recusava a interpretar os sinais".

Enquanto isso a sede regional da Unrra estava inflexível, achando que a filtragem tinha de prosseguir. Kay convocou os setenta líderes de bloco e leu suas ordens, avisando que medidas severas, possivelmente até expulsão do campo, seriam tomadas contra qualquer pessoa, grupo ou organização que tentasse bloquear o reconhecimento de nacionalidades. Mas, três dias mais tarde, quando os oficiais de ligação poloneses vieram, não havia qualquer sinal das PDs no refeitório. Quando Kay tentou descobrir a razão, Masset respondeu que estava ocorrendo uma manifestação e que ele tinha chamado o Exército. A essa altura os oficiais de ligação estavam rodeados por poloneses que os empurravam, fazendo com que fugissem para seu carro.

Eles entraram no carro enquanto as janelas eram estilhaçadas. Um dos oficiais saiu para retirar os manifestantes que estavam balançando o carro e eu vi uma mão arrancar seu chapéu cheio de galões dourados e começar a rasgar com a insígnia o seu casaco; então, subitamente, ele desapareceu diante de meus olhos. Pensei por um momento terrível que os poloneses o tinham sob seus pés e pisavam em seu rosto. [Masset] surgiu com quatro jipes cheios de policiais armados, mas de onde ele estava, na extremidade mais distante da massa uivante, não podia ver o carro da missão ou o que estava acontecendo. O carro estava sendo sacudido violentamente por um cordão de braços fortes de cinco homens, até que começou a se mover para o sopé da colina, longe da rua onde os jipes da polícia estavam parados, diante de uma parede humana. Vi o oficial de Varsóvia que tinha sido maltratado subindo no carro balançado — ou sendo puxado para dentro dele — bem no momento em que a multidão rodeou o automóvel para lhe dar o último empurrão, que o enviou a toda a velocidade pela colina gelada abaixo, na direção do portão principal.

Essa foi a "revolta de Wildflecken", como ficou conhecida na Unrra.

Pouco tempo depois, no entanto, Georges Masset permitiu que o homem que tinha organizado a manifestação, Krakowski, se tornasse presidente do Comitê do Campo. Kay ficou enojada. "O pequeno grupo fascista que organizou a expulsão dos oficiais de ligação foi silenciosamente eleito para postos no novo Comitê polonês", escreveu ela. Kay finalmente compreendeu quanto e por quanto tempo Masset a tinha enganado indo, pelas suas costas, lidar diretamente com os poloneses no campo.

Como resposta, Kay denunciou Masset para seus superiores na Unrra. Ela havia sido, como escreveu em 2 de março de 1947, "consistentemente enganada, com blefes e mentiras", por seu diretor desde dezembro de 1945, quando Masset fora a Paris em um caminhão da Unrra e depois mentido sobre isso. Além disso, disse ela, Masset dava grandes quantidades de comida da Cruz Vermelha para o Comitê polonês, o que fora revelado durante a famosa batida chamada de Operação Tally-Ho, dia 26 de dezembro de 1945, enquanto ele estava em Paris; tinha protegido colegas franceses envolvidos em operações no mercado negro; e enviado sua mulher para uma viagem a Paris na ambulância da Unrra. Mas a grande acusação era que, "pela boa vontade do senhor Masset, o inimigo ardiloso e habilidoso de tudo que nós representamos está cavalgando para o poder".

Mais tarde, Kay veio a se arrepender do uso que ela tinha feito dos crimes menores de Masset. Seu comportamento mostrava como a tensão da vida no mundo fechado do campo a tinha afetado. Ela não fez qualquer referência ao episódio no livro que escreveu mais tarde sobre suas experiências na Unrra, e inventou um final feliz no qual Masset anuncia sua transferência para a zona francesa. Na verdade, ele foi despedido da Unrra.

Esse não foi exatamente o fim do esforço de repatriação. Pouco tempo depois os comunistas poloneses manipularam as eleições para chegar à vitória em fevereiro de 1947, e o oficial principal de Repatriação da Unrra, Ralph B. Price, visitou Varsóvia e teve longas reuniões com os ministérios poloneses. Naturalmente, disse Price, "a questão de Wildflecken" tinha surgido nas discussões em Varsóvia. As autoridades polonesas não tinham criticado a Unrra especificamente, mas "acharam que nós tínhamos mantido nesse campo certos funcionários da Unrra que tinham atitudes contrárias à repatriação". Ele lhes tinha garantido que as condições em Wildflecken seriam modificadas. No mês seguinte, outra ofensiva de primavera foi lançada, construída ao redor de proclamações por parte dos comandantes militares norte--americanos, o primeiro-ministro polonês, o diretor-geral da Unrra e os diretores das zonas. Cartazes recebidos de Varsóvia, tratando do plano trienal para a reconstrução da economia polonesa e da vida em geral na Polônia, foram distribuídos; fotografias da vida e da reconstrução polonesa e tabelas das necessidades específicas de mão de obra da nova Polônia foram pendurados; panfletos sobre as concessões de terra e os salários disponíveis nos "territórios recuperados" na Silésia também foram distribuídos. A rádio polonesa produziu itens especiais destinados a despertar o interesse das PDs em voltar; notícias nos jornais cinematográficos mostrando a reconstrução ficaram à disposição da Unrra e o filme *The Road Home* foi reeditado e exibido outra vez. Finalmente, os próprios jornais da Unrra foram usados para promover e registrar a repatriação.

Uma vez mais, houve um breve movimento de poloneses. Mas em maio de 1947, a repatriação já estava começando a ser pouco prioritária na Unrra. Já era aceito que quase todas as PDs polonesas restantes não retornariam a sua terra natal. Elas ficariam na Alemanha ou seriam encontradas casas para elas em alguma parte do mundo.

13

"Nós subestimamos muito a destruição"

Victor Gollancz passou a noite de 2 de outubro de 1946 em um quarto enorme no "Schloss Nuremberg", na cidade de Lemgo, perto de Hanover. O castelo era a sede do general Evelyn Fanshawe, sucessor de Sir Raphael Cilento na chefia da Unrra na zona britânica. Era, relatou Gollancz, "grotescamente parecido com uma casa inglesa muito rica da metade da era vitoriana".

O editor e militante britânico estava em uma viagem de pesquisa. Durante o ano anterior, em inúmeras publicações e cartas para a imprensa, ele tinha insistido na sua campanha para que o governo britânico fizesse mais para alimentar os alemães. Agora Gollancz tinha a intenção de ficar ali mais tempo do que visitantes anteriores e realizar um levantamento detalhado das condições locais. Ele vinha recebendo a entusiástica cooperação das autoridades na zona britânica e passara os dois dias anteriores em conversas íntimas com generais em seu "castelo roubado". "O luxo informal da comida em todos esses lugares é mentalmente asqueroso e fisicamente delicioso", Gollancz escreveu para sua esposa. "Havíamos esquecido que refeições assim eram possíveis." Ele descobriu que a atitude dos britânicos para com os alemães "varia de decente e mesmo muito encorajadora até repulsiva (...) mas mesmo no melhor dos casos é horrível a atitude do conquistador superior para com o conquistado inferior". "Descubro-me gostando dos alemães em geral só porque eles são desprezados e rejeitados", continuou ele.

Quatro dias mais tarde, após ter começado suas investigações, Gollancz escreveu uma vez mais do Atlantic Hotel, em Hamburgo. "Uma das piores coisas que já vi é a condição daqueles que foram expulsos da Alemanha ocupada pelos poloneses, dos quais há 1,3 milhão em Schleswig-Holstein. É totalmente impossível descrever sua desgraça (...) Visitamos um navio no porto de Kiel no qual uns duzentos deles moram há cerca de seis meses: foi a única vez, desde que aqui cheguei, que fui de fato incapaz de conter o choro o tempo todo."

Não era exatamente surpreendente que Gollancz encontrasse as piores condições entre os expulsos do Leste. Quatorze meses depois de as cenas estarrecedoras na estação Stettiner, em Berlim, terem chamado a atenção do mundo para essa questão, o fluxo de refugiados ainda continuava. As tentativas aliadas de reduzir a expulsão dos alemães da Polônia e da Tchecoslováquia e de criar mecanismos para uma transferência "organizada e humana" de populações em Potsdam alcançaram algum sucesso. Apesar disso, 3 milhões de alemães do Leste e do Centro europeu entraram na Alemanha ocidental entre janeiro e dezembro de 1946. Enquanto o governo tcheco tentava realizar a operação "de uma maneira ordenada, humana e eficiente", os poloneses não se importavam e amontoavam os refugiados em trens sem aquecimento no meio do inverno. Mas os dois países, principalmente a Polônia, mandavam para a Alemanha suas "bocas inúteis" — idosos, mulheres, crianças e doentes mentais — e mantinham trabalhadores homens e saudáveis. Os protestos das autoridades britânicas na Alemanha foram invalidados pelo Ministério das Relações Exteriores britânico em Londres, que aceitou o argumento de Varsóvia de que os "territórios recuperados" deveriam estar livres de alemães para poderem ser ocupados pelos poloneses e para que as tão prometidas eleições nacionais pudessem ser realizadas.

O fluxo de um número ainda maior de refugiados imprimiu uma pressão intolerável sobre a zona britânica. Só 17% daqueles que tinham entrado na zona até 15 de junho de 1946 eram homens adultos e só 60% deles estavam saudáveis o bastante para trabalhar. A chegada de 750 mil expulsos economicamente improdutivos agravou a situação da comida, da habitação e da saúde pública. No final de 1948, haveria 243 pessoas para cada quilômetro quadrado na zona, sendo que na zona norte-americana e na francesa a relação era de, respectivamente, 167 e 131. Avaliava-se que, se fosse calculado uma pessoa por quarto, a Zona britânica tinha um deficit de 6,5 milhões de quartos. A situação estava pior em Schleswig-Holstein, onde 120 mil pessoas ainda viviam em campos.

Para alimentar essas bocas extras, as autoridades britânicas fizeram esforços desesperados para elevar a produção de alimentos e tornar a zona mais autossuficiente. Araram, então, cerca de 2,6 mil km² de pastagem para produzir, na espera de um aumento de 10% na colheita de cereais e de 75% na de batatas. Tentaram convencer os fazendeiros a matar seus rebanhos, a fim de fornecer carne e reduzir a demanda por pastagem arável e por alimentação para o gado. Proibiram a produção de safras de luxo; reduziram a quantia de cereal permitida para a produção de cerveja; estimularam o cultivo de legumes em jardins urbanos e em pequenos lotes; e fizeram o que podiam para obrigar os fazendeiros a levar seus produtos ao mercado.

Mas o sucesso dessa política foi apenas parcial. Os fazendeiros do norte da Alemanha, que, por longa tradição, eram criadores de gado e não plantadores de cereais, resistiram às tentativas de mudar seus hábitos; e não havia funcionários suficientes para fazer cumprir as mudanças. A produção de alimentos foi também prejudicada pela falta de sementes, fertilizantes e equipamentos. A política britânica ficou entre a cruz e a caldeirinha, sem conseguir levar a cabo nem uma coerção eficaz nem incentivos eficientes.

Ficou claro que importações consideráveis seriam indispensáveis por vários anos. Os britânicos teriam de fazer malabarismos entre as necessidades dos alemães, as da própria população — cujo pão estava racionado em 1946 — e a de outras regiões do mundo, tais como a Índia. Por razões que iremos explorar agora, garantir um fluxo constante de produtos alimentícios dos Estados Unidos provou ser muito difícil. Com isso a população alemã vivia de "carregamento em carregamento", e a ração oficial aumentava ou diminuía conforme permitissem as condições. Depois da queda inicial e dramática nas calorias diárias do "consumidor normal" de cerca de 1.500 kcal para apenas 1.100 em maio de 1946, houve um aumento em setembro de 1946 para voltar a 1.500, permanecendo assim pelos oito meses seguintes, antes de cair outra vez.

Embora essas escandalosas cifras tivessem importância política, tinham pouca relação com aquilo que as pessoas nas ruas da Alemanha realmente consumiam. Em primeiro lugar, a escala de ração oficial era raramente distribuída em todo o país, e o consumidor normal recebia consideravelmente menos, abaixo de mil calorias por dia. Se isso continuasse com o passar do tempo seria uma receita para a morte e para a morte pela fome; no entanto não houve fome em grande escala na Alemanha do pós-guerra e nenhuma epidemia relacionada. Existiam várias explicações para isso. Primeiro, apenas uma minoria da população eram "consumidores normais" — talvez uns 38%. O restante se enquadrava em categorias especiais, como mães que estivessem amamentando, idosos ou trabalhadores em trabalhos pesados — além, é claro, das Pessoas Deslocadas e dos "perseguidos" —, que tinham direito a rações extras. Segundo, à medida que o tempo ia passando, um número cada vez maior de pessoas conseguiu obter prescrições médicas dando-lhes direitos a rações extras, até que, em 1948, a porcentagem dos "consumidores normais" já tinha caído para 22%. Terceiro, cerca de 15% da população eram compostos por pessoas "autossuficientes" — fazendeiros e suas famílias que dependiam da própria produção para sobreviver. Finalmente, a maioria das pessoas podia complementar sua ração oficial obtendo comida extra no trabalho, comprando-a no mercado negro ou recebendo-a do exterior. O antigo prefeito de Colônia (e futuro chanceler da Alemanha Ocidental, Konrad Adenauer), por exemplo, recebia as rações extras distribuídas para pessoas perseguidas pelos nazistas, mas escrevia sem parar para amigos na Suíça pedindo-lhes que enviassem penicilina para sua esposa, "alimentos energéticos" para seu filho adolescente e Nescafé para si próprio — o Nescafé lhe dava a "vivacidade" necessária para seu trabalho político. No decorrer dos anos seguintes, ele recebeu queijo, mel, leite condensado e estreptomicina do exterior. E também se transformou em um "autoprovedor", desenvolvendo uma horta e um galinheiro. Alemães com menos sorte sobreviviam por meio do chamado *"hamstering"*: iam até a zona rural e compravam diretamente dos fazendeiros, normalmente trocando objetos por comida. Estimava-se que um quarto de toda a produção agrícola era vendido dessa maneira. Mas os idosos, os pobres e os expulsos do Leste eram os menos capazes de competir nesse mercado. A maior parte deles tinha chegado à Alemanha ocidental sem pertence algum.

Alguns grupos de refugiados tinham sorte. Os que tinham sido funcionários públicos na grande Alemanha agora tinham direito de entrar para o funcionalismo público ou conseguir uma aposentadoria. Uma grande porcentagem de burocratas na nova Alemanha era, na verdade, de refugiados, e o fato de professores terem sido tradicionalmente empregados do Estado alemão também contribuía para isso. Mas tudo isso ainda deixava muitas pessoas na parte inferior da pirâmide. Enquanto os alemães observavam que os recém-chegados muitas vezes se agarravam ao sonho de voltar para suas antigas casas e resistiam a mandar os filhos para as escolas locais ou a se casar com membros das famílias da região, os estrangeiros ficavam mais surpresos com suas condições de vida abomináveis. Em setembro de 1946 verificou-se que praticamente todas as crianças em um centro de alimentação em Hamm, na Westfália, estavam infestadas de vermes. Muitas famílias de refugiados moravam em abrigos antiaéreos de concreto que tinham aguentado os bombardeios. Uma enfermeira britânica achou que o clima dentro desses abrigos era "impossível de descrever de tão imundo" e a população de refugiados nesses lugares, "um exército soturno de seres humanos impotentes morando em condições que seriam condenadas por qualquer fiscal de gado do Ministério da Agricultura". No entanto, isso não era nada comparado às condições nos campos de refugiados improvisados nas áreas rurais próximas. Um dia Ella Jorden "encontrou um quarto em que cinquenta ou sessenta pessoas estavam amontoadas, com seus escassos pertences em volta".

O único espaço entre elas estava atravancado com legumes e batatas, que elas armazenavam como única esperança de comida pelos meses futuros. As crianças estavam sujas e despenteadas, e as mulheres tinham abscessos imundos nas pernas; estavam no fundo do poço, tinham viajado durante dias e noites sem descanso. Uma pobre mulher do Báltico estava prostrada de tristeza. Ouvindo sua história descobri que seu único filho morrera no caminho para o campo. Agora, ao cair em um buraco nas tábuas de madeira do chão, ela tinha perdido o bebê que estava esperando, e com isso quase enlouquecera de tanta tristeza. Fiquei feliz de poder tirar aquelas pessoas do quarto horrível e colocá-las em casas, e as pus em contato com um médico alemão que veio de uma cidade vizinha para visitá-las.

Essas condições de moradia inevitavelmente afetavam a saúde pública. Victor Gollancz afirmou que em Hamburgo 100 mil pessoas estavam sofrendo de edema da fome ou equivalente, em Düsseldorf, 13 mil pessoas vinham sendo tratadas dessa doença, e a incidência de tuberculose em Hamburgo era cinco ou até dez vezes maior sob a ocupação britânica que antes da guerra; em Schleswig-Holstein, era cinco vezes maior. Esses números foram logo questionados pelos médicos britânicos, provavelmente com razão; muitas das afirmações de Gollancz eram, com certeza, "extremamente exageradas", sendo originárias de médicos alemães com quem ele fez questão de conversar só porque lhe avisaram que não o fizesse. Isso significou que muito do impacto do trabalho de Gollancz foi perdido na briga subsequente entre médicos alemães e britânicos.

Mas Gollancz viu o quadro mais amplo. Embora ele tivesse dramatizado o sofrimento dos expulsos — e em seu livro *In Darkest Germany* [Na mais escura Alemanha, em tradução livre] publicou fotografias angustiantes de crianças subnutridas —, seu verdadeiro argumento era que a Alemanha como um todo não estava se recuperando. Era mais importante que os mineiros no Ruhr não estivessem obtendo o suficiente para comer, e portanto não estivessem retirando carvão suficiente para movimentar a economia alemã outra vez, do que mulheres e crianças do Leste estivessem morrendo de fome. Gollancz pôs a culpa disso em dois fatores: um governo militar confuso e desajeitado e o acordo de Potsdam.

A política de ocupação britânica na Alemanha nunca havia sido pensada em detalhes. Em vez disso, nascera de improvisações anteriores por parte dos militares ocupantes, nas quais um sistema complicado de burocracia e regulação tinha sido enxertado. O resultado não era nem uma economia planejada centralmente nem um sistema de livre mercado — um "manicômio" em que "ninguém sabe o que ninguém está fazendo". Ao mesmo tempo, Potsdam tinha tencionado criar um regime seguro de quatro potências, com as quatro zonas cooperando para administrar o país segundo um plano acordado mutuamente. A dificuldade era que a Grã-Bretanha, os Estados Unidos, a União Soviética e a França tinham, todos, expectativas diferentes da Alemanha. Em vez de tentar resolver essas diferenças em Potsdam, os líderes aliados organizaram às pressas um "protocolo" que foi construído sobre contradições. A Alemanha continuaria unida e no entanto seria dividida em zonas administradas pelos Aliados vitoriosos; pagaria indenizações a seus antigos inimigos, no entanto, também seria economicamente autossuficiente. Quando os Aliados começaram a implementar esses procedimentos no Conselho de Controle Aliado das quatro potências, no final de 1945, as tensões logo ficaram evidentes. Gollancz observou como o "monstro da indenização" parecia operar de uma forma bastante independente, como um robô fora de controle, e deu vários exemplos da "loucura que resulta da operação desses dois fatores". Uma empresa que fazia cobertores recebeu carvão... mas nenhuma energia para fazer funcionar suas máquinas; uma fábrica de alfinetes e agulhas teve permissão para recomeçar, mas não para usar seu estoque de matérias-primas, não podendo então fazer nada; uma firma que precisava de materiais de construção soube que teria de obtê-los fora da cidade onde estava estabelecida — e depois não teve permissão para levar um caminhão a mais de 80km de distância; a única companhia em Düsseldorf capaz de operar um serviço de bondes recebeu uma licença que mais tarde foi revogada. O porto de Kiel iria ser destruído, com a perda de 150 mil empregos.

Nada disso era novidade para o governo britânico.

Os britânicos foram o primeiro poder ocupante a perder a paciência com o acordo de Potsdam. Eles se viram em uma situação impossível: geriam uma zona de ocupação que tinha de importar 70% de sua comida e cuja administração lhes custava 80 milhões de libras por ano; trabalhavam para que não só fizessem com que as indústrias da Alemanha começassem a funcionar outra vez, mas também que, simultaneamente, obtivessem delas indenizações substanciais; e temiam que qualquer envolvimento político dos soviéticos na Alemanha Ocidental poderia permitir que Moscou solapasse o renascimento da democracia alemã. Preocupados em restaurar o equilíbrio de poder na Europa Central, eles logo começaram a examinar alternativas.

Um longo documento apresentado ao gabinete britânico em maio de 1946 reconhecia que o arcabouço de Potsdam não tinha sido um sucesso e perguntava se poderia ser necessário desistir de trabalhar com os russos e dividir a Alemanha. O objetivo britânico era reduzir o custo da ocupação, manter os russos fora, evitar outra guerra com a Alemanha e ainda restaurar o país para que ocupasse o posto natural de motor econômico da Europa. Em particular, as autoridades britânicas estavam bem conscientes de que a menos que a força de trabalho industrial da Alemanha fosse alimentada adequadamente, nenhuma recuperação iria ocorrer. Sabiam também que não podiam agir sozinhos; qualquer iniciativa tinha de vir dos americanos.

Os consultores jurídicos americanos estavam divididos entre Washington, Frankfurt e Berlim. Alguns integrantes do Departamento de Estado eram a favor do confronto com os russos já em fevereiro de 1946, quando George F. Kennan escreveu seu "longo telegrama" defendendo uma política de contenção. Mas logo depois, quando Winston Churchill, então líder da oposição na Grã-Bretanha, fez seu discurso sobre a "Cortina de Ferro" em Fulton, Missouri — a convite do presidente Truman —, em 1946, o próprio presidente foi obrigado a publicamente desautorizá-lo porque a opinião pública americana ainda exigia uma redução das forças de ocupação na Europa. Na Alemanha, o general Lucius D. Clay, que se tornou, na verdade, o procônsul americano, continuou a defender uma política de cooperação com os russos dentro do arcabouço de Potsdam, acreditando que ele os poderia controlar.

Havia, no entanto, mais uma complicação. Além da insistência russa de que Potsdam e suas medidas de reparação deveriam ser concretizadas, os franceses tinham uma agenda própria. Como os russos, eles queriam que as indenizações fossem pagas, mas também queriam que o coração industrial da Alemanha, o Ruhr, fosse "internacionalizado" ou, melhor, dado à França. Foi em oposição a essa iniciativa francesa que os americanos propuseram que sua zona fosse fundida com as dos outros poderes ocupantes ocidentais. Os britânicos responderam imediatamente, desesperados para encontrar um meio de dividir ou de reduzir os custos da ocupação. Com isso, no dia 30 de julho de 1946, as zonas britânica e norte-americana da Alemanha foram incorporadas para criar uma nova entidade, sob o nome — próximo ao título de uma opereta-cômica — de "Bizonia".

Em retrospecto, essa "fusão" das zonas pode ser vista como um passo importante na direção da futura divisão do país e da criação da República Federal da Alemanha. À época, no entanto, não só a significância do passo não foi entendida, como também não conseguiu produzir os benefícios esperados. Parecia uma lógica óbvia combinar o Norte industrial da Alemanha com seu Sul agrícola em uma unidade econômica; a esperança era que economias significativas pelo tamanho e pelo aspecto financeiro pudessem ser feitas; e, em particular, que a carência de alimentos pudesse chegar ao fim. A Bizonia, no entanto, não funcionou como o esperado. A Alemanha do Sul demonstrou ser incapaz de alimentar o Norte. E tampouco as duas burocracias de ocupação puderam ser facilmente associadas para o bem comum: entre os dois Aliados ainda restavam diferenças consideráveis em métodos de trabalho, ideologia e abordagem com relação aos alemães. Até as filosofias de seus especialistas agrícolas não estavam de acordo.

As consequências importantes da Bizonia demonstraram ser políticas. Embora a "fusão" não tivesse trazido os benefícios econômicos que os britânicos esperavam, significou que eles perderam o controle político sobre sua zona. Não só os planos britânicos, por exemplo, para a propriedade pública da indústria alemã foram arquivados, mas também toda a questão do futuro da Alemanha passou para as mãos dos norte-americanos.

Como se verificou no final, os Estados Unidos enfrentaram o desafio: 1947 demonstrou ser um ano importante para a política externa do país. Mas esse processo levou tempo e evoluiu de uma forma especificamente norte-americana. Ele será mais bem-compreendido se voltarmos para a questão vital da alimentação, dessa vez sob uma perspectiva americana.

Pelo visto, não deveria ter havido nenhum problema de alimentos depois da guerra. Mais do que suficiente estava sendo produzido no hemisfério ocidental — e, em particular, nos Estados Unidos — para alimentar os europeus famintos, e provavelmente também os asiáticos. Os anos da guerra tinham visto uma segunda revolução agrícola nos Estados Unidos à medida que uma séria carência de mão de obra levou à aplicação sistemática da mecanização e de fertilizantes, transformando a produtividade da terra. Em 1946, a agricultura americana já estava produzindo um terço a mais de comida e fibras que antes da guerra, com muito menos mão de obra.

No entanto, os americanos agora queriam comer mais carne, e era mais lucrativo para os fazendeiros usar seus cereais para alimentar o gado necessário para produzir a quantidade de carme desejada, e não para alimentar seres humanos. Pela primeira vez na história, o alto consumo de carne em um país importante distorceu a produção agrícola em todo o mundo.

As raízes do problema, entretanto, nasceram bem antes. As pessoas que administravam a agricultura norte-americana lembravam muito bem dos enormes excedentes na década de 1930, quando a superprodução tinha destruído os preços dos produtos agrícolas; o objetivo principal era evitar a repetição daquele pesadelo. No fim de 1944, a Administração dos Alimentos para a Guerra nos Estados Unidos tinha decidido, a partir de uns poucos farrapos de evidência duvidosa, que a Europa não ia morrer de fome quando a guerra terminasse. Com isso — e contra o conselho de Herbert Lehman —, tomou iniciativas para evitar a superprodução refreando a produção agrícola, relaxando os controles de racionamento para que os civis americanos pudessem comer os estoques existentes e cessando todo tipo de armazenamento para ajuda humanitária. O objetivo dessa política de "prateleiras vazias", diz o historiador Allen J. Matusow, era "chegar o mais próximo possível de uma situação em que a última batata, o último pedacinho de manteiga e a última fatia de pão dos militares fossem comidos no momento em que fosse dado o último tiro da guerra". Os efeitos potencialmente desastrosos dessa política para a ajuda humanitária europeia ficaram logo evidentes, e na primavera de 1945 personalidades públicas como Herbert Hoover já avisavam sobre os perigos que se aproximavam. Porém, quase um ano se passou antes de ser tomada qualquer iniciativa decisiva, em parte em virtude da ineficácia de Lehman em Washington e em parte devido às diferentes prioridades do governo Truman, que estava decidido a colocar os interesses do consumidor americano à frente das necessidades de ajuda humanitária.

E é aí que a carne entra. Se existe um vilão nessa história é a pura voracidade dos militares americanos, que insistiam em requisitar anualmente quase 200kg de carne por soldado, usando, portanto, uma considerável quantidade do gado e desviando a produção de grãos do consumo humano. No entanto, durante a guerra a carne fora racionada para o consumidor americano; com a paz e os americanos agora comendo consideravelmente melhor do que na década de 1930, houve enorme pressão sobre Washington para que acabasse com o racionamento, enquanto o incentivo para que os fazendeiros americanos vendessem seus cereais para consumo animal, e não humano, continuava firme. Em novembro de 1945, Truman revogou o racionamento da carne, do óleo e das gorduras.

No começo de 1946, o governo norte-americano percebeu que "uma crise de grãos em escala inimaginável estava ocorrendo" no mundo. Os Estados Unidos não podiam enviar para a Europa a carne, o açúcar, as gorduras e o óleo que estavam sendo pedidos, e, ainda mais importante, teriam grande dificuldade em fornecer os 6 milhões de toneladas de trigo de que dependiam os europeus. Pouco mais de um mês depois da remoção do racionamento, o gabinete de Truman recebeu advertências sérias sobre a situação.

Foi nesse momento, em fevereiro de 1946, que "Fiorello H. LaGuardia, o arrogante de calças boca de sino", como descreveu a revista *Time*, assumiu o poder na Unrra. O prefeito imediatamente atacou a crise de alimentos, colocando a questão na pauta nacional de uma maneira que Herbert Lehman não fora capaz de fazer. Ele apelou para os fazendeiros, pediu aos mineiros de carvão e aos estivadores que fizessem sua parte "em nome da humanidade sofredora" e recomendou que os americanos comessem menos. Alguns responderam: em junho de 1946, Eleanor Roosevelt disse a seus ouvintes no rádio como os moradores de Princeton, Nova Jersey, estavam se privando de pão em quatro refeições por semana e de gorduras um dia por semana. Mas a revista *Time* não estava certa de que o povo americano se mostrava disposto a sacrifícios. "Eles protestavam contra a falta de cerveja, resmungavam um pouco sobre a questão de um pãozinho por cliente" nos restaurantes e observavam que os produtores de grãos ainda armazenavam seu trigo, na expectativa de preços mais altos.

Assim, no verão de 1946, a comida já tinha se tornado uma questão crucial nos Estados Unidos. Por um lado, LaGuardia tentava — com alguma ajuda de figuras solidárias no Departamento de Estado, como Acheson — despertar a consciência da nação, vencer problemas logísticos e conseguir que mais excedentes da comida americana chegassem aos povos famintos da Europa e da Ásia — pois não era apenas na Alemanha que havia escassez de comida em 1946. Por outro lado, os fazendeiros e empacotadores de carne dos Estados Unidos retinham alimentos que deveriam ir para o mercado, gerando demanda a fim de elevar os preços e dizer adeus para qualquer volta possível ao racionamento e controles do tempo da guerra. Os republicanos estavam adotando posições para tirar proveito dessa questão nas eleições da Câmara e do Senado (*mid-term*) no fim do ano. Enquanto isso, o governo Truman não conseguiu tomar a dianteira e tentou, sem sucesso, reconciliar as várias posições.

Então LaGuardia foi além. Esquecendo que tinha sido nomeado para fechar a Unrra, e identificando-se entusiasticamente com seu novo papel de salvador dos milhões de famintos do mundo, ele lançou um novo esquema. Na Assembleia das Nações Unidas em Lake Success, Nova York, em setembro de 1946, o prefeito propôs a criação de um Banco de Alimentos Mundial das Nações Unidas, para ser administrado por uma Unrra muito menor, com uma mesa de diretores-executivos formada de delegados da ONU, cada um representando uma nação e eleitos pela Assembleia-Geral para determinar como a comida deveria ser distribuída. Com um orçamento de 400 milhões de dólares (face ao 1,3 milhão de dólares da Unrra em 1946) e sem que qualquer nação contribuísse com mais do que 49% da verba, parecia-lhe ser uma solução provisória sensata para o problema de alimentos. Os russos e seus aliados apoiaram a proposta. Mas LaGuardia descobriu muito rapidamente que a oposição principal vinha de seu próprio governo. "Desejamos oferecer ajuda humanitária como os Estados Unidos", anunciou o secretário de Estado, Byrnes, "não como membro de uma organização internacional em que um comitê composto de outros governos determina como será a ajuda humanitária oferecida por nós".

O estado de espírito nos Estados Unidos estava mudando. "O internacionalismo desaparecia gradualmente, de uma fase para uma frase", como expressou mais tarde Ira Hirschmann. Os apelos emocionais de LaGuardia perdiam força. Os próprios interessados, que eram os principais culpados pela escassez — os fazendeiros e agronegócios —, estavam reagindo, desavergonhadamente envoltos na bandeira nacional. Os comerciantes de grãos em Chicago rejeitaram os ataques do prefeito como "obscenos", enquanto a Associação Nacional de Intercâmbios de Commodities e Comércios Associados avisou que seu Plano de Alimentos ia "colocar todo o sistema americano em perigo". As autoridades, eles afirmavam, buscavam "submeter a distribuição de alimentos do país a um [controle] mundial totalitário".

Os republicanos exploraram sem piedade esse estado de ânimo nas eleições de novembro de 1946. "Os eleitores estão cansados de esforço, sacrifícios, dias sem carne, impostos mais altos e restrições governamentais; o clima de 1920 voltou", lembrou o historiador Allan Nevins. "A imagem de costeletas, manteiga, enlatados baratos, sem mencionar de uma abundância de carros novos, geladeiras e rádios, crescia na mente dos eleitores. Tudo isso seria deles se os republicanos ganhassem. Em outro momento o apelo tinha sido 'Vote para ganhar uma fazenda!' Agora era 'Vote para ganhar um bife!'" Os republicanos assumiram o controle das duas Casas do Congresso.

Esses eventos foram a assinatura da sentença de morte da Unrra. O governo Truman há muito vinha perdendo a paciência com a organização, em grande parte por aquilo que estava ocorrendo no Leste europeu.

Foi com uma sensação de terror que Francesca Wilson foi para a Iugoslávia no verão de 1946. Ela tinha se apaixonado pelo lugar e por seu povo desde que trabalhara lá, trinta anos antes, mas sabia muito bem que coisas terríveis tinham ocorrido durante a guerra. E isso, realmente, ficou evidente. Um dia, Wilson estava feliz com um sentimento súbito de esperança e reconstrução determinada; no dia seguinte, era levada ao desespero quando visitava as aldeias evisceradas

A LONGA ESTRADA PARA CASA | 311

e arruinadas pelo combate. Ouvia inúmeras histórias das atividades dos guerrilheiros durante a guerra; observou dois especialistas da Unrra tentando convencer os camponeses dalmacianos a cuidarem de seu trator americano com mais consideração; conversou com mulheres antifascistas e observou enquanto uma unidade de cirurgia plástica financiada pela Unrra pacientemente reparava os danos físicos da guerra. O relato que ela publicou explora com sensibilidade as tensões e fissuras que iriam levar à divisão da Iugoslávia quatro décadas mais tarde. Mas sua mensagem primordial era diferente: ela queria fazer reverências à Unrra.

O sucesso da Unrra na Iugoslávia era ainda mais extraordinário porque o trabalho lá tinha começado com muitos problemas. Embora o país estivesse em ruínas em 1945, o governo comunista do marechal Tito era profundamente desconfiado de todos os estrangeiros e só aceitou a ajuda da Unrra sob condições muito rigorosas. Meses de difíceis negociações se passaram até que a missão da Unrra teve permissão para entrar no país. No entanto, paradoxalmente, esse atraso foi útil. Ele deu aos iugoslavos tempo para avaliar com clareza suas necessidades e criar uma infraestrutura; e deu à Unrra tempo para extirpar os "responsáveis pelo mercado negro e os mal-intencionados" de sua equipe enquanto esperavam no sul da Itália. No final, a Unrra enviou apenas 150 integrantes para a Iugoslávia, quase todos especialistas, chefiados por um incrível engenheiro russo, Mikhail Sergeichic.

Como resultado, a tarefa da Unrra na Iugoslávia foi simples e clara: fornecer provisões, não serviços, lidando com um único cliente, sem os militares para complicar a mediação. Os iugoslavos diziam à Unrra o que queriam e a organização providenciava; com um sucesso extraordinário, porque muitos dos obstáculos logísticos da época da guerra já tinham então sido superados e a máquina da Unrra funcionou bem. "A Iugoslávia foi mesmo o paraíso para quem trabalhava com ajuda humanitária", um alegre professor primário de Lancashire disse a Wilson em Zagreb. "Quantas vezes eu ajudei a pesquisar e a enviar relatórios sobre as necessidades de um país onde eu estava trabalhando com ajuda humanitária mas com muito pouca esperança de obter qualquer coisa além de provisões de curto prazo — comida e vestuário, talvez cavalos e vacas, mas nunca tratores, máquinas de terraplenagem, equipamento de mergulho para resgatar navios ou cordão para fazer redes de pesca." Dessa vez, no entanto, ele pôde comprar cisternas de 2 mil galões de petróleo na França e (evitando os ladrões de carros franceses) os levou até Marselha, em seguida, por barco até Split. Transformados em cisternas de água, eles evitaram que os aldeões dalmacianos morressem de sede no final de 1945.

As estatísticas eram extraordinárias. A Unrra forneceu à Iugoslávia 10 mil caminhões, 14 mil cavalos de carga, 10 mil mulas, 237 locomotivas, 8.555 vagões de trem, mais de 4 mil tratores, 4 mil toneladas de soda cáustica para colocar a indústria de vidro outra vez em atividade, 7 milhões de dólares em equipamento para a exploração de minas, 44 serrarias e 433 máquinas para carpintaria. E as conquistas foram sólidas: o país foi salvo da fome, suas pontes e ferrovias voltaram a funcionar e sua agricultura e indústria tiveram o estímulo inicial para recomeçar. Embora Tito inicialmente tivesse relutado em permitir a entrada de especialistas estrangeiros, no final de 1946 ele já estava ansioso para não perdê-los.

Não parecia extraordinário para as pessoas com quem Francesca Wilson conversava que a Unrra estivesse gastando tanto dinheiro na Iugoslávia — em última instância, 415 milhões de dólares —, dos quais 72% estavam sendo financiados pelos contribuintes norte-americanos. Mas os políticos dos Estados Unidos viam as coisas de forma diferente. Não só o governo de Tito estava prendendo e executando seus oponentes políticos, coletivizando a terra e superando Moscou em sua retórica anticapitalista, mas estava também, ele próprio, distribuindo as provisões da Unrra e, segundo se acreditava, usando-as para objetivos políticos. E ainda por cima Belgrado começava a bravatear. No dia 6 de agosto de 1946, os iugoslavos derrubaram um avião de transporte do Exército americano que voou sobre seu espaço aéreo e depois maltrataram a tripulação, que incluía um funcionário da Unrra. Quando foram presos, relatou o secretário Byrnes em suas memórias, "olharam pela janela e viram em um depósito ferroviário uma locomotiva feita nos Estados Unidos com a sigla Unrra impressa. Eles sabiam que 70% do custo daquela locomotiva eram financiados pelo cidadão norte-americano, e essa lembrança não contribuiu para amenizar o período de reclusão". Assim, ironicamente, na Iugoslávia a Unrra cumpriu seu propósito original levando a cabo um dos programas de recuperação pós-guerra mais bem-sucedidos da história; no entanto, favoreceu também o fim do breve envolvimento dos Estados Unidos com a ajuda financiada internacionalmente.

Ocorreu uma história semelhante na Polônia. A Unrra desempenhou um papel decisivo em ajudar o país a funcionar outra vez, mas ao fazê-lo trouxe para si a crítica americana. Ninguém, é claro, questionou o direito polonês à ajuda humanitária. "A Polônia, após ter sido duas vezes um campo de batalha e ter sofrido durante seis anos todas as tentativas de obliterá-la como nação, é um dos países mais devastados da história", declarou uma publicação da Unrra. Após subjugar a rebelião de 1944, os alemães tinham tentado demolir Varsóvia completamente. "É quase impossível ter uma ideia de como [Varsóvia] deveria ser vendo apenas quilômetros e mais quilômetros de tijolos e esqueletos de prédios", escreveu um visitante americano para sua esposa. A população da cidade, segundo a organização, estava "malvestida, mal-acomodada e mal-alimentada; nenhum país da Europa foi mais devastado pela doença do que a Polônia". E qualquer perspectiva de recuperação era eclipsada pela destruição física e o depauperamento da população. "Com seu sistema de transporte destruído, sua agricultura e sua indústria paralisadas por falta de gado e maquinaria agrícola, matérias-primas e equipamento industrial e sua população reduzida de 30 milhões para cerca de 20 milhões, a economia nacional da Polônia sofrera um colapso quase total."

Ao mesmo tempo, a situação política complicava o papel da Unrra. Não permitiram a entrada da organização no país até que Londres e Washington reconhecessem o governo controlado pelos soviéticos em junho de 1945, e o brigadeiro Charles "Bud" Drury, o jovem canadense com um histórico de guerra brilhante que chefiou o programa da Unrra a maior parte do tempo, tinha de manter uma posição neutra entre as facções da política polonesa. "Com tato, com suavidade e ainda assim com energia", Drury questionava, em círculos privados, se a Polônia iria se transformar em um Estado comunista em virtude das qualidades individualistas de seu povo e da influência da religião. Ainda assim, estabeleceu boas relações com os comunistas e ganhou sua confiança.

Como os iugoslavos, os poloneses queriam provisões, e não funcionários da ajuda humanitária. E as tiveram. A Polônia foi a maior beneficiária do programa da Unrra, recebendo mais de 480 milhões de dólares em ajuda entre 1945 e 1947. Produtos alimentícios foram responsáveis por mais de 40% da ajuda humanitária — em junho de 1946, Bud Drury avaliou que a Unrra tinha fornecido 1.100 das 1.500 kcal diárias para a população polonesa urbana e 70% do pão e dos cereais que eles consumiram. Mas a Unrra também enviou grande quantidade de peças de vestuário, tecidos, equipamento médico e de higiene, assim como bens agrícolas e industriais — mais de 50% de todos os caminhões na Polônia, 11 milhões de dólares em sementes, 5 milhões de dólares em nitrato e fosfato, 151 mil cavalos, 17 mil cabeças de gado, 2.685 vagões de carga, 871 gôndolas e 105 locomotivas. Essa generosidade teve um efeito óbvio. No princípio desconfiadas da Unrra, as autoridades polonesas logo ficaram profundamente gratas pela presença da organização. Hilary Minc, um tecnocrata comunista de grande influência no país, reconheceu que a ajuda da Unrra tinha desempenhado um papel vital na recuperação da Polônia da Segunda Guerra Mundial, uma visão que foi transmitida e reforçada por historiadores econômicos desde então.

Mas a mensagem que chegou a Washington foi diferente. Relatórios diplomáticos e reportagens da imprensa se referiam constantemente a furtos, desperdício, atividades no mercado negro e discriminação. Essa última acusação era a mais importante — que "o governo polonês distribuía as provisões da Unrra por motivos políticos, e não humanitários". Arthur Bliss Lane, o embaixador norte-americano em Varsóvia, admitiu que Drury tinha "feito um trabalho válido", mas afirmou que, "como o acordo com o governo polonês não dava à Unrra qualquer controle sobre a distribuição dos bens importados pela organização, Drury não podia evitar que as provisões fossem utilizadas para objetivos políticos". Por exemplo, disse Lane, o governo se assegurava de que as provisões da Unrra não chegariam a instituições "reacionárias" tais como a Igreja Católica Romana.

Como as agências internacionais controlam a distribuição das provisões que trazem para um país? Essa questão continua sendo importante nos dias atuais. No caso da Polônia de 1946, existe dúvida se a Unrra poderia ter de alguma forma evitado que a distribuição ficasse totalmente nas mãos do governo. O sistema de cartões de racionamento, já existente antes da chegada da organização ao país, favorecia uns grupos em detrimento de outros; de tal forma que os operários nas indústrias mais importantes e os funcionários do governo ficavam em uma situação melhor que os moradores das áreas rurais, os idosos e os empregados das indústrias privadas. As autoridades polonesas afirmavam que a comida e outros bens escassos deveriam ser partilhados com base na quantidade e na natureza do trabalho desempenhado. Afirmavam também que o sistema de racionamento deveria ser usado como subsídio salarial, distribuído de acordo com os salários do indivíduo. Os críticos, no entanto, argumentavam que o governo polonês utilizava as provisões da Unrra para seu próprio subsídio.

Alguns dos funcionários da Unrra certamente eram ingênuos e cegos para as realidades políticas. Mas a missão realmente teve suas vitórias — conseguindo, por exemplo, persuadir as autoridades polonesas a dar uma porção diária de leite para todas as crianças com menos de doze anos, em Varsóvia, e fornecer rações complementares para grávidas e mães em período de amamentação.

A cobertura da imprensa americana, no entanto, tendia a se concentrar em uns poucos detalhes, principalmente no surgimento de bens da Unrra no livre mercado. Com a manchete "A Polônia abusa da Unrra", a revista *Life* revelou que "No hotel Polônia, de Varsóvia, se você estiver disposto a pagar, poderá beber coquetéis de vodca preparados com o suco de toranja destinado às crianças subnutridas do país" sem ter a menor ideia de que a maioria dos poloneses considerava sucos de fruta um luxo e uma novidade e preferia vendê-los em troca de pão e outras necessidades mais prementes — nessa época, "um quarto de galão de suco comprava 4,5kg de pão, quase 2kg a mais que até mesmo um pacote de cigarros americanos". Era também uma prática comum, aprovada pela Unrra, que o governo polonês vendesse algumas das provisões que recebia no livre mercado e usasse o dinheiro obtido para outros objetivos.

316 | BEN SHEPHARD

Mas para o Capitol Hill a mensagem era clara. Esses e outros incidentes — quando, por exemplo, a Bielo-Rússia aceitou tratores americanos da Unrra ao mesmo tempo que exportava modelos feitos localmente para o mundo — convenceram os legisladores norte-americanos de que a Unrra era um mecanismo para fazer os Estados Unidos financiar generosamente a recuperação econômica de regimes comunistas e antiamericanos. Essa foi a gota d'água para Washington. "Tanto para o Congresso quanto para o governo, a ajuda humanitária internacionalmente administrada tinha sido um fracasso", escreveu Dean Acheson mais tarde. "As coisas passíveis de serem obtidas eram frágeis, e a liderança, ainda mais frágil. As provisões da Unrra apareciam com muita frequência no mercado negro, mas, ainda mais sério, grande parte delas ia para os lugares errados e eram usadas com objetivos errados." A Unrra já estava condenada quando as eleições à Câmara e ao Senado, nesse caso chamadas de *"beefsteak"*, no fim de 1946, elegeram um Congresso fortemente republicano, neoisolacionista. Para eliminar outra fonte de problemas no Capitol Hill, o governo Truman deixou claro que a Unrra seria fechada no fim daquele mesmo ano. O presidente decidiu também que, no futuro, a ajuda humanitária norte-americana se concentraria nas áreas em que os Estados Unidos tivessem responsabilidades e interesses especiais.

Mas se a Unrra acabasse, quem ocuparia seu lugar? Havia ainda 1 milhão de Pessoas Deslocadas na Alemanha que não queriam retornar para seus países de origem e que, de alguma forma, teriam de ser repatriadas ou reacomodadas. Quem faria esse trabalho? Seria necessário criar uma organização ou os mecanismos existentes de cooperação internacional poderiam se encarregar delas? E a recuperação da Europa ocidental, em que a Unrra supostamente trabalhava, tinha sido realizada? Essas eram as perguntas que confrontavam os políticos americanos em 1947.

Havia precedentes para lidar com o problema de refugiados. A Liga das Nações tinha criado o Passaporte Nansen, para permitir que 1,5 milhão russos que haviam se tornado apátridas depois da guerra civil fossem reacomodados em outros países. Em 1938, em resposta ao fluxo de judeus que fugiam da Alemanha nazista, outro órgão tinha sido criado, o Comitê Intergovernamental de Refugiados, destinado a atuar como elo entre a Liga das Nações e os Estados Unidos. Inicialmente uma espécie de farsa — "um diretor em tempo integral e alguns 'camisas engomadas' cuja função é realmente pouco mais do que aquela dos patrocinadores de uma quermesse", na opinião de um ministro britânico —, o Comitê Intergovernamental já desfrutava uma boa reputação no fim da Segunda Guerra Mundial. Muitas pessoas achavam que ele era o órgão ideal para substituir a Unrra. Mas os britânicos o consideravam muito favorável aos judeus e os russos nunca tinham feito parte dele, portanto, no início de 1946 foi decidido que seria criada outra organização, sob os cuidados das Nações Unidas, então recém-estabelecidas.

As negociações para criar essa nova "agência especializada" das Nações Unidas para refugiados começou em janeiro de 1946 e continuou até dezembro do mesmo ano. Esses doze meses de argumentos, discussões sobre procedimentos, retórica e desentendimentos foram uma medida da discórdia que a questão produziu. Embora os delegados estivessem planejando intensamente medidas práticas para lidar com uma emergência específica, todas as conversações, lembrou um diplomata britânico, "ocorriam em um pano de fundo de grande desentendimento ideológico, de tal forma que desde o começo seguíamos direções diferentes. Os holandeses e alguns dos países neutros ajudaram ao tentar trabalhar para um acordo justo e humano. Os novos comunistas iugoslavos eram os aliados mais próximos dos russos na tentativa de evitar qualquer acordo que não fosse a repatriação à força".

Os russos, de maneira coerente, defendiam o estabelecimento de uma nova organização internacional para registrar, alimentar e repatriar refugiados e Pessoas Deslocadas, e teriam participado da organização se seu mandato tivesse se restringido unicamente a essas tarefas. Mas "opunham-se com crescente vigor à ideia de usar a organização internacional para ajudar no reassentamento de refugiados que, por razões políticas, se recusavam a ser repatriados" — "colaboradores e fascistas" — e estavam firmemente decididos a não contribuir para pagar por uma organização desse tipo. "Como vocês poderiam esperar que nós contribuíssemos para o sustento e o reassentamento daqueles que são politicamente contrários a nós e desejam trabalhar para outros países?", perguntou um delegado russo em particular.

A princípio, os britânicos e os americanos queriam cooperar com os russos; por isso fizeram concessões. Mais tarde, críticos iriam argumentar que essa ansiedade por manter os russos envolvidos enfraqueceu o arcabouço da organização de refugiados, e o único resultado foi que os russos abandonaram as negociações. Nos últimos meses de 1946, quando o principal negociador russo, Vyshinsky, havia repudiado tudo que seus subordinados tinham aceitado anteriormente, não houve alternativa a não ser continuar tentando chegar a um acordo sobre refugiados sem os soviéticos.

As nações ocidentais não eram exatamente os santos humanitários que fingiam ser. Tinham suas próprias pautas. Os britânicos, como sempre, queriam economizar; os norte-americanos queriam ajudar amigos e aqueles com influência no Capitol Hill — especialmente os bálticos e os judeus. Consequentemente, os "critérios de elegibilidade" — ou definição daqueles que estavam qualificados para receber ajuda — para a nova organização, por mais que fossem expressos de uma maneira geral, estavam destinados a favorecer certos grupos. Um negociador americano mais tarde confessou que "algumas das categorias foram traçadas de maneira muito ampla" a fim de que "pudessem ser usadas para abranger os povos bálticos na Alemanha, cuja posição era uma fonte de constrangimento para todas as grandes potências e que não se encaixavam facilmente nas outras categorias". No caso das Pessoas Deslocadas judias, os americanos se asseguraram de que tanto a definição de uma Pessoa Deslocada e a época que seria o limite para a elegibilidade permitiam que os "infiltrados" — refugiados judeus que tinham conseguido chegar à Alemanha vindos da Polônia depois do fim da guerra — pudessem receber ajuda. Os russos foram contra, mostrando, com bastante propriedade, que isso significava criar um precedente, incluindo aqueles que eram, na verdade, refugiados do pós-guerra entre aqueles por quem a responsabilidade internacional era reconhecida. No caso dos ucranianos, os países ocidentais concordaram em excluir aqueles que estavam ativamente organizando complôs para a queda dos governos de seus países de origem, mas não aqueles simplesmente hostis.

No decorrer dessas negociações, a delegação norte-americana recebeu muito pouco apoio do Departamento de Estado. Quando uma delegada, Eleanor Roosevelt, finalmente conseguiu almoçar com o secretário de Estado, Byrnes, ela lhe pediu quatro vezes que lhe desse instruções sobre como proceder, mas não recebeu qualquer resposta. Assim, a senhora Roosevelt e seu colega George L. Warren tiveram de confiar no próprio instinto e, às vezes, atuar com ousadia. Quando o delegado britânico, Francis Noel-Baker, tentou redefinir o papel do novo órgão, eles entraram em contato com Londres e conseguiram que ele fosse sumariamente removido pelo primeiro-ministro, Clement Attlee. Em outra ocasião, os dois tiraram 100 milhões de dólares do orçamento da nova organização da noite para o dia, reduzindo-o de 250 milhões de dólares para 150 milhões de dólares, porque tinham dúvidas se o Congresso iria pagar mais do que isso. Mais tarde descobriram por que tinham tido tão pouco apoio. "Em outro comitê na Assembleia das Nações Unidas, Dean Acheson e o senhor Byrnes estavam lutando desesperadamente contra esforços do prefeito La-Guardia para manter a Unrra", recordou George L. Warren tempos depois. "A razão pela qual eles estavam tão contrários a ela era que o governo soviético tinha explorado tanto a Unrra que eles já não a podiam suportar mais. Portanto, a posição norte-americana na Assembleia-Geral foi terrivelmente ambivalente. Aqui, Acheson e Byrnes estavam lutando contra mais Unrra, enquanto a senhora Roosevelt e eu estávamos lutando em outro comitê por um orçamento de 150 milhões de dólares para a IRO."

Logo ficou evidente que o novo órgão, agora chamado de Organização Internacional de Refugiados, estava condenado ao fracasso, a menos que os Estados Unidos concordassem em pagar sua cota, que era de 46% do orçamento da nova organização. Ao vendê-lo ao Congresso, o governo Truman inicialmente usou dois argumentos; primeiro, que o orçamento da IRO era um nove avos do orçamento da Unrra, e seu papel, restrito à repatriação e ao reassentamento de Pessoas Deslocadas. Segundo, que ao financiar a IRO os Estados Unidos estavam pagando para que os refugiados fossem enviados para outros lugares. Como Warren recordou mais tarde, os membros do Congresso que eram contra a entrada de refugiados nos Estados Unidos estavam "interessados em criar a IRO como tentativa de desviar a pressão sobre os Estados Unidos — ou seja, para enviar os refugiados a outros países".

A opinião pública norte-americana estava dividida. Grupos de pressão sectários apelavam para o dever humanitário dos Estados Unidos de ratificarem a Constituição e aceitarem "uma cota justa" de refugiados. Contra isso, uma minoria pequena, mas bem atuante, estimulada pelas organizações de veteranos tais como a Legião Americana e Veteranos de Guerras Estrangeiras, apelava para o sentimento isolacionista tradicional. A questão da ratificação finalmente chegou ao Senado em 1º de março de 1947.

A essa altura, no entanto, um importante divisor de águas na Guerra Fria surgira. No fim de semana de 22-23 de fevereiro de 1947, o embaixador britânico em Washington tinha informado a Truman que seu governo, exausto e quase falido, já não podia continuar a fornecer ajuda financeira e militar para a Turquia e para a Grécia (onde uma guerra civil estava em progresso). Washington entrou em crise, enquanto os americanos bracejavam para assumir o papel que os britânicos tinham decidido abandonar. Em uma reunião na Casa Branca, Dean Acheson procurou o apoio do Congresso pintando um quadro assustador da situação:

> A pressão soviética nos Estreitos, no Irã e no norte da Grécia levaram os Bálcãs ao ponto em que um avanço — extremamente possível — dos soviéticos poderia abrir três continentes para a penetração desse país. Como maçãs em um caixote infectadas por uma maçã podre, a corrupção da Grécia infectaria o Irã e todo o Leste. Carregaria a infecção para a África pela Ásia Menor e pelo Egito e para a Europa, pela Itália e pela França, já ameaçadas pelos partidos comunistas locais e mais fortes da Europa Ocidental. A União Soviética estava fazendo uma das maiores apostas da história com um custo mínimo.

Os Estados Unidos então começaram a adotar a política de "contenção" da União Soviética defendida por George F. Kennan um ano antes. Em um discurso para as duas Casas do Congresso, o presidente apresentou aquilo que passou a ser conhecido como "Doutrina Truman". Nesse novo clima, a legislação autorizando o orçamento da IRO foi aprovada pelo Senado.

Essa mudança na política norte-americana, simultaneamente ficando mais distante de instituições internacionais e, no entanto, mais envolvida em política externa, recebeu um empurrão decisivo de um ato divino. Na Europa, o inverno de 1946-7 foi o mais frio em cem anos. Na Grã-Bretanha, a atividade econômica parou completamente; visitantes ao Ministério das Relações Exteriores britânico encontraram Ernest Bevin em uma sala enorme sem calefação, enrolado em um cobertor. Histórias semelhantes ocorreram na Itália e na França. Mas o impacto do inverno foi sentido com mais crueldade pela população já enfraquecida da Alemanha. Um cobertor de neve e de gelo caiu durante quatro meses; os rios principais ficaram congelados; as ferrovias pararam de funcionar e as detenções por furtos de carvão dos trens aumentaram dramaticamente. Os mineiros no Ruhr tinham de passar muito tempo ajudando suas famílias. Hamburgo ficava sem luz e aquecimento das sete da manhã até as dez da noite. Muitos dos refugiados do Leste que tinham sido visitados por Victor Gollancz no outono anterior morreram de fome. "Estamos diante de uma situação aqui (...) em que a nação está morrendo lentamente", escreveu uma equipe quacre baseada em Hanover. "Não podemos fazer nada." "Não há nada que possamos fazer", ecoava outra equipe em Solingen. "Nesse oceano de desgraça que não para de crescer, a gota que é a ajuda humanitária quacre parece ridiculamente insignificante."

Diplomatas americanos que visitavam a Europa ficaram espantados com o que encontraram. Eles haviam presumido que uma combinação dos esforços de ajuda humanitária da Unrra e a restauração das relações econômicas normais iriam fazer com que a Europa logo começasse a se mover outra vez; e não conseguiam entender por que as perspectivas para a recuperação europeia dependiam de ter uma Alemanha funcionando uma vez mais como a locomotiva da economia do continente. Agora não só a recuperação vacilava, como havia temores reais de que os partidos comunistas poderiam ser eleitos na França e na Itália. Para um homem em particular isso foi um momento de iluminação espiritual.

Will Clayton era uma personalidade pouco comum no governo Truman: um milionário do algodão do Mississippi que fez fortuna por esforço próprio e agora estava com sessenta e poucos anos; entusiástico defensor do capitalismo, do livre-comércio e da estabilidade monetária; um homem de negócios prático, não um economista acadêmico. Como vimos, Clayton ficara mais do que feliz em acabar com a Unrra após suas experiências no 3º Conselho da organização em Londres, em agosto de 1945. Mas ao visitar a Europa no começo de 1947, Clayton ficou horrorizado ao descobrir que lá o capitalismo não estava funcionando. "É óbvio, agora, que nós subestimamos muito a destruição da economia europeia pela guerra", começava o memorando de 27 de maio de 1947 que Clayton enviou para o secretário de Estado, George C. Marshall. Os americanos, disse ele, tinham compreendido a destruição física no continente mas não tinham percebido até que ponto a guerra rompera as conexões sociais nas quais toda a atividade econômica está baseada. Ao invés de se recuperar, a Europa estava se deteriorando gradativamente. Havia crises políticas constantes, milhões de pessoas estavam morrendo de fome nas cidades e, no entanto, os camponeses não traziam a comida para o mercado porque tinham perdido a confiança em sua moeda. Grandes áreas do continente voltaram a uma economia de subsistência.

A maioria dos países da Europa Ocidental passara a usar suas reservas limitadas de ouro e de dólares para pagar pela importação de carvão e de alimentos. Era essencial restaurar a autossuficiência do continente o mais rápido possível. Em seguida, Clayton deu um aviso brutal: "Sem mais ajuda imediata e substancial por parte dos Estados Unidos, a desintegração econômica, social e política irá soterrar a Europa."

> Além das terríveis implicações que isso terá para a futura paz e segurança do mundo, os efeitos imediatos em nossa economia doméstica seriam desastrosos: mercados para nossa produção excedente perdidos, desemprego, depressão, um orçamento fortemente desequilibrado aliado a uma dívida de guerra gigantesca.
>
> *Essas coisas não podem acontecer.*

Clayton argumentou que os Estados Unidos tinham recursos suficientes para fornecer a ajuda necessária, se ela fosse organizada de forma competente.

> Será necessário que o presidente e o secretário de Estado façam um forte apelo espiritual para que o povo americano se sacrifique um pouco e aperte os cintos a fim de salvar a Europa da fome e do caos (não dos russos) e, ao mesmo tempo, preservar para nós e nossos filhos a herança gloriosa de uma América livre.

A Europa precisaria uma doação de cerca de 6 ou 7 bilhões de dólares em mercadorias por ano durante três anos, calculou Clayton, incluindo carvão, alimentos, algodão, fumo e serviços de transporte marítimo dos Estados Unidos. Os carregamentos de comida teriam de superar os 15 milhões de toneladas que os Estados Unidos já estavam exportando para a Europa. "Estamos desperdiçando e hiperconsumindo alimentos nos Estados Unidos a tal ponto que uma medida razoável de conservação faria com que pelo menos outro milhão de toneladas ficasse disponível para exportação sem prejudicar em nada a saúde e a eficiência do povo norte-americano."

Mas Clayton concluiu com um tom diferente. A experiência recente, escreveu ele, sugeria que outras nações, como o Canadá, o Brasil e a Argentina, sem dúvida, iriam ajudar com seus excedentes de alimentos e matérias-primas, mas, enfatizou, "devemos evitar nos metermos em outra Unrra. *Os Estados Unidos precisam dirigir este espetáculo*".

A proposta de Clayton logo se transformou no Programa de Recuperação Europeia que o novo secretário de Estado, general George C. Marshall, revelou em seu discurso em Harvard, em maio de 1947. O esquema tinha muitos objetivos: restaurar o papel tradicional da Alemanha como centro econômico da Europa de uma maneira que fosse politicamente aceitável naquele continente e nos Estados Unidos; evitar a expansão do comunismo na Europa Ocidental; e evitar que o mercado dos Estados Unidos no exterior secasse.

Harry Truman insistiu que o plano tivesse o nome de Marshall. "Qualquer coisa que seja enviada para o Senado e para o Congresso com meu nome dará alguns suspiros e depois vai morrer", afirmou ele. Os republicanos estavam decididos a cortar os impostos e os gastos. Desde a guerra, os Estados Unidos já tinham gastado 3 bilhões de dólares em ajuda humanitária estrangeira e emprestaram à Grã--Bretanha outros 3,25 bilhões de dólares — para nada, ao que parecia agora. Os outros 6 ou 7 bilhões de dólares que Will Clayton tinha calculado que os europeus iriam necessitar equivaliam a pouco mais da metade de todo o orçamento federal para 1948. Seria uma tarefa e tanto vender isso para o Congresso.

Marshall e sua equipe assumiram um risco calculado de os russos não aceitarem o convite para participar do plano — se o fizessem, o plano nunca teria reunido o apoio necessário. No final, Stalin não pôde aceitar duas das condições americanas: que a própria União Soviética ajudasse a financiar a reconstrução da Europa Ocidental e Central e que prestasse contas de como o dinheiro americano estava sendo gasto. Como resultado, embora dezessete nações acabassem participando do Plano, a pressão soviética garantiu que a Tchecoslováquia, a Polônia, a Romênia e os outros países satélites do Leste europeu não o fizessem. A recusa de Stalin em participar do Plano praticamente garantiu sua aprovação pelo Congresso, embora o risco de confronto tivesse provocado forte resistência tanto dos republicanos conservadores quanto dos democratas liberais.

O general Marshall tentou evitar a retórica anticomunista que tinha servido de base para a Doutrina Truman, vendendo o plano como um meio de solucionar a situação econômica da Europa e a necessidade de reconstruir uma região vital para a segurança norte--americana. Ele convenceu a elite da política externa, mas o plano provavelmente não teria sido aprovado pelo Congresso se Truman não tivesse posto a carta do comunismo na mesa, apresentando o plano como a única forma de deter a dominação soviética na Europa. Ele foi ajudado pelo então recente golpe comunista na Tchecoslováquia.

A adoção do Plano Marshall é corretamente considerada como um momento decisivo na história do pós-guerra. Na Alemanha, sua importância foi mais psicológica e política do que econômica: mostrou que os Estados Unidos não iriam abandonar os alemães a sua sorte. Mas o que de fato levou à recuperação da Alemanha foi a decisão norte-americana de finalmente dividir o país entre as zonas ocidental e a soviética, introduzir uma nova moeda, o marco alemão, e colocar os alemães novamente encarregados de sua economia. No entanto, ao devolver-lhes a soberania, essas medidas fizeram com que a necessidade de solucionar o problema das Pessoas Deslocadas fosse ainda mais urgente.

14

"Moram, comem, reproduzem, esperam"

Em agosto de 1946, Marta Korwin, uma das funcionárias da Unrra que trabalhava com ajuda humanitária e dirigia uma escola de artes para Pessoas Deslocadas em Kassel, passou para seus alunos o desafio de escrever uma redação sobre suas experiências pessoais. Um mês mais tarde ela traduziu e reuniu alguns desses escritos. Os textos sobreviveram entre seus documentos e hoje nos dão um vislumbre raro dos sentimentos das PDs naquele momento. Lutando para se expressar, as vozes individuais dos alunos, apesar de tudo, conseguiram ser muito claras. E repetidamente as mesmas queixas são descritas — sobre traição e desapontamento, além de apreensão e descrença.

Um iugoslavo anticomunista que foi libertado de um campo alemão pelos britânicos expressou raiva por ter sido submetido a uma "propaganda forte e implacável" para que voltasse para a Iugoslávia. Os britânicos tinham lhe prometido uniformes e roupas de baixo, no entanto lhe forneceram pouco mais do que comida e cigarros. Mais tarde ele descobriu que era possível comprar qualquer coisa dos soldados britânicos no mercado negro. Nos campos britânicos, escreveu ele, "éramos escravos, não éramos livres de verdade. Mas o que me deixava mais triste era não sermos tratados como seres humanos". Uma de suas frustrações era não poder se corresponder com os parentes em seu país, além do fato de seu destino parecer ter sido "decidido nas conferências das grandes potências". Ele defendeu também o comportamento das outras PDs:

> De quem é a culpa, em um campo enorme, se os instintos mais baixos crescem e o ânimo diminui? Esse é o resultado do desemprego e do tédio, que demandam alguma distração. Entre nós há um número considerável de intelectuais que encontram meios de se ocupar, se não em um

emprego, pelo menos aperfeiçoando suas mentes; mas o número maior de pessoas primitivas rompe o tédio de uma maneira primitiva. Na maioria das vezes, bebendo, e a bebida é imediatamente acompanhada por um desfrute exagerado do sexo.

Outros autores falavam de frustrações semelhantes. Por que sempre que as PDs começavam a desenvolver no campo algum tipo de vida comunitária que valia a pena, elas eram imediatamente transferidas pela Unrra? Anna, uma estudante de arte polonesa, lembrou-se dos dias maravilhosos após a libertação em seu primeiro campo de PD, quando ela e outros poloneses tinham se reunido para fundar escolas e um teatro "e trazer a civilização para quem a tivesse perdido durante aqueles longos anos":

> Trabalhávamos sem parar noite e dia, e conseguimos que o teatro parecesse, se não exatamente com um teatro, pelo menos com algo em que era possível apresentar uma diversão diária. Infelizmente nosso teatro nunca foi usado porque, de uma hora para outra, veio uma ordem para que deixássemos esse campo e fôssemos para outro. No novo campo começamos a trabalhar outra vez em escolas, teatro, clube, salas de leitura. O entusiasmo já não era tão grande, especialmente entre os jovens. "Adianta alguma coisa trabalhar, se podemos ser chutados daqui outra vez com poucas horas de aviso?", eles costumavam dizer. Realmente, quando, com muito trabalho e privações, conseguimos que as coisas funcionassem e obtivemos alguns resultados, fomos transferidos dali; e mais tarde o mesmo ocorreu em outro campo. Com isso, paramos de trabalhar. O mesmo com os jardins, o mesmo com locais para esportes. Parecia que alguém esperava até que conseguíssemos que as coisas funcionassem e crescessem para nos transferir para outro lugar. Muitas vezes nos perguntamos se aqueles que nos dão essas ordens realmente compreendem o mal que nos fazem, ou será que isso é feito com esse objetivo?

Vários escritores sentiam um enorme rancor dos britânicos, muitas vezes porque, em determinado momento, tinham alimentado sonhos de solidariedade. Para um antigo oficial do exército de resistência polonês,

1. Soldados alemães e refugiados se aglomeram em plataformas de uma estação de trem em Berlim, outubro de 1945.

2. Pessoas Deslocadas no saguão de espera da estação de trem de Frankfurt, 8 de setembro de 1945.

3. Pessoas Deslocadas send[o] alimentadas na antiga cade[ia] alemã para presos políticos e[m] Ansalt, 19 de março de 194[...]

Russos encenam um espetáculo para agradecer ao 7º Exército norte-americano por sua liberação do campo para Pessoas Deslocadas de Mosbach, no sudoeste da Alemanha, 15 de abril de 1945. Uma ilustração de Josef Stalin decora o lado direito do palco.

5. Sobreviventes dos campos de concentração recebem pão de voluntários da Unrra na estação Weimar, na Alemanha, antes de embarcarem no trem, 2 de julho de 1945.

6. O prefeito Fiorello H. LaGuardia (segundo a partir da direita) e o governador Herbert Lehman (à esquerda) nas cerimônias do *Columbus Day* em Nova York, 1 de outubro de 1941.

7. LaGuardia conversa com uma Pessoa Deslocada no Funk Kaserne, perto de Munique, agosto de 1946.

8. O tenente-general Sir Frederick Morgan, dezembro de 1944.

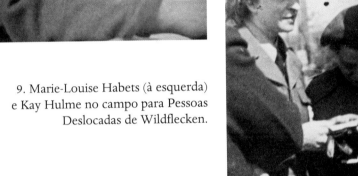

9. Marie-Louise Habets (à esquerda) e Kay Hulme no campo para Pessoas Deslocadas de Wildflecken.

10. O major Irving Heymont conversa com David Ben-Gurion durante sua visita ao campo para Pessoas Deslocadas de Landsberg, outubro de 1945. O capelão do Exército norte-americano, rabino Abraham Klausner, está à esquerda.

11. Tempo de espera: Pessoas Deslocadas no campo de Weilheim.

12. Uma partida de futebol entre as zonas no campo para Pessoas Deslocadas de Belsen.

13. Sobreviventes judeus de Buchenwald, alguns ainda vestindo o uniforme do campo, sobre o deck do navio de refugiados *Mataroa* o porto de Haifa, 15 de julho de 1945.

. "Pequenos cisnes lticos": Pessoas eslocadas bálticas uardando o exame édico em um posto do inistério do Trabalho n Havant, Hampshire, tembro de 1947.

15. Nova York, dezembro de 1950: a sra. Zinaida Supe, da Letônia, a 200.000ª pessoa recebida pelos Estados Unidos a partir do Ato de 1948, e seus filhos são recebidos pelo diretor executivo da Ajuda Humanitária Católica. A família, adotada pelo Catholic Daughters of America, mais tarde foi levada para Colorado Springs, onde planejava viver.

Todos nós ansiávamos pela Inglaterra, esperando e confiando na sua chegada, nosso Exército polonês viria com ela, e os alemães então iriam embora — e assim a lei da força e da violência deixará de existir — e a Liberdade e a Justiça reinariam.

Mas agora ele tinha outra opinião:

Arrisquei minha vida. Para quê? Para aquelas promessas que a Inglaterra nos deu? Como fui idiota! Eles tinham o capital ilimitado de nossa confiança e nosso entusiasmo, se apenas eles nos tivessem tratado como seres humanos.

Um jovem que tinha sido raptado aos dezesseis anos e enviado para trabalhar como ajudante de bar em Münster comparou o que era trabalhar para os alemães com o que era trabalhar para os britânicos:

Há realmente muita diferença entre "agora" e "antes"? Eu era um número. Sou um número. Eu era chamado de "cachorro polonês", [agora] sou chamado de "polonês desgraçado". Comida... a mesma. Desprezado pela Raça Soberana dos alemães, rejeitado pela Raça Mestre dos ingleses. Antes eu odiava os alemães, agora odeio os ingleses.

Uma PD que tinha trabalhado em duas fábricas de gasolina sintética na Alemanha recordou:

Quando ficávamos bêbados, nosso maior prazer era imaginar o dia em que nós, por nossa vez, veríamos nossos "Aliados" como PDs na Sibéria, "eles", que nos tratam como lixo nos próprios campos, e imaginávamos como "eles" se sentiriam quando pudessem receber o mesmo tratamento de humilhação que os militares e tantos funcionários da Unrra não se privam de nos dar.

Para o soldado no exército de resistência: "Sob os alemães, independentemente do que sofrêssemos, continuávamos sendo poloneses. Hoje somos descritos apenas por duas letras, PD. O destino das pessoas reduzidas a duas letras é decidido pelo movimento de um lápis em uma mesa burocrática." Somente uma garota estoniana conseguiu dar um tom de alegria. Ela tinha escapado com bastante facilidade, fugira do país quando os russos se aproximavam, e havia pouco se reunira com sua família. "Hoje, no primeiro domingo de setembro", ela concluiu, "quando estou sentada em meu quarto, escrevendo e pensando sobre o passado, meu coração se enche de muita gratidão a Deus, por ter salvado nossa família e deixado que essas pessoas que se pertencem se encontrassem".

Não sabemos o que ocorreu com qualquer uma dessas PDs. Podemos apenas supor como conseguiram lidar com sua frustração e com a incerteza que tinham à frente, enquanto esperavam por uma solução política para a sua situação.

Havia ainda mais de 1 milhão de Pessoas Deslocadas na Alemanha, na Itália e na Áustria nos últimos seis meses de 1947, a grande maioria nas zonas britânica e americana da Alemanha. Mais de 60% dessas pessoas moravam em campos, mas cerca de 400 mil tinham escolhido viver fora deles, principalmente em cidades alemãs. O número de campos de PDs na zona americana — 134 em dezembro de 1945 e quatrocentos em dezembro de 1946 — tinha chegado a 416 em junho de 1947; na zona britânica tinha aumentado, durante o mesmo período, de 78 para um pico de 443 em dezembro de 1946, mas tinha então diminuído para 272. Havia 45 campos na zona francesa, 21 na Áustria e oito na Itália — perfazendo um total de 762 campos.

Em outubro de 1948, a jornalista da *New Yorker* Janet Flanner contou "trezentos limbos" na zona americana, campos dirigidos pela sucessora da Unrra, a Organização Internacional de Refugiados, com uma população de 598 mil; 150 mil das PDs tinham "se misturado com os alemães". Ela descobriu que os campos tendiam a ser monotonamente parecidos, quase todos antigas guarnições do Wehrmacht, em geral com "meio quilômetro quadrado de prédios austeros de quatro andares, de estuque verde, que mostravam sinais de bombardeio aliado e de consertos aliados". Segundo as regras da IRO, cada prédio tinha de abrigar um mínimo de trezentas PDs, "em filas de quartos comuns, todos mobiliados com materiais recuperados e com cheiro de uma limpeza esfregada, de cozinha, de hall e banheiros apertados..." "Como a imitação de cidade que funcionava bem", escreveu Flanner, "cada campo de PDs tinha um prefeito, um chefe de polícia, líderes políticos rivais, professores, lixeiros e um alojamento socialmente superior, onde os burgueses restantes mantinham a noção familiar de vizinhança selecionada e também ficavam unidos em meio a um nível menor de odores, tentando não esquecer seu francês. Cada campo é um microcosmo da sociedade capitalista lá fora: PDs que são sapateiros, alfaiates e carpinteiros se ocupam de seus negócios, participando de transações financeiras para as quais a moeda de câmbio passou, então, a ser o marco alemão, mas que inicialmente eram comidas de bebê, cigarros e enlatados americanos, vendidos no mercado negro pelo nosso Exército ocupante". As PDs, acrescentou ela, "moram, comem, reproduzem, esperam e pensam sobre futuro. Vivendo um simulacro de vida que não tem qualquer conexão com o mundo externo, a não ser por meio da insensibilidade e da caridade do mundo.

Nos primeiros dias depois da libertação, quando centros de reuniões foram estabelecidos pelos militares, era comum que um líder da nacionalidade fosse nomeado pelo comandante do Exército. Esse seria, geralmente, um "indivíduo agressivo nomeado (e não eleito) e que parecia ter a capacidade de impor a disciplina entre as Pessoas Deslocadas de sua nacionalidade". A abordagem militar era em grande parte baseada em uma percepção prática de que não seria possível, de forma alguma, para uma pequena equipe do Exército dirigir um campo com de 2 mil a 4 mil pessoas sem sua cooperação. Com a Unrra, no entanto, passou a ser mais uma questão de política. "O autogoverno de um campo no sentido mais pleno era uma das metas da administração da Unrra", declara sua história oficial, "na verdade, a meta para a qual todas as atividades estavam dirigidas". Quando a Unrra assumia os campos, um sistema de autogoverno baseado em eleições democráticas começava a surgir, embora sem um modelo uniforme. Alguns campos — entre 10% e 15% — mantinham o antigo modelo de nomear um homem forte.

O que determinou essas variações? Muitas PDs vinham de países que viveram apenas uma democracia parcial entre as guerras ou

A LONGA ESTRADA PARA CASA | 331

que não tinham nenhuma tradição democrática; países acostumados com a política organizada ao redor de afinidades tribais ou sistemas de patronagem. E tampouco seus contatos com a Rússia soviética e a Alemanha nazista durante a guerra teriam estimulado formas democráticas.

Além disso, segundo um relatório da Unrra, surgiu uma clara hierarquia, com os bálticos e os judeus no cume e os poloneses e os "campos mistos" na parte inferior. Os campos bálticos continham uma proporção grande de profissionais, tais como gerentes de banco, engenheiros e funcionários públicos, e tinham desenvolvido instituições democráticas completas logo no começo, além de terem, em geral, "uma constituição plena". Os letões, por exemplo, usaram uma constituição básica em toda a extensão das zonas britânica e americana que era prescrita por um comitê central letão — sob o qual o campo, a cada seis meses, elegia por voto secreto uma assembleia de quinze a vinte membros que, por sua vez, elegia um comitê de cinco ou seis membros e um presidente, que passava a ser o comandante do campo. Os membros do comitê se tornavam "ministros", cuja pasta equivalia aos membros da equipe da Unrra: bem-estar, emprego, administração, e assim por diante. A única condição era que o diretor da equipe da Unrra tinha o direito de riscar das listas o nome de qualquer candidato que lhe parecesse objetável. Os campos judeus também desenvolveram instituições democráticas, mas "sem uma constituição muito desenvolvida". Em contraste, nos campos poloneses e de nacionalidades mistas, os procedimentos democráticos eram menos exatos e mandatos definidos com menor clareza.

Os altos funcionários da Unrra tinham certeza de que quanto maior o grau de democracia, maior a permissão de autogoverno. Enquanto os campos bálticos e alguns campos judeus que tinham se estabelecido há muito podiam operar com pouquíssima supervisão, em outros casos o comandante do campo ou o comitê do campo estavam sob o controle total do diretor da Unrra e "meramente obedeciam a ordens, transmitiam ordens para as pessoas e submetiam ao diretor do Centro de Reuniões as queixas ou solicitações da população". Mas isso era algo assim como uma ficção constitucional. Na realidade, as equipes da Unrra não tinham meios de impor práticas democráticas.

Os campos ucranianos, em particular, passaram a ser viveiros de nacionalismo.

Ao permitir que os campos fossem autogovernados, as autoridades ocidentais contribuíram para que fosse relativamente fácil para grupos políticos assumirem o controle, impondo disciplina partidária ou intimidando seus oponentes. As duas facções da Organização de Nacionalistas Ucranianos (OUN, na sigla em inglês) viam o controle dos campos de PDs como parte de uma luta mais ampla para manter o nacionalismo ucraniano ativo, ao mesmo tempo que lutavam uma guerrilha em partes da Ucrânia soviética, que, por sua vez, eles consideravam o prelúdio de um conflito mais amplo entre a Rússia e o Ocidente. A facção da OUN leal a Stepan Bandera era a mais decidida e implacável e logo passou a ser a força dominante nos campos, com todos os outros grupos políticos unidos em uma fraca oposição a ela. "Por meio de sua rede de conspiradores, seus membros eram capazes de ocupar a maior parte das posições e funções importantes nos campos — primeiro a força policial interna do campo, depois as provisões de alimento e, finalmente, a administração interna do campo."

A intimidação e a violência eram a base para a autoridade dos nacionalistas. Suspeitos de serem espiões soviéticos e inimigos políticos eram assassinados, e o terror era utilizado para extrair dinheiro das populações dos campos: "Os chamados liberais — pessoas que não mostravam ter zelo suficiente pelo patriotismo, pela ação simbólica e pelo treinamento pseudomilitar — eram especialmente visados." Não é claro até que ponto essas práticas estavam generalizadas. As massas de ucranianos no exílio eram em geral "socialmente apáticas", mas a atmosfera carregada nos campos, a chegada dos guerrilheiros vindos da Ucrânia e a ociosidade forçada dos homens contribuíram para uma politização superficial dos emigrados ucranianos que tinham tempo livre para assembleias públicas e constituíam um público que respondia bem à retórica inclinada aos nacionalistas. A impressão geral é de que a maioria da população seguia as mesmas linhas. Por exemplo, a visão tradicional dos nacionalistas sobre o lugar das mulheres predominava.

No entanto, evidentemente ainda permaneciam algumas divisões. Os refugiados da Galícia, ou da Ucrânia polonesa, que tinham chegado em 1945 com suas famílias, em geral possuíam um nível de educação muito mais alto e tomavam a liderança. Suas táticas exacerbavam as tensões entre os ucranianos poloneses e os ucranianos soviéticos. Segundo o historiador Yury Boshyk, "os membros da OUN, que eram fortemente antissocialistas e antissoviéticos, suspeitavam dos ucranianos soviéticos, acreditando que eles não eram nacionalistas o suficiente e estavam manchados pelo comunismo. Os ucranianos soviéticos às vezes diziam ser mal compreendidos e discriminados". Um de seus folhetos declarava:

> "Ucranianos! Já chega! Os galegos (ucranianos ocidentais) tomaram o poder em todos os nossos campos. Eles fingem ser nossos irmãos mais velhos, começam a cuidar de nós e a nos ensinar (...) Nós nos livramos de Stalin e de Hitler e não vamos deixar que ninguém nos governe. Em todos os campos — poloneses, bálticos e russos —, as pessoas vivem em segurança e em paz. Só nos campos ucranianos nossos "irmãos mais velhos" criaram um sistema de terror e sufocação. Nós também queremos viver sob a guarda da ordem democrática. Nós já tivemos ditaduras suficientes. Exigimos a remoção dos galegos dos campos ucranianos.

Autores ucranianos modernos muitas vezes pintam um retrato surpreendentemente positivo da vida das PDs. Os campos, argumentam eles, forneciam "um ambiente protegido" em que "muitas pessoas subitamente recebiam férias prolongadas de alguns dos problemas mais urgentes da vida". Mais que isso, eles ofereciam "um subsistema social temporário, artificial, insulado e protetor", no qual os ucranianos podiam suportar as dificuldades da Alemanha no pós-guerra, melhorar suas técnicas industriais e, quase pela primeira vez em dois séculos, se expressar livremente como ucranianos. Segundo essa versão, eles podiam desenvolver uma rede de instituições e associações que incluíam, além da administração oficial do campo, igrejas, escolas e uma quantidade de grupos voluntários; profissionais mais jovens podiam aprimorar suas técnicas, jovens da área rural podiam aprender a ter um comportamento "urbano e cortês" e as crianças tinham acesso não só à família, mas também a uma comunidade maior e bem-organizada. Além disso, a interação ficou mais igualitária, à medida que as condições da vida no campo e várias influências externas, inclusive talvez algumas das ideias da democracia ocidental, combinavam-se para reduzir, lenta mas irreversivelmente, as distâncias e desigualdades tradicionais entre homens e mulheres, velhos e jovens, moradores de aldeias e moradores de cidades. Pouco restava da simetria estilizada das relações entre *pan* (senhor) e *khlop* (camponês) que, em determinado momento, tinha prevalecido nas regiões da Ucrânia ocidental, mesmo que o próprio imaginário dessas relações demonstrasse ser bastante tenaz.

Esse quadro positivo da vida nos campos não é corroborado pelo ucraniano que registrou o seu dia para pesquisadores da Universidade de Harvard em 1949. Ele vivia em um campo no meio da zona rural, a 2km da aldeia mais próxima, composto por dezenove casernas antigas, de madeira: as usadas pelos alemães durante a guerra tinham sido divididas em quartos pequenos, enquanto que as ocupadas pelos trabalhadores estrangeiros continham dormitórios.

Vamos tomar, por exemplo, o quarto em que moro. É um quarto grande (um quarto da caserna). Há onze beliches e em cada cama há um velho colchão de algodão e três cobertores leves. Não nos dão lençóis, temos de dormir diretamente no colchão. Há 22 pessoas em nosso quarto. Todas são PDs estrangeiras — ucranianos da Polônia, ucranianos da Rússia, poloneses. Os representantes de cada nacionalidade se reúnem em um dos cantos e contam histórias uns aos outros, ou sobre suas experiências.

Quanto a mim, não me levanto antes das dez horas. Não faz sentido acordar mais cedo — faz frio nas casernas e não há qualquer conforto. Depois de me levantar, vou calmamente fazer a minha toalete matinal. Ao me lavar e fazer a barba, já é hora do almoço. O que temos para o almoço? O primeiro prato é alguma sopa feita de pó de ervilhas ou cevada moída; o segundo, quatro batatas fervidas com a casca, um pouco de *sauerkraut* em cima de um pedacinho de morcela. Depois do almoço deito na cama por uma meia hora. Em seguida me levanto e vou para outra caserna, onde moram as outras famílias, para ouvir rádio. Fico lá até a hora do jantar, isto é, até as seis da tarde. Para o jantar temos 200g de pão com gordura de porco ou manteiga, um pedaço de queijo ou linguiça e café puro.

Depois de comer, jogo xadrez ou baralho, e quando consigo um jornal ou um livro, não importa em que língua ele seja, russo, polonês ou até alemão, leio até as nove ou dez da noite. Depois disso, vou uma vez mais ouvir o programa *Voz da América* e às onze horas ou 11h30 vou dormir.

E assim vai passando minha vida. Não há nenhum lugar para ir. A 4km de distância fica uma cidadezinha, Scheinfeld, onde é possível ver um filme. Mas é raro eu poder ir, por falta de dinheiro. Nove marcos do chamado *Taschengeld* devem ser poupados para compras de fumo e selos. Não há possibilidade de ganhar dinheiro. A vida é monótona e sem objetivo.

Essa ociosidade não é universal. Muitas PDs trabalhavam, envolviam-se no mercado negro ou ocupavam-se aprendendo ou ensinando alguma coisa.

As pessoas com mais sorte podiam trabalhar no próprio campo, como parte da administração, empregadas pela Unrra ou pela IRO. Ao lado do pequeno grupo de funcionários da Unrra conhecidos como empregados Classe I (homens e mulheres de vários países aliados que eram então pagos na moeda de seus países), a maior parte do trabalho era na verdade feito por empregados Classe II, que ganhavam muito menos e eram geralmente pagos em marco alemão, mas, como os empregados da Classe I, usavam uniforme militar e tinham privilégios de moradia. Abaixo deles, estava o pessoal dos escritórios e os motoristas, conhecidos como "trabalhadores de equipe", que recebiam algum salário, assim como privilégios especiais, tais como comida e alojamento. Finalmente, no nível mais baixo, vinham aqueles que trabalhavam em armazéns ou oficinas. Alguns recebiam um pequeno salário, mas todos recebiam uma ração maior de comida mais uma doação mensal (a "provisão de amenidade"), que incluía sabão, giletes, chocolate e um maço de cigarros americanos. Há alguma discordância com relação ao número de PDs que trabalhavam nos campos. Alguns relatos sugerem que perfaziam mais de 50% do pessoal, "já que as PDs podiam ser pagas com apenas uma fração daquilo que outros trabalhadores custariam, claramente era do interesse da Unrra ou da IRO contratar um grande número delas". Quase todos estavam de acordo, no entanto, que as PDs nos campos bálticos eram especialmente bem-qualificadas para lidar com problemas de alojamento, distribuição de comida, levantamento de estatísticas de saúde e estabelecimento de regras e regulamentos gerais para a vida em comum, em virtude da alta proporção de profissionais cultos entre elas. Essas pessoas sabiam como organizar e administrar, e também falavam alemão e um pouco de inglês ou francês.

A expectativa era de que muitas PDs, especialmente as mulheres, fizessem trabalhos braçais tais como limpeza, tarefas nas cozinhas e nas lavanderias. "Fui enviada para trabalhar em uma lavanderia que era horrível, com água fria e outras coisas mais, embora nos fins de semana me permitissem varrer", recorda Lizina, então com dezesseis anos de idade. "Eu dividia o quarto com as enfermeiras, duas ou três em um quarto. Tínhamos comida e cama limpa, e nos pagavam mal, uns poucos marcos alemães por mês." Sua vida melhorou depois que uma amiga a ajudou a conseguir um trabalho de escritório na administração. Todas as PDs bálticas com alguma instrução e conhecimentos de secretariado ou de línguas ficavam ansiosas para arranjar um emprego no escritório do campo.

Desde o começo, alguns homens também faziam trabalhos braçais. Em agosto de 1945, Marvin Klemmé, um guarda-florestal do estado de Washington que trabalhava para a Unrra, foi emprestado para o Exército britânico para começar o trabalho de corte de lenha. Naquela época a maioria dos oficiais militares acreditava que "todas as PDs eram arruaceiras e preguiçosas, e ninguém conseguia fazê-las trabalhar". Klemmé decidiu provar que eles estavam errados. Explicando aos líderes do campo que se eles não coletassem alguma lenha iriam congelar no inverno seguinte, ele conseguiu muitos voluntários; no final, descobriu-se que havia muitos homens qualificados entre as PDs.

Klemmé teve mais dificuldade em conseguir que o governo militar britânico cooperasse, mas finalmente foi decidido que todas as PDs que estivessem empregadas em tempo integral poderiam ter um plano de salários semelhante ao alemão. No entanto, a moeda alemã não tinha muito valor para as PDs. Quando Klemmé tentou solucionar esse problema, deparou-se com enorme resistência por parte dos oficiais do Exército britânico: "Nunca vi um grupo de pessoas mais irracional e pouco prático em toda minha vida. Eles ficavam constantemente inventando motivos pelos quais uma coisa não poderia ser feita, mas quase nunca pensavam em algo para ajudar a conseguir a realizar essa coisa." E para começar qualquer tarefa era preciso lidar com inúmeros departamentos, cada um com a própria burocracia. Klemmé queria que os trabalhadores florestais pudessem ficar todos juntos em uma caserna para que fossem alimentados e cuidados como uma unidade, para obter rações e cigarros extras e peças de vestuário adicionais. Independentemente do que ele tentasse fazer, sempre se deparava com um muro de pedra. Só quando o general Morgan apoiou o esquema e foi lido o ato sobre tumultos para os vários militares que sempre faziam objeções foi que Klemmé conseguiu o que queria.

No entanto, a falta de transporte gerou novos obstáculos. O Exército britânico, como era de praxe, se recusou a liberar qualquer um dos caminhões americanos quase novos que faziam parte do acordo Lend-Lease para transportar a madeira e Klemmé descobriu que era difícil fazer com que os motoristas britânicos trabalhassem um dia inteiro — trabalhar mais atrapalharia o descanso para o chá. A incompetência militar britânica "causou um sofrimento considerável durante o inverno em certos campos de PDs na zona por eles controlada. Provavelmente os hospitais e os abrigos para crianças — onde a falta de um aquecimento adequado fez com que muitos ficassem expostos ao frio, resultando até em ulceração e mortes por pneumonia — foram os principais afetados". Klemmé acreditava que "são poucos oficiais britânicos que querem atuar com relação a qualquer coisa até se depararem com uma óbvia situação de emergência".

Muitos de seus melhores trabalhadores, camponeses poloneses, voltaram para seu país no fim do outono de 1945 e na primavera de 1946, deixando uma porcentagem maior de PDs vindas das cidades, que não eram muito úteis como trabalhadores florestais. Klemmé chegou à conclusão de que, naquele primeiro inverno, mais ou menos uma dúzia de bons trabalhadores florestais com experiência em lidar com outros trabalhadores equivaleriam a pelo menos cem funcionários de ajuda humanitária. Em contraste, a situação dos combustíveis era muito melhor nos campos de PDs na zona americana porque lá o Exército teve a precaução de trazer um número de trabalhadores florestais treinados e começou seu programa no verão.

Mas Klemmé teve razão para se orgulhar, pois, durante o inverno de 1945-6, algo em torno de 8 mil PDs foram empregadas em tempo integral no corte de lenha só na zona britânica. Ele achou que isso "provava, conclusivamente, que quando as Pessoas Deslocadas eram organizadas de maneira adequada tinham supervisão conveniente e recebiam algum incentivo para trabalhar, elas produziam quase tão bem quanto qualquer outra pessoa". À medida que foi aceito que o "núcleo resistente" não ia voltar para casa, a política oficial começou a estimular qualquer esquema que mantivesse as PDs ocupadas. Klemmé foi nomeado oficial de emprego e treinamento da zona britânica.

Ainda restava um obstáculo importante, no entanto. A Unrra e o governo militar insistiam que os trabalhadores tinham de poder voltar para seu próprio campo todas as noites: quem deixasse o campo seria considerado "desertor" e perdia o status de PD.

Isso significava que alguém que morasse em uma área rural remota (como Wildflecken) não tinha a oportunidade de trabalhar. Esse regulamento tolo, antes de ser finalmente extinto, privou a economia alemã de milhões de horas de trabalho por quase dois anos depois da guerra.

À medida que a política aliada começou a mudar e a economia alemã passou a ser prioridade, foram feitos maiores esforços para utilizar esse reservatório de mão de obra. A localização de alguns campos de PDs era muito favorável à efetivação de pessoal em firmas alemãs. No Ruhr, muitas PDs foram trabalhar nas minas, entre Hamburgo e Bremen houve operações de corte de turfa e um grande número de pessoas foi empregada em Hamburgo para consertar o cais e fazer vários tipos de trabalho de limpeza. Provavelmente o maior empregador de PDs foi a fábrica da Volkswagen em Braunschweig, que contratava ucranianos e bálticos para suas linhas de montagem.

Em 1947, as autoridades militares britânicas decidiram que todas as pessoas com mais de quatorze anos, homens e mulheres, alemães e

PDs, que estivessem morando na zona britânica da Alemanha teriam de se cadastrar para trabalhar. Muitos funcionários da Unrra eram contra o cadastramento das PDs porque isso significaria que elas, uma vez mais, estariam trabalhando para os alemães; no entanto, quando o programa começou, parece que ninguém fez qualquer objeção. A verdadeira oposição veio dos sindicatos alemães, que queriam que as PDs voltassem para seus países.

Outra questão burocrática era a alimentação das PDs que trabalhavam. Após meses de discussão, as autoridades do governo militar estabeleceram quatro níveis diferentes de ração. Rações extrafortes para os mineiros; rações fortes para os trabalhadores florestais, mecânicos e outros semelhantes; rações intermediárias para funcionários de escritório, professores e colarinhos-brancos; e o último nível era para quem não trabalhasse. Houve mais dificuldades para obter vestuário adequado e sabão para os trabalhadores.

Na primavera de 1947, cerca de dois terços de todos os homens e um terço de todas as mulheres ativos na zona britânica estavam com algum ofício. Os homens que não trabalhavam eram geralmente aqueles que moravam em campos de PDs isolados em áreas rurais, onde o trabalho era sazonal. Nem sempre era fácil encontrar ofício para mulheres, embora houvesse muitas tarefas que elas podiam fazer na área rural. A maior porcentagem das PDs empregadas, por nacionalidade, era de ucranianos; parecia que praticamente todos eles queriam trabalhar. Em seguida vinham os bálticos, com um número quase tão bom; depois os iugoslavos; e, finalmente, os poloneses.

As PDs judias se recusavam a trabalhar. Segundo Klemmé, "os britânicos aparentemente tinham medo de obrigá-los e o *Arbeitsamt* alemão estava satisfeito de não mexer com elas. Até o momento em que saí da Alemanha, ninguém tinha sequer se preocupado em cadastrá-las". Em 1947, no entanto, a Unrra e algumas agências de ajuda humanitária judias elaboraram planos grandes e ambiciosos para estabelecer "empresas familiares" dentro de seus campos. Os britânicos ficaram bastante céticos com relação ao esquema. Um major expressou uma opinião comum quando disse: "Imagino que esses idiotas estariam fazendo uniformes para o Exército palestino se nós não os vigiássemos."

Quando começaram a oferecer às PDs alguma perspectiva de um futuro fora da Alemanha, no entanto, ficou difícil despertar interesse por algum trabalho dentro do país. Agora elas só pensavam em se mudar para uma nova terra.

Andando por uma rua em Landsberg, perto de Munique, numa manhã em 1947, a escritora americana Marie Syrkin ouviu uma voz sussurrar em iídiche: "Chocolates, cigarros." Seu interlocutor era um homem pequeno, de meia-idade, "mal-vestido e que levava na mão uma maleta que era a marca característica de sua ocupação". Ele ficou irritado quando Syrkin respondeu que ela não tinha nada para trocar, mas gostaria de entender o mercado negro. "O que há para entender?", perguntou ele. "Como nós podemos viver de calorias? *Você* poderia viver de calorias?" Além disso, ele perguntava de quem era a culpa. "Quem vende essas coisas? Onde nós as conseguimos? São os de cima, os grandões." Todos eram culpados, insistiu ele. Finalmente, Syrkin perguntou se ele não podia sobreviver sem o mercado negro. "O ópio é necessário?", respondeu ele. "O que devo fazer comigo mesmo? Não posso conseguir trabalho. Não posso sair. Isso me mantém ocupado." No final, Syrkin descobriu que ele tinha perdido a esposa e um filho em Auschwitz. Antes da guerra era um coureiro qualificado, mas agora não havia nenhuma máquina com a qual pudesse trabalhar. E ficou profundamente indignado quando Marie terminou a conversa deixando um maço de cigarros com ele.

A Alemanha do pós-guerra era dominada pelo mercado negro. Como o próprio general Morgan disse, "todos os homens, mulheres e crianças na Europa Ocidental estão envolvidos em algum grau no comércio ilegal de um tipo ou de outro. Com efeito, era praticamente impossível suportar a existência sem fazer isso". Para satisfazer quase todas as necessidades, era necessário participar do mercado negro, e só umas poucas pessoas tinham princípios rígidos demais para não fazê-lo. O iugoslavo de alta patente que usou um lenço em volta do pescoço em vez de usar uma camisa durante quinze meses depois da libertação, porque "não podia comprar honestamente e não compraria desonestamente", era uma raridade. "Era considerado muito desonroso abster-se de usar o mercado negro enquanto membros de nossa família estivessem passando fome", um aristocrata alemão recordou posteriormente. "Não participar em virtude de algum código de ética não era uma coisa boa. Precisamos ter muito cuidado para não confundir questões morais com algo que era, à época, um negócio extremamente honroso."

O mercado negro se originou da escassez óbvia do momento, mas foi exacerbado pelas rígidas políticas econômicas impostas pelos Aliados. Em sua determinação de não repetir a inflação devastadora que varreu a Alemanha depois da Primeira Guerra Mundial, eles sufocaram toda atividade econômica no país. Como um repórter há poucos anos disse, "a tentativa de administrar as economias das diferentes zonas de ocupação por meio de ordens militares detalhadas só perpetuou a paralisia do setor. O dinheiro deixou quase que totalmente de circular, tanto como meio de troca quanto medida de cálculos econômicos. A permuta individual, a compensação, o comércio, o pagamento em serviços e outras formas anacrônicas de comunicação econômica ocuparam o seu lugar". Na prática, o cigarro passou a ser a unidade dominante de intercâmbio econômico na Alemanha; não havia praticamente nada que não pudesse ser comprado pelo número certo de cigarros.

Os diferentes grupos na Alemanha ocupada abordavam o mercado negro de diferentes ângulos. Para os soldados aliados e as autoridades da ocupação, ele era uma maneira útil de complementar o salário oficial; para os alemães, era um meio de sobrevivência; para as Pessoas Deslocadas, era um meio de complementar a dieta, uma ocupação e (para alguns) um meio de acumular capital. De todos esses grupos, os soldados americanos começavam com maior vantagem, recebendo uma porção generosa de cigarros por mês, que poderiam facilmente ser trocados por itens tais como câmeras ou joias, objetos que os alemães famintos estavam dispostos a vender. A maior parte dos soldados enviava o pagamento para os Estados Unidos.

As Pessoas Deslocadas não tinham tanta sorte, mas, como Kay Hulme percebeu em Wildflecken, suas rações e seus pacotes da Cruz Vermelha lhes davam uma moeda de troca no mercado negro — ou, melhor dizendo, no mercado "cinza". A maior parte das PDs em Landsberg se envolvia em "permutas simples por itens de conforto e alimentos frescos", recordava o major Irving Heymont. Mas havia também "um pequeno número de grandes operadores desse comércio". O golpe mais comum das PDs era o das "almas mortas", em que os líderes do bloco reivindicavam rações para um número inflacionado de pessoas nos campos e depois usavam os excedentes para comercializar. Se os lucros assim gerados eram distribuídos pelo campo ou convertidos por indivíduos em "riqueza portátil", como câmeras, relógios, diamantes e moedas fortes, dependia das circunstâncias locais.

É impossível quantificar a escala do mercado negro em geral e nos campos de PDs em particular. Todos os grupos estavam envolvidos. Sessenta e sete letões e lituanos foram condenados à prisão depois de uma *blitz* policial no campo Artillerie Kaserne, em Lübeck, na semana antes do Natal de 1947, após serem descobertos 109 porcos maduros vivos e uma grande quantidade de alimentos — carne suficiente, afirmou um repórter alemão, para fornecer uma ração semanal média para 90.900 pessoas ou uma provisão anual de carne para 1.748 pessoas. E em um campo polonês, alguns dias depois, a polícia encontrou, em uma enorme rede de túneis subterrâneos, aproximadamente 4 mil kg de couro de alta qualidade e 415 mil agulhas de gramofones — então o item mais apreciado no mercado negro. O valor total foi estimado em 2,5 milhões de marcos.

Inevitavelmente, no entanto, era o papel das Pessoas Deslocadas judias no mercado negro que atraía mais a atenção. No final da década de 1940, à medida que os alemães recuperavam o controle de seus negócios, começaram a acusar as PDs judias de controlar o mercado negro, revivendo assim "o antigo estereótipo antissemita do judeu especulador e vendedor ambulante". Mais recentemente historiadores alemães abordaram esse tema com grande cuidado, e o excelente museu de Bergen-Belsen não se refere nenhuma vez às atividades do mercado negro no campo de Pessoas Deslocadas de lá.

O que diz a evidência? No campo de Landsberg, no final de 1945, o major Heymont observou "um pequeno número de grandes operadores do mercado negro" usando a oportunidade para "acumular riqueza portátil a fim de poder começar outra vez quando eventualmente chegassem a um país de residência permanente". Eles eram de dois tipos, em sua opinião: "antigos empresários de sucesso ou indivíduos com históricos ou tendências criminosas anteriores."

> Os campos de concentração submetiam as almas dos homens ao sofrimento, mas não necessariamente as purificava (...) O homem empreendedor, especialmente se inescrupuloso, pode colher benefícios enormes se for ousado e corajoso. Alguns eram rápidos em se aproveitar das oportunidades.

Muitos dos antigos homens de negócio, achou Heymont, eram indivíduos espertos que tinham sido muito bem-sucedidos no comércio e na indústria antes da guerra.

> Uma existência livre, sem participar de alguma forma do comércio, não faz sentido para eles. A menos que suas energias sejam canalizadas para caminhos construtivos, logo se desviam para o mercado negro. Tornam-se grandes operadores, porque o comércio é tudo o que sabem e estão desejosos de acumular capital para o futuro. Os campos oferecem a esses indivíduos poucas oportunidades enquanto se recusarem a se tornar trabalhadores braçais ou artesãos.

O historiador israelita Yehuda Bauer questiona se os verdadeiros grandes jogadores no mercado negro eram os alemães, mas aceita que, com a chegada de um grande número de refugiados judeus do Leste, o mercado negro "passou a ser um fenômeno de massa nos campos". Em 1947, um repórter da Junta " preocupava-se com o fato de que "há uma população se desenvolvendo [nos campos de PDs judias] que parece de bandidos. Essas pessoas não têm qualquer limite e ameaçam matar".

Segundo o mais antigo estadista sionista, Nahum Goldmann, o campo de PDs de Belsen era "o centro de um dos grandes círculos de mercado negro na Europa; milhões de cigarros e outros bens passavam por aqueles lados". Belsen atuava como o ponto central de distribuição do Comitê Conjunto de Distribuição Judaico-Americano, de onde eram enviadas mercadorias para toda a Europa, tanto para campos de PDs quanto para os judeus alemães que viviam fora dos campos. Nas condições atuais, isso deu a Josef Rosensaft, o líder das PDs em Belsen, uma oportunidade econômica óbvia, que ele pode ter agarrado: como lembrou o rabino Leslie Hardman, Rosensaft "ficou rico". De qualquer forma, em maio de 1946, um desejo de "corrigir irregularidades no sistema de distribuição" fez com que o diretor da Junta na zona britânica, David Wodlinger, transferisse o armazém central de Belsen.

Os britânicos mantinham Belsen sob forte observação. Em fevereiro de 1948, um motorista de caminhão alemão apanhado na estrada perto de Hanover transportando 6 milhões de cigarros da Antuérpia afirmou que seu carregamento era destinado a Belsen e que antes ele já tinha levado um caminhão carregado com 13 milhões de cigarros para aquele campo. À 1h30 da madrugada de 18 de fevereiro, a polícia armada alemã rodeou o campo, acompanhada por soldados britânicos para garantir sua segurança. Josef Rosensaft negociou com os britânicos nas primeiras horas da manhã sobre como a busca iria ser conduzida, argumentando que permitir que a polícia alemã ou os soldados britânicos entrassem no campo estava completamente fora de questão. No final, as autoridades militares britânicas concordaram em não envolver polícia alemã. A busca finalmente prosseguiu às 11h30 da manhã com 150 oficiais britânicos de todas as partes da zona. Um policial judeu acompanhou cada grupo de busca.

Segundo um relato recente, "os britânicos realizaram uma busca muito detalhada, examinando todos os cantos do campo. Os oficiais foram extremamente delicados, e Rosensaft insistiu em lhes agradecer pela consideração. Além de uma vaca, 25 suéteres masculinos e uns poucos pacotes de cigarros, nada mais foi encontrado. Os britânicos ficaram surpresos de ver como havia pouca atividade de mercado negro em Belsen. Um incidente que tinha começado de maneira tão desastrosa com a disposição da polícia armada alemã terminou pacificamente com a concordância de ambas as partes". No entanto, o fato de nada ter sido encontrado depois de a busca ser adiada por dez horas por Rosensaft pode ser interpretado de maneiras diferentes.

A maioria dos autores modernos afirma que as PDs judias eram vítimas de estereotipagem racial. Até certo ponto, isso é verdade; havia também muito menos probabilidade de que elas se envolvessem em crimes violentos, o que era um elemento importante da atividade do mercado negro. Mas é absurdo distorcer o passado dessa maneira. Como vimos, quase todas as pessoas que viviam na Alemanha naquele momento participavam até certo ponto desse tipo de comércio. Além disso, nos campos, a prática era a única saída para pessoas com a energia e a habilidade de Rosensaft. Ele era um sobrevivente que já tinha enfrentado a SS e os britânicos. Porém, como diz Yehuda Bauer, não era "de forma alguma um anjo".

Um grupo entre as PDs desfrutava de uma reputação particular por estar envolvido com crimes: os poloneses. Em *Joining a gang* [Participando de uma gangue, em tradução livre], em um dos esquetes autobiográficos produzidos na classe de Marta Korwin, na escola de arte em Kassel, o narrador descreve como comentários ocasionais feitos por ele enquanto um barbeiro cortava seu cabelo — que dirigia a maior destilaria do campo e cujos *Schnapps* eram tão bons que eram bebidos em toda a zona britânica — fizeram com que ele fosse convidado para participar de uma gangue que operava nos arredores. Era chefiada por um comandante adjunto, Bronek, que ficou famoso por ter roubado o cofre no Reichsbank na cidade de Bochold durante um ataque aéreo em março de 1945.

O narrador então fez um juramento de silêncio com a mão sobre um revólver enquanto bebia *Schnapps* e participou de planos para trocar o estoque de café do campo por vacas e ovelhas e comercializar cigarros e chocolates dos pacotes da Cruz Vermelha. No entanto a gangue teve um fim prematuro em fevereiro de 1946, quando Bronek, o ladrão de bancos, apareceu em uma reunião completamente bêbado — algo que ele nunca tinha feito antes. E deu tudo errado no ataque. Enquanto roubava 1kg de gordura, foi descoberto por um fazendeiro alemão. Bronek teve de matá-lo. "Não há nada mais que eu possa fazer se quiser escapar a não ser ser repatriado o mais rápido possível", lamentou-se ele.

Os trabalhadores de ajuda humanitária na Alemanha em geral achavam que as pessoas que tiravam mais vantagem da vida de PD eram os bálticos. Não só eles eram, como vimos, muitas vezes mais instruídos, mas em muitos casos tinham trazido suas famílias e seus pertences consigo. Também eram, em média, mais jovens que as outras PDs. No outono de 1947, da população de PDs lituanas de cerca de 60 mil pessoas, um quarto eram crianças e só 3% tinham mais de sessenta anos.

Mas havia também outro fator peculiar aos bálticos: orgulho nacional. Segundo a historiadora canadense Milda Danys, os lituanos "adotavam uma estratégia que parecia ingênua, mas que era inesperadamente produtiva: eles se recusavam a admitir que sua história tinha sido partida em dois e que seus países e culturas tinham deixado de existir. Negavam sua impotência e viviam e atuavam como se ainda tivessem poder sobre suas vidas. Uma maneira de afirmar o orgulho nacional lituano, letão ou estoniano era participar tanto quanto possível do sistema das PDs, administrar seus pequenos mundos". Disso se originava uma determinação ardente de que seus campos deveriam ser mais limpos e mais bem-administrados, suas escolas mais eficientes e sua cultura mais vibrante que de qualquer outro grupo de PDs.

Para todas as Pessoas Deslocadas, a educação era fundamental — para manter os jovens ocupados, para lidar com a cultura nacional e para compensar os anos perdidos durante a guerra. "Em cada campo de PDs, a primeira prioridade era montar um hospital. A segunda era abrir uma escola", um veterano da Unrra recordou mais tarde. Noventa por cento das crianças entre as idades de cinco e dezesseis anos na zona americana estavam frequentando as escolas dos campos em abril de 1946. Isso ocorria apesar dos obstáculos terríveis: péssimas condições físicas, prédios inadequados e uma carência enorme de livros e outros materiais didáticos. A princípio os alunos muitas vezes tinham de aprender sem qualquer recurso. "O professor nos dizia algo e nós memorizávamos. Prestávamos atenção para que pudéssemos repetir o que tinha sido dito", recordou uma PD posteriormente. Aos poucos, as instalações melhoraram.

Havia também problemas políticos para serem superados. Os poloneses, especialmente, tinham de aguentar importunações da Unrra e dos militares, que relutavam em deixar que eles ficassem muito confortáveis na Alemanha, e estavam preocupados com a possibilidade de um currículo muito nacionalista incomodasse os russos. É claro, para a maioria das PDs, a própria função da educação era inculcar um sentimento nacional: "Fazíamos todos os esforços possíveis para educar as crianças com a ideia de que elas eram lituanas", recordou um padre educador. As PDs judias insistiam que o idioma de instrução em seus campos deveria ser o hebraico.

Em 1946 o sistema escolar das PDs se expandia, já não sendo apenas uma escola com uma única sala, e uma variedade de níveis de educação superior se desenvolvia. Os campos judeus tinham aperfeiçoado especialmente a formação técnica; os lituanos acabaram abrindo uma academia marítima em Flensburg e os estonianos, uma universidade agrícola perto de Lübeck. Em 1947, as autoridades da ocupação deram às PDs a oportunidade de frequentar as universidades alemãs (10% das vagas eram reservadas para elas), e algumas das pessoas com mais instrução escolhiam fazer isso; mais de setecentos judeus, por exemplo, entraram para as universidades alemãs na zona americana. Mas havia também universidades dirigidas pelas próprias PDs. Provavelmente a mais bem-sucedida foi a Universidade Báltica, na zona britânica, contudo a mais famosa era a Universidade da Unrra em Munique, que foi fruto da imaginação de vários europeus do Leste que trabalhavam para a Unrra e inicialmente teve o apoio de Jack Whiting, diretor da organização na zona americana. Algumas pessoas argumentam que a Universidade da Unrra representava uma tentativa de transcender as rivalidades nacionais e limpar a tradição universitária europeia de sua cumplicidade tanto com o nacional-socialismo quanto com o comunismo e forjar uma nova "solidariedade transnacional". Na verdade, a instituição era fortemente dominada por russos e ucranianos anticomunistas, e muitos membros de seu corpo docente eram intelectuais ucranianos que já viviam na Alemanha. Por esse motivo, achava-se que ela era muito obviamente antissoviética, e em janeiro de 1947 a universidade foi fechada — segundo um folheto distribuído pela Unrra "como parte do programa de conservação de combustível da comunidade de Munique".

Além da educação, havia outros meios de canalizar a energia das PDs. Para as bálticas os jardins eram muito úteis, e não apenas como uma fonte de legumes para complementar a dieta. Kay Hulme percebeu como em Wildflecken, mesmo "na turbulência do ir e vir de um campo polonês de repatriação", as PDs eram "entusiasticamente preocupadas com os jardins" e plantavam, em geral, legumes — repolho, alho-poró, beterraba — e tomates. Mas nos campos de longo termo dos bálticos "os jardins tinham plantas perenes, como arbustos de groselha e framboesa, e duas colheitas de folhas já tinham ocorrido de suas plantas de tabaco em flor e sido curadas em barbantes esticados ao sol. E então havia efeitos paisagísticos e os brasões de regiões perdidas, como a Letônia, a Lituânia e a Estônia, cresciam da terra em desenhos florais com cravos-de-defunto, amores-perfeitos e begônias, exibindo as cores nacionais".

As PDs bálticas também se esforçavam muito para organizar a vida social e cultural. Entrevistadas muitos anos depois, jovens letãs se lembram de frequentes danças, jogos esportivos, caminhadas em trilhas e viagens para acampar; de lhes ensinarem a remendar e a fazer bainhas, a tecer as luvas típicas letãs com padrões complicados e a bordar capas de almofadas com desenhos tradicionais. "Nós nos divertíamos muito. Eu era jovem e não tinha problemas nessa época", relatou uma das mulheres. Outra também gostava da vida do campo, mas depois compreendeu como seus pais tinham sofrido: "Tínhamos nossa vida social lá nos campos", disse ela à entrevistadora. "Quando você é jovem (...) é apenas uma aventura. Mas quando penso nos meus pais, eles tiveram de deixar tudo para trás, sua vida toda, o que eles haviam economizado. Nós levamos apenas algumas colheres de prata para trocar por comida mais tarde, na Alemanha. Eles perderam tudo..."

O coral que cantava nas missas, e nisso os povos bálticos eram excelentes, constituía uma maneira de envolver muitas pessoas ao mesmo tempo, mas os campos de PDs bálticas também estavam cheios de cantores e artistas profissionais de talento. As PDs lembram particularmente de uma produção de *O barbeiro de Sevilha* por membros da Ópera Estatal Kaunas (Kovno) e uma produção letã de *Noite de reis*, que proporcionou a Agate Nesaule, então com dez anos, sua iniciação à obra de Shakespeare. "Um simples caramanchão entrelaçado com flores sobre uma plataforma no fundo do refeitório era a Ilíria", ela escreveu mais tarde. "Os palhaços cantavam e tocavam o *kokle*, um instrumento de cordas tradicional da Letônia semelhante a uma cítara; o ar se encheu de música. As palavras fizeram o resto, tão mágicas em letão quanto em inglês. Eu fiquei extasiada..."

Milda Danys acredita que, ao perder o amor-próprio, sua propriedade, seu rumo e o poder sobre seu entorno e ao ter passado a depender totalmente da caridade alheia para sobreviver, as PDs lituanas só podiam encontrar sentido na identidade nacional: "Ser lituano era uma constante, e a esse frágil fio de identidade os lituanos se agarravam." Com efeito, Danys afirma, esse período nos campos de PDs foi crítico para o futuro de muitos deles. Se essas pessoas tivessem podido emigrar logo depois do fim da guerra, elas nunca teriam levado com elas para o Canadá, para a Austrália, para a América do Sul, para a Inglaterra ou para os Estados Unidos a mesma sensação de sua cultura nacional.

Em junho de 1945, um funcionário do governo militar britânico registrou que as PDs estonianas estavam insistindo que ele lhes desse permissão para produzir um jornal. Em poucos meses todos os outros grupos tinham feito a mesma coisa. Como resultado, estima-se que, só na língua ucraniana, em 1945 foram publicados 327 jornais e boletins.

Para começar um jornal de PDs era preciso ter algum capital, a capacidade para operar em condições difíceis, funcionários preparados para trabalhar por um pagamento mínimo e a engenhosidade para obter materiais escassos no mercado negro — inclusive, no caso dos ucranianos, bielo-russos, sérvios e russos, as letras tipográficas em cirílico. Era preciso também vencer a relutância dos empresários alemães locais para estabelecer contratos de longo prazo com estrangeiros. No entanto, apesar desses obstáculos iniciais, o ambiente da redação era bom: "Moradores do campo, sedentos de palavras escritas em sua própria língua, acabavam com uma tiragem bastante grande." Um jornal ucraniano conseguiu se estabelecer como um negócio economicamente estável em seis meses, apesar de ter apenas uma máquina de escrever (uma antiga Underwood) em seu escritório; ele vendeu 10 mil cópias por semana a 50 *pfennige*, totalizando 5 mil *Reichsmarks*.

A lealdade dos leitores, no entanto, era contrabalançada pelas complicações políticas. As liberdades de imprensa e da palavra estavam em teoria garantidas, contanto que nada fosse dito ou feito para solapar as atividades do governo militar aliado. No entanto, enquanto alguns comandantes proibiam a publicação de jornais, alguns diretores da Unrra a apoiavam com fervor. Em geral, os editores de jornais achavam que era melhor sair dos campos, para evitar que os conselhos e comandantes internos interferissem em seus negócios. Tentativas de criar uma agência de imprensa ucraniana, por exemplo, logo caíram no desagrado das facções nacionalistas, e jornais que os acusavam de deflagrar uma campanha de terror contra seus oponentes políticos nos campos de PDs eram aconselhados a aplicarem autocensura, "a fim de não nos desacreditar aos olhos do mundo e não fornecer munição para as forças hostis a nós". Havia muito poucas reportagens substanciais sobre a vida cotidiana nos campos, já que as PDs ucranianas pareciam "dar mais ênfase à ideologia e à política do que às preocupações materiais".

Os campos de PDs ucranianas, em particular, também produziram um corpo substancial de literatura. O próprio tamanho de sua população — segundo algumas avaliações, mais de 200 mil pessoas — produziu um novo fenômeno qualitativo na história cultural ucraniana, um número amplo e concentrado de leitores de uma grande variedade de gêneros e atividades literárias. "No microcosmo dos campos de PDs, onde todas as regiões da Ucrânia estavam representadas, a meta do *subornist*, há muito esperada, de unir os territórios ucranianos do Leste e do Oeste foi brevemente (ainda que apenas pelo aspecto simbólico) realizada", escreveu um historiador ucraniano. Além disso, o clima literário era, na verdade, subsidiado. Com suas necessidades materiais aos cuidados da caridade internacional e sem qualquer obrigação de trabalhar para se sustentar, os leitores tinham muito tempo para uma boa vida de leitura.

Em termos puramente quantitativos, a vitalidade literária dos campos ucranianos era impressionante. Mas sua qualidade era bastante desigual. Sob pressão para produzir "grande literatura", que iria imediatamente contribuir para o progresso da causa nacionalista e atrair os olhos do mundo intelectual para a Ucrânia, os escritores faziam o que podiam, mas o gênio literário não surge apenas por necessidade. Dois romances importantes foram caracterizados pela "insipidez", pelo "ritmo lânguido" e por "problemáticas de elaboração exagerada", enquanto um longo poema épico foi considerado "um fracasso monumental". Como era de se esperar, o gênero mais "natural" e "orgânico" da literatura dos campos acabou sendo as memórias.

Os anos de PDs, no entanto, produziram alguns autores interessantes, entre eles os poloneses Tadeusz Borowski e Tadeusz Nowakowski, além do poeta e cineasta lituano Jonas Mekas. Filho de poloneses que moravam na Ucrânia, Borowski passara algum tempo em Auschwitz como *kapo* e esteve nos campos de PDs na Alemanha depois da guerra, até ser repatriado para a Polônia no final de 1946. Mais conhecido hoje por seu livro com o título sardônico de *This Way for the Gas, Ladies and Gentlemen* [Sigam por aqui para o gás, senhoras e senhores], um relato pouco emocional de seu período em Auschwitz, Borowski também escreveu uma série de histórias sobre a vida das PDs — filmadas posteriormente pelo diretor polonês Andrzej Wajda com o título de *Paisagem após a batalha*, que captou o absurdo e a irrealidade da situação das PDs, suas tentativas vacilantes de se adaptar ao mundo novo depois da libertação e extrair sentido uma vez mais das realidades mundanas da bebida e do sexo. O próprio Borowski teve dificuldades nesse sentido. Após voltar à Polônia o escritor desfrutou de algum sucesso, mas lutou para encontrar um lugar no novo regime comunista e se suicidou em 1951, com 29 anos de idade.

O retrato irônico e severo que Borowski pinta de um campo de PDs polonesas, dominado pelas tradições obsoletas e mantendo estruturas sociais desacreditadas, é levado mais adiante no romance de Nowakowski, *The Camp of All Saints* [O campo de todos os santos]. Aqui o campo do título está situado perto da fronteira entre a Alemanha e a Holanda em uma paisagem triste, plana e pouco saudável. O herói do romance, Stefan, é um professor primário com uma mente independente, que rejeita insolentemente as tradições polonesas. Com orgulho, ele se lembra de como, quando menino, ainda na escola, riu de "seu primeiro encontro com a Polônia Martirizada, mil linhas de um papo furado profundamente chauvinista", que representava "o primeiro estágio da iniciação nos mistérios obscuros do masoquismo nacional". No entanto Stefan também é um romântico, contente de se envolver na "única deplorável diversão desprezível de um interno nos campos, ruminar sobre nosso passado": "Subitamente, em seu quarto de caserna, frio e úmido, Stefan sentiu uma onda de carinho, de amor por sua cidade natal. Um sentimento tão intenso quanto o amor por um ser humano."

O romance é cheio de descrições carinhosas de pequenas ocorrências da vida provinciana polonesa antes da guerra, o passeio depois da missa nos domingos, a feroz competição entre os comerciantes importantes, as associações de jovens e os clubes masculinos, a atriz com quem seu pai desperdiçava dinheiro — toda a tela social rasgada pelos alemães em 1939.

O campo de PDs de Nowakowski é dirigido por um major do Exército polonês, com botas altas e calças de montaria e todos os maneirismos de sua desacreditada classe, que tem como assistente uma bibliotecária mandona. Esses dois volta e meia vão para Hamburgo, sob alegação de que melhora o estado de espírito olhar as ruínas, mas logo se descobre que eles estão usando essas viagens para vender as cotas de cigarro do campo no mercado negro. Quando Stefan questiona sua autoridade, eles contra-atacam encenando uma noite de canções patrióticas e histórias nacionais que conquista as PDs. Stefan vai embora desgostoso, para morar com uma moça alemã por quem se apaixonou. Eles se casam, mas o relacionamento não vai adiante à medida que Stefan começa a compreender que não pode se livrar de sua identidade polonesa.

> Não há jeito de se libertar disso. Sou um homem sem país, mas não consigo deixar de ser um polonês. Será que um homem pode deixar de ser alemão, chinês, zulu, ou seja lá o que for, será que ele pode sair de sua própria pele? Onde quer que você vá, a sua terra natal gulosa, ciumenta e vingativa vai com você.

No dia 1º de setembro de 1948, no nono aniversário da invasão da Polônia pelos alemães, Stefan abandona sua esposa, Ursula, e volta para o campo, onde é obrigado a pedir humilhantes desculpas ao major para poder uma vez mais receber as rações de PDs.

O próprio Nowakowski sai do campo um ano mais tarde — para trabalhar como jornalista — e seu retrato da vida de PD é tão triste quanto o de Borowski. Todos os internos em seu livro sofrem de um "complexo de arame farpado", e a maioria é de "aleijados mentais, escravos de hábitos, sofrendo de psicoses de prisioneiro de todos os tipos".

> O clima intelectual e emocional do campo de PDs era sufocante. Dia após dia, víamos as mesmas pessoas, os mesmos rostos, ouvíamos os mesmos clichês. Qualquer bagatela podia provocar uma briga, "uma afronta à honra". Os animais, também, quando são trancados em jaulas, lutam uns contra os outros por simples tédio.

Algumas das passagens mais interessantes de Nowakowski, no entanto, tratam do relacionamento entre aqueles que dão ajuda humanitária e aqueles que a recebem, os libertadores e os libertados. Embora seu próprio contato fosse com os britânicos, no romance os militares locais e as autoridades da Unrra são todos americanos crédulos, inocentes e ignorantes que não podem compreender a única grande verdade sobre a guerra:

> O sofrimento, Stefan pensou, nunca une as pessoas, apenas as separa; só a alegria pode juntá-las. Não há fraternidade na derrota, a única fraternidade é na vitória. E tampouco existe essa coisa chamada de irmandade de armas, ou um sentimento comum baseado no compartilhamento das mesmas experiências de guerra, os mesmos campos ou prisões. Ao contrário de todos os clichês sobre como o sofrimento e a injustiça enobrecem suas vítimas, as experiências que se originam na derrota moral não unem as pessoas.

Seria um erro, no entanto, considerar o livro de Nowakowski um retrato realista da vida de uma PD. Escrito na década de 1950, ele se baseia fortemente nas experiências posteriores do autor quando trabalhava para a *Voz da América* em Munique, e é escrito no gênero do absurdo característico de grande parte da literatura polonesa. Obtemos um sentido melhor das realidades da vida no campo nos diários do poeta lituano Jonas Mekas.

Como a maioria dos jovens intelectuais, Mekas é obcecado consigo mesmo, com tendência à autopiedade e valorizando sua privacidade.

As desgraças da vida comunitária nos campos superlotados são lembradas com uma linguagem misantrópica:

> Podemos ouvir todos os sons por trás [dos painéis de madeira], suas conversas insípidas, suas piadas, até todas as suas flatulências. E à noite, quando trazem para casa prostitutas alemãs ou estrangeiras, ouvimos suas transas também, e podemos ver seus rostos insanos e seus olhos salientes de tanto comer gordura nas cozinhas do Exército americano, onde trabalham.

E, no entanto, a vida de PD também oferece a Mekas, a seu irmão Anastas e a seus amigos lituanos grandes oportunidades — maiores talvez que aquelas que teriam tido em sua terra natal. Jonas consegue se matricular na Universidade de Mainz, estudar filosofia e encenar suas peças em uma oficina de teatro. Recebe um estipêndio mensal e uma ração semanal básica.

> Pegamos nossa ração semanal de comida na sexta-feira e, é claro, comemos tudo no mesmo dia. Agora, temos uma semana inteira pela frente e tudo o que resta é esse monte de batatas fervidas...
>
> Hoje de manhã, para evitar o problema de café da manhã, ficamos em nossos catres até o meio-dia. Mas nossos olhos já estão abertos há horas, passando de um objeto para outro.

Os jovens vendem seus pertences por comida: "Comemos o rádio, comemos a máquina de escrever, as roupas, os livros. Agora o quarto parece um pouco mais vazio, há mais espaço. Mas o estômago parece tão vazio quanto estava antes."

Mekas lê prodigiosamente — Thoreau, Stanislavsky, Rilke e Dostoiéviski são apenas alguns dos autores que menciona — e bebe com voracidade toda a cultura disponível. Quando ele e seus amigos conseguem um quarto só para eles, pintam na parede uma frase longa e incompreensível do filósofo Heidegger. "A frase já deu três voltas no quarto e seu fim ainda não está à vista", observa. Mas Mekas é torturado por conflitos. Ao contrário da maioria de seus amigos, ele não vem da burguesia, tem uma origem rural humilde, e suas raízes culturais se encontram na paisagem de sua infância. Quanto mais ele é exposto ao modernismo europeu, mias lituano se sente:

> Tal é a saudade que num repelão toma conta de mim, me domina, que às vezes penso que não serei capaz de aguentá-la. Não, ouço o romper do gelo nos rios. Ouço o som dos trenós na estrada, os cascos dos cavalos. Um galho se mexe em um abeto na floresta e a neve cai. Posso ouvir tudo isso, ver tudo isso outra vez. Sento-me e sonho. Silenciosamente a neve cai outra vez nas paisagens de minha infância. E só quando alguém abre a porta, a voz rompe o silêncio, eu me desperto, me assusto — me desperto — e vejo a mesa, os livros, as paredes.

Em 1948, quando estava em um campo de PDs na Alemanha, Mekas publicou *Idylls* [Idílios], o volume que o consagrou como poeta.

Um psicólogo que morava entre os bálticos a princípio se surpreendeu ao ver a pouca quantidade de doentes mentais no campo. A expectativa de Eduard Bakis era que as experiências da guerra, culminando com a perda da terra natal, causariam mais "dano". Mas, no verão de 1947, após dois anos nos campos, sintomas mais sérios tinham se manifestado. Quase todas as pessoas estavam "mostrando em uma ou outra ocasião o tipo de comportamento que tinha de ser classificado como neurótico. Havia mais crimes sérios, as ausências do trabalho se tornaram mais frequentes, o interesse nas questões do campo — eleições — estava desaparecendo. A participação nos eventos culturais tinha diminuído e até artistas de fama internacional não conseguiam atrair uma sala cheia de espectadores". Os traços mais óbvios e mais generalizados pareciam ser a procrastinação e a apatia.

O que estava causando esses problemas? Um questionário revelou que a maioria dessas pessoas queria deixar a Europa porque temia uma guerra com a Rússia e tinha medo daquilo que poderia acontecer se os russos conquistassem a Alemanha; mas, depois de anos sobrevivendo com 1.700 ou 2 mil kcal por dia, elas achavam difícil fazer o esforço mental necessário para planejar a migração para o exterior pela primeira vez na vida.

Outros fatores contribuíam para as neuroses. As PDs se preocupavam com amigos e parentes que ficaram para trás, mas já tinham descoberto que era impossível haver qualquer tipo de comunicação — para aqueles que estavam atrás da Cortina de Ferro era perigoso receber uma carta do exterior. "É como se a mente do meu pai estivesse 'fora do ar'", escreveu um dos homens. Cerca de um terço das pessoas questionadas disse ter tido experiências telepáticas ou proféticas.

Além disso, a insegurança e a falta de sentido da vida de PD — a ausência de qualquer direção clara —, unidas às tensões causadas pelos campos superlotados, contribuíam para a hipertensão. Muitas pessoas se preocupavam com sua identidade. Vindas de um país que só recentemente conquistara sua independência, elas não tinham tradições com raízes profundas e temiam que estivessem "perdendo os hábitos e o código social da vida normal". Isso fazia com que as coisas que permaneciam tivessem ainda mais valor — "a família restante; a língua nativa e as escolas nativas para os filhos; as igrejas; a literatura e a cultura nacionais e europeias; ocupação, para aqueles que tinham a sorte de poder continuar com ela. Entre esses fatores, a língua era provavelmente a coisa mais importante, em virtude de seu uso contínuo por todos. Podemos presumir que os campos de PDs organizados por nacionalidade contribuíam muito para a saúde mental dos seus habitantes". Muitas vezes aqueles que supostamente deveriam fornecer a liderança, como ministros, psiquiatras e psicólogos, eram, eles próprios, vítimas de neuroses. Às PDs, Bakis acreditava, "faltavam tanto a orientação de uma tradição quanto a inspiração de um futuro, e cada uma tinha de depender da própria imaginação para desenvolver algum tipo de filosofia prática de vida, para que pudesse sobreviver".

Não era nenhuma surpresa, portanto, que muitos perdessem o rumo. "As pessoas têm de seguir *apenas* seus códigos e experiências morais", escreveu um professor. "Portanto não é possível esperar muito da maioria. Consequentemente, as pessoas 'perdem a cabeça' (...) Ordens e leis são violadas porque não há ninguém para observar a obediência a essas leis; as brigas são comuns porque não há ninguém que nos faça ter vergonha de nós mesmos." Qualquer um que

A LONGA ESTRADA PARA CASA | 357

aderisse ao antigo código moral de antes da guerra não sobreviveria muito tempo em um campo de PDs. As mães precisavam conseguir comida e remédios no mercado negro para seus filhos subnutridos; os idosos e enfermos tinham de falsificar documentos para se tornarem elegíveis para as rações de PDs; esposas cujos maridos tinham sido deportados para a Sibéria oito anos antes, e que certamente morreram por lá, eram obrigadas a manipular os cadastros para conseguir legalizar seus novos casamentos; órfãos de guerra eram "educados pelo mundo". As antigas tradições, crenças e esperanças tinham desmoronado e "uma nova moralidade — se é que podemos chamar isso de moralidade" — tomava o lugar.

Muitos burgueses estonianos falavam de depressão e nervosismo. Mas o tema mais importante que surgia era a "extinção da alegria pessoal", ou seja, a perda da capacidade de se alegrar. "No passado eu podia sentir a alegria com entusiasmo", escreveu uma senhora de meia-idade, "mas desde junho de 1941 [a data da primeira deportação em massa na Estônia] isso já não acontece (...) Mesmo quando há alguma coisa para desfrutar, as lembranças dolorosas matam o pouco de alegria imediatamente. É como se eu fosse pecar se sentisse alegria por um momento, e isso é sempre assim. Fico triste com isso. Minha boca está cantando, mas o coração se preocupa, e perco totalmente aquela sensação". Muitas pessoas recorriam ao álcool. Mas, como observou uma PD, como havia tão pouca comida, "ficávamos narcotizadas antes que pudéssemos desfrutar aquele êxtase artificial".

As pressões psicológicas da vida de PD eram, no entanto, sentidas mais fortemente pelos judeus.

As primeiras pessoas que tentaram se reconciliar com o significado do Holocausto foram suas vítimas. Bem antes da libertação, quando ainda no campo de trabalho forçado Kaufering, perto de Dachau, um grupo de judeus de Kovno, na Lituânia, começou a desenvolver uma ideologia própria, baseada no conceito bíblico do *She'erith Hapletah* — os sobreviventes restantes —, que traz consigo a promessa do futuro. Essa ideia foi levada mais adiante, depois da libertação, principalmente e com mais clareza pelo advogado e acadêmico Samuel Gringauz

— que, ao lado do doutor Zalman Grinberg, forneceu a primeira liderança para os sobreviventes.

A tarefa que confronta os sobreviventes restantes, argumentou Gringauz, era nada menos do que levar o povo judeu em uma nova direção — "com o poder resultante de seu martírio e o legado deixado pelos mortos". A destruição dos judeus europeus — a "grande catástrofe" da história judaica — tinha, disse Gringauz, eliminado as distinções entre os judeus; dali em diante todos os sobreviventes judeus precisavam aceitar que sua identidade fundamental era justamente judia. Segundo, eles não tinham qualquer futuro na Europa, embora não devessem rejeitar a cultura ocidental. Terceiro, na nova era americano-palestina da história judaica, era somente na Palestina que eles poderiam ser verdadeiramente judeus. "A tarefa com a qual nos defrontamos é dupla: luta política na Palestina e pela Palestina e a unificação espiritual dos judeus do resto do mundo". Gringauz estava assegurando, em nome dos sobreviventes, uma reivindicação para liderar ou, pelo menos, conduzir seu povo.

Fundamental para seu argumento era a crença de que só o sionismo fornecia o caminho para a frente. Isso era reconhecido por quase todos aqueles que trabalhavam com os sobreviventes. "Os acontecimentos de 1939-45 pareciam desacreditar completamente aquelas filosofias de vida judaica que predominavam antes da guerra e não estavam centradas na Palestina", escreveu o historiador Koppel S. Pinson, diretor de educação da Junta na zona americana. "Os sionistas eram os únicos com um programa que parecia fazer sentido depois dessa catástrofe."

O sentido de propósito dos sionistas rapidamente encontrou uma expressão concreta. Em outubro de 1946, os judeus na Alemanha ocupada já estavam politicamente organizados, tanto nos próprios campos quanto em nível zonal, e tinham criado mais de sessenta escolas com 10 mil alunos, cerca de vinte bibliotecas, comissões históricas para reunir depoimentos de testemunhas oculares dos crimes alemães contra os judeus, quatro jornais e um periódico e vários grupos teatrais e musicais. Com a ajuda do Comitê Conjunto de Distribuição Judaico-Americano e voluntários da Palestina, jovens PDs judias foram encorajadas a entrar para os *kibutzim*, algo que lhes afastou da lassidão desestruturada da vida do campo, canalizou sua energia em uma direção positiva, treinou-as em técnicas de que precisariam na Palestina e lhes ofereceu uma identidade de grupo. No começo de 1947, já havia 276 *kibutzim*, com 16.238 membros.

Ao mesmo tempo, o processo de regeneração e renascimento judeus se expressou em um *boom* gigantesco de bebês. O índice de natalidade entre as PDs judias era um dos mais altos no mundo. Uma rede de hospitais, creches e clínicas surgiu para suprir as necessidades desse fenômeno.

O efeito psicológico de toda essa atividade foi, sem dúvida, benéfico. "A criação de uma comunidade de fé imbuída com um sentido de propósito", Ze'ev Mankowitz argumentou, "foi um fator crítico para desviar, mitigar e transmutar o efeito destrutivo de um trauma psíquico de massa". Certamente a maneira como os sobreviventes do campo se recuperavam surpreendia os que cuidavam deles. Os sintomas psicóticos comuns na época da libertação praticamente desapareceram quando os sobreviventes foram tratados contra o tifo, alimentados, vestidos e, em parte, ressocializados. Outros problemas então surgiram — tais como a "imoralidade" e a delinquência. "A posição moral de grande parte desses sobreviventes dos campos de concentração é muito baixa; o furto é uma ocorrência diária e a irregularidade sexual atingiu proporções terríveis", escreveu o doutor Nerson, da caridade francesa OSE, em agosto de 1945. "Muitas jovens se entregam à devassidão sem controle." E ele acrescentou: "Não se trata de condenar essas pobres criaturas, que passaram por um inferno de sofrimento, persecução sádica e desmoralização sistemática (...) agora elas estão tomadas de um desejo irresistível de afeição e esquecimento, que procuram satisfazer com os meios que têm à disposição."

Os rapazes, também, sofriam os efeitos. Era claro que as crianças evacuadas de Buchenwald eram "indisciplinadas, instáveis, primitivas, até bestiais", embora desesperadas por afeição. Essas descobertas levaram um psicólogo americano a perguntar a leitores de revistas: "Essas crianças serão um ativo ou um passivo para a nação que os recebe? Serão sangue novo bem-vindo às nações que perderam tanto, ou serão delinquentes juvenis hoje e criminosos amanhã?

No fim de 1945, no entanto, a ordem e a moralidade tinham sido restauradas. A estrutura da vida familiar judia foi restabelecida, os rabinos e as autoridades dos campos encorajavam os jovens casais a se casarem como uma forma de reafirmar sua autoridade moral. Trabalhadores jovens da Palestina foram capazes de disciplinar os meninos preguiçosos. Mas os médicos continuaram a expressar preocupação com "a influência desconcertantemente inapropriada" evidente no comportamento social dos sobreviventes. As crianças não riam e brincavam; eram "emotivas nos momentos errados" e "prematuramente calmas"; passavam por tragédias sem se emocionar, mas tinham um ataque de raiva sobre coisas insignificantes. Os psiquiatras escreviam sobre a perda de afeto ou "anestesia afetiva", "paralisia ou superficialidade emocional" e "distorção do ego". Os leigos diziam simplesmente que os sobreviventes não eram normais, que eram neuróticos ou histéricos.

Um elemento vital precisa ser lembrado, no entanto. Hoje falamos normalmente dos "sobreviventes do Holocausto" — como se eles formassem um grupo único. Mas as PDs judias em 1946, longe de serem uma unidade monolítica, eram compostas de pelo menos quatro categorias diferentes: sobreviventes dos campos de concentração e de extermínio; aquelas que tinham passado a guerra escondidas; as que tinham estado na Rússia; as que tinham lutado com os guerrilheiros ou possuíam documentos arianos. Havia, além disso, diferenças de nacionalidade — os judeus poloneses tinham sido perseguidos desde 1939; os húngaros, desde 1944.

Essas diferentes experiências de guerra produziram estados mentais muito diferentes. Os sobreviventes no campo eram insensíveis, apáticos, neuróticos em relação à comida, muitas vezes histéricos e incapazes de reações emocionais normais. Mas no momento em que entravam em contato com "a liderança forte e quase autoritária de ex-guerrilheiros, ex-judeus do Exército e outros com um programa positivo", o contraste era óbvio. Os judeus que tinham estado escondidos eram "mais autossuficientes, mais sociais e mais racionais" que aqueles que haviam permanecido nos campos, Ralph Segalman, um psicólogo da Junta percebeu. Os ex-guerrilheiros e os combatentes antinazistas contavam com um forte senso de disciplina e também um forte interesse no grupo (...) Essas são, entre as PDs, as pessoas que olham para o futuro e tentam planejá-lo", segundo Koppel S. Pinson. Não tinham perdido totalmente o sentido de vida comunitária. Judeus vindos da Rússia também eram menos "resistentes ao trabalho", não adotavam a atitude "nós trabalhamos demais para os alemães; agora é hora dos alemães trabalharem para nós".

Os funcionários das organizações de ajuda humanitária tinham esperança de que esses "indivíduos mais saudáveis" se tornassem o grupo dominante e tirassem os sobreviventes da inércia. Mas isso não ocorreu. Embora os recém-chegados desempenhassem um papel ativo na vida cultural e política, não questionavam a ideologia estabelecida; como expressou Samuel Gringauz, "as experiências dos prisioneiros de campos de concentração e de guerrilheiros foram decisivas na criação da ideologia das PDs judias; mesmo os judeus poloneses que durante a guerra se refugiaram na Sibéria e depois atravessaram a Polônia até a Alemanha tiveram, com o passar do tempo, de aceitá-la".

A realização das PDs judias em organizar suas vidas foi extraordinária. Mas isso ocorreu à custa de alguma coisa, foi o que concluiu Koppel Pinson depois de passar um ano trabalhando com elas. Pinson descobriu que a PD judia está "preocupada com seu passado até o ponto de morbidez", especialmente com as experiências com os nazistas. Ela estava sempre se envolvendo em "recapitulações horripilantes de incidentes do campo de concentração" e possuía um "valor pela história intensificado" que levava a "uma devoção quase passional pela coleção de dados materiais e simbólicos relacionados com a vida e a morte no gueto ou no *kotzet*". Era voltada totalmente para si própria — "o interesse da PD judia na Alemanha se resume quase que totalmente a seu redor"; no entanto, ela é agitada — isso resulta parcialmente da situação nos campos e da maneira pela qual, após a guerra, "impulsionados por uma fúria tresloucada, o primeiro pensamento dos judeus libertados foi correr em busca de vestígios de seus parentes perdidos".

A vasta maioria dos judeus era de pessoas comuns que tinham sofrido mais, e portanto eram mais tensas emocionalmente. Mas se lhes fossem dados um ambiente normal e uma vida comunitária uma vez mais, essas características da personalidade exageradas e intensificadas poderiam facilmente ser reduzidas a alguma coisa que se aproximasse da vida saudável. O problema, no entanto, era que os campos de PDs não forneciam "ambientes normais". "O contato com o nazismo" também havia "deixado certas características de influência totalitária, mesmo nas próprias vítimas do nazismo". As PDs judias, disse Pinson, "sentem que devem manter uma concepção totalitária de unidade a qualquer custo. De muitas maneiras elas se tornaram totalitárias. Toda a atividade cultural deve ter um único objetivo: fazer propaganda para a Palestina. Os líderes não confiam em discussões abertas de problemas intelectuais. São frios e às vezes, por arrogância, indiferentes aos apelos por tolerância, liberdade intelectual e coisas semelhantes. Sua abordagem dessas questões se parece perigosamente com as de seus antigos soberanos — uma ênfase na situação de crise, uma desconfiança da inteligência da pessoa normal e uma convicção ardente na própria possessão da verdade".

Pinson achou que a atmosfera paramilitar nos campos judeus — "a preocupação com marchar, com manifestações, bandeiras e uniformes, o recurso generalizado à agitação, à propaganda e à doutrinação e à persistência, de modo geral, de uma certa intolerância regulamentada" — também "revelava, talvez inconscientemente, os efeitos de viver por muitos anos sob um governo totalitário".

Pinson conhecia Samuel Gringauz e o admirava. Mas, apesar da excelente retórica de Gringauz sobre o papel histórico a ser desempenhado pelos Sobreviventes Restantes, a realidade que Pinson encontrou na Alemanha foi bastante diferente. Os campos de PDs judias, a princípio, deveriam ser autônomos, mas na prática estavam inteiramente dependentes, da Unrra ou da Junta. A vida cultural, embora heroica e louvável nas circunstâncias, era primitiva — como poderia deixar de ser se a elite cultural havia sido exterminada? Os professores tinham uma tarefa difícil:

> Em uma sala de aula você pode ter crianças da Hungria que não conhecem nem uma palavra de iídiche, crianças recuperadas de famílias polonesas não judias que ainda precisam aprender que são judias e se convencer disso, crianças vindas de Samarkand ou do Uzbequistão ou de algum outro lugar na União Soviética que só fala russo — todas juntas

com crianças pequenas lituanas ou cárpato-russas judias que correm por ali conversando em um iídiche delicioso e fluente.

Pinson tampouco ficou impressionado com o trabalho teatral, que, segundo ele, oferecia ainda outra maneira de revisitar o passado. "Na maioria dos casos as peças são mais parecidas com revistas que falam da vida no gueto ou *kotzet* e permitem aos espectadores que vivam todas suas experiências terríveis outra vez." Ele achou que a imprensa das PDs judias, com algumas exceções, era marcada por "intolerância e por um emocionalismo fanático".

Como chefe educacional da Junta, Pinson tentou conseguir que as PDs ampliassem o currículo escolar além do restrito foco judeu, mas encontrou forte resistência. Da mesma forma, quando um funcionário da Unrra deu uma palestra sobre assistência social nos Estados Unidos, um jovem líder judeu comentou: "Não precisamos de assistência social, precisamos de nacionalismo." Em resposta, a Unrra mostrou os perigos de uma educação nacionalista restrita e criticou a exploração obsessiva dos horrores do passado a fim de manter unidos os habitantes dos *kibutzim* no presente. O funcionário de ajuda humanitária Lotte Lotheim lamentou que

> aqueles que têm a responsabilidade de "liderar" se agarram a sua experiência provocativa do passado com uma carga emocional tão grande que lhes é difícil ser objetivos. Intelectualmente eles admitem isso e encontram a seguinte desculpa: "Temos de nos agarrar a isso, a fim de mantermos vivo entre nosso povo que nossa meta é a Palestina."

As relações entre as PDs e aqueles que tentavam ajudá-las nunca foram fáceis. Lucy Schildkret, uma jovem americana que trabalhava com ajuda humanitária e falava iídiche fluentemente, descobriu que "quase todos os sobreviventes consideravam todos os *goyim* — os não judeus — antissemitas irremediáveis. Estavam convencidos de que eles, mesmo nos Estados Unidos, iriam, mais cedo ou mais tarde, fazer com os judeus o que os nazistas tinham feito". No entanto, também desprezavam os judeus americanos, inclusive os funcionários da Junta, que consideravam ricos e satisfeitos consigo mesmos: "Eles nos chamavam de *amerikaner Khazeyrim* (porcos americanos), e não suportavam estar dependentes de nossas doações." Mais que tudo, acreditava Lucy, "eles detestavam os funcionários do comitê central e dos comitês dos campos, pois acreditavam que eram ladrões e corruptos".

Quando Schildkret chegou à Alemanha pela primeira vez achou que os sobreviventes nos campos tinham compulsão por falar: "Contar sua história ajudava a expiar os sentimentos de culpa que os atormentavam." Ela se sentia humilhada na presença deles. Gradativamente, no entanto, veio a perceber que estava sentimentalizando os sobreviventes como uma classe, "dotando-os não apenas com coragem e resistência, mas também com propriedades míticas". À medida que veio a conhecê-los melhor, "vi que nem todos vinham do mesmo molde. O sofrimento, eu aprendi, nem sempre enobrece. As experiências do sofrimento mais provavelmente traziam à tona os elementos predominantes no caráter de uma pessoa, o bem ou o mal, o egoísmo ou a crueldade. Da mesma forma, alguns psiquiatras que trabalharam com as PDs chegaram a sentir que poderiam ter conseguido mais se tivessem sido mais duros com elas. "Reconheciam que seus próprios sentimentos de culpa com relação a seus semelhantes perseguidos os fazia ansiosos para apaziguá-los (...) Os refugiados, além daqueles nos *kibutzim*, não tinham qualquer orientação moral, ao contrário, eram bastante encorajados a continuar com seu comportamento dependente que os diminuía."

15
"O melhor interesse da criança"

No dia 18 de abril de 1945 um bebê foi encontrado à margem da estrada que leva a Schwabach, perto de Nuremberg, na Baviária, ao lado de uma mulher morta e de uma mala. Na mala havia roupas para ele e documentos, assim como os documentos de identidade de duas mulheres, uma francesa e outra iugoslava. Quem era o bebê e quem era sua mãe? Ninguém sabia. Enquanto tentavam descobrir, Fanny Spiess, a alemã que tinha encontrado a criança, cuidou dela.

Dezessete meses se passaram e, em setembro de 1946, a equipe de Busca de Crianças no escritório da Unrra em Munique escreveu para Eileen Davidson, funcionária distrital de busca de crianças da equipe 1048 da Unrra em Regensburg, pedindo que ela descobrisse a identidade do bebê. Eles tinham bastante certeza de que a mulher morta era a francesa Mademoiselle Paulette Robin, de Neuilly, e o bebê era seu filho. Mas investigações na França revelaram que a senhorita Robin, na verdade, estava viva e tinha sido repatriada para seu país natal após ser tratada de alguns ferimentos. Entrevistada pelo prefeito de Neuilly, Paulette Robin confirmou ter trabalhado com munições na Alemanha, mas negou ter qualquer conhecimento de uma mulher iugoslava e de um bebê e jurou que ela própria nunca tinha tido um filho. Os funcionários da Unrra sabiam que era comum as mães de bebês ilegítimos deixarem os filhos para trás quando voltavam para seu país de origem.

As pistas agora voltavam para a Alemanha. Dezenas de cartas e perguntas foram enviadas aos escritórios alemão, francês e iugoslavo (todas traduzidas nas línguas relevantes e as respostas traduzidas para o inglês). Foi descoberto que as duas mulheres mencionadas nos documentos encontrados na mala tinham sido trabalhadoras estrangeiras na fábrica Dynamit AG e morado no mesmo campo. Antigos empregados da fábrica e estrangeiros que ainda trabalhavam lá foram entrevistados. Até que Smiljana Milojkovic e sua filha Dula, duas iugoslavas que tinham trabalhado com munições e foram encontradas em um campo de PDs, disseram às pessoas encarregadas que conheciam as duas mulheres — a iugoslava, cujo nome era Marija Puskaric, e a francesa Paulette Robin — e que ambas haviam tido bebês mais ou menos na mesma época e ficado no hospital do campo juntas.

No entanto, a alemã Margaret Heider, chefe de enfermagem do campo da fábrica, tinha uma versão diferente. Ela disse aos entrevistadores que Marija Puskaric e o marido (assassinado por guerrilheiros na Iugoslávia) tiveram um menino, e imediatamente reconheceu a fotografia da criança que lhe mostraram. Ela afirmou ter sido amiga íntima de Marija e arrumado ela própria a pequena mala com roupas de bebê, mas não mencionou nenhuma mãe francesa. Uma parteira alemã, Margareth Reder, também depôs dizendo que tinha estado presente no nascimento de um menino de Marija Puskaric à 1h15 do dia 8 de fevereiro de 1945; deram-lhe o nome de Stefan. Várias testemunhas descreveram Marija como uma jovem "forte" de vinte anos de idade, cabelo louro e olhos azuis. Mas a mulher morta encontrada com o bebê tinha cabelo preto e era magra. "É possível", escreveu uma das investigadoras um tanto desesperada, "que o cabelo da mulher morta estivesse manchado de sangue e por isso parecia preto".

Foram precisos outros vários meses de trabalho árduo por parte de inúmeros indivíduos até que a história do menino fosse finalmente revelada.

Na noite de 17 de abril de 1945, véspera de o bebê ter sido encontrado, as tropas americanas estavam se aproximando da cidade de Nuremberg. Os trabalhadores franceses, italianos e croatas da fábrica Dynamit AG, em Fürth, receberam ordens para abandonar o campo e ir para Schwabach sob o controle da guarda armada da SS. Perto de um cemitério, nos subúrbios da cidade, ficaram sob fogo de artilharia e vários foram mortos ou feridos, inclusive Paulette Robin. Uma testemunha, a croata Anna Steituchar, descreveu como ela e seu irmão tinham sobrevivido e que, ao passarem pelo cemitério, tinham ouvido um bebê chorando e visto o corpo de Marija, mas que os guardas da SS não permitiram que ninguém parasse ou ajudasse. Quando os sobreviventes fugiam na direção de Schwabach, encontraram-se com as tropas americanas. Paulette Robin foi levada para o hospital. Continuou sendo um mistério por que suas cartas e seus documentos foram deixados na mala de Puskaric. Apesar das inconsistências nas descrições, chegou-se à conclusão de que Marija Puskaric era a mãe do bebê.

No dia 13 de janeiro de 1947, o oficial de ligação iugoslavo em Munique enviou a autorização para Eileen Davidson, a fim de que Stefan Puskaric fosse repatriado para a Iugoslávia. Fanny Spiess, a alemã que cuidara de Stefan durante quase dois anos, pareceu ter ficado "muito angustiada com relação ao futuro do menino". Ela disse "que não o daria para ninguém e queria criá-lo como seu filho, mesmo sabendo que ele não era uma criança alemã". Mas seu pedido foi negado. Stefan foi mandado para a Iugoslávia, para ser cuidado em um orfanato. No que dizia respeito à Unrra, o caso estava encerrado.

O bebê Stefan foi apenas um dos milhões de crianças que sofreram na Segunda Guerra Mundial. Viajando pela Europa no verão de 1947, a jornalista irlandesa Dorothy Macardle encontrou em todas as partes crianças desabrigadas, mal-alimentadas, adoentadas e, com muita frequência, sem pais. Havia 50 mil órfãos na Tchecoslováquia, 200 mil na Polônia e 280 mil na Iugoslávia. Estimava-se que um total de 2,5 milhões de crianças polonesas precisavam de cuidados urgentes e que 8 milhões de crianças na Alemanha, 6,5 milhões na União Soviética e 1,3 milhão na França continuavam sem lar. A taxa de mortalidade infantil era duas vezes maior que de antes da guerra na França e quase quatro vezes maiores em Viena.

No entanto, todos os psicólogos e especialistas no cuidado de crianças com quem Macardle conversou concordaram que muito mais importante que as condições materiais era o provável legado emocional da guerra; como expressou um médico polonês, as crianças "viram, com os próprios olhos, pessoas sendo detidas, amontoadas, surradas, assassinadas". Qual seria o efeito, perguntou Macardle, dessa exposição à violência e às "tensões e agitações da vida sob ocupação inimiga", da ausência de instrução? "A calamidade que tinha caído sobre as crianças da Europa", concluiu Macardle, era "imensurável"; e só uma "cruzada de resgate gigantesca e rápida" poderia evitar que milhões delas "crescessem ignorantes, infelizes e amargas, com corpos e mentes enfermos e mirrados".

A reação a essa situação, no entanto, foi complicada por vários fatores.

De um lado havia, nos países que os alemães tinham ocupado, a sensação de nacionalismo ultrajado por parte das vítimas. Ao mesmo tempo, no entanto, as crianças despertavam sentimentos igualmente fortes tanto nas pessoas que trabalhavam com a ajuda humanitária quanto na população em geral. As crianças carregavam o peso das projeções dos adultos. Eram idealizadas e romantizadas e obrigadas a suportar o peso das expectativas; eram símbolos da inocência em um mundo de um mal terrível; e eram os receptáculos da esperança pelo futuro. Assim, as crianças iugoslavas refugiadas nos campos na Itália em 1944 eram, para a funcionária de ajuda humanitária Ann Dacie, "as mais naturalmente disciplinadas e mais ansiosas que se pode ver". Ann ficava maravilhada de perceber como "crianças que tinham sofrido crueldades bárbaras e desnecessárias" ainda mantinham intocado dentro de seus corpinhos famintos "o espírito de seu país, que tinha suportado tanto e conseguido outro tanto contra as circunstâncias mais terríveis". Mas a resposta humanitária também era moldada pelas novas correntes intelectuais e organizacionais: o crescimento da psicologia (e, em particular, da psicanálise freudiana) na primeira metade do século XX; a evolução das burocracias da ajuda humanitária; e a chegada das mulheres em posições de poder executivo dentro das grandes organizações.

Entre as guerras, nas sociedades ocidentais desenvolvidas, a disciplina acadêmica de psicologia foi gradativamente aplicada a tais áreas da vida cotidiana como educação, publicidade, o local de trabalho industrial e o tratamento de delinquência juvenil. Em particular, à medida que o papel da religião diminuía, a psicologia ia conquistando com sucesso o domínio da formação de crianças, principalmente por meio do jornalismo popular. Como parte desse processo, os efeitos da guerra começaram também a ser vistos por esses termos.

E assim, pela primeira vez na história, aqueles que planejavam a ajuda humanitária pós-guerra na década de 1940 introduziram a psicologia: sua visão era melhorar as consequências psicológicas do conflito. "Em uma mudança dos esforços anteriores, os ativistas humanitários do pós-guerra se viram como agentes da reconstrução e reabilitação mental de cada um", como escreveu a historiadora Tara Zahra. Em junho de 1945, a Unrra se declarou "preocupada não só com a ajuda humanitária — isto é, a provisão das necessidades materiais —, mas também com a reabilitação — isto é, a diminuição do sofrimento psicológico e do deslocamento. Pois os homens não vivem apenas de pão". Nesse espírito, a organização encomendou vários relatórios de psiquiatras e psicólogos importantes sobre "os problemas psicológicos das Pessoas Deslocadas" e "as necessidades especiais de mulheres e moças durante a reabilitação e a repatriação". Esses relatórios ecoavam as sérias previsões das epidemias do pós-guerra feitas pelos especialistas, mas acrescentavam uma nova nota de advertência psicológica.

> Por maior que seja a devastação física causada pela política alemã, o distúrbio moral e psicológico provavelmente é maior. Essa política construiu nos jovens um muro de cinismo e brutalidade que precisará de anos de tratamento psicoterápico coletivo, individual ou social para repará-lo.

No entanto, os especialistas estavam bastante indecisos sobre a forma que esse programa deveria adotar.

Era a responsabilidade da Unrra traduzir essas aspirações em realidade. Sua Divisão de Ajuda Humanitária tinha sido estabelecida em Atlantic City em novembro de 1943 — mas só depois de alguma luta. A dificuldade surgiu em virtude de uma diferença de opinião "com relação ao significado dos termos 'relief' e 'welfare', e como os serviços de ajuda humanitária deveriam ser entregues e por quem".

> Para muitas pessoas nos dois lados do Atlântico, os dois termos eram sinônimos. Eles significavam assistência material tal como comida, abrigo, roupas, combustível, medicamentos e outras necessidades da vida que seriam disponibilizadas às pessoas que não podiam se prover delas. As organizações de caridade tinham distribuído ajuda humanitária durante séculos, e a campanha de ajuda humanitária de Hoover depois da Primeira Guerra Mundial seguia essa interpretação.

Porém, essa abordagem tradicional agora havia sido superada pelo desenvolvimento da assistência social como profissão, especialmente na década de 1930 nos Estados Unidos.

Os Estados Unidos entraram na Depressão com um programa de assistência pública ainda baseado no código elisabetano da Lei dos Pobres, no qual a ajuda humanitária levava o estigma do asilo de pobres. Mas no final da década, os programas de ajuda emergencial e assistência pública do New Deal tinham transformado o governo federal em uma gigantesca organização de assistência social e colocado um antigo assistente, Harry Hopkins, como substituto efetivo de Roosevelt. O Ato de Segurança Social de 1935 criou três enormes burocracias novas, empregando milhares de assistentes sociais. E também transformou a profissão. Enquanto no passado o assistente social tinha tradicionalmente sido um "agente da filantropia da classe média ou religiosa, muitas vezes na verdade um voluntário, ou pelo menos uma pessoa altruísta em espírito", os programas do New Deal atraíram um grande número de pessoas que se consideravam profissionais, um trabalhador de primeira linha em uma burocracia que queria melhores condições de trabalho e segurança no emprego. Ao mesmo tempo, surgia uma nova ideologia. Os assistentes sociais agora se sentiam próximos de seus clientes e de suas tristezas e acreditavam que serviços de ajuda humanitária adequados deveriam ser "ativos" e não "passivos" — deveriam estimular a autoajuda entre os que recebiam auxílio. Em Atlantic City, em novembro de 1943, essa visão foi promovida com entusiasmo pelos conselheiros para a delegação americana, que conseguiu persuadir Herbert Lehman a estabelecer uma Divisão de Ajuda Humanitária na Unrra.

Infelizmente, no entanto, a ajuda humanitária logo passou a ser um dos buracos negros da Unrra, devido a uma das nomeações desastrosas de Lehman. Mary Craig McGeachy era uma canadense competente, inteligente e atraente que tinha trabalhado para a Liga das Nações antes da guerra e depois ficado conhecida por vender — com grande brilhantismo — a política britânica de bloqueio econômico ao público americano, o que fez com que ela fosse a primeira mulher a receber status diplomático do Ministério das Relações Exteriores britânico. No entanto, como Mary Craig não tinha nenhuma experiência com o trabalho de ajuda humanitária, foi grande o espanto dos diplomatas britânicos quando Lehman a colocou como encarregada da ajuda humanitária em vez de lhe dar um emprego de relações públicas, para o qual ela era obviamente adequada (e algo de que a Unrra necessitava com urgência). Segundo seu biógrafo, na opinião de sua equipe em Washington ela era ideologicamente suspeita: na verdade, parecia personificar "a imagem de uma abordagem inglesa, de *noblesse oblige*, o velho tipo de ajuda humanitária que eles estavam batalhando para se livrar".

McGeachy começou bem: em seus textos e discursos estabeleceu uma visão inspiradora de como o papel humanitário da Unrra iria se basear em três correntes diferentes — o espírito de cooperação gerado pelo movimento de resistência na Europa ocupada pelos nazistas, a experiência britânica de alimentar e abrigar grandes grupos de Pessoas Deslocadas pelos ataques aéreos e o trabalho de assistência social norte-americano durante a Depressão — para criar um novo modelo de ajuda humanitária internacional. Temerosa de que os americanos fossem impor suas próprias normas sociais na cultura europeia, ela enfatizou que a Unrra deveria "assegurar-se de que nossos planos trazem à tona os valores que existem nos países ocupados e dão apoio às instituições e aos grupos voluntários em vez de impor novos grupos". Ao mesmo tempo, encomendou vários relatórios de especialistas sobre os problemas sociais e psicológicos das Pessoas Deslocadas da Europa ocupada.

Infelizmente, essa proposta ousada nunca foi concretizada. McGeachy demonstrou ser má administradora e uma líder frágil. Não conseguiu lutar por seu espaço no escritório da Unrra em Washington, não obteve recursos ou o respeito de seus colegas, não motivou suas equipes e foi incapaz de dar aos funcionários da Unrra no campo um sentido claro de sua missão. Suas longas ausências de Washington, enquanto mantinha um relacionamento em Londres, fragilizou ainda mais a Divisão de Ajuda Humanitária. No entanto, a habilidade de McGeachy em manipular homens mais velhos como Lehman e Leith-Ross a livrou da demissão em várias ocasiões, e só em agosto de 1946 é que LaGuardia conseguiu obrigá-la a sair.

Com essa lacuna no topo da estrutura, a ajuda humanitária passou a ser a criança-problema da Unrra, que se manteve na maioria das vezes firmemente focada em outras tarefas da organização, tais como a repatriação e o reassentamento. A Divisão viu-se o tempo todo assediada pelas tensões entre suas intenções ambiciosas e as realidades no campo.

A Unrra foi uma das primeiras organizações de grande porte a empregar muitas mulheres e em posições de responsabilidade. De seus 12.889 funcionários em dezembro de 1946, 44% eram mulheres. Havia motivos sólidos para essa prática. Décadas de experiência levaram a funcionária de ajuda humanitária britânica Francesca Wilson a concluir que "as mulheres são melhores que os homens para todas as improvisações e tarefas de reaproveitamento e consertos que o trabalho de ajuda humanitária implica".

> Elas às vezes causam problemas em virtude de sua instabilidade emocional e porque o poder lhes sobe à cabeça, mas, de um modo geral, trabalham mais e são mais bem-sucedidas na ajuda humanitária que os homens. O homem quer um emprego verdadeiro, bem-definido; o trabalho de ajuda humanitária é temporário, confuso e cheio de lamentações; parece não merecer seus melhores esforços. Além disso, em geral a mulher treinada que é contratada para trabalhar com ajuda humanitária é menos suscetível às tentações da vida fora do lar, especialmente em um país conquistado.

Os tipos de problemas políticos e ideológicos nos escritórios da Unrra em Londres e Washington eram replicados em sua operação de campo na Alemanha. Mas havia também fatores locais. O ambiente na Alemanha era dominado pelos homens e a liberdade para qualquer programa de ajuda humanitária era severamente limitada. Os recursos eram mínimos, principalmente na zona britânica, onde coisas como telas para projeção de filmes ou transporte particular eram difíceis de encontrar, em comparação com a zona americana. A única realização de uma funcionária de ajuda humanitária da Unrra, depois de quatro meses na zona britânica, foi ter conseguido um carro no qual podia cobrir "sua" área. Além disso, a Divisão de Ajuda Humanitária tinha, como um conselheiro britânico admitiu, de "operar compreendendo que o verdadeiro poder estava nas mãos dos militares".

A LONGA ESTRADA PARA CASA | 373

Mesmo em questões como o bem-estar das crianças, nada podia ser conseguido sem a cooperação das autoridades militares, e a Unrra, de modo geral, era impotente para se opor aos desejos dos militares.

Havia, ainda, outras tensões entre a Unrra e associações tais como os quacres, com sua longa tradição em obras de caridade. "A Unrra respeitava a teoria: para essas organizações grande parte de nosso método parecia deploravelmente pouco ortodoxo e muitas vezes inadequado", escreveu Margaret McNeill. A equipe quacre em Brunswick, como ocorria com muitas pessoas trabalhando com ajuda humanitária, passava grande parte do tempo ensinando às jovens polonesas ou ucranianas que tinham sido trazidas para a Alemanha como trabalhadoras escravas as técnicas básicas da maternidade, que normalmente elas teriam aprendido com suas mães e tias. Os quacres achavam que as visitas das jovens funcionárias da Unrra responsáveis por mães e bebês, que procuravam impor às mulheres do Leste europeu as práticas que estavam em moda no Ocidente, eram cômicas e maçantes. Uma dessas funcionárias "ficou andando exaustivamente pelos campos em busca de um lactário, mas não encontrou nenhum — "a não ser que a gente possa dizer que a senhora Pawloss, do campo ucraniano, placidamente colocando leite em uma grande lata aberta com uma xícara muito duvidosa em um canto do depósito de comida fosse um lactário". Ela então parou para falar com uma jovem ucraniana sentada ao sol com um bebê nos braços. Quando o bebê começou a chorar e a mãe colou-o ao seio, a funcionária da Unrra olhou para o relógio de uma maneira desaprovadora; de acordo com a atual ortodoxia ocidental, ela acreditava, convicta, em horas marcadas para as mamadas. Com medo de serem "denunciados à zona", os quacres rapidamente criaram uma organização para o cuidado dos bebês com as mães entre as PDs, e conseguiram chegar a uma "solução conciliatória entre as mães nos campos poloneses e ucranianos e os métodos do doutor Truby King", embora sabendo que a mudança iria levantar suspeitas entre as PDs. Em outra ocasião, um médico da Unrra ficou furioso ao encontrar em um lar para mães e bebês "todas as crianças usando dois suéteres cada uma, todas as janelas fechadas e os maridos fumando", sem perceber que progresso enorme tinha sido feito quando conseguiram persuadir as mães a banhar seus filhos todos os dias e a colocar *apenas* dois suéteres neles; e que, como os alemães as tinham proibido de se casar, elas queriam manter os pais de seus filhos por perto — "o medo de se separar deles era tão grande que não poderia ser vencido de um dia para outro".

Na própria Unrra a batalha entre a grande teoria e a realidade cotidiana também ocorria. As políticas de ajuda humanitária davam origem a vários tipos de carreira. Francesca Wilson, por exemplo, vinha de uma tradição de "fazer o bem" — "uma das últimas sobreviventes daquele tipo peculiar de solteirona inglesa de meia-idade, financeiramente independente e com uma ânsia nata por filantropia". Em 1945, ela era uma veterana com mais de trinta anos de trabalho de ajuda humanitária, com facilidade para aprender línguas, habilidade em lidar com pessoas e vasta experiência das questões de políticas sobre ajuda humanitária. Wilson foi uma das primeiras pessoas a entrar para a Unrra, na expectativa, como muitas outras, de que a organização fosse fazer mais pela ajuda humanitária do que tinham feito as organizações de caridade, que, depois de 1918, brigavam entre si.

Entretanto, ela se viu em uma situação de conflito com a hierarquia da Unrra na Alemanha — composta principalmente de mulheres americanas com diplomas universitários em ciências sociais e nenhum conhecimento de línguas europeias. "Isso, além da ambição e do desejo de ganhar credibilidade em sua profissão, fazia com que muitas delas procurassem empregos administrativos, especialmente aqueles em 'nível de área'", escreveu Wilson posteriormente. Ela admitiu que americanas com treinamento profissional eram mais metódicas, "mas esse mesmo método significa, talvez, que elas têm mais sucesso quando estão em condições estáveis e são menos capazes de lidar com o caos e com o inesperado do que suas colegas europeias". Muitos de seus esquemas eram excelentes no papel, "mas às vezes elas pareciam hesitar em ter de experimentá-los por conta própria na confusão do campo e preferiam supervisionar pessoas que o fizessem".

Wilson reprovava particularmente os questionários que começaram a chegar da sede da Unrra em Munique aos montes:

E como era nosso Serviço de Aconselhamento Pessoal? A quantas pessoas dávamos conselhos todos os dias? Quantas pessoas deficientes tínhamos descoberto? A ciência social tem rótulos claros e um lugar apropriado para todos: deficientes, desvalidos, desajustados, carentes, introvertidos e extrovertidos. Será que ela às vezes não se esquece da pessoa por trás do rótulo?

Com seu passado quacre, Francesca Wilson estava "acostumada ao tipo de trabalho humanitário em uma escala muito menor, e no qual ela podia fazer as coisas de sua maneira", como observou sua amiga Rhoda Dawson. "Na verdade, Francesca tinha uma abordagem muito mais humana e baseada na experiência que era, no entanto, completamente inútil na situação atual" porque não havia tempo ou recursos para operar dessa maneira pessoal, com uma participação direta e não teórica. Além disso, sua longa carreira a tinha deixado com claras preferências sobre quem ela se sentia capaz de ajudar entre as PDs. Ela gostava da "alegria e da resistência" dos sérvios e dos russos, e das louras bálticas ("são pessoas fortes e amantes da liberdade"), mas não reagia tão bem aos "rostos sérios com olhos assustados" dos judeus sobreviventes de campos de concentração. Por sua vez, a maior parte da administração americana da Unrra não gostava de Francesca Wilson, e quando ela adoeceu foi rapidamente enviada de volta a seu país.

Em contraste, outros que trabalhavam com ajuda humanitária e tinham outras qualidades se davam muito bem: algumas construíam suas carreiras graças à habilidade em conseguir que os soldados cooperassem. Susan Pettiss entrou para a Unrra para fugir de seu marido alcoólatra e violento em Mobile, Alabama, e estava em uma das primeiras equipes enviadas para Munique em maio de 1945. Lá, ela logo encontrou uma função. "Ser uma das poucas americanas lá também me deu uma arma poderosa: minha feminilidade", escreveu ela mais tarde.

> Os que estavam no comando eram todos homens, na maioria americanos, e era uma tarefa nova e emocionante conseguir que eles concordassem com aquilo de que eu precisava para realizar meu trabalho. Meu diretor belga logo aprendeu a me mandar diretamente para o Exército (...) Como eu tinha um sotaque sulista e olhos azuis, nós obtivemos muito mais dos militares do que muitas equipes.

Em suas memórias publicadas anos mais tarde, Susan Pettiss escreveu francamente sobre seu trabalho na Alemanha.

> A parte mais importante dessa experiência extraordinária era me encontrar rodeada por um grande número de homens americanos (...) Eu vibrava com a atenção masculina. Era catártica e um bálsamo para um ego e uma alma machucados após um casamento desastroso. No entanto, eu também me livrei de ter de lidar com as complexidades de relacionamentos profundos (...) Nenhum relacionamento ali podia ser mais do que um leve flerte, e isso era perfeito para mim.

Antes disso, um capitão do Exército norte-americano que estava a ponto de ser enviado para casa lhe deu um BMW novo que ele tinha obtido como "material inimigo confiscado". Como resultado, "eu era o objeto da inveja de todo o mundo na Unrra, já que não havia nenhuma provisão para o transporte de equipes. Durante os dois anos seguintes, consegui com muitos sorrisos, bom papo e um pouco de flerte, obter os registros e as etiquetas necessárias para manter o carro". Outro admirador, um canadense que trabalhava para a seção de transportes da Unrra, enfeitou sua frota de veículos com o nome dela.

Susan Pettiss foi para a Alemanha sem saber muito sobre a história do Leste europeu e só falando inglês. Desconhecendo os ódios e as hostilidades entre os vários grupos nacionais, ela não entendeu por que o Exército imediatamente separou os grupos em nacionalidades. "Imbuída com a sensação idealista da meta de 'um único mundo', fiquei desiludida quando aquela unidade não se materializou imediatamente", recordou ela, mais tarde. No final do primeiro ano ela já podia falar francês e alemão sem intérprete, mas nunca se comunicava realmente com as Pessoas Deslocadas, preferindo tarefas de ligação em que ela fornecia a interface entre a Unrra, as agências voluntárias e os militares. Nessas tarefas era extremamente bem-sucedida e muito popular, com isso progrediu para uma posição importante na hierarquia da Unrra. "Muita coisa aconteceu naqueles dois anos", escreveu ela quando deixou a Alemanha, em maio de 1947. "Eu tive muita sorte. Certamente sou outra Susan Pettiss."

A essa altura, já tinha sido aceito que a ajuda humanitária mais eficiente era realizada por pessoas que vinham da mesma cultura que as PDs assistidas, especialmente no caso das judias. Um bom exemplo foi Cecelia "Zippy" Orlin, uma jovem sul-africana que trabalhou com crianças judias em Bergen-Belsen durante 27 meses. Ela foi contratada na primavera de 1946, em uma época em que a Junta estava procurando trabalhadores voluntários com pré-requisito linguístico, e, embora sem experiência prévia de ajuda humanitária, ela falava iídiche, tendo vivido na Lituânia durante os seis primeiros anos de vida. Sua função principal era cuidar das crianças mais novas no campo, inclusive alguns órfãos, mas trabalhava também com as enfermeiras que cuidavam de crianças no hospital do campo, tentando fazer com que elas se sentissem seguras, ajudando-as a desfrutar a vida outra vez e a construir uma sensação de autoestima. Uma das muitas fotografias que ela tirou tem como legenda: "Com o amor, as lágrimas dão lugar à alegria, o choro dá lugar ao canto, a repressão dá lugar à expressão"; em outra, "criancinhas pequenas, mas fortes, faziam travessuras, brincavam nos campos cobertos de flores e expressavam as emoções infantis há tanto tempo suprimidas". Quando Zippy deixou a Alemanha seu desempenho foi classificado como "muito bom" por seu chefe na Junta, que elogiou sua "disposição, interesse, técnicas, iniciativa, engenhosidade" e, especialmente, sua "cooperatividade e capacidade de trabalhar com outros", o que, a seu ver, mais do que compensou sua falta de treinamento. A única crítica foi que ela "se identificava demais" com as crianças.

Os problemas descritos até aqui neste capítulo — o impacto terrível da guerra nas crianças; o abismo entre aspiração e realidade; as frustrações dos funcionários da Unrra; e as tensões entre a Unrra e os militares — se juntaram em torno da questão das "crianças roubadas". Nas palavras de uma das pessoas que trabalhavam com ajuda, "a identidade perdida de cada criança em particular é *o* problema social do dia no continente europeu".

Foi um problema que demorou algum tempo para surgir. No verão de 1945, quando a Unrra e os militares estabeleciam centros de acolhimento para as Pessoas Deslocadas e tentavam lidar com as necessidades básicas das pessoas, eles logo se familiarizaram com as preocupações e ansiedades das PDs. Como explicou um relatório da organização,

> essas pessoas iam até os funcionários da ajuda humanitária com problemas e tristezas de todos os tipos imagináveis. Um pedido constrangedor e recorrente vinha de pais que gritavam desesperados: "Onde está meu filho?", "Ajudem-me a encontrar meus filhos!"

A reação natural, a funcionária canadense Jean Henshaw explicou, era tentar ajudar:

> Por dois anos esse grito aflitivo de pais desesperados ecoou por toda a Europa. Em abril de 1947, quando o primeiro transporte oficial de crianças desacompanhadas foi por trem para Praga, na Tchecoslováquia, a estação e as ruas estavam repletas de pais e parentes empurrando-se para ficar na frente, com mãos levantadas implorando em um lamento urgente, suplicando que a Unrra encontrasse e devolvesse seus filhos com o próximo — e o próximo — transporte.

Desde o momento em que entraram na Alemanha os soldados Aliados encontraram crianças separadas de suas famílias — "crianças desacompanhadas", como eram chamadas.* Estavam entre elas crianças sobreviventes dos campos de concentração e das brigadas de trabalho forçado ou os "mascotes de GIs", meninos que tinham se juntado ao Exército americano e depois haviam sido abandonados. A Unrra logo começou a criar centros para crianças onde elas poderiam ser acolhidas. O primeiro, estabelecido em julho de 1945 em um monastério em Kloster Indersdorf, na Bavária, logo atraiu crianças de todas as idades e nacionalidades. Muitas eram encontradas pelos militares ou por funcionários da Unrra ou de organizações voluntá-

---

* Uma "criança desacompanhada" era definida pela Unrra como uma criança que não estava com a mãe nem com o pai, nem com um membro de sua família, que tinha nascido na Alemanha, fora trazida para aquele país, ou nele infiltrada desde 1º de outubro de 1938, e quando se sabia, ou se suspeitava, que um de seus pais era nativo de um país das Nações Unidas ou de status assimilado de pais desconhecidos. Isso incluía crianças que tinham sido adotadas ou estavam sob os cuidados de uma família ou instituição alemã.

rias; outras chegavam lá por conta própria. Greta Fischer, diretora do departamento de ajuda humanitária em Indersdorf, descreveu como ela dormia perto da porta principal para que não deixasse de escutar a batida fraca de uma criança no meio da noite. Quando uma criança chegava, ela e seus pertences eram examinados em busca de documentos, cartas e fotografias que permitissem sua identificação. Muitas estavam tão traumatizadas que não conseguiam dar explicações coerentes, algumas eram jovens demais e outras preferiam ficar caladas — estavam apenas contentes de estar em segurança e de receber comida. Logo vários outros campos para crianças desacompanhadas foram estabelecidos nas zonas americana e britânica, onde essas crianças podiam receber cuidados enquanto aguardavam ser identificadas e repatriadas.

Mas então uma outra questão surgiu. Quando a Unrra começou a realizar levantamentos das PDs fora dos campos, grupos de crianças que claramente não eram alemãs foram encontradas em instituições e em casas particulares na região de Passau e Regensburg, no norte da Baviera. Os funcionários da Unrra relataram que "quando questionados sobre essas crianças, os alemães eram evasivos, resistentes ou até hostis, pois tinham começado a considerar essas crianças como 'suas'".

> Lembrando-se dos pais trágicos e desesperados [escreveu Jean Henshaw] os funcionários começaram a achar que havia uma conexão entre suas perguntas e essas crianças. Imediatamente eles perceberam a urgência desse trabalho, de tal forma que, embora não houvesse nenhum programa de busca formal em progresso, eles passavam o tempo livre procurando e registrando crianças.

Um levantamento semelhante na área de Heidelberg produziu números menores, mas confirmou a necessidade de "um pente-fino em todas as agências e instituições de ajuda humanitária em busca de crianças aliadas". Os pedidos de mais informações que os militares fizeram às autoridades alemãs logo trouxeram à tona mais crianças. A essa altura, a abrangência internacional do problema e a necessidade de equipes especiais da Unrra para procurar "as crianças perdidas e desaparecidas" tinham ficado claras.

As pessoas que trabalhavam com a ajuda humanitária de crianças tinham primeiramente achado que a maioria das crianças que moravam em domicílios e instituições alemãs eram filhos de trabalhadores escravos do Leste que tinham sido separados de suas famílias, pois essa era a política normal dos nazistas. Elas estavam totalmente despreparadas para as revelações que surgiam à medida que cartas começaram a chegar em grande quantidade à Shaef vindas da Polônia, da Rússia, da Ucrânia, dos Bálticos e da Iugoslávia implorando-lhes que encontrassem crianças desaparecidas.

O programa Lebensborn tinha começado no inverno de 1941. Inicialmente, os centros Lebensborn tinham sido estabelecidos para crianças de pais nazistas selecionados a fim de aumentar a população ariana — os futuros *Herrenvolk*. Mais tarde foi criado um esquema para sequestrar crianças louras de olhos azuis, principalmente na Polônia ocupada pelos alemães, onde diziam haver um número muito grande de crianças cuja aparência racial as tornavam apropriadas para a "germanização". Outras crianças inteligentes e de aparência saudável do tipo "nórdico", com idades entre dois e doze anos, encontradas na Iugoslávia, na Tchecoslováquia e na Romênia, nos Países Baixos, na Bélgica e na França, eram selecionadas por equipes de oficiais que as roubavam de parques, áreas de recreio das escolas ou até de suas casas. Crianças desapareciam dos campos de trabalho forçado enquanto suas mães trabalhavam. Na Polônia, orfanatos inteiros foram esvaziados e as crianças, colocadas em instituições ou criadas por famílias que tinha jurado educá-las como bons alemães em troca de pagamentos de manutenção. Todas recebiam novos nomes e aprendiam a língua e os costumes alemães. Aquelas que não passavam nos testes eram enviadas para hospitais para experimentos médicos e invariavelmente morriam. Nenhuma delas jamais foi enviada de volta a seu país.

Compreensivelmente, os funcionários da Unrra ficaram horrorizados com essas descobertas. Para eles, isso, até mais que o Holocausto, era o maior crime dos nazistas — "seu plano mais vil", como Jean Henshaw afirmou. Isso lhes deu novo ânimo para agir. Em menos de três meses, investigadores tinham encontrado quase 6 mil crianças sequestradas nas regiões da Baviera e da Silésia. Na Áustria, um apelo a pais adotivos para devolver crianças roubadas revelou oitocentos menores, em sua maioria poloneses. Seis meses mais tarde, cerca de 10 mil crianças perdidas e sequestradas tinham sido identificadas. Mas isso ainda era apenas um sexto do número total de solicitações registradas na Unrra.

Na segunda metade de 1945 o programa de Busca de Crianças tinha se tornado uma parte formal do trabalho de ajuda humanitária dos Aliados. O coronel Schottland, da Shaef, com a cooperação da especialista em ajuda humanitária para crianças Dorothy de la Pole, organizou um Escritório Central de Rastreamento com base na sede da Unrra perto de Frankfurt, com cem funcionários que, entre eles, falavam 27 línguas, com o objetivo de localizar e identificar todas as crianças desacompanhadas das Nações Unidas encontradas na Alemanha e repatriá-las para seus países natais. Enquanto isso, equipes de Busca de Crianças foram formadas nas zonas americana e britânica e receberam autorização para entrar nas casas e instituições alemãs com autoridade para entrevistar famílias e funcionários e remover a criança que fosse natural de outro país. Examinavam registros policiais e capturavam documentos do inimigo — embora os alemães tivessem feito um trabalho minucioso, destruindo todos os registros. Como observou um funcionário da Unrra, "a amnésia parecia ser uma doença predominante na Alemanha".*

O trabalho de busca de crianças era desafiador e difícil, exigindo grande persistência, autoconfiança e eficiência, assim como perseverança, diante dos obstáculos criados pelos alemães. Mas era também intensamente recompensador: "uma tarefa extremamente meritória, pois sentimos que estamos salvando crianças, que fazemos a nossa parte nesse trabalho maravilhoso de Reabilitação", escreveu um holandês que trabalhava para a Unrra. Uma das grandes satisfações era conseguir que as crianças revelassem suas verdadeiras nacionalidades. A maioria tinha sido proibida de falar sua língua nativa (normalmente polonês, iugoslavo, báltico e tcheco). Em vários conventos as freiras

---

* A Busca de Crianças (Child Search) foi definida como o processo de procurar e localizar crianças que, segundo o que se acreditava, estariam em áreas ocupadas e cujos nomes e características não fossem conhecidos. O Rastreamento de Crianças (Child Tracing) era o processo de localizar uma criança a pedido de alguém que poderia dar detalhes sobre ela e de localizar parentes de uma criança encontrada sem sua família.

"treinavam" as crianças para as respostas que dariam aos pesquisadores da Unrra. Um dos funcionários tchecos que trabalhava com crianças encontrou cinco delas em uma aldeia alemã que, em sua opinião, eram tchecas ou eslovacas. As famílias juravam que elas, que aparentemente só falavam alemão, eram delas. O investigador ficou na aldeia; em poucos dias todas as crianças estavam conversando em tcheco.

Para aqueles que dirigiam o programa, no entanto, isso era apenas o começo. Para realizar seu ambicioso objetivo eles teriam de compilar informação da Europa inteira, enviar especialistas para a Polônia e outros países de onde as crianças tinham sido tomadas e obter acesso aos registros das agências alemãs envolvidas no programa Lebensborn. Além disso, seria necessário fortalecer as equipes de busca.

No final de 1945, a responsabilidade pelo programa de Busca de Crianças passou dos militares para a Unrra, no momento em que o general Sir Frederick Morgan começou a dirigir sua operação de Pessoas Deslocadas na Alemanha. A princípio ele estava interessado no programa e deu grande apoio aos esforços da Unrra para fazer com que as autoridades da ocupação aliada pressionassem os alemães para divulgarem seus registros. Mas em abril de 1946 já tinha dúvidas. No dia 29 de maio escreveu: "Pude, enfim, confrontar e lidar com esse negócio complicado de cuidado de crianças, e, ao ler com atenção a evidência documental, acredito firmemente que é possível que tenha sido uma total perda de tempo. Essas queridas moças que estavam encarregadas dessa parte de nosso negócio são, na maioria, de meia-idade, virgens frustradas que sofrem de todos os tipos de repressão. Como resultado lhes falta a noção da dimensão das coisas, e elas se ofendem com qualquer controle ou orientação. Prevejo todos os tipos de problemas sobre esse assunto, mas é preciso colocar limites nesse negócio."

Como Morgan poderia rejeitar com tanta facilidade o programa? Ele estaria apenas expressando um preconceito masculino? O general certamente tinha uma opinião ruim de Eileen Blackey, a funcionária responsável pela ajuda humanitária de crianças na sede da Unrra e sucessora da senhorita De la Pole. Ela era o tipo de assistente social profissional americana que ele não podia suportar; ouvi-la defender "uma alegre viagem à Polônia" foi "uma perda de tempo". Mas as questões envolvidas iam mais além das personalidades e dos preconceitos. Podemos ver por quê, se examinarmos um caso específico.

Na primavera de 1946, a funcionária da Unrra Gitta Sereny, que trabalhava com a ajuda humanitária de crianças, foi a uma fazenda na Bavária e persuadiu o fazendeiro e sua esposa a lhe darem uma fotografia de Johann e Marie, as crianças louras de seis anos adotadas e adoradas por eles; a fotografia tinha sido tirada no dia em que elas haviam chegado à Alemanha. Aquela imagem, que Sereny passou para seus superiores na Unrra, permitiu que um casal em Lvov, Polônia, reconhecesse os gêmeos que lhes tinham sido tirados em 1942 e que as autoridades da Unrra os reivindicasse em nome dos pais verdadeiros. No entanto, quando a decisão foi cumprida, Sereny tinha sido deslocada para outro posto, não sendo então a responsável por realizar a remoção de Johann e Marie — embora depois de tirar uma criança de outro casal alemão, ela sempre se lembrasse da "tristeza inconsolável dos pais" e da "fúria da própria criança, que não podia entender o que estava acontecendo".

Esse não foi o fim da história, no entanto. Dois meses depois, quando Sereny chegou a um centro infantil na Bavária, encontrou Johann e Marie ainda lá. A volta deles à Polônia tinha sido adiada para que pudessem ter mais tempo de adaptação psicológica; mas isso só fizera com que eles piorassem. Johann agora estava violento — ele atacou Sereny quando a viu gritando *Du, du, du*"; e Marie tinha voltado para a primeira infância, urinando na cama e só tomando leite na mamadeira. Pouco tempo depois eles foram devolvidos para seus pais naturais.

O relato do episódio feito por Sereny e publicado anos depois pode ter passado um outro tom ou simplificado alguns detalhes; por exemplo, ela trabalhava com uma equipe e provavelmente não teria visitado o casal sozinha. Apesar disso, esse caso ilustra claramente alguns dos dilemas inerentes a esse tipo de trabalho. Teria sido no melhor interesse de Johann e Marie tirá-los do casal alemão que estava tão ligado a eles (embora seja preciso enfatizar que nem todas as famílias alemãs eram formadas por pais adotivos e dedicados)? Mesmo supondo que as crianças, no final, tinham vencido o sofrimento

384 | BEN SHEPHARD

causado por serem removidas, será que no longo prazo elas estariam melhor na Polônia? E o que dizer de casos como o de Stefan, que conhecemos no começo deste capítulo, que não tinha pais naturais em seu país de origem? Estariam melhor indo para um orfanato em seu país ou ficando na Alemanha?

A opinião de Morgan era que, mesmo além dos interesses da criança, o programa Busca usava recursos enormes, não era parte da competência da Unrra, complicava as relações com os alemães e fazia surgir "questões estratégicas" de grande porte — isto é, tinha de ser considerada dentro do contexto mais amplo das relações Leste-Oeste. Essa já era quase que certamente a opinião geral entre os militares em 1946. O que Marvin Klemmé achava era que as equipes de Busca de Crianças "fizeram um bom trabalho no início, mas passaram a ser uma vergonha tanto para a organização quanto para a humanidade, mais tarde, ao longo do processo. Até o ponto em que ajudavam a reunir famílias estava tudo certo, mas, no final, muitas delas passavam mais tempo destruindo famílias".

> Crianças de cinco ou seis anos eram arrancadas dos braços de suas mães adotivas enquanto tanto a criança quanto a mãe choravam desesperadamente. Se a criança tivesse ido para seu país para ficar com sua mãe verdadeira, ou até mesmo com uma tia ou avó, o ato poderia até ter sido justificado, mas na maioria dos casos elas eram enviadas para orfanatos. Um número bastante grande era enviado de volta para a Polônia em condições como essas.

Sua opinião era a de que não deveria mais haver "roubo de bebês", a menos que fosse possível provar que os parentes sanguíneos da criança estavam vivos e realmente queriam a criança.

Mas os funcionários que trabalhavam com ajuda humanitária na Unrra continuavam a lutar em defesa de seu programa. Eileen Davidson, a assistente social australiana que dirigia a equipe principal de busca, tempos depois, recordou que por várias vezes ela tinha "desejado ardentemente desistir e sair correndo de toda essa sordidez para sempre, mas, na memória, tenho o quadro mental de um grupo de mulheres angustiadas de quem as tropas da SS estão arrancando seus filhos (...) e agora sinto que nós, que demoramos tanto a vir em seu resgate, temos uma oportunidade muito, muito pequena de desfazer o que foi feito". As pessoas que trabalhavam na Busca encontraram alguns aliados no sistema militar, principalmente os investigadores de crimes de guerra, no Departamento de Guerra dos Estados Unidos, em Washington, que então preparavam a segunda série de julgamentos que dariam continuidade a Nuremberg. A ação penal contra vários dos alemães envolvidos no programa Lebensborn em outubro de 1947 foi um incentivo importante para o ânimo dos investigadores e também lhes forneceu novas informações valiosas.

Então, após a demissão do general Morgan, o vento na Unrra mudou de direção. Em agosto de 1946, Eileen Blackey pôde finalmente visitar Varsóvia e reunir-se com as autoridades polonesas. Como ela tinha previsto, ao encontrar os poloneses pôde também descobrir uma série de informações. Em Lodz, eles tinham encontrado mais de 5 mil registros de crianças selecionadas para o Lebensborn; em Katowice, outros 5 mil. Com sua minúcia típica, os alemães haviam fotografado as crianças e registrado os detalhes de seu nascimento, seus novos nomes alemães e informação sobre as famílias alemãs que as adotaram. Alguns arquivos incluíam a fórmula "nenhum cuidado especial é exigido", que era o código para a eliminação.

Estimulada por esse novo material, Eileen Blackey voltou para a Alemanha para continuar a tarefa. Em novembro de 1946 ela foi à Polônia para solucionar outro problema: garantir que os preparativos para a recepção das crianças que voltavam para lá eram adequados, em especial para aquelas sem pais. Uma vez mais, ela ficou totalmente satisfeita. Como muitos membros da equipe da Unrra em Varsóvia, Blackey era sincera em sua identificação com os poloneses. O que ela encontrou durante suas visitas à Polônia foram colegas profissionais sérios, que estavam fazendo o que podiam para reconstruir o país depois de uma guerra devastadora.

Mas apesar de tudo isso, na própria Alemanha os resultados foram decepcionantes. Em julho de 1946, já tinha sido notificada a presença de 6 mil a 7 mil crianças na zona norte-americana, das quais cerca de 2 mil foram encontradas diretamente por meio dos esforços da Busca; o resto era parte de grandes grupos de PDs. Pouquíssimas tinham sido encontradas em famílias alemãs; a maioria estava em instituições e orfanatos. Em uma conferência em outubro de 1946, funcionários da Busca de Crianças atribuíram, parcialmente, esses maus resultados à falta de pessoal (havia apenas 34 funcionários em tempo integral na zona britânica, poucos deles se expressando nas línguas necessárias, e algo em torno de 44 assistentes voluntários na zona americana). Mas sua raiva verdadeira foi dirigida às autoridades militares que, por um lado, se recusavam a permitir que crianças fossem retiradas de famílias alemãs até que várias condições de segurança fossem garantidas; por outro, não tinham a determinação necessária para pressionar as autoridades alemãs a produzirem registros e informações. Em seu relatório final antes de passar o problema para seu sucessor na IRO, Eileen Blackey expressou sua crença de que uma grande oportunidade fora perdida. Se as autoridades militares tivessem feito cumprir de forma eficaz as diretrizes de busca produzidas pelo Conselho de Controle Aliado em janeiro e março de 1946, ela argumentou, poderia ter sido possível controlar melhor o problema das crianças desaparecidas. Mas isso não fora feito, e a essa altura — ela escrevia em junho de 1947 — os alemães estavam ganhando cada vez mais o controle da administração novamente, não sendo mais possível pressioná-los da mesma forma. Além disso, as potências ocupantes não tinham se dado conta da importância de centralizar toda a informação. O Escritório Central de Rastreamento estava fechado.

Além disso, um outro mistério tinha surgido, disse Blackey. "As crianças que estão sendo encontradas pelas equipes de Busca no campo não correspondem às que estão sendo procuradas por suas famílias." A maioria das crianças localizadas até então eram aquelas que foram evacuadas para a Alemanha, nasceram na Alemanha ou tinham sido trazidas à força com suas famílias e mais tarde foram separadas delas. As crianças roubadas de suas famílias em seus países natais para que fossem levadas para o regime nazista a fim de serem "germanizadas", na maioria dos casos, ainda não tinham sido encontradas. "Essas crianças estão vivendo em famílias alemãs e só podem ser encontradas por meio da confissão e do exame detalhado de documentos e registros que revelem qual o destino dado a elas durante o regime nazista."

A LONGA ESTRADA PARA CASA | 387

Nem todos os funcionários da Unrra partilhavam a sensação de Blackey de que uma grande oportunidade tinha sido perdida em virtude da falta de visão dos militares. Alguns chegaram a achar que eles deveriam examinar seus próprios registros e consciências. "Impulsos de retaliação tinham muitas vezes tingido nossos motivos", escreveu Ella Dunkel, funcionária da Busca de Crianças, na Sede 460 da Unrra em junho de 1947. Ella criticou muito a retórica que rodeava o programa: "os termos crianças 'roubadas', 'escondidas' e 'sequestradas' são usados levianamente, sem uma análise prévia." Outro funcionário da Busca de Crianças, Michael Sorenson, questionou muitas das premissas dominantes. Era um absurdo, disse ele, sugerir que 100 mil crianças francesas tinham sido raptadas. Na verdade, "100 mil era uma suposição feita pelo governo francês para o número de crianças nascidas de francesas que estavam trabalhando na Alemanha". Realmente, a maior parte das crianças que moravam com famílias alemãs eram filhas de mães não alemãs que vieram voluntariamente ou tinham sido enviadas para trabalhar durante a guerra. Eram, em sua maioria, ilegítimas, e suas mães não as queriam. "Normalmente elas estão com pais adotivos desde que eram bebês muito pequenos e cresceram sendo tratadas como filhos biológicos deles." Geralmente não havia qualquer motivo para que elas fossem ocultadas, pois os documentos estavam disponíveis para inspeção no escritório de assistência social local. Realmente, Sorenson havia descoberto que a maioria das autoridades alemãs — exceto freiras — cooperava bastante. "O alemão, em geral, não gosta de agir por conta própria, sem o apoio da autoridade."

Ella Dunkel chegou a atacar a crença básica de toda a operação de Busca de Crianças da Unrra. "Outra declaração contenciosa", ela escreveu, "é que uma criança de alguma ou total origem estrangeira deixada na Alemanha irá sofrer um grande choque psicológico quando, na adolescência, começar a investigar o passado e descobrir que não é de origem alemã".

Isso foi provado pela abordagem psicológica? Parecia que o choque sentido como resultado da remoção de uma criança de poucos anos de idade de um bom cuidado familiar onde ela encontra segurança para o desconhecido seria consideravelmente maior. A reação da criança adotada para com seu passado, de qualquer forma e em qualquer país, depende da sabedoria com que os pais adotivos lhe apresentaram a situação. Nossos sentimentos de nacionalidade crescem conosco, nós não nascemos com eles.

Longe de deplorar as salvaguardas introduzidas pelas autoridades militares, ela as elogiou. "Essa decisão séria envolvendo a disposição de uma vida humana não deve ser deixada, como foi, para um ou dois indivíduos." Uma medida de proteção tinha sido assegurada, dando aos militares o direito de rever todos os casos de repatriação de crianças, mas ela exigia que no futuro as decisões fossem feitas por um comitê de seis pessoas, compreendendo representantes do governo militar, da IRO e da Cruz Vermelha Internacional, além de um funcionário jurídico, uma assistente social e um psicólogo.

Em janeiro de 1948, Eileen Davidson, então chefe adjunta da seção de Busca de Crianças da IRO, achou necessário reafirmar a verdadeira crença. A política de retornar todas as crianças para seu país natal representava "o melhor interesse da criança" de uma perspectiva psicológica, social, moral e política, declarou ela. O argumento de Davidson, como Tara Zahra indicou, "dependia principalmente de sua convicção de que, como a sociedade alemã ainda não tinha sido expurgada do racismo e do autoritarismo nazista, a possibilidade de verdadeira assimilação e integração para crianças do Leste europeu na Alemanha do pós-guerra, portanto, era muito tênue. Mesmo crianças do Leste europeu que falavam alemão muitas vezes enfrentavam discriminação como estrangeiras na Alemanha". Crianças retiradas de instituições alemãs, enquanto isso, mostravam sinais claros de um comportamento autoritário e nazista, segundo Davidson. "Essas crianças são aparentemente submetidas a rotinas e disciplinas rígidas e muitas vezes são tímidas, extremamente temerosas e não sabem como brincar, mesmo entre si. Seu comportamento é o de crianças reprimidas e contrasta com muita clareza com o comportamento de crianças nesse grupo que estiveram conosco durante algum tempo e que em geral são extremamente simpáticas com adultos, muito ativas e livres em suas brincadeiras e atividades."

Eileen Davidson também reafirmou sua fé na "nacionalização" —
o processo pelo qual uma criança que foi "germanizada" era transformada outra vez em polonesa ou tcheca no abrigo da Unrra antes
de ser repatriada. Ela se lembrou de que um grupo de crianças polonesas que tinham sido adotadas por alemães foi "gradativamente
absorvido na vida do centro e começou a falar polonês e por vontade própria pediu que fosse matriculado na classe polonesa. Umas
poucas semanas depois as crianças já estavam animadas, aprendendo
canções e danças populares (...) Quando finalmente tomaram a decisão de voltar para a Polônia, já tinham se identificado com o grupo
polonês e não se relacionavam mais com seus amigos alemães". Ela
não discutiu casos como o de Johann e Marie, relatados por Sereny,
em que a "nacionalização" claramente deu errado, mas avisou que
as crianças aliadas deixadas em lares adotivos alemães iriam sofrer
danos psicológicos permanentes, ainda que fossem amadas e bem-
-cuidadas. "Longe de garantir os melhores interesses da criança, teríamos nos arriscado, com o passar dos anos, a ter contribuído para o
desenvolvimento de uma personalidade deformada e confusa, uma
pessoa desajustada que não tem raízes nem aqui nem em seu país
natal."

Com o começo real da Guerra Fria, toda a perspectiva de cooperação harmoniosa nessa questão desapareceu. As autoridades militares aliadas ficaram mais decididas a não devolverem crianças para
o Leste, a não ser que pudesse ser provado que elas tinham parentes
próximos.

Segundo a história oficial da IRO, depois de 1948, 2 mil crianças
foram repatriadas para o Leste europeu, principalmente para a Polônia, depois de audiências quase judiciais;* mas um número duas vezes
maior de crianças foi espalhado por todos os Estados Unidos, Israel
e Canadá. Gitta Sereny afirmou que essa política de reassentamento
de crianças no exterior já ocorria em 1946, e os funcionários da Unrra
protestaram fortemente contra ela, mas Sereny admite que nenhum
registro desse protesto sobreviveu.

---

* "Quasi-judicial Hearings." São audiências realizadas por órgãos ou entidades (em geral
governamentais) que têm poderes semelhantes aos de um tribunal ou aos de um juiz,
mas que não são parte do Poder Judiciário. (N.T.)

É impossível dizer quem estava certo. Para começar, não existem estatísticas consensuais. Segundo uma fonte, mais de 15 mil crianças roubadas tinham sido recuperadas quando a IRO assumiu o controle, em junho de 1947; segundo outra, 5 mil crianças foram enviadas de volta a seu país de origem. No entanto a história oficial da Unrra lista apenas 12.843 crianças que teriam sido recolocadas de alguma forma pela agência, 2.703 repatriadas, 1.889 restabelecidas e 1.016 reunidas novamente com suas famílias.

O processo de rastreamento — no qual a Unrra e a IRO não eram de forma alguma os únicos atores nem sequer os principais — continuou durante décadas depois da guerra. No final, segundo os poloneses, só cerca de 40 mil crianças, de um número possível de 200 mil, voltaram para a Polônia, mas esse número incluía filhos de "trabalhadores escravos" poloneses; portanto, a maioria que fora sequestrada continuou na Alemanha. No entanto a estudiosa alemã Isabel Heinemann recentemente questionou essas cifras. Após um estudo detalhado dos registros alemães, ela concluiu que, na verdade, apenas 20 mil (e não 200 mil) crianças polonesas foram sequestradas, e cerca de 50 mil de toda a Europa.

E o que acabou sendo o melhor para a criança? Os poucos casos que foram acompanhados (normalmente por produtores de programas de televisão) podem não ser típicos. A maioria não se encaixou facilmente em qualquer categoria nem provou que um ou outro lado estivesse mais correto. Certamente a convicção de Eileen Davidson de que uma criança polonesa, depois de ter sido "germanizada", poderia ser rápida e facilmente "repolonizada" não é confirmada pelas evidências; mas, por outro lado, algumas conseguiram ter dois grupos de pais. Além disso, a identidade nacional não era uma coisa assim tão clara como parecia aos funcionários da Unrra, já que muitas pessoas no Leste europeu tinham tido um sentido maldefinido e flexível de nacionalidade. Tampouco a política de todos os países era a mesma. Os franceses, com sua permanente angústia de ver uma população cada vez menor, reivindicavam qualquer criança que poderia ser considerada "francesa", enquanto os belgas se recusavam a aceitar uma, a menos que ficasse provado que ela tinha parentes capazes de mantê-la.

Em retrospectiva, é curioso como esse assunto desapareceu na década de 1950. Durante algum tempo, organizações como o Unicef continuaram a monitorar o processo, mas o assunto logo deixou de ser uma questão de interesse público e foi substituído por preocupações com a cultura jovem, adolescentes, música pop e outros assuntos semelhantes. Portanto é muito difícil dizer se os temores expressados na década de 1940, e aos quais foi dada uma voz poderosa no livro *Children of Europe* [Crianças da Europa, em tradução livre], de Dorothy Macardle, eram legítimos ou exagerados. Certamente parte do derrotismo advinha de ignorância cultural: baseava-se nos modelos então predominantes de desenvolvimento infantil, que se concentravam particularmente no relacionamento mãe-filho e ignoravam o papel ainda muito poderoso desempenhado pela família estendida no Leste europeu. Um estudo de longo prazo do impacto da guerra e da guerra civil em crianças gregas que foram separadas de suas mães descobriu que elas não foram tão prejudicadas quanto o pesquisador esperava; na verdade, elas acabaram sendo bastante semelhantes aos gregos comuns de sua geração, principalmente em virtude do amor e do apoio que tinham recebido em suas famílias estendidas.

16
"Boa raça humana"

Kay Hulme deixou o campo Wildflecken para Pessoas Deslocadas dia 24 de março de 1947. Depois de todas as tragédias recentes — a revolta polonesa, a denúncia que ela tinha feito de seu diretor, Georges Masset, com a subsequente demissão dele — todos acharam melhor que ela fosse embora. A Unrra na Alemanha estava sendo reduzida e reorganizada, antes de ser transferida para sua sucessora, a Organização Internacional para Refugiados. Kay foi promovida a diretora de uma equipe de apenas quatro pessoas, baseadas em Aschaffenburg, a cerca 40km a sudeste de Frankfurt, que dirigia sete campos contendo 9 mil PDs de cinco nacionalidades diferentes — um trabalho que antes havia sido feito por trinta pessoas. Kay pôde levar com ela sua amiga Marie-Louise Habets e sua diretora de ajuda humanitária de Wildflecken. "É praticamente um matriarcado", escreveu ela. "Sempre acreditei que terminaria como a chefe terrível de um matriarcado. Sempre acreditei que as mulheres podiam fazer as coisas. Minhas parceiras estão bastante animadas com a oportunidade de 'mostrar isso aos homens'."

Agora Kay trabalharia principalmente com ucranianos e estonianos, "um grupo estático, cuja repatriação era inviável, que estava muito bem-organizado, com a maior parte das pessoas mais importantes nos mesmos empregos por mais de um ano". Tinha herdado um empreendimento que funcionava.

> Agora lido não com poloneses simples, mas com ucranianos astutos que têm uma mente poderosa e muitas ideias sobre a maneira como querem que as coisas sejam feitas nos campos (...) É muita conversa — dia e noite, apresentando meu ponto de vista lentamente e de alguma maneira mantendo o controle e fazendo com que eles me respeitem por isso.

Mas Kay não compartilhava a mesma sensação de entusiasmo em se envolver com as novas pessoas de quem cuidava como tinha tido com os poloneses. Depois de observar a comemoração da Páscoa, ela escreveu:

> É surpreendente ver quanta emoção está enclausurada nesses ucranianos e bálticos que comando. Não podemos deixar de sentir que a maioria veio para a Alemanha voluntariamente (...) de alguma maneira conseguiram passar pelas filtragens do Exército e foram declarados aptos para os cuidados da Unrra, mas às vezes, quando estou sentada com seus líderes, vestidos como *gentlemen* de Wall Street, todos em ternos bem-cortados e gravatas elegantes, sinto-me como se estivesse em algum grupo de diplomatas de alta categoria e fico constrangida de usar a frase "Pessoas Deslocadas" diante deles.

Em uma tarde de abril teve início um novo capítulo no trabalho de Kay, quando um homenzinho garboso, com um ceceio e que mancava, subitamente apareceu em seu escritório acompanhado por um padre polonês de um de seus campos e um funcionário de uma das principais agências voluntárias. O recém-chegado se apresentou como Ludger Dionne, membro do Parlamento canadense e um industrial importante que viera para a Alemanha, com a aprovação do governo canadense, para contratar uma centena de moças de caráter moral imaculado, a fim de trabalhar em sua fábrica de fiação em uma pequena cidade em Quebec. Como as moças teriam de ser católicas, ele havia primeiramente procurado a aprovação do padre do campo. As candidatas escolhidas seriam levadas imediatamente de avião para o Canadá e abrigadas em um convento perto da fábrica. Receberiam três libras e sete xelins por semana e teriam de pagar apenas dois guinéus pela acomodação. As moças teriam de ir sozinhas.

Entre alegre e amedrontada, Kay telefonou para o diretor da área. Entre muitas risadas masculinas, ela percebeu que a visita de Dionne já tinha despertado atenção. Um repórter da revista *Time* também estava atrás da história, atraído pelo gancho de "moral imaculada". A posição da Unrra na questão não foi exatamente clara, mas, enquanto isso, o diretor sugeriu que Kay mostrasse o campo para Dionne, uma vez que ele tinha vindo de tão longe.

"De trabalho escravo para trabalho escravo!", um golpe na mesa telefônica. "Você não precisa ter uma bola de cristal para saber o que vai acontecer com essas moças com 25 xelins por semana para gastar, a maior parte do qual elas provavelmente vão mandar para suas famílias." "Elas não vão continuar virgens por muito tempo", gritou meu diretor.

Permitiram que a missão de Dionne prosseguisse. Quando as moças finalmente chegaram ao Canadá já eram conhecidas como "as Virgens Voadoras". Descobriu-se também que Dionne já vinha usando Pessoas Deslocadas polonesas como furadoras de greves, e após uma tempestade de má publicidade, um debate no Parlamento canadense e uma briga com o governo polonês, ele não voltou para novos embarques. Mas Kay percebeu, com tristeza, que as polonesas que não tinham sido selecionadas continuavam a esperar que ele voltasse. Estavam bastante satisfeitas de trocar os campos de PDs pela exploração de uma *sweatshop* em Quebec.

De certa forma, Ludger Dionne foi um pioneiro. No começo de 1947, governos e indivíduos ao redor do mundo estavam seguindo seu exemplo; começavam a ver as Pessoas Deslocadas europeias sob uma luz nova e positiva, não como "sanguessugas ociosos", mas como uma fonte valiosa de mão de obra. Muitos países estavam precisando de trabalhadores para áreas como mineração ou guardas florestais, áreas em que suas próprias populações já não estavam dispostas a trabalhar. No entanto cada governo também queria ser seletivo e se responsabilizar pela escolha entre as PDs. Essa contradição dava a cada transação um caráter particular.

Em muitas nações aliadas, as Pessoas Deslocadas preenchiam o vácuo deixado pela volta de prisioneiros de guerra. Quase três anos após o fim da guerra, mais de 1 milhão de prisioneiros de guerra alemães e austríacos ainda estavam sendo usados como mão de obra — a "nova escravidão", segundo o *New York Times*. Mais da metade era mantida na União Soviética, mas muitos outros países também retinham seus prisioneiros. Os americanos haviam repatriado 2,5 milhões dos 8 milhões de prisioneiros do fim da guerra, além de haver emprestado uns 600 ou 700 mil para os franceses (que nunca fizeram muitos prisioneiros) e outros 30 mil para os belgas. No final de 1947, quase não havia mais prisioneiros alemães nos Estados Unidos, mas a França tinha cerca de 383 mil, e esses eram trabalhadores bons dos quais os franceses queriam manter o maior número possível. Os britânicos também faziam corpo mole. Em novembro de 1946, só 31.200 dos 385 mil prisioneiros de guerra mantidos pela Grã-Bretanha tinham sido enviados a seus países de origem. Após críticas na imprensa e no Parlamento, durante um certo tempo o índice de repatriação cresceu para 20 mil por mês, mas no final de 1947 ainda havia quase 200 mil prisioneiros alemães na Grã--Bretanha, a maioria deles trabalhando na terra.

A essa altura, no entanto, os britânicos tinham começado a recrutar Pessoas Deslocadas. Não havia nada humanitário nessa iniciativa: ao contrário, como disse Marvin Klemmé, era "um programa cruel de recrutamento de mão de obra" estimulado por questões puramente econômicas. A única chance que o governo de Attlee tinha de evitar uma falência nacional — e ainda assim manter a posição de grande potência, com forças substanciais no exterior e uma alta porcentagem do efetivo do país nas Forças Armadas — dependia de uma recuperação econômica alimentada por um estímulo nas exportações. Isso só poderia ocorrer se os setores-chave da economia, tais como a mineração do carvão, a agricultura e os têxteis de algodão, estivessem funcionando em plena capacidade. No entanto, essas eram precisamente as áreas que sofriam de enormes carências de mão de obra, à medida que os prisioneiros de guerra estrangeiros começavam a ser repatriados e as mulheres e os idosos, inseridos na força de trabalho durante a guerra, voltavam para seus lares. As questões se complicaram ainda mais com o compromisso do governo de melhorar as condições gerais de trabalho, os elos com o movimento sindical e o abandono de alguns controles que existiam durante a guerra sobre a direção da mão de obra. Além disso, os ministros acreditavam que podiam, ao mesmo tempo, contrabalançar o declínio do poder imperial da Grã--Bretanha e "manter os domínios leais" estimulando a emigração britânica para a Austrália e para o Canadá. Isso só exacerbou a carência de mão de obra.

Onde, então, seriam encontrados os trabalhadores necessários? Os 200 mil soldados poloneses, que tinham se recusado a ser repatriados e agora estavam na Unidade Polonesa de Reassentamento, eram uma fonte óbvia. No entanto, o esquema polonês enfrentara dificuldades práticas (descobriu-se que apenas 901 poloneses tinham experiência de mineração de carvão), e o fato provocou a resistência dos sindicatos britânicos, temerosos de uma volta ao desemprego pré-guerra e hostis aos "donos da terra" e aos "fascistas" — como os poloneses anticomunistas eram chamados. No setor agrícola, o governo simplesmente ignorou os protestos dos sindicatos e colocou os poloneses para trabalhar na terra; no outono de 1946 eles já estavam colhendo batatas na Escócia. Na indústria do carvão, o Sindicato Nacional de Mineiros, mais poderoso, em maio de 1947, foi subornado com a introdução de uma semana de cinco dias para que aceitasse estrangeiros. Mesmo assim, carências severas de mão de obra ainda continuavam; encontrar quem exercesse trabalhos em hospitais era especialmente difícil. Outros europeus não estavam interessados. A atenção britânica voltou-se, então, para os campos de PDs.

"A Grã-Bretanha não é tradicionalmente um país de imigração", declarou um funcionário do Whitehall em 1952. Apesar de sua longa história de colonização estrangeira, os britânicos tinham cessado de dar as boas-vindas a estrangeiros na metade do século XX. A população do Reino Unido tinha quadruplicado — e uns 20 milhões de pessoas tinham sido mandados para a América e para as colônias — entre 1815 e 1914, sem qualquer imigração de grande escala. No entanto a chegada de pequenos números de chineses, italianos e judeus do Leste europeu foi o suficiente para provocar uma onda de sentimento anti-imigração, o que levou à publicação do Ato de Estrangeiros de 1906, restringindo a entrada de pessoas vindas do exterior. Seu direito de trabalhar na Grã-Bretanha ficou ainda mais restrito em 1920, quando os trabalhadores só eram admitidos com permissões — emitidas muito raramente — concedidas a empregadores individuais pelo Ministério do Trabalho. Entre as guerras, a principal carência de mão de obra era de empregados domésticos — por isso, muitos refugiados judeus da Áustria e da Alemanha que procuravam entrar na Grã-Bretanha no final da década de 1930 eram obrigados a alegar que estavam adequados para esse tipo de trabalho. Não era fácil: as autoridades consulares britânicas não se convenciam rapidamente de que os judeus seriam bons mordomos.

Ao mesmo tempo, no entanto, membros da elite política vinham se preocupando com um possível declínio na população da Grã-Bretanha e com a necessidade de regeneração de sua "raça" nacional. Na década de 1930 havia temores entre alguns intelectuais progressistas de que uma população em declínio e uma queda na taxa de natalidade iria prejudicar o desenvolvimento econômico e exigir uma injeção de sangue novo no país. Haveria necessidade de imigração — mas do tipo certo. "Imigrantes em grande escala em uma sociedade plenamente estabelecida como a nossa só poderiam ser bem-vindos sem reservas", declarou a Comissão Real sobre População, "se forem de boa raça humana e não forem proibidos por sua religião ou sua raça de se casarem com a população local e se misturarem com ela." Da mesma forma, *Population and the People* [A população e o povo, em tradução livre], um panfleto da Sociedade Fabiana de 1945, declarou que "do ponto de vista da população precisamos encorajar pais potenciais de raças saudáveis a se estabelecerem nas ilhas Britânicas, e desencorajar aqueles que já temos de saírem daqui". O *think-tank* esquerdista concluiu que "homens e mulheres de raça europeia entre as idades de vinte e trinta anos são os imigrantes mais adequados para ajudar as políticas populacionais". Teriam de ser cuidadosamente selecionados para "garantir que são assimiláveis e que poderiam se adaptar ao modo de vida britânico", e "devemos tomar o máximo cuidado, é claro, aceitando somente aqueles que sejam física e mentalmente saudáveis, livres de antecedentes criminais e que irão introduzir uma raça sólida no país. A eugenia da imigração não pode ser suficientemente enfatizada". Essa frase, com seus ecos desagradáveis de ideologia nazista, tinha um significado específico para autoridades mais velhas criadas com as premissas eugênicas da Grã-Bretanha eduardiana — preferência deveria ser dada à "raça anglo-saxã" e a "mulheres fortes". Por essas razões, as autoridades britânicas desconfiavam dos trabalhadores que migravam do Caribe e de refugiados judeus do Leste europeu, que, a seu ver, ameaçavam a coesão social, enquanto que os migrantes irlandeses, embora racialmente compatíveis, eram considerados trabalhadores de má qualidade.

Dessas premissas, certas conclusões eram deduzidas. As autoridades britânicas e as pessoas que trabalhavam com ajuda humanitária concordavam que os bálticos — classe média, bem-organizados, trabalhadores, ansiosos para agradar, racialmente compatíveis e (no caso dos letões e dos estonianos) protestantes por religião — "seriam os mais fáceis de assimilar na Grã-Bretanha ou em seus domínios", como escreveu Francesca Wilson no livro *Aftermath* [Consequências, em tradução livre]. Ela admitiu que havia colaboradores entre eles, como em todos os países da Europa ocupada, mas "são povos amantes da liberdade, e fortes, e a proporção de pró-nazistas entre eles certamente não é alta". Após visitar a Alemanha, os funcionários do Ministério do Trabalho anunciaram que entre as PDs bálticas "um tipo extremamente bom de mulher está disponível para o trabalho administrativo em hospitais neste país". O padrão geral de educação era bom, muitas falavam o inglês bastante bem, tinham "boa aparência" eram "rigorosamente limpas em suas pessoas e em seus hábitos" e tinham "uma dignidade natural em sua postura". Aquelas selecionadas para vir para a Grã-Bretanha formariam "um grupo excepcionalmente saudável e em boa forma".

Apesar disso, as autoridades tinham suas preocupações. Seria possível devolver trabalhadores insatisfatórios? O que ocorreria com as Pessoas Deslocadas quando se adaptassem? Será que as mais inteligentes não começariam a se ressentir de ter de fazer trabalho doméstico e tentar melhorar de vida em outras posições? Não seria possível que alguns dos refugiados de origem camponesa tivessem padrões baixos de limpeza? E as trabalhadoras, não poderiam casar e abandonar o trabalho? Para os políticos, as preocupações eram diferentes: o recrutamento de trabalhadores estrangeiros era politicamente sensível e representaria uma mudança substancial na política de imigração. No entanto, em abril de 1946, a permanente carência de mão de obra finalmente forçou o gabinete a aprovar o "Pequeno Cisne Báltico", um esquema para recrutar mil bálticas entre as PDs para trabalhar como serventes nos sanatórios e hospitais para tuberculosos. Achava-se que solteiras seriam menos problemáticas, menos visíveis e mais adaptáveis. Esses "pequenos cisnes bálticos" trabalhariam sob os mesmos termos e condições que as trabalhadoras britânicas, e depois das tarefas iniciais, outro emprego de "importância nacional" seria encontrado para elas. No processo, seu status oficial seria transformado, passando de refugiado para o de migrante econômico; o termo "Pessoas Deslocadas" foi substituído por "trabalhadores europeus voluntários", ou EVWs, na sigla em inglês.

Os primeiros 96 "pequenos cisnes" chegaram ao cais de Tilbury no dia 19 de outubro de 1946 e foram saudados por jornalistas ansiosos por ver esses jovens e gentis cisnes que viriam ajudar os doentes na Grã-Bretanha. Para o *Evening Standard,* essas moças eram a "inteligência dos Estados bálticos"; para o *Manchester Guardian,* "estudantes de medicina ou odontologia (...) cabeleireiras e funcionárias de escritório". Mas, em vez de parecerem pobres refugiadas, elas estavam vestidas em seus melhores chapéus e casacos: "jaguatirica, algumas de pele de rato-almiscarado, pele de foca ou simplesmente de coelho." Algumas eram mais velhas, mas "a grande maioria era jovem, forte, saudável e tão interessada em sua aparência pessoal quanto qualquer outra moça de sua idade". Pouco tempo depois surgiram relatórios animados das chefes de enfermagem dos hospitais dizendo que elas eram "trabalhadoras de primeira classe", "interessadas e entusiasmadas" e "gostando tanto de sua nova vida em seus novos lares que muitas queriam ficar aqui para sempre e tinham esperança de se casar com ingleses". No fim de novembro de 1946, 1.150 "cisnes" já tinham sido aceitos.

As contradições na abordagem britânica — equilibrando critérios eugênicos de longo prazo com necessidades econômicas de curto prazo — logo ficaram aparentes. Os bálticos de classe média se viram fazendo trabalhos subalternos ao lado de ingleses da classe operária. Agnes, um "cisne" letão, posteriormente recordou que "não podia manter conversas" com muitas de suas colegas inglesas em um hospital de Yorkshire: "Não tínhamos nada em comum. Quero dizer, eu não sou esnobe, mas elas realmente não sabiam nada."

A princípio, os "pequenos cisnes" mandavam para suas famílias nos campos impressões positivas de sua vida e trabalho na Grã-Bretanha; suas cartas chegavam em uma época em que a vida lá estava se deteriorando rapidamente, com cortes nas rações e a introdução de uma ordem de trabalho compulsório em janeiro de 1947. O funcionário de recrutamento do Ministério do Trabalho na Alemanha estava cheio de esperança — "as opiniões estão muito a nosso favor, e estamos sendo saudados como libertadores", escreveu ele — e defendeu a expansão do esquema para aceitar mais recrutas "malhando o ferro enquanto estava quente". No momento em que a cota menos popular de trabalho em sanatórios para tuberculosos tinha sido preenchida, decidiu-se recrutar 5 mil mulheres para o trabalho nos hospitais gerais. Mas logo os números começaram a cair. A avaliação original de 20 mil bálticas passíveis de serem empregadas na zona britânica, "das quais 10 mil podem estar solteiras e sem filhos, e serem, assim, adequadas para o trabalho doméstico na Inglaterra", mostrou ser muito otimista, de tal forma que o Ministério do Trabalho foi forçado a considerar solteiras da Ucrânia, claramente consideradas as segundas melhores, "que envelheciam com mais rapidez que as bálticas" e só "eram adequadas para o tipo de trabalho doméstico mais pesado (serventes na cozinha, faxineiras, lavadeiras etc.)". Elas são "essencialmente camponesas" e não se encaixariam na vida inglesa com tanta facilidade quanto as bálticas, que são, na maioria, de classe média. Apesar da ampliação do esquema do "Pequeno Cisne Báltico" para aceitar outras nacionalidades, a cota de 5 mil nunca foi preenchida. No final, apenas 3.891 mulheres foram recrutadas para hospitais e instituições.

No entanto, na euforia inicial, um esquema britânico mais ambicioso foi formulado. *"Westward Ho!"* [algo como "para o Ocidente, lá vamos nós"], aprovado pelo gabinete em dezembro de 1946, tinha como objetivo trazer 100 mil pessoas dos campos de PDs para trabalhar nas indústrias britânicas de algodão, carvão e agrícola. Em março de 1947 equipes de recrutamento já estavam esquadrinhando a Alemanha. Quando os verdadeiros detalhes do esquema foram explicados, no entanto, as PDs "não ficaram, de forma alguma, pulando de alegria com a benevolência da Inglaterra. O fato de as famílias terem de ficar para trás destruiu totalmente o sonho tão acalentado de emigração em massa". Apesar disso, as PDs mais jovens e sem famílias "correram com entusiasmo para se candidatar como voluntárias. Uma onda de urgência otimista varreu os campos e a primeira oportunidade de se livrar do cativeiro de dependência e inutilidade foi agarrada com uma esperança quase histérica".

Eva, uma mulher letã, veio para a Inglaterra sob o *Westward Ho!* em 1947. "Nunca me esquecerei daquele dia porque era o aniversário da princesa Elizabeth. Isto é, 21 de abril", ela se lembrou posteriormente. "Vínhamos de navio, muitas moças juntas." Após uma noite em uma hospedaria em Londres elas foram recebidas por um funcionário da ajuda humanitária que lhes perguntou para que parte da Inglaterra gostariam de ir. As moças falavam muito pouco inglês e não tinham ideia do que responder, mas gostaram do que ouviram sobre um dos empregos.

> Eles precisavam de quatro moças para esse hospital de doentes mentais que ficava nas Midlands, e nós éramos quatro. Então nós pensamos, "bem, Midlands deve ficar no meio, isso deve ser bom, deve ser o melhor, não fica longe de nada".

Foram cadastradas para um hospital para doentes mentais perto de Warwick: "Estávamos conversando e pensando 'o que será que mental quer dizer' (...) não sabíamos o que significava." Uma moça procurou a palavra em seu dicionário e gritou "Ah." E nós dissemos: "Ah, meu Deus, nós não queremos ir para um hospital de doentes mentais." Mas depois que nos garantiram que não iríamos trabalhar com os pacientes, Eva e suas três amigas realmente foram para aquele hospital e ficaram bastante contentes juntas, encerando o chão, servindo refeições e arrumando as camas — promovidas a servente de enfermaria, "um degrau acima" do trabalho mais pesado. "Pensamos que estávamos no paraíso", lembrou Eva. Cada uma delas tinha um quarto pequeno com uma pia, água fria e quente e todas dividiam um banheiro e uma pequena sala de estar separada. Não se misturavam muito com os funcionários ingleses do hospital. "A chefe de enfermagem, as freiras, todas elas nos diziam que não éramos mesmo pessoas de classes mais baixas. Sinto dizer isso, mas não conseguíamos nos encaixar, então ficávamos basicamente entre nós."

Outras tinham lembranças diferentes. Mulheres enviadas para hospitais isolados se sentiam só e trabalhavam demais; ser doméstica em uma hospedaria para homens era divertido, mas todas odiavam trabalhar para empregadores privados. O trabalho mais exigente era na indústria têxtil. As bálticas não estavam acostumadas ao ambiente desagradável e barulhento das usinas e fábricas e não tinham a velocidade e a destreza exigidas para realizar as tarefas. "No primeiro dia na fábrica eu queria me matar", recordou Lizina, de apenas dezoito anos:

> Eu nunca tinha estado em uma fábrica antes. Todo aquele barulho e a poeira e as pessoas. Ah, meu Deus! Depois do primeiro dia, voltei para meu quarto, gritei e chorei. Minha mãe disse: "Você queria vir para a Inglaterra, agora estamos aqui e não quero ouvir nem mais uma palavra."

Segundo algumas declarações oficiais, havia a sensação de que a Grã-Bretanha tinha importado um navio inteiro de bezerras premiadas. Os ministros falavam sobre "os benefícios que vêm da assimilação de pessoas viris, ativas e trabalhadeiras em nossa raça" e membros do Parlamento dos dois partidos principais descreviam as recém-chegadas como "pessoas de primeira classe" que seriam "de grande benefício para nossa raça" e "substituiriam o vigoroso sangue jovem de nossa nação" que estava emigrando para o Commonwealth. O governo britânico empregou considerável energia para "moldar" a opinião pública a fim de que esta aceitasse os Trabalhadores Voluntários europeus; filmes documentários especiais foram feitos e spots apresentando os recém-chegados com uma bela roupagem eram inseridos nos programas da BBC. Apesar disso, houve alguma oposição pública, especialmente na imprensa popular. Em julho de 1948, um artigo no *Daily Mirror* com a manchete "Deixe que eles sejam deslocados" sugeria que a Grã-Bretanha tinha recrutado "a maior parte da escória" dos campos e não a nata que outras nações tinham adquirido, e que as EVWs eram responsáveis pela maior onda de crimes, além de se envolver em contrabandos do mercado negro. Em 1949, a revista *New Statesman*, embora apreciando os esforços de algumas EVWs, também reclamava dizendo que "os analfabetos, os deficientes mentais, os enfermos, os idosos, os politicamente suspeitos e os perturbadores" deveriam ser excluídos dos esquemas de EVW.

Inicialmente os britânicos receberam apenas bálticos e ucranianos, mas a rede acabou sendo ampliada para incluir poloneses, iugoslavos, húngaros, búlgaros, tchecos e eslovacos — e uns poucos, cuidadosamente filtrados, alemães. Entre 1946 e 1951, um total de 81 mil PDs foram admitidas sob os dois esquemas britânicos e a maior parte delas se adaptou bem, com apenas 4 mil insistindo em voltar para a Alemanha ou para a Áustria, a maioria delas pessoas que tinham deixado dependentes nos campos. Ao mesmo tempo, vários milhares de PDs foram embora do Reino Unido ao completarem o programa, quando oportunidades surgiram em outros países. A Grã-Bretanha gozava de má reputação, principalmente em virtude da política muito restritiva de entrada de dependentes, em parte determinada pela grande falta de casas na Grã-Bretanha e pelas tentativas de manter restrições sobre os locais em que as PDs podiam trabalhar.

O grande esquema seguinte envolveu a Bélgica, um país que tinha sofrido forte destruição na guerra e estava com uma carência considerável de mão de obra. Sob um acordo assinado em junho de 1947 o governo belga concordou em admitir 50 mil PDs para trabalhar na mineração de carvão, prometendo condições iguais de trabalho, direito aos benefícios da segurança social e a cidadania belga depois de um período de cinco anos. Ao contrário dos britânicos, eles não estabeleceram restrições sobre nacionalidade.

O esquema despertou grande interesse entre as PDs. Kay Hulme observou quando um "animado" coronel belga se dirigiu aos moradores dos campos na Bavária, tocando uma gravação de poloneses que tinham trabalhado nas minas belgas antes da guerra e explicando por que os danos das bombas V nas casas impediam a entrada imediata das esposas dos trabalhadores em seu país. Em seguida, um médico das minas examinou os recrutas e "a nata da fornada" fez uma fila, "todos homens jovens, robustos, com os olhos desejosos por aventura, agarrando seus contratos como se tivessem o mundo nas mãos". Kay observou a partida. Quando o dia amanheceu no pátio de desfiles do campo, quinze caminhões do Exército contendo 180 homens se enfileiraram para uma bênção dos padres ortodoxo e católico:

De onde nós estávamos no pátio tudo aquilo se erguia sob o céu do amanhecer — as cruzes escuras, os chapéus de uma cor arroxeada brilhante e as filas de jovens com as cabeças descobertas e imóveis nos caminhões, que ouviam com a mais séria intensidade aquilo que sem dúvida seria o último serviço que iriam ouvir em sua língua nativa por muito tempo. Eles baixaram a cabeça e fizeram o sinal da cruz na última oração e depois observaram em silêncio total quando os padres desceram do caminhão que servia de altar e passaram pelas fileiras de [caminhões do Exército] borrifando cada capô verde com água benta.

A partida dos caminhões deixou Kay exausta e emocionada. "Esse negócio levantou meu espírito", escreveu ela. "Foi a abertura de uma porta (...) a primeira oferta de uma emigração legítima de grande escala para as PDs (...) De repente eu vi o final certo e apropriado para meu livro."

Infelizmente, o esquema belga não foi bem-sucedido. As condições nas minas eram muito ruins e às PDs eram dados os piores trabalhos. Ao mesmo tempo, muitos dos homens que haviam se candidatado — e a filtragem médica tinha sido um tanto superficial, enquanto a dos britânicos tinha sido bem detalhada — se mostraram inadequados para as exigências físicas do trabalho. Logo um coro de queixas e exigências para voltar para a Alemanha começou a ser ouvido, criando para a IRO a difícil questão de abandonar aqueles que tinham rejeitado o esquema belga ou restabelecê-los para uma segunda temporada. No final, cerca de 15 mil PDs ficaram na Bélgica e em 1956 já estavam residindo no país há quase oito ou dez anos, o que as qualificaria para a naturalização. Evidentemente, os belgas haviam ampliado o tempo necessário para a qualificação.

Em 1947, já havia sinais de crescente impaciência com o problema das PDs. Elas eram "um peso na economia enferma da Europa", anunciou um comitê de especialistas americanos. "São um obstáculo para a recuperação europeia." Um passo essencial para a recuperação econômica deve ser o reassentamento e a reabilitação dos milhões que perderam suas raízes para que eles possam pelo menos produzir o que consomem. O relatório recomendava que as PDs fossem enviadas para os gargalos de mão de obra na economia europeia, tendo o devido cuidado para que suas "necessidades humanas" fossem atendidas. O "núcleo de resistência" restante deveria então ser redistribuído pelo mundo. Esse comitê tinha certeza de que o verdadeiro problema — alimentar os alemães expulsos e integrá-los na própria sociedade — só poderia ser tratado quando as PDs tivessem deixado a Alemanha.

Essa nova sensação de urgência inspirou a agência agora responsável pelas PDs. A sucessora da Unrra, a Organização Internacional para Refugiados, que tinha sido concebida após uma discussão prolongada durante todo o ano de 1946, já trabalhava nos campos de PDs na metade de 1947. A decisão da União Soviética e de seus aliados de não participarem da IRO significou, segundo o diplomata francês René Ristelheuber, que a organização "já nasceu aleijada". "Uma organização humanitária", Ristelheuber escreveu em 1951, "cujo próprio objetivo deve ser suficiente para produzir unanimidade, adotou um caráter político que se tornou ainda mais marcante à medida que uma torrente de refugiados continuou a chegar do Leste europeu". Certamente, com apenas dezoito dos 54 membros das Nações Unidas fazendo parte dela, a IRO tornou-se, na prática, instrumento das potências ocidentais, especialmente os Estados Unidos, cuja contribuição cobria mais da metade de sua verba operacional; o que, seguindo sua historiadora oficial, a acadêmica americana Louise Holborn, era o segredo de seu sucesso. "O mais surpreendente da IRO", escreveu Holborn em 1956, foi "ter conseguido uma unidade extraordinária em seus propósitos em seus órgãos políticos e administrativos, em parte devido à ausência da União Soviética e seus satélites e em parte em virtude da objetividade do Conselho-Geral da IRO, cujas políticas eram ditadas pelas necessidades dos refugiados."

A IRO foi, então, um espetáculo americano, uma volta parcial ao modelo de Herbert Hoover. Os três secretários executivos que sucessivamente a dirigiram eram americanos, e o mesmo podia ser dito da cultura da organização: na sede em Genebra, um observador encontrou "escritórios e corredores em uniformidade democrática, móveis de madeira simples, centrais telefônicas, limpeza e um conforto austero, junto com um ambiente de bom humor e cordialidade".

Aprendendo com os erros da Unrra, a IRO se assegurou de que ficaria independente dos militares, com relação tanto ao transporte quanto aos recursos, e negociava diretamente com as autoridades zonais na Alemanha e com os governos ao redor do mundo. A organização chegou até a alugar a própria frota mercante. De modo geral, ela foi um triunfo de boa gestão. "Trabalhando estreitamente com sessenta agências voluntárias de ajuda humanitária de vários países", escreveu o historiador Michael Marrus, "a IRO gastou 450 milhões de dólares, uma soma enorme para a época, e o fez ao mesmo tempo que mantinha uma excelente reputação de eficiência e integridade".

Para os funcionários de campo na Alemanha isso significava economias permanentes. "Toda correspondência", escreveu Kay Hulme, "trazia ordens da nova e batalhadora IRO, uma vez que ela tentava condensar em sua estrutura financeira cada vez menor o vasto e amplo império que a Unrra tinha criado para as necessidades dos primeiros dias". Particularmente cansativo para Kay era o processo constante de "fechamento" de campos: juntando as PDs em campos maiores e administrados de maneira mais eficiente, os burocratas não só podiam devolver prédios aos alemães, mas também economizar, encaminhando o dinheiro para os centros de reassentamento que estavam sendo criados. Embora a IRO continuasse o programa de repatriação (e realmente conseguiu mandar 54.687 pessoas de volta para o Leste europeu durante seus quatro anos de vida), seu foco primordial possou a ser o reassentamento das Pessoas Deslocadas.

Aprendendo com a experiência belga, a IRO persuadiu os franceses a aceitar trabalhadores com suas famílias, e no final 30 mil refugiados encontraram um lar na França, enquanto outros 5 mil foram levados para o Marrocos, a Tunísia e a Guiana Francesa. A essa altura, no entanto, as PDs relutavam em ir para as áreas de mineração e agricultura, os dois setores em que os franceses mais precisavam de mão de obra. Da mesma forma, a oferta sueca de acolher 10 mil refugiados bálticos solteiros não foi atraente e só foi aceita por 4.330 PDs. De longe a oferta mais generosa veio da Turquia, que concordou em admitir todas as mais de 3 mil PDs muçulmanas (albanesas e iugoslavas), independentemente de sua adequação para o trabalho, e lhes ofereceu cidadania turca imediata.

Em conjunto, as nações da Europa Ocidental acabariam por aceitar cerca de 170 mil refugiados, um quinto do total. Mas em 1947 já estava ficando claro que uma solução permanente para o problema de refugiados só poderia ser encontrada "no exterior" — na América do Norte, na América do Sul e na Comunidade Britânica.

O Canadá provavelmente não teria aceitado nenhum refugiado se tivesse ouvido a opinião pública no país. Uma pesquisa de opinião revelou, em 1946, uma hostilidade generalizada à imigração, com apenas 37% dos canadenses dispostos a considerar as Pessoas Deslocadas do Norte europeu e uma maioria avassaladora se opondo a imigrantes do Leste e do Sul da Europa. "Esse enorme país com uma população de apenas 12 milhões estava aterrorizado com a ideia de sufocar seu mercado de trabalho", escreveu o historiador Modris Eksteins. Lembranças da Depressão se combinavam à hostilidade para com estrangeiros. Por outro lado, os políticos canadenses sabiam que havia um preço a pagar para ter um papel proeminente em organizações internacionais tais como as Nações Unidas. Se o Canadá quisesse comandar o palco mundial, teria de aceitar sua cota de refugiados. Além disso, o boom econômico da época da guerra tinha deixado carências reais de mão de obra nas áreas de serviço doméstico, mineiração, segurança florestal e construção civil. À medida que a IRO começou a pressionar Ottawa para que desempenhasse seu papel, o vice-ministro do Trabalho argumentou que, como o Canadá tinha o dever de aceitar algumas PDs, o melhor seria se o país pudesse peneirar as melhores entre elas antes de outras nações. "Podemos pegar algumas pessoas boas dessa lista de refugiados, particularmente as dos Estados bálticos", escreveu ele.

Em novembro de 1946, o governo lançou um programa que permitia que as Pessoas Deslocadas com parentes no Canadá pudessem juntar-se a eles, algo que, segundo as expectativas, deveria trazer algo em torno de 30 mil pessoas para aquele país. Um ano depois, houve um "esquema de seleção de mão de obra" com base no qual a IRO iria fornecer ao Canadá PDs capazes de trabalhar como mineiras, cortadoras de lenha, agricultoras, lavradoras em geral e domésticas. As

PDs que fossem para o Canadá teriam de assinar um contrato de dois anos para uma ocupação específica.

Os canadenses queriam trabalhadores jovens, fortes, interessados, que ficassem satisfeitos em permanecer nos trabalhos para os quais fossem mandados, e que no entanto fossem também "o tipo de pessoa que provavelmente será um bom cidadão", como disse ao Parlamento o primeiro-ministro, Mackenzie King. Desde o começo, as autoridades canadenses tinham preferências claras. Vincent Massey, o alto-comissário em Londres, enviou um relatório da Alemanha em 1945 dizendo que se o Canadá tivesse que aceitar novos colonos, os bálticos — e especialmente os letões — poderiam ser os melhores de todos. Em um campo que ele tinha visitado "havia cerca de 1.500 bálticos de todas as idades e de ambos os gêneros, a maioria deles da Letônia. Estou profundamente impressionado com a qualidade dessas pessoas, que pareciam ser trabalhadeiras, limpas, habilidosas e ter boas maneiras. O próprio campo era um modelo de autonomia, e não pude deixar de achar que de todos os europeus que vi, esses bálticos se tornariam os imigrantes mais admiráveis". Outro funcionário os chamou de "excelente material para a cidadania". Mas Massey não se impressionou com os poloneses: "não queríamos muitos deles por perto." Um major na 8ª Unidade do Exército Canadense na Alemanha mostrou que se o Canadá deixasse os poloneses entrarem, "eles ficarão desempregados ou serão presos, e nos dois casos bastante contentes". Ele também não gostava muito dos lituanos — "tão ruins quanto os poloneses" —, mas apreciava os letões e os estonianos. Eles eram "honestos, habilidosos e bons trabalhadores. Seriam bons imigrantes".

Outro grande domínio britânico também precisava de mão de obra, mas tinha sua própria agenda geopolítica. A Austrália, como o Canadá, tinha desfrutado de um rápido crescimento durante a guerra que não cessou na paz e deixou lacunas no mercado de trabalho, mesmo depois da desmobilização das Forças Armadas. Em 1947, a necessidade de trabalhadores na Austrália estava se tornando crítica. Mas o país também queria expandir sua população por razões estratégicas. A Segunda Guerra Mundial aumentara seu isolamento global e deixara seus políticos temerosos da agressão japonesa e de invasões vindas da Ásia em um momento em que o poder britânico no Extremo Oriente estava descrescendo. "Precisamos povoar o país ou iremos perecer", declarou Arthur Calwell, o ministro para Imigração australiano e arquiteto do plano de migração em massa. "Precisamos encher este país ou o perderemos. Precisamos nos proteger do perigo amarelo do Norte." Ao perceber que a população de 7.391 milhões (cerca de uma pessoa para cada 1,6km²) deixava "desprotegido" um território tão vasto quanto a Austrália, Calwell tinha o objetivo de aumentar a população para 20 milhões até o fim do século XX, a um índice médio de 2% ao ano.

O ministro esperava que a maior parte desses novos migrantes viessem da fonte tradicional para a Austrália — em 1945, 90% de sua população era de origem britânica. Certamente não havia falta de pessoas desejosas de fugir da "Grã-Bretanha da austeridade" do pós-guerra em direção a climas com mais sol: no final de 1945, o anúncio de um programa de auxílio no custeio da passagem produziu filas que iam desde a Casa da Austrália, descendo por Fleet Street, até passar pelos Tribunais. Mas a organização de passagens subvencionadas demorou e, além disso, havia falta de navios. Quando Calwell foi a Londres para solucionar os problemas, no começo de 1947, encontrou-se com funcionários da IRO, descobrindo que a organização tinha sua própria frota de navios, portanto, poderia enviar trabalhadores potenciais para a Austrália em poucos meses. Calwell ficou imediatamente interessado e percebeu que, com outras nações já competindo pelos melhores "tipos de imigrantes", precisava agir rápido.

Rapidamente foi feito então um acordo. Em troca de uma contribuição de dez libras para cada passagem individual de refugiado, a IRO concordou em fornecer o transporte tão desesperadamente necessitado. A Austrália conseguiu garantir que os migrantes fossem de uma raça específica, de um certo padrão de saúde e desenvolvimento físico e estivessem preparados para serem colocados em empregos específicos por dois anos. No entanto, a política australiana (e mais tarde também a neozelandesa) exigia que, como precondição de seu reassentamento, as PDs assinassem um contrato aberto, sem ter qualquer conhecimento do tipo de trabalho que lhes seria atribuído. Outros países tinham selecionado PDs para empresas específicas a fim de trabalhar sob contrato e poderiam informar ao imigrante não só o tipo de trabalho que ele iria fazer, mas o nome da companhia, sua localização e o salário que iriam lhe pagar. Em contraste, o esquema australiano não implicava qualquer contrato desse tipo.

Em 21 de julho de 1947, Calwell assinou um acordo para o embarque de 12 mil PDs por ano e imediatamente enviou funcionários à Alemanha para que se fizesse a seleção. Um deles recordou posteriormente que Calwell lhes disse que levassem "muito agasalho" e também encontrassem "pessoas jovens, boas e saudáveis, do tipo das nossas", adequadas para trabalho agrícola, mineração, trabalho de manutenção em hospitais e mão de obra na indústria de construção. E tinham de agir com rapidez. "Tínhamos seis semanas, no total, para encher o primeiro navio, o que significava conseguir carros, alojamento, estabelecer os procedimentos e produzir os folhetos." A IRO insistiu que fosse escrito um folheto em alemão, que era a *lingua franca* das PDs, estabelecendo as condições sob as quais elas seriam aceitas para migração para a Austrália, quais seriam suas obrigações e, por sua vez, que direitos elas teriam ao chegar.

Com isso, o processo de seleção foi bastante complicado. Trabalhando em equipes de dois ou quatro, os recrutadores realizavam, aproximadamente, vinte entrevistas por dia.

Davam-nos um cartão e um intérprete era fornecido pela agência. Tínhamos de chegar até o fim do cartão, questionando a pessoa sobre sua idade, sua origem, o que tinha feito durante os anos da guerra, por que era uma Pessoa Deslocada, e então, se era um grupo, fazíamos perguntas sobre a família. Depois decidíamos e mais tarde fazíamos uma breve anotação no cartão a respeito de nossa opinião sobre a família, marcando "aceito" ou "não aceito". Se a pessoa dizia que era médica, pianista ou pintora eu sempre avisava: "Olha, é possível que você não possa ser encaixada em função igual na Austrália. Você vai ter de aceitar o que o governo australiano estiver preparando para lhe oferecer e estará sob um contrato de dois anos. Você vai ter de fazer o que o governo australiano lhe disser durante os dois primeiros anos."

"Na primavera de 1947 a febre da imigração se espalhou pelos campos de PDs", relatou Kay Hulme. No auge do recrutamento havia umas cinquenta missões nacionais procurando imigrantes. Hulme descreveu um centro de recrutamento com um saguão central que "parecia à primeira vista tão atraente como um corredor da agência de viagens Cook, com cartazes caprichados pendurados nas portas recém-pintadas, apresentando o nome da missão que estava ali dentro — Canadá, Bélgica, Reino Unido, França, Austrália, América do Sul".

De repente todos estavam escrevendo para parentes no mundo inteiro, debatendo as vantagens de um país com relação a outro e os vários tipos de emprego. Ninguém queria ser deixado para trás e ter de enfrentar a nova guerra entre a União Soviética e os Estados Unidos que todos antecipavam. Todos estavam ansiosos por uma oportunidade de se estabelecer em algum lugar e encontrar paz em suas vidas e alguma segurança para suas famílias. Poderia significar sacrifícios, trabalho humilhante e períodos econômicos difíceis, mas qualquer coisa era preferível a ficar onde estavam nos campos da Alemanha ocupada. Ansiosas, as PDs passavam os olhos pelos avisos no campo que listavam todas as opções de escape.

Os Estados Unidos eram a primeira escolha de muitas PDs, mas os americanos levaram muito tempo para entrar em um acordo sobre a política de reassentamento e para implementá-la. A Inglaterra já estava admitindo PDs, mas os rumores que chegavam de lá diziam que não era um bom lugar para se ir: pouco amigável, superlotado, miserável e racionado. A América do Sul e a Austrália eram consideradas muito distantes e muito exóticas em termos de clima e cultura. O Canadá, por outro lado, era enorme, vazio e seguro.

Kostas Dubauskas, um lituano de dezessete anos em 1949, mais tarde recordou como sua família realizou um conselho de guerra a fim de decidir para onde deveriam imigrar. "Meu pai disse: 'A América é hoje, o Canadá é amanhã, a Austrália é depois de amanhã, a Nova Zelândia... só Deus sabe quando!'" Todos, à exceção de uma das irmãs, votaram pelo Canadá, a terra do amanhã. Seu contrato era para trabalho com beterraba, duas estações, da primavera ao outono, em Alberta. Outra família letã escolheu o Canadá porque não encontrou alternativa. "Os Estados Unidos eram o sonho. Mas os Estados Unidos demoraram muito. A Suécia ou a Grã-Bretanha teriam sido ótimas, mas não nos quiseram. Portanto, foi o Canadá, *faute de mieux*. Durante o período que terminou em 31 de março de 1949, o Canadá admitiu 3.331 letões. Nós éramos quatro deles." "Nosso país estava dividido e nós achávamos que não tinha futuro", recordou um imigrante alemão. "Tínhamos medo de que os russos chegassem. O Canadá parecia tão grande, tão seguro, tão longe de nossos problemas..."

Cada país tinha critérios ligeiramente diferentes para a seleção: o Brasil queria trabalhadores agrícolas, sem crianças pequenas, de todas as nacionalidades e grupos religiosos, exceto judeus e pessoas de origem asiática; Luxemburgo pedia trabalhadores solteiros sem dependentes, preferivelmente bálticos; a Holanda tinha empregos para alfaiates, tecelões, trabalhadores na indústria têxtil, uma vez mais, sem dependentes; a Suécia queria enfermeiras formadas; e assim por diante. Mas, como vimos, a maioria dos países estava procurando pessoas jovens e fortes sem dependentes, e, depois de todos os esforços para reunir suas famílias ao final da guerra, poucas eram as PDs que estavam solteiras. As famílias estavam então sendo divididas outra vez pelas exigências governamentais. Havia outras dificuldades: segundo Kay Hulme, 10% das mulheres que se candidatavam para trabalhar como empregadas domésticas no Canadá sob um dos programas foram "rejeitadas por serem analfabetas ou por terem relações maritais complicadas — tais como ter sido casada e ter perdido contato com o marido".

Um sistema se desenvolveu rapidamente. Os funcionários da IRO encarregados de reassentamento faziam uma seleção preliminar das Pessoas Deslocadas que, em sua opinião, iriam se enquadrar com as necessidades específicas de um país e depois um "selecionador de mão de obra" visitava os campos entrevistando os candidatos antes de novas seleções. Se o selecionador e o candidato estivessem satisfeitos, o refugiado e sua família eram enviados para um "centro de processamento de reassentamento" para a filtragem final e a seleção. Os exames médicos eram o obstáculo seguinte. Raios X do pulmão, exames de sangue e urina não eram problemas para uma pessoa saudável, mas muitas das PDs que agora se candidatavam para um trabalho físico exaustivo estavam mais fracas depois dos anos passados nos campos. A tuberculose era comum e também doenças venéreas. Se um dos membros de uma família tinha tuberculose, as chances de futuro para toda a família estariam perdidas. Não é de surpreender, portanto, que o processo de exames médicos logo fosse envolvido em corrupção e compaixão. "Suborno de funcionários e algum piedoso descuido com resultados ruins eram extremamente comuns", observou Kay, "já que o processo envolvia funcionários todo-poderosos e requerentes frágeis e tristes". Logo ficou claro que os exames médicos realizados pelos médicos da Unrra ou da IRO, muitas vezes da mesma nacionalidade que o candidato, não serviam para nada. Por esse motivo, os britânicos insistiram, desde o começo, em fazer seus próprios exames. Os imigrantes eram selecionados, disse um crítico, "como bom gado de corte".

Testes constituíam outro obstáculo. A maioria dos países exigia que os candidatos soubessem ler e escrever, mas desconfiavam de intelectuais — qualquer pessoa com aspirações educacionais ou profissionais, homens que tentariam se restabelecer em suas profissões em um país que não tinha qualquer necessidade dessas habilidades. As PDs logo aprenderam como se apresentar. Intelectuais com doutorados rapidamente se reinventavam como fortes membros do proletariado. "Se eles quisessem ir para o Canadá, tinham de dizer que já tinham trabalhado com madeira", recordou Kostas Toliusis: "Eles estendiam a mão para você. Se você não apertasse a mão dele, você não era forte. Nós aprendemos aquele truque rapidamente. Se um canadense aperta sua mão, aperte a mão dele com força para esmagá-la!"

Ao processo de filtragem faltavam dois elementos significativos. Não havia qualquer teste psicológico e, ainda mais importante, não havia nenhuma investigação significativa dos registros da guerra da PD. Considerando os números publicados, a complexidade da política do Leste europeu durante a guerra, o pessoal disponível e a situação dos registros, isso era provavelmente inevitável. Mas, além disso, a Guerra Fria estava começando a perturbar velhas certezas; os britânicos declararam que o momento de processar pessoas por crimes menores de guerra tinha passado. Mais que tudo, o estado de espírito daquele momento era ir adiante — não olhar para trás: todos queriam tirar as Pessoas Deslocadas da Europa, conseguir que a economia do pós-guerra se movimentasse — e continuar vivendo.

As questões políticas que surgiam não estavam voltadas para as sensibilidades de hoje. A questão das "cotas nacionais" é um bom exemplo. A equipe canadense na Alemanha recebia instruções para ter bastante cuidado e "garantir uma divisão razoável de nacionalidades" — *i.e.*, principalmente letões, lituanos e estonianos —, mas de que era também "aconselhável incluir um número de ucranianos, já que essa ação será favoravelmente recebida em alguns lugares por aqui". (O primeiro-ministro Mackenzie King contava com ucranianos em seu distrito eleitoral.) Segundo a historiadora Milda Danys, os funcionários canadenses enviados para a Alemanha não estavam cientes de que as PDs bálticas eram mais instruídas e que, portanto, muito provavelmente seriam profissionais ou escriturários inadequados para trabalhar em minas, florestas e fábricas; era mais uma questão daquilo que eles *não* queriam: poloneses, ucranianos e judeus, com quem estavam mais familiarizados e de quem não gostavam.

Os canadenses começaram com cuidado, mas logo se entusiasmaram com o potencial para Pessoas Deslocadas. As indústrias se apressavam para contratar nova mão de obra. "Como um consumidor em uma liquidação no dia depois do Natal", escreve Danys, "a cautela inicial do Canadá tinha desaparecido sob o choque de encontrar tantas barganhas; agora estava competindo para comprar, decidido a levar os itens mais valiosos a preço de banana".

No decorrer do processo, houve desapontamentos dos dois lados. O trabalho na mineração tinha poucos atrativos, sendo considerado sujo e perigoso, mas centenas que haviam se candidatado para o trabalho nas florestas do Canadá tiveram de aceitar um contrato nas minas de ouro. Juozas Krucas recordou que, com esposa e um filho, ele não teve escolha a não ser aceitar um contrato de mineração, que pelo menos permitia trazer sua família tão logo ele tivesse conseguido alojamento no Canadá. "No caminho, pensei, estou indo para o Inferno de Dante." De sua parte, os esforços dos empregadores canadenses para encontrar artesãos qualificados entre os imigrantes nem sempre eram bem-sucedidos: artesãos especialistas em trabalho ornamental com ferro, estucadores e tijoleiros trazidos para o Canadá a um custo bastante alto muitas vezes eram professores primários ou trabalhadores não especializados. A solicitação da Associação Saskatchewan de Criadores de Ovelhas de 25 pastores com experiência acabou produzindo um único candidato que em poucos meses rompeu o contrato e fugiu para Toronto. Ninguém mais pediu pastores.

Os países das Américas Central e do Sul raramente eram a primeira escolha de uma Pessoa Deslocada. Poucos desses países eram afluentes ou tinham qualquer mecanismo adequado para receber novos imigrantes. Os recém-chegados iriam se juntar a um mosaico étnico complexo de população, primordialmente latina ou de origem indígena, com o qual os povos de origem eslava, báltica ou judaica não possuíam qualquer ligação; e iriam se defrontar com "trabalho árduo em um clima tropical ou semitropical, um padrão de vida baixo, um sistema agrário patriarcal que fazia com que fosse muito difícil obter títulos permanentes de propriedade de terra, e um futuro político incerto". Mas tal era o desespero das PDs que quase 100 mil delas terminaram indo para os dezessete países da região, quase 80 mil na Venezuela, no Brasil e na Argentina. Por outro lado, como os países latino-americanos não realizavam um seleção preliminar na Europa, muitas pessoas idosas e enfermas terminaram em países onde tinham poucos contatos ou perspectivas. Muitas das PDs encontraram um novo lar na Argentina, onde o governo de Perón encorajava a imigração. A Argentina aceitou cerca de 33 mil imigrantes patrocinados pela IRO, mais outros 17.500 poloneses que escolheram não ficar na Grã-Bretanha.

O Brasil aceitou cerca de 29 mil PDs e as encorajou a morar no campo. Essa política foi bem-sucedida na maioria dos casos, mas várias PDs rapidamente se estabeleceram nas indústrias locais, tais como na fabricação de chapéus ou na metalurgia. Outras 17 mil — inclusive alguns refugiados republicanos espanhóis — foram para a Venezuela.

O próprio Arthur Calwell planejou o primeiro navio cheio de PDs para a Austrália. O grupo cuidadosamente selecionado de 843 jovens de ambos os sexos tinha de ter entre quinze e 35 anos de idade e ter passado sem problemas pela verificação policial, política e médica — preferivelmente deveriam falar inglês, e, segundo um letão que pertencia ao grupo, só as PDs que não tivessem quaisquer cicatrizes no corpo poderiam ser selecionadas. Os imigrantes nessa viagem inaugural para a Austrália ficaram conhecidos como os "lindos bálticos" não só porque eram vistosos e bonitos, mas porque muitos deles tinham idênticos olhos azuis e cabelos ruivos ou louros que os australianos. Quando o *General Stuart Heintzelman* — meio vazio — atracou em Fremantle, Calwell pôde dizer: "Não foi difícil vender a imigração para o povo australiano quando a imprensa publicou as fotografias desses imigrantes." Em um discurso radiofônico de boas-vindas às primeiras PDs, ele disse: "Se as embarcações forem fornecidas, nós traremos 20 mil pessoas como essas para a Austrália no ano que vem."

O primeiro grupo de refugiados causou uma impressão excelente em todos. A calorosa recepção dada àquele desembarque na Austrália convenceu Calwell de que a imagem báltica das PDs deveria ser preservada. Dali em diante, ele muitas vezes se referia às Pessoas Deslocadas como "bálticos" ou "pessoas bálticas", muito tempo depois de a aprovação ter sido concedida para a inclusão de outras nacionalidades. Na verdade, para manter os altos padrões de seleção e o critério restrito de faixa etária, logo se tornou necessário incluir outros grupos — eslovenos e ucranianos, a partir de setembro de 1947, iugoslavos e tchecos a partir de janeiro de 1948, poloneses (sem filhos), a partir de maio do mesmo ano, seguidos por húngaros e bielo-russos. Apesar disso, durante anos a maioria dos australianos se referia a imigrantes não britânicos e não mediterrâneos como "bálticos" — um uso inapropriado do termo e veementemente rejeitado por muitos dos imigrantes, inclusive alguns da área do Báltico. Foi assegurado aos australianos que não só os recém-chegados pareciam com eles, mas que eles logo iriam renunciar a sua cultura e línguas e se tornar indistinguíveis e, além disso, desempenhar os trabalhos que os australianos rejeitaram. Da mesma forma, os australianos foram encorajados a pensar que os empregos dados para as Pessoas Deslocadas iriam ajudar a criar um padrão melhor de vida em termos de habitação, obras públicas e bens de consumo — que só iria melhorar o estilo de vida do australiano médio.

Depois do começo improvisado, a Austrália adotou uma estratégia muito mais agressiva e mais bem-sucedida para convencer as PDs (do tipo correto, é claro) a imigrar. Livros, panfletos, filmes e cartazes foram distribuídos pelos campos louvando as maravilhas da Austrália como uma terra de bons salários, habitação e comida, e excelente clima. Só era preciso que os imigrantes potenciais satisfizessem os critérios de idade e saúde e permanecessem dois anos no emprego selecionado para eles. De 1949 até 1954, PDs imigrantes foram quase 50% dos recém-chegados à Austrália ocidental. Depois do primeiro grupo de "lindos bálticos" desembarcado no dia 13 de fevereiro de 1948, o fluxo aos poucos admitiu um grupo muito mais amplo de PDs — da Polônia, da Iugoslávia, da Hungria, da Ucrânia, da Tchecoslováquia, da Romênia, da Bulgária e da Itália. Os australianos chegaram até a receber alguns *Volksdeutsche*.

17

"Vivemos para ver isso"

O ZIRKUS KRONE ERA UM DOS TEMPLOS do nacional-socialismo. Como a maior arena fechada de Munique, ela foi o cenário para muitos dos primeiros comícios de Hitler na década de 1920; foi lá que ele descobriu seus poderes como orador de massas e fez a transição de reclamão de mesa de bar para um demagogo em toda sua extensão.

Muitas das 2 mil pessoas que abarrotaram o Zirkus Krone na noite de 29 de janeiro de 1947 para ver uma luta de boxe estavam conscientes do passado do local. O público — quase todos homens, agasalhados contra o frio do inverno, torcendo aos gritos para seus lutadores, pulando com excitação — eram Pessoas Deslocadas judias. E o mesmo se aplicava aos próprios lutadores; dando voltas cuidadosas no ringue, as luvas golpeando sem parar, socando entre as cordas, aguentando-se em um abraço. Alguns usavam a estrela de Davi no peito e o evento tinha começado com o público cantando um hino sionista. Essa era a luta final do campeonato de boxe dos *She'erith Hapletah*, os Sobreviventes Restantes, as PDs judias que moravam na zona americana da Alemanha.

O esporte tinha se tornado cada vez mais popular entre as PDs nos últimos dois anos — a essa altura cerca de 16 mil delas pertenciam a mais de uma centena de clubes. A tradição de clubes desportivos judeus remontava aos primeiros anos do século, quando esses clubes proporcionavam um meio de autoproteção, mas nos campos o esporte mantinha os jovens ocupados, dava-lhes uma sensação de fraternidade e reafirmava a masculinidade. Os organizadores sionistas consideravam o esporte um meio de "aumentar as habilidades físicas e, de uma maneira abrangente, preparar nossa juventude para as tarefas que as esperam em um futuro próximo na terra de Israel". O campeonato de boxe tinha uma importância muito específica:

Os competidores, lutando esplendidamente e sem trégua — três dos sete ganharam por nocaute —, demonstravam a superioridade da experiência frente à juventude (...) Hirsh Dileski, capitão e treinador do time de Landsberg, era a sensação. A sólida torcida de Landsberg nas arquibancadas estava histérica e aplaudia sem parar.

Os novos campeões ganhavam uma copa de prata, especialmente desenhada, e os que ficavam em segundo lugar levavam primorosos certificados gravados. Esses eram exibidos com orgulho nos banquetes da vitória que (...) se realizavam nos campos nas semanas seguintes.

O evento de boxe era o mais apreciado porque era um momento de descanso naquele período de preparação para as novas eleições a serem realizadas pelos judeus na zona americana.

A posição das Pessoas Deslocadas judias no começo de 1947 era, pelo visto, muito mais forte do que um ano antes. A enorme infusão de imigrantes do Leste, empurrados pelos *pogroms* na Polônia, tinha transformado completamente o tamanho da comunidade: na zona americana, onde quase todos os recém-chegados se congregavam, a população foi de 60 mil no fim de 1945 para mais de 160 mil um ano depois, e em abril, quando o Exército americano declarou que não poderia mais aceitar refugiados em sua zona, havia mais de 61 campos abrigando judeus.

Como os americanos reconheciam os "infiltrados" judeus como Pessoas Deslocadas e os britânicos não, a maioria dos judeus que fugiam da Polônia para a Alemanha chegava de alguma forma à zona americana e não à zona britânica. Consequentemente, a partir da metade de 1946, o centro político entre as PDs judias ficava no sul da Alemanha. Além disso, em março de 1947, os britânicos tentaram reduzir a população judia em sua zona, permitindo que as PDs de Belsen emigrassem legalmente para a Palestina sob a cota anual. Os quatrocentos certificados *aliyah* mensais eram distribuídos unicamente para Belsen, mas a liderança judaica acreditava que era seu dever compartilhá-los com outros judeus na Alemanha, e o fazia.

O novo influxo também mudara a aparência da população judia. Muitos dos recém-chegados tinham filhos, por exemplo, ou vinham de grupos que não tinham sobrevivido nos campos de concentração, tais como intelectuais e idosos. Algumas pessoas que trabalhavam com ajuda humanitária viam essas mudanças de uma óptica positiva e tinham esperança de que a comunidade judaica na Alemanha ganhasse um novo dinamismo. Superficialmente tudo parecia bem. Uma descrição do campo de PDs de Landsberg publicada nos Estados Unidos, à época, dava um tom quase idílico:

> O visitante entra no campo e anda pelas ruas limpas e varridas. Homens caminham por ali — muitos com um olhar de determinação, obviamente com relação ao trabalho. Em um enorme campo esportivo em que foram colocadas traves de gol, um grupo de meninos está jogando futebol e fazendo muito barulho. Em um pequeno parque à sombra de árvores, jovens estão sentadas com seus bebês ao colo.

À época, o sociólogo americano Leo Srole explicou que "nessa textura de vida comunitária" nos campos judeus tinham sido "tecidos motivos variados e vigorosos de atividade cultural": jardins de infância, um colégio obrigatório para crianças com idade entre seis e dezesseis anos, uma escola secundária técnica, uma universidade, uma biblioteca, jornais do campo (impresso e nas paredes), uma estação de rádio, três cafeterias, um cinema, um teatro criado no antigo pátio de desfiles do Wehrmacht e um ginásio. Havia os partidos políticos e, o mais importante, os *kibutzim*, "organizações da juventude pioneiras composta principalmente de órfãos e que copiavam o modelo dos estabelecimentos agrícolas na Palestina".

> Para facilitar os processos de reeducação, os *kibutzim* adotaram métodos dos escoteiros. Marchando, com os shorts cáqui e as camisas brancas que os distinguem, a bandeira judaica e a dos *kibutzim*, e seu canto inspirador, eles são uma das visões mais coloridas do campo. E, por sua disciplina, alta moralidade e estado de ânimo elevado, atuam como uma influência de estabilidade para os adultos.

No entanto, depois desse longo catálogo de empreendimento social e autonomia, o artigo concluiu que "permitir que a atual e lenta decadência dos campos de PDs — contra a qual os internos estão cada vez mais impotentes — continue seu curso" seria "um facilitador para uma forma de genocídio".

Srole não estava só. Todos os observadores externos concordavam que, a menos que algo fosse feito rapidamente, as PDs judias seriam almas perdidas. Abraham Klausner, o jovem rabino americano que tinha ajudado os sobreviventes a se organizarem após a libertação, encontrou uma "mudança radical" no espírito das pessoas quando voltou à Alemanha, no começo de 1947. "Já não há um ar de animação, o movimento rápido dos olhos, uma torrente de perguntas... há um sentimento de resignação", escreveu. Muitos dos líderes falaram com ele sobre a desmoralização das pessoas. O político e líder de um *kibutz* palestino Yitzhak Tabenkin achou que "o desespero estava descontrolado nos campos, e muitos dos internos tinham começado a procurar parentes na América que lhes ajudariam financeiramente e, o mais importante, lhes mandariam os vistos necessários para entrar nos Estados Unidos". Um jornalista americano percebeu "uma nova e absoluta dependência de caridade". As organizações comunitárias judias, "que em determinado momento eram tão autoconfiantes e firmemente independentes", escreveu David Bernstein, "agora tremem de medo de contrariar os funcionários todo-poderosos da Junta e de outras agências de ajuda humanitária".

O período entre o outono de 1945 e o verão de 1947 veio a ser considerado por Samuel Gringauz como "o período humanitário (...) caracterizado por um crescimento enorme de organizações de autoajuda e autogestão". "Olhando para trás, parece uma espécie de anos dourados", escreveu ele em 1948. As precondições para isso, Gringauz acreditava, eram "a profunda compreensão e a compaixão humana" demonstradas pelo Exército americano para com as PDs judias. Então, o que teria levado os anos dourados a seu fim? Gringauz culpava o novo clima internacional. Ele argumentava que o discurso feito pelo secretário de Estado James F. Byrnes em Stuttgart em setembro de 1946, pedindo uma nova política para a Alemanha, introduziu uma nova era, em que era permitido aos alemães se reafirmarem contra as Pessoas Deslocadas em seu meio. Como resultado, o Exército americano se tornou menos favorável às PDs judias e houve um

renascimento do antissemitismo. Cemitérios judeus recém-estabele-
cidos foram profanados, e quando um filme do general Clay visitando
uma sinagoga em Munique foi mostrado nos cinemas e uma legenda
assinalou que 6 milhões de judeus tinham sido assassinados, muitos
membros do público gritaram que "eles não mataram um número
suficiente deles", o que foi seguido por aplausos ensurdecedores.

Mas havia outras razões. Os novos migrantes do Leste trouxeram uma nova abordagem política. A "Frente Unida" sionista, que
tinha até então prevalecido, foi então substituída por uma linha
mais sectarista, em que as divisões entre os judeus na Palestina eram
replicadas nos campos na Alemanha. "Privados de uma existência
produtiva, debilitando-se em cabanas ou casernas superlotadas, sem
nenhuma perspectiva real de sair de um ambiente alemão cada vez
mais antissemita, as PDs adotaram a política abstrata com prazer",
escreve Yehuda Bauer. O 2º Congresso do Comitê Central de Judeus
Libertados na zona americana, realizado na estação de esqui de Bad
Reichnall, na Baviária, em fevereiro de 1947, foi um evento bem mais
tranquilo que o primeiro, em que Grinberg e Ben-Gurion haviam
falado diante da imprensa mundial. Agora, em vez de grandes oradores carismáticos, houve uma discussão entre aqueles que queriam
aliar o movimento na Alemanha com a organização na Palestina e
aqueles que queriam permanecer fiéis a Ben-Gurion. Os judeus ortodoxos, que agora perfaziam 40% da população do campo, também
exigiam mais poder.

Apesar do crescimento do antissemitismo, entre judeus comuns
havia um esforço cada vez maior de tentar participar da comunidade
alemã fora do campo ou a emigrar. Isso preocupava a liderança. A
aflição aumentou quando o próprio doutor Samuel Gringauz foi para
os Estados Unidos, em setembro de 1947, pois lhe haviam oferecido um dos poucos vistos disponíveis para Pessoas Deslocadas judias.
Desde a libertação, Gringauz ocupara uma posição única entre as
PDs, tanto como líder informal, não político, oferecendo orientação
e conselhos perspicazes, quanto como líder intelectual, moldando a
identidade dos sobreviventes judeus. Mas Gringauz se sentia cada vez
mais marginalizado no novo clima político e tinha também perdido
a fé nos programas de reabilitação que dirigira. Só a emigração ou a

A LONGA ESTRADA PARA CASA | 423

oportunidade de ir para a Palestina, ele agora concluiu, permitiriam que os judeus realmente começassem uma nova vida. Sua decisão de partir deve ter sido difícil.

O maior problema, no entanto, era que as PDs judias agora eram protagonistas em um drama muito mais amplo, e até que isso fosse solucionado, a única coisa que elas podiam fazer era observar e esperar.

A recusa britânica de permitir a entrada de 100 mil Pessoas Deslocadas judias na Palestina, como tinha sido proposto pelo Comitê Anglo-Americano de Investigação em abril de 1946, provocou uma resposta rápida por parte dos judeus naquela região. Na madrugada de 16 para 17 de junho de 1946, dez das estradas e pontes ferroviárias que conectavam a Palestina com seus países vizinhos foram explodidas; inúmeros incidentes semelhantes se seguiram. Os britânicos reagiram prendendo a maioria da liderança judaica com a Operação Agatha, no fim do mês. Embora isso fizesse com que os principais líderes sionistas oficiais reconsiderassem o uso do terror, a facção Irgun, sob a liderança de Menachem Begin, seguiu adiante com um plano de atacar o hotel King David em Jerusalém, onde ficava a sede do comando britânico. No dia 22 de julho, sete membros do Irgun, vestidos como árabes, introduziram sete barris de leite contendo 250kg de explosivos nas cozinhas do hotel. Na explosão, 91 pessoas morreram.

No decorrer do ano seguinte o ciclo de violência de um lado e de outro continuou na Palestina, culminando com o sequestro e o assassinato de dois sargentos britânicos pelo Irgun, como reação à brutalidade britânica — e a inevitável reação do Exército. A sucessão constante de mortes minou o estado de ânimo britânico e gradativamente fez com que eles se perguntassem se valia a pena continuar mantendo o Mandato da Palestina. As mortes também deram um tom de descrença aos contínuos esforços britânicos para fazer uma proposta que satisfizesse tanto os sionistas moderados — como Weizmann — quanto os árabes palestinos. Vários esquemas que envolviam dividir o país entre judeus e árabes foram discutidos. Os sionistas moderados estavam dispostos a aceitar uma solução conciliatória a fim de ajudar os judeus da Europa imediatamente. Mas era difícil conseguir que os árabes aceitassem qualquer coisa.

É discutível se esse processo poderia ter chegado a algum lugar. Mas ele foi brutalmente interrompido em outubro de 1946, quando o presidente Truman fez uma declaração no Yom Kippur que parecia dar apoio à criação de um Estado judeu viável na Palestina, que controlasse sua própria imigração e suas políticas econômicas numa extensão considerável de território. Dessa forma, o presidente, com alguma relutância, tinha se alinhado à pressão das autoridades de seu partido, a fim de mobilizar o voto judeu nas eleições para o Congresso, que iriam acontecer em breve. O significado de suas palavras, embora atenuado pelo Departamento de Estado, foi interpretado de forma ampla, como se Truman estivesse defendendo um Estado judeu separado e a partição da Palestina. Os britânicos, então, começaram a perder a paciência. Se o lobby sionista nos Estados Unidos poderia tão facilmente exercer pressão sobre o presidente, que esperança tinham os britânicos de conseguir que eles aceitassem uma solução conciliatória?

Essa opinião foi ainda mais reforçada quando David Ben-Gurion definitivamente venceu Weizmann e os moderados no Congresso Sionista realizado na Suíça, em dezembro de 1946. Com sua conhecida habilidade tática, Ben-Gurion encontrou um caminho entre Weizmann e os grupos terroristas, cada vez mais populares na Palestina, formando uma aliança de curto prazo com o líder sionista americano, o rabino Hillel Silver. Weizmann fez um excelente discurso, mas, entre cenas dramáticas e amargas, foi vencido em virtude de sua confiança cega na Grã-Bretanha. A reação de Ernest Bevin foi mandar toda a questão da Palestina de volta para as Nações Unidas.

As atitudes britânicas com relação ao Mandato da Palestina sofreram uma mudança radical no começo de 1947. Embora os militares continuassem a argumentar que uma presença na Palestina era vital para a manutenção dos interesses estratégicos britânicos no Mediterrâneo oriental, o gabinete lentamente chegou à conclusão de que era preciso descobrir uma maneira de "fugir rapidamente" — ou seja, sair dali.

Os britânicos não esperavam que alguma coisa definitiva fosse ocorrer na ONU porque uma ação consensual sobre a Palestina exigia

A LONGA ESTRADA PARA CASA | 425

o envolvimento dos Estados Unidos e da Rússia, e acreditava-se que isso era extremamente improvável. Houve, portanto, uma consternação geral quando, em 14 de maio de 1947, o delegado soviético Andrei Gromyko se dirigiu à Assembleia-Geral com um tom adocicado de amizade para com os judeus, sugerindo até que, se fosse necessário, a Palestina teria de ser partida para dar aos judeus um país próprio. Essa mudança, que veio no momento em que Stalin perseguia e assassinava judeus importantes na União Soviética, teve a intenção de solapar a posição britânica no Oriente Médio.

Graças em parte à nova linha soviética, a sessão especial da ONU sobre a Palestina decidiu enviar ainda outro comitê para aquele país a fim de considerar as opções disponíveis. O Comitê Especial das Nações Unidas sobre a Palestina (Unscop, na sigla em inglês), que era composto de membros de onze Estados neutros "menores", embarcou para a Palestina em junho de 1947. Bastante por acaso, sua chegada coincidiu com o maior golpe de propaganda sionista.

Ao lado do terrorismo, a imigração ilegal continuava a ser parte da estratégia sionista para pressionar os britânicos. Entre julho de 1945 e o fim de 1946 foram enviados cerca de trinta navios abarrotados com judeus da Europa para águas palestinas. Dezoito desses navios foram interceptados pela Marinha Real britânica, e por volta de 18 mil passageiros foram presos, primeiro na Palestina e depois em campos que os britânicos abriram na ilha de Chipre. As condições lá lembravam as dos campos alemães, e os médicos descobriram que, para muitos habitantes, isso reabria velhas feridas. Mas os navios e os judeus continuavam a vir.

O Mossad, departamento da Agência Judaica responsável pela imigração, comprou o *President Warfield*, uma antiga barca de Baltimore que devia ser reduzida a sucata, em setembro de 1946, com a intenção de usá-la para levar para a Palestina refugiados que estavam nos campos da Itália. Mas as dificuldades na travessia do Atlântico fizeram com que a barca só chegasse a La Spezia, na Itália, no mês de maio de 1947, e a essa altura a pressão britânica sobre o governo italiano tinha feito com que aquela rota para a Palestina tivesse sido fechada. Outro esquema para trazer Pessoas Deslocadas pelo porto de Bremen, no norte da Alemanha, também teve de ser abandonado. Em vez disso, decidiu-se realizar a operação pela França, onde ficava a sede do Mossad e onde o departamento havia passado vários anos cultivando políticos franceses. Essa mudança, no entanto, significou que o Mossad tinha de trazer 4.500 pessoas da zona americana da Alemanha para a França em um tempo mínimo. Como resultado, os passageiros eram uma mistura de membros de *kibutz*, crianças e judeus comuns, selecionados para representar as várias facções políticas na zona americana. Enquanto as expedições anteriores consistiram quase que totalmente de pioneiros, dessa vez estes eram apenas 60%. Os passageiros representavam um corte transversal da população de PDs judias na zona americana na Alemanha na primavera de 1947, incluindo, por exemplo, mulheres grávidas. O êxodo em massa de 4.500 pessoas em menos de duas semanas contribuiu muito para melhorar o clima geral nos campos.

Algumas das PDs partiam de trem, mas a maioria era levada pelo *Brichah* da zona americana em um comboio de 170 caminhões que o Exército americano fingia não ver. No sul da França, os documentos necessários para a partida organizada da França para a Colômbia (isso é o que diziam os certificados) eram preparados durante a breve estadia dos imigrantes nos campos de treinamento, com lambe-lambes trazidos de Marselha para tirar as fotos dos passaportes. Nada disso teria sido possível sem a cooperação das autoridades francesas em todos os níveis. Em particular, membros do Partido Socialista, a pedra angular dos governos franceses naqueles dias, viam o sionismo como um movimento socialista de libertação nacional e tinham uma solidariedade de classe com os organizadores da imigração ilegal. O pequeno porto de Sète foi escolhido para ponto de embarque por estar situado no distrito eleitoral de Jules Moch, o ministro dos Transportes francês e um velho defensor do Mossad. Os funcionários no porto, a alfândega, o controle de fronteira e outras autoridades eram todos militantes do Partido Socialista.

Esse apoio permitiu que o *President Warfield*, agora renomeado *Exodus 1947*, partisse, apesar da forte pressão britânica sobre o governo francês para que ele fosse detido. Afora a morte de uma mulher durante o parto, a viagem transcorreu tranquilamente. O navio carregava

A LONGA ESTRADA PARA CASA | 427

grande quantidade de remédios e comida, e os passageiros tinham sido muito bem-treinados pelos organizadores. Foram necessários apenas sete dias para chegar à Palestina, e o navio atracou no porto de Haifa, no dia 17 de julho de 1947. O clima a bordo, segundo Aviva Halamish, era como se "todos os judeus fossem camaradas", um por todos e todos por um, e isso ocorria lado a lado com o sectarismo dos clãs, o separatismo e a profunda lealdade ao grupo e ao partido.

O *Exodus* carregava mais passageiros que qualquer outro navio de imigrantes ilegais anterior. A liderança a bordo vinha principalmente do Palmach, a jovem elite à frente do Haganah, que há muito defendia o uso mais agressivo da estratégia de imigração ilegal. De acordo com sua crença de que "a resistência desarmada deve ser exibida, com tanta firmeza e por tanto tempo quanto possível", seu plano final era romper o bloqueio britânico, levar o barco de fundo chato para a terra em um banco de areia perto de Tel-Aviv e deixar que os passageiros desembarcassem com a ajuda da população local.

No entanto, os britânicos — cada vez mais furiosos com a imigração judia ilegal — tinham decidido adotar medidas mais duras. Quando o *Exodus* ainda estava em águas territoriais, a 27km do litoral da Palestina, foi cercado e obrigado a parar por oito navios de guerra britânicos e uma pequena força de soldados subiu a bordo e capturou a casa do leme. Na batalha que se seguiu, os britânicos usaram armas de fogo: três membros da tripulação e dois jovens sionistas foram mortos. Enfim, o comandante do navio, que tinha visto pessoas serem mortas em uma viagem de imigração ilegal anterior, dominou o capitão, um Palmachita com ambições de glória, e ordenou que parassem de resistir, para que os feridos pudessem ser atendidos. Às quatro da tarde de sexta-feira, 18 de julho de 1947, o *Exodus* navegou a caminho de Haifa, acompanhado por oito navios de guerra britânicos. Sua chegada, testemunhada por membros da delegação da Unscop e grande parte da imprensa internacional, deu aos sionistas seu maior golpe propagandista. A imagem da velha barca entrando no porto, um lado todo arrebentado, como se fosse feita de compensado, o convés coberto com passageiros exaustos mas decididos, espalhou-se imediatamente pelo mundo todo. A liderança na Palestina, que não tinha feito nenhum esforço para convocar a população para ajudar os imigrantes na praia de Tel-Aviv — algo que era parte do plano original —, rapidamente mudou para uma tática alternativa destinada a obter mais publicidade. A intenção tinha sido usar os passageiros do *Exodus* como ativistas, demonstrando a resistência judaica; em vez disso, eles chegaram a Haifa como vítimas da brutalidade britânica. O nome *Exodus* se espalhou imediatamente pelo mundo afora.

Os britânicos fizeram o que puderam para ganhar em cima de sua derrota. Decidido a punir os sionistas, Bevin ordenou que os passageiros do navio fossem trazidos de volta para o porto de origem. Levados em três navios para transporte das tropas, foram mandados de volta para a França. Lá, os franceses lhes ofereceram asilo, mas salvo alguns idosos e enfermos, eles rejeitaram o oferecimento e heroicamente permaneceram nos navios por mais de um mês em condições de calor sufocante, enquanto seu futuro era decidido. Bevin finalmente fez com que eles fossem levados de volta à Alemanha, onde manifestantes de Bergen-Belsen, organizados por Josef Rosensaft, os saudaram no deque de desembarque em Hamburgo. Foram então embarcados em trens para dois campos perto de Lübeck, onde os britânicos os cercaram com arame farpado, holofotes e torres de observação.

David Ben-Gurion não havia iniciado a viagem do *Exodus*. Percebendo que a estratégia da imigração ilegal já tinha servido a seu objetivo, ele estava preocupado com a nova fase da luta, e se preparava para a guerra com os árabes. Mas, presenteado com uma oportunidade de ouro de propaganda, ele se aproveitou dela com sua mistura habitual de hábil manipulação, afirmação da própria autoridade, uma retórica grandiloquente e um sentido tático sagaz. Retoricamente ele saudou os passageiros do *Exodus*: "Em nossa geração, nunca houve uma epopeia da guerra judaica como essa." Mas quando Weizmann tentou intervir para evitar que eles fossem enviados de volta para a Alemanha (possivelmente para a Dinamarca), ele o repeliu com veemência, enquanto ao mesmo tempo se assegurava de que os manifestantes em Hamburgo eram contidos e que as manifestações não levariam ao derramamento de sangue.

As cenas em Tel-Aviv exerceram um efeito poderoso nos delegados da Unscop — mas o mesmo pode ser dito da habilidosa pressão sionista (com a eloquência de Weizmann predominando uma vez mais) e da recusa dos árabes de se envolverem com esse último grupo de inspetores estrangeiros. Depois de algum debate, os delegados da Unscop também visitaram os campos de PDs na Europa e ficaram, por sua vez, emocionados. "Aquela noite estive no inferno", o uruguaio Enrique Fabrigat escreveu após visitar um hospital para Pessoas Deslocadas com tuberculose em Viena. Os delegados souberam que "100%" das PDs em Belsen queriam emigrar para Israel.

Seguindo as pegadas do Comitê de Investigação Anglo-Americano no ano anterior, o grupo da Unscop transferiu-se para Genebra a fim de discutir seu relatório. Enfim os representantes da Suécia, da Holanda, do Canadá, do Uruguai, da Guatemala, do Peru e da Tchecoslováquia produziram o relatório da maioria, que recomendava a divisão da Palestina entre judeus e árabes, com os judeus recebendo 62% do país e Jerusalém e Belém sendo divididos. O Mandato britânico continuaria por outros dois anos, durante os quais 150 mil judeus teriam permissão de se deslocarem para as áreas a eles destinadas. Em contraste, o relatório da minoria, escrito pelos representantes iugoslavos, iranianos e indianos, propunha o estabelecimento de um Estado unitário sob o controle árabe, com uma imigração limitada de judeus.

O foco agora se voltou para as Nações Unidas. Após semanas de *lobby* e forte pressão, o voto crucial da Resolução que incorporava o relatório da Unscop ocorreu no dia 29 de novembro de 1947. A princípio, para horror dos sionistas, os Estados Unidos pareciam não estar apoiando sua causa, uma vez que autoridades antissionistas do Departamento de Estado montaram uma última trincheira de resistência; mas, após ainda outra visita de Weizmann à Casa Branca, o poder da diplomacia americana foi devidamente mobilizado. Os sionistas tinham montado uma brilhante operação de *lobby*. Nas palavras de Benny Morris, "o argumento subjacente foi a história de 2 mil anos de sofrimento e apatridia dos judeus, culminando no Holocausto, e a responsabilidade da comunidade internacional de compensá-los".

No entanto, havia uma preocupação com o bloco latino-americano de vinte membros, o maior na ONU. Embora oficialmente alinhado com Washington, muitos desses países refletiam os sentimentos antijudeus do Vaticano e de suas populações locais alemãs e árabes. Os votos de pelo menos dois embaixadores latino-americanos tiveram de ser comprados, e a influência da United Fruit Company na América Central também mostrou ser essencial. Os sionistas trouxeram a viúva do pró-sionista e aventureiro militar britânico Orde Wingate para influenciar o imperador da Etiópia, Haile Selassie, enquanto a Firestone Rubber Company ameaçou boicotar a Libéria se ela se abstivesse. Mas nem mesmo Albert Einstein conseguiu persuadir a Índia, com sua vasta população muçulmana, a mudar de ideia. Surpreendentemente, em vista do apoio dado aos passageiros do *Exodus*, a França se mostrou, a princípio, relutante em se comprometer publicamente com a causa sionista — o drama ainda foi intensificado pela queda do governo francês dez dias antes da votação final. Mas a ameaça de renúncia de três membros do gabinete — e rumores de que o programa de ajuda Marshall americano poderia ser revisado — acabou por levar a França, assim como a Bélgica, a Holanda e Luxemburgo, para o lado dos sionistas. Os britânicos tinham a intenção de se abster, mas os domínios Austrália, Nova Zelândia, Canadá e África do Sul ficaram a favor da Resolução.

As táticas dos árabes não foram estudadas com o mesmo detalhamento. Eles parecem não ter reconhecido o impacto tremendo que o Holocausto teve na comunidade internacional, enquanto também faziam sua cota de pressão diplomática nos bastidores, mas com menos sucesso. Publicamente, a tática principal dos árabes era a chantagem: ameaçar que qualquer voto a favor da divisão seria imediatamente seguido por uma guerra. "Teremos de iniciar a guerra total. Nós assassinaremos, destruiremos e arruinaremos todos que estiverem em nosso caminho, sejam eles ingleses, americanos ou judeus", declarou um comandante árabe. Só no próprio momento do voto foi que os árabes compreenderam que a Resolução só precisaria de uma maioria de dois terços para ser aprovada.

Alguns delegados também podem ter sido influenciados pelo clima em Nova York à época. Segundo o diplomata britânico firmemente pró-árabe Harold Beeley, "o efeito cumulativo [da cobertura da imprensa] em muitos delegados deve ter sido dar a impressão de que um oponente da divisão era um inimigo do povo americano. As reuniões finais (...) no Salão de Reuniões em Flushing (...) ficaram repletas, com um público quase que exclusivamente sionista. Eles aplaudiam declarações de apoio ao sionismo. Eles vaiavam os oradores árabes. Criaram um clima de jogo de futebol, com os árabes sendo o time visitante".

Quando a apuração foi finalmente realizada, a Resolução 181 [II] foi aprovada com a necessária maioria de dois terços — 33 países votando "sim", treze votando "não" e dez abstendo-se. Os árabes ficaram desconcertados. Que direito a comunidade internacional tinha de dar seu país para os judeus? Como um historiador palestino expressou posteriormente, "eles não conseguiram ver por que teriam de pagar pelo Holocausto".

As notícias da votação em Nova York chegaram até as PDs no dia seguinte. Leo Schwarz, que trabalhava para a Junta na Alemanha, descreveu posteriormente a reação.

> Domingo [30 de novembro de 1947] foi um dia radioso. A rádio alemã permanecera em silêncio, mas nas primeiras horas da manhã a BBC transmitiu o primeiro anúncio das notícias. De todos os lados as pessoas corriam para Siebertstrasse e Moehlstrasse [em Munique]. A bandeira azul e branca dos sionistas e as estrelas e as listras tremulavam nos mastros na sede do Comitê Central. As ruas ressoavam com felicitações. Uma alegria diáfana até tomava conta do ar. Rostos felizes estavam em todas as partes; as pessoas se beijavam e se abraçavam. *Mazel tov*. Nas esquinas em que normalmente as pessoas buscavam um pedacinho de manteiga, um ovo, uma maçã, havia um espírito festivo.
>
> "Bem, nós vivemos para ver isso! Isso merece uma bebida!"

Na verdade, foram necessários seis meses de lutas e dramas diplomáticos para que a Resolução fosse implementada. Os britânicos anunciaram que sairiam no dia 15 de maio e começaram a reduzir os números de sua força de ocupação, enquanto uma guerra civil entre judeus e árabes começou a arder em fogo lento na Palestina. Às oito horas da manhã do dia 14 de maio de 1947, os britânicos abaixaram sua bandeira em Jerusalém. Oito horas depois, em uma cerimônia realizada no museu de Tel-Aviv e transmitida por rádio para todo o país, David Ben-Gurion leu a declaração de independência do novo Estado de Israel. Imediatamente a luta começou a se intensificar.

Dois dias depois os americanos reconheceram o novo país. O presidente Truman ouviu seu conselheiro jurídico, Clark Clifford, e ignorou o aviso do general Marshall: "Se o presidente seguir o conselho do senhor Clifford e se nas eleições eu fosse votar, votaria contra o presidente." Um funcionário do Departamento de Estado mais tarde reclamou que "os conselheiros políticos do presidente, não tendo conseguido fazer com que o presidente fosse o pai do novo Estado, decidiram pelo menos fazer com que ele fosse a parteira". Isso era injusto. Na verdade, Truman *foi* um dos pais de Israel. Ele sempre defendera a causa das PDs judias, por uma combinação de compaixão humana e cálculo político, e repetidamente se mostrara disposto a intervir em seu nome quando incitado por seus conselheiros, ou até por Chaim Weizmann. Mas volta e meia, como qualquer pai, Truman reclamava em privado. No dia 21 de julho de 1947, por exemplo, uma chamada telefônica de Henry Morgenthau (de quem ele nunca tinha gostado e quem tinha despedido da Secretaria do Tesouro) provocou um comentário zangado em seu diário:

> Ele não tinha nenhum motivo para me telefonar. Os judeus não têm qualquer noção da realidade nem qualquer opinião sobre os negócios internacionais (...) Os judeus que encontro são muito, muito egoístas. Eles não se importam em saber quantos estonianos, letões, poloneses, iugoslavos ou gregos são assassinados ou maltratados contanto que os judeus recebam tratamento especial. E, quando eles têm poder, físico, financeiro ou político, Hitler e Stalin não são muito piores em termos de crueldade ou maus tratos com os oprimidos.

Houve alguma reclamação sobre "o antissemitismo de *country club*" quando esses comentários foram divulgados em 2003.

Enquanto esperava com ansiedade a independência com que tanto sonhava, a liderança sionista começou a se preparar para a guerra contra os países árabes, que sabia ser inevitável. Reconhecia que não havia nenhuma perspectiva de que o novo Estado de Israel pudesse competir com o efetivo militar de seus adversários; no final de 1947, o tamanho de suas Forças Armadas regulares era muito pequeno: apenas 4.500 homens e mulheres, com mais uns 40 mil reservistas maltreinados. Portanto, para ter a mínima chance contra os árabes, os judeus teriam de mobilizar todo o efetivo de que dispunham. E por que não os jovens nos campos de PDs?

Uma delegação secreta do Haganah foi enviada à Europa no começo de 1946, quando seu comandante, Nahum Shadmi, começou a recrutar jovens entre as PDs para treinamento militar, inicialmente como um meio de lhes dar novamente dignidade e respeito. "Cada um deles", disse ele, "ainda tem seu fardo particular para suportar (...) e nenhuma confiança em ninguém", portanto, "era necessário ter muita paciência a fim de transformar essa poeira humana em pessoas de estatura". Na Itália, o Haganah realmente criou uma força de três batalhões: seiscentos guerreiros. Agora, com a guerra na Palestina se aproximando, Shadmi submeteu à liderança da Agência Judaica uma proposta mais ambiciosa de recrutar um exército de 20 mil homens. Inicialmente houve forte oposição por parte dos sionistas que trabalhavam com ajuda humanitária, que tinham dúvidas se seria justo, em um clima cada vez pior na Alemanha, retirar os jovens e as pessoas em boa forma restantes e deixar uma população depauperada de PDs para se defender sozinha. Mas David Ben-Gurion, com sua habitual clareza mental, percebeu a lógica esmagadora por trás desse argumento e apoiou a proposta: tempos desesperados exigem medidas desesperadas.

Em março de 1948, Shadmi disse aos líderes das PDs judias na Alemanha que era seu dever aquiescer. "Todos os homens e mulheres jovens, com idades entre dezoito e 35 anos, devem entrar para o Haganah, cujo papel é nos proteger dos árabes e talvez até do Exército britânico", ele lhes disse. "Todos têm de fazer parte do Haganah — não há desculpas. Todas as pessoas capazes devem se mobilizar, vir para Eretz Yisrael e entrar para o Exército." O Comitê Central de Judeus Libertados na zona americana entusiasmou-se e a mobilização de PDs para o Haganah foi formalmente aprovada em seu 3º Congresso, no final de março de 1948. Ao mesmo tempo, um Fundo de Guerra para a compra de armas para o Haganah (para o qual esperava-se que todos contribuíssem) foi criado, e oradores avisavam que os judeus que não cumprissem seu dever e não se registrassem seriam declarados desertores, "retirados da vida social e política" e sem direito a ocupar nenhum cargo. "Nos meses que se seguiram", um capelão judeu americano escreveu posteriormente, "a palavra *giyus* (mobilização) predominou no ar em todos os campos de PDs na Alemanha, na Áustria e na Itália". Estações de *giyus* foram estabelecidas em todos os campos. "A pressão social para se apresentar como voluntário era tão forte que homens em idade de recrutamento ficavam constrangidos de aparecer nas ruas dos campos de PDs."

Na prática, o alistamento voluntário foi um fracasso. Ficou claro que as próprias PDs não estavam muito interessadas em se envolver em mais lutas; até os membros dos clubes desportivos judeus se mostraram relutantes em desempenhar o papel para o qual seu treinamento supostamente os tinha preparado. "A maioria dos refugiados judeus que passaram pelo inferno do gueto, da escravidão e dos campos de extermínio sob os nazistas, os campos de trabalho forçado soviéticos e outros desastres ansiava por algum lugar tranquilo", escreveu uma PD antissionista. "Seja qual for a opinião sobre os acontecimentos atuais na Palestina, eles se sentem fisicamente esgotados e não têm qualquer desejo de ir para o combate outra vez. Eles perguntam, o que é legítimo — até mesmo os sionistas entre eles —, por que nós, que sofremos tanto e fomos tão torturados, precisamos voltar para o fogo?" A primeira operação de mobilização fracassou. "O recrutamento dos mil primeiros não foi fácil", admitiu o vice-comandante do Haganah na Alemanha. "Na verdade, a organização só conseguiu convocar setecentas pessoas."

A incapacidade das PDs de despertarem para seu "papel histórico" produziu uma forte reação entre a liderança judaica. Alguns defendiam o uso de força. Em uma reunião dos conselheiros judeus americanos na Alemanha, Abraham Klausner argumentou que "as PDs deveriam ser obrigadas a ir para a Palestina (...) estamos lidando com um povo doente. A eles não devemos pedir, e sim dizer o que fazer". Klausner relatou que "a maioria das pessoas é preguiçosa; elas perderam seus padrões morais. A maioria delas não é vítima dos campos de concentração. Só 30% queriam ir para a Palestina". A defesa do uso de força de Klausner não teve apoio, mas todos concordaram que a desmoralização e as atividades no mercado negro estavam assumindo proporções catastróficas. O líder sionista Nahum Goldmann e os conselheiros do Exército americano William Haber e Abraham S. Hyman, todos concordaram que as PDs judias tinham "servido a seu objetivo histórico" — contribuído decididamente para a criação do Estado de Israel — e já não precisavam, necessariamente, ir para a Palestina.

O Comitê Central introduziu o alistamento compulsório apoiado por fortes sanções, tais como não recebimento das rações complementares da Junta, demissão de cargos públicos e inelegibilidade para imigração para a Palestina. Essa última sanção nunca foi concretizada. Segundo William Haber, a pressão era "grosseira, muitas vezes refletindo as técnicas que as pessoas tinham aprendido com seus opressores"; mas quando um general americano protestou, dizendo a Haber que os métodos de recrutamento eram um desastre, este último lhe garantiu que as denúncias eram "provavelmente exageradas". "Felizmente", ele acrescentou, "o general Harrold não estava ciente de todos os métodos que estavam sendo utilizados". Na verdade, parece que o Exército americano sabia o que estava ocorrendo e extraoficialmente era a favor, porque o recrutamento iria, em última instância, tirar da Alemanha as famílias a que os recrutas pertenciam.

Com esses novos meios, o número de "voluntários" entre as PDs cresceu substancialmente, de setecentos para 7.800. Os campos ofereciam despedidas emocionadas para os voluntários, quando eles partiam para a Palestina.

Como foi, então, a participação desses soldados relutantes? Qual a importância de sua contribuição para a vitória israelense em 1948? E como foram tratados pelos outros judeus?

Historiadores israelenses examinaram as evidências e chegaram a conclusões contraditórias. Os soldados PDs, juntos com outros combatentes (mais dispostos) recrutados dos campos no Chipre, compunham cerca de 22 mil "sobreviventes do Holocausto" que participaram da guerra — perfazendo um terço do Exército israelense. Tinham uma reputação, entre os demais membros da Força de Defesa de Israel (como o Haganah agora era conhecido), de serem "soldados melancólicos e acovardados, prisioneiros de seu passado (...) homens difíceis, teimosos e covardes". Segundo o historiador israelense Tom Segev, eles geralmente eram excluídos "da lendária fraternidade das armas". Não falavam o hebraico e mal sabiam os costumes do país que agora estavam defendendo; portanto, era impossível utilizá-los no serviço administrativo. Apesar de sua inexperiência e treinamento inadequado, só poderiam ser mandados para a frente. Consequentemente, como observou um relatório interno da Força de Defesa de Israel, muitos se descreviam como "bucha de canhão". De acordo com esse retrato, durante muitos anos acreditou-se que centenas, talvez até milhares, desses soldados "convocados no estrangeiro" morreram sem ter sido capazes de dar um único tiro.

Pesquisas recentes mostram, no entanto, que dos 7.800 homens recrutados nos campos de PDs na verdade só algo em torno de cem foram mortos; e os 22 mil recrutas estrangeiros, apesar de serem um terço do Exército, foram apenas um vinte avos dos mortos. Presumivelmente, os "recrutas estrangeiros" eram usados em geral como tropas de apoio, trazendo munição, transportando feridos e trabalhando como guardas de prisioneiros.

Há muito poucos relatos da experiência feitos pelas próprias PDs. Com isso, simplesmente não sabemos qual foi sua reação à declaração de Nahum Shadmi de que, ao se candidatarem como voluntários para lutar por Israel, eles tinham recobrado o amor-próprio, ou do comentário posterior de Segev de que o serviço militar "deu ao soldado que tinha sobrevivido ao Holocausto uma parte na vitória, recompensando-o um pouco pelo menos o que ele tinha sofrido na Europa".

Mesmo enquanto a guerra ainda estava em progresso, PDs da Alemanha começaram a vir para Israel. Em 1948, 118.993 imigrantes chegaram, dos quais 86% eram sobreviventes do Holocausto; em 1949, chegaram 141.608, dos quais 95.165 se encaixavam na mesma categoria, constituindo 67% dos imigrantes daquele ano. Segundo

Hanna Yablonka, "a significância desses números reside no fato de os sobreviventes do Holocausto terem sido 70% da população total imigrante durante os dois primeiros anos da existência de Israel como Estado". Infelizmente, Yablonka não faz nenhuma tentativa de definir o que quer dizer com o termo "sobreviventes do Holocausto"; como vimos, a essa altura a maioria da população de PDs na Alemanha era composta de refugiados judeus da Polônia e da União Soviética, e não de sobreviventes dos campos de concentração alemães.

A necessidade de ajudar os recém-chegados a se adaptar ficou clara. Em 1946, como podemos lembrar, o doutor Zalman Grinberg tinha ido à Palestina a fim de organizar os preparativos para a recepção de Pessoas Deslocadas vindas dos campos alemães, mas, no final, ele foi nomeado diretor do hospital Beilinson, perto de Tel-Aviv, e não esteve diretamente envolvido com as PDs recém-chegadas. Quando elas vieram realmente em grande número, em 1948, as condições eram difíceis e nenhum plano coordenado para receber os refugiados foi estabelecido. Já havia uma carência de moradias, e as famílias israelenses se mostraram relutantes em hospedar seus parentes imigrantes. Embora a Agência Judaica e outros órgãos públicos tivessem construído apartamentos para os imigrantes — que consistiam de um quarto e uma cozinha —, muitos deles ficaram em campos miseráveis.

O que salvou os imigrantes foi o chamado "milagre árabe". Quando as hostilidades eclodiram na Palestina, grande parte da população árabe fugiu, deixando suas casas vazias; em outros casos, o Exército israelense removeu os habitantes. Quando eles partiram, o gabinete do novo Estado decidiu não permitir que voltassem. Segundo Tom Segev:

> Cidades inteiras e centenas de aldeias que ficaram vazias foram repovoadas em pouco tempo com os novos imigrantes. Em abril de 1949 eles eram 100 mil, a maior parte deles sobrevivente do Holocausto. Esse era um momento dramático na guerra para Israel, mas também um momento terrivelmente banal, já que o foco era a luta por casas e móveis. Pessoas livres — árabes — tinham se exilado e se transformado em refugiados destituídos; refugiados desesperados — judeus — tomaram

o lugar dos exilados como um primeiro passo em sua nova vida como pessoas livres. Um grupo havia perdido tudo que tinha, enquanto o outro encontrou tudo de que precisava: mesas, cadeiras, armários, vasos, panelas, pratos e às vezes roupas, álbuns de família, rádios e até animais de estimação.

Embora fosse um sionista entusiasmado e seguidor de David Ben--Gurion, Josef Rosensaft decidiu permanecer na Europa. Quando Rosensaft se casou com a doutora Hadassah Bimko, no campo de PDs em Belsen, em setembro de 1946, o líder da Agência Judaica enviou ao casal uma carta carinhosa e efusiva de parabéns. "O destino os juntou", escreveu ele. "É um sinal de que o destino não é tão terrível, mas é um pouquinho, ainda que raramente, decente, porque ele não poderia ter feito uma união melhor."

Embora Rosensaft estivesse satisfeito no papel de discípulo do profeta, sua maneira autocrática de liderança colocou-o em conflito com a "política partidária"; ele não tinha mais empatia com os judeus palestinos, que "vieram de um país onde a política partidária era um fato dado". Sua esposa era admiradora e seguidora de Chaim Weizmann, que tinha conhecido quando acompanhou um grupo de crianças de Belsen para a Palestina na primavera de 1946. No fim daquele ano ela ficou profundamente desapontada quando Weizmann foi removido da presidência da Organização Sionista Mundial. "Fiquei enojada com a luta interna e a cobiça política no Congresso Sionista", escreveu ela mais tarde. "Quando vimos os partidos políticos arquitetando para obter posições no Congresso, nos convencemos, para nossa consternação, de que a luta interna do partido colocava a recente calamidade em segundo plano."

Quando Josef Rosensaft visitou o Estado recém-independente de Israel em abril de 1949, foi recebido pelas mais altas autoridades. Sua presença coincidiu com a chegada de um transporte de judeus de Belsen, e ele ficou chocado com as condições de vida nos campos provisórios para onde foram enviados. Um grupo anterior, forçado a morar em cabanas alagadas, tinha pedido às autoridades israelenses que os mandasse de volta a Belsen. Segundo sua esposa, "essa experiência imprimiu tal impacto em Yossel que ele decidiu que não

A LONGA ESTRADA PARA CASA | 439

poderia morar em Israel", embora já tivesse feito planos detalhados para trabalhar lá como dentista. Ao voltar a Belsen, Rosensaft fez um discurso poderoso para os judeus no campo, dizendo-lhes que Israel era um país maravilhoso, mas difícil. Ele os estimulou a irem para lá, mas só se estivessem preparados para as duras condições que iriam encontrar. Avisou-os também de que estariam sozinhos. "Ben--Gurion não vai esperá-los no porto", disse ele, "e Eliezer Kaplan [o primeiro-ministro da Fazenda de Israel] não vai lhes presentear com um cheque".

É possível que tenha havido outros fatores por trás de sua decisão. Rosensaft, na ocasião, já era um homem rico abrindo caminho no mundo comercial europeu; após anos de esforço heroico, tinha direito a uma vida mais tranquila. Nahum Goldmann se lembra de Rosensaft lhe dizendo, meio de brincadeira, meio a sério: "A Palestina já tem muitos Yossels. Não posso fazer negócios lá." Mas isso não era o que ele dizia em público. Segundo uma fonte, Rosensaft disse aos israelenses: "Vocês dançavam a *hora* enquanto nós estávamos sendo queimados nos crematórios."

18

O JUSTO QUINHÃO DA AMÉRICA

DESDE O COMEÇO DA SAGA DAS PESSOAS DESLOCADAS, uma coisa estava clara: se tivessem escolha, a maioria das PDs iria para os Estados Unidos. Não só se acreditava que as ruas americanas eram asfaltadas com ouro, mas que o país desfrutava, no final da década de 1940, um padrão de vida muito mais alto que o de qualquer outro e estava a salvo do comunismo e da ameaça de outra guerra mundial. Além disso, muitas Pessoas Deslocadas já tinham parentes ou conterrâneos nos Estados Unidos e gostariam de juntar-se a eles. Mais ainda, como o principal patrocinador da Unrra e de sua sucessora, a IRO, o país estava intimamente envolvido com toda a questão do reassentamento, fornecendo a maior parte do dinheiro e do transporte marítimo.

Os Estados Unidos, no entanto, demoraram mais do que qualquer outro país a responder a questão de se deveriam ou não oferecer um refúgio às PDs. E quando o fizeram, a reação foi definida por sua composição étnica, sua história de políticas de imigração e os caprichos de seu sistema político.

Nessa época os Estados Unidos eram, de longe, o país com a maior variedade étnica do mundo — uma "nação de imigrantes" —, uma sociedade peculiar em que refugiados de toda a Europa se misturavam com descendentes dos indígenas americanos, com escravos africanos e imigrantes asiáticos e hispânicos para formar uma nova nacionalidade. Os americanos tinham orgulho de sua diversidade e haviam produzido várias metáforas para descrevê-la. A mais famosa delas foi cunhada em uma peça teatral em 1908:

> Entenda que a América é o cadinho de Deus, o grande cadinho onde todas as raças da Europa estão se fundindo e reformando! Não me

importam seus feudos e suas vendetas! Alemães e franceses, irlandeses e ingleses, judeus e russos — para dentro do cadinho, todos vocês! Deus está fazendo o americano.

Todos os grupos nacionais nos campos na Alemanha já podiam afirmar ter desempenhado algum papel na epopeia da história americana. Os esforços dos lituanos nos currais temporários de Chicago foram ilustrados no famoso romance de Upton Sinclair, *The Jungle* [A selva, em tradução livre]; Louis Adamic, um dos americanos mais conhecidos na década de 1940, era um esloveno que tinha trabalhado entre pescadores croatas na Califórnia; e era só visitar as comunidades mineiras da Pensilvânia em um domingo que os viajantes sentiam como se estivessem na Ucrânia. Mas três grupos em particular se destacavam: os alemães, os judeus e os poloneses.

Durante a maior parte do século XIX, entre um terço e um quarto dos imigrantes do país tinham vindo da Alemanha — artesãos e camponeses que fugiam da superpopulação rural e (em alguns casos) da perseguição religiosa para se estabelecerem no Meio Oeste, especialmente em Wisconsin e Minnesota. Eram admirados por sua habilidade, diligência, parcimônia e força familiar; mas a necessidade de demonstrar sua lealdade para com seu novo país durante as duas guerras mundiais tinha eliminado grande parte de sua identidade: a enorme imprensa germano-americana, por exemplo, tinha praticamente desaparecido. Mas, embora na década de 1940 a cultura alemã já não estivesse tão aparente sob a superfície, os germano-americanos continuavam a ser um grupo extraordinário em termos de contingente e de seu lugar na vida nacional — o presidente Hoover, o general Eisenhower e o aviador Charles Lindbergh eram de origem alemã. No âmbito político, suas ideias tinham de ser levadas em consideração.

Em contraste, a comunidade polonesa era muito mais visível, embora lhe faltasse poder político. Um dos maiores grupos em termos numéricos, os poloneses eram, em sua maioria, descendentes de camponeses que tinham chegado entre 1890 e 1914, procurando uma vida melhor, e haviam se tornado trabalhadores nas indústrias em Chicago, Pittsburgh, Buffalo e outras cidades grandes. Mais do que os outros grupos, eles, de modo geral, permaneceram onde estavam; sua falta de mobilidade social, se comparados a outros grupos, era resultado de atitudes sociais específicas: gastavam dinheiro em casas para suas famílias ou em doações para a Igreja Católica, e não com instrução. "A maioria dos pais poloneses", escreve o historiador da imigração Victor Green, "relutava em ver seus filhos passarem pela escola secundária, que dirá pela universidade. Uma educação básica até a idade da crisma era considerada suficiente; esperava-se que a criança imigrante fosse trabalhar antes mesmo de terminar o ginásio". E, à medida que os poloneses não progrediram na América, continuaram sendo poloneses. "A extensão com que o ritual e as tradições étnicas eram mantidas nas casas polono-americanas pode ter sido surpreendente para observadores na década de 1930", escreveu Green, "mas provavelmente foi resultado das condições socioeconômicas do grupo, que eram essencialmente estáticas". Embora os polono-americanos produzissem muitos poucos líderes políticos, eles eram um eleitorado importante e bastante organizado, com opiniões fortes sobre os acontecimentos em seu país de origem e sobre a Rússia, que normalmente eram difundidas pela hierarquia da Igreja Católica e das associações polonesas. Como vimos, as intervenções da hierarquia católica tinham desempenhado um papel importante na vida cotidiana das Pessoas Deslocadas nos campos.

A influência da comunidade judaica dos Estados Unidos na vida nacional era desproporcional com relação a seu tamanho numérico. Abraçando com entusiasmo o sistema de educação público, os judeus alcançaram proeminência na política, na mídia e nas categorias profissionais; as personalidades mais conhecidas, tais como Herbert Lehman, o secretário do Tesouro, Henry Morgenthau, e o juiz do Supremo Tribunal Louis Brandeis, tinham sido parte da emigração germano-judaica mais antiga, da metade do século XIX. Mas na década de 1940 os judeus do Leste europeu também chegaram ao topo em muitas áreas da vida americana. Após a destruição dos judeus europeus, os Estados Unidos possuíam a maior comunidade judaica do mundo — 4,5 milhões de pessoas vivendo principalmente nas cidades de Nova York, Chicago, Cincinnati e Filadélfia. Só na cidade de Nova York havia 2 milhões de judeus.

A importância crescente dos judeus no país tinha, no entanto, produzido uma reação violenta. Na década de 1920, as principais universidades acharam que seria necessário introduzir uma "cota judia", e as organizações judaicas aprenderam a apresentar uma falsa aparência americana. Os atores judeus em Hollywood anglicizaram seus nomes. Esse temor de provocar a hostilidade americana explica parcialmente o cuidado com o qual os líderes desse povo tinham reagido à perseguição nazista na Alemanha. Mas em 1942 os terríveis acontecimentos na Europa já tinham unido a maior parte dos judeus nos Estados Unidos em apoio à demanda por uma nação judaica na Palestina.

No final da década de 1940, o *"lobby* judeu" já tinha chegado. "Grupos nos Estados Unidos estavam bem organizados e tinham amigos localizados estrategicamente", escreveu Leonard Dinnerstein. "Suas organizações de defesa contratavam advogados eminentes, especialistas em propaganda e em relações comunitárias para promover os interesses do grupo e impedir legislação e ações executivas potencialmente desfavoráveis. Uma indicação de seu sucesso é que eles nunca pareciam ter qualquer dificuldade em chegar até as pessoas nos níveis mais altos do governo." O papel de David Niles, assistente especial do presidente Truman para questões das minorias, foi particularmente importante; segundo o biógrafo de Truman, Niles "mantinha os sionistas mais importantes informados do que estava ocorrendo em Washington e na Casa Branca em todos os detalhes". Ele ajudou a orquestrar a mensagem de Truman no Yom Kippur de outubro de 1946, organizou as forças americanas em defesa de um Estado judeu na Palestina em novembro de 1947 e interveio em nome das PDs judias. Assim, por exemplo, quando os secretários de Estado e da Guerra aconselharam Truman em julho de 1946 a fechar a fronteira ocidental alemã para evitar mais infiltração por parte dos europeus do Leste, "o judeu", escreveu Dinnerstein, "organizou a pressão contrária (...) para impedir essa ação". Inúmeros membros do Congresso foram mobilizados e, "como resultado desses contatos, Truman manteve a fronteira do Oeste alemão aberta e os europeus do Leste continuaram a ir em quantidade para os centros de PDs".

Durante a maior parte do século XX, a imigração foi um ponto profundamente contestado da agenda política americana. Realmente,

444 | BEN SHEPHARD

nos anos 1940, o pensamento sobre a imigração ainda era em grande parte determinado pelos debates da geração anterior.

A política de imigração fora sempre importante nos Estados Unidos. "A partir do momento em que começaram a administrar seus próprios negócios", o historiador Aristide A. Zolberg argumentou, "os americanos decidiram selecionar quem poderia vir unir-se a eles". A política de imigração, Zolberg demonstrou, "surgiu desde o princípio como um instrumento importante na construção da nação, equivalente ao amalgamento de várias regiões na formação do Reino Unido, da França e da Espanha". Ao mesmo tempo, no entanto, os Estados Unidos apresentavam um paradoxo: eram simultaneamente o país mais cosmopolita do mundo e um dos mais insulares e provincianos; o sistema federativo de governo, por exemplo, ao atribuir dois senadores para cada estado, independentemente do tamanho de sua população, aumentava — ao invés de minimizar — os sentimentos e preconceitos locais.

Um desses sentimentos era uma forte hostilidade com relação aos novos imigrantes que vieram em três ondas no século XIX: primeiro, um sentimento anticatólico, estimulado pela imigração irlandesa; em seguida, hostilidade para com os trabalhadores chineses; e, finalmente, a oposição a qualquer imigração, como reação à grande onda de migração do leste e do sul da Europa, que atingiu o auge em 1907, quando mais de 1 milhão de novos americanos chegaram. Enquanto o poema de Emma Lazarus

> Venham a mim os seus fatigados, os seus pobres,
> As suas massas encurraladas ansiosas por respirar liberdade,
> O miserável refugo das suas costas apinhadas*

era gravado na Estátua da Liberdade, os legisladores agiam para excluir as massas encurraladas, tentando introduzir controles sobre a imigração para os Estados Unidos. Segundo um republicano importante, eles foram influenciados por dois temores: primeiro, "um sentimento que nosso povo guardava muito profundamente de que a

---

* *Give me your tired, your poor, / Your huddled masses yearning to breathe free, / The wretched refuse of your teeming shore.*

imigração futura de grupos raciais diferentes deveria ser limitada de forma a coincidir com a proporção de tais grupos já existentes no país"; segundo, um desejo de manter fora do país imigrantes do leste e sul da Europa, resultante de um forte medo de "que uma imigração descontrolada desses países modificaria a proporção de grupos raciais já existente em nossa própria população e introduziria nos Estados Unidos muitas pessoas que dificilmente seriam assimiladas e as quais teríamos dificuldade em fazer com que estivessem de acordo com nossas próprias instituições e tradições".

O resultado desse processo acabou sendo os dois Atos de Imigração de 1917 e 1924, que ainda guiavam a política americana duas décadas mais tarde. Eles limitaram o número de imigrantes e estabeleceram um sistema nacional de cotas que controlava o número de estrangeiros de cada país. O sistema estava destinado a controlar a imigração do Sul e do Leste europeus e a manter o equilíbrio étnico existente na população americana, favorecendo imigrantes dos países do Norte e Oeste do velho continente. A cota anual total de 154.277 imigrantes não podia ser transferida de um ano para o seguinte, e embora as cotas menores para a Europa Oriental e a Central sempre fossem preenchidas, imigrantes do Norte e do Oeste da Europa usavam apenas um quarto de sua parcela. Como resultado, desde o começo da década de 1930, os Estados Unidos admitiram apenas uma média anual de 54.095 imigrantes, em vez dos 154 mil que teoricamente teriam direito a vistos de entrada a cada ano.

Entre 1933 e 1940, cerca de 127 mil refugiados judeus entraram nos Estados Unidos, o que foi mais do que o número aceito por qualquer outro país. A maioria deles era de refugiados da Alemanha, mas, como Zolberg indicou, "outros 110 mil poderiam ter sido admitidos apenas dentro dos limites da cota alemã nos anos antes de ela ter sido preenchida". Ao mesmo tempo, os judeus que estavam reconhecidamente em situações de risco, como os que viviam na Polônia, na Hungria e na Romênia, em grande parte não conseguiram autorização para entrar em virtude do limite extremamente baixo para a Europa Central e a Oriental.

É um fato extraordinário que a Segunda Guerra Mundial e os campos de concentração alemães não tenham produzido uma mudança evidente na opinião do americano comum. Se houve alguma mudança, foi o fortalecimento da sensação de que o país precisava de mais tempo para absorver os imigrantes. Quanto às hostilidades, o Congresso e o país estavam em um estado de ânimo anti-imigração e não tinham nenhum desejo de reduzir as barreiras. Uma pesquisa de opinião realizada em dezembro de 1945 descobriu que 32% dos americanos queriam que a imigração continuasse no mesmo ritmo, mas 37% preferiam uma redução e apenas 5% queriam um aumento. Grupos patrióticos, tais como as Filhas da Revolução Americana, a Legião Americana e os Veteranos de Guerras Estrangeiras, tentavam proibir a imigração para os Estados Unidos durante uma década. Eleanor Roosevelt observou que todos os representantes no Congresso com quem tinha falado "disseram que o sentimento geral é a favor de cessar toda a imigração".

Portanto, foi preciso que o presidente Truman tivesse muita coragem para publicar em dezembro de 1945 uma diretiva exigindo tratamento preferencial para todas as PDs, especialmente órfãs, nas leis americanas de imigração existentes. Isso ajudou apenas um pouco esse grupo, porque a cota anual total para todas as nações do Leste europeu, de onde a maioria delas vinha, era de apenas 13 mil, enquanto uma de 26 mil era reservada para os alemães. Em agosto de 1946, Truman anunciou que estava buscando uma legislação congressional para trazer um número não especificado de PDs para os Estados Unidos. Setenta e dois por cento dos inquiridos em uma pesquisa de opinião desaprovaram a ideia de Truman e só 16% foram a favor. A oposição veio principalmente dos membros nativistas do Congresso, mas também de sionistas que temiam que a vinda de PDs para os Estados Unidos fosse enfraquecer a pressão para estabelecer uma pátria para os judeus na Palestina.

Como vimos, os anos de guerra nos Estados Unidos tinham visto uma campanha bem-sucedida de *lobby* por parte dos sionistas, graças à qual tanto o Partido Republicano quanto o Partido Democrata foram para as eleições de 1944 com um compromisso de criação de um Estado judeu na Palestina. Mas os judeus americanos não estavam unidos. Uma minoria pequena mas poderosa e importante entre eles — principalmente germano-americanos ricos — continuava a se opor ao sionismo. Quando ficou claro, em 1946, que os britânicos não iriam permitir a entrada de 100 mil judeus europeus na Palestina, eles começaram uma campanha para que esses judeus fossem para os Estados Unidos. Composto principalmente de imigrantes mais antigos, esse grupo incluía personalidades tão influentes quanto os Sulzberger (donos do *New York Times*) e Lessing J. Rosenwald, cuja família controlava a companhia varejista Sears Roebuck.

Peter Novick descreveu Arthur Hays Sulzberger, editor do *New York Times*, como "um judeu de um tipo raro: acreditava na posição da reforma clássica segundo a qual o judaísmo significa apenas uma crença religiosa, e não a condição étnica de 'ser um povo'. Suas lealdades políticas eram estritamente americanas, sua sensibilidade era liberal e universalista, e ele se opunha à campanha de um Estado judeu na Palestina. Sulzberger não queria que o *Times* se tornasse — ou parecesse ser — um porta-voz para qualquer interesse paroquial". Como resultado dessa posição, foi afirmado recentemente que "ele fazia qualquer esforço para negar a especificidade da vitimização judaica, recusava-se a permitir que o *Times* desse notícias com destaque sobre o Holocausto e não dava apoio a programas de resgate que tivessem como foco os judeus europeus".

A posição de Lessing J. Rosenwald era mais complexa. Tendo abandonado a administração cotidiana da Sears Roebuck em 1939, ele foi, durante algum tempo, associado à campanha isolacionista "A América Primeiro", chefiada por Charles Lindbergh, até que o óbvio antissemitismo da campanha fez com que ele se retirasse. Após a guerra, Rosenwald sentiu fortemente que os Estados Unidos tinham um dever de admitir tantas Pessoas Deslocadas judias quanto fosse possível, mas ele e seus sócios reconheciam que a única maneira de vencer a hostilidade pública era lançar uma grande campanha de educação e persuasão. Uma iniciativa assim, para que tivesse sucesso, teria de ter à frente importantes americanos não judeus. Por esse motivo, Rosenwald persuadiu o maior defensor de PDs da nação, Earl G. Harrison, seu vizinho na Filadélfia, a se tornar o presidente da campanha. Trouxe também figuras importantes do mundo dos negócios, da força trabalhista, da educação e das Igrejas cristãs para aquilo que ficou conhecido como Comitê de Cidadãos sobre Pessoas

Deslocadas. Em sua publicidade, o Comitê de Cidadãos dava ênfase ao fato de 80% das Pessoas Deslocadas serem cristãs, e em suas deliberações privadas reconhecia que para os Estados Unidos admitirem 100 mil judeus provavelmente precisaria permitir a entrada de quatro vezes esse número de Pessoas Deslocadas no país. Reconheceu também que isso significaria deixar entrar alguns colaboradores nazistas, mas acreditava que "um risco calculado deveria ser aceito, já que era inevitável para que neste país fosse encontrado refúgio para um número significativo de judeus deslocados". Por outro lado, o comitê não tinha a intenção de ampliar a rede para incluir *Volksdeutsche* ou quaisquer dos milhões de africanos e asiáticos que a guerra deslocara. Em sua opinião, era uma questão de levar PDs judias, assim como polonesas, ucranianas, bálticas e iugoslavas, para a América. Isso era enfatizado em sua publicidade e propaganda.

O Comitê dos Cidadãos, como seu nome deixava claro, era orientado para o cidadão médio americano. Por essa razão, não continha representantes das nações que compunham a vasta maioria das PDs — letões, lituanos, poloneses, ucranianos, estonianos e iugoslavos. A intenção era associar sua campanha com "migrantes e estrangeiros" e acreditava que o Congresso só apresentaria uma nova proposta de lei se fosse pressionado a fazê-lo por um número significativo de protestantes respeitados. O Comitê dos Cidadãos, Peter Novick observou, era "ostensivamente não denominacional, mas na verdade em grande parte financiado por judeus e com a maioria de seus funcionários também judia"; dois terços de seu orçamento de 1 milhão de dólares era financiado pelo próprio Lessing Rosenwald.

O Comitê dos Cidadãos foi depois reconhecido como um dos casos mais eficientes de *lobby* nos Estados Unidos do pós-guerra. Grande parte de sua energia era dedicada a influenciar a cobertura da mídia. Segundo o estudo exaustivo de Leonard Dinnerstein, "quase todos os editoriais sobre o problema de Pessoas Deslocadas que apareciam na imprensa nacional eram inspirados, se não escritos, pelo comitê". Por exemplo, pouco antes do segundo aniversário do Dia VE (Dia da Vitória na Europa), em 8 de março de 1947, o Comitê dos Cidadãos circulou a minuta de um editorial para os jornais de todo o país explicando, prestativamente, que "se seu jornal é a única publicação em sua comunidade, o texto pode ser reproduzido sem risco de publicação conflitante":

> Quem são essas pessoas? Elas são as "Pessoas Deslocadas". Mais de 75% delas são vítimas de algum ditador europeu, não importa sob que causa ou nome essa ditadura floresceu — comunista ou fascista. Elas são, algo em torno de 80% delas, da fé cristã, uma boa quantidade católica, polonesas ou bálticas. Outra parte delas, de longe o menor número, apenas uma em cada cinco, é da fé judaica...

O Comitê dos Cidadãos também fornecia oradores e filmes e dava apoio a pessoas locais importantes que pudessem promover sua causa. No decorrer dos dezoito meses seguintes, quase seiscentas estações de rádio usaram seus materiais, e milhões de americanos viram o filme *Passport to Nowhere* [Passaporte para lugar nenhum, em tradução livre], feito com atores e técnicos profissionais e distribuído pelo estúdio RKO, de Hollywood.

O Comitê dos Cidadãos também tentou fazer com que o Congresso atuasse nessa questão. William Stratton, membro do Congresso por Illinois, foi convencido a introduzir na Casa dos Representantes um projeto de lei que teria permitido a entrada de 400 mil PDs nos Estados Unidos no decorrer dos quatro anos seguintes. Mas o ânimo do público ainda era hostil. "Já temos estrangeiros suficientes, acho que devemos nos livrar deles e não trazer outros", declarou um membro do Congresso pela Carolina do Sul. Na correspondência para os congressistas só uma pessoa em cada sete era a favor de deixar que as PDs entrassem. Apesar do trabalho do Comitê dos Cidadãos, a maior parte do público continuava a crer que quase todas as PDs eram judias. Um locutor de rádio de Nova York disse a seus ouvintes que a legislação proposta iria admitir 400 mil Pessoas Deslocadas judias nos Estados Unidos; os líderes religiosos evitavam apoiar a campanha moral ou financeiramente porque todos achavam que era um problema judeu. Com apenas um apoio muito fraco do governo, o projeto de lei progrediu muito lentamente no Congresso, dominado pelos Republicanos.

Então, aos poucos, o clima começou a mudar. Dinnerstein atribui essa mudança "milagrosa" na opinião pública a vários fatores. Sem dúvida, o trabalho do Comitê dos Cidadãos começou a fazer algum efeito. Um senador de Wisconsin reclamou que "não podia andar nas ruas de sua cidade sem que alguém, como seu gerente de banco, seu açougueiro ou seu antigo professor de catecismo, o parasse dizendo: 'Senador, por que o senhor não é um bom cristão? Por que o senhor está contra as PDs?'". Além disso, medidas tomadas para educar a liderança política estavam começando a dar frutos. Congressistas importantes foram mandados para a Europa, e alguns mudaram de ideia com a experiência de visitar os campos, especialmente quando viram que a maioria das PDs não era judia. Um *lobby* habilidoso também converteu a poderosa organização de veteranos, a Legião Americana, cujos líderes "não queriam esse país repleto de judeus", como um deles tinha se expressado. No entanto, quando eles foram persuadidos de que "a maioria daqueles judeus nos campos de PDs quer ir para a Palestina e não para os Estados Unidos", a Legião retirou sua oposição.

No entanto, aquilo que sem dúvida teve o maior impacto sobre a opinião pública foram os acontecimentos na Europa: o golpe comunista na Tchecoslováquia, o transporte aéreo de provisões e comida para Berlim, o Plano Marshall. Foi em 1948 que Hollywood trouxe a Guerra Fria para a boca do povo. Embora o espírito de cooperação aliada da época da guerra ainda perdurasse em um filme lançado naquele ano, o *thriller Expresso para Berlim*, no qual um russo retratado com simpatia ajudou os soldados americanos a frustrar uma trama neonazista, o novo espírito estava presente no filme *A Cortina de Ferro*, da Twentieth Century Fox, logo seguido por *I Married a Communist* [Casei com um comunista, em tradução livre], de Howard Hughes — depois lançado com outro título, *The Woman on Pier 13*, pela polêmica gerada —, e outros filmes semelhantes.

O controle comunista do Leste europeu mobilizou, em particular, a hierarquia católica norte-americana, cujo interesse em PDs tinha, até então, sido um tanto intermitente. Em termos da provisão de ajuda humanitária para a Alemanha, por exemplo, os católicos haviam ficado bem atrás das agências judaicas. Em 1945, o Comitê

Americano-Judeu da Junta de Distribuição gastou 317 mil dólares em ajuda humanitária para PDs na Alemanha e na Áustria, mas em 1946 esse gasto já tinha se multiplicado dez vezes, para 4 milhões de dólares, e, em 1947, chegou a 9 milhões de dólares, uma quantia enorme para a época. Em contraste, a Ajuda Humanitária Católica para a Guerra tinha apenas cinco pessoas trabalhando para as 400 mil PDs católicas nas zonas americanas na Alemanha e na Áustria em abril de 1946 — na proporção de um trabalhador para cada 20 mil PDs, enquanto as agências judaicas tinham uma equipe de 117 pessoas para servir 117 mil PDs, na proporção de um trabalhador para cada mil PDs.

A disparidade era ainda maior no caso de levantamentos de fundos nos Estados Unidos. "Os judeus estão angariando 170 milhões de dólares este ano (100 milhões ano passado), e vão conseguir", escreveu em março de 1947 um católico da área de ajuda humanitária. "Nós, na coleta de domingo, ano passado, conseguimos menos de 2 milhões e esperamos 5 milhões para nosso esforço atual." Ele avisou que, se os católicos realmente fossem 75% das PDs, sua organização poderia ter de reassentar cerca de 350 mil pessoas. "Vamos falar de coisas básicas: quem vai pagar a conta gigantesca de transporte e sustento?"

Em 1948, a hierarquia católica nos Estados Unidos estava ficando do interessada de verdade nas PDs, embora as igrejas protestantes continuassem, em grande parte, indiferentes. No entanto, como reconheceram alguns dos líderes do Comitê dos Cidadãos, havia um perigo. As organizações cristãs recrutadas para a campanha estavam mais interessadas nas pessoas que fugiam do comunismo do que nas vítimas dos nazistas. Quanto maior a ênfase no comunismo, menor acabaria sendo a provisão para as Pessoas Deslocadas judias. Esses temores mostraram ser bastante justificados. O Ato das Pessoas Deslocadas, de 1948, foi obviamente destinado (pelos senadores da Virginia Ocidental e de Dakota do Norte) a excluir judeus e a favorecer os bálticos. Ele estipulava, por exemplo, que só as pessoas que tivessem chegado à Alemanha antes de 22 de dezembro de 1945 poderiam vir para os Estados Unidos, excluindo assim, automaticamente, as mais de 100 mil pessoas judias que tinham sido libertadas da União Soviética na primavera de 1946 e haviam fugido dos *pogroms* poloneses naquele verão. Favorecia, também, trabalhadores agrícolas, dissidentes de países anexados por uma potência estrangeira — isto é, cidadãos das repúblicas bálticas — e antigos residentes da União Soviética. O presidente Truman chamou o ato de "evidentemente discriminatório", mas, ainda que com relutância, assinou-o.

Havia uma ironia dupla aqui. Uma campanha habilidosa para educar o público, financiada e controlada por grupos judeus, tinha, em última instância, produzido um ato que não só discriminava os judeus, mas também reduzia as vantagens que lhes tinham sido dadas com a diretiva de Truman de 1945. Como era de esperar, isso provocou fortes discussões dentro da comunidade judaica americana. A estratégia de "sempre conseguir uma frente não judia para lutar pelas causas judias" foi fortemente atacada, em especial pelos pró-sionistas. A campanha do Comitê dos Cidadãos, eles argumentaram, só facilitara a entrada de colaboradores nazistas nos Estados Unidos. O sionista Abraham Duker atacou a "ilusão" daquelas organizações judaicas que ainda se recusavam a "ver a indecência, a vergonha e o perigo de recompensar os assassinos e seus semelhantes admitindo-os em nossos litorais hospitaleiros". Em resposta, o Comitê dos Cidadãos acusou os sionistas de não fazer tudo o que era possível para ajudar na campanha.

Para aplicar o Ato de 1948, o presidente Truman estabeleceu uma Comissão de Pessoas Deslocadas e nomeou Ugo Carusi, um protestante, Edward M. O'Connor, um católico, e Harry N. Rosenfield, um judeu, para dirigi-la. Eles, por sua vez, contrataram como funcionários da organização pessoas de nível superior ou médio que tinham trabalhado para a Unrra e para a IRO e eram bastante comprometidas com a causa dos refugiados. A Comissão das Pessoas Deslocadas, diz Leonard Dinnerstein, "mostrou como um departamento governamental pode mudar a orientação de uma lei pela natureza de sua administração. O Congresso aprovou uma medida complexa e restritiva em 1948. A Comissão das Pessoas Deslocadas, no entanto, procurou todas as lacunas e examinou todas as ambiguidades para ajudar a trazer pessoas para os Estados Unidos sob os termos daquele ato. Por sua parte, as agências do governo americano fizeram o possível para restringir o fluxo de imigrantes".

Era inevitável que houvesse dificuldades na aplicação do Ato de 1948. O Congresso tinha, por exemplo, estipulado que 40% das PDs admitidas deveriam vir de "áreas anexadas" — territórios tomados pela União Soviética depois da guerra —, enquanto, mesmo sob a definição do Departamento de Estado, só 19% eram originárias dessas áreas. Trinta por cento tinham de estar envolvidas em atividades agrícolas; mas, segundo a definição mais generosa, apenas 20% delas satisfaziam essa exigência. Portanto, a definição teve de ser ampliada. Mas o obstáculo administrativo principal era o corte em 22 de dezembro de 1945. Milhares de pessoas não puderam provar sua elegibilidade porque, mesmo entre aquelas que tinham entrado na Alemanha antes disso, registros precisos da residência de PDs muitas vezes não retroagiam até então. Ao tentar resolver essa situação, a indulgência da Comissão das Pessoas Deslocadas e do pessoal da IRO na Alemanha foi de encontro com as complexidades da lei e o preconceito e as obstruções das autoridades de imigração e de emissão de vistos. Como resultado, nove meses eram necessários para o processo de cada candidato. Um jornalista achou que "era um milagre que qualquer Pessoa Deslocada tivesse chegado aos Estados Unidos (...) em vista de todos os obstáculos que foram colocados em seu caminho (...) O processo inteiro é complicado, confuso, humilhante e brutal".

A lentidão no processamento das solicitações não se devia a qualquer vigilância na investigação dos registros das PDs durante a guerra. Uma vez mais, o Exército usou soldados maltreinados para realizar a filtragem, esperando que eles conseguissem dominar as complexidades da história europeia em um treinamento de um dia e meio. Segundo Dinnerstein, os registros "mostram inúmeros exemplos de avaliações completamente arbitrárias sendo feitas". Além disso, a chegada intensa da Guerra Fria significou uma nova interpretação do passado, com maior ênfase ao fato de os grupos terem sido antissoviéticos e não pró-alemães. Depois de setembro de 1950, a Comissão das Pessoas Deslocadas obedeceu à sugestão do Departamento de Estado determinando que, embora as unidades militares durante a guerra — tais como a Legião Letã — tivessem lutado ao lado dos alemães, em termos de objetivos, ideologia e atividades elas eram separadas da SS alemã, portanto, "não eram consideradas um movimento hostil ao governo dos Estados Unidos sob a seção 13 do Ato de Pessoas Deslocadas".

O novo estado de ânimo também ficou evidente na maneira pela qual as PDs eram recebidas ao chegar aos Estados Unidos. Embora a principal agência judia de reassentamento tentasse, silenciosamente, dispersar as PDs que patrocinava por todo o país e só permitisse que aquelas com parentes próximos em Nova York permanecessem na cidade, a cobertura da imprensa sobre a chegada delas concentrou-se quase que exclusivamente nos bálticos. Em 1950, a Comissão das Pessoas Deslocadas escolheu uma frágil mulher letã a caminho de Colorado Springs para ser homenageada como a PD nº 200 mil; os jornais a retrataram com seus quatro filhos, de aparência saudável, e com muitos pertences. Segundo Abraham Duker, "uma das maneiras de identificar os colaboradores era ver os que eram acompanhados por filhos. Aqueles levados como trabalhadores escravos tinham sido separados de suas famílias".

Histórias positivas sobre alguns desses casos, prodigamente ilustradas e espalhadas pelas páginas dos jornais, ajudavam a tornar o público mais receptivo às PDs — e a um Ato de PDs que fosse mais amplo e menos discriminatório. "Esqueça aquele termo 'Pessoas Deslocadas'", disse um líder comunitário em Dakota do Norte. "Quando elas vêm para seu novo país, já não estão deslocadas. Estão no local certo. Estão em casa. São os novos vizinhos!" Os problemas de adaptação que muitos dos recém-chegados enfrentavam eram em grande parte ignorados, embora logo ficasse claro que muitos dos "trabalhadores agrícolas" admitidos sob o Ato de PDs não eram nada disso. Embora 27% daqueles que tinham sido admitidos fossem "trabalhadores agrícolas", em dezembro de 1951, menos de 3,4% deles ainda continuavam naquela ocupação.

A eleição presidencial de 1948 foi um dos grandes transtornos na história política americana. Havia uma expectativa geral de que o presidente Truman fosse perder para seu oponente republicano, Thomas E. Dewey. Repudiado pelo *Los Angeles Times* como "o mais completo trapalhão e remendão que esta nação já viu em um alto cargo em muito tempo", Truman foi descartado pelas pesquisas de opinião, e

A LONGA ESTRADA PARA CASA | 455

quando a revista *Newsweek* pediu aos cinquenta jornalistas políticos mais conhecidos do país que avaliassem suas chances, nenhum deles esperava que Truman fosse reeleito. Mas, dirigindo-se exaustivamente ao povo americano — e com a ajuda de uma campanha irônica e sem graça de Dewey —, Truman empreendeu uma das grandes reviravoltas políticas na história. A imagem de Truman triunfante segurando a primeira página de um jornal com a manchete principal, DEWEY VENCE TRUMAN, definiu aquele momento.

Não só Truman foi reeleito, mas um Congresso esmagadoramente democrata voltou ao poder e muitos oponentes importantes da imigração foram derrotados — Herbert Lehman estava entre os novos senadores. Durante sua campanha, Truman lembrava à população urbana que o Congresso republicano tinha discriminado católicos e judeus. Em todo o país, portanto, a expectativa era de que um novo Ato para Pessoas Deslocadas fosse aprovado em breve.

No entanto, ninguém levou Pat McCarran em consideração.

O sistema político americano dá poder aos presidentes dos Comitês do Senado, que muitas vezes vêm de zonas eleitorais remotas e têm ideias conservadoras. O senador Pat McCarran, de Nevada, que tinha então se tornado presidente do todo-poderoso Comitê Judiciário do Senado, era, até por esses padrões, um autêntico monstro de 22 quilates. Democrata isolacionista que se considerava responsável por salvaguardar o interesse nacional, McCarran tinha se oposto ao New Deal, ao Lend-Lease e à ajuda humanitária para a Grã-Bretanha e para a França. Achava que a presença das Nações Unidas na cidade de Nova York era "uma porta aberta para espiões estrangeiros e comunistas" e acreditava que entre as "muitas PDs" que entravam no país havia "subversivos ativos" que não tinham "qualquer outro objetivo a não ser solapar o modo de vida americano". Ele não queria mais PDs. E, como muitos católicos irlando-americanos, também era antissemita.

No início de 1949 foi produzido um novo projeto de lei sobre as PDs que diminuía em 40% a imigração de PDs dos territórios anexados e em 30% a de trabalhadores agrícolas, transferia a data do corte e estabelecia condições específicas para vários grupos — 18 mil membros do Exército polonês, 4 mil refugiados judeus de Xangai e 15 mil refugiados políticos recentes.

Embora o projeto de lei tenha sido aprovado na Casa de Representantes em junho de 1949, ele não foi adiante no Senado em virtude das manobras dilatórias de McCarran. Em setembro, ele solicitou uma licença de três semanas para investigar a situação na Europa — e depois desapareceu por onze semanas, tendo usado parte desse tempo para ter uma audiência com o papa, conversar com seu amigo general Franco, em Madri, e visitar o local de nascimento de sua mãe em County Cork. A sua volta, McCarran continuou a impedir a aprovação do projeto de lei. Em fevereiro de 1950, deu início a uma investigação sobre o funcionamento da legislação de PDs existente, usando sua posição para acusar a Comissão de Pessoas Deslocadas de não cumprir sua função devidamente e de deixar que comunistas entrassem nos Estados Unidos. "Em vez de exercer suas obrigações na Europa", McCarran acusou, a CPD tinha "transferido a responsabilidade para antigos funcionários da Unrra, assistentes sociais, pessoas daquele calibre, que não estão primordialmente preocupadas com os melhores interesses dos Estados Unidos". Ele encontrou um número suficiente de antigos funcionários insatisfeitos que estavam dispostos a endossar seu argumento de que a Comissão de Pessoas Deslocadas, "ao favorecer um processamento rápido e ignorar acusações menores ou não substanciadas, não estava seguindo nem a letra nem o espírito restritivo do Ato de 1948, que colocava o ônus da prova de elegibilidade na própria PD".

Ao mesmo tempo, McCarran e seus parceiros inseriram no novo projeto de lei emendas que o transformaram, mudando uma vez mais a definição de Pessoa Deslocada — não mais aquelas pessoas vitimadas pelos nazistas, e sim qualquer pessoa obrigada a fugir de sua última residência, em virtude de perseguição ou temor de perseguição, entre 1º de setembro de 1939 e 1º de janeiro de 1949. Na prática, essa nova definição acrescentava ao número de PDs 12 milhões de alemães, expulsos do Leste europeu e da Tchecoslováquia durante e depois da Segunda Guerra Mundial, e com isso diminuía o número de lugares disponíveis para as PDs já cadastradas. Em determinado momento Herbert Lehman afirmou que o objetivo verdadeiro do Comitê Judiciário era "mudar toda a natureza do programa, fazendo com que ele não fosse mais ajuda humanitária para Pessoas

Deslocadas, e sim ajuda humanitária para alemães expulsos". A tréplica veio do senador Eastland, do Mississippi: os *Volksdeutsche*, disse ele, eram "as verdadeiras Pessoas Deslocadas". "Um dos maiores crimes da história", afirmou Eastland, "foi desarraigar pessoas cuja única ofensa era que por suas veias corria sangue alemão (...) Elas foram jogadas no frio e na neve, levadas como gado pela Europa Oriental e Central para a Alemanha, onde muitas delas morreram no caminho como moscas. Eu digo que esse é um dos maiores crimes em toda a história humana".

Uma vez mais, uma permuta complexa ocorria entre os grupos étnicos dos Estados Unidos. Um senador de um pequeno estado, com uma população de 135 mil habitantes, tinha usado sua posição para neutralizar todo o processo político. Mas os liberais no Senado haviam aprendido algumas lições da debacle de 1948. Enquanto, naquela época, eles tinham permitido que o projeto de lei fosse enfraquecido no comitê, dessa vez se asseguraram de bloquear as manobras parlamentares que poderiam soterrar a lei. Oponentes da legislação liberal, por outro lado, aproveitaram-se de todos os estratagemas disponíveis para postergar o voto. Finalmente, em abril de 1950, o novo Ato das Pessoas Deslocadas se tornou lei. Dez dias após a assinatura pelo presidente, começou a Guerra da Coreia. Se McCarran tivesse conseguido adiar o progresso da legislação umas poucas semanas, poderia ter alcançado sua meta de bloquear a passagem da medida liberal.

Leonard Dinnerstein argumentara que, embora McCarran tivesse perdido a batalha legislativa, ele tinha ganhado a luta administrativa. Suas visitas aos escritórios da Comissão de Pessoas Deslocadas na Europa no outono de 1949 e as audiências de seu subcomitê em Washington irritaram os membros da comissão e seus subordinados, além de destruir o ânimo da agência. Muitos de seus funcionários, com medo, pediram demissão ou foram intimidados e acabaram adotando uma linha mais dura com as PDs. Graças à pressão de McCarran, "os procedimentos da filtragem ficaram mais severos; e o processamento de candidatos ficou mais lento".

Quando o Ato das Pessoas Deslocadas finalmente expirou, em 1952, os Estados Unidos tinham admitido 380 mil pessoas sob suas provisões, cerca de 40% das Pessoas Deslocadas cadastradas na Europa — muito mais do que qualquer outro país. No total, por volta de 45% dos novos imigrantes eram católicos, 20% judeus e 34% eram ou protestantes ou greco-ortodoxos.

No final — a seu próprio tempo e de sua própria maneira —, os Estados Unidos admitiram seu justo quinhão.

19
LEGADOS

ENTRE 1940 E 1951 MAIS DE I MILHÃO DE PESSOAS deixaram sua terra natal na Europa, passaram anos esperando em campos para Pessoas Deslocadas até que seu futuro fosse decidido e elas pudessem ser reassentadas no exterior. O que esse processo significou para elas como indivíduos? Como o perfil de suas vidas foi formado ou modificado por aquela experiência? Nos últimos anos do século XX respostas para algumas dessas questões começaram a surgir — à medida que antigas Pessoas Deslocadas começaram a escrever suas memórias —, ou, mais comumente, quando seus filhos fizeram isso em nome delas. Nessas narrativas, podemos perceber como as grandes forças históricas influenciam e são desviadas de sua direção original por pessoas comuns.

Agate Nesaule nasceu na Letônia em 1938. Seu pai era um pastor luterano e sua mãe, a filha de um socialista letão enviado para o exílio na Rússia por suas atividades políticas. Agate era uma "mulher elegante", que gostaria de ter ido para a universidade, mas que em vez disso foi ser professora em um pequeno povoado. Suas lembranças de infância na área rural da Letônia estavam "sempre associadas à luz do sol". Na metade de 1944 a família fugiu para a Alemanha, onde passou três meses em um centro de detenção antes de ser libertada para trabalhar em uma instituição para deficientes mentais perto de Berlim, os homens nas tarefas braçais, as mulheres nas tarefas na cozinha.

À medida que o Exército Vermelho se aproximava, no começo de 1945, muitos dos alemães fugiram para o Ocidente, mas a mãe de Agate se recusou a abandonar a própria mãe, idosa e doente. Quando os soldados russos chegaram, tiraram os relógios dos homens e depois mataram vários deles, inclusive o médico bondoso que tinha conseguido salvar os internos. Agate e sua mãe foram colocadas em um porão com as outras mulheres e testemunharam uma jovem alemã, Hilde, ser estuprada repetidamente por soldados mongóis antes de se afogar em um lago artificial. Mas a mãe de Agate conseguiu convencer um oficial russo a intervir a seu favor, e eles acabaram conseguindo escapar e chegar a Berlim. Após esperar um dia inteiro em uma longa fila, e quando a chuva começou a cair, eles foram admitidos em um centro de acolhimento dirigido pelos britânicos. A geleia de framboesa e o chá que os britânicos lhes deram ficaram para sempre na memória de Agate como "a refeição mais maravilhosa" de sua vida.

Com o transcorrer do tempo a família Nesaule se viu em um campo para PDs na Alemanha Ocidental. O pai e a mãe estavam sempre muito ocupados, e Agate se afeiçoou à senhora Saulitis, uma mulher sem filhos que tinha conseguido um quarto individual "depois de ter sido vista passeando no bosque com um soldado britânico". Quando a família foi transferida para outros campos, Agate começou a procurar outras mulheres sem filhos. Seu outro grande consolo era a escola do campo. Vinda de uma família com pretensões acadêmicas, esperavam que ela se saísse bem na escola, mas a educação também lhe ofereceu algo muito importante:

> Diziam-nos toda hora como era importante aprender. As linhas citadas com mais frequência — "as riquezas do coração não enferrujam" — eram as de um poema de Karlis Sklabe. Isso era interpretado como uma mensagem de que poderíamos perder todas nossas posses materiais em saques ou na guerra, poderíamos perder nossa família, nossos amigos e nosso país, mas que o conhecimento era uma posse preciosa e eterna. Eu não questionava isso. Aqui pelo menos estava algo positivo e permanente. Sabia que se tentasse com força suficiente eu poderia aprender quase tudo, e isso me dava uma satisfação real e uma sensação de controle.

Agate levou muitas lembranças felizes dos campos — o casaco que sua mãe fez com um cobertor roxo; os sapatos de dança de couro que todos usaram em determinado momento; e, especialmente, uma apresentação de *Noite de Reis*.

Em 1947, a família estendida de Agate, a essa altura mais ou menos junta nos campos, começou a se separar outra vez. Uma prima jovem foi para o Canadá como empregada doméstica; um rapaz, para as minas na Inglaterra. Seus pais estavam divididos, sem saber se deviam ir para o Brasil — onde seu pai podia trabalhar como pastor — ou para os Estados Unidos, onde havia educação para mulheres. Sua mãe venceu, mas a partida foi adiada pelo fato de os Estados Unidos só aceitarem um dependente por trabalhador, de tal forma que a avó de Agate teria de ser deixada para trás. Finalmente um tio e uma tia, que tinham só uma filha, ficaram com a velhinha.

A família chegou aos Estados Unidos em 1950, quando Agate tinha doze anos, e se estabeleceu em Indianápolis, onde muitas PDs letãs trabalhavam nas metalúrgicas que pertenciam ao pai do romancista Kurt Vonnegut. Os Nesaule foram custeados por um pastor luterano que queria trazer pessoas brancas para uma comunidade decadente no centro da cidade, que estava sendo colonizada por migrantes negros vindos do Sul; mas ele os obrigava a pagar muito caro pelo alojamento. Descobriram também que a casa ao lado era usada como um bordel — as prostitutas eram negras, mas os clientes que, bêbados, urinavam em sua varanda, eram brancos. A mãe de Agate tinha de trabalhar lavando pratos no Supper Club La Rue à noite e o pai trabalhava de graça para a comunidade letã. Ele continuava totalmente letão, enquanto a mãe de Agate logo se adaptou à vida e à cultura americanas, embora tivesse poucas ilusões sobre aquela sociedade. De modo geral, as letãs sobreviviam melhor; muitos dos homens fracassavam e recorriam à bebida — o cunhado de Agate bebeu até morrer. Duas décadas mais tarde a família finalmente pôde se mudar para uma vizinhança melhor.

Pouco tempo depois de chegar aos Estados Unidos, Agate contraiu tuberculose e foi obrigada a ficar de cama por um ano; mas, como tinha muita vergonha das condições de vida em casa, não convidava nenhuma colega para visitá-la. Ela e a avó também foram maltratadas em um ônibus por falarem letão. Uma vez mais, no entanto, a educação lhe ofereceu uma salvação. Pouco depois de sua chegada, Agate foi levada por sua intrometida mas bondosa mentora letã, a senhora Cigans, até a biblioteca pública local. Enquanto Agate se maravilhava com a quantidade de livros, a senhora Cigans tentava se comunicar com a bibliotecária, fazendo "Psiu, psiu", acenando e botando as mãos em concha sobre a boca e assoviando. A bibliotecária saiu e voltou com uma pilha de livros, e o que estava no topo da pilha era *E o vento levou*. Nos campos, Agate tinha lido três vezes o primeiro volume na tradução letã. Dessa vez resolveu enfrentar, com muita dificuldade, o texto em inglês, usando um dicionário. No final de seu primeiro verão, ela já sabia ler em inglês.

Ainda no colégio, e contra o conselho de sua mãe, Agate se casou com um jovem americano bem-apessoado, que, no final, mostrou ter seus problemas. Ele se recusava a ouvir as experiências de guerra de Agate. "Todo mundo teve uma infância terrível", ele costumava dizer. Só quando se divorciou e encontrou outro parceiro foi que Agate se sentiu confiante o suficiente para explorar o próprio passado e compreender como muitos de seus problemas eram resultado daquele passado de guerra — e quanto disso ela tinha transmitido para seu filho. "Por mais de quarenta anos minha vida foi constringida pela vergonha, pela raiva e pela culpa. Fui salva pelas histórias de outros, pela terapia, pelos sonhos e pelo amor", escreveu ela.

Nos Estados Unidos, Agate sentia falta "dos campos de PDs na Alemanha, onde pelo menos estava entre pessoas como eu, e não entre estranhos dos quais sempre fui diferente, como me encontro agora, aqui na América".

Os pais de Joseph Berger eram refugiados judeus da Polônia que escolheram a União Soviética em 1939. Rachel, a mãe, escapou de Varsóvia com os dois irmãos de Joseph, deixando o restante da família para trás, e quando trabalhava na cidade industrial de Lysva, perto dos montes Urais, conheceu Marcus, um camponês do sudeste da Polônia que tinha sido recrutado para o Exército Vermelho quando os soviéticos ocuparam aquela parte do país. Marcus estava então em um batalhão de trabalho com o irmão mais novo de Rachel, fazendo botas e sapatos. Marcus e Rachel formavam um casal estranho: ele, um camponês tímido que dormia no cinema, mas sempre sabia como arranjar comida; ela, uma mulher audaz, inteligente e ambiciosa que trabalhava fazendo chapéus. Mas naquele lugar e naquela época seu relacionamento fazia sentido; ela estava grata pela força e pelas habilidades que ele tinha. Casaram em 1943.

Em 1945, após o nascimento do filho Joseph, decidiram voltar para a Polônia para encontrar o restante de suas famílias. No trem, atravessando a Polônia, Marcus ouviu um polonês na estação gritar: "Jesus Maria! Tantos deles sobreviveram. Pensei que Hitler tinha matado todos." Encontraram dois parentes vivendo em Varsóvia e Marcus começou a trabalhar como sapateiro; no entanto, quando ouviram falar do *pogrom* em Kielce no final de 1946, decidiram fugir para a zona americana da Alemanha. Após vender todas as suas posses e cada peça de vestuário de que não precisava, Rachel comprou passagens em dois caminhões que seguiam para a Alemanha pelo porto báltico de Stettin. Depois de uma viagem difícil, chegaram a Berlim, onde Rachel encontrou um tio ainda vivo. No final, conseguiram lugar no campo de PDs de Schlachtensee, nos subúrbios da capital alemã.

Mais tarde Rachel recordou os "blocos de prédios baixos e compridos de madeira organizados ao redor de um campo de areia", que lhe forneceram um lar temporário. "Tínhamos quatro camas de vento verde-azeitona do Exército americano, quatro cobertores verde-azeitona e quatro travesseiros verde-azeitona. Comecei a considerar esse quarto meu lar." Havia algumas pessoas de meia-idade ou idosas e apenas um punhado de crianças com mais de cinco anos no campo. Schlachtensee também abrigava poloneses, letões e estonianos cristãos, e isso gerava muita tensão. Ela lembra que todas as PDs queriam deixar o passado para trás e continuar a viver suas vidas, criar novas famílias e trazer crianças judias ao mundo. Em abril de 1947, nasceu o segundo filho de Rachel, outro menino.

Enquanto isso, Marcus e o irmão de Rachel, Yasha, "começaram a fazer aquilo que a maioria de seus conhecidos judeus estava fazendo: lidar com os agricultores e comerciantes alemães que tentavam vender suas mercadorias para as Pessoas Deslocadas". A princípio compravam frutas e as revendiam para os moradores do campo; depois progrediram, indo para o negócio mais lucrativo de venda de cigarros e bombons. Levavam as mercadorias, que vinham originalmente dos soldados americanos, para a zona ocupada pela Rússia, subornavam os guardas para passarem pela barreira e depois as vendiam para os alemães em troca de dinheiro vivo, carne, ovos e chocolate em pó. Certa vez, o caminhão de Marcus foi parado pelos russos, e o motorista alemão, interrogado. Marcus imediatamente saltou do caminhão e fugiu. Isso lhe custou um caminhão cheio de pacotes de cigarros, mas em pouco tempo já estava de volta ao negócio.

A maior parte do tempo Rachel se sentia "bastante próspera" como refugiada; realmente, como muitas PDs ela podia contratar uma alemã para cuidar de seus filhos: "Quando uma mulher com jeito de avó e desesperada por algum dinheiro veio até nossa porta e ofereceu seus serviços por uns poucos marcos, não pude resistir." A alemã, Elsa, era bondosa, carinhosa e muito boa com as crianças.

No entanto, em 1948, a crise em Berlim fez com que as autoridades evacuassem as PDs da capital alemã, e Rachel e Marcus foram enviados de avião para o campo de Landsberg, perto de Munique. Lá, a questão de para onde eles deveriam emigrar começou a pairar no horizonte. Rachel preferia Israel. "Eu queria ir para Israel", ela escreveu mais tarde. "O país tinha acabado de declarar sua independência. Os refugiados estavam comprando geladeiras, fogões e máquinas de costura para levar com eles. Eu queria que meus filhos crescessem em um país judeu." Mas o marido discordava. Ele tinha ouvido dizer que em Israel os novos imigrantes dormiam em tendas, que não havia leite suficiente para as crianças e nenhum emprego para pessoas como ele. Além disso, as pessoas temiam que pudesse haver outra guerra com os árabes.

Não era possível ir para os Estados Unidos porque eles não se encaixavam nos critérios do Ato das Pessoas Deslocadas de 1948, já que haviam entrado na Alemanha depois da data estabelecida, dezembro de 1945; e mais, eles vinham da União Soviética. Mas foi encontrada uma solução: "Livramo-nos de nossos documentos soviéticos e conseguimos facilmente obter documentos falsos que comprovavam nosso casamento na Alemanha." Rachel também conseguiu driblar as perguntas detalhadas dos interrogadores americanos em busca de espiões e infiltrados comunistas, e, embora os exames médicos tivessem revelado que Joseph tivera tuberculose no passado, provavelmente quando ele estava fragilizado por uma pneumonia na Rússia, ele estava bem agora, graças aos novos remédios, tais como estreptomicina.

A LONGA ESTRADA PARA CASA | 465

A família foi aprovada e conseguiu ir para Bremerhaven, onde, ainda no cais, teve de ouvir uma longa palestra sobre como se comportar à mesa, dada por um dos funcionários de uma agência.

O navio do Exército norte-americano para transporte de tropas *General A. W. Greeley* partiu da Alemanha no dia 18 de fevereiro de 1950 e chegou à ilha Ellis em 3 de março do mesmo ano. Rachel enjoou durante a primeira semana da viagem, mas depois começou a desfrutar da oportunidade de relaxar pela primeira vez em anos. Quando o navio se aproximou da Estátua da Liberdade, todos os passageiros gritaram e choraram, fazendo com que Rachel — que "não sabia nada sobre aquela solene mulher com uma tocha e (...) que tinha tantas preocupações sobre como nós iríamos viver em uma terra estranha, onde iríamos morar e se ficaríamos isolados e solitários" — também sentisse "em minha alma que minha família tinha finalmente chegado a seu verdadeiro refúgio, assim chorei as lágrimas que tinha me negado a chorar durante tantos momentos dolorosos de minha vida".

Após um embate inicial, Rachel e Marcus se deram relativamente bem nos Estados Unidos, mas Marcus — o ousado operador de mercado negro na Berlim russa — se sentia menos confortável no novo país. Trabalhou para a General Textile Company por 25 anos fazendo capas para tábuas de passar, um trabalho desagradável que envolvia lidar com asbesto. Rachel trabalhava costurando chapéus, teve outro bebê (uma menina, dessa vez) e finalmente, em 1987, se formou no Hunter College, na cidade de Nova York. Como ocorre tradicionalmente com imigrantes, a geração seguinte pôde progredir. O filho deles, Joseph Berger, foi repórter do *New York Times* e usou os diários de sua mãe para publicar memórias, um excelente relato de sua infância "crescendo americano". Ele observou que seu pai, que tinha perdido cinco irmãs no Holocausto, nunca perdeu a sensação de estar só.

Em 1981, quando o jornal mandou Joseph para Israel a fim de cobrir a 1ª Reunião Mundial de Sobreviventes Judeus do Holocausto, ele levou os pais. E observou quando sobreviventes idosos, ainda procurando parentes, informavam nomes em iídiche, polonês e russo para jovens estudantes que perfuravam cartões para colocar os dados em computadores. Mas seu pai preferiu prender um bilhete em um quadro de avisos. Joseph percebeu, então, que ele nunca tinha deixado de procurar seus parentes.

Ella Schneider nasceu em Kiev, na Ucrânia, em 23 de junho de 1936. Seu pai era alemão do Volga, um carpinteiro e marceneiro bem-apessoado, mas irresponsável; a família falava alemão entre eles, mas russo com os vizinhos. Sobreviviam comendo sopa de beterraba e pão em um pequeno apartamento num bom distrito de Kiev, sem banheiro interno, e se banhavam uma vez a cada seis semanas. Ella e a irmã menor dividiam uma cama com a avó.

Na noite anterior a seu aniversário de cinco anos, o pai, enraivecido em sua bebedeira, bateu em Ella e se esqueceu de ligar o rádio. Como resultado, não ouviu a notícia da invasão alemã da União Soviética. Bem cedo no dia seguinte, em 23 de junho de 1941, ele foi levado pela polícia secreta, o NKVD. "Para onde vocês o estão levando? Digam para que eu possa levar sua navalha de barbear", pediu a mãe. "Aonde o estamos levando ele não vai precisar de nada", foi a resposta.

No dia seguinte, sua mãe foi ao mercado, com outras mulheres alemãs e russas, para procurar seus pais, maridos e filhos. Ela "foi virando um corpo atrás do outro, todos crivados de balas, centenas deles. Todos estavam frios e duros — os homens tinham sido executados durante a noite". Mas não encontrou o corpo do marido. Pouco depois as mulheres e crianças fugiram, primeiro para ficar com vizinhos e depois para o povoado onde morava sua tia, e só voltaram dois meses mais tarde, quando souberam que os alemães estavam em Kiev. A maior parte de sua comunidade agora se encontrava em ruínas, mas as autoridades alemãs lhes disseram que se mudassem para o apartamento de seus vizinhos, que era mais espaçoso. Os oficiais alemães lhes deram comida e sua mãe conseguiu emprego trabalhando para as autoridades da ocupação. Ela disse às crianças que dali em diante teriam de dizer que nasceram na Polônia, mas Ella não sabia onde era a Polônia. Seus vizinhos russos já não falavam com eles.

No outono de 1943, quando a primeira neve caiu e o Exército Vermelho foi se aproximando, o Exército alemão evacuou Ella e sua família para Berlim. Da estação, eles foram levados para um campo provisório nos arredores da cidade, onde foram examinados detalhadamente por um médico para garantir que não eram judeus. Pouco tempo depois, os ataques aéreos começaram, e a família foi então evacuada para a cidade de Regensburg, onde Ella foi para a escola. Uma vez mais, os ataques aéreos aliados intervieram. No dia 12 de fevereiro de 1944, a *oma* de Ella, sua avó, foi morta. A mãe da menina amaldiçoou os americanos. "Algum dia eles vão ter que responder a Deus por isso." O fim da guerra chegou quando Ella, sua mãe e sua irmã estavam em um campo para refugiados, em um monastério em Passau, na Baviera.

Na segunda semana de outubro de 1945, a mãe de Ella viajou sozinha por uns dias e voltou com um novo marido, Theodor Puder: ela explicou que, duvidando que seu marido fosse voltar algum dia, decidiu que precisava de um homem para cuidar da família. Mais tarde, Ella descobriu que se sua mãe não tivesse mentido a idade, dizendo que tinha cinco anos menos, Theodor não teria se casado com ela.

O grupo familiar, agora consistindo de seis pessoas, morou algum tempo em abrigos dirigidos por uma ordem monástica, mas no começo de 1946 foram levados para o campo Hofstetten, um antigo campo de treinamento do Exército alemão, a alguns quilômetros de Straubing. Ficariam lá pelos seis anos seguintes, morando em um pequeno apartamento de três cômodos em um prédio de madeira. Inicialmente, Ella foi para a escola do povoado mais próximo, mas depois de alguns meses a hostilidade dos "Verdadeiros Alemães" para com as crianças refugiadas fez com que ela fosse tirada de lá. Depois disso, foi organizada uma escola dentro do campo.

Ella nunca descobriu exatamente o que tinha ocorrido com seu padrasto durante a guerra, mas percebeu que ele evitava companhia e se isolava com sua família. Era certamente um homem amargurado. "Ele odiava todo mundo", Ella recordou tempos depois. "Culpava os judeus por terem começado a guerra, os russos por terem assassinado sua primeira esposa, os alemães por perderem a guerra, os americanos por entrarem na guerra e bombardearem a Alemanha. E, principalmente, os comunistas, que continuariam a persegui-lo até o fim do mundo." Theodor batia em sua nova família o tempo todo; e batia principalmente na esposa, que nunca reclamava. Ella, mais tarde, pensou que "os homens, aqueles que voltam da guerra para casa, tinham o poder e descontavam suas frustrações em suas famílias". Theodor ficou um pouco mais alegre quando sua nova esposa lhe deu um filho.

Ella ajudava a mãe com as tarefas domésticas, ia catar coisas no campo com sua nova avó, suplicava por pão e leite, roubava frutas e legumes no campo e catava guimbas de cigarro para o padrasto. Gradativamente, a vida começou a melhorar. A mãe plantou legumes, começou a criar galinhas e até engordou um porco — que foi morto com uma grande cerimônia em outubro de 1948 e virou presunto, linguiças e outras iguarias. Outro grande dia foi o 2 de abril de 1950, quando Ella foi crismada. As infinitas ave-marias a seu redor durante os ataques aéreos a deixaram fascinada com o catolicismo, mas no fim continuou sendo luterana. A única dificuldade era que a cerimônia exigia que Ella usasse um vestido preto, algo que não tinha. No entanto, ocorreu um milagre. No último minuto o pastor anunciou que tinham chegado roupas da América. "'Da América? Daquelas mesmas pessoas que quase nos mataram há dois anos?', perguntei."

Em 1951, quando tinha quinze anos, sua educação formal chegou ao fim, e ela saiu em busca de um emprego. Logo percebeu que os empregadores alemães não contratavam ninguém do campo Hofstetten. Felizmente, no entanto, seu padrasto tinha inscrito toda a família para irem aos Estados Unidos, tendo descoberto que o Ato de Pessoas Deslocadas de 1950 previa, especificamente, a admissão de "54.744 refugiados e expulsos de origem alemã".

Poucos meses depois, vetada pelo Escritório Americano de Imigração em Munique, a família revelou que tinha vindo de Kiev. Após serem examinados e entrevistados, um soldado pegou o arquivo deles e carimbou-o com as letras PD. Ella não sabia o que isso significava. "Pessoa Deslocada", lhe disseram. Quando chegaram a Bremerhaven, antes de embarcar para a América, sua mãe subitamente desapareceu um dia inteiro e voltou muito pálida e com um aspecto doentio. Mais tarde Ella soube que ela havia engravidado, e como os americanos não admitiriam uma grávida, ela decidira pelo aborto.

O navio da Marinha americana *General Harry Taylor* entrou no porto de Nova York no dia 27 de abril de 1952. Só então a família de Ella descobriu que estariam indo para Holly Springs, Mississippi.

Ninguém na família Puder tinha a menor ideia de onde ficava isso. Os filmes de Tyrone Power a que Ella assistira nos campos e o breve curso de línguas feito na Bavária não a tinham preparado para os Estados Unidos. Após uma longa viagem de trem, eles foram recebidos por seus responsáveis, os Dean — que haviam organizado seu transporte de Nova York —, e jogados em sua nova moradia, um barracão caindo aos pedaços. Duas semanas depois souberam que seriam "criados sob contrato" por um ano, e que os patrões esperavam que pagassem o custo da viagem e a manutenção trabalhando nas plantações de algodão.

A família conseguiu passar por tudo aquilo. Conviveram com as cobras que moravam no poço, a sujeira do barro vermelho em que nada crescia e as aranhas de patas compridas. Cortavam e colhiam o algodão; e tentavam entender os costumes sociais em seu novo lar: separação racial, diferenças de classe entre os brancos, condições de vida difíceis e atrasadas para muitos. Uma vez Ella foi vítima de uma insolação no campo, e por um curto período permaneceu na casa com ar-condicionado da senhora Dean, a fim de ser treinada como copeira. Ella aprendeu que as mulheres americanas tomavam banho de chuveiro e lavavam o cabelo, raspavam embaixo do braço, mudavam suas toalhinhas sanitárias com frequência, usavam desodorante diariamente e escovavam os dentes duas vezes por dia — para conter o "cheiro de corpo". Mas a senhora Dean logo perdeu o interesse nela e ela voltou para o casebre. O cheiro de sua família a deixou horrorizada.

Antes do fim do ano, os vizinhos intervieram para garantir que Ella e seus irmãos frequentassem a escola. A senhora Dean reagiu encurtando o período que ficariam em sua fazenda e tirando a geladeira e a vaca que lhes tinha dado. O Natal da família Puder só foi salvo porque um grupo metodista local chegou com um peru e todos os acompanhamentos. Theodor ficou grato, mas totalmente confuso: ele nunca tinha ouvido falar dos metodistas e não tinha certeza se eles eram cristãos.

A partir daquele dia, Ella começou a frequentar a escola local e sua vida se distanciou da vida de sua família. Ela era então uma adolescente nos Estados Unidos da década de 1950, um mundo de jovens de meia soquete, refrigerantes e *drugstores*, cinemas *drive-in* e "amassos" dentro do carro; de meninas "legais" que "não faziam tudo" e garotas "fáceis" que o faziam; onde as maiores preocupações do universo se resumiam à pergunta de qual rapaz iria levar você ao baile de formatura. Ella era estrangeira e estranha, sempre "a menina alemã" que não falava inglês como os outros, mas era atraente e tinha boa vontade, e, embora não tivesse conseguido entrar nos melhores círculos sociais, foi para uma universidade religiosa em Jackson, Mississippi, e encontrou um bom marido, que chegou a ser tenente-coronel no Exército norte-americano.

Seus pais, no entanto, não prosperaram. Seu padrasto nunca conseguiu um emprego decente nem comprar uma casa e fez apenas um único amigo, um imigrante letão. A mãe de Ella nunca chegou a falar mais do que umas poucas palavras em inglês, continuou com suas receitas antigas e concentrou-se em criar seus outros filhos e em ver televisão — da qual ela se tornou uma fiel devota.

O processo pelo qual as PDs foram reassentadas não era uma loteria, mas certamente houve uma porcentagem alta de sorte em como suas vidas transcorreram mais tarde. Na metade da década de 1950 já era claro quem saiu ganhando e quem saiu perdendo. Talvez a diferença mais importante fosse entre pessoas que iam para um país onde já havia uma comunidade de sua nacionalidade e aquelas que não encontravam esse apoio inicial.

Nesse sentido, as 180 mil Pessoas Deslocadas destinadas à Austrália foram provavelmente as que tiveram menos sorte. Sem muitos laços de apoio étnicos, elas muitas vezes ficavam impotentes e incapazes de resistir às condições de exploração; até viajar pela Austrália era difícil. Trabalhadores não especializados eram comparativamente mais felizes; no final do contrato de dois anos, podiam permanecer em seus empregos ou aceitar outros semelhantes, e em poucos anos conseguiam comprar alguma propriedade. Da mesma forma, os artesãos eram muito procurados, especialmente aqueles que receberam o minucioso treinamento técnico habitual no Leste europeu. Mas profissionais liberais enfrentavam uma discriminação clara. Sua chegada era uma ameaça para as classes médias da Austrália — a chance de os homens letões, por exemplo, terem uma educação universitária era cinco vezes maior que a de seus equivalentes australianos. Por isso as associações profissionais faziam o possível para excluí-los, e, no caso mais conhecido, a Associação Médica australiana se assegurou de que imigrantes com qualificações médicas não poderiam praticá-las, exceto na Antártica e na Nova Guiné. Os imigrantes também descobriram que a cultura australiana era intensamente individualista: era baseada, na verdade, em uma desconfiança de atividades coletivas e até em desprezo por elas, e, assim, bastante contrária às culturas orientadas para a comunidade que os imigrantes traziam da Europa Oriental. No entanto, para aqueles dispostos a trabalhar, havia muitas oportunidades na Austrália.

Da mesma forma, os eslovenos que foram para a Argentina tiveram de rever suas expectativas muito rapidamente: "Relatórios de fazendas prósperas tão férteis que os fazendeiros podiam dormir à tarde acabaram sendo uma fantasia. As fazendas estavam nas mãos dos grandes proprietários, que só ofereciam empregos não especializados e mal pagos." Como muitos imigrantes, os recém-chegados tinham de começar a vida outra vez no primeiro degrau da escada, como carpinteiros, faxineiros e ajudantes de operários, mas, com muito trabalho e ajuda mútua, "fortalecidos pelo espírito comunitário estimulado nos campos", dentro de sete ou oito anos eles se encontravam estabelecidos em seu novo país.

Na Grã-Bretanha, a maioria das PDs que vieram sob o esquema de Trabalhadores Voluntários europeus não dispunha de parceiros da mesma nacionalidade que as ajudassem. Muitas se viram presas durante décadas nas indústrias condenadas, tais como a de têxteis, para as quais haviam sido enviadas. A esperança de mobilidade muitas vezes não dava em nada — principalmente para mulheres. Um estudo que acompanhou 25 mulheres letãs descobriu que quase todas tinham permanecido em áreas dominadas pela classe operária, e poucos casos conseguiram mais do que um padrão de vida médio. Ao mesmo tempo, esses imigrantes tendiam a permanecer na própria comunidade, e as mulheres encontravam maridos da mesma nacionalidade, de tal forma que a fantasia das autoridades britânicas de que as bálticas iriam fornecer uma raça reprodutora excelente não foram imediatamente realizadas.

472 | Ben Shephard

Nos lugares, no entanto, em que as Pessoas Deslocadas estavam se juntando a comunidades étnicas há muito estabelecidas, elas geralmente tinham mais facilidade em reescrever o contrato no qual seu reassentamento estava baseado — o exemplo extremo sendo o das PDs judias enviadas para os estados do sul dos Estados Unidos para trabalhar nas plantações, mas que fugiram para cidades como Nova York em poucos meses. Os lituanos que atravessaram o Atlântico para trabalhar nas florestas, nas minas de ouro, nas fazendas de beterraba e em residências do Canadá eram muitas vezes patrocinados por "lituanos antigos", que tinham migrado na década de 1920. "Eles eram bons para nós", uma jovem que trabalhava como empregada doméstica em Winnipeg recordou posteriormente. "Eles nos convidavam para ir ao clube; e encontravam trabalho e alojamento para nós. Ficamos surpresos ao constatar como era bonito o lituano que eles falavam." Havia, no entanto, uma quantidade considerável de mal-entendidos e de suspeitas. Muitos membros da geração mais antiga eram de esquerda e tinham simpatia pela União Soviética — um clube social em Winnipeg tinha uma foto de Stalin na parede —, enquanto os recém-chegados eram intensamente anticomunistas. Mas, apesar dessas discordâncias, os lituanos se mantinham juntos e se ajudavam. Como resultado, muitas das PDs jovens foram bem-sucedidas, e se tinham as habilidades técnicas e a especialidade requisitadas, eram capazes de investir contra a tendência dos imigrantes e dar um salto — para a classe média — na primeira década. No entanto, os que estavam envolvidos com as artes raramente encontravam qualquer saída. As Pessoas Deslocadas bálticas ficavam chocadas com a "estreiteza insuportável" da cultura rural canadense — aquilo que uma delas chamou de "valores estranhos e até mesmo vulgaridade da terra para onde tinham vindo". "A arquitetura era banal, a literatura e a música eram o privilégio de uma pequena elite e uma inclinação para uma vida mais metropolitana era raramente sentida."

Se os lituanos no Canadá resolveram suas diferenças geracionais harmoniosamente, outros tiveram mais dificuldade em fazê-lo. Os imigrantes poloneses nas Américas no final da década de 1940 tendiam a ser mais instruídos que seus predecessores, e algumas PDs mais tarde recordaram que a bem-estabelecida comunidade polonesa em Pittsburgh "tinha tudo pronto para nós: igrejas, organizações, jornais e clubes". Embora gratas pela boa recepção, elas ficaram horrorizadas com aquilo que, a seu ver, era uma falta de respeito por pessoas instruídas. Os recém-chegados eram ridicularizados — chamados de "príncipes", "barões" ou "senhores", como se fossem aristocratas poloneses. "Nós simplesmente não tínhamos muita coisa em comum com os velhos", disse Lidia M. a um entrevistador. "O que nos chocou, e é uma irritação permanente, é a associação entre ser polonês com a polca e comer *kielbasy* e *pierogi* (...) Eles tinham noções tão limitadas da cultura polonesa! Nós não os culpamos, mas é por isso que existem piadas sobre poloneses — porque essas pessoas apresentam a cultura polonesa de A até B, mas não conhecem a cultura de B a Z." Quando, no entanto, recém-chegados importantes como Stanisław Mikołajczyk e Stefan Korbonski — que tinham sido líderes dos partidos anticomunistas na Polônia — tentaram assumir a liderança polonesa nos Estados Unidos, depararam-se com uma forte oposição por parte dos grupos estabelecidos.

O ativista canadense-ucraniano Bohdan Panchuk tivera esperança de que a chegada de PDs ucranianas desse nova vida à comunidade no Canadá, mas também expressara alguns temores particulares: "Deus nos livre de deixar alguns desses bandidos parasitas entrarem no Canadá", escrevera. Cerca de 35 mil ucranianos foram admitidos, em parte por razões políticas, em parte porque o governo queria que seu forte anticomunismo contrabalançasse a influência vermelha na comunidade ucraniana já existente. Esse último objetivo foi alcançado: em poucos anos a hostilidade e a violência entre as PDs ucranianas nos campos da Alemanha foram transferidas para o Canadá, para horror de Panchuk. Depois de uma explosão no Templo de Trabalho ucraniano em Toronto em 1949, o grupo pró-Moscou desapareceu. Porém, o governo canadense rapidamente decidiu que não adiantaria nada dar apoio a movimentos ou organizações que tivessem como objetivo destruir a União Soviética, e, embora se interessasse em apoiar as atividades culturais ucranianas, teve cuidado em não permitir mais nada declarado.

Os recém-chegados se consideravam os verdadeiros ucranianos e insistiram em criar suas próprias instituições separadas. Entrevistado no começo da década de 1980, Panchuk recordou que, em um enterro no Quebec, "havia uma enorme cerca de aço no cemitério, de 2,5m de altura, dividindo o cemitério dos ucranianos antigos de seus vizinhos. Não há qualquer diferença entre as pessoas, mas elas enterravam seus entes nos lados diferentes da cerca — uma cortina de ferro entre os mortos. O que percebemos quando vemos esse tipo de barreira?"

Pessoas Deslocadas judias, que foram principalmente para Israel e para os Estados Unidos, descobriram que, embora lhes fornecessem ajuda prática, também esperava-se que elas deixassem o passado para trás e seguissem a vida no presente. Para uns isso foi mais fácil do que para outros.

Nos Estados Unidos, as PDs judias receberam muito mais apoio que outros grupos. A principal caridade judaica, o Serviço dos Estados Unidos para Novos Americanos, era a segunda maior agência de serviços sociais no país (depois da Cruz Vermelha), com um orçamento de 9.153.500 dólares e seiscentos funcionários para o ano de 1947. Mas as agências judias, quando a escala total da emigração para os Estados Unidos ficou clara, adotaram uma abordagem cruelmente prática. Não sustentavam ninguém por mais de um ano e a prioridade de seus funcionários era botar as PDs "atuando e autossuficientes" o mais rápido possível. Para conseguir isso o imigrante era encorajado a aceitar o primeiro emprego que aparecesse e sofria uma pressão considerável para que o fizesse. As agências também queriam dispersar as PDs pelo país o máximo possível, enquanto as PDs naturalmente queriam ficar na cidade de Nova York — onde viviam 2 milhões dos 5 milhões de judeus do país. Isso também causava tensões.

Os assistentes sociais judeus faziam um esforço genuíno para entender o que os recém-chegados tinham sofrido, mas também queriam fazer com que eles voltassem a agir. Em retrospecto, é claro que alguns erros foram cometidos. "Nós não entendíamos realmente o que as pessoas estavam nos contando. Suas histórias pareciam terríveis demais", Ethel Landerman, que trabalhava para uma caridade judia em Pittsburgh na década de 1950, recordou mais tarde. Embora os funcionários do hospital tivessem aulas de iídiche, achavam muito difícil estabelecer um contato adequado com os sobreviventes e a psicoterapia freudiana que lhes era fornecida não era muito eficiente. Além disso, lembra Landerman, "alguns membros do corpo médico não tinham nenhuma paciência com os sobreviventes. Queixavam-se de que as PDs estavam reclamando havia muito tempo, que não se americanizavam com a rapidez suficiente, que a guerra tinha terminado: 'Já chega!' E os sobreviventes percebiam essa impaciência (...) Eles costumavam me contar".

As consequências da política de instalação rápida ficaram claras poucos anos mais tarde, quando os sobreviventes começaram a ter problemas físicos e psicológicos que dificultavam a manutenção de seus empregos ou a criação dos filhos. Alguns desses casos talvez pudessem ter sido evitados se os sobreviventes tivessem tido mais tempo para se estabelecerem e se adaptarem aos Estados Unidos antes de serem jogados no mercado de trabalho. Mas, nas circunstâncias da época, simplesmente não era possível dar a todas as 140 mil pessoas o tempo suficiente para respirar que elas queriam. Para algumas delas, a terapia de choque de ser jogada em um emprego parece ter funcionado.

As PDs que foram para Israel eram, é claro, um caso especial: estavam indo para um país em grande parte povoado e governado por seu próprio povo. No entanto, nesse caso também, as coisas não foram assim tão fáceis. O lado negativo da acusação feita por alguns historiadores — de que a liderança sionista "usou" as PDs judias para seus próprios objetivos — é que, além disso, quando os sobreviventes migraram para Israel, não foram respeitados e honrados como mereciam: Ben-Gurion, na frase clara de Idith Zertal, "forçou o silêncio sobre os sobreviventes"; não lhes permitiu "espaço para sua dor e sua angústia".

Excelente historiadora, Zertal impõe assim a cultura moderna da psicoterapia no passado. Sua própria pesquisa mostrou que Ben--Gurion, na verdade, foi muito afetado pela difícil situação dos sobreviventes, que ele viu e escreveu, comovente e com sensibilidade, a respeito. Em uma carta a seu partido em Israel escrita de Paris em agosto de 1946, por exemplo, ele se referiu às "terríveis e cruéis" experiências "desse grupo de pessoas", que não podia ser trazido de volta para o caminho da vida pela caridade, ou por guardiães, ou por montes de presentes, nem pela gentileza ou sermões. "Só os amigos que vêm viver entre eles, estar com eles, que são como eles, e que irão dar parte de si mesmos de todas as maneiras em um amor leal, em uma amizade natural e simples; que em seus feitos e vidas irão estabelecer um exemplo e um modelo, só esses podem ser aceitos por eles e irão ungir seu espírito e seus eus."

Ben-Gurion também tinha opiniões sobre como os sobreviventes deveriam ser tratados na Palestina. "Se eles chegam e nos percebem como os perseguidos e eles como os perseguidores", ele disse à juventude do movimento agrícola em novembro de 1947, "teremos de suportar isso, de nos acostumar com isso, de compreender a alma deles, tratá-los com amor, mesmo que isso provoque ira e repulsa dentro de nós. Se nós não nos equiparmos com amor, não seremos capazes de trabalhar com eles". Zertal acha que nessa passagem extraordinária, nunca mencionada, Ben-Gurion estava revelando o próprio sentimento de culpa. Ele então continuou a explicar aos jovens o que os recém-chegados tinham passado e os avisou que transformá-los em cidadãos do Estado judeu não seria uma tarefa fácil. "Quem pode exigir alguma coisa de um homem cuja esposa foi assassinada, cujos filhos e pais foram eliminados?"

Em um momento, a liderança sionista pretendeu tomar iniciativas práticas para satisfazer as necessidades especiais dos sobreviventes. Como vimos, o doutor Zalman Grinberg e outros líderes das PDs judias na Alemanha visitaram a Palestina em 1946 com o propósito de supervisionar os preparativos para receber os 100 mil refugiados judeus que, segundo se esperava, deveriam ir para lá sob o plano do Comitê Anglo-Americano de Investigação. Mas o esquema nunca se concretizou, e dali em diante o fluxo dos acontecimentos — a explosão do hotel King David, o êxodo, a guerra de independência, e assim por diante — deixou essas preocupações em segundo plano. "Infelizmente, eu não posso — hoje menos que em qualquer outro momento — lidar com a integração de imigrantes", escreveu Ben-Gurion em fevereiro de 1948, em resposta a um apelo para que se envolvesse no assunto. Tom Segev argumentou que, além da falta de

A LONGA ESTRADA PARA CASA | 477

recursos para os programas de integração, "os *yishuv* também tinham a tendência de desprezar o planejamento organizado e de preferir a improvisação". O político que declarou "só precisamos jogar os imigrantes aqui e ali e eles serão absorvidos em algum lugar" não era uma voz solitária.

Nenhuma das três instituições principais na sociedade israelense — o Exército, o movimento dos *kibutzim* e os sindicatos — elaborara planos consistentes para acomodar os pouco mais de 200 mil sobreviventes que vieram para Israel nos primeiros dois anos de sua existência. Embora os sobreviventes fossem valorizados como soldados e como uma maneira de persuadir a opinião internacional sobre a necessidade de um Estado judeu na Palestina, não se esperava que eles desempenhassem um papel importante na sociedade que estava sendo forjada — já que havia uma "falta de confiança geral na qualidade humana dos sobreviventes do Holocausto".

Visitando Israel em 1950, o psiquiatra escocês H.B.M. Murphy concluiu que, do ponto de vista prático, "o padrão de serviço fornecido ao imigrante é extraordinariamente completo e poderia ser estudado por outros países de maneira proveitosa". No entanto, como o estado psicológico dos imigrantes refugiados não "era normal", qualquer esquema de reassentamento precisava também ser acompanhado por medidas especiais para reabilitar o refugiado, tanto mental quanto fisicamente. Essa reabilitação estava sendo realizada em crianças, com um sucesso extraordinário, pelo Youth Aliyah e órgãos associados — Murphy ficou impressionado com a "transformação desses órfãos, que, das condições selvagens e semi-humanas nas quais eram encontrados depois da guerra, passaram para uma condição equilibrada, sociável e de trabalho duro em que nós os encontramos nos *kibutzim*". No entanto, a recuperação desse tipo era mais fácil de ocorrer em crianças do que em adultos, e também mais fácil se ocorresse imediatamente depois do fim da experiência traumática, em vez de vários anos depois. "Em Israel, pouco está sendo tentado com adultos, ao que parece porque eles não acham que daria certo, mas provavelmente por razões menos conscientes."

A situação piorou com a propaganda sionista, que tinha despertado expectativas exageradas nos imigrantes. A lacuna entre os sonhos das PDs e a realidade que encontraram em Israel levou a "desapontamento e amargura" — um tema comum nas primeiras cartas enviadas para a Europa. Murphy também achou que deveria ter havido mais orientação para a mão de obra imigrante por parte do Estado, em vez de deixar que a PD descobrisse por si própria que tipo de trabalho estaria disponível no novo país. Ben-Gurion, é claro, chegou a conclusões semelhantes porque, em 1949, considerou brevemente a ideia de um plano de recrutamento de imigrantes para as unidades militares ou paramilitares, a fim de que trabalhassem em "projetos de desenvolvimento". A intenção era livrar-se do "material desmoralizador" entre os recém-chegados e introduzir "disciplina" e as habilidades necessárias para que se adaptassem no novo Estado. Embora o plano tenha sido discutido várias vezes, nunca foi implementado. É possível que Ben-Gurion tenha reconhecido que tal abordagem seria contraprodutiva — já sendo claro que a maioria dos sobreviventes não estava preparada para fazer as mudanças psicológicas necessárias para funcionar em um *kibutz*; realmente, "muitos imigrantes rejeitavam a ideia coletiva por princípio", achando que o clima lembrava muito o dos campos.

A interpretação geral em Israel, hoje, é que na década de 1950 os sobreviventes foram simplesmente abandonados e que havia uma "conspiração de silêncio" — um acordo geral de que os eventos do passado deveriam ser varridos para debaixo do tapete. Outra forma de expressar a mesma ideia seria dizer que eles foram deixados para que reconstruíssem suas vidas da maneira que achassem melhor. De modo geral, foi exatamente isso que fizeram, com algum sucesso, e inúmeros indivíduos com talento e engenhosidade surgiram, mas não produziram líderes e não deixaram uma marca coletiva na sociedade israelense. Mistificada pela falta de "impacto coletivo público" por parte dos sobreviventes quando comparados com a "grande vitalidade" do período imediatamente depois da guerra, Hanna Yablonka concluiu que foi um erro presumir que "os sobreviventes do Holocausto" continuavam a ser um grupo único: "Os sobreviventes do Holocausto, apesar de seu destino comum durante a Segunda Guerra Mundial, vieram de diferentes países da Europa, com várias tradições políticas e culturais. Assim, qualquer organização de longo prazo, como grupo único com objetivos singulares, era praticamente impossível."

Para o doutor Zalman Grinberg, as coisas não funcionaram bem. Tendo sido nomeado diretor do hospital Beilinson em Tel-Aviv — o maior hospital do país —, logo após sua chegada à Palestina, Grinberg desempenhou sua parte no tratamento de soldados e civis feridos durante a guerra de 1948. Como *protégé* de Ben-Gurion, falava-se dele como um futuro ministro, e celebridades americanas como Leonard Bernstein e o senador John F. Kennedy, em suas visitas a Israel, foram levadas para conhecer o hospital. Essa vida bem-sucedida e realizada subitamente se desviou na metade da década de 1950, quando Grinberg teve uma doença mental. A psicose maníaco-depressiva o tinha perseguido toda a vida; os acontecimentos terríveis pelos quais tinha passado nos anos 1940 — e, em particular, a morte de seu filho Emanuel, por quem tanto lutou para que sobrevivesse — finalmente o alcançaram. "No começo dos anos 1950", lembra sua família, Israel era um "lugar muito rígido, do fazer ou morrer, em que a doença mental não era tolerada e muito menos tratada". Depois de viajar para o exterior várias vezes durante as crises, Grinberg acabou sendo obrigado a deixar o emprego. Mudou-se para os Estados Unidos com a família e se formou em psiquiatria. Tornou-se um dos primeiros médicos no país a usar a nova terapia com lítio para a depressão.

Lá, o doutor Grinberg restabeleceu contato com o doutor Samuel Gringauz, seu antigo colega no Comitê Central de Judeus Libertados, agora diretor da Organização de Restituição na América. "Meu pai nunca quis se cadastrar para receber quaisquer pagamentos de restituição dos alemães", lembra o filho, "mas minha mãe, que havia passado por momentos muito difíceis no começo dos anos 1960, quando eles estavam quase se divorciando e meu pai ficou hospitalizado durante cerca de três anos, teve uma atitude mais prática e o convenceu". Graças à generosidade de parentes, seus filhos foram para a universidade.

O segundo filho do doutor Grinberg, Yair, hoje um anestesista bem-sucedido no norte de Connecticut, diz que a recordação que tem do pai é a de um homem bondoso, mas vencido. Uma vez, olhando fotografias antigas, o rapaz encontrou uma foto tirada em 1946 em que o prefeito O'Dwyer dava ao doutor Grinberg uma grande chave simbólica da cidade de Nova York. Impressionado e nervoso, o menino pediu para ver a chave. Seu pai ficou pensativo por um momento, mas depois o rosto se iluminou: "Você sabe que sempre perco minhas chaves", disse ele com uma risada. Um dos discursos que o doutor Grinberg fez durante sua viagem por inúmeras cidades dos Estados Unidos naquele ano saiu publicado em um livro de grandes discursos. "Foi quando ele, com entusiasmo, contou como, durante séculos, os judeus contribuíram para a cultura, educação e vida da Europa, e aquela mesma Europa virou-se para construir crematórios para nós", lembra seu filho. "Depois disso ele disse como o restante dos sobreviventes tinha ficado preso na garganta da política internacional. Foi um discurso verdadeiramente forte, e quando o li pela primeira vez não pude acreditar — aquele fogo em seu coração — principalmente em comparação à pessoa que eu conhecia."

Quando morreu, em 1983, o doutor Grinberg era psiquiatra assistente em um pequeno hospital em Long Island. Seu obituário no *New York Times* tinha apenas cinco linhas.

Depois de decidir não ir para Israel, Josef Rosensaft continuou em Bergen-Belsen, defendendo os direitos das PDs judias e ajudando a contrabandear armas da Alemanha para Israel, até que o campo foi fechado em setembro de 1950. Depois de garantir que as PDs restantes estavam bem-abrigadas em seu novo campo, ele e sua família se mudaram para Montreux, na Suíça.

Lá, Rosensaft começou uma nova carreira como empresário. A soma de 3 mil dólares que o Comitê Conjunto Judaico-Americano de Distribuição deu a cada membro executivo do Comitê Central de Belsen, para permitir que dessem os primeiros passos na nova vida, além de recomendações de amigos em Londres para banqueiros suíços, deram-lhe um impulso no mundo das finanças e dos imóveis. Segundo seu amigo, o velho estadista sionista Nahum Goldmann, o negócio de Rosensaft "começou com joias e em poucos anos ele ficou multimilionário". Seus métodos empresariais, no entanto, não eram "nada convencionais". Goldmann mais tarde recordou: "Ele não mantinha livros, nunca teve um contador, nunca pagava com cheques, só em dinheiro, e costumava andar por aí com 10 mil dólares em espécie no bolso. Provavelmente nunca infringiu a lei, mas praticava no mundo dos negócios aquilo que o antigo secretário de Estado John Foster Dulles descreveu politicamente como *brinkmanship*, algo assim como a habilidade de estar sempre à beira de uma ação, mas sem chegar a se envolver nela, e foi isso que garantiu grande parte do seu sucesso. Tinha uma sorte pouco comum e era um jogador apaixonado. Quando entrava em um cassino, os crupiês começavam a tremer; quebrou a banca de Monte Carlo e de Deauville muitas vezes."

Em 1958, os Rosensaft se mudaram para Nova York e quatro anos mais tarde se tornaram cidadãos americanos. Josef começou então a se envolver em uma nova paixão: adquirir obras de arte. Tendo entrado no mercado de arte apenas por razões financeiras, ele logo começou a se interessar e se transformou em um verdadeiro *connaisseur*. Em determinado momento possuía mais de duzentos quadros de Renoir, Pissarro e de seu favorito, Chagall.

Durante todo o pós-guerra, Rosensaft continuou a agir como líder dos sobreviventes de Belsen. Financiou a publicação de dois livros sobre o campo, estabeleceu associações de sobreviventes no mundo todo e todos os anos organizava uma grande refeição no dia em que os britânicos libertaram o campo. Demonstrou, também, uma generosidade sem limites para com outros sobreviventes de Belsen. Bastava que qualquer pessoa que estivesse necessitada, ou com uma filha casando, o procurasse que ele imediatamente enviava algum dinheiro.

Em setembro de 1975, Josef Rosensaft caiu no saguão do hotel Claridge, em Londres, e morreu de infarto cardíaco, dois dias antes do Yom Kippur, para o qual ele planejava voltar para Nova York. No final, parece que suas especulações não estavam dando certo, e, porque não havia quaisquer registros adequados, seus bens foram vendidos a um preço muito baixo. Sua coleção de quadros, inclusive os vinte Chagall, foi vendida a preços módicos, e muitas pessoas perderam dinheiro. "Para os inúmeros judeus e não judeus que o conheciam",

Nahum Goldmann escreveu, "ele continua inesquecível, apesar de tudo: sua vida era um tema de romance de Balzac".

Aqueles que trabalhavam com as Pessoas Deslocadas, ou para elas, muitas vezes tinham dificuldades semelhantes em se reajustar. Por exemplo, Robert Jackson, o jovem australiano cujos esforços incansáveis tinham feito a Unrra repensar suas ações, parecia ter uma grande carreira pela frente quando finalmente deixou a organização, em agosto de 1947, com apenas 37 anos. Na verdade, ele estava esgotado. Antes que pudesse se recuperar devidamente, foi enviado para desempenhar um milagre semelhante nas Nações Unidas. Mas logo surgiram problemas entre ele e o secretário-geral, Trygve Lie; Jackson foi demitido e nunca mais ocupou um posto de relevância.

A funcionária americana da Unrra Kay Hulme e sua amiga, a enfermeira belga Marie-Louise Habets, conseguiram uma adaptação mais gradual. O ano de 1949 foi ruim para Kay — tanto sua mãe quanto seu guru, G.F. Gurdjieff, morreram, e Marie-Louise viajou como enfermeira acompanhante em um navio que levava PDs para a Austrália — escapando temporariamente das austeridades da Europa do pós-guerra em troca do sol e do otimismo da colônia. De volta à Alemanha, Kay "teve uma pontada de inveja de Marie-Louise pela maneira como ela estava terminando seu serviço na ONU — *com* as PDs em seu momento dramático de libertação, em uma nova vida e em uma nova terra". Ela também achou que o clima na IRO não era muito agradável. "O humanitarismo que havia caracterizado os primeiros dias da Unrra parecia ter completado o ciclo; agora era um negócio de capa e espada. Eu contava os dias até que a minha demissão me libertasse. Estava por um triz, eu disse para minhas companheiras de quarto, para sair dali sem uma gota de confiança em meus semelhantes. Em suma, eu estava louca de raiva."

Mas Kay continuou a lutar. Decidiu que iria "terminar seu trabalho com os refugiados da maneira mais honrosa que lhe permitisse a lei e depois embarcaria para os Estados Unidos com Marie-Louise e seus feitos e tentaria outra vez ser uma escritora". Ela guardara o suficiente para se sustentar por um ano e garantir patrocínio para Marie-Louise chegar como imigrante aos Estados Unidos sob a cota belga.

As duas mulheres embarcaram com os cachorros que haviam adquirido na Europa. Voltando para a América depois de seis anos, Kay se viu "uma pessoa tão deslocada quanto qualquer um dos meus refugiados", tentando se atualizar apressadamente com a "nova parafernália da vida americana" — aparelhos de televisão, LPs e best-sellers de autores cujo nome ela nunca tinha ouvido. Para seu consolo, a agência literária de seu último livro doze anos antes ainda estava funcionando e gostou de sua proposta de livro sobre suas experiências com as PDs, cujo título seria *The Wild Place* [O lugar selvagem, em tradução livre]. Ela e Marie-Louise foram de carro até a Califórnia e no caminho descobriram o Arizona. Durante um ano Marie-Louise trabalhou lá como enfermeira com pacientes navajos, enquanto Kay escrevia seu livro. Ao terminá-lo, converteu-se ao catolicismo.

The Wild Place ganhou o prêmio Atlantic Monthly para não ficção de 1953 e recebeu muitos elogios da crítica, mas apenas foram vendidas 8.200 cópias. Quando Kay começou a pensar sobre um tema para o livro seguinte, Marie-Louise sugeriu que ela transformasse sua vida em romance. Em *The Nun's Story* [A história da freira, em tradução livre], publicado em 1956, Kay conseguiu transmitir a luta de Marie-Louise com sua vocação — o conflito entre seu sentido de dever como enfermeira e seu voto de obediência como freira — de uma maneira que fosse aceitável tanto para católicos quanto para não católicos. O livro se tornou um best-seller e foi protagonizado por Audrey Hepburn no cinema. Seu sucesso permitiu que Kay e Marie-Louise se aposentassem no Havaí, onde Kay continuou a escrever até sua morte, em 1981; Marie-Louise a seguiu dois anos mais tarde.

Em 1949, enquanto o programa de reassentamento da IRO era implementado, alguns funcionários que trabalhavam com ajuda humanitária imaginaram que o problema dos refugiados estava finalmente sendo resolvido. No entanto, à medida que eles despachavam as PDs, novas ondas de refugiados eram criadas, já que quase 1 milhão de pessoas foram massacradas em conflitos entre hindus e muçulmanos na Índia e os árabes fugiam da Palestina. Em 1952, já havia aproximadamente 15 milhões de refugiados deslocados em todo o globo. Pouco tempo depois a rebelião húngara e a guerra na Argélia, juntas, deslocaram mais ou menos outro milhão de pessoas. E durante todo esse tempo, na Alemanha, ainda restava um "núcleo resistente", um resíduo de cerca de 200 mil pessoas que a IRO não tinha reassentado.

A persistência do problema dos refugiados gerou novas discussões nas Nações Unidas sobre que tipo de organização deveria substituir a IRO — debates que reacenderam muitos dos antigos argumentos. Os russos não queriam que qualquer órgão de refugiados da ONU tivesse um papel "político"; os americanos estavam decididos a não assumir uma obrigação permanente de pagar pelos refugiados do mundo. O que surgiu foi uma solução conciliatória ou, expressando o resultado de uma forma mais irônica, outra ilustração do abismo entre a ambição e a realidade que parece endêmico em instituições internacionais. O Alto-Comissariado para Refugiados das Nações Unidas (UNHCR, na sigla em inglês) era uma organização com recursos limitados e poucos funcionários, mas sua área de responsabilidade era vasta e sua definição de refugiados e a esfera para novas ações, infinitas. Assim, escreve o historiador Michael Marrus, "como o Alto-Comissariado de Nansen, a organização se tornou um mendigo internacional, tendo sempre de enfrentar o desinteresse cada vez maior dos delegados e dos governos membros das Nações Unidas".

Foi para vencer a indiferença oficial que em 1958 quatro jovens políticos britânicos tiveram a ideia de criar um Ano Mundial do Refugiado, cuja intenção era estimular a comunidade internacional a fazer mais para ajudar os refugiados, no mínimo usando agências voluntárias para ultrapassar alguns dos obstáculos burocráticos que tinham surgido. Dando um tom dramático, os membros da campanha inventaram coisas fora do comum, como pedir à população que "adotasse um campo" ou construir réplicas dos campos em cidades britânicas, onde "refugiados sintéticos" sofriam pelo menos algumas das dificuldades passadas por aqueles de carne e osso. No entanto, os próprios refugiados, como o historiador Peter Gatrell observou, "em sua maioria tiveram um papel insignificante no Ano Mundial do Refugiado". Cem países tomaram parte e a campanha angariou cerca de 90 milhões de dólares, dos quais 17 milhões foram para as agências de refugiados da ONU e o restante para agências voluntárias. Para o Alto-Comissariado para Refugiados das Nações Unidas, o objetivo do Ano Mundial do Refugiado foi "limpar os campos" — reassentar, finalmente, as 130 mil PDs que ainda viviam dentro e fora deles na Europa.

Segundo a opinião pública, isso foi realizado: o Ano Mundial do Refugiado eliminou as poucas PDs restantes uma vez que relaxou as exigências para a entrada em países como o Canadá e a Grã-Bretanha, a fim de dar uma segunda chance aos doentes crônicos e a pessoas com antecedentes criminais de menor importância. Mas quando o jornalista britânico Robert Kee visitou os campos de PDs na Alemanha, em 1960, descobriu inúmeros indivíduos que ou ainda eram inelegíveis para emigração ou eram elegíveis mas não tinham sido vistos pelos burocratas, ou estavam simplesmente tão institucionalizados e entorpecidos pela vida nos campos que não conseguiam aproveitar as oportunidades oferecidas. Kee criticou o UNHCR por sua complacência, burocracia e falta de coragem. Um funcionário que trabalhava com ajuda humanitária lhe disse que o assunto já não era mais emigração. A maioria das PDs estava na Alemanha por tanto tempo que fazia mais sentido ajudá-las a se integrarem. Os indivíduos tinham mais chance de sair se pudessem ser patrocinados ou assumidos por grupos e caridades religiosos. A embriaguez e o comportamento pouco social eram comuns e inevitáveis entre as PDs; o que fazia com que a engenhosidade e o bom humor de algumas delas parecessem ainda mais admiráveis. "Visitamos o mundo dos refugiados", escreveu Kee, "esperando prestar solidariedade e compaixão e ajudá-los, mas saímos dali não só envergonhados de qualquer tipo de condescendência, como também inspirados pelo exemplo para todo esse negócio que é viver".

As PDs ainda nos campos moravam em alojamentos improvisados — um antigo depósito de munições do Wehrmacht, um antigo campo da Luftwaffe, uma coleção de traseiras de ônibus velhos e pedaços de chapas corrugadas, uma mina de argila nas redondezas de Heilbronn. Em contraste, Kee percebeu fora de todas as cidades enormes blocos de apartamentos sendo construídos para os refugiados alemães. Desde 1945, a Alemanha Ocidental tinha absorvido algo em torno de 7 milhões de pessoas expulsas do Leste, mais outros 2,5 milhões de alemães oriundos da Alemanha Oriental entre 1949 e 1961, ano em que o Muro de Berlim foi construído. A essa altura, já era reconhecido que o vasto exército de reserva de mão de obra representado pelos alemães expulsos do Leste desempenhara um papel muito importante no milagre econômico, ou *Wirtschaftswunder*, que, já em 1958, tinha feito da economia da Alemanha Ocidental uma vez mais a maior da Europa; em 1960, ela crescia a uma taxa anual de 9%, comparada aos 2,6% da Grã-Bretanha. Os *Vertriebene* trabalhavam muito, poupavam seus salários e estavam dispostos a se deslocar em busca de trabalho — na metade da década de 1950, só cerca de um terço deles ainda permanecia nos povoados em que tinham sido acomodados originalmente. Como disse Kee, "o fluxo de refugiados tinha funcionado em benefício da Alemanha Ocidental, ao lhe fornecer uma enorme força de trabalho e um vasto mercado interno".

No entanto, o processo de integração dos expulsos na sociedade alemã ocidental ainda continuava. O governo Adenauer tinha se esforçado para dar-lhes uma boa recepção, aprovando uma Lei de Equalização de Cargas, que fez com que as empresas na Alemanha pagassem pelo custo de realojá-los; estabelecendo em Bonn um Ministério Federal de Expulsos, que registrou a história de seu sofrimento em grande detalhe. Nenhum partido político alemão podia ofendê-los aceitando Potsdam e reconhecendo a nova fronteira com a Polônia. E, no entanto, o lugar dos expulsos na vida alemã significou que o país não podia deixar a guerra para trás com a rapidez desejada. Só quando Willy Brandt tornou-se chanceler é que a Alemanha pôde aceitar as novas fronteiras a leste, e assim começar a estabelecer a paz com a Polônia e a Rússia. Quando, em 1970, Brandt se ajoelhou no monumento aos mortos no gueto de Varsóvia, a Europa pôde começar a seguir adiante.

Durante os anos 1960, a maneira pela qual a história da Segunda Guerra Mundial era interpretada e discutida nas sociedades ocidentais — principalmente nos Estados Unidos — mudou de maneira dramática. O conceito do Holocausto surgiu.

Por duas décadas depois da guerra o extermínio dos judeus pelos nazistas não era uma parte importante da cultura pública ocidental.

Nos Estados Unidos, como mostrou o historiador Peter Novick, os não judeus simplesmente não se preocupavam com esse fenômeno; sua atenção estava voltada para as questões políticas de então — tais como o comunismo e os direitos civis — e as consequências de Hiroshima. Os líderes judeus, por sua vez, tampouco decidiram dar ênfase ao tema. À época da Guerra Fria eles não desejavam reforçar na mente pública a equação entre judeus e comunistas chamando a atenção para o comportamento dos alemães durante a guerra. Tampouco o papel de vítima era um papel muito desejado, na cultura confiante e otimista da década de 1950: ser vítima despertava desprezo, e não solidariedade. Finalmente, os próprios sobreviventes ainda eram um elemento marginalizado na própria comunidade judaico-americana. Mais ou menos a mesma coisa ocorria na Europa. "Nas duas décadas depois de 1945", o historiador Tony Judt concluiu: "judeus e não judeus só prestavam uma atenção ocasional a Auschwitz e suas implicações."

Na década de 1960 uma mudança extraordinária ocorreu. Embora isso tenha sido em parte resultado do fim da histeria anticomunista, seu catalisador principal foi o julgamento de Adolf Eichmann em Jerusalém, em 1961 — durante o qual os planos nazistas para o extermínio dos judeus da Europa foi exposto com muitos detalhes. "Foi a primeira vez que o que hoje chamamos de Holocausto foi apresentado ao público americano como uma entidade própria, diferente da barbárie nazista em geral", escreveu Peter Novick. "Nos Estados Unidos, a palavra 'Holocausto' ficou fortemente associada com o assassinato do povo judeu europeu após o final do julgamento." Outra consequência foi que os judeus americanos deixaram de lado a maior parte de suas reservas sobre discutir os acontecimentos dos anos 1940.

No caso da história das PDs, a vinda à tona do "Holocausto" teve duas consequências importantes. Primeiro, fez com que historiadores olhassem outra vez para o período da guerra, examinando dessa perspectiva moderna a incapacidade dos Aliados ocidentais de salvar os judeus de seu destino. Segundo, provocou uma reavaliação do processo pelo qual as Pessoas Deslocadas tinham sido reassentadas na década de 1940. O público ficou então espantado ao descobrir que os "vizinhos tranquilos" que viveram respeitosamente ao seu lado eram, na verdade, "criminosos de guerra".

No final da década de 1970, a pressão do Congresso norte-americano e de jornais como o *New York Times* levou à criação de uma Unidade de Investigações Especiais no Departamento de Justiça para investigar e processar ex-nazistas nos Estados Unidos. Alan M. Ryan, o advogado encarregado da unidade, ficou horrorizado com o que descobriu. "Criminosos de guerra nazistas vieram para cá aos milhares, por meio da política pública deliberadamente aberta deste país, formulada pelo Congresso e administrada por funcionários responsáveis", Ryan escreveu em 1984. "E é ainda mais inquietante porque as provas são abundantes (...) A grande maioria dos criminosos nazistas entrou pela porta da frente, com todos os documentos em ordem. Vieram para cá não pela conivência de autoridades governamentais corruptas, mas pelo método infinitamente mais fácil de apenas enganar as autoridades honestas."

Essas descobertas geraram uma proposta internacional de encontrar e processar os criminosos de guerra. As dificuldades legais muitas vezes eram enormes: em 1991, a introdução de um projeto de lei sobre crimes de guerra, cuja intenção era ampliar a jurisdição dos tribunais britânicos para que eles pudessem julgar pessoas suspeitas de ter cometido ou apoiado assassinatos em massa durante a Segunda Guerra Mundial em outros países, ainda que não fossem cidadãs britânicas, provocou uma batalha constitucional entre as duas câmaras do Parlamento. Políticos jovens tendiam a favorecer tais iniciativas, os mais antigos, a deplorá-las. Alguns países, como a Noruega e a Suécia, se recusaram desde o princípio a participar desse processo.

Desde a década de 1970, alguns criminosos de guerra importantes foram julgados e condenados. Mas o exemplo mais famoso dessa justiça retrospectiva, o processo de trinta anos de John Demjanjuk, antigo mecânico de automóveis de Cleveland, é mais complicado. Nascido na Ucrânia, Demjanjuk foi para os Estados Unidos como PD em 1950, depois de dizer às autoridades da Imigração que tinha morado na Polônia antes da guerra. Como vimos, era comum que os ucranianos inventassem essas histórias, mas Demjanjuk declarou que trabalhara em uma fazenda em Sobibor — à época, pouco mais que uma estação de trem, porém mais tarde conhecida como local de um campo de extermínio judeu. No entanto, foi porque ele se parecia com um certo "Ivan, o Terrível", um ucraniano que tinha cometido atrocidades horrorosas em outro campo de extermínio, Treblinka, que Demjanjuk foi destituído de sua cidadania americana em 1986, deportado para Israel, julgado e condenado à morte em abril de 1988 — e apenas então veio à tona, durante o recurso da defesa, que a evidência de acusação fornecida pelo governo soviético tinha sido falsa e que "Ivan, o Terrível" muito provavelmente era um certo Ivan Marchenko. A essa altura estava claro que Demjanjuk trabalhara provavelmente em Sobibor como guarda ou motorista, portanto presenciara crimes horríveis, mas de menor importância. Ele era peixe pequeno: na década de 1940, ninguém teria se incomodado com ele. Mas a proeminência do caso e — como Gitta Sereny argumentou — a necessidade de justificar o caro escritório do Departamento de Justiça levaram à retomada do processo legal, e por fim, em 2009 — já então com 89 anos de idade e 32 anos após sua primeira detenção —, Demjanjuk foi deportado para a Alemanha e levado a julgamento, acusado de 27.900 casos de cumplicidade em assassinatos. O caso passou a ser um símbolo da disposição dos americanos e dos alemães de ainda processar os criminosos de guerra nazistas. Para os ruteno--americanos, no entanto, Demjanjuk tinha se tornado um mártir, um membro de sua comunidade atacado por seus inimigos tradicionais, os comunistas e os judeus.

De toda forma, a era das Pessoas Deslocadas tem voltado à tona repetidamente: a questão de se recompensar ou não aqueles que foram trabalhadores forçados na Alemanha se recusa a desaparecer.

Uma das principais acusações contra os réus nos julgamentos de Nuremberg, como os de Fritz Sauckel e Albert Speer, foi que eles administravam um "programa de trabalho escravo". Embora o tribunal nunca tenha definido com precisão o que quer dizer com esse termo, era o crime principal pelo qual Sauckel e outros réus foram julgados e condenados. Portanto, poderíamos ter esperado que pelo menos alguns dos trabalhadores fossem recompensados.

490 | BEN SHEPHARD

No entanto, as complexas questões diplomáticas e jurídicas envolvidas permitiram que o governo da Alemanha Ocidental (e mais tarde o governo alemão) fossem muito inteligentes, pagando recompensas só quando necessário para obter ganhos específicos em termos de política externa — para Israel, para a Europa Ocidental (principalmente a França), para a Polônia e, finalmente (depois da reunificação da Alemanha), para outras partes do Leste europeu. O ponto básico, no entanto, é que até recentemente os tribunais alemães ocidentais não aceitavam que o trabalho forçado era uma "ilegalidade tipicamente nazista". Aliás, em uma sentença importante em 1960 — rejeitando a reivindicação de um polonês que tinha sido preso durante a guerra, enviado para a Alemanha para trabalho forçado e mais tarde trabalhado em Dachau e Buchenwald —, a Suprema Corte Federal argumentou que a ideia das autoridades do trabalho fora "apenas recrutar novos trabalhadores para alavancar a economia da Alemanha, particularmente a indústria de armamentos". Em linha com essa sentença, o governo alemão nunca admitiu responsabilidade por reivindicações individuais. Em vez disso, tem feito pagamentos "voluntários", não para indivíduos, mas para organizações — que então distribuem o dinheiro.

Na década de 1950, o governo de Bonn alegou pobreza: argumentou que a tão necessária recuperação do país não ocorreria se fosse sobrecarregada com enormes reivindicações de recompensas (como a República de Weimar tinha ficado com as reparações). Persuadiu também os americanos de que deveria ser dada prioridade ao pagamento dos credores — sendo Washington o principal. Afinal, a rápida recuperação da economia da Alemanha Ocidental permitiu que Bonn pagasse sua dívida externa antes do prazo. Durante a Guerra Fria, reivindicações por parte dos países do Leste europeu foram respondidas com contrarreivindicações em nome dos alemães expulsos do Leste, mas os que vinham dos países europeus ocidentais — com os quais Bonn já estava a essa altura conectado econômica e militarmente — foram mais difíceis de ignorar. Em consequência, no começo da década de 1960, o governo de Bonn "voluntariamente" pagou 876 milhões de marcos a onze países da Europa Ocidental, sendo que a França recebeu quase 400 milhões.

Nos anos 1970, a *Ostpolitk* de Willy Brandt — normalização das relações da Alemanha com seus vizinhos orientais, especialmente a Polônia — exigiu alguma resolução da antiga reivindicação de compensação polonesa. Sob o acordo finalmente assinado em 1975, os alemães, embora continuando a negar a legalidade das requisições da Polônia, concordaram em lhe conceder um empréstimo "suave" de 1 bilhão de marcos, e de lhe dar mais 1,3 bilhão para o ajuste de reivindicações de aposentadorias. Em troca, a Polônia permitiu que mais de 125 mil alemães étnicos ainda no país emigrassem para a República Federal.

O pagamento seguinte se tornou necessário em 1990. Após a queda do Muro de Berlim, o povo e os políticos da Alemanha deixaram claro que queriam formar um Estado alemão unido e estavam dispostos, finalmente, a aceitar os termos do acordo de Potsdam naquilo que dissesse respeito ao país. A questão da compensação para o trabalho forçado desempenhou um papel importante nas chamadas negociações 4+2 (entre os ministros das Relações Exteriores da União Soviética, dos Estados Unidos, da Grã-Bretanha e da França de um lado e das duas Alemanhas do outro); uma vez mais, os alemães concordaram em fazer os pagamentos, sem reconhecer o princípio legal. O governo de Bonn chegou a um acordo com os Estados da antiga União Soviética e com a Polônia para o pagamento, à vista, de 1,5 bilhão de marcos, dinheiro a ser distribuído para as vítimas dos nazistas por fundações estabelecidas naqueles países. No entanto, escreveu o historiador Ulrich Herbert, "durante essas negociações, Bonn manteve a opinião de que o trabalho forçado não era uma forma de ilegalidade típica do nazismo, o que daria as suas vítimas direito à compensação. O governo de Bonn estava decidido a não desistir da posição legal a que sempre havia aderido; tinha interesse em evitar abrir a porta para novas demandas por parte de trabalhadores forçados de outros países".

Na década de 1990, aquela posição ficou menos defensável. Escritórios de advocacia americanos impetraram ações em conjunto nos tribunais dos Estados Unidos contra companhias específicas, tais como a Daimler-Benz, ameaçando sua capacidade de operar no mercado norte-americano; enquanto isso, os tribunais alemães começaram a usar uma estratégia diferente. A concessão de 15 mil marcos, em novembro de 1997, a uma idosa judia que tinha trabalhado em uma fábrica de munição em Auschwitz fez surgir temores de que isso iria "abrir as comportas": com pelo menos 100 mil "ex-escravos" ainda vivos que não tinham recebido qualquer compensação, a conta total "poderia chegar a bilhões". A resposta alemã possuía duas vertentes. Por um lado, gigantes como a Volkswagen — que até então tinha negado o acesso a seus arquivos e sem piedade tinha apagado seu passado — contrataram historiadores importantes para investigar seu histórico durante o Terceiro Reich. Críticos que afirmavam que essas contratações "tentavam paralisar historiadores ou pesquisadores contratados que consideravam as transgressões das corporações durante a guerra inevitáveis" erraram o alvo. Os gerenciamentos alemães sofisticados viram que lavando toda sua roupa suja em público — revelando cada detalhe vergonhoso de seu passado com precisão acadêmica — poderiam simplesmente acabar com o interesse jornalístico na história: era mais barato pagar a historiadores do que pagar recompensas.

Então, em 1999, o governo alemão do chanceler Gerhard Schröder sugeriu uma maneira de finalmente solucionar a questão. Ele propôs que fosse estabelecido um fundo, financiado conjuntamente pelo governo e indústria alemães, para pagar compensações às vítimas; e que, em troca disso, seria concedida às empresas alemãs uma segurança legal contra outras ações nos tribunais americanos. Sua ideia foi rapidamente aceita em princípio, mas meses de disputas legais se seguiram — os dois lados discordaram sobre o tamanho do acordo de compensação proposto; as companhias primeiro ofereceram 1,7 bilhão de dólares contra reivindicações de mais de 20 bilhões de dólares; depois houve outros desafios no *Bundestag* alemão. Durante esse processo, estimou-se que, diariamente, morriam duzentos sobreviventes idosos. Mas, finalmente, em 12 de agosto de 2000, uma lei alemã foi implementada, designando sete organizações para fazer pagamentos aos antigos trabalhadores escravos ou forçados. O processo que se seguiu não foi perfeito. A indústria alemã demorou a pagar sua metade dos 5,1 bilhões de euros necessários para dirigir a operação, apesar de obter incentivos fiscais e segurança jurídica contra outras

A LONGA ESTRADA PARA CASA | 493

reivindicações. Muitas das requisições de antigos trabalhadores escravos foram negadas porque eles não possuíam prova documental de que não tinham ido para a Alemanha voluntariamente — documentos desse tipo, se existiram, haviam sido removidos pelas autoridades soviéticas em 1945. Inevitavelmente, também, houve afirmações de que grande parte do dinheiro ficou na mão dos advogados.

Quando o fundo foi fechado, em junho de 2007, mais de 4,37 bilhões de euros haviam sido pagos a 1,7 milhão de vítimas da era hitleriana no mundo todo. O maior grupo de beneficiários foram não judeus na Polônia e na Ucrânia. As somas individuais recebidas não foram muito grandes — até 7.669 euros para "trabalho escravo", até 2.556 euros para trabalho forçado na indústria e até 1.022 euros para trabalho forçado na agricultura. Mas para alguns indivíduos esse dinheiro fez diferença. Como uma idosa ucraniana, que iria receber uma quantia que era mil vezes maior que sua aposentadoria mensal e lhe permitiria comprar os remédios caros de que precisava.

Depois de tudo isso, esse capítulo está agora finalmente encerrado. "Pelo menos com esses pagamentos simbólicos", disse o presidente alemão, "o sofrimento das vítimas foi reconhecido publicamente após décadas de esquecimento".

Se havia uma única característica que definia as comunidades que as Pessoas Deslocadas criaram no exílio era o anticomunismo. Durante quatro décadas, os refugiados fizeram tudo o que puderam para manter acesa a chama da oposição a Moscou. Os russos, por sua vez, retaliavam periodicamente, como na ocasião em que o líder nacionalista ucraniano Stepan Bandera foi assassinado com uma arma de cianureto em 1959. Mas, com o passar do tempo, à medida que aqueles que fugiram do Leste europeu envelheceram e seus filhos cresceram em sociedades ocidentais, a tarefa de levantar essa bandeira foi ficando mais difícil. No Canadá dos anos 1960, o filho de PDs ucranianas achava que a obsessão de seus pais pela pátria era constrangedora. "Quando nossos pais tentaram nos passar o bastão, a maioria de nós rejeitou a oferta", escreveu Lubomyr Luciuk. "Fomos educados para pensar que seu nacionalismo era um mal, responsável por alguns dos maiores crimes do século, que nacionalismo era uma palavra suja."

Duas décadas mais tarde, um estudo sobre exilados lituanos descobriu que "apesar do esforço para resistir a ela, a diáspora lituana está sendo cada vez mais absorvida pela sociedade americana". E, no entanto, enquanto as relações entre as superpotências gradativamente melhoravam, a divisão fundamental na Europa permaneceu. "A Guerra Fria parece um elemento permanente", escreveu o historiador Mark Wyman em seu estudo das Pessoas Deslocadas, publicado em 1989.

A partir daquele mesmo ano, tudo começou a mudar. O colapso da União Soviética, em 1991, deu a muitas Pessoas Deslocadas a chance de finalmente realizar seus sonhos e voltar para seus países. Houve muitas reuniões emocionantes; algumas pessoais, com a família, e outras nacionais, mais amplas, muitas vezes centradas ao redor de festivais em que corais do Canadá e dos Estados Unidos se juntavam a cantores dos Estados bálticos em afirmações tocantes de sua cultura comum — em Riga, em 1990, 19 mil pessoas de todo o mundo cantaram juntas no festival de coros antes de marchar até o Monumento pela Liberdade e colocar flores a seus pés. Grupos e indivíduos da diáspora rapidamente começaram a participar da política que emergia em suas antigas pátrias; ou, em alguns casos, fizeram muito dinheiro comprando sem demora imóveis a preços muito baixos.

Mas quando a euforia baixou, surgiram problemas práticos. Metade de um século de separação tinha criado muitas barreiras. PDs que voltavam para seus países muitas vezes viram que era impossível recuperar propriedades confiscadas e se depararam com o ressentimento das pessoas comuns que tinham vivido durante os rigores do domínio soviético. "Vocês tiveram uma boa vida enquanto nós sofremos", era um comentário comum. "Os que vivem aqui não estão muito interessados em nossa mudança para cá", uma lituana admitiu após a primeira visita a seu país desde 1944. A experiência do domínio comunista, e não a vida fora do país, era a base para a narrativa predominante; e embora o dinheiro dos exilados e sua experiência da democracia e do capitalismo fossem valorizados, eles continuavam separados. Muito poucos escolheram voltar definitivamente. Houve, no entanto, algumas exceções importantes, como Valdas Adamkus, que foi eleito presidente da Lituânia em 1998, depois de uma carreira eminente no funcionalismo público nos Estados Unidos.

Quando o imigrante tenta manter sua identidade abraçando o "velho país", escreveu o arcebispo de Toronto, após assistir a uma reunião na Eslovênia em 1995, "aquela identidade fica idealizada. Ao voltar para ela, o emigrante vê a princípio só aquilo que ele ou ela quer ver; na segunda ou terceira visita ele pode ver aquilo para o qual não está preparado; pode perceber que seu país ideal nunca existiu ou deixou de existir".

ABREVIAÇÕES USADAS NAS NOTAS

AP   S. Armstrong-Reid e E. Murray, *Armies of Peace: Canada and the Unrra Years* (Toronto, 2008).

ASH   L. Dinnerstein, *America and the Survivors of the Holocaust* (Nova York, 1982).

BC 2003   J.D. Steinert e I. Weber-Newth (orgs.) *Beyond Camps and Forced Labour: Current International Research on Survivors of Nazi Persecution. Proceedings of the International Conference*, Londres, 29-31 de janeiro de 2003 (Osnabrück, 2005).

CAMGCOP   F.S.V. Donnison, *Civil Affairs and Military Government, Central Organization and Planning* (1966).

CAMGNWE   F.S.V. Donnison, *Civil Affairs and Military Government. North West Europe, 1944-46* (1961).

DBPO   M.E. Pelly et al. (orgs.). *Documents on British Policy Overseas. Series I, Volume V. Germany and Western Europe. 11 August-31 December 1945* (1990); *Series 1, Volume VI. Eastern Europe. August 1945-April 1946* (1991).

FRUS   *Foreign Relations of the United States 1942-1950* (Washington, DC, 1967-78).

HEAEG   S. Thernstrom et al. (orgs.). *Harvard Encyclopedia of American Ethnic Groups* (Cambridge, Mass., 1980).

HFW   U. Herbert, *Hitler's Foreign Workers: Enforced Foreign Labour in Germany under the Third Reich* (Cambridge, 1997).

HST/OT	Biblioteca Harry S. Truman. Depoimento oral.
IWM	Imperial War Museum.
KLH	Cartas e documentos de Kathryn C. Hulme, Biblioteca Beinecke, Universidade de Yale.
LR	M.Z. Rosensaft (org.). *Life Reborn: Jewish Displaced Persons 1945-51* (Washington, DC, 2001).
NPA	National Planning Association, Washington, DC
NYT	*New York Times.*
ODNB	*Oxford Dictionary of National Biography.*
PCW	Relatório de campo polonês de Wildflecken por Kathryn C. Hulme. Junho de 1947. UNA: S1021, caixa 81, Arquivo 1.
TNA	The National Archives, Kew, Londres.
UC	Kathryn C. Hulme, *Undiscovered Country: The Search for Gurdjieff* (1966; Lexington, Ky., 1997).
UD	Sir Frederick Morgan, "Unrra Diary", Imperial War Museum.
UNA	United Nations Archive, Nova York.
USHMM	United States Holocaust Memorial Museum, Washington DC.
Woodbridge	*Unrra. The History of the United Nations Relief e Rehabilitation Administration*, 3 vols. (Nova York, 1950).
WP	Kathryn C. Hulme, *The Wild Place* (Boston, 1954).

NOTAS

INTRODUÇÃO "UM INVESTIMENTO ENORME DE BONDADE"

Página 11. "Alguma coisa concreta e real?": Conradi, Iris Murdoch, p.205, 152-3. • **12.** "Com H maiúsculo": Novick, *Holocaust*, p.20; Burstin, *After the Holocaust*, p.112. • **14.** "Fraternidade internacional": D. Reynolds, "From world-war to cold-war: The wartime alliance and postwar transitions, 1941-1947", *Historical Journal* 45 (2002), p.211-27. • **15.** "A essa história a sua atualidade": Mazower, *Continente Sombrio: A Europa do século XX.* • **15.** "Caracterizou tanto dos escritos": Piotr Wrobel, citado em Burds, "Ethnicity; memory and violence". • **17.** "Muitos foram esquecidos": Sereny, *O trauma alemão: Experiências e reflexões: 1938-2000.* • **17.** "Entorpece a mente de qualquer um": Hansi Pollak to Sir Frederick Morgan, 5 nov. 1947, *Morgan Papers*, IWM; Sir Robert Jackson, história oral, Bodleian Library Ms Eng. C, 4678; Woodbridge, Unrra. • **18.** "campos de extermínio do Camboja?": Oldfield, *Women Humanitarians*, p. xi; Shephard, *War of Nerves*; Glover, *Humanity.* • **19.** "Saudades de sua terra natal": McNeill, *Rivers of Babylon*, p.37, 53-64, 49. • **20.** "Atitudes hostis" Pettiss e Taylor, *After the Shooting*, p.126. • **20.** "E do desenvolvimento individual": A. Oakley, "Eugenics, social medicine and the career of Richard Titmuss in Britain 1935-1950", *British Journal of Sociology* 42 (1991), p.165-94; G.R. Searle, "Eugenics and politics in Britain in the 1930s", *Annals of Science* 35 (1979), p.159-69. • **21.** "Muito estranho atualmente": Schwarz, *Redeemers.* • **21.** "Seu aluno Ze'ev Mankowitz": Bauer, *Flight and Rescue*; id., *Out of the Ashes*; id., "The DP Legacy". • **22.** "Os líderes como santos": Hitchcock, *Bitter Road*. Textos apresentados em conferências sobre PDs no Remarque Institute, Nova York, em 2001, e no Imperial War Museum, Londres, em 2002 e 2006. • **22.** "Emissários sionistas": Mankowitz, *Life between Memory and Hope*, p.9. • **22.** "Compreender melhor todos eles": Letter to Mr. Fuller, Deputy Director, and Mrs. Brown, Welfare Officer, of Team 71 DP Camp Hohenfels, from a Polish Scout, 12 Oct. 1945, UNA [Carta para o senhor Fuller, vice-diretor, e a senhora Brown, Ajuda Humanitária, da Equipe 71 do Campo de PDs Hohenfels, de um escoteiro polonês, 12 de outubro de 1945, UNA].

1. Alimentando a máquina bélica

24. "Amigáveis do que seus donos": "VAD nurse. Student of painting in the Art Academy of Cracow before the war", memórias não publicadas, escritas em 1946. Apêndice a Korwin, "No Man's People", em *Arnold-Forster Papers*. • **25.** "Chegavam à Alemanha": Tooze, *Wages of Destruction*, p.166-99. • **25.** "Poloneses para a Alemanha": U. Herbert, "Forced labour". • **26.** "Para as mulheres alemãs": Tooze, *Wages of Destruction*, p.363; *HFW*, p.132. • **27.** "Trabalhador alemão médio": *HFW*, p.105. • **27.** "Escassez de alimentos": Hitler, em *Minha luta*, tinha essa opinião. Historiadores modernos tais como Avner Offner argumentaram que o bloqueio não foi de forma alguma tão eficiente quanto se pensava à época. No entanto, como Hew Strachan escreveu: "A lembrança do bloqueio é central para o pensamento alemão sobre a guerra e uma futura guerra na Europa, por mais sólidas que sejam as bases analíticas sobre as quais aquela ideia se apoiava." E-mail para o autor, 2 de fevereiro de 2008. Agradeço ao professor Strachan por ter esclarecido esse ponto. • **28.** "Dissera-lhe Hitler": Tooze, *Wages of Destruction*, p.515-22; Mazower, *Hitler's Empire*, p.159-66; Sereny, *Albert Speer: Sua luta com a verdade*; Dallin, *German Rule*, p.409-50. • **29.** "E bem-confeccionadas": Berkhoff, *Harvest*, p.25-74 • **29.** "Seus vestidinhos surrados!": Humbert, *Resistência: A história de uma mulher que desafiou Hitler*. • **30.** "Lembrou um homem": Berkhoff, *Harvest*, p.261. • **30.** "Para um campo de concentração": Nolte (org.), *Häftlinge*, p.54-9. • **30.** "À mão de obra industrial": Tooze, *Wages of Destruction*, p.517. • **31.** "Ou pesada que fosse": Tomei de empréstimo o termo "Mary Poppins das estepes", de Nicholas Stargardt: Stargardt, *Witnesses of War*, p.157; Berkhoff, *Harvest*, p.265-6; *HFW*, p.188-9, 439. Há discordância com respeito aos números: 50 mil "empregadas do Leste"

(Berkhoff); 500 mil "babás em trabalho forçado" (Stargardt); 100 mil "empregadas estrangeiras" (Herbert). • **32.** "Nunca seria extinto": Homze, *Foreign Labor in Nazi Germany*, p.264-71; *HFW*, p.313-25. • **33.** "Ministério da Alimentação do Reich": Tooze, *Wages of Destruction*, p.539-40. • **33.** "Membros leais do Partido Nazista": Mazower, *Hitler's Empire*, p.274-90; Tooze, *Wages of Destruction*, p.538-51. • **35.** "Fábricas e plantações do Reich": *HFW*, p.256-358. • **37.** "Comerciantes, bancários e carteiros": Vinen, *Unfree French*, p.247-312; Robbe-Grillet, *Ghosts*, p.89-91, 103-8. • **37.** "Ainda mais importante, nas minas": *HFW*, p.282-3. • **38.** "Produtos de higiene mais simples": Ibid., p.303. • **39.** "Queremos mais trabalhadoras orientais!": Ibid., p.304-8. • **39.** "Morrendo como moscas": Ibid., p.239-47. • **40.** "Obscena das satisfações": Lagrou, *Legacy*, p.144-5. • **41.** "Dezoito anos de Kiev": No verão de 1944, cerca de um quarto da força de trabalho na Alemanha era estangeira — 7,8 milhões de pessoas. Daquele número, 5,7 milhões eram trabalhadores civis e um pouco menos de 2 milhões eram prisioneiros de guerra. Cerca de 2,8 milhões deles tinham vindo da União Soviética, 1,7 milhão da Polônia e 1,3 milhão da França. Naquele momento havia trabalhadores de quase vinte países europeus empregados na Alemanha. • **41.** "São uma ocorrência diária": "Notes on the Situation of Eastern Workers in Germany", secretário da embaixada Starke, citado em *HFW*, p.322-3. Ulrich Herbert não dá mais informações sobre Starke, nem explica por que um funcionário do Ministério das Relações Exteriores alemão deveria se preocupar com essa questão. • **42.** "Lembrança da 'civilização ocidental'": Humbert, *Resistência: A história de uma mulher que desafiou Hitler*. • **43.** "10 mil trabalhadores desabrigados": *HFW*, p.317-23. Muitos historiadores argumentaram que, se a RAF tivesse continuado a atacar o Ruhr no final de 1943 em vez de mudar o alvo para Berlim, ela poderia ter ganhado a guerra — ou pelo menos causado muitos mais danos à Alemanha. • **44.** "Era sinônimo de extermínio": Tooze, *Wages of Destruction*, p.618-24; Mazower, *Hitler's Empire*, p.307-28. • **44.** "Em uma fazenda da Baviera": Woropay, *Road to the West*, p.1-20. • **45.** "Hospital militar na Saxônia": "An Estonian girl speaks", in Marta Korwin, "No Man's People", in *Arnold-Forster Papers*. • **46.** "De como não se deve governar": Mazower, *Hitler's Empire*, p.367.

2. Comida e liberdade

Página 48. "Comida, liberdade e paz": Medlicott, *Economic Blockade*, vol. I, p.551-7, 666; Pimlott (org.), *War Diaries of Dalton*, p.76; Gilbert, *Finest Hour*, p.743; Olsen (org.), Harold Nicolson, *Diaries and Letters*, p.19. • **48.** "Órgão britânico — acreditavam": Mazower, *Inside Hitler's Greece*, p.23-48; Black, *Cause for Our Times*, p.5-21. Os britânicos achavam que não havia meios de garantir que a comida chegaria àqueles a quem era destinada, lidando com um regime como o dos nazistas. • **49.** "Bom para certas tarefas": *CAMGCOP*, p.137; Pimlott (org.), *War Diaries of Dalton*, p.229. Leith-Ross, "de forma alguma um admirador parcial" de Keynes, era "o receptor frequente de comentários amargos por sua exagerada ansiedade em comprometer a Grã-Bretanha com esquemas muito caros de ajuda humanitária que o país não tinha recursos suficientes para manter". Skidelsky, *Keynes*. • **49.** "Antes de a guerra terminar": Leith-Ross, *Money Talks*, p.289. TNA: T 188/253. • **50.** "Quanto a seu estado de espírito": Patenaude, *Big Show*; Weissman, *Hoover and Famine Relief*; Pimlott (org.), *War Diaries of Dalton*, p.525-6. • **51.** "Descoordenada e inútil": Acheson, *Present at the Creation*, p.65-7; *CAMGCOP*, p.138-9. • **51.** "Para pagar aquela conta": Leith-Ross, *Money Talks*, p.289. • **52.** "Uma visão instrumental da ajuda": NPA, *Relief for Europe*, p.37-44; Patenaude, *Big Show*, p.28-48. • **52.** "Período da Liga das Nações": Harvey, *Wartime Diaries*, p.31. Churchill e Roosevelt tinham se encontrado pela primeira vez em Londres em 1918, Roberts, *Masters and Commanders*, p.9. • **53.** "Colocar os Estados Unidos na guerra": Falando com Eden em março de 1943, Roosevelt "reiterou sua crença de que os Quatro Grandes deveriam tomar 'todas as verdadeiras decisões', já que eles, 'ainda por muitos anos, seriam as potências que teriam de policiar o mundo'", Divine, *Second Chance*, p.114. • **53.** "Para realizar essa ajuda": Hoopes e Brinkley, *FDR*, p.1-74; Divine, *Second Chance*, p.98-135. • **54.** "12 de dezembro de 1942": Huxley et al., *When Hostilities Cease*. • **56.** "Como consequência da guerra": Asquith, *Famine*; Fry, *Quaker Adventure*; Marrus, *The Unwanted*, p.15-21; Vincent, *Politics of Hunger*; Baron e Gattrell (orgs.), *Homelands*; Weissman, Hoover; Healy, *Vienna and the Fall of the Habsburg Empire*. • **56.** "Insanidade completa": Chatham

House, *Relief and Reconstruction in Europe*; Mackenzie, *Medical Relief in Europe*; Save the Children Fund, *Children in Bondage; Bourne, Starvation in Europe*; NPA, *Relief for Europe*; J. Marrack, "Food for starving Europe", A. Bourne, "Post-war medical relief", K.G. Brookes, "The re-establishment of Displaced Persons", in Huxley et al., *When Hostilities Cease*, p.99-124. • **57.** "Questão mais ampla de Pessoas Deslocadas": Brookes, "The Re-establishment of Displaced Persons", in Huxley et al., *When Hostilities Cease*. • **57.** "Um minuto de silêncio": Terry, "Conflicting signals"; Breitman, Official Secrets, p.88-109; Wasserstein, *Britain and the Jews of Europe*, p.155-6.

3. "A ORIGEM DA CONFUSÃO PERPÉTUA"

Página 60. "Puderam tomar Túnis": Atkinson, *Army at Dawn*, p.327-92. • **60.** "Ajuda humanitária aos civis": Roberts, *Masters and Commanders*, p.297. • **60.** "Levar em consideração a 'ajuda'": Coles e Weinberg, *Civil Affairs*, p.3-62, 65; Ziemke, US Army, p.3-23; Murphy, *Diplomat*, p.185; Acheson, *Present at the Creation*, p.42. • **61.** "A respeito do Exército norte-americano": *CAMGCOP*, p.178-81; Murphy, *Diplomat*, p.160-61. Murphy também foi pressionado por grupos judeus americanos para dar novamente aos judeus argelinos o status privilegiado de que eles desfrutavam antes do governo de Vichy. Ele achou que tomar essa iniciativa durante a guerra iria provocar a maioria muçulmana da Argélia. • **62.** "Preparo para a sopa de ervilha": V. Petrov, *Money and Conquest: Allied Occupation Currencies in World War II* (Baltimore, 1967), p.91-2, citado em Ellwood, *Italy*, p.64. • **63.** "Agricultura comercial local": Coles e Weinberg, *Civil Affairs*, p.188-216. • **65.** "Manuais militares do Exército dos Estados Unidos": Ibid., p.322-6; Weindling, *Epidemics and Genocide*, p.374-5. • **65.** "Com a poeira de DDT no ar": Snowden, *Conquest of Malaria*, p.199. O uso de presos e de mulheres árabes como sujeitos de experimentos prenunciou a maneira como mais tarde a pílula contraceptiva foi experimentada em mulheres porto-riquenhas. Depois da guerra, quando o DDT foi amplamente comercializado nos Estados Unidos, o "milagre em Nápoles" foi apresentado como grande atração nos anúncios e contribuiu para elevar o inseticida de hidrocarboneto ao status milagroso de que ele desfrutou, até que o livro Primavera silenciosa, de Rachel Carson, expôs seus efeitos devastadores na produção de alimentos. • **65.** "Tinham sido descobertos desde 1920": Harrison, *Medicine and Victory*, p.128-84; Weindling, *Epidemics and Genocide*, p.322-33; Snowden, *Conquest of Malaria*, p.198-212; Rendel, *Sword and Olive*, p.232; Coles e Weinberg, *Civil Affairs*, p.322-7, 232. • **66.** "Precisavam de um auxílio civil": Coles e Weinberg, *Civil Affairs*, p.328-33. • **66.** "Para a companhia feminina)": Ibid., p.153-6. • **67.** "Diplomata com grande experiência": Acheson, *Present at the Creation*, p.79; Coles e Weinberg, *Civil Affairs*, p.153-4. Os planejadores militares britânicos presumiram que a ajuda humanitária consistiria de 2 mil calorias por dia, o mínimo necessário para "impedir doenças e agitação" — uma meta ambiciosa, como se descobriu mais tarde. *CAMGCOP*, p.146. • **68.** "Aos membros das Nações Unidas": Acheson, *Present at the Creation*, p.68. • **68.** "Ainda mais firmemente": Vandenberg (org.), *Private Papers*, p.66-74; Fox, "Origins of Unrra". • **69.** "Canadá e da América Latina": Fox, "Origins of Unrra", p.584; Rendel, *Sword and Olive*, p.235; Divine, *Second Chance*, p.157. Fox afirmou que as notícias da assinatura do acordo da Unrra, "transmitidas pelo rádio, pela imprensa e por panfletos lançados do ar, deram uma coragem imediata às pessoas que estavam sofrendo sob o controle do Eixo". • **69.** "Começasse a andar outra vez": Leith-Ross, *Money Talks*, p.294-5. Conhecimento da experiência na Áustria depois da Primeira Guerra Mundial fez com que Leith-Ross fosse um defensor consistente dessa ideia. • **69.** "Tempo limitado e preestabelecido": Woodbridge, I, p.30-2. "Para nós", Acheson escreveu mais tarde, "a palavra não tinha nenhuma definição; ao contrário, era expiação pela ignorância do desconhecido. A Unrra teria feito seu trabalho e morrido antes de chegarmos a saber o que a reabilitação realmente exigia de nós". Só em 1949 a reabilitação veio a ser politicamente viável, na forma daquilo que passou a ser conhecido como Plano Marshall. Acheson, *Present at the Creation*, p.69. • **70.** "Escreveu depois Evelyn Waugh": Kulischer, *Displacement of Population*; Evelyn Waugh, *Sword of Honour* (1965; 1999), p.605. • **70.** "Organização estava sendo restrita": "Unrra decides", *The Economist*, 4 de dezembro de 1943; "Potiphar", *They Must Not Starve*, p.12-23. • **71.** "Necessidades militares da guerra": Citado in NPA, Unrra. *Gateway to Recovery*, p.15; ibid. p.17-24, 57; Arnold-Forster, "Unrra's prospects". A primeira agência da ONU foi na verdade a Organização para Alimentos e Agricultura (FAO), que nunca atraiu a mesma atenção que a Unrra. **• 71.** "Ao contrário de Hoover e LaGuardia": Nevins, *Lehman*; H.G. Nicholas (org.), *Washington Despatches*, p.123; Berlin, *Flourishing*, p.363, 375. **• 72.** "Administração do Progresso de Obras": Blum, *V Was for Victory*, p.304-7; Borgwardt, *New Deal*, p.76-9; Brinkley, End of Reform, p.141. **• 73.** "Sofrimento da humanidade": Klemmé, *Inside Story*, p.ix-x, 8; *NYT*, 21 de maio de 1944: "O grande zelo e o belo idealismo que essas pessoas possuíam mais tarde se transformaram em desapontamento quando elas se depararam com os problemas quase insolúveis da Europa." **• 73.** "Cooperação econômica mundial": Filho de um político conservador, Will Arnold-Forster foi educado para ser pintor, serviu na Marinha na Primeira Guerra Mundial e tornou-se um fervoroso defensor da Liga na década de 1920. Embora muito respeitado no Sindicato da Liga das Nações, ele nunca conseguiu ser aceito no mundo acadêmico oficial e continuou a ser uma figura marginal no "estabelecimento" da política externa no Partido Trabalhista. "Ele ainda pensa e fala em termos do remoto passado", reclamou Hugh Dalton em janeiro de 1941. A primeira esposa de Will, Katherine "Ka" Cox, tinha, em sua juventude, atraído as atenções tanto de Rupert Brooke quanto de Virginia Woolf, cujos diários e cartas contêm muitas referências maldosas a Arnold-Forster. *Arnold-Forster Papers*; F. Wilson, In the Margins of Chaos, p.269. **• 74.** "Uma missão de provisões no Brasil": Woodbridge, III, p.3-18. **• 74.** "Não eram, em geral, respeitados": *The Economist*, 15 de julho de 1944. **• 75.** "Dividiam o bolo entre eles": Nevins, *Lehman*, p.226. **• 75.** "Música de Gilbert e Sullivan": Ibid., p.224-9; Pimlott (org.), *War Diaries of Hugh Dalton*, p.613; Câmara dos Lordes, 15 de dezembro de 1944; Dallas, *Paisoned Peace*, p.429. **• 76.** "Na Primeira Guerra Mundial": Keeny, "Reminiscences", London School of Economics; Salter, *Memoirs*, p.277; Rendel, *Sword and Olive*, p.237; Acheson, *Present at the Creation*, p.43; Blum, *Price of Vision*, p.251; Nevins, *Lehman*, p.238. **• 76.** "Contribuição substancial do Canadá": *TNA*: FO 371/41164. **• 77.** "Dentro de seu orçamento": Best, "British Foreign Office...", p.87-100. **• 78.** "Contribuiu para essa decisão": *The Times*, 14 de fevereiro de 1945; CAMGCOP, p.163-5. • **78.** "Aconteceu com o cadáver": Woodbridge, 11, p.342-7; Câmara dos Lordes, 14 de dezembro de 1944. Veja *CAMGNWE* para problemas na Europa libertada. • **79.** "Por seus primeiros nomes": Leith-Ross, *Money Talks*, p.305; Conradi, *Iris Murdoch*, p.206-7. • **79.** "Entre ingleses e americanos": Calder-Marshall, *Watershed*, p.42-6; Woodbridge, 11, p.889; Macmillan, *War Diaries*, p.541. • **80.** "Desse um jeito na organização": Richard Law, dezembro de 1994. TNA: FO 371/41144· • **80** "Oriundos dos Estados bálticos": Proudfoot, *European Refugees*, p.107-19; id., "Anglo-American [DP] program..." • **81.** "Nunca foi solucionada": Proudfoot, "Anglo-American [DP] program..."; Hansi Pollak para o general Morgan, 5 de novembro de 1947. Morgan Papers, *IWM*.

4. "Metade das nacionalidades da Europa em marcha"

Página 82. "Sozinhos nessa estrada alemã": "A soldier from the Home Army", *Korwin Papers*. • **83.** "Repassando tudo sem parar": "A man at fourteen", *Korwin Papers*. • **84.** "Os trabalhadores escravos": Moorehead, *Eclipse*, p.195. • **84.** "Encontraram algo melhor": Padover, *Psychologist*, p.273; Moorehead, *Eclipse*, p.212-3. • **85.** "2,2 milhões": Proudfoot, *European Refugees*, p.158. Durante o mesmo período, as forças soviéticas libertaram aproximadamente o mesmo número de estrangeiros deslocados na Europa Central, no leste da Alemanha e na Áustria. Desses, a grande maioria (76%) era de russos. Na Itália, houve um total de 95.590 pessoas, a Dinamarca tinha umas 250 mil e a Noruega tinha 84 mil pessoas de nacionalidade soviética e 57 mil outras Pessoas Deslocadas. • **85.** "Para restaurar a ordem": Hitchcock, *Bitter Road*, p.255-6; Urquhart, *Life in Peace and War*, p.79; Mosley, *Report from Germany*, p.66-83; TNA: WO 171/8004. • **87.** "Designados para essa tarefa": Padover, *Psychologist*, p.276-7; Ziemke, *US Army*, p.200-7, 239; Jacobmeyer, *Zwangsarbeiter*, p.46-8; Shephard, *After Daybreak*, p.29-30. • **87.** "Até serem repatriadas": Smith, *Dachau*, p.7-67. Smith explicou a diferença entre refugiados e Pessoas Deslocadas: "Refugiados são civis em seus próprios países que querem voltar para seus lares, mas, em virtude das condições caóticas criadas pela guerra, precisam de ajuda para fazê-lo. Obviamente, alemães sem lar são refugiados, mas não são nossa responsabilidade, a menos que sejam sobreviventes de campos de concentração. As PDs são pessoas que estão fora das fronteiras de seus próprios países, que, em virtude da guerra, precisam de ajuda para sobreviver e mais tarde voltar para casa ou para algum outro país. Há muitas categorias de PDs, tais como pessoas apátridas, prisioneiros políticos, fugitivos, pessoas da nacionalidade de um país inimigo ou ex-inimigo e antigos prisioneiros de guerra. No entanto, a maioria das PDs são pessoas obrigadas a ir para a Alemanha pelos nazistas para serem usadas como trabalhadores." Ibid., p.8 • **91.** "E à repatriação": Coles e Weinberg, *Civil Affairs*, p.858. • **91.** "Alimentação inadequada": Korwin, "No Man's People", p.13-33, in *Arnold-Forster Papers*. • **92.** "Um rebanho de ovelhas": Ibid. • **93.** "Revelavam o pior": Ziemke, *US Army*, p.234-8. Ver também Abzug, *Vicious Hearts*; Bridgman, *End of Holocaust*; Shephard, *After Daybreak*. Como argumentou Alan Moorehead, havia motivos especiais. "Um estremecimento de horror passou pelo mundo inteiro quando as notícias dos campos de concentração foram publicadas", ele escreveu, "mas somente, penso eu, em virtude do interesse especial e do momento especial na guerra." Moorehead acreditava que o momento foi crucial. "Estávamos totalmente envolvidos com a Alemanha, e talvez não seja muito sutil dizer que, já que a Alemanha estava claramente derrotada, as pessoas queriam ter uma justificativa para a luta, uma prova de que estavam envolvidas contra o mal." Reportagens contemporâneas tinham a tendência de depender de uma simples dicotomia entre o bem e o mal, entre o perpetrador e a vítima. Elas não davam ênfase ao fato de que a maioria das vítimas eram judeus, e muito menos ver aquilo que foi revelado em 1945 como o último ato da "Solução Final" da questão judaica dos alemães. Elas não exploravam a rede complexa de processos econômicos e ideológicos que subjaziam a questão dos campos e lidavam apenas de um maneira extremamente rudimentar com a cadeia de comando nazista; e tampouco desemaranhavam as complicadas divisões internas que existiam nos campos. • **94.** "E de extermínio em 1945?": Urquhart, *Life in Peace and War*, p.81. Depois das palavras severas em 1942, Londres e Washington fizeram o possível para enterrar a discussão pública da questão judaica — parcialmente em virtude da possibilidade de um exame de suas próprias ações que isso produzia, e parcialmente porque não queriam ser retratados pela propaganda nazista como se estivessem travando uma guerra para os judeus, e parcialmente porque (no caso britânico) temiam que Hitler pudesse lhes tirar a máscara e pedir que admitissem centenas de milhares de judeus. Nisso eles tiveram algum sucesso. Ao mesmo tempo, no entanto, o fato terrível de a maioria dos judeus da Europa estarem mortos no final de 1943 inevitavelmente eliminou um pouco da urgência da questão, mesmo no momento em que o conceito de Pessoa Deslocada passou a ser predominante tanto no discurso público quanto no planejamento militar. Além disso, a Unrra como organização tinha de prestar contas a países soberanos e os judeus não constituíam uma nação. Tentativas por parte dos representantes judeus para mudar essa situação não tiveram muito sucesso. Por exemplo, representantes do Congresso Mundial Judeu que procuraram o vice de Lehman em Londres, Sir Frederick Leith-Ross, em junho de 1944, insistindo que "as necessidades dos judeus" deveriam ser levadas em consideração no planejamento de ajuda humanitária da Unrra, foram rejeitados, embora uma grande parte fosse ser desempenhada pelas organizações voluntárias, como lhes disseram. • **94.** "Aliados em 1944": Shaef, Evaluation and Dissemination Section G-2 (Counter-Intelligence Sub-Division), "Basic Handbook. KLs. Axis Concentration Camps and detention centers reported as such in Europe", *USHMM*. Agradeço a Martin Smith por ter me emprestado uma cópia desse documento. • **95.** "A proporção era bem menor": Ele afirma, por exemplo, que os internos de Auschwitz estão sendo empregados em trinta empresas diferentes — e especificamente mencionadas. Mas a lista dos campos que forneciam o apêndice para a edição anterior agora foi abandonada, a favor de uma referência (no texto principal) aos catorze campos principais, dos quais campos de trabalho forçado satélites se desenvolveram. • **96.** "Sobreviventes judeus logo ficou tensa": Shephard, *After Daybreak*, p.55-132; Shephard, "Medical relief effort at Belsen"; Smith, *Dachau*, p.79-148. • **97.** "E aqueles que voltaram": Proudfoot, *European Refugees*, p.204-6. • **97.** "Agora eram esquecidos": Gildea,

Marianne in Chains, p.365-76; Lagrou, *Legacy*, p.106-28. Quando Alain Robbe-Grillet voltou para a França, no verão de 1944, depois de ter trabalhado na fábrica de tanques em Nuremberg, observou que o diretor do instituto que um ano antes tinha estimulado seus alunos dizendo "Vão para a Alemanha, jovens, vocês conhecerão um grande país" havia, nesse ínterim, se tornado "um membro permanente da Resistência, portanto, não teve problema em manter seu emprego". • **98.** "Com os que voltavam": Lagrou, *Legacy*, p.91-105. • **98.** "Até setembro de 1945": Proudfoot, *European Refugees*, p.204-6. • **99.** "E a supervisão das PDs": *Botting, Ruins of the Reich*; MacDonogh, *After the Reich*, p.227-355. • **99.** "Começaram a ser reabertas": Ziemke, *US Army*, p.297-319. • **99.** "Zonas ocidentais também": Ibid., p.344-6; Balfour e Mair, *Four-Power Control*, p.80-91. • **100.** "Húngaros e romenos": Gordon Walker, *Lid Lifts*, p.76-7. • **100.** "O comando dos russos": McClelland, *Embers of War*, p.16.

5. O MOMENTO PSICOLÓGICO

Página 102. "Suas colônias e eles serão seus": C.J. Murphy, "SOE and repatriation". • **102.** "Ainda podiam trabalhar": Mazower, *Hitler's Empire*, p.159-66. • **103.** "Na Itália e nos Bálcãs": Dallin, *German Rule*. • **103.** "Visão considerada do governo": Tolstoi, *Victims of Yalta*, p.5; Dean, 24 de junho de 1944; Grigg, 24 de agosto de 1944. Cowgill et al., *Documentary Evidence*, p.18. • **104.** "Isso estivesse subentendido": Ibid. • **104.** "Administrar essa situação": Booker, *Looking-Glass Tragedy*; Bethell, *Last Secret*; Cowgill et al., *Report*; Tolstoi, *Victims of Yalta*. • **105.** "Aos comunistas iugoslavos": 12.196 croatas, 5.840 sérvios, 8.263 eslovenos e quatrocentos montenegrinos foram entregues. • **105.** "Mais cruel de que participei": Booker, *Looking-Glass Tragedy*, p.210, 218, 244. • **106.** "De ordem superior": Ibid., p.242-74. • **107.** "Que tinham ficado presas": Cowgill et al., *Report*, p.127-8. • **107.** "E dois foram mortos...": O processo era muitas vezes bastante arbitrário. Com o uso de um lança-chamas, uma unidade britânica tinha acabado de conseguir persuadir um grupo de russos intransigentes a não se deixar atingir, quando um oficial chegou com novas ordens da

Unidade "contendo uma definição de um cidadão soviético como alguém que (entre outras qualificações) tinha estado na União Soviética desde 1930, [o que pensamos que] poderia possivelmente se aplicar a nossos refugiados políticos. Como nossa ordem [anterior] afirmava com convicção que só cidadãos soviéticos deveriam ser enviados para a Rússia, mas, ao mesmo tempo, especificamente classificava nossa concentração particular como cidadãos soviéticos, essas duas ordens estavam completamente em desacordo, já que os cinquenta cossacos, nesse caso, não passaram pela União Soviética desde 1920. Houve, imediatamente, uma corrida desesperada para os telefones, o transporte ficou detido, interrogadores foram levados correndo para o local e então a veio resposta, dizendo que um adiamento era possível. As interrogações produziram a resposta esperada, isto é, que o grupo de cinquenta estava na categoria de não soviéticos, e, temos de admitir, em meio a uma alegria geral, eles foram levados de volta para suas celas. Seu destino final não é conhecido...". Cowgill, *Documentary Evidence*, p.343-9. • **107.** "A fronteira iugoslava": John Selby Bigge, citado em Booker, *Looking-Glass Tragedy*, p.271; J.M. Addis, 30 de agosto, 21 de setembro de 1945, *DBPO*, VI, p.101. • **108.** "De ucranianos da Alemanha": Em 1986, o conde Nikolai Tolstoi alegou em seu livro The Minister and the Massacres [O ministro e os massacres] que a entrega na Áustria foi planejada pelo ajudante da Unidade britânica V, brigadeiro Toby Low, que tinha conspirado com Harold Macmillan (então conselheiro político do marechal de campo Alexander) para mandar matar vários generais russos-brancos cujo destino não estava coberto pelo Acordo de Yalta. Esse acontecimento provocou um contra-ataque maciço por parte do establishment britânico. Uma investigação meticulosa, feita por três homens sob a chefia do brigadeiro Anthony Cowgill, reproduziu todos os documentos principais no caso e descobriu que não havia qualquer consistência nas acusações de Tolstoi; em 1989, foi concedida ao brigadeiro Low, já agora lorde Aldington, uma recompensa recorde de 5 milhões de libras por danos morais e por difamação contra Tolstoi e um corréu. Esse episódio, segundo o historiador Robert Knight, "está extremamente de acordo com a dinâmica da história contemporânea: a abertura de arquivos depois de trinta anos, levando a "descobertas" sensacionais, atenção da mídia e uma história ruim, que depois de vários anos é seguida por uma refutação metódica (e menos manchetes)" (*TLS*, 19 de outubro de 1990). Vale a pena fazermos mais três comentários. Primeiro, Tolstoi romantizou exageradamente os "cossacos", muitos dos quais eram realmente culpados de atrocidades. Segundo, Low era um tipo psicológico específico de pessoa, o hiperconformista de escolas privadas; sua ansiedade por agradar seus mestres tinha lhe angariado alta patente militar quando ainda tinha pouco mais de vinte anos. Se um oficial com mais experiência e mais independente estivesse em seu lugar, a resposta poderia ter sido mais circunspecta e mais humana. Terceiro, o Relatório Cowgill afirmava ter sido incapaz de encontrar qualquer registro de arquivos relacionados às circunstâncias sob as quais a Divisão Ucraniana foi poupada. Ademais, ele oferecia uma explicação um tanto implausível sobre como a divisão que tinha se entregado parece ter caminhado quase 500km, da Áustria até a Itália, sem qualquer apoio logístico ou transporte, em aproximadamente dezoito dias. Como David Cesarani observou: "O fato de uma divisão de 10 mil homens, sem provisões, cansada da guerra e faminta ter conseguido isso sem ser perseguida no caminho, e criando algo assim como um estardalhaço quando passava por uma área do nordeste da Itália, que era densamente povoada e controlada pelos rebeldes, pode ser considerado um desafio à credulidade" (Cesarani, *Justice Delayed*, p.282). • **108.** "5,218 milhões de pessoas": Proudfoot, *European Refugees*, p.208-20; Dyczok, *Grand Alliance*, p.52-62. Quando a média diária caiu para 8.854, o general Templer insistiu que seus subordinados deveriam "lutar com os russos para aumentar seu índice de aceitação. Não estou satisfeito a menos que sejam quase 15 mil por dia". • **109.** "Enfrentavam verdadeira desconfiança": Nolte (org.), *Häftlinge*, p.143-7. • **110.** "Criminosos de guerra": CAMGNWE, p.350-1; Proudfoot, *European Refugees*, p.210; TNA: FO 1030/300 CCG (BE), PW & DP Division. E-mail de Jeffrey Burds para o autor, 10 de outubro de 2005; Dyczok, *Grand Alliance*, p.46, 56-62; Nolte (org.). *Häftlinge*, p.205-25; Applebaum, *Gulag: Uma história dos campos de prisioneiros soviéticos.* • **110.** "Por motivos pessoais indefinidos": Proudfoot, *European Refugees*, p.217. • **111.** "Reivindiquem a cidadania soviética": TNA: WO 219/2427. A Linha Curzon, cujo nome foi uma homenagem a lorde

Curzon, o ministro de Relações Exteriores britânico, era uma linha de demarcação traçada entre a Segunda República polonesa e a Rússia bolchevique em 1919, que, em termos gerais, seguia a fronteira entre o reino da Prússia e o império russo quando a Polônia foi dividida em 1797 e 1914. Embora a Linha Curzon fosse ignorada tanto pelos russos quanto pelos poloneses na década de 1920, ela foi usada como um instrumento diplomático por Stalin durante a Segunda Guerra Mundial. Stalin argumentou que a União Soviética estava apenas pedindo o território que o governo britânico já lhe havia atribuído, por meio de Curzon, duas décadas antes. • **111.** "Ou pessoas apátridas": TNA: FO 1030/301; Dyczok, Grand Alliance, p.46-7. No dia 27 de maio, as forças da Shaef receberam uma ordem que imediatamente isentava os bálticos, os poloneses e os ucranianos (rutenos) de serem classificados como cidadãos soviéticos e causava dúvida com relação ao status de muitas outras PDs que as autoridades de repatriação soviéticas diziam ser de nacionalidade soviética. • **112.** "Trangressores durante a guerra": McNeill, *Rivers of Babylon*, p.53-64. Sobre a Ucrânia: Berkhoff, *Harvest of Despair*; Dallin, *German Rule*; Boshyk, *Ukraine during World War II*; Armstrong, *Ukrainian Nationalism*. • **113.** "Era raramente mencionado": McNeill, *Rivers of Babylon*, p.56. • **113.** "Pessoas de sua população": Snyder, *Reconstruction*, p.154-78. • **114.** "E de meu povoado": Dyczok, *Grand Alliance*, p.47. • **114.** "Que tinha aniquilado a Europa": Levi, *A trégua*. • **115.** "Implorar por sua proteção": Woropay, *Road to the West*, p.28-32. • **116.** "Para um suicídio em massa": Ibid., p.33. • **116.** "Submeterem à repatriação": Elliott, *Pawns of Yalta*, p.90-1. • **116.** "Para seu país ou não": Carta do campo de Neubeuren, 22 de setembro de 1945. Apelos semelhantes foram enviados ao diretor da Cruz Vermelha Internacional, ao presidente Truman, a Herbert Lehman e ao ministro britânico Philip Noel-Baker. Todos foram interceptados antes de serem entregues. UNA S-0425, Caixa 8, Arquivo 4, PAG 4/3.0.11.3.0. • **117.** "De volta contra sua vontade": Luciuk (org.), *Heroes*, p.70; Janco, "The Soviet refugee". • **117.** "Intervir em defesa dos ucranianos": Luciuk, *Searching for Place*, p.63-80. • **118.** "Proprietário da revista *Time*": Em janeiro de 1946, a tentativa americana de embarcar 399 russos em um trem em Dachau indo para a zona soviética produziu onze suicídios e uma cena horrível. Os russos feridos foram então transferidos para Plattling. As autoridades norte-americanas marcaram dia 24 de fevereiro como a data para a Operação Plattling, uma vez mais tomando todas as precauções possíveis para entregar as pessoas por quem estavam responsáveis ilesas para as autoridades soviéticas. Nas horas pouco antes do amanhecer as tropas — e tanques, se acreditarmos em inúmeros relatos — rodearam as casernas contendo cerca de 1.600 homens. As luzes dos faróis dos caminhões e dos refletores do campo iluminavam os soldados americanos, enquanto eles iam embarcando o último grupo, de tamanho considerável, de remanescentes do fracassado Exército Russo de Libertação nos veículos que esperavam. Uma vez mais as barricadas foram armadas e destruídas; uma vez mais homens se enforcaram e a corda foi cortada; uma vez mais cabeças rompiam o vidro das janelas e os pescoços voluntariamente iam de encontro aos fragmentos de vidro ainda agarrados nas molduras; uma vez mais peitos e punhos sangravam pelos cortes com navalhas ou facas improvisadas. Foi um milagre que só cinco tenham morrido. O espetáculo de fevereiro mostrou ser o último exemplo de repatriação forçada em grande escala de pessoas de nacionalidade soviética. FRUS, 1945, p.1106. Houve uma tentativa paralela por parte de prisioneiros de guerra ucranianos na Grã-Bretanha e nos Estados Unidos com o intuito de resistir a um retorno para a União Soviética. Um grupo de soldados vlasovitas que se rebelaram no Fort Dix, em Nova Jersey, acabou sendo entregue às autoridades de repatriação soviéticas na estrada entre Nuremberg e Leipzig dia 31 de agosto de 1945. Os Estados Unidos repatriaram à força de solo americano pelo menos 4 mil cidadãos soviéticos. Elliott, *Pawns of Yalta*, p.102-26. • **118.** "Para a União Soviética caiu dramaticamente": Dyczok, *Grand Alliance*, p.98-112. • **119.** "O embaixador britânico em Varsóvia": Provavelmente havia 1 milhão de poloneses na área Shaef da Alemanha, da Áustria e da Tchecoslováquia, e o mesmo ou mais na área soviética. Proudfoot, *European Refugees*, p.220-3; DBPO, V, p.43, nº 9. • **119.** "No fim daquele ano": DBPO, V, p.221-3, nº 48, Conferência 12/13 de outubro de 1945. • **120.** "Que estivesse a seu alcance": *UD*, p.43, 13 de outubro de 1945. • **120.** "Seus poloneses de merda!": Jacobmeyer, Zwangsarbeiter, p.69-70. • **121.** "A oposição na Polônia era clara": Davies, O levante de 44;

Kersten, *Establishment of Communist Rule*, p.134-60; Hilton, "Pawns"; Holian, "Political Prisoners"; Siedlecki, *Beyond Lost Dreams*, p.232-3. • **122.** "O que pensava Duchesne-Cripps": Duchesne-Cripps, "Mental outlook of [DPs]". A "influência perturbadora da rádio de Varsóvia" também fazia com que a gestão dos campos de PDs poloneses fosse muito difícil. "A estação de rádio encoraja os poloneses a voltarem imediatamente para a Polônia, ignorando completamente o fato de só russos serem aceitos nos pontos de intercâmbio." "Nenhum movimento de poloneses da Alemanha será possível durante vários meses, já que deve ser dada prioridade às PDs russas." Duchesne-Cripps, Biblioteca do Congresso, p.62-70. • **122.** "Controlada pelos comunistas": Proudfoot, *European Refugees*, p.222. • **123.** "Longe de sua terra": McNeill, *Rivers of Babylon*, p.40.

6. Os sobreviventes que restaram

Página 125. "De Kovno, na Lituânia": Z. Grinberg, "Our liberation from Dachau", traduzido por Israel Eiss, reimpresso de Kamah, o anuário do Fundo Nacional Judeu, 5708 (1948); Z.I. Kaplan, "Marsch aus den Kauferinger Lagern", de *Fun letstn churbn* (Munique, 1947). Graças ao doutor Ze'ev Mankowitz e à doutora Edith Raim. • **125.** "40% da população da cidade": Levin, *Litvaks*, p.10-3. "Litvak, em termos prosaicos, é apenas um judeu cuja família por acaso vem da Lituânia; mitopoeticamente falando, no entanto, ser um litvak é um estado de espírito. O litvak se considera (especialmente diante de seu "inimigo" tradicional, o judeu polonês) dotado pela Providência com um verdadeiro sentido de valores: ele está comprometido com a razão e o realismo em vez da fantasia; ele é inteligente, liberal e irônico (no estilo de Hamlet), mas irredutível por princípio. O objetivo permanente na vida judaica, ele tem certeza, está expresso na conexão litvak." Chaim Raphael, *Commentary*, maio 1976. • **125.** "A cidade mais judaica do mundo": Citado em Reich (org.), *Hidden History*, p.28. • **126.** "Ao movimento sionista": Mendelsohn, *Jews of East Central Europe*, p.213-39; Tory, *Surviving the Holocaust*, p.xii-xxiv. Depois de 1939 os soviéticos devolveram Vilna (Vilnius) à Lituânia. "A anexação de Vilna e sua região acrescentou uns 100 mil judeus à população, 75 mil deles só em Vilna. Houve também uma população considerável de judeus poloneses que fugiam tanto dos nazistas quanto da zona soviética e precisavam de ajuda para as necessidades da vida e para a obtenção de documentos a fim de continuar sua viagem para outros destinos." Reich (org.), *Hidden History*, p.28. • **127.** "Comercialização de alimentos": Reich (org.). *Hidden History*, p.15-24. • **127.** "Dentro de um armário": Ibid.; Mishell, *Kaddish for Kovno*; Gringauz, "The ghetto as an experiment"; Elkes, *Values, Belief and Survival*, p.22-34. • **128.** "Morreram muito rapidamente": Grinberg, "Our liberation from Dachau"; Hilliard, *Surviving the Americans*; Schwarz, *Redeemers*, p.3-7; Klausner, *Letter*, p.65-6; Elkes, *Values, Belief and Survival*; Mishell, *Kaddish for Kovno*, p.279-335; Gordon, *Shadow of Death*, p.152-72. • **128.** "Mas sua influência sim": Mankowitz, *Life between Memory and Hope*, p.29-30. • **130.** "Nossas tristes vidas nos levarão?" Ibid., cap. 2. • **130.** "Ruínas, físicas e mentais": *ASH*, p.28; Königsweder e Wetzel, *Waiting for Hope*, p.15-21. • **130.** "10 mil na zona britânica": Bauer, "DP Legacy", in *LR*; id., "Initial organization"; Königsweder e Wetzel, *Waiting for Hope*, p.10. *USHMM*, p.217: "Nas vésperas do Holocausto havia 37 mil judeus em Kovno. No final do Holocausto, um número estimado de quinhentos tinha sobrevivido nas florestas, em esconderijos ou em abrigos, e cerca de 2.500 sobreviveram aos KZs na Alemanha. Na Lituânia libertada, só entre 8 e 9 mil judeus ainda restavam da população de 235 mil de antes da guerra. Mais de 95% da população judaica na Lituânia tinham sido destruídos." Bridgman, *End of the Holocaust*, p.76. • **131.** "Serem de uma raça inferior": F. Wilson, *Aftermath*, p.40-1; Sington, *Belsen Uncovered*, citado em Shephard, *After Daybreak*, p.36; Levy, *Witness to Evil*, p.13; *Rickman Papers*; Blumenson (org.), *Patton Papers*, p.751. • **132.** "Convencê-los a viver outra vez": Klemmé, *Inside Story*, p.86; F. Wilson, *Aftermath*, p.116; Hilliard, *Surviving the Americans*. • **132.** "Provocou mais atrasos": Bauer, *American Jewry*, p.452; id., *Out of the Ashes*, p.41, 55; Milton e Bogin (orgs.), p.1269; Peck (org.), *World Jewish Congress*, p.30; discurso de Edward Warburg, Atlantic City, setembro de 1945. Rosensaft Papers, *USHMM*. • **133.** "E energia em fazê-lo": Klausner, *Letter*, p.10-11; "Rabbi Abraham Klausner", in Harris (org.). *Long Way Home*, p.20-33; Mankowitz, *Life between*

Memory and Hope, p.39-40; Königsweder e Wetzel, *Waiting for Hope*, p.19-20, 80; Bauer, *Flight*, p.57-62; id., "Initial organization". • **134.** "Papel obtido com os militares": Harris (org.), *Long Way Home*, p.24. • **135.** "Reconhecido pelas Nações Unidas": Grodzinsky, *Shadow*, p.42-54; Bauer, "Initial organization". • **138.** "Para os judeus do mundo": Shephard, *After Daybreak*, p.134. • **138.** "Povo que ele representava": Ibid., p.155-8; M. Eigen, "Belsen Camp, 31 August 1945", in Milton e Bogin (orgs.). *Archives of the Holocaust*, p.1312-20. • **139.** "De nada adiantou": Beardwell, *Aftermath*, p.48, 51. • **139.** "*Livaks* na zona americana": Hyman, *Undefeated*, p.79; Bauer, *Flight*, p.72-3. Historiadores lealmente repetiram a divisão zonal: Leo Schwarz e Ze'ev Mankowitz, os historiógrafos dos judeus na zona americana, mal mencionam Rosensaft, enquanto o livro de Hagit Lavsky sobre os judeus em Bergen-Belsen ignora Grinberg e seus colegas. • **140.** "Truman a autorizar a missão": Dinnerstein, "American policy", in *LR*, p.104-5. • **140.** "Judeus no passado": *ASH*, p.34-7; *DBPO*, I, p.1232. • **141.** "Nós não os exterminamos": Mankowitz, *Life between Memory and Hope*, p.54-7. • **142.** "Mas não ignora todo o resto": Klausner, *Letter*, p.67-8; Earl Harrison, "Diary", *USHMM*. • **142.** "Abrigava 85 pessoas": Trepman, "On being reborn", p.134. Para se consolar, Harrison pensava na bondade essencial do homem, como revelada pelos trabalhadores caridosos com quem ele estava envolvido em seu país, "tão diferentes em seus objetivos da degradação do homem pelo homem". "Aquecia meu coração pensar nos homens e mulheres dedicados que se juntam a cada ano". • **142.** "Para tirá-las de lá": Hyman, *Undefeated*, p.55; Rosensaft, *Yesterday*, p.77. • **143** "Pensasse muito nos não repatriáveis": Bauer, "DP legacy", in *LR*, p.27; id., *Plight*, p.77-8; Hyman, *Undefeated*, p.44-53. • **144.** "Em relação às condições nos campos": Ferrell (org.), *Truman*, p.72; Truman, *Years of Trial*, p.164, citado em Kochavi, *Post--Holocaust Politics*, p.305. • **144.** "Uma nação separada": Kochavi, *Post--Holocaust Politics*, p.91; Clay, *Decision*, p.232; Blumenson (org.), *Patton Papers*, p.752. • **145.** "Na cidade de Nova York": Louis, *British Empire*, p.422; M. Cohen, *Palestine*, p.109, 113; Bauer, "DP legacy", in *LR*, p.27. • **145.** "Era um problema britânico": Kochavi, *Post-Holocaust Politics*, p.100. • **146.** "Aqueles na Frente Ocidental": Sanders, *High Walls*, p.133, citado em Johnson, *A história dos judeus*. • **148.** "Rejeitaram essa proposta": Sachar, *History of Israel*, p.163-248. • **148.** "Em nada menos que onze ocasiões": Crossman, *Palestine Mission*, p.60-3. • **148** "Então tentaram defender": Bullock, *Bevin*, p.16. • **149.** "Do país onde eles moram": Rendel para Strang, 24 de agosto de 1945. DBPO, V, p.183.

7. "ALIMENTAR OS BRUTOS?"

Página 150. "Chorar por seu fracasso": Norman Clark, *News Chronicle*, 24 de agosto de 1945, citado em de Zayas, *Nemesis at Potsdam*, p.109-11. • **151.** "E rapidamente": Citado em Frank, "'The new morality...'". • **152.** "Febre tifoide e o tifo": Henry Buckley, Reuters, 21 de agosto de 1945 (TNA: FO 371/46812). • **152.** "Dos tempos modernos": Naimark, *Fires of Hatred*, p.108-10. • **153.** "E responsáveis que os tchecos": MacDonogh, *After the Reich*, p.125-61; Schieder (org.), *Documents on the Expulsion*, IV, p.345-579. • **154.** "Essa parcela da população teria de ser expulsa": C. von Krockow, *Die Reise nach Pommern* (Munique, 1985), p.215. • **155.** "Para a nova fronteira, o rio Oder": Schieder (org.), *Documents on the Expulsion*, I, p.285-302. • **156.** "Seriamente enfermos": Ibid., p.300. As crianças realmente sobreviveram. Elas e Anna finalmente chegaram à zona britânica em março de 1946, onde ela encontrou seu marido outra vez. Segundo outra testemunha, cerca de setenta famílias tinham se jogado no Oder; eram fazendeiros que não podiam compreender por que tinham perdido suas fazendas. • **156.** "No começo de julho de 1945": Nos anos 1950 e 1960, o *Vertreibungsverluste* — a questão de quantos alemães morreram durante as expulsões — passou a ser uma questão na política da Alemanha Ocidental e na propaganda da Guerra Fria, embora fosse oficialmente tabu na Polônia e na Tchecoslováquia. Ocasionalmente era afirmado que esse episódio representou o "Holocausto alemão" — uma afirmação obviamente ridícula. Segundo as estatísticas da Alemanha Ocidental, 1.618.400 alemães morreram durante a expulsão da Polônia e o número total de vítimas foi de 2.239.500. Um total de 2 milhões de mortes foi frequentemente mencionado por historiadores alemães, por exemplo, por Wolfgang Benz, mas outros estudiosos são mais céticos. Rüdiger Overmans questionou esses números, argumentando que apenas cerca de 400 mil vítimas foram na verdade documentadas, e ofereceu uma estimativa de cerca de 600 mil como o número total de "vítimas de expulsão". No entanto, surgem as questões de definição. Norman Naimark cita um estudo polonês que descobriu que "cerca de 2 milhões de alemães morreram no processo da ocupação soviética, da ocupação polonesa e da deportação forçada — a maioria nos territórios ocidentais — de violência, fome e doenças". Naimark acrescenta: "As doenças foram a maior causa de morte: muitos alemães morreram a caminho da Alemanha ocupada e, depois de sua chegada, de uma variedade de doenças. Suicídio, fome e falta de abrigos também contribuíram para um número elevado de mortos. Em outras palavras, os números menores podem refletir com precisão os números dos que morreram assassinados ou de outras causas no decorrer da deportação; os números mais altos incluiriam aqueles que morreram de outras causas durante o deslocamento original, a detenção, o transporte e o reassentamento." O historiador britânico Matthew Frank argumentou que "a cifra de 2 milhões é quase que alta demais. Tantas pessoas certamente não morreram como resultado direto das expulsões depois de maio de 1945". Frank acredita que "a maioria das mortes ocorreu entre o fim de 1944 e o fim da guerra (ou no fim de maio), em áreas que correspondem mais ou menos ao movimento da frente oriental e da ocupação soviética (e iugoslava)". (E-mail para o autor, 27 de julho de 2007.) O historiador tcheco Thomas Stanek estima que entre 25 mil e 40 mil alemães foram mortos durante as expulsões da Tchecoslováquia. Em 1996, uma comissão histórica tcheco--alemã avaliou o número em 40 mil. Naimark, *Fires of Hatred*, p.168-32; Ther, "Integration of expellees". • **157.** "Com as altas temperaturas": Horsburgh e Raeburn, "Health problem in Berlin", p.423-9. • **158.** "Observador comum em Berlim": Ibid. • **158.** "Europa desde a Idade Média": A situação pode ter sido melhor em outras localidades da Alemanha. "Apesar da tremenda superlotação, um número cada vez maior de refugiados está vindo para Lübeck", anunciou em junho de 1945 uma autoridade do governo militar britânico. "A Cruz Vermelha alemã está fazendo um trabalho excelente nos trinta campos de refugiados e abrigos de Lübeck. Nesses locais eles são responsáveis por cerca de 14 mil de um total de 70 mil refugiados alemães. Eles mantêm 25 médicos apenas para trabalhar com essas pessoas. Ainda outro hospital foi aberto no prédio de uma escola, fazendo com que o começo do ensino pareça mais remoto do que nunca. Diariamente eu passo por um abrigo da Cruz Vermelha, limpo e muito bem-administrado, para centenas de crianças órfãs encontradas pelos arredores. A Cruz Vermelha alemã também está auxiliando nos esquemas de ajuda humanitária, tanto para vítimas de campos de concentração quanto para prisioneiros alemães. Grande parte de sua utilidade é devida ao trabalho voluntário, e observa-se uma proporção surpreendente de mulheres nas ruas usando uniforme de enfermeira. De modo geral, os alemães estão sendo bem-tratados nesse tipo de autoajuda — é algo que eles já compreendem e que exige dedicação em vez de talentos especiais de improvisação." Dickens, *Lübeck Diary*, p.150. • **159.** "Nas várias partes da Alemanha": TNA: FO 371/46813. Eleanor Rathbone, PNB, 25 de agosto de 1945, citando o *News Chronicle* do dia anterior: "Essa proporção da população da Alemanha morrerá antes do inverno se nada for feito", escreveu Rathbone. "Nem as autoridades aliadas estão lidando com os problemas ou ajudando os Comitês de Ajuda Humanitária alemães a fazê-lo (...) se os Aliados não podem realizar essa tarefa eles próprios, deveriam dar toda a ajuda possível aos órgãos alemães competentes." • **160.** "Ex-diplomata Sir Robert Vansittart": Reinisch, "Public health", p.51-7. • **161.** "Perigo para o mundo": Frank, "New morality". • **161.** "Não precisava de passaporte": Durante três dias, no começo de novembro, um pânico estranho tomou conta da Fleet Street. Embora os especialistas soubessem que técnicas recentemente desenvolvidas de inoculação em massa estavam evitando sua disseminação, espalhavam-se temores de que uma erupção da doença na Alemanha pudesse rapidamente se propagar para o Ocidente, e os desastres na área da saúde do começo da década de 1920 poderiam ser, afinal de contas, repetidos. • **162.** "Tipos de fascismo estão surgindo": *A Defeated People*. Jennings, em privado, compartilhava essa opinião. Jackson, *Humphrey Jennings*, p.308-10. • **163.** "Firmes em sua posição": Frank, "British voluntary societies". • **164.** "Era pouco realista": Naimark, *Russians in Germany*, p.148. •

165. "De eles sofrerem *realmente*": Pimlott (org.), *War Diaries of Dalton*, p.846; "Você e o Exército podem fazer todo o possível para mitigá-lo, mas não serão capazes de curá-lo." (Cloake, Templer, p.149); Smith, *Clay Papers*, I, p.24, 41, citado em Tooze, *Wages of Destruction*, p.672. 26 de julho de 1945 DBPO, I, p.915-16, nº 421. Sargent avisou que o governo militar não deveria ficar do lado dos alemães contra as PDs: Não havia "espaço para uma solidariedade exagerada". Ele tinha esperança de que a repatriação das PDs iria pôr fim ao problema. • **165.** "Abaixo das expectativas": *CAMGNWE*, p.231; Annan, *Changing Enemies*, p.149; Balfour e Mair, *Four-Power Control*, p.73-4; Farquharson, *Western Allies*, p.55-60. Nem todos os prisioneiros de guerra libertados eram trabalhadores agrícolas. Muitos membros do Wehrmacht tinham simplesmente afirmado serem trabalhadores agrícolas para serem logo libertados dos campos de prisioneiros de guerra. A Operação Barleycorn não era, de forma alguma, uma solução permanente para o problema, na medida em que a migração rural já estava em progresso há muito tempo para que isso ocorresse. Ziemke, US Army, p.292-5, sugere que os prisioneiros de guerra alemães estavam sendo dispensados de qualquer forma porque não havia comida suficiente para mantê-los. • **166.** "Tremiam de febre": UD, passim; McClelland, *Embers of War*, p.58; Dickens, *Lübeck Diary*, p.260; Knef, *Gift Horse*, p.113-25. • **166.** "A fazer isso outra vez": *LR*, p.79. • **167.** "Mistura de suas emoções": Jay, *Change and Fortune*, p.136-9; Pimlott (org.), *War Diaries of Dalton*, p.432. • **167.** "Uma bomba-relógio": Pimlott (org.), *War Diaries of Dalton*, p. 429-34; Skidelsky, Keynes. • **167.** "80 milhões de libras por ano": Balfour e Mair, *Four-Power Control*, p.123-51. • **168.** "Economista William Beveridge": Meehan, *Strange Enemy People*, p.54; Pimlott (org.), *War Diaries of Dalton*, p.546-7; *DBPO*, 1945, I, V, p.273-6. • **169.** "Atravessar o inverno": *DBPO*, I, V, p.379-80; Farquharson, *Western Allies*, p.93. • **169.** "Tivesse sido sacramentado": *DBPO*, 1945, 6, p.417-20. • **170.** "Fazer mais do que isso": Thomas, *Strachey*, p.230-4; Jay, *Change and Fortune*, p.140-2; Debates da Câmara dos Comuns. Parte da explicação eram as obrigações internacionais que o Reino Unido tinha quitado. Desde novembro de 1945, disse Strachey, o governo britânico tinha enviado ou desviado 60 mil toneladas de cereais (principalmente trigo) para a Índia; e 60 mil toneladas, através da Unrra, para a Itália, a Polônia, a Grécia e a Iugoslávia; 60 mil toneladas para a Alemanha; 10 mil toneladas para a África do Sul; e 10 mil toneladas para a Bélgica. Toda essa quantidade tinha sido emprestada e em seu devido momento seria substituída pelos americanos. Mas, além disso, o governo tinha enviado para a zona britânica na Alemanha 192 mil toneladas de trigo, 109 mil toneladas de farinha de trigo, 105 mil toneladas de cevada e 132.400 toneladas de batatas. O próprio Strachey particularmente acreditava que não era necessário introduzir o racionamento de pão na Grã-Bretanha, mas não conseguiu persuadir seus cautelosos funcionários públicos. O racionamento de pão era extremamente impopular e custou ao governo trabalhista muito capital político. "Mesmo que a ração do pão fosse adequada, algo que muitos reconheciam ser, o próprio fato de haver um racionamento em época de paz continuaria sendo uma ferida simbólica enquanto permanecesse em vigor, especialmente para a classe média." Kynaston, *Austerity Britain*, p.118.

8. DÓLARES OU MORTE

Página 172. "E disciplinas diferentes": Gibson, *Jacko*, p.1-62; Wilmington, *Middle East Supply Centre*, p.41-4. • **172.** "Foi mandado para a Unrra": *ODNB*; entrevistas de Jackson, Biblioteca Bodleian; TNA: FO 371/41144. • **173.** "Simplesmente fechada": RJ a Noel-Baker, 25 de novembro de 1945. Documentos da Unrra de Jackson C256, nº 20, Lehman Suite, Columbia. • **173.** "Atenção ao Extremo Oriente": Ibid. Mais tarde, naquele mesmo ano, ficou claro que o apoio da Grã-Bretanha à Unrra era principalmente devido ao fato de essa organização, da qual 72% eram financiados pelos americanos, proporcionar um mecanismo mais barato do que qualquer outro para que os britânicos pudessem quitar seus compromissos de ajuda humanitária. • **173.** "Concordou com o esquema": Jackson, documento sem título, de Documentos da Unrra de Jackson. C256, nº 20, Lehman Suite, Columbia. A chegada de Jackson fez cessar toda a conversa sobre a demissão de Lehman. • **173.** "Para trabalharem na Unrra": Best, "British Foreign Office", p.167; FO 371/51336. • **174.** "Uma correria incessante": UNA: Unrra. Escritório das Monografias Históricas, caixa 78/7. May Bingham, "Mobilization and Training". • **174.** "Parte dos funcionários": Lorna Hay, "Can Unrra relieve the chaos in Europe?", *Picture Post*, 15 de setembro de 1945. • **175.** "Piorou ainda mais": Arnold-Forster, "Unrra's work", *Arnold-Forster Papers*; AP, p.162-5. • **175.** "Conversa fiada idealista": Floore, *Bread of the Oppressed*, p.27; UNA: Unrra. Escritório das monografias históricas. Caixa 7S. Roger Carter, "Training of Personnel for Displaced Persons Operations". • **176** "Eram bastante bons": Woodbridge, I, p.251-2; Korwin, "No Man's People", p.58, em Arnold-Forster Papers; F. Wilson, *Aftermath*, p.26-9. • **176.** "Assentos nas privadas": Klemmé, *Inside Story*, p.28-32. • **176.** "Foi apenas de espanto": Dawson, "Stagnant Pool", *IWM*; Klemmé, *Inside Story*, p.31; Wilson, *Aftermath*, p.10; *UC*, p.157. "Havia certos critérios que determinavam se os funcionários da ajuda humanitária seriam classificados como principais ou ajudantes. Todos eles tinham cinco anos de formação universitária e vasta experiência. Apenas duas ou três senhoras vieram com cartas ou recomendações de altos funcionários em vez de diplomas e experiência. O Reino Unido enviava pessoas com diplomas e experiência nas ciências sociais, mas também pessoas sem qualificações. Isso causava dificuldades e insatisfação. Quanto aos critérios para recrutamento na França, está além de meus poderes avaliá-los. Algumas pessoas diziam que era uma recompensa por atividades na Resistência." O departamento de Recursos Humanos "não tinha qualquer conhecimento de psicologia e nenhuma experiência no campo. Deveriam usar a avaliação do treinamento, mas, na maioria das vezes, atribuíam as pessoas às equipes por inspiração divina". Korwin, "No Man's People", in *Arnold-Forster Papers*. • **177.** "Chegou a Granville": UNA: Unrra. Escritório das Monografias Históricas, caixa 78. Roger Carter, "Training of Personnel for Displaced Persons Operations"; Korwin, "No Man's People", in *Arnold-Forster Papers*. • **177.** "De comida e vestuário": "Uma manhã, no café da manhã, foi difícil reconhecer a mesa de jantar. Estava tudo lá: sucos de fruta, manteiga, açúcar. Ouviram-se rumores de que havia uma investigação por parte do CID (Departamento de Investigação Criminal) americano. Muitas coisas mudaram da noite para o dia." Korwin, "No Man's People",

522 | BEN SHEPHARD

in *Arnold-Forster Papers*. • **178.** "E não saber disso *a priori*": Wilson, *Aftermath*, p.30; Câmara dos Representantes dos Estados Unidos, 31 de outubro de 1945. • **179.** "De desonestidade e ineficiência": Lorna Hay, "Can Unrra relieve the chaos in Europe?", *Picture Post*, 15 de setembro de 1945; UNA: Unrra. Escritório das Monografias Históricas, caixa 78/7. May Bingham, "Mobilization and Training" • **179.** "De desejos insatisfeitos": Best, "British Foreign Office"; Wilson, *Aftermath*, p.28; Korwin, "No Man's People", in *Arnold-Forster Papers*. • **180.** "Que ela obteve": UNA: Unrra. Escritório das Monografias Históricas, caixa 78/7. May Bingham, "Mobilization and Training"; Korwin, "No Man's People", p.67, in *Arnold-Forster Papers*. • **180.** "Fornecida pelos militares": Coigny, "Displaced Persons". • **181.** "A Suécia e a Suíça": Topping, "The task of Unrra". • **181.** "Entrou em seu escritório": Doherty, *Letters from Belsen*, p.63, 71, 120; Effie Barker, *Barker Papers*, *IWM* (D); Fisher, *Cilento*, p.176-93. • **183.** "Antes de aceitar": Cilento, "Escape", p.60-5, University of Queensland Library. Tanto Cilento quanto Montgomery eram "vaidosos e ambiciosos". Fisher, *Cilento*. • **185.** "Muito melhor que a da Itália": FRUS (1945), II, p.993-1009; Woodbridge, I, p.41-3; AP, p.55-62. • 194. FRUS (1945), II, p.1024. • **186.** "Revista em seis meses": Ibid., p.1025-7. • **186.** "Já não apoiava mais a Unrra": Ibid., *Acheson a Harriman*, p.1027; Fossedal, *Finest Hour*. • **186.** "Todas as operações com PDs": AP, p.59. • **187.** "Sua última aquisição": Morgan, *Peace and War*, p.220; UD, p.1-2. • **187.** "Senso de humor brincalhão": Bond, "Sir Frederick Morgan", ODNB; Morgan, *Peace and War*. • **188.** "Com os alemães expulsos": UD, p.12-5. • **190.** "Com que assim seja": UD, 19-28 de setembro de 1945, p.20-8. • **191.** "Gerenciamento ineficaz": Financiamento da Unrra pelos Estados Unidos (milhões de dólares):

28 de março de 1944, o Congresso autorizou o primeiro 1%	$1.350
30 de junho de 1944, primeira apropriação	$ 800
14 de dezembro de 1945, segunda apropriação	$ 550
18 de dezembro de 1945, o Congresso autorizou o segundo 1%	$1.350
28 de dezembro de 1945, apropriação de	$ 700
27 de maio de 1946, apropriação de	$ 135
23 de julho de 1946, apropriação de	$ 465

• **191.** "Para muitas pessoas na Europa": Jackson a Noel Baker, 25 de novembro de 1945. • **192.** "Um longo caminho a percorrer": Segundo a Time, 31 de dezembro de 1945, o "inspirador do atual esforço súbito da Unrra foi o tagarela de cabelos vermelhos da Marinha Real Australiana, RGA (Royal Garrison Artillery) Jackson". • **193.** "Supostos amigos da Unrra se calaram": Hoje, Helen Gahagan Douglas é mais conhecida por ter chamado Richard Nixon de "tricky Dicky" [algo como "Ricardinho trapaceiro"], depois de ele a ter vencido nas eleições de 1950. • **193.** "Foi convencido a aceitar": Rendel para Strang, DBPO, I, V, p.207. • **194.** "Com relação à data": UD, p.82; Cilento, "Escape", p.103-4, University of Queensland Library. • **195.** "Dólares caídos do céu": *Morgan Papers, IWM*. • **195.** "Assumir o comando": *UD*, p.6, 31, 24. • **196.** "Atitude corrupta da maioria delas": Ibid., p.32, 48, 65, 67. • **196.** "Entre nossos funcionários": Ibid., p.68. • **197.** "Das coisas em particular": Ibid., p.78; Sereny, *O trauma alemão: Experiências e reflexões — 1938-2000*; UNA: PAG 4/4.2, caixa 81. Escritório das Monografias Históricas nº 20/2. Donald F. McGonigal, "Baltic camp at Kassel". • **197.** "E emocionalmente satisfatórias": UD, p.55, 80, 88. • **197.** "A maioria delas é verdade": UNA: Arquivos da Unrra. Escritório das Monografias Históricas, caixa 78, nº 7. • **198.** "Simplesmente pessoas encantadoras": UD, p.345. • **199.** "Como todos os demais": Ibid., p.39, 164; UNA: Arquivos da Unrra. Escritório das Monografias Históricas, caixa 78, nº 7. • **199.** "Compras locais em Berlim": *UD*, p.165. • **200.** "Tentar absorver essas pessoas": Ibid., p.109-110. • **200.** "Escreveu o *Manchester Guardian*": Bauer, *Flight*, p. 194-8; *ASH*, p. 109-110; Kochavi, *Post-Holocaust Politics*, p.163-4. • **200.** "Todos os tipos de dificuldades": UD, p.25, 32. Ao encontrar Leslie Hore-Belisha no St. James's Park em fevereiro de 1943, Sir Alan Brooke notou que ele "parecia mais seboso e desagradável que nunca". Danchev e Todman (orgs.), *Alanbrooke War Diaries*, p.385. • **201.** "Estava errada": UD, p.62, 77, 88, 90. Shalom (Solomon) Adler-Rudel (1894-1975), que nascera em Czernowitz, na Polônia, tinha sido o líder da Comunidade Judaica Alemã exilada em Londres. • **202.** "Por protestarem demais": *UNA*. S 425, caixa 8, arquivo 6. • **202.** "Escreveu Jackson tempos depois": Entrevista com Jackson, Biblioteca Bodleian. • **202.** "Pressões judaicas": *UD*, p.110-44.

9. "Vocês vão aprender rápido"

• **204.** "Vocês vão aprender muito rápido!": *WP*, p.3-8. • **206.** "Cristo nunca estava ausente": Ibid., p.9-20. • **206.** "onde esperavam estar indo": *KHL*: carta, 19 de agosto de 1945 • **207.** "Saudações e sorrisos": *KHL*: carta, 30 de agosto de 1945; *WP*, p.36-42. • **207.** "Total concordância": Hitchcock, *Bitter Road*, p.272-7. • **208.** "Ração de cigarros deles": *PCW*, p.9. • **209.** "Foi completamente ignorada": Ibid., p.10-1. Carta, G. Masset, Diretor, Unrra, Equipe 302, Wildflecken para J. H. Whiting, diretor interino do distrito, Unrra, 13 de setembro de 1945. UNA: S-0436, caixa 8, arquivo 5. PAG 4/3.0.II.3.2 (obviamente, escrita por Kay Hulme); Relatório da Investigação do Centro de Pessoas Deslocadas em Wildflecken (nº 91-252), 5/6 de setembro de 1945 (por H.E. McDonald). • **209.** "Se transformar em uma tragédia": *PCW*, p.11-12. • **209.** "Como de melhor categoria": Ibid., p.12. • **210.** "5 milhões de unidades de penicilina": *KHL*: cartas, 4 de novembro e 15 de dezembro de 1945. • **211.** "A esses pobres poloneses": *KHL*: carta, outubro de 1945; *PCW*, p.3. • **212.** "Muito cheia de ossos": *KHL*: cartas, 9, 12 de outubro de 1945; *WP*, p.62. • **213.** "Logo seriam necessários": *PCW*, p.19-21. • **213.** "Volantes flexíveis feitos em casa": *WP*, p.85. • **215.** "Cortina cáqui específica": Ibid., p.90-2. • **216.** "Sabão e leite em pó": *KHL*: carta, 15 de dezembro de 1945. • **216.** "E de sua queda": *PCW*, p.5. • **217.** "Lírio no campo": *KHL*: cartas, 4, 22 de novembro de 1945. • **217.** "Verdadeiras maravilhas": *KHL*: carta, 13 de novembro de 1945. • **218.** "Daqueles anos com ele": *UC*, p.241-4; Patterson, *Ladies of the Rope*. • **219.** "As coisas estejam feitas": *UC*, p.156-61, 170-2, 178-82; *KHL*: carta, 27 de outubro de 1945. • **220.** "Refugiados poloneses apareceu": *KHL*: carta, 31 de dezembro de 1945: *WP*, p.99-123. Segundo Ziemke, *US Army*, p.318, Tally Ho era uma operação de controle e busca realizada em julho de 1945.

10. "Mesmo que os portões estejam fechados"

Página 222. "Trazendo provisões da Suíça": Peck (org.), Among the Survivors, p.5, 10-12, 21. • **222.** "Pessoas no campo": Ibid., p.14-5· •

223. "Seriam realizadas eleições": Ibid., p.16, 22. • **223.** "Capazes de administrá-la bem": Ibid., p.15, 29. • **224.** "Escreveu Heymont para a esposa": Ibid., p.36, 31, 59-60, 82, 62. • **225.** "Em um campo de PDs": Ibid., p.14-5. • **225.** "Não transforma as pessoas": Ibid., p.64-6. • **226.** "Ele também estava se preparando": Teveth, *Ben-Gurion*, p.695-831; Rose, *Weizmann*, p.356-400. • **227.** "Para os extremistas": Shapira, *Land and Power*, p.277-352; M. Cohen, *Palestine*, p.68-70. • **228.** "Não ser vitorioso": Teveth, *Ben-Gurion*, p.843-62; id., *Ben-Gurion and the Holocaust*; Segev, *Seventh Million*, p.97. • **228.** "Financiar esse plano": Zertal, *From Catastrophe to Power*, p.225-9; Cohen, *Palestine*, p.68. • **229.** "Se tornar seu representante": Teveth, *Ben-Gurion*, p.870-3. • **230.** "Esperança para todos": Ibid., p.872. • **230.** "Nesse resgate": Ibid., p.87. • **230.** "Reivindicassem sua propriedade": Peck (org.), *Among the Survivors*, p.49-50. • **231.** "Outubro de 1945": Bauer, *Flight and Rescue*, p.113-51; Kochavi, *Post-Holocaust Politics*, p.162-3; Gross, *Fear*, p.31-80. • **231.** "De rotas era utilizada": Bauer, "DP legacy", p.25. Todos os números são necessariamente aproximados. Bauer estima que havia a essa altura, aproximadamente, 120 mil sobreviventes na Alemanha, na Áustria, na Polônia, na Lituânia e na Hungria; 180 mil sobreviventes compostos por pessoas que tinham retornado, vindas dos campos e do Batalhão de Mão de Obra Judia no Exército húngaro e sobreviventes do gueto de Budapeste. Finalmente, havia uns 200 mil judeus que tinham fugido na direção leste para a União Soviética, quando os alemães atacaram. • **232.** "Para a zona americana": Bauer, *Flight and Rescue*; Mankowitz, *Life between Memory and Hope*, p.17. • **232.** "Judeus para a Palestina": "Até setembro de 1945, a coisa toda era dirigida sem a presença de uma única pessoa do centro da Palestina." Mas no começo de outubro chegou o primeiro emissário sionista, logo seguido por outros enviados pelo Mossad. A princípio, as pessoas locais permaneciam em controle, mas, como elas próprias gradativamente emigraram, os palestinos assumiram o poder, e no final da primavera de 1946 eles já estavam "definitivamente dirigindo o Brichah". Bauer, *Flight and Rescue*, p.121. • **232.** "Salvar aqueles judeus": Mankowitz, *Life between Memory and Hope*, p.67-8; Bauer, "DP legacy", p.28. • **233.** "Clandestina para a Palestina": Bauer, *Flight and Rescue*, p.95-6; Kochavi, *Post-Holocaust Politics*, p.92-7. Yehuda Bauer argumentou que Bedell Smith foi em parte influenciado pelo fato (do qual ninguém mais estava ciente à época) de ele ser parcialmente judeu. O arquivista no Eisenhower Center, onde estão guardados hoje os escritos de Bedell Smith, não pôde encontrar evidência para apoiar essa teoria. O comandante americano na Áustria, general Mark Clark, era, no entanto, metade judeu. • **233.** "Na Alemanha e na Europa Central": Zertal, *From Catastrophe to Power*, p.748; Cohen, *Palestine*, p.69. • **234.** "Desse movimento": Peck (org.), *Among the Survivors*, p.93. • **234.** "A tarefa com sucesso": Friedman, "Military Chaplain's perspective", in *LR*. • **234.** "Única solução prática": Bauer, "DP legacy", p.31. • **235.** "Uma decisão semelhante": Grodzinsky, *In the Shadow*, p.80-99; Shephard, *After Daybreak*, p.162-5. Um dos fatores nessa situação era a rivalidade entre os grupos sionistas e os grupos religiosos judeus que tinham tomado a iniciativa para trazer crianças judias para a Inglaterra. • **236.** "De Belsen para lá": O próprio doutor Grinberg declarou que "ou as crianças vão para o lugar para o qual precisam ir e têm o direito de ir — a Palestina — ou permanecem nos campos". Ben-Gurion: "Sou contra a remoção das crianças judias para a Inglaterra, até mesmo para a Suécia — o melhor país nesse aspecto. É necessário que elas estejam lá — é bom para elas, é bom para os judeus (...) é do interesse dos judeus que haja uma grande força judaica na zona americana. A América irá pressionar a Grã-Bretanha, De Gaulle não." Grodzinsky, *In the Shadow*, p.97-8. • **236.** "Fosse a mesma sempre": Segev, *Seventh Million*, p.130; *DBPO*, I, V, p.457-8, documento em microficha nº 98iiia. Comissão Central para a Alemanha para o Departamento de Refugiados, Ministério das Relações Exteriores britânico, anexando um relatório confidencial do senhor Goldsmith, 24 de dezembro de 1945. O jornalista descobriu que as PDs de Belsen não estavam cientes de que elas provavelmente estavam recebendo mais comida que os britânicos. O doutor Hadassah Bimko lhe sugeriu "que as PDs na verdade tinham direito a uma escala mais elevada de rações que os civis britânicos em virtude das privações que tinham sofrido. Tanto os representantes judeus quanto os poloneses concordaram que eles estavam bastante dispostos a verem alguns alemães passar fome para que eles próprios pudessem ter mais comida do que aquela que estavam recebendo no presente. A essa altura, quantidades consideráveis de ajuda humanitária da Junta estavam chegando a Belsen. TNA: FO 1049/81. • **236.** "Assembleia popular em Nova York": Bauer, *Out of the Ashes*, p.99-100; Schwarz, *Redeemers*, p.99-100. Grinberg achou que os judeus americanos estavam "superorganizados", mas fortemente divididos. • **237.** "Daquele continente": TNA: FO 1049/81/77, citado em Reilly, "British Policy", p.110. • **238.** "Visão britânica bastante comum": R. Ovendale, resenha de Kochavi, *Post-Holocaust Politics, English Historical Review* 117 (2002), p.1296; Bullock, *Bevin*, p.181. • **238.** "Eram antissionistas": Nachmani, *Great Power Discord*; Louis, *British Empire*, p.397-419. • **239.** "Pudessem prevalecer": Crossman, *Palestine Mission*, p.46-7. • **239.** "Se ele fosse unânime": Ibid., p.63, 75. • **240.** "Paciência com a gente?": Crum, *Behind the Silken Curtain*, p.73. • **240.** "Por latas de café": Schwarz, *Redeemers*, p.81-8; Grassmann, *Jews, Germans, and Allies*, p.168-9; filme, *These are the People* (Steven Spielberg Film Archive). • **241.** "Profundamente emocionado": Crum, *Behind the Silken Curtain*, p.78-81. • **241.** "Um objetivo na vida": Ibid., p.83. • **242.** "Imigrar para a Palestina": Gradzinsky, *In the Shadow*, p.138; R. Ovendale, resenha de Kochavi, *Post-Holocaust Politics*, English Historical Review 117 (2002), p.1296. • **242.** "Todos eles compartilhavam": Lavsky, *New Beginnings*, p.189-92. • **243.** "Conversão ao sionismo": Crum, *Behind the Silken Curtain*, p.145. • **243.** "Provocaria uma guerra": Louis, *British Empire*, p.412; Crossman, *Palestine Mission*, p.138-9; Crum, *Behind the Silken Curtain*, p.126-9. • **244.** "Nunca ter nascido": Bethell, *Palestine Triangle*, p.237; Bullock, *Bevin*, p.255-8; Louis, *British Empire*, p.418-9: Bauer, "DP legacy". • **245.** "Planejando-a e coordenando-a": Bullock, *Bevin*, p.292-4; Louis, *British Empire*, p.415-9. • **245.** "Dispersadas e desarmadas": Louis, *British Empire*, p.418; Cohen, *Palestine*, p.113-5. • **246.** "Privado de caridade": Schwarz, *Redeemers*, p.120-8; UD, p.180. Em uma carta para o general Templer no dia 4 de julho de 1946, Morgan descreveu Grinberg como "uma personalidade tremenda (...) um militante visionário do tipo maccabiano, capaz de qualquer coisa. *Morgan Papers, IWM*. • **246.** "Som de risos": Hilliard, *Surviving the Americans*, p.100-1. • **246.** "Delegada a outros": Schwarz, *Redeemers*, p.122-5; Bauer, *Flight and Rescue*, p.275; Yablonka, *Holocaust Survivors*, p.270. A dedicatória para o relato que Grinberg faz de sua sobrevivência é a seguinte: "Uma luz em memória da alma de meu primogênito, Emanuel, nascido no gueto de Kowno no dia 25 de Tamuz, 5701 (20 de julho de 1941); salvo por um dos Justos Entre as Nações, Matas Jonushaukas; entrou na terra de nossos antecessores dia 24 de Nissan 5706 (25 de abril de 1946), morreu e foi enterrado em Sion dia 24 de Elul 5706 (20 de setembro de 1946)."

11. *"Skryning"*

Página 247. "A situação naquele país": Dölger, "Polenlager Jägerlust", p.75-102. • **248.** "Política e administrativamente": Hilton, "Pawns", p.90. • **248.** "Pessoas 'boas' e 'más'": Woodbridge, l, p.486-7. • **249.** "Peneirem os ucranianos": Woodbridge, l, p.490-1; AP, p.62-3. • **249.** "Pouco tempo depois": UNA: Vincent Meyer, Unrra, chefe adjunto de Operações, Berlim, 23 de março de 1946, 5402, caixa I, arquivo I. Danylyszyn, "Prisoners of Peace", p.74, dá um número de quase 850 mil poloneses deslocados ainda na Alemanha, informação extraída do jornal da Unrra. Esse número pode ter incluído judeus e "ucranianos". Segundo Proudfoot, European Refugees, p.238-9, havia 816.004 poloneses nas zonas ocidentais da Alemanha em 30 de setembro de 1945 — 253.981 na zona americana, 510.320 na britânica e 51.703 na francesa. • **250.** "Ainda era considerável": UNA: "Historical Report — Repatriation Division", escrito por Ralph M. Price, maio de 1947, S-0524-0104. PAG 4/4.2:80 (a partir daqui, "Price Report"); UNA: F.E. Morgan, Narrative Report, fevereiro de 1946, S-0518-0800. PAG 4.1.1.3.5.6.2:133. • **250.** "Campos na área de Munique": Hilton, "Pawns". • **251.** "Trabalhar para os alemães": Lukas, *Bitter Legacy*, p.109-10; Jaroszy□ska-Kirchmann, *Exile Mission*, p.49. • **251.** "Em junho de 1946": Price Report, p.2; Cilento, "Escape", p.99. Tendo estabelecido a Unrra na zona britânica no dia do Wild West do outono de 1945, Sir Raphael pode ter ficado ressentido com a maneira paternalista de Morgan. Ele achou Morgan, "à primeira vista (...) uma personalidade marcante, alto, corpo atlético, com um charme proposital em suas maneiras, uma sagacidade rápida e uma risada contagiante", mas, "ao conhecê-lo melhor, ele me pareceu demonstrar um amor pelo reconhecimento público e privado, uma intolerância de pontos de vista diferentes e uma sequência quase cíclica de euforia e uma infelicidade que indicava a intensidade da tensão nervosa de suas responsabilidades durante a guerra". Cilento, embora fazendo muito barulho a favor da repatriação, fez o possível para impedir que os oficiais de ligação enviados pelos poloneses de Lublin tivessem acesso aos cadastros da Cruz Vermelha polonesa mantidos na Alemanha. Até esse ponto a acusação de sabotagem é justificada. Ele também acusou Morgan de um longo atraso para implementar a Resolução 92 e de instruções contraditórias dali em diante: "A conversa dupla, a vacilação, a insegurança de propósito e as flutuações das políticas em todas as partes envolvidas em última instância arruinaram a resolução dos refugiados (...) Na verdade (...) mataram o programa de repatriação." • **253.** "Ler e complementar": *KHL*: cartas, 20 de janeiro, 2 de fevereiro, 27 de fevereiro, 29 de março de 1946; *WP*, p.125. • **254.** "Alegrá-los no caminho": *KHL*: carta, 7 de abril de 1946. "Eles nos tinham dito que poderíamos acompanhar os transportes, se quiséssemos. Era tão voluntário para os funcionários da Unrra quanto para as PDs. Eu não perdi a oportunidade. Se eu pudesse trazer de volta até mesmo o menor fiapo de encorajamento [ela disse a Masset] não seria maravilhoso?" Ele olhou para ela com pena. Kay então jogou seu trunfo: "Os números da lista de repatriação não aumentariam se o campo soubesse que um de seus funcionários iria acompanhar o primeiro transporte do ano?" Segundo Rhoda Dawson, "103 pessoas deixaram Wildflecken e 106 chegaram à Polônia". "Nós, é claro, não fazíamos nada para persuadir as pessoas a partirem (...) A política até aqui não era estimular as pessoas ou para ficarem ou para voltarem. Naquele momento tínhamos de ser totalmente imparciais. Na verdade, ouvi o diretor dizer que no outono passado ele tinha sido criticado por seus superiores por ter tentado encorajar a repatriação, porque isso era incorreto. Dawson, "Stagnant Pool", *IWM*, p.155A, 157A. • **254.** "Na próxima parada": *WP*, p.136. • **255.** "Iria se romper": *KHL*: cartas, 23 de abril e 5 de maio de 1946. • **255.** "Vagão de carga": Dawson, "Stagnant Pool", *IWM*, p.146; KHL: carta, 23 de abril de 1946. • **255.** "Belga Marie-Louise Habets": Dawson, "Stagnant Pool", *IWM*, p.146. • **256.** "Os poloneses a regressar": *UC*, p.196-7. • **256.** "Estado para destruí-los": Kersten, *The Establishment of Communist Rule*, p.163-231. • **257.**

"Submetida por seu partido": Korbonksi, *Warsaw in Chains*, p.49 • **258.** "Ivan Serov, do NKVD": Ibid., p.67; Toranska, *Oni.* • **258.** "E falta de moradias": Kersten, *The Establishment of Communist Rule*, p.163-71; Lane, *Poland Betrayed*. • **259.** "Reconstruídos e colonizados": Kersten, *The Establishment of Communist Rule*, p.166. • **259.** "Totalmente no verão": Woodbridge, III, p.426-7. Trinta e cinco mil quinhentos e cinquenta e sete poloneses voltaram em março, 58.314 em abril, 36.319 em maio, 22.964 em junho, 35.564 em julho, 25.516 em agosto de 1946. • **260.** "Para sua terra natal": UNA: S 402-0004, arquivos por tema da Seção de Repatriação. Romuald Nowicki, diretor, Unrra, Equipe 109, para J.H. Whiting, 15 de fevereiro de 1946. Documento, 1º de junho de 1946. Documentos pertencentes à implementação da Resolução nº 92 da Unrra. Price Report. • **260.** "Pelo bloco soviético": Bullock, *Bevin*, p.274. • **261.** "Polônia seria representada": Anders, *Army in Exile*, p.288-95 • **262.** "Ainda mais difícil": Bullock, *Bevin*, p.274. • **262.** "Nos campos de PDs": Ibid. • **262.** "Mostraram ser vãos": Anders, *Army in Exile*, p.288-95; Sword et al., *Formation*, p.200-2. • **263.** "Um curso intensivo": UNA: Operações de filtragem na zona norte--americana. Relatório por Jay B. Krane, chefe da Divisão de Relatórios e Análises, 10 de julho de 1946, (daqui em diante, "Krane Report"); Dyczok, *Grand Alliance*, p.138-47. • **264.** "Deviam escutar e obedecer": UNA: Sereny para J.H. Whiting, diretor da Unrra, zona americana, 21 de julho de 1946. • **265.** "E não a organização": Ibid.; Krane Report. Os jovens oficiais ficaram perplexos com as tentativas de Sereny de explicar as forças políticas que operavam nos campos — "histórias como essas parecem Hollywood para crianças interessadas em Hollywood". Eles "consideravam as PDs do sexo masculino criminosos preguiçosos"; as mulheres eram "ou uma coisa ou outra, dependendo de sua aparência física". Sereny realmente conseguiu descobrir provas de uma organização ou movimento colaboracionista que tinha operado entre a população predominantemente bielo-russa (rutenos) do leste da Polônia durante 1942-44 no período da ocupação alemã. • **265.** "Ela estava apresentando": O chefe de Sereny na Unrra escreveu: "Sua formação é de jornalista, e não de uma pessoa que trabalha com ajuda humanitária." Embora reconhecendo seu "sentimento, educação e experiência internacionais consideráveis", ela também tem um "recorde de volatilidade, volubilidade e autoexpressão que foi uma fonte de ansiedade em várias de suas responsabilidades. Ela é uma defensora beligerante de causas perdidas ou causas frágeis (...) Nunca fica longe de um telefone e aparentemente conhece muita gente". UNA: A.C. Dunn a C.J. Taylor, 22 de julho 1946. Sereny saiu da Unrra em outubro para fazer uma série de conferências em escolas e universidades nos Estados Unidos. Sereny, O trauma alemão: Experiências e reflexões — 1938-2000. • **266.** "Distribuição especial de rações": Doherty, *Letters*, p.98. Uma enfermeira canadense que trabalhava para a Unrra escreveu para o primeiro-ministro canadense, Mackenzie King: "Praticamente todos os bálticos e alguns outros, principalmente os eucranianos [sic], vieram por vontade própria, ajudaram e apoiaram a Alemanha em sua luta (...) trabalharam em suas fábricas por bons salários (...) ajudaram a fabricar armas (...) que ajudaram a matar nossos próprios homens e os de nossos aliados. Essas pessoas apenas apostaram no cavalo errado e lamentam que ele não tenha ganhado. Agora elas ficam por aí, exigindo, sim, e obtendo doações. Nenhum tipo de filtragem boa foi feita (...) quase sempre [elas querem emigrar] para os Estados Unidos ou o Canadá. O que espero e rezo para que aconteça é que esses bálticos, especialmente, não tenham permissão para entrar em nosso país. Eles são fascistas furiosos (...) espero que nunca pisem em solo canadense." Luciuk, *Searching for Place*, p.203. • **267.** "Que seus colegas alemães": Cesarani, *Justice Delayed*, p.45-65; Benton, *Baltic Countdown*. • **268.** "Realizada sigilosamente": Dawson, "Stagnant Pool", IWM, p.169-70. • **268.** "Perderam o status de PD": Luciuk, *Searching for Place*, p.203. • **268.** "Dos refugiados ucranianos": Dyczok, *Grand Alliance*, p.139. • **269.** "Registrados como PDs": Janeo, "The Soviet refugee". • **270.** "Ucranianos tinham por bombons": Jansen e De Jong, "Stalin's hand"; Sudaplatov, *Special Tasks*, p.23-4. • **271.** "Em frente ao teatro lírico": Armstrong, *Ukrainian Nationalism*; Littman, *Pure Soldiers*. • **271.** "Cidadãos poloneses": Littman, *Pure Soldiers*, p.59-112; Snyder, *Reconstruction of Nations*, p.165-6. • **272.** "E poloneses estava no auge": Snyder, *Reconstruction of Nations*, p.154-78; Lotnik, *Nine Lives*. • **272.** "Temporariamente substituído": Snyder, *Reconstruction of Nations*, p.164; Bower, *Red Web*; Laar, *Forgotten War*; Burds, "Early Cold War";

Taubman, Khrushchev, p.193-7. Khrushchev esteve intimamente envolvido na brutalidade e sancionou o assassinato de líderes católicos que não estavam mostrando ser suficientemente úteis. • **273.** "Alguma vez no Canadá": Luciuk, "Unintended consequences". • **273.** "Foi engavetado": Wyman, *DPs*, p.82-3. • **274.** "Despachá-lo para Bolívia": Goni, *A verdadeira Odessa: O contrabando de nazistas para a Argentina de Péron*; Simpson, *Blowback*. • **275.** "Minas de carvão": Aldrich, *Hidden Hand*, p.142-4, 169-70. • **275.** "Na arte da propaganda": Ibid.; p.167-72. • **276.** "Devemos tentar aliviar": Dyczok, *Grand Alliance*, p.127-32. • **276.** "Pelo governo de Attlee": Ibid.; Cesarani, *Justice Delayed*, p.102-33; Luciuk, *Searching for Place*; Littman, *Pure Soldiers*, p.156-69.

12. "Salvá-las primeiro e discutir depois"

Página 277. "Outras ambições políticas": Nevins, *Lehman*, p.297; Lehman foi derrotado e mais tarde — de 1949 a 1957 — veio a ser senador. • **278.** "Em sua cidade natal": *Dictionary of American Biography*, Suplemento 4 (New York, 1974); Kessner, LaGuardia. • **279.** "Sua opinião sagaz": Caro, Moses, p.355, 699; Nevins, Lehmann, p.218-9. • **279.** "Muito baixa de reeleição": Coles e Weinberg, *Civil Affairs*, p.55-9; Sherwood, *Hopkins*, p.720-2; Caro, *Moses*, p.699. • **280.** "Bastante conhecidos": Hirschmann, *Embers*, p.3; Jackson, Documentos da Unrra, C 256, nº 54, Lehman Suite, p.40. O Departamento de Estado estava "completamente desprovido de ideias" sobre Pessoas Deslocadas e "só consciente do fato de as PDs custarem dinheiro e eles não conseguirem obtê-lo". *UD*, 29 de abril de 1946. • **280.** "Pelo que estava ocorrendo": Hirschmann, *Embers*, p.7; Keeny, "Reminiscences". • **280.** "Patinho feio e triste": Hirschmann, *Embers*, p 6-7. • **281.** "Repatriação polonesa": Ibid., p.7-10. • **281.** "Fugirem da Romênia": Hirschmann fez um excelente trabalho ao divulgar sua obra, mas os historiadores estão divididos com relação a sua efetividade. Feinstein acha que ele foi "sumamente eficiente" e atribui a ele ter ajudado a salvar cerca de 7 mil judeus, que foram tirados da Romênia através da Turquia, e mais 48 mil que o governo romeno foi persuadido a proteger. No entanto, para Yehuda Bauer, as tentativas de resgate de Hirschmann, "embora realizadas com as melhores intenções e com grande energia fracassaram completamente". Ele pode ter tido alguma leve influência sobre os romenos, diz Bauer, "mas foi a explosão do Exército Vermelho entrando no país que fez eles se rebelarem (...) e se juntarem aos Aliados; e foi a fragilidade das forças alemãs que permitiram que essa troca fosse feita sem danos sérios para os judeus". Bauer, Jews for Sale, p.184-5; Gutman (org.), *Encyclopedia of the Holocaust*; Feingold, *Politics of Rescue*, p.285-91. Para outras avaliações severas, veja Rapaport, *Shake Heaven* ("frágil, vaidoso e inglório") e Wyman e Medoff, *Race against Death*. • **283.** "De primeira mão para o prefeito": Hirschmann, *Embers*, p.58-69; *UD*, 12 de junho de 1946. • **283.** "Era Ira Hirschmann": *UD*, 30 de abril de 1946. • **284.** "Exército anticomunista": Hirschmann, *Embers*, p.63-73; • **285.** "Humano era terrível": Ibid., p.74-94· • **285.** "Se desculpou e foi embora": Ibid., p.94-5. • **286.** "Idealista, não realista": Ibid., p.106-11. • **286.** "Objetivos da política aliada": Byrnes, *Falando francamente*; Hirschmann, *Embers*, p.124-8. • **287.** "Por Robert Jackson": Primeiramente com a intenção de demitir Jackson, LaGuardia descobriu que ele era indispensável e o manteve. C. Tylor Wood, *Travel Diary*. A visita de LaGuardia à Europa "foi, para alguns países, uma catástrofe considerável, e para nós na Itália (...) pouco mais que uma piada. Ele demitiu um número bastante grande de funcionários e exigiu que o governo demitisse outros, porque na Áustria e na Tchecoslováquia eles usaram parte do cereal importado para fazer a cerveja, sem a qual um almoço dos trabalhadores é impensável naqueles países — eles gostam de cerveja leve —, e nunca lhe ocorreu que a cerveja leve é para aquelas pessoas o que o vinho de mesa é para as famílias italianas comuns na Itália. Mas ele chegou como um tufão em vários países e demitiu as pessoas, ameaçando-as e amedrontando outras". Keeny, "Reminiscences". • **288.** "Extensão do perigo russo": *UD*, 2 de maio, 20 de maio e 19 de julho de 1946. Morgan, *Peace and War*, p. 255. • **288.** "Da Unrra em Washington": UD, 21 de julho de 1946. • **290.** "Realmente asqueroso": *UD*, 10 de junho, 15 de julho, 19 de julho de 1946; *USHMM*, Saul Sorrin, entrevista em 11 de outubro de 1994 (e foto nº 21010); Kochavi, *Post-Holocaust Politics*, p.214. • **291.** "Num sono profundo": *UD*, 2 de agosto de 1946, *Morgan Papers*, *IWM*; Morgan, *Peace and War*, p.255. • **292.** "Em privado, concordou":

UD, 8-15 de agosto de 1946; *Morgan Papers*, *IWM*. • **292.** "Por motivos de doença": Cohen mais tarde teve uma longa carreira nas Nações Unidas. • **293.** "Rações de alimentos": UNA: caixa S 0402-0004. Arquivos sobre Temas da Seção de Repatriação, arquivo 3. Repatriação das Pessoas Deslocadas polonesas; Nowakowski, *Camp of All Saints*, p.21. • **295.** "Abocanharem o anzol": *WP*, p.151-60. • **295.** "Começarem a revidar": Hilton, "Pawns". • **296.** "A interpretar os sinais": WP, p.153-60; UNA: S 1021, caixa 81, arquivo 3. "Incidente Campo Wildflecken". Apêndice ao Price Report sobre Repatriação. • **297.** "Como ficou conhecida na Unrra": UNA: "Incidente no Campo Wildflecken". • **297.** "Cavalgando para o poder": *KHL*, carta, 3 de fevereiro de 1947; *KHL*: "Mr. Georges Masset as viewed by his deputy" — Kay Hulme para A.C. Dunn, diretor do Distrito 3 da Unrra, 2 de março de 1947. Mais tarde Kay descobriu por que o Exército estava relutante para correr em seu auxílio quando a situação ficou difícil: "Soubemos que o Exército NUNCA tinha ordenado aquela filtragem. Que a Unrra tinha se adiantado e a ordenado, e que tudo isso é o resultado de alguma fricção desconhecida entre o Exército e a Unrra." • **298.** "Registrar a repatriação": UNA: S 1021, caixa 81, arquivo 3. "Plans for Spring Polish repatriation resulting from conferences held in Warsaw" [Planos para a repatriação de poloneses na primavera resultantes das conferências realizadas em Varsóvia], 1º de março de 1947. Apêndice 4 ao Price Report sobre Repatriação.

13. "Nós subestimamos muito a destruição"

Página 299. "Da era vitoriana": Dudley Edwards, *Gollancz*, p.434-5. • **299.** "Assim eram possíveis": Gollancz não se constrangeu muito pelo fato de ele próprio não ter qualquer experiência de racionamento e continuou a comer no restaurante exclusivo Ivy, em Londres, durante a guerra. Certa vez, durante sua visita à Alemanha, hospedado com uma unidade do Exército britânico, ele desceu para o café da manhã mais cedo e comeu toda a ração diária de bacon de seu anfitrião de uma só vez. Ibid., p.438. • **300.** "Choro o tempo todo": Ibid., p.434-7. • **300.** "Pudessem ser realizadas": Frank, *Expelling Germans*, p.235-40.

• **301.** "Viviam em campos": Ibid., p.244-73; Wiskemann, *Germany's Eastern Neighbours*, p.144-51. Dia 24 de outubro de 1946, o ministro do Interior tcheco anunciou que a transferência dos alemães agora já estava completa. Dos 2,5 milhões de alemães mencionados em Potsdam, 2.165.135 tinham sido repatriados; 750 mil para a zona russa, o restante para a zona americana. No entanto, 300 mil alemães tinham permanecido "nas indústrias essenciais" e 820 mil ou tinham sido mortos na guerra, ou tinham fugido em 1945, ou eram prisioneiros de guerra. A operação para transferir os alemães restantes da Polônia ficou conhecida pelos britânicos como Operação Andorinha. Um dos funcionários da ajuda humanitária se perguntou se isso não era "uma tentativa de romantizar essa expedição de idosos com o coração partido, mães pacientes e crianças entorpecidas (...) tal como o voo das andorinhas para uma terra distante", ou se tinha "uma significância mais irônica — que uma terra alemã, já reduzida, teria de 'engolir'* vários milhões de pessoas economicamente inúteis". Um diplomata britânico reclamou: "Sempre nos dizem que os poloneses são um povo essencialmente cristão. Será que pelo menos uma vez eles não poderiam se comportar como cristãos?" "Os judeus, alguns vindos de muito longe, como da Rússia, começaram a chegar como 'andorinhas', em um número cada vez maior, a partir de maio de 1946, e depois do pogrom em Kielce, de julho de 1946, as autoridades britânicas se prepararam para um dilúvio. Em alguns casos se descobriu que o transporte para as 'andorinhas' era 100% judeu e havia suspeita de que as organizações judaicas estavam fornecendo 'documentos falsos em vasta escala'." As autoridades locais polonesas também começaram a embarcar os internos de hospícios, de hospitais, de orfanatos e de abrigos para idosos na mesma operação. Frank, *Expelling Germans*, p.253. • **301.** "Nem incentivos eficientes": Farquharson, *Western Allies*, p.44-60. • **301.** "Antes de cair outra vez": Para os diagramas de calorias: Steinert, "Food and the food crisis", p.275; Kramer, *German Economy*, p.76-7. • **302.** "Sem pertence algum": Enssle, "Five theses...". • **304.** "Vizinha para visitá-las": Jorden, *Operation Mercy*, p.73-9. • **304.** "Médicos alemães e britânicos": Gollancz, *Inside Darkest Germany*,

---

* No original, *Swallow Operation*. O substantivo *swallow*, em inglês, significa andorinha e o verbo to *swallow* significa engolir. (N.T.)

p.23-7; Farquharson, "Emotional but influential"; Reinisch, "Public Health". • **305.** "150 mil empregos": Gollancz, *Inside Darkest Germany*, p.87-93 • **305.** "Para o governo britânico": Attlee escreveu pessoalmente para Bevin: "Mesmo sem considerar os fatores do carvão e dos alimentos, a máquina econômica está parando. A necessidade de reparação provoca incerteza e impotência com relação ao futuro (...) eu mesmo estou apreensivo com relação ao futuro se nós continuarmos a ter que cumprir as decisões de Potsdam por mais tempo." Meehan, *Strange Enemy People*, p.199. • **306.** "Vir dos americanos": Deighton, *Impossible Peace*, p.54-80; Balfour e Mair, *Four-Power Control*. • **306.** "Os poderia controlar": Eisenberg, *Drawing the Line*; Yergin, *Shattered Peace*. • **307.** "De 'Bizonia'": Murphy mais tarde argumentou que à época ninguém avaliou a significância de Bizonia. O relato de Deighton sugere que os britânicos, sim, o fizeram. • **307.** "Não estavam de acordo": R.M. Raup, resenha de Farquharson, *Western Allies and Politics of Food, Agricultural History* 62 (1988), p.110-1. • **308.** "Menos mão de obra": Esta seção se origina em grande parte de Matusow, *Politics of Food*. • **310.** "Preços mais altos": *Time*, 22 de abril de 1946; *The New York Times*, abril-maio de 1946; Eleanor Roosevelt, "My Day", coluna no rádio, 3 de junho de 1946. • **310.** "Um novo esquema": Havia também fatores pessoais. Parte do motivo de LaGuardia para apressar o fim da Unrra foi que ele estava na expectativa de ser lançado pelo Partido Democrata como candidato a senador por Nova York. Quando, no entanto, Herbert Lehman foi o candidato, LaGuardia "virou a casaca". Gibson, *Jacko*, p.85. • **311.** "Oferecida por nós": Hirschmann, *Embers*, p.146-7. Sir John Boyd Orr, diretor-geral da FAO, da ONU, propôs o estabelecimento de uma Diretoria Mundial de Alimentos, "que atuaria para estabilizar os preços dos produtos agrícolas nos mercados internacionais, a fim de criar uma reserva mundial de alimentos para ser usada em caso de carência; e vender os produtos agrícolas excedentes em condições especiais para os países que deles necessitem". O gabinete norte-americano "aceitou os princípios de Sir John Orr, mas não o método", no dia 2 de agosto de 1946. O próprio Wallace apoiou o esquema de Orr, e Acheson "veio muito decidido e com muito entusiasmo em defesa do acordo", mas o secretário da Agricultura, Anderson, estava "indiferente", e Wallace concluiu que o Estado e o Tesouro também estariam contrários "em virtude da influência do comércio de cereais". Blum (org.), *Price of Vision*, p.607. • **311.** "Mundial totalitário": *The New York Times*, 7 de setembro e 13 de outubro de 1946. • **311.** "Duas Casas do Congresso": Nevins, *Lehman*, p.306. • **312.** "Fazer reverências à Unrra": Wilson, *Aftermath* (1947). O pessoal da Unrra na Iugoslávia incluía autoridades permanentes na região, como a jornalista Doreen Warriner, e outros, como o economista Michael Barratt Brown, que mais tarde se tornariam defensores radicais da esquerda marxista britânica. • **312.** "Mikhail Sergeichic": Woodbridge, II, p.138-70; Barratt Brown, *Tito to Milosevic*. • **313.** "Para não perdê-los": Lampe, *Yugoslavia as History*, p.234-7; Pavlowitch, *Improbable Survivor*, p.187-92. • **314.** "Período de reclusão": Byrnes, *Falando francamente*; Petrovich, "View from Yugoslavia". • **314.** "Um colapso quase total": Vachon, *Poland 1946* e "Unrra at Work, nº 5", ambos citados em Reinisch, "We shall build anew", p.451, 464. • **315.** "Ganhou sua confiança": Lane, *I Saw Poland*, p.176. O Departamento de Estado norte-americano considerava Drury "um ardente, ainda que ingênuo, propagandista do governo de Varsóvia, que era controlado pelos comunistas", levado pelas "tendências comunistas de sua esposa". Lukas, *Bitter Legacy*, p.98; AP, p.87-92. • **315.** "Econômicos desde então": AP, p.88; Lukas, *Bitter Legacy*, p.96-104; Woodbridge, II, p.200-30. • **315.** "Como a Igreja Católica Romana": Lane, *I Saw Poland*, p.176. • **316.** "Em período de amamentação": Woodbridge, II, p.221. • **316.** "Para outros objetivos": Lift, 16 de dezembro de 1946; Lukas, *Bitter Legacy*, p.102. • **317.** "E interesses especiais": Acheson, *Present at the Creation*, p.201. • **318.** "Então recém-estabelecidas": Huntford, *Nansen*, p.634-8; Stoessinger, *Refugee*, p.18-23; Sjöberg, *Powers and the Persecuted*; Richard Law, citado em *London, Whitehall and the Jews*, p.95; Rendel, *Sword and Olive*, p.250-1. • **318.** "Repatriação à força": Rendel, *Sword and Olive*, p.251-3. • **319.** "Delegado russo em particular": Penrose, "Negotiating on Refugees". • **319.** "Sem os soviéticos": Rendel, *Sword and Olive*, p.253-4. Vyshinsky passou a ser um "bicho-papão" no Ocidente depois de seu papel nos julgamentos stalinistas antes da guerra. • **320.** "150 milhões de dólares para a IRO": HST/OT, George L. Warren; Holborn, *IRO*, p.39-46. • **321.** "Enviar os refugiados a outros países": HST/OT, George L.

Warren. • **321.** "Em 1º de março de 1947": Stoessinger, *Refugee*, p.92-5.
• **321.** "Com um custo mínimo": Acheson, *Present at the Creation*, p.
219; Patterson, *Grand Expectations*, p.127-8; McCullough, *Truman*,
p.542. • **322.** "Ridiculamente insignificante": Rabino Herbert Friedman, no filme de Harris, *Long Way Home*; Meehan, *Strange Enemy
People*, p.239-42; Frank, "Working for the Germans". • **322.** "Iluminação espiritual": Yergin, *Shattered Peace*, p.303-35. • **324.** *"Dirigir esse espetáculo"*: FRUS, 1947, III, p.230-2. Clayton admitiu: "Vamos ter de
bajular o lobby do transporte marítimo, já que eles estão engordando
à custa do Tesouro norte-americano." • **325.** "Isso para o Congresso":
McCullough, *Truman*, p.563-4. • **325.** "Golpe comunista na Tchecoslováquia": Divine, resenha de Bipartisan Strategy, de Bonds. • **326.** "Ainda mais urgente": Hardach, "Marshall Plan in Germany".

14. "MORAM, COMEM, REPRODUZEM, ESPERAM"

Página 330. "Se pertencem se encontrassem": "A Yugoslav speaks",
"A cutting from a school-teacher's paper", "A soldier of the Home
Army", "VAD nurse", "Adolescent in Nazi hands", "A man at fourteen", "An Estonian girl speaks". Korwin, "No Man's People", parte 2,
Arnold-Forster Papers. • **330.** "Total de 762 campos": Eu emparelhei
três grupos de números. Em junho de 1947 estimou-se que havia
558.851 PDs aos cuidados ou sob a supervisão da Unrra na Alemanha;
28.059 na Áustria; e 17.985 na Itália; perfazendo um total de 604.895.
Um Comitê do Congresso norte-americano, no final de setembro de
1947, encontrou 643.763 nos campos e 652.500 fora deles, um total de
1.296.263. Um terceiro relatório calculou que, em novembro de 1947,
havia 637.800 nos campos e 325.400 fora deles, um total de 963.200.
Entre setembro de 1946 e junho de 1947 o número de poloneses e
ucranianos caiu de 302.725 para 235.258, uma queda líquida de 67.467.
Woodbridge, II, p.498, 502; *ASH*, citado em Grodzinsky; *In the Shadow*,
p.118.• **331.** "Caridade do mundo": Flanner, "Letter from Aschaffenburg".
• **331.** "Nomear um homem forte": UNA, "Camp self-government",
Unrra. Escritório do Historiador. UNA DP US 17. SI021, caixa 81, arquivo 1. • **332.** "Com menor clareza": Ibid.; Woodbridge, II, p.522-5. •

333. "Viveiros de nacionalismo": Ibid. • **333.** "Administração interna do campo": Y. Boshuk, "Repatriation and resistance: Ukrainian refugees and displaced persons in occupied Germany and Austria, 1945-1948", in Bramwell (org.), *Refugees*, p.205. • **333.** "O lugar das mulheres predominava": Bohachevsky-Chomiak, "Women's movement". • **334.** "Galegos dos campos ucranianos": Y. Boshuk, "Repatriation and resistance: Ukrainian refugees and displaced persons in occupied Germany and Austria, 1945-1948", in Bramwell (org.), *Refugees*, p.205. • **335.** "Ser bastante tenaz": H. Zielyk, [Ukranian] "DP Camps as a Social System", in Isajiw et al. (orgs.), *Refugee Experience*. • **336.** "Monótona e sem objetivo": Harvard University Refugee Interview Project, Programa B, Entrevistado 360, citado em Dyczok, *Grand Alliance*, p.188. • **337.** "Um pouco de inglês ou francês": Danys, *DP*, p.54. • **338.** "Conseguiu o que queria": As ferramentas eram escassas: em vez de requisitá-las oficialmente, as equipes de Klemmé conseguiam machados dos alemães em troca de alguns cigarros. Os alemães, no entanto, não estavam muito interessados em ver suas limitadas provisões de madeira florestal serem cortadas para aquecer estrangeiros que podiam ir para sua terra natal. Klemmé descobriu que a rivalidade nacional produzia mais lenha. Os bálticos, e especialmente os letões, eram os melhores trabalhadores, enquanto os poloneses estavam "sempre fazendo coisas que normalmente esperaríamos de adolescentes de treze ou quatorze anos". Klemmé, *Inside Story*, p.193-210. • **340.** "Voltassem para seus países": Klemmé achou que quatorze era jovem demais, mas os britânicos insistiram que seus próprios rapazes começavam a trabalhar nas minas com quatorze anos e que os alemães e as PDs não tinham direito a um salário mínimo maior. • **341.** "Para uma nova terra": Ibid.; Woodbridge, II, p.519-21. • **341.** "Um maço de cigarros com ele": Syrkin, citado em Schwarz, Redeemers, p.226-8. • **342.** "Extremamente honroso": Relatório de Morgan para Bevin, 14 de setembro de 1946, *Morgan Papers, IWM*; "A Yugoslav speaks", em Korwin, "No Man's People", p.23, em *Arnold-Forster Papers*; Botting, *In the Ruins*, p.289. • **342.** "Pelo número certo de cigarros": Relatório da ONU 1953, citado em Balfour e Mair, *Four-Power Control*, p.110-1. • **343.** "Circunstâncias locais": No campo de PDs em Belsen as pessoas que tinham morrido ou partido, mas cujo nome continuava na lista do campo, eram conhecidas como malochim, ou anjos. Bauer, *Out of the Ashes*, p.99. • **343.** "2,5 milhões de marcos": Eksteins, *Walking Since Daybreak*, p.128-9. • **343.** "Pessoas Deslocadas de lá": Königsweder e Wetzel, *Waiting for Hope*, p.200-1. • **344.** "E ameaçam matar": Peck (org.), *Among the Survivors*, p. 63-4; Bauer, *Out of the Ashes*, p.204-5. • **345.** "Armazém central de Belsen": Goldmann, *Mein Leben*, p.335; Hardman e Goodman, *Survivors*, p.106; Königsweder e Wetzel, *Waiting for Hope*, p.175; Bauer, *Out of the Ashes*, p.100. Em julho de 1946, o general Morgan começou a se interessar por Belsen. Ele lembrou que tinham dado permissão à Junta para criar uma pequena frota de traineiras "ostensivamente para pescar comida extra para os judeus que morriam de fome", mas "muito pouco ou nenhum peixe parecia ter sido trazido para a praia", e as traineiras estavam sendo usadas como batelões para transportar mercadorias ilícitas de navios de carga que entravam ou saíam do porto de Hamburgo para a praia. Esse material era levado para um depósito da Junta perto do lar para crianças judias em Blankenese, que vinha retirando grandes quantidades de rações excedentes. "A distribuição para mercados negros é realizada pela frota de caminhões AJJDC com base em Belsen." Morgan achou que o chefe da Inteligência da CCG, brigadeiro "Tubby" Lethbridge, "foi extremamente interessante [em sua explanação] sobre o tema do comércio ilícito que está ocorrendo organizado pelos judeus americanos" — aparentemente ele acreditava que os funcionários da Junta estavam usando "ouro e joias" que tinham sido distribuídos em pequenos pacotes por toda a Alemanha antes do colapso nazista e agora estavam sendo recuperados "em troca de comida para os alemães e drogas". Isso parece mais uma fantasia antissemita. *UD*, 3 e 16 de julho e 19 de julho de 1946. • **345.** "De maneiras diferentes": Königsweder e Wetzel, *Waiting for Hope*, p.201. • **346.** "De forma alguma um anjo": *LR*, p.28. • **347.** "As instalações melhoraram": Danys, *DP*, p.55-64; Wyman, *DPs*, p.101-2. • **348.** "Deveria ser o hebraico": Duchesne-Cripps, "Mental outlook", Biblioteca do Congresso • **348.** "Comunidade de Munique": Wyman, *DPs*, p.122; Brodzki e Varon, "The Munich Years"; Holian, "Displacement"; Unrra Team News, 8 de fevereiro de 1947. O general Morgan era contrário à "muito anunciada Universidade Unrra". "Não posso crer que ela vá produzir qualquer outra coisa além de uma quantidade de publicidade", escreveu ele dia 25 de março de 1946. • **349.** "Exibindo as cores nacionais": Nesaule, *Woman in Amber*, p.112. • **349.** "Eles perderam tudo...": "McDowell, *Hard Labour*, p.79-80. • **350.** "Eu fiquei extasiada...": Nesaule, *Woman in Amber*, p.139. • **350.** "Sua cultura nacional": Danys, *DP*, p.64. • **350.** "327 jornais e boletins": Dickens, *Lübeck Diary*, p.69; R. Ilnytzkyj, "Ukrainian camp periodicals", in Isajiw et al. (orgs.), *Refugee Experience*, p.272-3. • **351.** "Às preocupações materiais": Ilnytzkyj, "Ukrainian camp periodicals", p.279-86. • **351.** "Uma boa vida de leitura": G.G. Grabowicz, "A Great Literature", in Isajiw et al. (orgs.), *Refugee Experience*, p.244. • **352.** "Sendo as memórias": Ibid., p.246-64 • **352.** "Com 29 anos de idade": *This Way for the Gas*, de Borowski, está disponível em inglês (com um esboço biográfico escrito por Jan Kott), mas suas histórias sobre PDs só foram traduzidas para o francês. A vida de Borowski após a guerra está esboçada em *Mente cativa*, de Milosz. • **354.** "Não unem as pessoas": Nowakowski, *The Camp of All Saints*, p.18, 290, 14, 162-3, 149. • **355.** "Tão vazio quanto estava antes": Mekas, *I Had Nowhere to Go*, p.109, 129-31. • **356.** "Consagrou como poeta": Ibid., p.186. • **356.** "A procrastinação e a apatia": Bakis, "DP apathy". • **359.** "Conduzir seu povo": Gringauz, "Jewish Destiny". • **360.** "Com 16.238 membros": Pinson, "Jewish Life"; Mankowitz, *Life between Memory and Hope*, p.144. Ver também Patt, *Finding Home*. • **360.** "Necessidades desse fenômeno": Grossmann, *Jews, Germans, and Allies*, p.184-96. • **360.** "Meios que têm à disposição": Mankowitz, *Life between Memory and Hope*, p.285. OSE, *Report on the Situation of the Jews in Germany*, October-December 1945 (Genebra, 1946), p.52. A doutora Gisela Perl e a doutora Odette Rosenstock, que trabalharam como médicas em Auschwitz e Belsen, fizeram observações semelhantes. Perl, *I Was a Doctor*, p.182; Abadi, *Terre de Détresse*, p.158; "Some aspects of Jewish social work in Europe", Jewish Social Service Quarterly, 1946, p.114. • **360.** "Criminosos amanhã": Papanek, "They are not expendable", p.312-9. • **361.** "Neuróticos ou histéricos": Grossmann, *Jews, Germans, and Allies*, p.150-1. • **362.** "Trabalharem para nós": Segalman, "Psychology"; Pinson, "Jewish Life"; Milton e Bogin (orgs.), *American Joint Jewish Distribution Committee*, p.1329. • **364.** "Iídiche delicioso e fluente": Pinson, "Jewish Life". • **365.** "Eram ladrões e corruptos": Mankowitz, *Life between Memory and Hope*, p.142; Dawidowicz, *From that Place*, p.302-4. • **365**. "Dependente que os diminuía": H.B.M. Murphy, "Editor's note", in Murphy, *Flight and Rescue*, p.64.

15. "O MELHOR INTERESSE DA CRIANÇA"

Página 368. "O caso estava encerrado": UNA. Unrra. Office of the Historian. [Jean Henshaw] "Child Welfare in US Zone". SI021, caixa 81, arquivo 13, objeto 52, Stefan Puskarie. • **368**. "Quatro vezes maior em Viena": Macardle, *Children of Europe*, p.58, 107, 154; Zahra, "Lost children", p.46. • **369**. "Enfermos e mirrados": Hrabar et al., *Fate of Polish Children*, p.182; Macardle, *Children of Europe*, p.301. • **369**. "Grandes organizações": Dacie, *Yugoslav Refugees*, p.15-6. • **370**. "Programa deveria adotar": Zahra, "Lost children", p.47; UNA S 518-0363. Unrra, Arquivos por Assunto, prog 4/1.13.5.6.0.129 — Unrra. "Psychological problem of Displaced Persons". • **370**. "Seguia essa interpretação": Kinnear, *Woman of the World*, p.149-50. • **371**. "Ajuda Humanitária na Unrra": Woodroofe, *Charity to Social Work*, p.151-77; Leiby, *History of Social Welfare*, p.241-4. • **372**. "Batalhando para se livrar": AP, p.104-15; Kinnear, *Woman of the World*, p.150-1. • **372**. "Da Europa ocupada": Kinnear, *Woman of the World*, p.153-74. • **372**. "Conseguiu obrigá-la a sair": O general Morgan imediatamente formou uma opinião sobre ela. "Era evidente, por sua conversa, que ela tinha pouca experiência no campo prático", escreveu ele em 24 de setembro de 1945. "Eu dei a ela a ideia de que a partir daquele momento eu era o principal funcionário da ajuda humanitária em Frankfurt, embora me agrade ter algum conselho técnico para me ajudar em alguns dos pontos mais delicados. Acho que ela entendeu o que eu queria dizer." UD. Em janeiro de 1946, o general Gale mandou que ela se apresentasse em Washington, mas achou que Robert Jackson relutou em despedi-la. Kinnear, Woman of the World, p.172. • **373**. "Em um país conquistado": Zahra, "Lost children"; F. Wilson, Aftermath, p.25-6. Trinta e sete por cento eram americanos, 34% eram britânicos. • **374**. "Aos desejos dos militares": A administradora britânica da ajuda humanitária, Geraldine Aves, citada em Wilmot, *Singular Woman*. • **375.** "De um dia para outro": McNeill, *Rivers of Babylon*, p.103-10; Korwin, "No Man's People", p.41, in *Arnold-Forster Papers*. • **375.** "Brigavam entre si": F. Wilson, Margins of Chaos, passim. • **375.** "Pessoas que o fizessem": F. Wilson, *Aftermath*, p.15, 31-3. • **376.** "De volta a seu país": Dawson, "Stagnant Pool", *IWM*. Rhoda Dawson "ouviu que foi em parte porque ela permitiu que seu segundo em comando na organização fosse para a cama com a secretária". Ela achou que era "uma desculpa meio tola", porque a próxima diretora "gritava animadamente do lado de fora da porta do quarto da funcionária mais importante da ajuda humanitária, onde ela e o major americano da cidade estavam fazendo aquilo". "Como os americanos são indulgentes com todas as pequenas 'irregularidades' envolvendo seus funcionários e como são rígidos se um francês tem uma namorada", escreveu Francesca para Rhoda. "Que hipocrisia!", in *Dawson Papers*, IWM. • **377.** "Outra Susan Petiss": Pettiss e Taylor, *After the Shooting Stopped*, p.65-6, 54, 62, 210-7. • **378.** "Com as crianças": Pinson, "Jewish Life"; Somers e Kok (orgs.), *Jewish Displaced Persons*, p.22-7. • **378.** "No continente europeu": Zahra, "Lost children", p.45. • **379.** "E o próximo — transporte": Henshaw, "Child Welfare". • **380.** "Identificadas e repatriadas": Ibid., *Exhibit 29*. • **383.** "Conversando em tcheco": Henshaw, "Child Welfare", UNA; Macardle, *Children of Europe*, p.237. • **383.** "Limites nesse negócio": *UD*, 4 de março, 12 de março, 2 de abril, 29 de maio de 1946. • **384.** "Para seus pais naturais": Sereny, *O trauma alemão: experiências e Reflexões — 1938-2000*. • **385.** "Realmente queriam a criança": Klemmé, *Inside Story*, p.257-8. No dia 16 de julho de 1946 C.J. Taylor, diretor adjunto da zona comentou em um documento sobre as responsabilidades da Unrra com relação a crianças desacompanhadas — "A nacionalidade não é decidida pela Unrra" — e perguntou "até que ponto a remoção das [crianças de nacionalidade indeterminada] das instituições alemãs para os lares da Unrra era justificada (...) Isso parecia ser uma responsabilidade dos militares e não da Unrra". • **386.** "Novas informações valiosas": Eileen Davidson a Richard Winslow, 22 de janeiro de 1948. *Winslow Papers*, citados em Nicholas, *Cruel World*, p.507. • **386.** "Código para a eliminação": Henshaw, "Child Welfare". • **387.** "Durante o regime nazista": E. Blackey, "Closure report on unaccompanied children in Germany", abril de 1947. UNA PAG-4/1.1.3.5.4.:21. Agradecimentos a Gitta Sereny e a Don Honeyman. Sobre a Áustria: Brownlee, "Whose children?", Hoover Institution. • **388.** "Sem o apoio da autoridade": Elia Ounkel, "Memorandum on child search, 13 June 1947"; Michael Sorenson, "Some observations at the conclusion of six months of child search and investigation", agosto de 1946. UNA. PAG 2/4.2:82/S-0524-0106. Agradecimentos a Nick Stargardt. • **390.** "Em seu país natal": E. Davidson, "Removal from German families of Allied children: Reasons why this is in the best interests of the child", 21 de fevereiro de 1948, citado em Zahra, "Lost children", p.79. • **390.** "Desse protesto sobreviveu": Holborn, *IRO*, p.493-512; Marrus, *The Unwanted*, p.350-1; Sereny, *O trauma alemão: Experiências e reflexões — 1938-2000*. • **391.** "50 mil de toda a Europa": Para números diferentes, Marrus, *The Unwanted*, p.350-1; Woodbridge, II, p.531; Sereny, *O trauma alemão: Experiências e reflexões — 1938-2000*; Heinemann, "Rasse", p.508-9, citado em Zahra, *Kidnapped Souls*, p.260. • **391.** "Capazes de mantê-la": Clay e Leapman, Master Race acompanhou vários indivíduos. Blackey, "Closure report", UNA. • **392.** "Famílias estendidas": Brosse, War-handicapped children; Dalianis e Mazower, "Children in Turmoil".

16. "Boa raça humana"

Página 393. "Mostrar aos homens": *KHL*, 30 de março de 1947. No dia seguinte ela descobriu que sua enfermeira belga estava perdendo o bebê e teve de levá-la de carro até Frankfurt. • **395.** "*Sweatshop* em Quebec": *KHL*, 23 de março, 17 de abril de 1947; *WP*, p.173-8; *Time*, 19 de maio de 1947; Sangster, "Polish 'Dionnes'". • **396.** "Trabalhando na terra": Clark, *Role of Uprooted People*. • **396.** "Carência de mão de obra": Paul, *Whitewashing Britain*, p.25-89. O que se segue utiliza Cesarani, *Justice Delayed*; Kay e Miles, *Refugees*; Tannahill, *European Volunteer Workers*. • **397.** "Que aceitasse estrangeiros": Orwell, *Smothered under journalism 1946*, p.482. • **398.** "Seriam bons mordomos": Tannahill, *European Volunteer Workers*; Winder, *Bloody Foreigners*; Aseherson, resenha de London, *Whitehall and the Jews, New York Review of Books*, 29 de março de 2001. • **398.** "Trabalhadores de má qualidade": Overy, *Morbid Age*, p.93-135; Cesarani, *Justice Delayed*, p.66-7. • **399.** "Saudável e em boa forma": F. Wilson, *Aftermath*, p.152. TNA: LAB 8/90. "Draft Report on recruitments of Balts for hospitals" [Minuta de relatório sobre os recrutamentos de bálticos para hospitais], citado em Kay e Miles, *Refugees*, p.50. • **400.** "EVWs, na sigla em inglês": Kay e Miles, *Refugees*, p.42-65; Tannahill, *European Volunteer Workers*, p.19-30. • **400.** "Já tinham sido aceitos": *Manchester Guardian*, 21 de outubro de 1946; *Evening Standard*, 5 de outubro de 1946; *Star*, 28 de fevereiro de 1947, citado em Kay e Miles, *Refugees*, p.51-2. • **400.** "Não sabiam nada": McDowell, *Hard Labour*, p.102. • **401.** "Para hospitais e instituições": Kay e Miles, *Refugees*, p.52; Tannahill, *European Volunteer Workers*, p.133. • **402.** "Esperança quase histérica": McNeill, *Rivers of Babylon*, p.200-3. • **402.** "Basicamente entre nós": McDowell, *Hard Labour*, p.103. As chefes de enfermagem e os funcionários do hospital achavam que as PDs bálticas estavam sempre dispostas a trabalhar. Várias delas recebiam responsabilidades adicionais, o que fazia com que as domésticas inglesas e irlandesas ficassem ressentidas: "Havia inveja no hospital. Nós éramos boas trabalhadoras e algumas das moças inglesas tinham inveja." • **403.** "Nem mais uma palavra": Ibid., p.117. • **403.** "Esquemas de EVW": Kay e Miles, *Refugees*, p.116. • **404.** "As PDs podiam trabalhar": As restrições com relação aos dependentes foram finalmente retiradas. • **405.** "Apropriado para meu livro": *WP*, p.178-86. • **405.** "Necessário para a qualificação": O esquema dos "mineiros belgas" foi desenvolvido originalmente pelo IGCR. No final de 1949 "quase 32 mil refugiados tinham ido para a Bélgica, 21.649 dos mineiros e suas famílias tendo sido transferidos pela IRO. Na mesma data, 7.413 pessoas já tinham voltado para a Alemanha". Holborn, IRO, p.377-82. • **406.** "Tivessem deixado a Alemanha": Clark, *Role of Uprooted People* — o relatório de um "grupo especial de pessoas que trabalhavam a respeito dos aspectos humanos da reconstrução europeia". Eram membros Earl G. Harrison, o demógrafo Eugene Kuliseher, Joseph Schwartz, da Junta, e Ernest Penrose, o diplomata que tinha ajudado a estabelecer a IRO. • **406.** "Necessidades dos refugiados": Ristelheuber e Holborn, *American Political Science Review*,

51 (1957), p.239, 529. • **407.** "Reputação de eficiência e integridade": Marrus, *The Unwanted*, p.343. O segundo diretor-executivo da IRO, William Hallam Tuek, amigo de Herbert Hoover e do congressista Jerry Vorhees (que tinha ajudado a conseguir o financiamento para a IRO), demonstrou ser um mau administrador. Foi rápida e silenciosamente removido. HST/OT, George L. Warren. • **407.** "Reassentamento das Pessoas Deslocadas": *WP*, p.196-8; Holborn, *IRO*, p.355. • **407.** "Cidadania turca imediata": Apenas 2.358 refugiados foram, na prática, reassentados na Turquia. Stoessinger, *Refugee*, p.121. • **408.** "E na Comunidade Britânica": Holborn, *IRO*, p.433-42. • **408.** "Particularmente as dos Estados bálticos": Eksteins, *Walking Since Daybreak*, p.105; Danys, *DP*, p.67-85. Veja também *AP*, p.324-42. • **409.** "Seriam bons imigrantes": Eksteins, *Walking Since Daybreak*, p.105. • **410.** "2% ao ano": Peters, *Milk and Honey*, p.5-8. • **411.** "Qualquer contrato desse tipo": Ibid., p.14-8; Kunz, *Displaced Persons*. • **411.** "Durante os dois primeiros anos": Peters, *Milk and Honey*, p.63-4. • **413.** "Tão longe de nossos problemas..."Danys, *DP*, p.169-70; Eksteins, *Walking Since Daybreak*, p.91. • **413.** "Contato com o marido": *WP*, p.199-202. • **414.** "Bom gado de corte": Holborn, *IRO*, p.365-440. • **414.** "Força para esmagá-la!": Danys, *DP*, p.93. • **415.** "E continuar vivendo": Agate Nesaule conta a história de um menino de doze anos que atacava as meninas sexualmente. "O vigoroso processo de filtragem para a emigração não o identificou, e ele foi para o Canadá, onde mais tarde assassinou uma menina de dez anos." Nesaule, *Woman in Amber*, p.133. • **415.** "De quem não gostavam": Danys, *DP*, p.89-90. • **416.** "Ninguém mais pediu pastores": Ibid., p.198-9. • **416.** "Foram para a Venezuela": Holleufer, "Seeking new horizons"; Holborn, *IRO*, p.401-10; Goni, *A verdadeira Odessa: O contrabando de nazistas para a Argentina de Péron*. • **418.** "Receber alguns *Volksdeutsche*": Kunz, *Displaced Persons*, p.35-99.

17. "Vivemos para ver isso"

Página 420. "Judeus na zona americana": Schwarz, *Redeemers*, p.206-7; Finder, "Muscular Judaism"; "Boxing Championship". Steven Spielberg Jewish Film Archive, www:spielbergfilmarchive.org.il. •

420. "Campos abrigando judeus": Relatório Klausner, 20 de março de 1947, em Klausner, *Letter to My Children*, p.130-7. Grodzinsky, *In the Shadow* (p.147) dá um número de duzentos campos exclusivamente para judeus, entre os 732 campos que havia na Alemanha, mas sua fonte (o apêndice no livro de Königsweder e Wetzel, *Waiting for Hope*) lista apenas 109 na zona norte-americana. • **422.** "Uma forma de genocídio": Srole, "Why the DPs can't wait". • **422.** "Outras agências de ajuda humanitária": Klausner, *Letter*, p.130-7; Halarnish, *Exodus Affair*, p.276; Bernstein, "Europe's Jews". • **423.** "Por aplausos ensurdecedores": Gringauz, "Our new German policy". O cemitério que Gringauz e o doutor Zalman Grinberg tinham estabelecido na aldeia de Schwabhausen para os judeus que morreram em abril de 1945, quando o trem que os levava para Dachau foi metralhado pelos americanos estava entre aqueles que foram alvos de vândalos. • **423.** "Também exigiam mais poder": Bauer, *Out of the Ashes*, p.196-201; Schwarz, *Redeemers*, p.212-8. • **424.** "Deve ter sido difícil": "Um silêncio estranho, inexplicável, envolve sua partida — nem discursos, nem agradecimentos, nem votos de boa sorte." Mankowitz, *Life between Memory and Hope*, p.191. • **424.** "91 pessoas morreram": Rose, "Senseless, Squalid War", é um bom relato recente. Veja também Bethell, *Palestine Triangle*. • **425.** "Uma solução conciliatória?": Cohen, *Palestine*, p.162-70; Louis, *British Empire*, p.439-43. • **425.** "Ou seja, sair dali": Nessa época um debate estava a pleno vapor sobre a decisão do governo de sair da Índia, o clima econômico piorou muito e o país passou por um dos piores invernos de sua história. • **426.** "Posição britânica no Oriente Médio": Cohen, *Palestine*, p.261. Louis, *British Empire*, p.483, examina as explicações dos historiadores para o passo soviético. Meir Zamir, "Britain's treachery, France's revenge", *Haaretz*, 7 de fevereiro de 2008, argumenta que a "França manteve os soviéticos a par da atividade britânica no Oriente Médio e no norte da África" e que os franceses e a União Soviética se juntaram para derrotar os esquemas britânicos para uma federação árabe na região. • **426.** "Os judeus continuavam a vir": Stewart, *Royal Navy*; Friedman, "Road back". • **427.** "Clima geral nos campos": Halamish, *Exodus Affair*, p.15-51. • **427.** "Tirar as fotos dos passaportes": Ibid., p.49. • **427.** "Militantes do Partido Socialista": As autoridades francesas ainda estavam ressentidas com os acontecimentos do ano anterior, quando os britânicos tinham evitado que elas reocupassem suas possessões coloniais antigas no Levante, principalmente a Síria. "Vocês insultaram a França e traíram o Ocidente", De Gaulle tinha dito ao embaixador britânico. "Eles pensam que nós nos esquecemos da Síria?", perguntou um burocrata em 1946. Zarnir, "Britain's treachery, France's revenge". • **428.** "Lealdade ao grupo e ao partido": Halamish, *Exodus Affair*, p.72. • **429.** "Pelo mundo afora": Ibid., p.66-102; Stewart, *Royal Navy*, p.112-28. • **429.** "Torres de observação": Somers e Kok, *Jewish Displaced Persons*, p.184-213. O arame farpado, que tinha a intenção de evitar que estranhos entrassem e ajudassem no êxodo das PDs, foi bastante ineficaz. Em poucos meses, a maioria dos passageiros tinha sido removida, contrabandeada para fora da zona britânica e voltado para a Palestina. Klausner, *Letter to My Children*, p.142-5. • **429.** "Derramamento de sangue": Zertal, From Catastrophe to Power, p.239-54. • **430.** "Queriam emigrar para Israel": Louis, British Empire, p.464-77; Cohen, *Palestine*, p.260-8. • **430.** "Comunidade internacional de compensá-los": A intervenção de Weizmann junto a Truman garantiu que na partição da Palestina o deserto de Negev fosse reservado para os judeus. Morris, 1948, p.51-65. • **431.** "A favor da Resolução": Louis, *British Empire*, p.478-93; Cohen, *Palestine*, p.276-300; Sachar, *History of Israel*, p.283-95. • **431.** "Dois terços para ser aprovada": Fawzi al-Qawuqji, citado em Morris, 1948, p.61. • **432.** "Árabes sendo o time visitante": TNA: 371/68528, citado em Cohen, *Palestine*, p.298-9. • **432.** "Pagar pelo Holocausto": Walid Khalidi, *Before Their Diaspora*. Washington, 1991, p.305-6, citado em Morris, 1948, p.163. • **433.** "Votaria contra o presidente": Louis, *British Empire*, p.526-8. • **433.** "com os oprimidos": Diário de Truman, 21 de julho de 1946. Biblioteca HST. • **434.** "Medidas desesperadas": Yablonka, *Survivors*, p.81-98; Grodzinsky, *In the Shadow*, p.166-87. Segundo Grodzinsky, há pouca evidência de que a liderança yishuv estava preocupada com as questões legais geradas por uma conscrição em solo estrangeiro. • **435.** "Nas ruas dos campos de PDs": Grodzinsky, *In the Shadow*, p.190-1; Hyman, *Undefeated*, p.365-6. • **435.** "Setecentas pessoas": Finder, "Muscular Judaism"; Moshe Ajzenbud, citado em Grodzinsky, *In the Shadow*, p.193-4. • **436.** "Ir para a Palestina": Novick, *Holocaust*, p.80-1. Klausner tinha voltado para a Alemanha a fim de realizar uma tarefa para o Exército. O temor de Klausner era que "se nada fosse feito os judeus afundariam em um pântano moral e, com a reconstituição de uma Alemanha independente, seriam escolhidos para a destruição física". Bauer, *Out of the Ashes*, p.265-6. • **436.** "A que os recrutas pertenciam": Conversas com o general Harrald, 13 e 20 de abril de 1948; Novick, *Holocaust*, p.299. A ênfase de Bauer é diferente. "O processo de recrutamento", ele escreve, "que a princípio parecia ser bastante simples, logo causou muitos problemas. Recrutadores entusiasmados entre as PDs passaram da persuasão para a força em seus esforços para conseguir o maior número possível de recrutas. Embora a maioria realmente fosse de voluntários, outros foram persuadidos por pressão social (...) Cenas desagradáveis ocorreram e os comitês dos campos se recusaram a dar a tais pessoas as rações complementares JDC a que elas tinham direito" . Bauer afirma que tanto a Junta quanto o Comitê Central foram impotentes para evitar isso: "Os comitês dos campos realmente tomavam a lei nas mãos e não se importavam com aquilo que as pessoas em Munique estavam dizendo. No entanto, ao mesmo tempo houve cenas de apoio maciço para a iniciativa e até mesmo alguns manipuladores e contrabandistas do mercado negro ficaram entusiasmados para lutar. Era realmente a única maneira de escapar da Alemanha; os recrutas tinham prioridade em navios de imigrantes ilegais, e aqueles que não pudessem ser acomodados nos navios e tinham de esperar por uma oportunidade estavam preparados para fazer parte das forças judaicas na Palestina assim que isso fosse possível." Bauer, *Out of the Ashes*, p.264-5. • **437.** "Capazes de dar um único tiro": Segev, *Seventh Million*, p.176-9. • **437.** "Como guardas de prisioneiros": Grodzinsky, *In the Shadow*, p.209-15. Segev declarou que "uma de cada três vítimas da guerra era um sobrevivente do Holocausto", *Seventh Million*, p.177. • **437.** "Sofrido na Europa": Segev, *Seventh Million*, p.178. • **438.** "Campos de concentração alemães": Yablonka, *Holocaust Survivors*, p.18-42. • **438.** "Em campos miseráveis": Ibid., p.270-1; Murphy, "Resettlement of Jewish refugees". • **439.** "Até animais de estimação": Segev, *Seventh Million*, p.161-2. Segundo Ben-Gurion, "um total de cerca de 110 mil pessoas acomodou-se em habitações abandonadas". Yablonka, *Holocaust Sur-*

vivors, p.18. Os historiadores ainda debatem se os israelenses praticaram "limpeza étnica" — se tinham um plano para expulsar os árabes — ou se sua fuga foi espontânea. Para uma discussão recente, veja Morris, 1948. • **439.** "Calamidade em segundo plano": H. Rosensaft, *Yesterday*, p.106-10; J. Rosensaft, "Our Belsen", in *Belsen*, p.42-3. • **440.** "Queimados nos crematórios": H. Rosensaft, *Yesterday*, p.114-5, 120-1; Hardman e Goodman, *The Survivors*, p.107; Goldmann, *Mein Leben*, p.337; Ruth Aliav, citada em Segev, *Seventh Million*, p.181.

18. O justo quinhão da América

Página 442. "Deus está fazendo o americano": The Melting-Pot, *Israel Zangwill*. • **442.** "Levadas em consideração": Polenberg, *One Nation Divisible*, p.32-45; Brown e Roucek (orgs.), *One America*, p.104-20; *HEAEG*, p.405-25. • **443.** "Pessoas Deslocadas nos campos": Greene, "Poles", in *HEAEG*, p.787-803. Essas eram, é claro, as qualidades desse grupo de imigrantes poloneses para a América — e não dos poloneses em geral. • **443.** "2 milhões de judeus": Crossman, *Palestine Mission*, p.37, 39; Glazer, *American Judaism*; Feingold, *Zion in America*; Johnson, *A história dos judeus*. • **444.** "Nação judaica na Palestina": Goren, "Jews", in *HEAEG*, p.571-98. • **444.** "Para os centros de PDs": McCullough, *Truman*, p.596; *ASH*, p.36-8; Sachar, *Redemption of the Unwanted*. • **445.** "Preconceitos locais": Zolberg, *Nation by Design*, p.1. • **446.** "Próprias instituições e tradições": Henry L. Stimson, citado em Bendersky, "Jewish Threat", p.336-7. Stimson era secretário de Estado em 1924 e secretário da Guerra de Roosevelt quando fez esses comentários. • **446.** "Vistos de entrada a cada ano": Daniels, *Coming to America*, p.287-306; Graham, *Unguarded Gates*, oferece uma interpretação diferente. • **446.** "Europa Central e Oriental": Zolberg, *Nation by Design*, p.285-6. • **447.** "Cessar toda a imigração": *ASH*, p.173; Genizi, *Fair Share*, p.66-7. A explicação de Dinnerstein continua sendo clássica, mas Genizi nos dá detalhes extras bastante úteis. • **447.** "Para os judeus na Palestina": *ASH*, p.115. • **448.** "Como foco os judeus europeus": Novick, "Looking back in anger", *Washington Post*, 1º de maio de 2005. Novick argumenta que a crítica que Laurel Leff fez de Sulzberger em *Buried by the Times* é errônea: "A grande dificuldade em acusar o comportamento do *Times* sobre o sistema de crenças de Sulzberger é que tantos outros — judeus e não judeus, universalistas e particularistas, sionistas e antissionistas — tinham crenças mais ou menos idênticas. Yehuda Bauer (...) escreve que a imprensa palestina durante a guerra "ficava em êxtase com alguma questão política local, enquanto o assassinato dos judeus na Europa é denunciado somente nas páginas internas." • **449.** "Publicidade e propaganda": *ASH*, p.116-36; Genizi, *Fair Share*, p.702. • **449.** "Pelo próprio Lessing Rosenwald": Novick, *Holocaust*, p.81-2; *ASH*, p.117-36. • **450.** "Estúdio RKO, de Hollywood": *ASH*, p.128-9. • **451.** "Legião retirou sua oposição": Ibid., p.159. • **452.** "Para cada mil PDs": Burstin, *After the Holocaust*, p.69; Königsweder e Wetzel, *Waiting for Hope*, p.62. • **452.** "Transporte e sustento?": Burstin, *After the Holocaust*, p.69-70. • **453.** "Com relutância, assinou-o": *ASH*, p.163-77; Genizi, *Fair Share*, p.74-80. • **453.** "Para ajudar na campanha": *ASH*, p.177-8; Genizi, *Fair Share*, p.81-111. • **453.** "Fluxo de imigrantes": *ASH*, p.183-97; Genizi, *Fair Share*, p.114-27 • **454.** "Humilhante e brutal": "Áreas anexadas", segundo as diretivas do Departamento de Estado em última instância incluíam, além dos Estados bálticos, o leste da Polônia, a Silésia, a Bessarábia e a Moldávia, a antiga cidade de Danzig e aquilo que em um determinado momento fora o leste da Prússia. • **455.** "Do Ato de Pessoas Deslocadas": *ASH*, p.183-98. • **455.** "Separados de suas famílias": Cohen, *Case Closed*, p.30-49; *ASH*, p.209. • **455.** "Continuavam naquela ocupação": *ASH*, p.211-2. • **456.** "Pat McCarran em consideração": O oponente republicano de Lehman, *John Foster Dulles*, tentou retratá-lo como "suave com o comunismo" por ter contratado "vermelhos" na Unrra. Nevins, *Lehman*, p.307-31. • **456.** "Também era antissemita": Gunther, *O Drama dos Estados Unidos*; Ybarra, *Washington Gone Crazy*, p.459-84. • **457.** "Elegibilidade na própria PD": *ASH*, p.217-53. • **458.** "Toda a história humana": Ibid., p.243-5. • **459.** "Ou grego-ortodoxos": Embora os judeus fossem entre 20% e 25% das PDs, eles representavam apenas 16% daqueles que foram admitidos nos Estados Unidos sob os Atos de 1948 e 1950. No entanto, quando os números desproporcionais de judeus admitidos sob a diretiva de Truman de 1945 também são considerados, os números são um pouco mais justos.

19. LEGADOS

Página 461. "Apresentação de *Noite de Reis*": Nesaule, *Woman in Amber*, p.121. • **462.** "Vizinhança melhor": Nesaule testemunhou um debate formal no centro letão em Indianápolis sobre "quem sofreu mais durante a guerra, homens ou mulheres?". Os homens falavam de exaustão, ferimentos e mortes e mencionavam o número de vítimas, enquanto as mulheres, vivendo em uma cultura em que até a menção da palavra "estupro" era inaceitável na sociedade educada, só podiam mencionar as "coisas terríveis, mais destrutivas de sua própria maneira, que tinham acontecido com seu gênero durante a guerra". Os homens venceram o debate. Ibid., p.182-3. • **463.** "Pelos sonhos e pelo amor": Ibid., p.272-80. • **463.** "Aqui na América": Em seu excelente livro de memórias, *Walking Since Daybreak*, o historiador nascido na Letônia Modris Eksteins explica que, apesar de seus triunfos acadêmicos na cultura anglo-imperial do Canadá da década de 1950, ele se identifica mais fortemente com o mundo protestante do norte da Alemanha, que conheceu quando criança nos campos de PDs. O pai de Eksteins, como o de Nesaule, era um pastor letão. • **464.** "Casaram em 1943": O irmão mais velho de Rachel era ardorosamente pró-comunista, mas foi preso pelas autoridades soviéticas, talvez por sionismo ou atividades no mercado negro. • **467.** "Procurar seus parentes": Berger, *Displaced Persons*. • **469.** "Esposa lhe deu um filho": Schneider-Hilton, *Displaced Person*, p.101-2. • **470.** "Plantações de algodão": Os Puders foram co-patrocinados pela Igreja Luterana e os Deans. • **471.** "Uma fiel devota": Theodor, sendo alemão, gostava de cerveja, e no entanto tinha se encontrado em um estado de sobriedade. O xerife local foi muito compreensivo quando ele comemorou tão vigorosamente o nascimento de outro filho. • **472.** "Oportunidades na Austrália": Kunz, *Displaced Persons*, p.173-209; Murphy, "The assimilation of refugee immigrants in Australia". A Associação Médica Australiana era, à época, ainda tecnicamente conhecida como um departamento da Associação Médica Britânica. • **472.** "Em seu novo país": Corsellis e Ferrar, *Slovenia 1945*, p.166-79. • **472.** "Imediatamente realizadas": McDowell, *Hard Labour*, p.157. • **473.** "Era raramente sentida": Heberle e Hall, *New Americans*; Eksteins, *Walking Since Daybreak*, p.88; Danys, *DP*, p.217-32. • **474.** "Dos grupos estabelecidos": Burstin, *After the Holocaust*, p.134; Jaroszyrńska-Kirchmann, *Exile Mission*. Intelectuais poloneses que conseguiram chegar a Chicago, na expectativa de se tornarem profissionais apreciados, descobriram que nem a sociedade americana nem a comunidade polonesa nos Estados Unidos apreciavam e admiravam intelectuais, como tradicionalmente ocorria na Polônia antes da guerra. Incapazes de se adaptar, sem querer dirigir um táxi ou coletar lixo, esses intelectuais se agarravam a seu status diminuído e seu mundo interno. Iwańska, *Polish Intelligentsia*. • **474.** "Permitir mais nada declarado": Luciuk, *Searching for Place*, p.245-63. • **475.** "Esse tipo de barreira?": Luciuk (org.), *Heroes of Their Day*, p.124. • **475.** "Causava tensões": B. Cohen, *Case Closed*. Algumas cidades eram mais receptivas que outras. Nova York, como era de esperar, não foi particularmente acolhedora, enquanto em Boston e São Francisco esquemas de acolhimento mais criativos tinham como base uma compreensão maior daquilo que os sobreviventes tinham sofrido. Em Denver, no Colorado, onde a comunidade judaica era muito pequena, os assistentes sociais estavam convencidos de que estavam sendo usados como um depósito para os casos mais difíceis, e constantemente se queixavam de que pessoas inadequadas, como rabinos ortodoxos, ou pessoas para cujas habilidades não havia nenhuma demanda (como operários da fabricação de roupa), estavam sendo enviadas para a cidade. Assistentes sociais que ajudavam as PDs judias a se adaptarem produziam inúmeros artigos nos jornais. • **476.** "Eles costumavam me contar": Burstin, *After the Holocaust*, p.112. • **476.** "Parece ter funcionado": Cohen, *Case Closed*. • **476.** "Sua dor e sua angústia": Zertal, *From Catastrophe to Power*, p.219. • **477.** "Seu espírito e seus eus": Ibid. • **477.** "Pais foram eliminados?": Ibid., p.220. • **478.** "Não era uma voz solitária": Segev, *Seventh Million*, p.161. • **478.** "Sobreviventes do Holocausto": Yablonka, *Survivors*, p.267-78. • **478.** "Razões menos conscientes": H.B.M. Murphy, "The resettlement of Jewish refugees". • **479.** "Lembrava muito o dos campos": Segev, *Se-*

venth Million, p.175. • **480**. "Praticamente impossível": Yablonka, *Survivors*, p.277-8. • **480**. "Com lítio para a depressão": E-mail, Yair Grinberg para o autor, 23 de fevereiro de 2009. • **482**. "Deauville muitas vezes": H. Rosensaft, *Yesterday*, p.127-48; Goldmann, *Mein Leben*, p.334-41. • **483**. "Um posto de relevância": Gibson, *Jacko*. Jackson teve uma variedade de empregos no governo britânico, inclusive o esquema da represa do rio Volta, em Gana, e produziu um relatório importante sobre o desenvolvimento na década de 1960, mas ficou praticamente esquecido quando o mandaram para Bangladesh a fim de lidar com uma operação de ajuda humanitária da ONU, em 1971, após enchentes devastadoras e uma guerra civil. Embora a essa altura ele já tivesse sessenta anos de idade e estivesse adoentado, a experiência, a habilidade e a imaginação de Jackson fizeram dessa operação um modelo de "profissionalismo em grande escala". Depois disso ele foi designado para coordenar programas de ajuda da ONU, principalmente em Kampuchea, em 1981. Shawcross, Quality of Mercy. • **483**. "Louca de raiva": *UC*, p.235. • **485**. "Não tinha reassentado": Segundo os números oficiais da IRO, até 31 de dezembro de 1951 havia ainda 140.011 refugiados estrangeiros na Alemanha, mas Vernant, Refugee, p.147, dá um número de 200 mil. Kee, Refugee World, p.7, fala de "300 mil refugiados ainda não estabelecidos". Na década de 1980, a Unrra era vista, em retrospecto, como "provavelmente a agência de ajuda mais ampla e mais eficiente em situações de calamidade que jamais foi criada — em determinado momento ela empregava quase 50 mil pessoas, e em toda sua existência gastou 4,25 bilhões de dólares com a provisão de alimentos, de remédios e programas médicos, reconstrução industrial e agrícola e ajuda a refugiados — em países como Grécia, Iugoslávia, Albânia, Tchecoslováquia, Polônia, Itália, Áustria, Finlândia, Hungria, Ucrânia, Etiópia, China, as Filipinas e a Coreia — 8,5 milhões, no total. Shawcross, *Quality of Mercy*, p.80-1. • **485**. "Membros das Nações Unidas": Marrus, *The Unwanted*, p.354-8. • **486**. "Fora deles na Europa": Gatrell, "World Refugee Year". A reação do governo britânico foi avara. Muitos países lançaram selos e o Ano Mundial do Refugiado agora é lembrado basicamente pelos filatelistas. Os organizadores esperavam também despertar outra vez um espírito de idealismo em uma geração de jovens que tinham se tornado cínicos em virtude de Suez, da bomba e dos escândalos do policiamento colonial no Quênia e em Chipre. Há paralelos óbvios com acontecimentos modernos como a campanha "Faça com que a pobreza seja história", em 2005. • **486.** "Negócio que é viver": Kee, *Refugee World*. Kee citou uma avaliação da UNHCR segundo a qual ainda restavam na Alemanha cerca de 35 mil PDs e uma avaliação ucraniana segundo a qual havia cerca de 14 mil refugiados ucranianos na Alemanha, dos quais 6 mil estavam passando necessidade. Mil desses estavam em campos. Muitos daqueles fora dos campos estavam trabalhando para fazendeiros. A maioria dos refugiados na Áustria eram "migrantes econômicos" da Iugoslávia. • **487.** "Muro de Berlim foi construído": Cerca de um terço deles (800 mil) eram pessoas expulsas. Connor, *Refugees*, p.143; Ther, "Integration", p.300. • **487.** "Vasto mercado interno": Judt, *Pós-Guerra: Uma história da Europa desde 1945*; Ther, "Integration"; Kossert, *Kalte Heimat*; Connor, *Refugees*, p.139-96; Kee, *Refugee World*, p.26. • **488.** "Auschwitz e suas implicações": Noviek, *Holocaust*, p.102-23; Judt, *Reflexões sobre um século esquecido: 1901-2000*. • **488.** "Acontecimentos dos anos 1940": Novick, *Holocaust*, p.133. Novick continua e argumenta, de forma mais polêmica, que no momento em que o conceito de Holocausto ficou presente nas mentes americanas, ele era invocado, primeiramente, como um meio de angariar apoio para Israel e, segundo, como uma maneira de reverter a secularização e o compromisso com o judaísmo, que estava em declínio entre os jovens. Novick, Holocaust, p.132-3. Outras razões pelas quais o Holocausto está hoje no centro da consciência ocidental incluem a literatura de memórias poderosas, desde O diário de Anne Frank até É isso um homem?, de Primo Levi, a uma literatura psiquiátrica resultante do processo de compensação do sobrevivente da Alemanha Ocidental que influenciou fortemente as abordagens modernas ao trauma; estudos históricos meticulosos, principalmente realizados por Raul Hilberg; e, em um nível mais popular, o filme *Shoah*, de Claude Lanzmann, em 1985, e, em 1987, a minissérie *Holocaust*, na televisão, vulgar, espalhafatosa e extremamente popular. • **489.** "Enganar as autoridades honestas": Ryan, *Quiet Neighbors*, p.5. • **489.** "Participar desse processo": Cesarani, *Justice Delayed*, p.1 • **490.** "Os comunistas e os judeus": Sereny, *O trauma alemão:*

Experiências e reflexões — 1938-2000. O livro de 1974 de Sereny, *Into That Darkness*, tratava de Franz Stangl, o comandante de Treblinka. • **491.** "Que então distribuem o dinheiro": U. Herbert, "No compensation for forced labour", *Frankfurter Allgemeine Zeitung*, 19 de julho de 1999. • **492.** "De outros países": Ibid. • **493.** Do que pagar recompensas": Harold James, contratado pelo Deutsche Bank; Gerald D. Feldman, da companhia de seguros Allianz; Bertelsmann, acusado na imprensa suíça de publicar livros antissemitas durante os anos nazistas; Saul Friedländer; *Volkswagen*, Hans Mommsen. Veja Eley, "Historical accountability", *NYT*, 8 de setembro de 1999. • **494.** "Na mão dos advogados": Numa tentativa de afirmar que suas crenças eram moralmente superiores, o governo alemão também estabeleceu a fundação Remembrance, Responsibility and Future [Recordação, Responsabilidade e Futuro], cujas declarações hipócritas, expressas em um palavrório sobre verdade e reconciliação não deixam uma boa lembrança. • **494.** "De que precisava": Congresso Polono-Americano "Forced Labor Compensation Programs: A Mid-term Review and Assessment"; Fundação "Remembrance, Responsibility and Future", relatório final para o governo dos Estados Unidos. Press release, 9 de março de 2009; "Paying for the past", *Central European Review*, 3, 8 de janeiro de 2001. • **494.** "Décadas de esquecimento": "Germany ends war chapter with 'slave fund' closure", Reuters, 12 de junho de 2007. • **495.** "Publicado em 1989": James D. White, resenha de Lithuanian Diaspora, escrita por van Reenan, Slavonic and East European Review 70 (1992), p.189; Luciuk, Searching for Place, p.273-4. • **496.** "Funcionalismo público nos Estados Unidos": Wyman, DP, p.1-13; Lieven, Baltic Revolution, p.276; Skultans, Testimony of Lives. Adamkus foi presidente da Lituânia de 1998 a 2003 e uma vez mais de 2004 a 2009. O maior grupo a retornar foi o dos croatas vindos da Argentina, onde as condições econômicas não tinham sido muito boas. • **496.** "Ou deixou de existir": Wyman, DP, p.12.

FONTES

MATERIAL NÃO PUBLICADO

Documentos de Will Arnold-Forster (Coleção particular, Londres)
Correspondência 1943-1946
Marta Korwin, "No Man's People". Parte Um. Memórias escritas *c.* 1950
Marta Korwin, "No Man's People". Parte Dois. Ensaios por Pessoas Deslocadas, 1946:

"A Yugoslav speaks"
"A cutting from a school-teacher's paper"
"A soldier of the Home Army"
"Joining a gang"
"VAD nurse, student of painting in the Art Academy of Cracow before the war"
"An Estonian girl speaks"
"So many were like him"
"Adolescent in Nazi hands" A
"Adolescent in Nazi hands" B
"Bozenka"
"A man at fourteen"

Sociedade Britânica de Psicanálise, Londres
Documentos de John Rickman

Universidade de Columbia, Lehman Suite
Documentos de Sir Robert Jackson

Instituto Hoover da Universidade de Stanford
Aleta Brownlee, "Whose children?"

Museu imperial da guerra, Londres
Documentos de Effie Barker
Tenente general Sir Frederick Morgan, "Unrra Diary"
Documentos do tenente general Sir Frederick Morgan
Rhoda Dawson, "The Stagnant Pool"

Biblioteca do Congresso, Washington, DC
Duchesne-Cripps, "The mental outlook of the Displaced Persons as seen through Welfare Work in Displaced Persons camps" (1955)

Faculdade de Economia de Londres
Documentos da Sociedade Fabiana
Spurgeon M. Keeny, "Reminiscences"

Fundação George C. Marshall
C.Tylor Wood, *Travel Diary 1946*

Arquivo da Cidade de Nova York
Documentos de Fiorello H. LaGuardia

Biblioteca Harry S. Truman
Documentos de Anne Laughlin

Arquivos das Nações Unidas, Nova York
Arquivos da Unrra

Museu Memorial do Holocausto dos Estados Unidos
Diário de Earl C. Harrison, 1946
Documentos de Rosensaft

Biblioteca da Universidade da Cidade do Cabo
Documentos de Hansi P. Pollak

Biblioteca da Universidade de Queensland, Austrália
Sir Raphael Cilento, "Escape from U.N. reality". Não publicado, s/d, *c.* 1953.

Biblioteca Beinecke, Universidade de Yale
Documentos de Kathryn C. Hulme

Entrevistas

Biblioteca Bodleian, Oxford
Sir Robert Jackson, MS Eng. C 4676, C 4678

Biblioteca Harry S. Truman
Charles P. Kindleberger, C. Tylor Wood, George L. Warren

BIBLIOGRAFIA

ABADI, Odette. *Terre de detrésse*. Paris: 1995.

ABZUG, Robert H. *Inside the Vicious Heart. Americans and the Liberation of Nazi Concentration Camps*. Nova York: 1985.

ACHESON, Dean. *Present at the Creation. My Years at the State Department*. Nova York: 1969.

AHONEN, Pertti et al. *People on the Move. European Population Movements in Europe in the Second World War and its Aftermath*. Oxford: 2008.

ALBRICH, Thomas; ZWEIG, Ronald W. (orgs.). *Escape through Austria. Jewish Refugees and the Austrian Route to Palestine*. Londres: 2002.

ALDRICH, Richard J. *The Hidden Hand. Britain, America and Cold War Secret Intelligence*. Woodstock e Nova York: 2002.

ANDERS, Władysław. *An Army in Exile*. Londres: 1949.

ANNAN, Noel. *Changing Enemies. The Defeat and Regeneration of Germany*. Londres: 1996.

APPLEBAUM, Anne. *Gulag: Uma história dos campos de prisioneiros soviéticos* [2003], trad. Maria Vilela e Ibraíma da Fonte. Rio de Janeiro: Ediouro, 2009.

ARENDT, Hannah. *Eichmann and the Holocaust*. Londres: 2005.

ARMONAS, Bárbara. *Deixa tuas lágrimas em Moscou* [1961], trad. G. Rebuá. Rio de Janeiro: Editora Ipanema, 1963.

ARMSTRONG, John. *Ukrainian Nationalism*. Nova York: 1963.

ARMSTRONG-REID, Susan; MURRAY, David. *Armies of Peace. Canada and the Unrra Years*. Toronto: 2008.

ARNOLD-FORSTER, W. "Unrra's prospects". In: *Political Quarterly*, n. 15. Londres: 1944, p.57-65.

_____. "Unrra's Work for Displaced Persons in Germany". In: *International Affairs*, 1946. Londres: p.1-13.

ASQUITH, Michael. *Famine: Quaker Work to Russia, 1921-1923*. Oxford: 1943.

ATKINSON, Rich. *An Army at Dawn: The War in North Africa*. Londres: 2004.

BAKIS, Eduard. "DP Apathy". In: MURPHY, Henry (org.). *Flight and Resettlement*. Londres: 1956.

BALFOUR, Michael; MAIR, John. *Four-Power Control in Germany and Austria 1945-1946*. Oxford: 1956.

BARON, Nick; GATRELL, Peter (orgs.). *Homelands: War, Population and Statehood in Eastern Europe and Russia 1918-1924*. Londres: 2004.

BARRATT BROWN, Michael. *From Tito to Mihailovic. Yugoslavia, the Lost Country*. Londres: 2005.

BAUER, Yehuda. *American Jewry and the Holocaust. The American Joint Distribution Committee, 1939-1945*. Detroit: 1981.

_____. "The DP legacy". In: ROSENSAFT, Menachem (org.). *Life Reborn*. Londres: 2001.

_____. *Flight and Rescue: Brichah. The Organized Escape of the Jewish Survivors of Eastern Europe, 1944-1948*. Nova York: 1970.

_____. "The Initial Organization of the Holocaust Survivors in Bavaria". In: *Yad Vashem Studies* 8. Londres: 1970, p.127-58.

_____. *Jews for Sale? Nazi-Jewish Negotiations, 1933-1945*. New Haven, 1994.

_____. *Out of the Ashes. The Impact of American Jews on Post-Holocaust European Jewry*. Oxford: 1989.

BEARDWELL, M.F. *Aftermath*. Ilfracombe, Devon: 1953.

BENDERSKY, Joseph. *The "Jewish Threat": Anti-Semitic Politics of the US Army*. Nova York: 2000.

BENTON, Peggie. *Baltic Countdown*. Londres: 1984.

BERGER, Joseph. *Displaced Persons. Growing up American after the Holocaust*. Nova York: 2001.

BERKHOFF, Karel. *Harvest of Despair: Life and Death in Ukraine under Nazi Rule*. Cambridge: 2004.

BERLIN, Isaiah. *Flourishing Letters 1928-1946*. Londres: 2005.

BERNSTEIN, D. "Europe's Jews". In: *Commentary*. Londres: agosto de 1947.

BESCHLOSS, Michael. *The Conquerors. Roosevelt, Truman and the Destruction of Hitler's Germany 1941-1945*. Nova York: 2002.

BEST, S.R.M. *The British Foreign Office, The United Nations Relief and Rehabilitation Administration (Unrra) and the Displaced Persons problem in British-occupied Europe, 1944-1947*. London School of Economics. Londres: 1991.

BETHELL, Nicholas. *The Last Secret. Forcible Repatriation to Russia 1944-1947*. Londres: 1977.

_____. *The Palestine Triangle. The Struggle between the British, the Jews and the Arabs 1925-48*. Londres: 1980.

BIBER, Jacob. *Risen from the Ashes*. Asheville: 2005.

BLACK, Maggie. *A Cause for our Times: OXFAM — The First 50 Years*. Oxford: 1992.

BLUM, John M. (org.). *The Price of Vision: The Diary of Henry A. Wallace, 1942-1946*. Boston: 1973.

_____. *V Was for Victory: Politics and American Culture during World War II*. Nova York: 1976.

BLUMENSON, Martin (org.). *The Patton Papers, 1940-1945*. Boston: 1974.

BOHACHEVSKY-CHOMIAK, Martha. "The women's movement in the DP camps". In: ISAJIW, Wesevolod et al. (orgs.). *The Refugee Experience*. Londres: 1994.

BONDS, John Bledsoe. *Bipartisan Strategy: Selling the Marshall Plan.* Westport: 2002.

BOOKER, Christopher. *A Looking-Glass Tragedy: The Controversy over Repatriations from Austria in 1945.* Londres: 1997.

BORGWARDT, Elizabeth. *A New Deal for the World: America's Vision for Human Rights.* Cambridge: 2005.

BOSHYK, Yury (org.). *Ukraine during World War II: History and its Aftermath.* Edmonton: 1986.

BOTTING, Douglas. *In the Ruins of the Reich.* Londres: 1985; 2005.

BOURNE, Geoffrey Howard. *Starvation in Europe.* Londres: 1943.

BOWER, Tom. *The Red Web: MI6 and the KGB Master Coup.* Londres: 1989; 1993.

A.C. Bramwell (org.). *Refugees in the Age of Total War.* 1988.

BREITMAN, Richard. *Official Secrets: What the Nazis Planned. What the British and Americans Knew.* Londres: 2000.

BRENNER, Michael. *After the Holocaust: Rebuilding Jewish Lives in Postwar Germany.* Princeton: 1997.

BRIDGMAN, Jon. *The End of the Holocaust: The Liberation of the Camps.* Londres: 1990.

BRINKLEY, Alan. *The End of Reform: New Deal Liberalism in Recession and War.* Nova York: 1995.

BRODZKI, Bella; VARON, Jeremy. "The Munich years: The Jewish students in postwar Germany". In: STEINERT, Johannes-Dieter; WEBER-NEWTH, Inge (orgs.). *Beyond Camps.* Londres: 2006.

BROSSE, Thérèse. *War-Handicapped Children.* Paris: 1950.

BROWN, Francis; ROUCEK, Joseph (orgs.). *One America: The History, Contributions, and Present Problems of our Racial and National Minorities.* 3ª ed., Nova York: 1952.

BULLOCK, Alan. *Ernest Bevin: Foreign Secretary.* Oxford: 1985.

BURDS, Jeffrey. "The early Cold War in Soviet West Ukraine 1944-1948", n. 1505. In: *Carl Beck Papers in Russian and East European Studies*. Pittsburgh: 2001.

_____. "Ethnicity, memory and violence. Reflections on special problems in Soviet and East European archives". In: BLOUIN, Francis X.; ROSENBERG, William G. (orgs.). *Archives, Documentation, and the Institutions of Social Memory: Essays from the Sawyer Seminar*. Ann Arbor: 2006.

BURSTIN, Barbara. *After the Holocaust. The Migration of Polish Jews and Christians to Pittsburgh*. Pittsburgh: 1989.

BYRNES, James. *Falando francamente* [1947], trad. Otto Schneider. Rio de Janeiro: Editora A Noite, 1948.

CALDER-MARSHALL, Arthur. *The Watershed*. Londres: 1947.

CARO, Robert. *The Power Broker: Robert Moses and the Fall of New York*. Nova York: 1974.

CASEY, Steve. *Cautious Crusade: Franklin D. Roosevelt, American Public Opinion, and the War against Nazi Germany*. Oxford: 2001.

CESARANI, David. *Justice Delayed: How Britain Became a Refuge for Nazi War Criminals*. Londres: 1992.

CHATHAM HOUSE. *Relief and Reconstruction in Europe: The First Steps. Report by a Chatham House Group*. Londres: 1942.

CIRTAUTAS, Kazys Claude. *The Refugee: A Psychological Study*. Boston: 1957.

CLARK, Jane Perry. *The Role of Uprooted People in European Recovery*. Washington: 1948.

CLAY, Catrine; LEAPMAN, Michael. *Master Race: The Lebensborn Experiment in Nazi Germany*. Londres: 1995.

CLAY, Lucius. *Decision in Germany*. Londres: 1950.

CLOAKE, John. *Templer of Malaya*. Londres: 1995.

COHEN, Beth. *Case Closed. Holocaust Survivors in Postwar America*. New Brunswick: 2007.

COHEN, Michael. *Palestine and the Great Powers, 1945-1948*. Princeton: 1982.

COIGNY, R.L. "Displaced Persons: The medical problems". In: *Lancet*. Londres: 1945, n. 1, p.477-8.

COLES, Harry Lewis; WEINBERG, Albert Katz. *Civil Affairs: Soldiers Become Governors*. Washington: 1964.

CONNOR, Ian. *Refugees and Expellees in Post-War Germany*. Manchester: 2007.

CONRADI, Peter. *Iris Murdoch: A Life*. Londres: 2002.

CORSELLIS, John; FERRAR, Marcus. *Slovenia 1945: Memories of Death and Survival after World War II*. Londres: 2005.

COWGILL, Anthony et al. *The Repatriations from Austria: The Report of an Inquiry*. Londres: 1990.

_____. *The Repatriations from Austria in 1945: Cowgill Inquiry: The Documentary Evidence*. Londres: 1990.

CROSSMAN, Richard. *Palestine Mission: A Personal Record*. Londres: 1947.

CRUM, Bartley Cavanaugh. *Behind the Silken Curtain: A Personal Account of Anglo-American Diplomacy in Palestine and the Middle East*. Londres: 1947.

DACIE, Anne. *Yugoslav Refugees in Italy: The Story of a Transit Camp*. Londres: 1945.

DALIANAS, M.; MAZOWER, Mark, "Children in turmoil during the Civil War: Today's adults". In: MAZOWER, Mark (org.). *After the War Was Over*. Princeton: 2000.

DALLAS, Gregor. *Poisoned Peace. 1945 — The War that Never Ended*. Londres: 2005.

DALLIN, Alexander. *German Rule in Russia*. 2ª ed.. Londres: 1980.

DANCHEV, Alex; TODMAN, Daniel (orgs.). *Field Marshal Lord Alanbrooke. War Diaries 1939-45*. Londres: 2001.

DANIELS, Roger. *Coming to America: A History of Immigration and Ethnicity in American Life*. Nova York: 1991.

DANYLYSZYN, John. "Prisoners of Peace. British policy towards Displaced Persons and political refugees within occupied Germany, 1945-51" (tese de doutorado). Londres: London School of Economics: 2001.

DANYS, Milda. *DP. Lithuanian Immigration to Canada after the Second World War*. Toronto: 1986.

DAVIES, Norman. *O levante de 44: A batalha por Varsóvia* [2004], trad. Maria Beatriz de Medina. Rio de Janeiro: Ed. Record. 2006.

DAVIES, Norman; MOORHOUSE, Roger. *Microcosm: Portrait of a Central European City*. Londres: 2003.

DAWIDOWICZ, Lucy. *From that Place and Time: A Memoir 1938-1947*. Nova York: 1989.

DEANE, John R. *The Strange Alliance: The Story of American Efforts at Wartime Cooperation with Russia*. Londres: 1947.

DEIGHTON, Anne. *The Impossible Peace: Britain, the Division of Germany and the Origins of the Cold War*. Oxford: 1990.

DENNETT, Raymond; JOHNSON, Joseph E. (orgs.). *Negotiating with the Russians*. Boston: 1951.

DICKENS, Arthur. *Lübeck Diary*. Londres: 1946.

DINNERSTEIN, Leonard. *America and the Survivors of the Holocaust*. Nova York: 1982.

DIVINE, Robert. *Second Chance: The Triumph of Internationalism in America during World War II*. Nova York: 1967.

_____. resenha de BONDS, John. *Bipartisan Strategy: Selling the Marshall Plan, Political Science Quarterly* 118. Londres: 2004, p.686-7.

DJILAS, Milovan. *Conversações com Stalin* [1963], trad. Lino Valandro. Rio de Janeiro: Globo, v. 77, col. Catavento, 1964.

_____. *Wartime: With Tito and the Partisans*. Londres: 1977; 1980.

DOHERTY, Muriel. *Letters from Belsen 1945*. St. Leonards: 2000.

DÖLGER, Karsten. 'Polenlager Jägerslust'. Polnische 'Displaced Persons'. In: *Schleswig-Holstein*. Neumünster: 2000.

DONNISON, Frank Siegfried Vernon. *Civil Affairs and Military Government: North West Europe, 1944-1946*. Londres: 1961.

_____. *Civil Affairs and Military Government: Central Organisation and Planning*. Londres: 1966.

DYCZOK, Marta. *The Grand Alliance and Ukrainian Refugees*. Basingstoke: 2000.

EDWARDS, Ruth Dudley. *Victor Gollancz: A Biography*. Londres: 1987.

EISENBERG, Carolin. *Drawing the Line: The American Decision to Divide Germany, 1944-1949*. Cambridge: 1998.

EITINGER, Leo. *Concentration Camp Survivors in Norway and Israel*. Oslo: 1964.

EKSTEINS, Modris. *Walking Since Daybreak: A Story of Eastern Europe, World War II and the Heart of the Twentieth Century*. Londres: 2000.

ELKES, Joel. *Values, Belief and Survival: Dr. Elkhanan Elkes and the Kovno Ghetto*. Londres: 1997.

ELLIOTT, Mark. *Pawns of Yalta: Soviet Refugees and America's Role in Their Repatriation*. Urbana: 1982.

ELLWOOD, David. *Italy 1943-1945*. Leicester: 1985.

FAQUHARSON, John. *The Western Allies and the Politics of Food: Agrarian Management in Postwar Germany*. Leamington Spa: 1985.

_____. "Emotional but influential: Victor Gollancz, Richard Stokes and the British Zone of Germany, 1945-1949". In: *Journal of Contemporary History* 22. Londres: 1987, p.501-19.

FEINGOLD, Henry. *The Politics of Rescue: The Roosevelt Administration and the Holocaust, 1938-1945*. Nova York: 1970.

_____. *Zion in America*. Nova York: 1974.

FERREL, Robert H. (org.). *Truman in the White House: The Diary of Eben A. Ayers*. Columbia: 1991.

FINDER, Gabriel. "Muscular Judaism after the Shoah: Sports and Jewish DPs" In: STEINERT, Johannes-Dieter; WEBER-NEWTH, Inge (orgs.). *Beyond Camps and Forced Labour*. Londres: 2008.

FISHER, Fedora Gould. *Raphael Cilento: A Biography*. St. Lucia: 1994.

FLANNER, Janet. "Letter from Aschaffenburg". In: *New Yorker*, 30 de outubro de 1948.

FLOORE, Frances Berkeley. *The Bread of the Oppressed: An American Woman's Experience in War-Disrupted Countries*. Hicksville: 1975.

FOLLY, Martin. *Churchill, Whitehall and the Soviet Union, 1940-1945*. Basingstoke: 2000.

_____. *Foreign Relations of the United States, 1942-1951*. Washington: 1967-78.

FOSSEDAL, Gregory. *Our Finest Hour: Will Clayton, the Marshall Plan and the Triumph of Democracy*. Stanford: 2003.

FOX, Grace. "The origins of Unrra". In: *Political Science Quarterly*, n. 6. Londres: 1950, p.561-84.

FRANK, Matthew. "The new morality: Victor Gollancz, 'Save Europe Now' and the German refugees in 1945-46". In: *Twentieth-Century British History*, n. 17. Londres: 2006, p.230-56 .

_____. *Expelling the Germans: British Opinion and Post-1945 Population Transfer in Context*. Oxford: 2007.

_____. "Working for the Germans: British voluntary societies and the German refugee crisis, 1945-50". In: *Historical Research*, n. 72. Londres: 2009, p.157-75.

FRIEDMAN, H.A. "A military chaplain's perspective". In: ROSENSAFT, Menachem (org.). *Life Reborn*. Londres: 2001.

FRIEDMAN, Paul. "The road back for DPs. Healing the psychological scars of Nazism". In: *Commentary*. Londres: dezembro de 1948.

FRY, Ruth. *A Quaker Adventure*. Londres: 1926; 1943.

GATRELL, Peter. *A Whole Empire Walking: Refugees in Russia during World War I*. Bloomington: 1999.

_____. "World refugee year, 1959-60. A chapter in refugee history", texto datado de 14 de janeiro de 2008, acesso à internet.

_____. "World wars and population displacement in Europe in the twentieth century". *Contemporary European History*, 16. Londres: 2007, p.415-26.

GAY, Ruth. *Safe among the Germans: Liberated Jews after World War II*. New Haven: 2002.

GENIZI, Haim. *America's Fair Share: The Admission and Resettlement of Displaced Persons, 1945-1952*. Detroit: 1993.

GIBSON, James. *Jacko. Where Are You Now? A Life of Robert Jackson*. Londres: 2006.

GILBERT, Martin. *Finest Hour. Winston S. Churchill 1939-1941*. Londres: 1983.

_____. *O Holocausto: História dos judeus na Europa na Segunda Guerra Mundial* [1986]. São Paulo: HUCITEC, 2010.

GILDEA, Robert. *Marianne in Chains: In Search of the German Occupation of France 1940-45*. Londres: 2003.

GILL, Anton. *The Journey Back from Hell. Conversations with Concentration Camp Survivors*. Londres: 1989.

GIMBEL, John. *The Origins of the Marshall Plan*. Stanford, 1976.

GLAZER, Nathan. *American Judaism*. Chicago: 1974.

GLENDON, Mary Ann. *A World Made New: Eleanor Roosevelt and the Universal Declaration of Human Rights*. Nova York: 2001.

GLOVER, Jonathan. *Humanity: A Moral History of the Twentieth Century*. Londres: 1999.

GOLDMANN, Nahum. *Mein Leben als deutscher Jude*. Munique: 1980.

GOLLANCZ, Victor. *Inside Darkest Germany*. Londres: 1947.

GONI, Uki. *A verdadeira Odessa: O contrabando de nazistas para a Argentina de Péron* [2003], trad. Berilo Vargas. Rio de Janeiro: Ed. Record, 2004.

GORDON, Harry. *The Shadow of Death: The Holocaust in Lithuania*. Lexington: 1992.

GORDON WALKER, Patrick. *The Lid Lifts*. Londres: 1945.

GOREN, Arthur. "Jews". In: THERNSTROM, Stephan et al. (orgs.). *Harvard Encyclopedia of American Ethnic Groups*. Cambridge: 1980.

GRAHAM, Otis. *Unguarded Gates: A History of America's Immigration Crisis*. Lanham: 2004.

GREEN, Victor. "Poles". In: THERNSTROM, Stephan et al. (orgs.). *Harvard Encyclopedia of American Ethnic Groups*. Cambridge: 1980.

GRINBERG, Zalman. "Our liberation from Dachau". Tradução particular escrita por Israel Eiss do *Kamah*, anuário para o Fundo Nacional Judaico (Jerusalém, 1948).

GRINGAUZ, Samuel. "Jewish destiny as the DP's see it". In: *Commentary*. Londres: dezembro de 1947.

_____. "Our new German policy and the DP's". In: *Commentary*. Londres: junho de 1948.

_____. "The ghetto as an experiment of Jewish social organization. Three years of the Kovno ghetto". In: *Jewish Social Studies* II. Londres: 1949, p.3-20.

GROBMAN, Alex. *Rekindling the Flame: American Jewish Chaplains and the Survivors of European Jewry, 1944-1948*. Detroit: 1993.

_____. (org.). *In Defense of the Survivors: The Letters and Documents of Oscar A. Mintzer, AJDC Legal Advisor, Germany, 1945-46*. Berkeley: 1999.

GRODZINSKY, Yosef. *In the Shadow of the Holocaust: The Struggle between Jews and Zionists in the Aftermath of World War II*. Monroe: 2004.

GROSS, Jan Tomasz. *Vizinhos: A história do massacre dos judeus de Jedwabne, na Polônia* [2001], trad. Teresa Fernandes Swiatkiewicz. 1ª ed. Colares: Pedra da Lua. 2010.

_____. *Fear: Anti-Semitism in Poland after Auschwitz — an Essay in Historical Interpretation*. Princeton: 2006.

GROSSMANN, Atina. *Jews, Germans, and Allies: Close Encounters in Occupied Germany*. Princeton: 2007.

GUNTHER, John. *O drama dos Estados Unidos* [1947], trad. Bezerra de Freitas. Rio de Janeiro: Irmãos Pongetti, 1948.

GUTMAN, Israel (org.). *Encyclopedia of the Holocaust*. Nova York: 1990.

HAGEN, Mark von. "Does Ukraine have a history?". In: *Slavic Review*, n. 54. Londres: 1995, p.658-73.

HALAMISH, Aviva. *The Exodus Affair: Holocaust Survivors and the Struggle for Palestine*. Siracusa: 1998.

HAMMOND, Thomas T. (org.). *Witnesses to the Origins of the Cold War*. Seattle: 1986.

HARDACH, Gerd. "The Marshall Plan in Germany, 1948-1952". In: *Journal of European Economic History*, n. 16. Londres: 1987, p.433-85.

HARDMAN, Leslie; GOODMAN, Cecily. *The Survivors. The Story of the Belsen Remnant*. Londres: 1958.

HARRIS, Mark Jonathan. *The Long Way Home*. Los Angeles: 1997.

HARRISON, Mark. *Medicine and Victory*. Oxford: 2005.

HARVEY, O. *Wartime Diaries*. Londres: 1970.

HEALY, Maureen. *Vienna and the Fall of the Habsburg Empire: Total War and Everyday Life in World War I*. Cambridge: 2004.

HEBERLE, Rudolf; HALL, Dudley. *New Americans: A Study of Displaced Persons in Louisiana and Mississippi*. Baton Rouge: 1951.

HEINEMANN, Isabel. *"Rasse, Siedlung, deutsches Blut". Das Rasse- und Siedlungshauptamt der SS und die rassenpolitische Neuordnung Europas*. Göttingen: 2003.

HELTON, Arthur. *The Price of Indifference: Refugees and Humanitarian Action in the New Century*. Oxford: 2002.

HERBERT, Ulrich. "Forced labour". In: DEAR, Ian; FOOT, Richard Daniel (orgs.). *The Oxford Companion to World War II*. Oxford: 1995.

_____. *Hitler's Foreign Workers: Enforced Foreign Labor in Germany under the Third Reich*. Cambridge: 1997.

_____. "No compensation for forced labour. Legal and historical dimensions". In: *Frankfurter Allgemeine Zeitung*. Londres: 19 de julho de 1999.

HICKLIN, Margot. *War-Damaged Children: Some Aspects of Recovery*. Londres: 1946.

HILLIARD, Robert L. *Surviving the Americans: The Continued Struggle of the Jews after Liberation*. Nova York: 1997.

HILTON Laura J. "Pawns on a chessboard? Polish DPs and repatriation from the US Zone of Germany, 1945-1949". In: STEINERT, Johannes-Dieter; WEBER-NEWTH, Inge (orgs.). *Beyond Camps*. Londres: 2006.

HIRSCHMANN, Ira. *The Embers Still Burn*. Nova York: 1949.

HITCHCOCK, William. *The Bitter Road to Freedom: A New History of the Liberation of Europe*. Nova York: 2008.

HOFFMAN, Eva. *Lost in Translation: A Life in a New Language*. Londres: 1989; 1998.

HOGAN, Michael J. *The Marshall Plan. America, Britain and the Reconstruction of Western Europe, 1947-1952*. Cambridge: 1987.

HOLIAN, Anna. "Displacement and the Post-War reconstruction of Education: Displaced Persons at the Unrra University of Munich, 1945-48". In: *Central European History*, n. 17. Londres: 2008, p.167-95.

_____. "From political prisoners to displaced persons. Nationalism, anti-Communism and ambivalence in the formation of a Polish DP community In: STEINERT, Johannes-Dieter; WEBER-NEWTH, Inge (orgs.). *Beyond Camps*. Londres: 2006.

HOLLEUFER, Henriette von. "Seeking new horizons in Latin America. The resettlement of 100,000 European Displaced Persons between the Gulf of Mexico and Patagonia (1947-1951)", *Jahrbuch für Geschichte Lateinamerikas*, n. 39. Londres: 2002, p.126-62.

HOLBORN, Louise. *The International Refugee Organization: A Specialized Agency of the United Nations. Its History and Work 1946-1952*. Londres: 1956.

HOMZE, Edward. *Foreign Labor in Nazi Germany*. Princeton: 1967.

HOOPES, Townsend; BRINKLEY, Douglas. *FDR and the Creation of the UN*. New Haven: 1997.

HORNE, Alistair. *Harold Macmillan, vol. 1: 1894-1956*. Londres: 1989.

HORSBURGH, P.G.; RAEBURN, H.A. "The health problem in Berlin (julho de 1945-janeiro de 1946)". In: *British Medical Journal*. Londres: 1946, n. 1, p.423-9.

HRABAR, Roman. *The Fate of Polish Children during the Last War*. Varsóvia: 1981.

HRYCYSZYN, Michael. *God Save Me from My Friends: A Ukrainian Memoir*. Cambridge: 2006.

HULME, Kathryn. *The Wild Place*. Boston: 1953.

_____. *Entre Dois Mundos* [1956], trad. J.S. Ribeiro Filho. Rio de Janeiro: Editora Agir, 1958.

_____. *Undiscovered Country. The Search for Gurdjieff*. Lexington: 1997.

HUMBERT, Agnès. *Resistência: A história de uma mulher que desafiou Hitler* [1946], trad. Regina Lyra. Rio de Janeiro: Nova Fronteira, 2008.

HUNTFORD, Roland. *Nansen. The Explorer as Hero*. Londres: 1997; 2010.

HUXLEY, Julian et al. *When Hostilities Cease*. Londres: 1943.

HYMAN, Abraham. *The Undefeated*. Jerusalém: 1993.

IGNATIEFF, Michael. *Blood and Belonging: Journeys into the New Nationalism*. Londres: 1994.

ISAJIW, Wsevolod et al. (orgs.). *The Refugee Experience: Ukrainian Displaced Persons after World War II*. Edmonton: 1994.

IWANSKA, Alicja. *Polish Intelligentsia in Nazi Concentration Camps and American Exile: A Study of Values in Crisis Situations*. Lewiston: 1998.

JACKSON, Kevin. *Humphrey Jennings*. Londres: 2004.

JACOBMEYER, Wolfgang. *Vom Zwangsarbeiter zum heimatlosen Ausliinder. Die Displaced Persons in Westdeutschland 1945-1951*. Göttingen: 1985.

JANCO, Andrew Paul. "The Soviet refugee. Problem of imposture and contested identity in the Displaced Persons' camps, 1945-1947". In: STEINERT, Johannes-Dieter; WEBER-NEWTH, Inge (orgs.). *Beyond Camps*. Londres: 2008.

JANSEN, Mark; DE JONG, Ben. "Stalin's hand in Rotterdam: The murder of the Ukrainian nationalist Yevhen Konovalets in May 1938". In: *Intelligence and National Security*, n. 9. Londres: 1994, p.676-94.

JAROSZYNSKA-KIRCHMANN, Anna. *The Exile Mission: The Polish Political Diaspora and Polish Americans, 1939-1956*. Atenas: 2004.

JAY, Douglas. *Change and Fortune: A Political Record*. Londres: 1980.

JOHNSON, Paul. *A história dos judeus* [1993], trad. Carlos Alberto Pavanelli. Rio de Janeiro: Imago, 1989.

JUDT, Tony. *Pós-Guerra: Uma história da Europa desde 1945* [2005], trad. José Roberto O'Shea. Rio de Janeiro: Objetiva, 2008.

_____. *Reflexões sobre um século esquecido: 1901-2000* [2008], trad. Celso Nogueira. Rio de Janeiro: Objetiva, 2010.

KAPLAN, Israel. "Marsch aus den Kauferinger Lagern". In: *Fun Letstn Khurbn*, n. 5. Londres: maio de 1947.

KAY, Diana; MILES, Robert. *Refugees or Migrant Workers? European Volunteer Workers in Britain 1946-1951*. Londres: 1992.

KEE, Robert. *Refugee World*. Oxford: 1961.

KENNEDY, David M. *Freedom from Fear: The American People in Depression and War 1929-1945*. Nova York: 1999.

KERSHAW, Ian. *Hitler* [2001], trad. Pedro Maia Soares. São Paulo: Companhia das Letras, 2010.

KERSTEN, Krystyna. *The Establishment of Communist Rule in Poland, 1943-1948*. Berkeley: 1991.

KESSNER, Thomas. *Fiorello H. LaGuardia and the Making of Modern New York*. Nova York: 1989.

KINDLEBERGER, Charles. *Marshall Plan Days*. Boston: 1987.

_____. *The German Economy 1945-1947*. Westport: 1989.

KINNEAR, Mary. *Woman Of the World: Mary Craig McGeachy and International Cooperation*. Toronto: 2004.

KLAUSNER, Abraham. *Weddings: A Complete Guide to all Religious and Interfaith Marriage Services*. Columbus: 1986.

_____. *A Letter to My Children from the Edge of the Holocaust*. São Francisco: 2004.

KLEMMÉ, Marvin. *The Inside Story of Unrra: An Experience in Internationalism. A Firsthand Report on the Displaced People of Europe*. Nova York: 1949.

KNEF, Hildegard. *The Gift Horse*. Nova York: 1971.

KOCHAVI, Arieh. *Post-Holocaust Politics: Britain, the United States and Jewish Refugees, 1945-1948*. Chapel Hill: 2001.

KÖNIGSWEDER, Angelika; WETZEL, Juliane. *Waiting for Hope: Jewish Displaced Persons in Post-World War II Germany*. Evanston: 2001.

KORBONSKI Stefan. *Warsaw in Chains*. Londres: 1959.

KOSSERT, Andreas. *Kalte Heimat. Die Geschichte der deutschen Vertriebenen nach 1945*. Munique: 2008.

KRAMER, Alan. *The German Economy, 1945-1951*. Oxford: 1991.

KROCKOW, Christian Graf von. *The Hour of the Women*. Londres: 1991.

KULISCHER, Eugene. *The Displacement of Population in Europe*. Montreal: 1943.

KUNZ, Egon. *Displaced Persons: Calwell's New Australians*. Camberra: 1980.

KYNASTON, David. *Austerity Britain, 1945-1951*. Londres: 2007.

LAAR, Mart. *The Forgotten War: Armed Resistance Movement in Estonia in 1944-1956*. Talin: 2005.

LAGROU, Pieter. *The Legacy of Nazi Occupation: Patriotic Memory and National Recovery in Western Europe, 1945-1965*. Cambridge: 2000.

LAMPE, John. *Yugoslavia as History*. Cambridge: 1996.

LANE, Arthur Bliss. *I Saw Poland Betrayed*. 1948; Boston: 1965.

LANE, Thomas. *Victims of Stalin and Hitler: The Exodus of Poles and Balts to Britain*. Basingstoke: 2004.

LAQUEUR, Walter. *A History of Zionism: From the French Revolution to the Establishment of the State of Israel*. Nova York: 2003.

LAUREN, Paul Gordon. *The Evolution of International Human Rights: Visions Seen*. 2ª ed., Filadélfia: 2003.

LAVSKY, Hagit. *New Beginning: Holocaust Survivors in Bergen-Belsen and the British Zone in Germany, 1945-1950*. Detroit: 2002.

LEIBY, James. *A History of Social Work and Social Welfare in the United States*. Nova York: 1978.

LEITH-ROSS, Frederick. *Money Talks: Fifty Years of International Finance*. Londres: 1968

LEIVICK, H. et al. *Belsen*. Tel-Aviv: 1957.

LEVI, Primo. *A trégua* [1965;1987], trad. Marco Lucchesi. São Paulo: Companhia das Letras, 2010.

LEVIN, Dov. *The Litvaks: A Short History of the Jews in Lithuania.* Jerusalém: 2000.

LEVY, Isaac. *Witness to Evil: Bergen-Belsen, 1945.* Londres: 1995.

LEWIS, Norman. *Nápoles 1944: Um inglês no labirinto italiano* [1978], trad. Gleuber Vieira. Rio de Janeiro: Nova Fronteira, 2003.

LEWYCKA, Marina. *Uma breve história dos tratores em ucraniano* [2005], trad. Marina Slade. Rio de Janeiro: Bertrand Brasil, 2008.

LIEVEN, Anatol. *The Baltic Revolution: Estonia, Latvia, Lithuania and the Path to Independence.* 1993; New Haven: 2005.

LITTMAN, Sol. *Pure Soldiers or Sinister Legion: The Ukrainian 14th Waffen-SS Division.* Montreal: 2003.

LONDON, Louise. *Whitehall and the Jews, 1933-1948.* Cambridge: 2000.

LOTNIK, Waldemar. *Nine Lives: Ethnic Conflict in the Polish-Ukrainian Borderlands.* Londres: 1999.

LOUIS, William Roger. *The British Empire in the Middle East, 1945-1951: Arab Nationalism, the United States, and Postwar Imperialism.* Oxford: 1984.

LUCIUK, Lubomyr (org.). *Heroes of Their Day: The Reminiscences of Bohdan Panchuk.* Toronto: 1983.

_____. "Unintended consequences in refugee resettlement. Postwar Ukrainian refugee immigration to Canada." In: *International Migration Review*, n. 20. Londres: 1986, p.467-82.

_____. *Searching for Place: Ukrainian Displaced Persons, Canada, and the Migration of Memory.* Toronto: 2000.

MACARDLE, Dorothy. *Children of Europe. A Study of the Children of Liberated Countries: Their War-time Experiences, their Reactions, and their Needs, with a Note on Germany.* Londres: 1951.

MACDONOGH, Gilles. *After the Reich: From the Liberation of Vienna to the Berlin Airlift*. Londres: 2007.

MACINNES, Colin. *To the Victor the Spoils*. Londres: 1950; 1986.

MACKENZIE, Melville Douglas. *Medical Relief in Europe. Questions for Immediate Study*. Londres: 1942.

MACMILLAN, Harold. *The Blast of War 1939-1945*. Londres: 1967.

_____. *War Diaries. The Mediterranean 1943-1945*. Londres: 1967.

MAGOCSI, Paul Robert. *A History of Ukraine*. Toronto: 1996.

MANKOWITZ, Zeev W. *Life between Memory and Hope: The Survivors of the Holocaust in Occupied Germany*. Cambridge: 2002.

MARRACK, John. "Food for Starving Europe" In: HUXLEY, Julian et al. *When Hostilities Cease*. Londres: 1943.

MARRUS, Michael Robert. *The Unwanted: European Refugees from the First World War Through the Cold War*. Oxford: 1985.

MARTIN, Jean Isobel. *Refugee Settlers: A Study of Displaced Persons in Australia*. Camberra: 1965.

MATUSOW, Allen. *Farm Policies and Politics in the Truman Years*. Cambridge: 1967.

MAZOWER, Mark. *Continente Sombrio: A Europa do século XX* [1998], trad. Hildegard Feist. São Paulo: Companhia das Letras, 2001.

_____. *Inside Hitler's Greece: The Experience of Occupation, 1941-44*. New Haven: 2001.

_____. *Hitler's Empire: Nazi Rule in Occupied Europe*. Londres: 2008.

_____. (org.). *After the War Was Over: Reconstructing the Family, Nation and State in Greece, 1943-1960*. Princeton: 2000.

McCLELLAND, Grigor. *Embers of War: Letters from a Quaker Relief Worker in War-Torn Germany*. Londres: 1997.

McCULLOUGH, David. *Truman*. Nova York: 1992.

McDOWELL, Linda. *Hard Labour: The Forgotten Voices of Latvian Migrant Volunteer Workers*. Londres: 2005.

McNEILL, Margareth. *By the Rivers of Babylon: A Story Based upon Actual Experiences among the Displaced Persons*. Londres: 1950.

MEDLICOTT William Norton. *The Economic Blockade*. Londres: 1952.

MEEHAN, Patricia. *A Strange Enemy People: Germans under the British 1945-1950*. Londres: 2001.

MEKAS, Jonas. *I Had Nowhere to Go*. Nova York: 1991.

MENDELSOHN, Ezra. *The Jews of East Central Europe between the World Wars*. Bloomington: 1983.

MIKOLAJCZYK, Stanislaw. *The Pattern of Soviet Domination*. Londres: 1948.

MILOSZ, Czeslaw. *Mente cativa* [1980], trad. Jane Zielonko. Osasco, SP: Novo Século Editora, 2010.

MILTON, Sybil; BOGIN, Frederick (orgs.). *Archives of the Holocaust, vol. 10, American Jewish Joint Distribution Committee*. Nova York: 1995.

MISHELL, William. *Kaddish for Kovno: Life and Death in a Lithuanian Ghetto 1941-1945*. Chicago: 1988.

MONNET, Jean. *Memórias: A construção da Unidade Europeia* [1978], trad. Ana Maria Falcão. Brasília: EdUnb, 1986.

MOOREHEAD, Alan. *Eclipse*. Londres: 1945.

MOOREHEAD, Caroline. *Dunant's Dream: War, Switzerland and the History of the Red Cross*. Londres: 1998.

_____. *Human Cargo. A Journey among Refugees*. Londres: 2005.

MORGAN, Frederick. *Peace and War*. Londres: 1961.

MORRIS, Benny. *1948: A History of the First Arab-Israeli War*. New Haven: 2008.

MOSLEY, Leonard. *Report from Germany*. 1945.

MURPHY, Christopher. "SOE and repatriation". In: *Journal of Contemporary History*, n. 36. Londres: 2001, p.309-23.

MURPHY, H.B.M. "The resettlement of Jewish refugees in Israel, with special reference to those known as Displaced Persons". In: *Population Studies*, n. 5. Londres: 1952, p.153-74.

_____. "The assimilation of refugee immigrants in Australia". In: *Population Studies*, n. 5. Londres: 1952, p.179-206.

_____. (org.). *Flight and Resettlement*. Genebra: 1956.

MURPHY, Robert Daniel. *Diplomat Among Warriors*. Nova York: 1964.

NACHMANI, Amikam. *Great Power Discord in Palestine: The Anglo-American Committee of Inquiry into the Problems of European Jewry and Palestine 1945-1946*. Londres: 1987.

NADICH, Judah. *Eisenhower and the Jews*. Nova York: 1953.

NAIMARK, Norman. *The Russians in Germany: A History of the Soviet Zone of Occupation, 1945-1949*. Cambridge: 1995.

_____. Fires of Hatred. *Ethnic Cleansing in Twentieth-Century Europe*. Cambridge: 2001.

NAMIAS, June. *First Generation: In the Words of Twentieth-Century American Immigrants*. Boston: 1978.

NATIONAL PLANNING ASSOCIATION. *Relief for Europe*. Washington: 1942.

_____. *Unrra: Gateway to Recovery*. Washington: 1944.

NESAULE, Agate. *A Woman in Amber: Healing the Trauma of War and Exile*. Nova York: 1995.

NEVINS, Allan. *Herbert H. Lehman and His Era*. Nova York: 1963.

NICHOLAS, Herbert George (org.). *Washington Despatches. Weekly Political Reports from the British Embassy*. Londres: 1981.

NICHOLAS, Lynn. *Cruel World: The Children of Europe in the Nazi Web*. Nova York: 2005.

NIEWYK, Donald (org.). *Fresh Wounds: Early Narratives of Holocaust Survival*. Chapel Hill, NC: 1998.

NOLTE, Hans-Heinrich (org.). *Häftlinge aus der UdSSR in Bergen-Belsen: Dokumentation der Erinnerungen: "Ostarbeiterinnen" und "Ostarbeiter", Kriegsgifangene, Partisanen, Kinder, und zwei Minsker jüdinnen in einem deutschen KZ.* Frankfurt: 2001.

NOVICK, Peter. *The Holocaust in American Life.* Boston: 1999.

NOWAKOWSKI, Tomasz. *The Camp of All Saints.* Nova York: 1962.

OAKLEY, Ann. "Eugenics, social medicine, and the career of Richard Titmuss in Britain, 1935-1950". In: *British Journal of Sociology*, n. 42. Londres: 1991, p.165-94.

O'CONNOR, Flannery. *É difícil encontrar um homem bom* [1968], trad. José Roberto O'Shea. São Paulo: Editora Arx, 2003.

OLDFIELD, Sybil. *Women Humanitarians: A Biographical Dictionary of British Women Active between 1900 and 1950.* Londres: 2001.

OLSEN, Stanley (org.). *Harold Nicolson: Diaries and Letters, 1930-1964.* Londres: 1984.

ORWELL, George. *I Belong to the Left 1945.* Londres: 2001.

_____. *Smothered under journalism 1946.* Londres: 2001.

OSE. *Report on the Situation of the Jews in Germany, October-December 1945.* Genebra: 1946.

OVERY, Richard. *The Morbid Age: Britain between the Wars.* Londres: 2009.

PADOVER, Saul. *Psychologist in Germany. The Story of an American Intelligence Officer.* Londres: 1947.

PAPANEK, Ernst. "They are not expendable: The homeless and refugee children in Germany". In: *Social Service Review*, n. 20. Londres: 1946.

PATENAUD, Bertrand. *The Big Show in Bololand: The American Relief Expedition to Soviet Russia in the Famine of 1921.* Stanford: 2002.

PATT, Avinoam. *Finding Home and Homelands: Jewish Youth and Zionism in the Aftermath of the Holocaust.* Detroit: 2009.

PATTERSON, James. *Grand Expectations: The United States, 1945-1974.* Nova York: 1996.

PATTERSON, William Patrick. *Ladies of the Rope: Gurdjieff's Special Left Bank Women's Group*. Fairfax: 1998.

PAUL, Kathleen. *Whitewashing Britain: Race and Citizenship in the Postwar Era*. Ithaca: 1997.

PAVLOWITCH, Stevan. *The Improbable Survivor: Yugoslavia and its Problems*. Londres: 1988.

PECK, Abraham. "Our eyes have seen eternity. Memory and self-identity among the Sher'erith Hapletah". In: *Modern Judaism*, n. 17. Londres: 1997, p.57-74.

_____. (org.). *American Jewish Archives Cincinnati: The Papers of the World Jewish Congress, 1945-1950. The Liberation and the Saving Remnant*. Nova York: 1990.

_____. (org.). *Among the Survivors: The Landsberg DP Letters of Major Irving A. Heymont*. Cincinnati: 1982.

PEDERSEN, Susan. *Eleanor Rathbone and the Politics of Conscience*. New Haven: 2004.

PELLY, M.E. et al. (orgs.). *Documents on British Policy Overseas*, série I, vols. V-VI. Londres: 1990-91.

PENROSE, E.F. "Negotiating on refugees and displaced persons, 1946". In: BENNET, Raymond; JOHNSON, Joseph (orgs.). *Negotiating with the Russians*. Boston: 1951.

PERL, Gisella. *I Was a Doctor in Auschwitz*. Nova York: 1948.

PETERS, Nonja. *Milk and Honey... But No Gold. Postwar Migration to Western Australia 1945-1964*. Crawley: 2001.

PETROVICH, Michael. "The view from Yugoslavia". In: HAMMOND, Thomas (org.). *Witnesses to the Origins of the Cold War*. Seattle: 1986.

PETTISS, Susan; TAYLOR, Lynne. *After the Shooting Stopped: The Story of an Unrra Welfare Worker in Germany 1945-1947*. Victoria: 2004.

PIMLOTT, Ben. *Hugh Dalton*. Londres: 1986.

_____. (org.). *The Second World War Diaries of Hugh Dalton*. Londres: 1986.

PINSON, Koppel. "Jewish Life in liberated Germany: A Study of the Jewish DPs". In: *Jewish Social Studies*, n. 9. Londres: 1947, p.101-26.

POLENBERG, Richard. *One Nation Divisible: Class, Race, and Ethnicity in the United States since 1938*. Harmondsworth: 1980.

POTIPHAR. *They Must Not Starve*. Londres: 1945.

PROUDFOOT, Malcolm. "The Anglo-American Displaced Persons program for Germany and Austria". In: *American Journal of Economics and Society*, n. 6. Londres: 1946, p.33-54.

_____. *European Refugees: 1939-52. A Study in Forced Population Movement*. Londres: 1957.

RAPAPORT, Louis. *Shake Heaven and Earth: Peter Bergson and the Struggle to Rescue the Jews of Europe*. Jerusalém: 1999.

RAPHAEL, Chaim. "The Litvak connection and Hasidic chic". In: *Commentary*. Londres: maio de 1976.

REICH, Walter. (org.). *Hidden History of the Kovno Ghetto*. Boston: 1997.

REID, Anna. *Borderland: A Journey through the History of Ukraine*. Londres: 1997.

REILLY, Jo. *Belsen*. Londres: 1998.

_____. "British Policy". In: ROSENSAFT, Menachem (org.). *Life Reborn*. Londres: 2001.

REINISCH, Jessica. "Public Health in Germany under Soviet and Allied occupation". Tese de doutorado. Universidade de Londres: 2004.

_____. "Introduction: Relief in the aftermath of war". In: *Journal of Contemporary History*, n. 43. Londres: 2008, p.371-404.

_____. "'We shall build anew a powerful nation': Unrra, internationalism and national reconstruction in Poland". In: *Journal of Contemporary History*, n. 43, 2008, p.451-76.

RENDEL, George. *The Sword and the Olive: Recollections of Diplomacy and the Foreign Service, 1913-1954*. Londres: 1957.

RICHIE, Alexandra. *Faust's Metropolis: A History of Berlin*. Londres: 1998.

RIEBER, Alfred (org.). *Forced Migration in Central and Eastern Europe, 1939-1950*. Londres: 2000.

ROBBE-GRILLET, Alain. *Ghosts in the Mirror*. Londres: 1988.

ROBERTS, Andrew. *Masters and Commanders*. Londres: 2009.

ROSE, Norman. *Chaim Weizmann: A Biography*. Londres: 1986.

_____. *"A Senseless Squalid War": Voices from Palestine 1945-1948*. Londres: 2009.

ROSENSAFT, Hadassah. *Yesterday. My Story*. Washington: 2004.

ROSENSAFT, Menachem (org.). *Life Reborn: Jewish Displaced Persons 1945-1951*. Washington: 2001.

ROYAL INSTITUTE OF INTERNATIONAL AFFAIRS. *Relief and Reconstruction in Europe. The First Steps. Report of a Chatham House Study Group*. Londres: 1942.

RUTLAND, Suzanne. "Sanctuary for whom? Jewish victims and Nazi perpetrators in post-war Australian migrant camps". In: STEINERT, Johannes-Dieter; WEBER-NEWTH, Inge (orgs.), *Beyond Camps*. Londres: 2006.

RYAN JR. Alan. *Quiet Neighbors: Prosecuting Nazi War Criminals in America*. Nova York: 1984.

RYDER, Sue. *Child of My Love: An Autobiography*. Londres: 1997.

RYSTAD, Göran (org.). *The Uprooted: Forced Migration as an International Problem in the Post-War Era*. Lund: 1990.

SABBAGH, Karl. *Palestine: A Personal History*. Londres: 2006.

SACHAR, Howard. *A History of Israel from the Rise of Zionism to Our Time*. Nova York: 2007.

SALDUKAS, Linas. *Lithuanian Diaspora*. Vilna: 2002.

SALOMON, Kim. *Refugees in the Cold War: Towards a New International Refugee Regime in the Early Postwar Era*. Lund: 1991.

SALTER, James Arthur. *Memoirs of a Public Servant*. Londres: 1961.

SANDERS, Ronald. *The High Walls of Jerusalem: A History of the Balfour Declaration*. Nova York: 1984.

SANGSTER, J. "The Polish Dionees: Gender, ethnicity, and immigrant workers in post-Second World War Canada". In: *Canadian Historical Journal*, n. 88. Londres: 2007, p.469-500.

SAVAGE, Ania. *Return to Ukraine*. College Station: 2000.

SAVE THE CHILDREN FUND. *Children in Bondage: A Survey of Child Life in the Occupied Countries of Europe and in Finland*. Londres: 1942.

SCHIEDER, Theodor (org.). *Documents on the Expulsion of the Germans from Eastern Central-Europe*. 4 vols., Bonn: 1955-1960.

SCHNEIDER HILTON, Ella. *Displaced Person: A Girl's Life in Russia, Germany, and America*. Baton Rouge: 2006.

SCHOENBERG, Hans. *Germans from the East: A Study of their Migration, Resettlement, and Subsequent Group History since 1945*. The Hague: 1970.

SCHWARZ, Leo (org.). *The Root and the Bough*. Nova York: 1949.

_____. *The Redeemers. A Saga of the Years 1945-1952*. Nova York: 1953.

SEARLE, Geoffrey Russel. "Eugenics and politics in Britain in the 1930s". In: *Annals of Science*, n. 35. Londres: 1979, p.159-69.

SEGALMAN, Ralph. "The psychology of Jewish Displaced Persons". In: *Jewish Social Service Quarterly*, n. 23, 1947, p.363-5.

SEGEV, Tom. *The Seventh Million: The Israelis and the Holocaust*. Nova York: 1991.

_____. *One Palestine Complete*. Nova York: 2000.

SERENY, Gitta. *Albert Speer: Sua luta com a verdade* [1995;1996], trad: Milton Chaves de Almeida. 2ª ed. Rio de Janeiro: Bertrand Brasil, 1998.

_____. *O trauma alemão: Experiências e reflexões - 1938-2000* [2000], trad. Milton Chaves de Almeida. 1ª ed. Rio de Janeiro: Bertrand Brasil, 2007.

SHAPIRA, Anita. *Land and Power: The Zionist Resort to Force, 1881-1948*. Nova York: 1992.

SHAWCROSS, William. *The Quality of Mercy. Cambodia, Holocaust, and Modern Conscience*. Londres: 1994.

SHEPHARD, Ben. *A War of Nerves: Soldiers and Psychiatrists, 1914-1994*. Londres: 2000.

_____. *After Daybreak: The Liberation of Belsen, 1945*. Londres: 2005.

_____. "The medical relief effort at Belsen". *Holocaust Studies*, n. 12. Londres: 2006, p.31-50.

SHERMAN, Ari Joshua. *Mandate Days: British Lives in Palestine*. Londres: 1997.

SHERWOOD, Robert. *White House Papers of Harry L. Hopkins, vol. 2*. Londres: 1949.

SIEDLEKI, Janusz Nel. *Beyond Lost Dreams*. Edimburgo: 1994.

SIMPSON Christopher. *Blowback. America's Recruitment of Nazis, and its Effects on the Cold War*. Nova York: 1988.

SINGTON, Derrick. *Belsen Uncovered*. Londres: 1946.

SJÖBERG, Tommie. *The Powers and the Persecuted*. Lund: 1991.

SKIDELSKY, Robert. *Keynes*. Rio de Janeiro: Jorge Zahar, 1999.

SKULTANS, Vieda. *The Testimony of Lives: Narrative and Memory in Post-Soviet Latvia*. Londres: 1998.

SMEREKA, Vira. *The Girl from Ukraine*. Leeds: 2008.

SMITH, Jean Edward (org.). *The Papers of General Lucius D. Clay*. Bloomington: 1974.

SMITH, Marcus. *Dachau: The Harrowing of Hell*. 1972; Nova York: 1995.

SNETSINGER, John. *Truman, The Jewish Vote, and the Creation of Israel*. Stanford: 1974.

SNOWDEN, Frank. *The Conquest of Malaria: Italy, 1900-1962*. New Haven: 2006.

SNYDER, Timothy. *The Reconstruction of Nations: Poland, Ukraine, Lithuania, Belarus, 1569-1999*. New Haven: 2003.

SOMERS, Erik; KOK, René (orgs.). *Jewish Displaced Persons in Camp Bergen-Belsen 1945-1950*. Amsterdã: 2003.

SPEER, Albert. *Por dentro do III Reich*. São Paulo: Círculo do Livro, 1975.

SROLE, Leo. "Why the DP's can't wait". In: *Commentary*. Londres: janeiro de 1947.

STADULIS, Elizabeth. "The resettlement of displaced persons". In: *Population Studies*, n. 3. Londres: 1953, p.207-37.

STAFFORD, David. *Endgame 1945. Victory, Retribution, Liberation*. Londres: 2007.

STARGARDT, Nicholas. *Witnesses of War: Children's Lives under the Nazis*. Londres: 2005.

STEINERT, Johannes-Dieter. "Food and the food crisis in post-war Germany, 1945-1948: British policy and the role of British NGOs". In: TRENTMANN, Frank; JUST, Fleming (orgs.). *Food and Conflict in Europe in the Age of the Two World Wars*. Basingstoke: 2006.

STEINERT, Johannes-Dieter; WEBER-NEWTH, Inge (orgs.). *Beyond Camps and Forced Labour: Current International Research on Survivors of Nazi Persecution. Proceedings of the International Conference, London, 29-31 January 2003*. Osnabrück: 2005.

_____. *Beyond Camps and Forced Labour: Current International Research on Survivors of Nazi Persecution. Proceedings of the International Conference, London, 11-13 January 2006*. Osnabrück: 2008.

STEWART, Ninian. *The Royal Navy and the Palestine Patrol*. Londres: 2002.

STOESSINGER, John George. *The Refugee and the World Community*. Minneapolis: 1956.

STONE, Isidor. *Underground to Palestine*. Londres: 1946; 1979.

SUBTELNY, Orest. *Ukraine: A History*. Toronto: 1988.

SUDOPLATOV Pavel. *Special Tasks*. Boston: 1994.

SWORD, Keith et al. *The Formation of the Polish Community in Great Britain 1939-1950*. Londres: 1989.

TANNAHILL, Allan. *European Volunteer Workers in Britain*. Manchester: 1958.

TAVETH, Shabtai. *Ben-Gurion: The Burning Ground 1886-1948*. Boston: 1987.

_____. *Ben-Gurion and the Holocaust*. Nova York: 1996.

TERRY, Nicholas. "Conflicting signals: British intelligence on the 'Final Solution' through radio intercepts and other sources, 1941-1942". In: *Yad Vashem Studies*, n. 32. Londres: 2004, p.351-96.

THER, Philipp. "The integration of expellees in Germany and Poland after World War II: A historical reassessment". *Slavic Review*, n. 55. Londres: 1996, p.799-805.

THER, Philipp; SILJAK, Ana (orgs.). *Redrawing Nations: Ethnic Cleansing in East-Central Europe, 1944-1948*. Lanham: 2001.

THERNSTROM, Stephan et al. (orgs.). *The Harvard Encyclopedia of American Ethnic Groups*. Cambridge: 1980.

THOMAS, Hugh. *Armed Truce: The Beginnings of the Cold War 1945-1946*. Nova York: 1987.

_____. *John Strachey*. Londres: 1973.

TOLSTOI, Nikolai. *Victims of Yalta*.

TOOZE, Adam. *The Wages of Destruction: The Making and Breaking of the Nazi Economy*. Londres: 2006.

TOPPING, Andrew. "The task of Unrra: Medical services in the liberated countries". *British Medical Journal*, n. 1. Londres: 1945, p.816-7.

TORANSKA, Teresa. *Oni. Stalin's Polish Puppets*. 1987.

TORY, Avraham. *Surviving the Holocaust: The Kovno Ghetto Diary*. Cambridge: 1990.

TREPMAN, Paul. "On being reborn". In: LEIVICK, H. et al. *Belsen*. Tel-Aviv: 1957.

TRUMAN, Harry. *Memoirs. Volume 1: Years of Trial.* Londres: 1955.

ULAM, Adam. *Expansion and Coexistence: The History of Soviet Foreign Policy from 1917-1967.* Londres: 1968.

URQUHART, Brian. *A Life in Peace and War.* Nova York: 1991.

VACHON, John. *Poland 1946.* Washington: 1995.

VANDENBERG JR. Arthur (org.). *The Private Papers of Senator Vandenberg.* Nova York: 1953.

VAN REENAN, Antanas. *Lithuanian Diaspora: Koenigsberg to Chicago.* Lanham: 1990.

VERNANT, Jacques. *The Refugee in the Post-War World.* Londres: 1953.

VIDA, George. *Das trevas à alvorada* [1967], trad. Bella Herson. São Paulo, 1987.

VINCENT, Charles Paul. *The Politics of Hunger: The Allied Blockade of Germany, 1915-1919.* Atenas: 1985.

VINEN, Richard. *The Unfree French: Life under the Occupation.* Londres: 2006.

WASSERSTEIN, Bernard. *Britain and the Jews of Europe.* Leicester: 1999.

WEINDLING, Paul. *Epidemics and Genocide in Eastern Europe, 1890-1945.* Oxford: 2000.

WEISSMAN, Benjamin. *Herbert Hoover and Famine Relief to Soviet Russia, 1921-1923.* Stanford: 1974.

WILMINGTON, Martin. *The Middle East Supply Centre.* Londres: 1972.

WILMOT, Phyllis. *A Singular Woman: The Life of Geraldine Aves 1898-1986.* Londres: 1992.

WILSON, Andrew. *The Ukrainians: Unexpected Nation.* New Haven: 2002.

WILSON, Francesca. *In the Margins of Chaos: Recollections of Relief Work in and between Three Wars.* Londres: Londres: 1944.

_____. *Aftermath. France, Germany, Austria, Yugoslavia.* West Drayton: 1947.

WILSON, Roger. *Quaker Relief: An Account of the Relief Work of the Society of Friends, 1940-1948.* Londres: 1952.

WINDER, Robert. *Bloody Foreigners: The Story of Immigration to Britain*. Londres: 2005.

WOODROOFE, Kathleen. *From Charity to Social Work: In England and the United States*. Londres: 1962.

WOROPAY, Olexa. *On the Road to the West: Diary of a Ukrainian Refugee*. Wetherby: 1982.

WYMAN, David; MEDOFF, Rafael. *Race against Death: Peter Bergson, America and the Holocaust*. Nova York: 2004.

WYMAN, Mark. *DPs: Europe's Displaced Persons, 1945-1951*. 1989; Ithaca: 1998.

YABLONKA, Hanna. *Survivors of the Holocaust: Israel after the War*. Basingstoke: 1999.

YBARRA, Michael. *Washington Gone Crazy: Senator Pat McCarran and the Great American Communist Hunt*. Hanover: 2004.

YERGIN, Daniel. *Shattered Peace: The Origins of the Cold War and the National Security State*. 1977; Harmondsworth: 1980.

ZAHRA, Tara. *Kidnapped Souls: National Indifference and the Battle for Children in the Bohemian Lands*. Ithaca: 2008.

_____. "Lost children: Displacement, family and nation in postwar Europe". In: *Journal of Modern History*, n. 81. Londres: 2009, p.45-86.

ZAYAS, Alfred-Maurice de. *Nemesis at Potsdam*. Londres: 1979.

ZERTAL, Idith. *From Catastrophe to Power: Holocaust Survivors and the Emergence of Israel*. Berkeley: 1998.

ZIEMKE, Earl. *The U.S. Army in the Occupation of Germany*. Washington: 1975.

ZOLBERG, Aristide. *A Nation by Design: Immigration Policy in the Fashioning of America*. Cambridge: 2006.

ZUBKOVA, Elena. *Russia after the War: Hopes, Illusions and Disappointments, 1945-1957*. Armonk: 1998.

AGRADECIMENTOS

SEIS LINHAS DE "DON'T LET'S BE BEASTLY to the Germans", de Noel Coward, são citadas com a permissão de Methuen Drama, um selo de A&C Black, Publishers Ltd. Meus sinceros agradecimentos a Jake Arnold-Forster pelo empréstimo — por tanto tempo — dos documentos de seu avô; ao coronel Rupert Prichard, OBE, pela permissão para citar passagens dos documentos de Sir Frederick Morgan; e ao doutor Yair Grinberg por ter se correspondido comigo. Foi um prazer ter conhecido Menachem Rosensaft. Imagens foram fornecidas pelo American Friends Service Committee; Biblioteca Beinecke da Universidade de Yale; Getty Images; NIOD; Arquivos das Nações Unidas: 7; Museu Memorial do Holocausto dos Estados Unidos; Arquivos Nacionais dos Estados Unidos. Todos os esforços foram feitos para encontrar os proprietários dos direitos autorais. O autor e a editora terão prazer em corrigir quaisquer erros ou omissões em edições futuras.

A minha dívida com outros estudiosos é substancial. Mark Mazower deu-me o encorajamento inicial. Jair Kessler e Tony Judt me concederam bolsas de pesquisador visitante no Remarque Institute, na Universidade de Nova York. A Biblioteca Beinecke da Universidade de Yale me concedeu uma bolsa Donald C. Gallup; meus agradecimentos especialmente a Barbara A. Shailor. Jessica Reinisch convidou-me para fazer parte do rebanho da Birkbeck e foi uma grande amiga. Brian Bond, Allan Young e José Brunner me deram a oportunidade de experimentar minhas ideias. Matthew Frank, Nick Stargardt e Alex Clarkson generosamente compartilharam sua pesquisa. Meus antigos companheiros de armas, Raye Farr e Martin Smith, me ouviram com muita paciência. Algumas partes dos capítulos 2 e 3 foram publicadas no *Journal of Contemporary History*. O produto final é de minha total responsabilidade.

Por sua generosa ajuda, agradeço também a Nick Baron, Yehuda Bauer, Danny Cohen, Marta Dyczok, Peter Gatrell, Josef Grodzinsky,

Anna Jaroszyńska-Kirchmann, Ze'ev Mankowitz, Hans-Dieter Steinert, Reiner Schulze, Tomas Venclova, Paul Weindling e Tara Zahra.

Estou grato também aos funcionários e bibliotecários dos Arquivos das Nações Unidas, do Imperial War Museum (especialmente a Rod Suddaby e ao Departamento de Documentos), à Biblioteca Wiener, à Biblioteca Britânica, aos Arquivos Nacionais em Londres, ao Museu Memorial do Holocausto dos Estados Unidos, às Bibliotecas da Universidade de Yale, à Biblioteca de Londres, à Biblioteca da Universidade de Bristol, à Biblioteca da Universidade de Columbia, às Bibliotecas Bodleian e Rothermere, em Oxford, e à Universidade de Nova York.

Tim Cole, Anne Deighton, Prosper Devas, Atina Grossmann, Rhodri e Leonie Hayward, Boyd Hilton, Marylla e Julian Hunt, Tristram Hunt, Diana Jeater, Jair Kessler, Mark Kidel, Cathy Merridale, Matthew Parker, Peter Romijn, Silvia Salvatici, Hew Strachan, Flora Tsilaga e Jay Winter me deram apoio moral. Minha irmã, Caroline Moser, e seu marido, Peter Sollis, me acolheram tanto em Londres quanto em Washington.

Na Bodley Head, Will Sulkin me deu um apoio maravilhoso e Jörg Hensgen foi um editor de sonho, combinando uma paciência de santo com uma exigência inflexível de concisão. Dan Franklin esteve envolvido no contrato inicial e Tessa Harvey foi uma leitora perceptiva. E tive a sorte de ter Clare Alexander como minha agente e amiga.

Minha esposa, Sue, me apoiou durante todo o longo processo de escrever este livro. Foi necessário que ela desempenhasse muitos papéis, e ela foi magnífica em todos eles. As viagens que fizemos juntos ao Leste europeu fizeram com que este livro se tornasse inesquecível para mim.

ÍNDICE REMISSIVO

A

Acheson, Dean 67, 68, 76, 186, 310, 317, 320, 321
Acordo de Bretton Woods 167
Adamic, Louis 442
Adamkus, Valdas, Presidente da Lituânia 495
Adenauer, Konrad / Governo Adenauer 302, 487
Adler-Rudel, Shalom 201
Administração da Ajuda Humanitária Americana 51
Administração da Ajuda Humanitária e Reabilitação das Nações Unidas (Unrra) 186
Administração do Progresso de Obras 72
Aftermath 399
Agência Judaica 201, 226, 232, 235, 236, 244, 426, 434, 438, 439. ver também Mossad, a Brigada Judaica (Exército britânico)
Alemanha nazista 35, 61, 80, 317, 332. ver também Holocausto
bombardeio aliado 330
crise de alimentos (1942) 33, 38, 165, 169, 170
extermínio de judeus 18, 21, 35, 43, 57, 93, 94, 95, 114, 131, 137
trabalho estrangeiro (escravo) 494

Alexander, marechal de campo Harold 104
Allenby; general Sir Edmund 147
Alto Comissariado das Nações Unidas para Refugiados (UNHCR) 10, 485, 486
Anders, general Wladyslaw 249, 259, 260, 261, 262, 271, 292
Ano Mundial do Refugiado 485, 486
Applebaum, Anne 110
ARA. Ver Administração da Ajuda Humanitária Americana
Árabes
na Argélia 64
palestinos 226, 424
Argélia 60, 64, 484
Argentina
reassentamento de PDs 416
Arnold-Forster, William 73, 175
Attlee, Clement / Governo Atlee 166, 167
e Divisão ucraniana galega 276
e fome entre os civis alemães 168, 169, 170
e imigração judaica para a Palestina 144, 238, 245
e repatriação das tropas polonesas 260
PDs judias 244, 320
políticas de imigração e recrutamento 396

Augsburg
campo de PDs 115
Auschwitz
campo de extermínio 18, 35, 43, 93, 94, 95, 114, 131, 137, 242, 341, 352, 488, 493
Austrália 14, 74, 350
emigração britânica para a 396, 409, 410
reassentamento de PDs 200, 410, 411, 412, 416, 418, 471, 483
Áustria 13, 90, 397. *ver também* Caríntia
Brigada Judaica na 134
campos judeus 404
crianças roubadas 382
e a Unrra 382
PDs 435, 452

B

Babi Yar, Ucrânia
massacre de judeus (1941) 34
Backe, Herbert 33
Badoglio, marechal Pietro 37
Bakis, Eduard 356, 357
Balfour, Arthur 145, 146, 226
Bandera, Stepan 270, 271, 272, 275, 333, 494
Barbie, Klaus 274
Bauer, Yehuda 21, 22, 143, 234, 344, 346, 423
Beeley, Harold 431
Begin, Menachem 424
Bélgica 35, 232, 234. *ver também* PDs belgas
abdução nazista de crianças 381
e a Unrra 77, 218
e divisão da Palestina 431
recrutamento de PDs 86, 404, 405, 412
Ben-Gurion, David 221, 232, 235
aparência 225

campanha terrorista sionista 227
e campanha terrorista sionista 244
e guerra com os árabes 225, 230
e o Êxodus 429
e PDs judias 242
estratégia sionista 225, 226, 228, 233, 242
e Weizman 243
e Weizmann 226, 228, 425
origem 226
Berezov; Radion 269
Bergen-Belsen. *ver* campo de concentração Belsen
Berger, Joseph 463, 464, 465, 466, 467
Berger, Marcus 463, 464, 465, 466
Berger, Rachel 463, 464, 465, 466
Berkman, Joseph 201
Bernstein, David 422
Bernstein, Leonard 480
Bethell, Nicholas 16, 244
Beveridge, William 20, 168
Bevin, Ernest 148, 168, 236, 237
e a Palestina 148
e a Unrra 193
Bielorrússia/bielorrusos
ajuda humanitária da Unrra 186
Bielorrússia/bielorrussos 102, 108, 110, 125, 190
ajuda humanitária da Unrra 184
Bimko, doutor Hadassah 137, 439
Bingham, May 178
Blackey, Eileen 383, 386, 387, 388
Blum, John M. 72
Bocholt, Alemanha 91
Borowski, Tadeusz 352
This Way for the Gas, Ladies and Gentlemen 352
Boshyk, Yury 334
Bourke-White, Margaret 151
Bradford, Marjorie 196
Bradley, general Omar 93
Brandeis, juiz Louis 443

Brandt, Willy 487, 492
Brasil 64, 74, 324, 413, 462
  reassentamento de PDs 416
Bray, Charles 151
Brichah 231, 232, 289, 427
Brimelow, Thomas 113, 266, 275
Brookes, Kenneth
  "The Re-establishment of Displaced
  Persons" 56
Brunswick, Alemanha 18, 19, 123,
  374
Buckley, Henry 159
Bullock, Alan
  Ernest Bevin 148
Burinsky, Mikhail 288
Burlak, Mykolai 113
Burstein, Michael 128
Byrnes, James 184, 273, 286, 310, 313,
  320, 422
By the Rivers of Babylon 18, 19

C

Cairo. *Ver também* Unrra
calmucos 110
Calwell, Arthur 410, 411, 416, 417
Campo de concentração Belsen 95,
  96, 109, 131, 132, 135, 137,
  139, 142, 166, 168, 181, 236,
  378, 420, 429, 430, 439
Campo de concentração Buchenwald
  83, 93, 95, 109, 360, 491
Campo de concentração Dachau 93,
  94, 95, 121, 124, 129, 133, 221,
  358, 491
campo de concentração Dora
  (-Mittelbau) 136, 137
Campo de concentração Kaufering
  124, 128, 358
campo de concentração Mauthausen
  93
campo de concentração Stutthoff
  128

Campo de extermínio Belzec 35,
  94
Campo de extermínio Chelmno 94
campo de extermínio Sobibor 35,
  94, 490
Campo de PDs Belsen 12, 93, 94, 95,
  135, 138, 139, 142, 344. *ver*
  também Comitê Central de
  Judeus Libertados
  crianças 235, 236
  escola 242
  hospital 142, 166, 182, 242
  mercado negro 343, 344, 345
  sionistas 235, 236, 242
Campo de PDs Belsen 235
Campo de PDs de Dachau 132
Campos de concentração/
  extermínio. *ver também*
  campos específicos
Canadá 14, 17, 51, 69, 76, 117, 185,
  273, 324, 350, 390, 394, 395,
  396, 408, 409, 412, 413, 414,
  415, 430, 431, 462, 473, 474,
  486, 494, 495
  alimentos excedentes 51
  e divisão da Palestina 430
  emigração britânica para o 396
  e PDs ucranianas 474
  National Film Board 17
  reassentamento de crianças 390
Cantor, Eddie 200
Capa, Robert 151
Caríntia, Áustria
  repatriações forçadas de 104, 107
Carl Zeiss Jena 39
Caro, Robert 279
Carta do Atlântico 9, 52
Cartier-Bresson, Henri
  Le Retour 96, 97
Carusi, Ugo 453
Centro de Provisões do Oriente
  Médio 172

A LONGA ESTRADA PARA CASA | 599

Chamberlain, Neville 148
Chatham House 54
Chicago, Estados Unidos 13, 80, 250, 311, 442, 443
Children of Europe 392
China
Unrra 53, 74, 183, 190
Chipre
campos judaicos 426, 436
Churchill, Winston 47, 48, 49, 51, 52, 66, 70, 75, 104, 148, 152, 261, 262, 287, 306
discurso sobre a "Cortina de Ferro" 287
e a Carta do Atlântico (1941) 52
e imigração judaica para a Palestina 148
na Conferência de Yalta (1945) 104
promessa de 47
Cilento, Sir Raphael 181, 182, 183, 188, 194, 251, 299
Clark, Sir Kenneth 189
Clark, Sir Norman 150, 151
Clay, general Lucius D. 164, 285, 286, 306, 423
Clayton, Will 185, 186, 323, 324, 325
Clifford, Clark 433
Cohen, Michael J. 145
Cohen, Myer 292
Comitê Central de Judeus Libertados 137, 166, 423, 434, 480
Comitê Conjunto de Distribuição Judaico-Americano ("a Junta") 141, 344, 359
Comitê de Cidadãos sobre Pessoas Deslocadas. 449
Comitê de Investigação anglo- -americano 238, 430
Comitê Especial das Nações Unidas para a Palestina (Unscop) 426, 428, 429, 430

Comitê Interaliado para Necessidades do Pós-Guerra 49
Comitê Intergovernamental para Refugiados 9, 140
Comunismo/partidos comunistas. ver também países específicos
Conferência de Potsdam (1945) 162
Conferência de Yalta (1945) 104
Congresso Polono-Americano 250
Congresso Sionista (1946) 425, 439
Conselho Nacional para a Paz 160
Corpo de Conservação Civil 72
Cortina de Ferro, A (filme) 451
Cossacos repatriação dos 16, 106
Coward, Noel
"Don't Let's Be Beastly to the Germans" 159, 160
Cox, Herald Rea 64
Cripps, Sir Stafford 168
Croatas, repatriação dos 107
Crosland, Anthony 105
Crossman, Richard 239, 243
Crùm, Bartley 240, 241, 242, 243, 245
Cruz Vermelha 16, 55, 88, 90, 106, 107, 129, 138, 162, 181, 196, 211, 212, 217, 219, 297, 342, 346, 389. ver também Cruz Vermelha americana e britânica
Cruz Vermelha alemã 162
Cruz Vermelha americana 66, 80, 475
Cruz Vermelha britânica 106, 139, 181, 182

D

Dacie, Ann 369
Daily Express 160
Daily Herald 151
Daily Mirror 161, 403
Daimler-Benz 44, 492
Dalton, Hugh 49, 50, 148, 167

Danys, Milda 347, 350, 415
Darré, Walther 33
Davidson, Eileen 366, 368, 385, 389, 390, 391
Dawson, Rhoda 267, 376
DDT, uso de 64, 65, 89, 90, 95, 157
Dean, Patrick 103
Defeated People, A (filme) 161
de La Pole, Dorothy 382, 383
Demjanjuk, John 489, 490
Dewey, Thomas E. 455, 456
Dileski, Hirsh 420
Dinnerstein, Leonard 444, 449, 451, 453, 454, 458
Dionne, Ludger 394, 395
Dirksen, Everett 178, 192
Distribuição Judaico-Americano; movimento sionista 126, 141, 146, 200, 225, 226, 344, 359
    Comitê Judiciário do Senado 456, 458
doenças venéreas 56, 209, 210, 253, 258, 414
Donnison, F.S.V. 61
Douglas, Helen Gahagan 192
Dragonovic, Father Krunoslav 274
Drury, brigadeiro Charles (Bud) 314, 315
Dubauskas, Kostas 412
Duchesne-Cripps, Audrey 121, 122
Duker, Abraham 453, 455
Dulles, John Foster 482
Dunant, Henri 16
Dunkel, Ella 388
Dunner, Joseph 141
Düsseldorf
    refugiados alemães 304
Dziedzice, Polônia 120

E

Eastland, senador James 458
Economist, The 70, 74

Eden, Anthony 103
Egito. Ver também Cairo
    campos de refugiados 74, 282
Eichmann, Adolf 488
Einstein, Albert 239, 431
Eisenhower, general Dwight D. 59, 61, 80, 81, 93, 116, 117, 144, 187, 193, 221, 232, 285, 442
    reuniões com Ben-Gurion 232
Eksteins, Modris 408
Elkes, doutor Elkhanan 127, 128
epidemia de tifo 62, 65, 95, 128
epidemias 11, 87, 90, 151, 181, 188, 370. Ver também tifo
Erfurt, Alemanha
    libertação americana 82, 83
Eslovenos/Eslovênia 104, 107, 417, 472, 496
Essen, bombardeio de (1943) 43
Estações Giyus 435
Estados Unidos 9, 16, 27, 49, 51, 52, 53, 61, 64, 65, 69, 70, 72, 77, 88, 92, 96, 99, 117, 122, 124, 132, 139, 143, 145, 166, 175, 176, 178, 194, 200, 204, 226, 236, 238, 245, 248, 250, 259, 265, 273, 279, 286, 301, 307, 308, 309, 310, 311, 313, 314, 317, 318, 320, 321, 323, 324, 325, 342, 350, 364, 371, 412, 423, 425, 426, 430, 441, 443, 444, 445, 446, 447
    Atos de Imigração (1917, 1924) 446
    Comissão de Pessoas Deslocadas (DPC) 453, 457, 458
    Comitê de Cidadãos sobre Pessoas Deslocadas. 449
    comunidade judaica/ "lobby judaico"; ver também Comitê Conjunto de 71, 145, 425, 444, 447, 449, 451
    crise de alimentos europeia 170

A LONGA ESTRADA PARA CASA | 601

e o Holocausto 488
Programa de Recuperação europeu
324
Evening Standard 199, 400
EVWs. *Ver* Trabalhadores
Voluntários europeus
Exército Insurgente Ucraniano (UPA)
271, 272
exército polonês 261, 262, 329, 353,
457
Exércitos Aliados 10, 45, 58, 59, 65,
80, 87, 99. *ver também* Exército
britânico
e centros de reunião 87
e PDs do Leste Europeu 100
na Itália 10
Exército Vermelho 27, 34, 44, 45, 93,
103, 109, 113, 114, 119, 152,
185, 231, 272, 460, 463, 467

F

Fabrigat, Enrique 430
Fanshawe, general Evelyn 299
Feldafing, Alemanha
campo de PDs judias 132, 291
Feonov, Nikolai I. 78
Ferwerda, G.F. 98
FFI ("sternistas") 229
Filhas da Revolução Americana 447
filhos. *ver também* escolas
efeitos psicológicos nos 375
e o programa Lebensborn 381
judeus 127, 201, 205, 381, 465, 477
procurando abduzidos e perdidos
127, 379
Firestone (empresa de borracha) 431
Fischer, Greta 379
Flanner, Janet 330, 331
Flensburg, Alemanha
academia marítima 348
Flood, Daniel J. 192
Força de Defesa de Israel 437

França 10, 33, 35, 36, 37, 41, 43, 45,
47, 48, 57, 61, 69, 80, 96, 103,
108, 117, 174, 176, 177, 178,
204, 218, 290, 305, 306, 313,
321, 322, 366, 368, 381, 396,
407, 412, 427, 429, 431, 445,
456, 491, 492. *ver também* PDs
francesas
abdução nazista de crianças 235
crise de alimentos (1942) 33
e a Unrra 77
e prisioneiros de guerra 108
e reassentamento de refugiados 86
Partido Comunista 322
Franco, general Francisco 457
Frankfurt 85, 141, 194, 199, 217, 232,
250, 282, 306, 382, 393
Fredendall, major-general Lloyd R.
59
Friedman, rabino Herbert 234
Funk Kaserne, campo de PDs perto
de Munique 285

G

Gale, general Humfrey 187, 190
Galitzianers 125
Gatrell, Peter 485
Gdansk (Danzig), Polônia 258
Gehlen, Reinhard 275
General A.W. Greeley (navio) 466
General Harry Taylor (navio) 469
General Stuart Heintzelman (navio)
417
Gerstenzang, Leo 79
Gibbons, Mary 197
Glover, Jonathan
Humanity 18
Goebbels, Joseph 17, 34, 37, 43
Goldmann, Nahum 344, 436, 440,
481, 482, 483
Gollancz, Victor 160, 167, 168, 299,
300, 304, 305, 322

Göring, Hermann 32, 33
Governo militar aliado 10, 61, 63, 85, 162, 351
Grã-Bretanha 14, 20, 27, 47, 50, 53, 55, 73, 122, 146, 148, 149, 166, 167, 168, 169, 175, 178, 185, 193, 200, 228, 244, 248, 251, 260, 261, 276, 305, 306, 322, 325, 396, 397, 398, 399, 400, 403, 404, 410, 412, 416, 425, 456, 472, 486, 487, 492
  atitude com relação aos refugiados alemães 152
  Ato de Estrangeiros (1906) 397
  bombardeio da Alemanha 42
Granville, França
  Centro de Treinamento da Unrra 175, 177, 178, 179, 180, 203
Grécia 48, 74, 152, 182, 185, 190, 321
Green, Victor 443
Grew, Joseph C. 140
Grigg, Sir James 103, 164
Grinberg, doutor Zalman 125, 127, 128, 129, 130, 132, 134, 222, 229, 236, 240, 241, 245, 246
  como psiquiatra nos Estados Unidos 481
  morte 481
  no hospital St. Ottilien 129
  preside a reunião do Comitê Central 423
Grinberg, Emanuel 480
Grinberg, Yair 481
Gringauz, doutor Samuel 124, 222, 359, 362, 363, 422, 423, 480
Grodzinsky, Josef 241
Gromyko, Andrei 69, 426
Gross, Jan Tomasz 15
Guerra da Coreia 458
Guerra Fria 13, 14, 15, 287, 321, 390, 414, 451, 454, 488, 491, 495
Guiana Francesa 407

Gulbrandson, Johnny 255
Gurdjieff, G.F. 217, 218, 483

H

Haber, William 436
Habets, Marie-Louise 218, 255, 393, 483
Haganah 10, 229, 232, 234, 243, 428, 434, 435, 437
Halamish, Aviva 428
Halifax, Edward Wood, conde de 236
Halifax, Edward Wood, lorde 67, 145, 173
Hamburgo 14, 42, 119, 304, 322, 339, 429
Hamm, Westfália
  centro de alimentação 23, 303
Hanover 85, 299, 322, 345
Hardman, rabino Leslie 345
Harriman, W. Averell 184, 186, 278
Harrison, Earl.
  Relatório 228
Harrison, Earl G. 140, 141, 142, 143, 237, 448
  Relatório 141, 142, 143, 144, 149, 171, 221, 232, 237, 238
Harrold, general 436
Haunstetten, Alemanha
  campo de PDs 291
Hay, Lorna 174, 179
Heidelberg
  PDs 85, 380
Heider, Margaret 367
Heinemann, Isabel 391
Heinkel (empresa de fabricação de aviões) 44
Henshaw, Jean 379, 380, 381
Herbert, Ulrich 25, 39, 41, 44, 492
Herzl, Theodor
  Der Juddenstaat 134, 146, 221
Herzog, rabino Isaac 290

A LONGA ESTRADA PARA CASA | 603

Heymont, major Irving 221, 222, 223, 224, 225, 230, 233, 343, 344
Higgens, Marguerite 85
Himmler, Heinrich 25, 33, 35
Hirschmann, Ira 280, 281, 282, 283, 284, 285, 286, 288, 292, 311
Hitler, Adolf 12, 14, 17, 22, 27, 28, 30, 33, 34, 36, 43, 46, 54, 56, 57, 94, 102, 103, 113, 132, 134, 147, 153, 168, 200, 221, 229, 259, 334, 419, 433, 464, 494
  e a invasão da Rússia 27
  e mulheres ucranianas 31
Hofstetten, Alemanha
  campo de PDs 468, 469
Hohenfels, Alemanha
  campo de PDs 22
Holanda. *Ver* Países Baixos
Holborn, Louise 406
Holocausto 12, 14, 381, 430, 431, 432, 448, 487, 488
  sobreviventes 12, 15, 358, 361, 436, 437, 438, 466, 478, 479
Holocausto 12, 227, 466
Hoover, Herbert 51, 67, 71, 76, 193, 308, 406, 442
  e a Unrra 193, 277
  e o bloqueio econômico britânico 48, 50
  trabalho de ajuda humanitária 50, 370
Hopkins, Harry 371
Horrocks, Sir Brian 111
Hourani, Albert 243
Hughes, Howard
  Nuvens de tempestade 451
Hulme, Kay 203, 253, 254, 255, 256, 293, 295, 296, 297, 394, 404, 405, 407, 414, 483
  amizade com Marie-Louise Habets 218, 255, 256

e a IRO 407, 413
e as PDs bálticas 393
em Widflecken 252
em Wildflecken 255, 342, 393
origem 203, 217
repatriação de poloneses 204, 219, 220, 252, 348
romances 217
Hulme, Kay 253
Hutcheson, juiz Joe 238, 242
Huxley, Julian 55
Hyman, major Abraham S. 142, 436
Hynd, John 168

I

IDF. *Ver* Força de Defesa de Israel
Idylls 356
Igreja Católica / o Vaticano 41, 249, 270, 273, 315, 443. *ver também* Pio XII, papa
  e mulheres francesas voluntárias 40, 98
  movimento nacionalista ucraniano 270
  nos Estados Unidos 193, 273, 452
  sentimentos antijudeus 430
In Darkest Germany 304
Índia 301, 431, 484
Irgun 227, 229, 424
IRO *ver* Organização Internacional para Refugiados
Israel 14, 15, 240, 241, 244, 390, 419, 430, 433, 436, 437, 438, 439, 465, 466, 475, 476, 477, 478, 479, 480, 481, 490, 491. *ver também* Haganah, movimento sionista
  criação de; *ver* Palestina 14
  kibutz 222, 241, 243, 422, 427, 479
Itália 13, 26, 37, 47, 61, 62, 65, 66, 74, 76, 87, 103, 104, 105, 134, 184, 185, 190, 231, 235, 247, 248,

249, 260, 261, 262, 276, 280,
312, 321, 322, 330, 369, 418,
426, 434, 435

J

Jackson, Robert 171, 172, 173, 180,
181, 182, 187, 188, 190, 191,
192, 193, 195, 202, 287, 483
Jennings, Humphrey
A Defeated People 162
Jerusalém 125, 134, 147, 242, 243,
289, 424, 430, 432, 488
ataque ao hotel King David 289
julgamento de Eichmann 488
Jorden, Ella 303
jornais de PDs 350
judeus 12, 13, 15, 16, 20, 21, 25,
33, 34, 35, 43, 44, 56, 57,
61, 71, 94, 95, 96, 113, 124,
125, 126, 127, 129, 130, 131,
132, 134, 135, 136, 137, 138,
139, 140, 141, 142, 143, 144,
145, 146, 147, 148, 149, 166,
184, 199, 200, 202, 221, 222,
223, 224, 225, 227, 228, 229,
230, 231, 232, 233, 234, 236,
237, 238, 239, 240, 241, 242,
243, 244, 245, 259, 262, 268,
270, 272, 274, 281, 282, 283,
284, 285, 289, 290, 317, 319,
332, 344, 348, 358, 359, 360,
361, 362, 363, 364, 376, 397,
398, 413, 415, 419, 420, 421,
423, 424, 426, 427, 428, 430,
431, 432, 433, 434, 435, 436,
438, 439, 442, 443, 444, 446,
447, 448, 449, 451, 452, 453,
456, 457, 459, 463, 464, 468,
475, 477, 481, 483, 488, 490,
494
americanos 140, 145, 200, 236, 289,
364, 435, 447, 488

extermínio nazista de 18, 21, 35,
43, 57, 93, 94, 95, 114, 131,
137
húngaros 128, 139
lituanos 222. ver Grinberg, doutor
Zalman "Litvaks"
poloneses 231. ver também PDs de
Landsberg
massacre de Kielce 289
Judt, Tony 488
Jullouville, França
Centro de Treinamento da Unrra
175, 176, 178, 218
Junkers, Alemanha
campo de PDs bálticas 196
Junta, a. ver Comitê Conjunto
de Distribuição judaico-
americano

K

Kassel 196, 327, 346
Kaunas. Ver Kvno
Kee, Robert 486, 487
Kempten, Alemanha
campo de PDs 115
Kennan, George F. 306, 321
telegrama 287
Kennedy, John F. 480
Keynes, John Maynard 20, 49, 166,
167
Khrushchev, Nikita 272
Kiel, Alemanha 300, 305
Kielce, Polônia
massacre de judeus (1946) 289, 464
Kientopf, Anna 154, 155
Kiev, Ucrânia 28, 30, 34, 41, 44, 112,
164, 274, 467, 469
King, Mackenzie 409, 415
Kisztelińska, Marianna 247
Klausner, rabino Abraham 132, 133,
134, 141, 142, 240, 422, 435,
436

Klemmé, Marvin 337, 338, 339, 340, 385, 396
Kloster Indersdorf, Alemanha
    centro para crianças 379
Konovalets, Yevhen 270
Korbonski, Stefan 257, 258, 474
Korwin, Marta 91, 92, 327, 346
Kovno (Kaunas), Lituânia
    judeus 125, 126, 127, 128, 129, 134, 224, 246, 349, 358
Krucas, Juozas 415
Kulischer, Eugene
    The Displacement of Population in Europe 69

L

Lagrou, Pieter 41
LaGuardia, Fiorello H. 71, 77, 278, 279, 280, 281, 283, 286, 287, 290, 291, 292, 293, 295, 309, 310, 311, 320, 372
    como diretor-geral da Unrra 280
    e a crise de alimentos na Europa 279
    e Hirschmann 281
Landerman, Ethel 475, 476
Landsberg, Alemanha
    campo de PDs 201, 221, 222, 225, 230, 233, 341, 342, 343, 421, 465
Lane, Arthur Bliss 315
Laski, Harold 55, 56, 69
Laughlin, Anne 179, 197
Lavsky, Hagit 136
Lazarus, Emma
    The New Colossus 445
Lebed, Mykola 274
Leggett, Sir Frederick 241
Legião Americana 321, 447, 451
Legião Letã 454
Lehman, Edith 173

Lehman, Herbert 53, 67, 71, 74, 75, 76, 77, 79, 81, 173, 178, 183, 190, 191, 193, 202, 277, 279, 280, 308, 309, 371, 372, 443, 456, 457
Leipzig 108, 110, 164
Leith-Ross, Sir Frederick 49, 50, 54, 66, 69, 71, 75, 78, 80, 164, 372
Lemgo, Alemanha
    "Schloss Nuremberg" 299
Leningrado 33, 164
Letun, Wera 247
Leverson, Jane 138
Levine, Robert 246
Levi, Primo 114
Lie, Trygve 483
Life (revista) 316
Liga das Nações 10, 52, 53, 70, 73, 292, 317, 318, 371
Lindbergh, Charles 442, 448
Ling, coronel Walton 106
Litvinov, Maxim 67, 69
Ljutikov, Anatolij 30
Lloyd George, David 146, 147
Los Angeles Times 455
Lotheim, Lotte 364
Lübeck, Alemanha 165, 343, 348, 429
Lubiniecki, William 247
Luce, Clare Booth 118
Luciuk, Lubomyr 494
Luxemburgo 35, 77, 413, 431
Lvov, Polônia 122, 270, 271, 384

M

Macardle, Dorothy 368, 392
Macmillan, Harold 172
Maisky, Ivan 50
Majdanek, campo de extermínio 94
Manchester Guardian 200, 400
Mankowitz, Ze'ev 21, 22, 140, 360
Marrocos 60, 407
Marrus, Michael 407, 485

Marshall, general George C. 59, 323, 324, 325, 431, 433
Masaryk, Jan 69
Massacre da floresta de Katyn (1940) 120
Masset, Georges 207, 208, 210, 211, 212, 217, 296, 297, 393
Massey, Vincent 409
Matusow, Allen J. 308
McCarran, Pat 456, 457, 458
McCreery, general Richard 107
McGeachy, Mary Craig 76, 371, 372
McMillan, Rollo C. 192
McNeill, Margaret 18, 19, 20, 111, 112, 374
Mecklenburg 164
Mekas, Anastas 355
Mekas, Jonas 352, 354, 355, 356
Melnyk, Andriy 270, 271
Mercado negro 14, 41, 177
   e centros de treinamento da Unrra 312
   e o Exército dos Estados Unidos 177
   e PDs judias 211, 220, 343
   e PDS judias 289
   na Itália da época da guerra 62, 63
   na Polônia 208, 211, 213
Messerschmitt 44, 128
Mikołajczyk, Stanislaw 257, 474
Milojkovic, Dula 367
Milojkovic, Smiljana 367
Minc, Hilary 315
Ministério das Relações Exteriores britânico 107, 152, 266, 280, 300, 322, 371
   alemães refugiados 266
   e a Unrra 76
   e PDs ucranianas 113
   e repatriação de prisioneiros de guerra russos 103
   PDs ucranianas 275

sobre judeus 237, 239
Moch, Jules 427
Molotov-Ribbentrop, pacto (1939) 112, 120
Monnet, Jean 69
Montgomery, marechal de campo Bernard 118, 169, 183, 187, 188, 193, 194
Moorehead, Alan 84, 85
Morgan, lugar-tenente general Sir Frederick 186, 187, 188, 189, 193, 194, 195, 196, 197, 198, 199, 200, 201, 202, 240, 245, 251, 277, 281, 282, 283, 286, 287, 288, 289, 290, 291, 292, 338, 341, 383, 385, 386
Morgenthau, Henry 140, 433, 443
Morris, Benny 430
Mossad, o 10, 232, 426, 427
Moszkowski, Bogdan 83
Movimento de Escoteiros 163
Movimentos sionistas 126, 146, 200, 225, 226
   hino 129, 419
Moyne, lorde 227
Mulhouse, França 96
Munique 20, 93, 132, 134, 139, 141, 153, 201, 221, 222, 225, 233, 235, 240, 245, 250, 282, 285, 289, 290, 341, 348, 354, 366, 368, 375, 376, 419, 423, 432, 465, 469
   Universidade da Unrra 348
Murdoch, Iris 11, 78, 79
Murphy, H.B.M 61, 478, 479
Murphy, Robert 61, 285
Mussolini, Benito 24, 37
MYL, uso de 64, 65

N

Nações Unidas 9, 10, 11, 16, 17, 52, 55, 68, 70, 158, 171, 184, 186,

204, 310, 318, 320, 379, 382, 406, 408, 425, 426, 430, 456, 483, 485, 486. *ver também* Unscop;
Nazismo/Nacional-socialismo 200, 363, 492.
Nerson, doutor 360
Nesaule, Agate 349, 460, 461, 462
Nevins, Allan 311
News Chronicle 150, 160
New Statesman 403
Newsweek 456
New Yorker 330
New York Herald Tribune 85
New York Times 65, 200, 236, 395, 448, 466, 481, 489
Niles, David 245, 444
NKVD 18, 101, 109, 110, 112, 120, 258, 269, 270, 467
Noel-Baker, Francis 320
Norbury, Ronald Graham-Toler, 5º conde de 79
Nordhausen, Alemanha 93
Noruega 47, 57, 77, 108, 489
Nova Zelândia 412, 431
Novick, Peter 12, 448, 449, 488
Nowakowski, Tadeusz 352, 354

O

Observer 70
Ochkasova, Klavdiia 30
O'Connor, Edward M. 453
Oder, rio 154, 155, 156
O'Dwyer, prefeito William 481
Olieski, Jacob 224
Operação Agatha 424
Operação Bagration 45
Operação Barleycorn 165
Operação Cenoura 293, 295
Operação Overlord 187
Operação Tally-Ho 297
Operação Torch 60

Ordruf, Alemanha 92
Organização de Nacionalistas Ucranianos (OUN) 270, 274, 333
Organização Internacional para Refugiados (IRO) 9, 320, 321, 322, 330, 336, 337, 387, 389, 393, 406, 408, 410, 411, 414, 416, 483
e crianças 10, 389, 390, 391
programa de repatriação 407, 441, 453, 454, 484, 485
reassentamento de PDs 408, 410, 413
Organização Mundial de Saúde 183
Organização Todt 43, 44
Orlin, Cecelia ("Zippy") 378
Osóbka-Morawski, Edward 260
OUN. *ver* Organização de Nacionalistas Ucranianos

P

Padover, Saul 86
Países Baixos, os/Os holandeses 77, 98, 103, 352, 381, 413, 430
governo no exílio 98
PDs 86
Palestina 10, 14, 74, 134, 139, 143, 144, 145, 146, 147, 148, 222, 225, 226, 227, 228, 229, 231, 232, 233, 235, 237, 238, 240, 241, 242, 243, 244, 245, 246, 289, 359, 361, 364, 421, 423, 424, 425, 426, 428, 430, 434, 435, 436, 438, 440, 447, 448, 477, 484. *ver também* Attlee, Clement; movimento sionista
Declaração de Balfour 146, 226
Divisão e criação de Israel 244, 433
imigração ilegal para 430
imigração ilegal para a 10, 244

relatório do Comitê Anglo-
Americano 282, 424
Palmach, o 428
Panchuk, Bohdan 117, 273, 474, 475
Partido Trabalhista britânico 148. *ver*
também Attlee, Clement/
Governo Attlee
Passaporte Nansen 317
Passport to Nowhere (filme) 450
Patton, general George S. 82, 93, 131
PDs bálticas 196, 266, 415. *ver*
também PDs estonianas, letãs e
lituanas; judeus lituanos
doenças mentais 402
e trabalho 337, 399
habilidades organizacionais 196,
198, 349
jardinagem 198
mulheres 198, 349, 399
orgulho nacional 347
reassentamento na Austrália 350
vida social e cultural 198, 284, 349
PDs belgas 37, 80, 82, 404, 405, 407,
484
repatriação 98
PDs estonianas 350. *ver também* PDs
bálticas
colégio agrícola 454
jornal 350
orgulho nacional 347
PDs francesas 89
PDs iugoslavas 13, 16, 80, 404, 417,
430, 433, 449
PDs judias 141, 142, 144, 149, 201,
202, 229, 234, 235, 236, 240,
241, 242, 244, 246, 285, 287,
289, 340, 343, 344, 345, 348,
359, 360, 361, 362, 363, 364,
419, 420, 422, 424, 427, 433,
434, 436, 444, 449, 473, 475,
476, 477, 481
PDs letãs 462

PDs lituanas 347, 350. *ver também*
judeus lituanos
academia marítima 348
orgulho nacional 347
PDs polonesas 118, 120, 121, 209,
210, 215, 217, 248, 260, 298,
352
PDs romenas 100
PDs ucranianas 116, 268, 351, 474,
494
Pearson, Lester 185
Perón (Juan), governo 416
Pétain, Marshal Philippe 41
Pettiss, Susan 20, 376, 377
Picture Post 158, 159, 174
Pinson, Koppel S. 359, 362, 363,
364
Pio XII, papa 271, 274
Pittsburgh, Estados Unidos 12, 442,
474, 476
Plano da Fome 164
Hitler, Adolf; programa
Lebensborn; SS 164
prisioneiros de guerra 164
Plano Marshall 16, 325, 451
Pollak, Hansi 196
Polônia 15, 24, 25, 26, 33, 35, 57, 112,
121, 122, 123, 125, 152, 154,
182, 186, 199, 206, 207, 214,
226, 230, 231, 247, 249, 255,
256, 258, 259, 260, 352, 353,
362, 368, 381, 383, 384, 385,
386, 390, 391, 418, 420, 438,
446, 463, 464, 467, 474, 487,
489, 491, 492, 494. *ver* PDs
polonesas
Governo Provisório de Unidade
Nacional 256, 261
polono-americanos 443
Pomerânia 154, 164
Price, Ralph B. 298
Priestley, J.B. 160

A LONGA ESTRADA PARA CASA | 609

Primeira Guerra Mundial 24, 25, 27, 51, 52, 69, 70, 73, 76, 167, 191, 342, 370
Prince of Wales (navio) 52
Programa Lebensborn 381, 383, 386
Proudfoot, Malcolm 80, 81, 90, 98, 122
Puder, Theodor 468, 470
Puskaric, Marija 367, 368
Puskaric, Stefan 368

Q

quacres 18, 19, 73, 111, 123, 374

R

racionamento 62, 157, 170, 308, 309, 310, 316
Reder, Margareth 367
Relatório Harrison. *ver* em Harrison, Earl G.
Rendel, Sir George 65, 149
Reunião Mundial de Sobreviventes Judeus do Holocausto 466
Riga, Letônia
festival de corais (1990) 266, 495
Ristelheuber, René 406
Road Home, The (filme) 293, 298
Robbe-Grillet, Alain 36
Robertson, Sir Brian 168
Robin, Paulette 366, 367, 368
Rohrer, Alice 217
Romênia 130, 156, 224, 231, 281, 325, 381, 418, 446
Roosevelt, Eleanor 309, 320, 447
Roosevelt, Franklin D., presidente dos Estados Unidos 52, 53, 54, 60, 64, 66, 67, 68, 71, 72, 75, 79, 140, 145, 221, 277, 278, 279, 280, 281, 371
eleitorado judeu 145
New Deal 53, 71, 72, 73, 175, 194, 197, 371, 456

Rosenberg, Alfred 38
Rosenfield, Harry N. 453
Rosenman, juiz Samuel 144
Rosensaft, Josef (Yossel) 136, 137, 138, 139, 166, 236, 242, 345, 346, 429, 439, 440, 481, 482
Rosenwald, Lessing J. 448, 449
Rose-Price, coronel Robert 105
Rothschild, Sir Anthony 200
Rothschild, Walter, 2º barão de 145
Rozmarek, Charles 250
Ruhr, o 32, 43, 168, 304, 306, 322, 339
Rusinek, Zygmunt 208
Russell, Bertrand 160
Rússia. *ver* União Soviética
russos brancos 50
rutenos 110
Ryan, Alan M. 489

S

Salter, Arthur 75
Sargent, Sir Orme 165
Sauckel, Fritz 28, 490
Schildkret, Lucy 364, 365
Schlachtensee, Alemanha
campo de PDs 464
Schleswig-Holstein
PDs 299, 301, 304
Schnabel, Artur 281
Schneider, Ella 467
Schottland, coronel Charles 382
Schröder, Gerhard 493
Schwabach, Alemanha
campos de trabalho forçado 89, 366, 367, 368
Schwabhausen, Alemanha 124
Schwartz, doutor Joseph 141, 143, 233
Schwarz, Leo 21, 245, 432
Sears Roebuck (empresa de varejo) 448
Segalman, Ralph 361

Segev, Tom 437, 438, 478
Selassie, imperador Haile 431
Sereny, Gitta 17, 196, 264, 384, 390, 490
Sergeichic, Mikhail 312
Serov; general Ivan 258
Service du Travail Obligatoire (STO) 36, 97
Serviço dos Estados Unidos para Novos Americanos 475
Shadmi, Nahum 434, 437
Shaef (Sede Suprema da Força Expedicionária Aliada) 10, 80, 81, 85, 86, 94, 95, 96, 98, 108, 122, 165, 174, 178, 187, 188, 194, 381, 382
Shandruk, general Pavlo 271
Sicília
  invasão aliada (1943) 37
Silésia 153, 154, 285, 298, 382
Silver, rabino Hillel 291, 425
Sinclair, Upton
  The Jungle 442
Sindicato Nacional de Mineiros 397
Síria
  campos de refugiados 74
Sjoma, Nikolai 30
Smith, Frederick C. 191
Smith, Marcus J. 87, 88, 89, 90
Smith, Walter Bedell 232
Snyder, Timothy 272
Sociedade Fabiana (Fabian Society) 54, 398
  Conferência de Oxford (1942) 54
Somervell, general Brehon B. 60
Soper, doutor Fred L. 64, 65
Sorenson, Michael 388
Sorrin, Saul 289
Speer, Albert 17, 36, 43, 490
Spiess, Fanny 366, 368
Srole, Leo 421, 422

SS (Schutzstaffel) 18, 23, 25, 34, 42, 43, 94, 124, 203, 207, 224, 265, 346, 367, 386, 454
Stalin, Josef 16, 104, 107, 109, 113, 121, 152, 256, 259, 269, 270, 272, 325, 334, 426, 433, 473
Stalingrado, batalha de 1942-3 35, 36, 37, 54, 67, 102, 271
Stangl, Franz 274
Star, Londres 200
Stars and Stripes (revista) 115, 260
Steituchar, Anna 367
Stern Gang 227
Stetsko, Iaroslav 272
Stimson, Henry L. 99, 279
St. Ottilien, Alemanha 129, 134, 139, 222, 229, 240, 246
Strachey, John 170
Stratton, William 450
Sudaplatov, Pavel 270
Suécia 130, 181, 412, 413, 430, 489
Sulzberger, Arthur Hays 448
Sunday Chronicle 161
Syrkin, Marie 341

T

Tabenkin, Yitzhak 422
Tablet, The 251
Tchecoslováquia 108, 110, 119, 130, 150, 152, 153, 154, 156, 185, 255, 285, 300, 325, 368, 379, 381, 418, 430, 451, 457. *ver também* mercado negro; *ver também* PDs tchecas
  abdução nazista de crianças da 368, 381
  complexo de libertação 90
  doenças venéreas 258
  e o Plano Marshall 325
  expulsão de alemães 150, 285
  infanticídio 253
  judeus 130

A LONGA ESTRADA PARA CASA | 611

órfãos 368
Unrra
ajuda humanitária 185
Templer, general Gerald 119, 165,
182, 183, 188
Teveth, Shabtai 227, 230
The Camp of All Saints 352
Theresienstadt, campo de
concentração 94
Thompson, Frank I, 11, 78
Time 118, 309, 394
Times, The 77, 448
Tito, Josip Broz, presidente 16, 104,
107, 108, 290, 312, 313
Toliusis, Kostas 414
Tolstoy, Nikolai 16
Trabalhadores Voluntários europeus
403, 472
Treblinka, campo de extermínio 35,
94, 274, 490
Tribunal de Nuremberg 386, 490
Truman, Harry S., presidente dos
Estados Unidos / Governo
Truman 140, 142, 144, 145, 166,
193, 221, 225, 232, 237, 238, 240,
245, 273, 277, 278, 279, 306, 308,
309, 310, 311, 317, 320, 321, 322,
323, 324, 325, 425, 433, 444, 447,
453, 455, 456
Truscott, general Ludan K. 220
tuberculose (TB) 180, 304, 414, 430,
462, 465
Tunísia 59, 67, 407
Turquia 74, 152, 281, 321, 407

U

Ucrânia 28, 29, 30, 33, 35, 42, 44, 45,
55, 102, 105, 112, 113, 114,
115, 125, 153, 184, 186, 268,
269, 270, 272, 275, 333, 335,
351, 352, 381, 401, 418, 442,
467, 489, 494

UNHCR. *Ver* Alto-Comissariado
das Nações Unidas para
Refugiados
União Soviética 15, 27, 31, 35, 49,
52, 56, 101, 103, 109, 110, 112,
113, 118, 120, 122, 126, 154,
168, 184, 185, 186, 247, 270,
273, 275, 305, 363, 406, 426,
452, 463, 474, 495. *ver também*
cossacos; *ver também* Guerra
Fria; Exército Vermelho;
Stalin, Josef; Stalingrado
Comissariado de Defesa do Povo
109
invasão alemã da 102, 467
prisioneiros de guerra 39, 102, 108
Unicef 10, 391
Unidas 135
United Fruit Company 431
universidades dirigidas por PDs 348
Unrra 11, 17, 20, 22, 68, 69, 70,
71, 72, 74, 76, 79, 81, 115,
131, 143, 167, 172, 173, 174,
175, 176, 177, 178, 179, 180,
181, 182, 183, 184, 185, 186,
187, 188, 189, 190, 191, 192,
193, 194, 195, 196, 197, 198,
199, 200, 201, 202, 203, 204,
207, 208, 209, 211, 212, 213,
215, 216, 217, 218, 219, 220,
223, 242, 247, 248, 249, 250,
251, 252, 253, 259, 260, 262,
263, 264, 265, 267, 268, 269,
277, 278, 279, 280, 281, 282,
283, 284, 285, 287, 288, 289,
290, 291, 292, 295, 296, 297,
298, 299, 309, 310, 311, 312,
313, 314, 315, 316, 317, 318,
320, 322, 323, 324, 327, 328,
329, 331, 332, 336, 337, 339,
340, 347, 348, 351, 354, 363,
364, 366, 368, 370, 371, 372,

373, 374, 375, 376, 377, 378,
379, 380, 381, 382, 383, 384,
385, 386, 388, 390, 391, 393,
394, 406, 407, 414, 441, 453,
457, 483. *ver* Administração
da Ajuda Humanitária e
Reabilitação das Nações;
Unscop. *ver* Comitê Especial
das Nações Unidas para a
Palestina
Unzer Sztyme (jornal) 137
UPA. *ver* Exército Insurgente
Ucraniano
Urquhart, Brian 94

V

Vandenberg, senador Arthur H 68
Vansittart, Sir Robert 160
Varsóvia 91, 118, 119, 120, 154, 204,
217, 231, 248, 257, 258, 259,
260, 261, 289, 292, 295, 296,
297, 298, 300, 314, 315, 316,
386, 463, 464, 487
Venezuela e PDs 416
Viena 55, 93, 287, 368, 430
Vilna (Vilnius) 125
Volkswagen 339, 493
Vonnegut, Kurt 462
Vyshinsky, Andrei 319

W

Wajda, Andrzej
Paisagem após a batalha 352
Wallace, Henry, vice-presidente dos
Estados Unidos 53, 76
Warburg, Edward 200, 233, 236
Warren, George L. 320
Watson, general Thomas 209
Waugh, Evelyn 70
Weisgal, Meyer 140, 141
Wei Tao-ming 67

Weizmann, Chaim 140, 146, 226,
227, 228, 243, 424, 425, 429,
430, 433, 439
Wells, H.G. 20
Whiting, Jack 285, 348
Wiesbaden, Alemanha
campo de PDs 188, 250
Wigglesworth, Richard B. 192
Wildflecken, Alemanha
campo de PDs 203, 204, 205, 206,
207, 208, 211, 213, 219, 252,
253, 255, 256, 293, 295, 297,
298, 339, 342, 349, 393
Willkie, Wendell, One World 53
Wilson, Francesca 73, 130, 131, 178,
179, 311, 313
Wilson, Woodrow, Francesca 73, 373,
375, 376, 399
Wilson, Woodrow, presidente dos
Estados Unidos 52, 53
Winant, John 278
Wingate, Orde 431
Wodlinger, David 345
Wohlgelernte, rabino Solomon P.
290
Wolterdingen, Alemanha 121, 122
Woolf, Leonard 54, 55, 56
Woropay, doutor Alexander 44, 115
Woropay, Olexa 115
Wyman, Mark
DPs
Europe's Displaced Persons 495

Y

Yablonka, Hanna 437, 438, 479

Z

Zahra, Tara 370, 389
Zarine, Charles 266
Zeeland, Paul van 98
Zeilsheim, Alemanha
campo de PDs 284

Zertal, Idith 476, 477
Zhmerinka, Ucrânia 114
Zolberg, Aristide A. 445, 446
zona americana da Alemanha 427
  campos de PDs 289, 464
  crianças 386, 427
  e a Unrra 251, 285, 295
  filtragem das PDs 263
  judeus poloneses 245
  PDs judias 419
  repatriação das PDs polonesas 249
zona Americana da Alemanha
  fusão com a zona britânica 306
Zona americana da Alemanha
  e campos de PDs 130
  PDs judias 427
zona britânica da Alemanha 137, 162,
  165, 169, 170, 235, 247, 249
  emprego de prisioneiros de guerra
    alemães 165
  epidemia de tifoide (1945-6) 158
  e refugiados alemães 164, 170
  fusão com a zona americana
    (Bizonia) 307
  PDs bálticas 266
  repatriação de PDs polonesas 251
Zona francesa da Alemanha 195, 297

EDITORA RESPONSÁVEL
Izabel Aleixo

PRODUÇÃO EDITORIAL
Mariana Elia
Thiago Braz

REVISÃO DE TRADUÇÃO
André Marinho

REVISÃO
Eduardo Carneiro

INDEXAÇÃO
Marília Lamas

PROJETO GRÁFICO
Priscila Cardoso

DIAGRAMAÇÃO
Filigrana

ESTE LIVRO FOI IMPRESSO EM OU-
TUBRO DE 2012, PELA EGB, PARA
A EDITORA PAZ E TERRA. A FONTE
USADA NO MIOLO É DANTE 11,5/14. O PAPEL
DO MIOLO É PÓLEN SOFT 70G/M², E O DA CAPA
É CARTÃO 250G/M².